Italianità nella marchionimia polacca. Dall'ispirazione all'onomaturgia

ÉTUDES DE LINGUISTIQUE, LITTÉRATURE ET ART
STUDI DI LINGUA, LETTERATURA E ARTE

Dirigée par Katarzyna Wołowska et Maria Załęska

Volume 67

Artur Gałkowski

Italianità nella marchionimia polacca.
Dall'ispirazione all'onomaturgia

PETER LANG

Berlin - Bruxelles - Chennai - Lausanne - New York - Oxford

Bibliographic Information published by the Deutsche Nationalbibliothek
The Deutsche Nationalbibliothek lists this publication in the
Deutsche Nationalbibliografie; detailed bibliographic data
is available in the internet at http://dnb.d-nb.de.

Library of Congress Cataloging-in-Publication Data
A CIP catalog record for this book has been applied for at the Library of Congress.

The publication of the book was supported by the Dean of
the Faculty of Philology of the University of Łódź.

The cover image courtesy of Ilario Cola.

Linguistic revision by Ilario Cola.

ISSN 2196-9787
ISBN 978-3-631-92153-1 (Print)
E-ISBN 978-3-631-92502-7 (E-PDF)
E-ISBN 978-3-631-92503-4 (E-PUB)
DOI 10.3726/b22223

Published by Peter Lang GmbH, Berlin, Deutschland

info@peterlang.com - www.peterlang.com

This publication has been peer reviewed.

www.peterlang.com

Viaggiare per l'Italia "di fiore in fiore" va altrettanto bene come qualsiasi altra cosa, "di architettura in architettura" o "di quadro in quadro" o, semplicemente, "tra parole belle e rare" ... [trad. AG].

Podróżowanie we Włoszech «po kwiatach» jest równie dobre jak każde inne, «po architekturze» czy «po obrazach», czy po prostu «po pięknych i rzadkich słowach» ...

Jarosław Iwaszkiewicz, *Podróże do Włoch* [Viaggi in Italia, 1977]

Alla scuola onomastica polacca

Sommario

Introduzione

[...] *dove comincia e dove si ferma l'influsso dell'italianità?* (Widłak 2009: 1997).

Va preso per scontato che nell'immagine culturale della Polonia di oggi è possibile notare un progredito e palese riflesso dell'Italia. Con l'*Italia* in questo presupposto intendiamo metonimicamente gli elementi e le manifestazioni della sua civiltà che da almeno sei secoli s'infiltrano in diverse sfere della realtà polacca. Generalizzando, ma in via ipotetica, si direbbe che l'oggetto d'interpretazione scientifica sia a questo punto la cosiddetta *italianità*, fenomeno alquanto discusso in vari studi umanistici, fino ad essere qualificato per mezzo di altre nozioni, che lo possono anche allargare concettualmente, p.es. *italicità*.

L'idea dell'italianità[1], come ambito etnicamente radicato, ma allo stesso tempo fortemente internazionalizzato, attira l'attenzione degli utenti polacchi tradizionalmente simpatizzanti per il Bel Paese e gli italiani. Similmente ad altri popoli europei, ma in diverse misure, i polacchi vengono a contatto e accolgono con molta fiducia e interesse gli elementi d'italianità nella propria cultura.

Le testimonianze di questo impatto effettuato dall'Italia sono evidenti nella vita quotidiana: si tratta di fatti registrati nella lingua, nella cultura artistica, compresa anche quella popolare, nella letteratura, nell'industria e nell'infrastruttura sul territorio e nella società polacca, aperta a influssi stranieri. È un quesito di ricerca che è stato profondamente studiato e descritto, tanto da autori nella storia dei secoli scorsi, quanto nell'epoca odierna in cui il contatto con l'italianità, nel senso anche più articolato e molto più diretto, ma spesso superficiale, è largamente accessibile e non ostacolato o disturbato da barriere politiche, sociali o mentali. Anzi, è sempre alimentato da un affascinamento sincero e da una disposizione di apertura amichevole ed entusiastica, praticamente acritica.

1 L'introduzione del concetto di *italianità* negli studi linguistici del contatto fra italiano e polacco è dovuta a Stanisław Widłak (2000; cfr. id. 2009: passim; id. 2010: 23, 36, 47; anche id. [a c. di] 1997). L'equivalente polacco di *italianità* è *włoskość* ['vwɔskɔɕʨ] (sull'origine dell'etimo della radice pol. *włosk-* cfr. infra, spec. nota 165). Nella versione polacca è un termine relativamente nuovo negli studi linguistici, letterari e in altre discipline (cfr. p.es. Słapek 2021; Ozimska 2021; Klimkiewicz 2021); è utilizzato in vari linguaggi e stili, nella comunicazione giornalistica tradizionale e sui *social* (spesso come la parola chiave *passepartout* in riferimento all'Italia e alla cultura italiana; vd. p.es. l'enunciato pubblicitario della marca Dr.Oetker pol. *Włoskość na wyciągnięcie ręki? Poznaj Felicianę, pizzę z włoską historią!* [lett. L'talianità a portata di mano? Ecco Feliciana, una pizza con una storia italiana!; trad. AG], https://pizzafeliciana.pl, u.a. 30.04.2024).

Gli italiani non scendono, anzi salgono sempre nella classifica tra le nazioni più amate dal popolo polacco, occupando oggi il secondo posto dopo gli americani (conformemente alle statistiche del Centro di ricerca sull'opinione pubblica CBOS[2] effettuate nel 2023, ben il 61 % dei polacchi esprime simpatia verso gli italiani mentre solo l'8 % professa antipatia).

Tenendo conto di queste circostanze molto determinanti per le ragioni dello sviluppo del fenomeno studiato, in questa sede vogliamo rivolgere l'attenzione scientifica ad un'area della diffusione dell'italianità nella realtà culturale polacca; ciò è giustificato dalla conseguenza immediata come sono percepite la lingua e la cultura italiana e dal prestigio ad esse attribuito in un tipo di comunicazione che necessita la creazione di nuove unità denominative. Si tratta della comunicazione commerciale in cui operano marchionimi, ovvero nomi commerciali intesi come segni denominativi distintivi di enti economici, fra cui soprattutto imprese o ditte e gli effetti della loro attività con scopi di lucro: prodotti e servizi offerti sul mercato polacco e internazionale.

In particolare, presentiamo i risultati di una ricerca linguistica nel campo dell'onomastica o, più precisamente, della crematonomastica, effettuando in modo possibilmente esaustivo la descrizione delle strutture e motivazioni, nonché dei valori comunicativo-culturali e pragmatici della produzione ossia della formazione dei marchionimi polacchi ispirati alla lingua (e alla cultura) italiana, che in questa ricerca sono ritenuti maggiormente come *italianeggianti.*

Sono strutture costruite con mezzi linguistici conosciuti dell'ambito lessicale (tra l'altro nell'area dei prestiti e dell'onomaturgia neologica), ma anche para-lessicologici che attingono lo stesso da fonti lessicali (elementi onimizzati) e propriali (elementi transonimizzati), non di rado impegnando stratagemmi di ibridizzazione. In generale, in questo tipo di processi si osserva un'avanzata liberalizzazione creativa con l'uso di strumenti non standardizzati a disposizione di autori non sempre pienamente attenti, coscienti e competenti.

È un dominio complesso che funziona malgrado una limitata o scarsa conoscenza generale dell'italiano da parte degli utenti polacchi, ma, paradossalmente, ciò non costituisce un fattore limitante l'ideazione di una data unità onimica ispirata ed effettivamente attribuita a concezioni stimolate e motivate direttamente o indirettamente dall'italianità. Anzi, il desiderio di introdurre un originale marchio linguistico italianeggiante è irresistibile e sembra essere considerato efficace in termini di *marketing.*

La diffusione della *marchionimia polacca italianeggiante*[3] è dovuta alla percezione maggiormente intuitiva e inconfondibile delle caratteristiche strutturali morfo(fono)logiche e lessicali degli italianismi adattati e non adattati, ma anche voci create in modo neologico, compresi non pochi costrutti sintagmatici.

---

2 Pol. *Centrum Badania Opinii Społecznej.*

3 Da ora in poi useremo il simbolo MPLI.

I polacchi recepiscono queste strutture e le accettano come sono. È una naturale conseguenza dei loro positivi atteggiamenti verso l'italianità e, particolarmente, la lingua-cultura italiana, i cui elementi si possono incontrare nel discorso della cultura di massa e mediale, culinario e alimentare, turistico e, in generale, commerciale. Conta qui una ragguardevole ammirazione della qualità *Made in Italy* (marche italiane, moda, stile, ecc.), nonché di un certo estetismo, considerato bello e raffinato, associato ai prodotti italiani.

Un impatto importante può essere costituito anche da una diffusione e attrazione interna delle forme marchionimiche italianeggianti già esistenti nell'ambito polacco che possono ispirare la creazione delle strutture simili e nuove. Nella marchionimia è un effetto che si traduce anche con il successo o la popolarità di marche già presenti sul mercato, i nomi delle quali diventano perfino prototipi di formazioni marchionimiche nuove (vd. p.es. i casi di *Bambino* o *Lubella*).

Nella nostra intenzione, innanzitutto, il volume completa un filone di ricerche onomastiche, linguistiche e di altre discipline, anche più applicative (p.es. nel *branding*), incentrate sullo studio della motivazione culturale e della strutturazione della MPLI, finora non concepite in modo monografico. In secondo luogo, la monografia propone risposte ai perché di questo fenomeno rilevando lo sfondo meno evidente della problematica, notata in diversi ambiti della vita quotidiana, degli interessi intellettuali e artistici, ma anche estetici o socio-ludici della cultura polacca moderna. Le nostre conclusioni possono essere confrontate con studi ulteriori in questa direzione scientifica e altri punti di vista da considerare, non solo nel contesto polacco. Avanziamo inoltre l'ipotesi che incidano anche sullo stato attuale (ma internazionalizzato) della lingua italiana, in interazione con altre lingue e culture.

In effetti, i fenomeni strutturali di una lingua A che influiscono e si manifestano in una lingua B sono fenomeni che appartengono non solo alla B, ma anche all'A, pur essendovi un distacco formale tra la A e la B, p.es. nella relazione tra italiano e polacco esaminato attraverso la marchionimia. Per la B sono fatti endolinguistici, per la A sono, invece, esolinguistici, ma ne confermano la capacità di disseminazione internazionale.

Nella prospettiva del funzionamento della lingua A, talvolta, si preferirebbe ignorarne la manifestazione al di fuori degli ambiti d'uso per i quali la lingua A, che ha riconoscimento ufficiale, è impiegata ai vari livelli di organizzazione (grammatica, lessico, registri, testualizzazione, standardizzazione).

Ancora più importante, in questa riflessione, è che non parliamo di un problema astratto. La penetrazione della lingua A nella lingua B, p.es. dell'italiano nell'ambito marchionimico polacco, quindi nella lingua polacca, avviene sempre più spesso senza interventi diretti degli utenti nativi della lingua italiana. È sicuro che il ricorso alla lingua italiana nella formazione marchionimica polacca è paragonabile ad altri casi di un simile fascino e attrazione della lingua italiana nelle culture europee e mondiali in cui la presenza dell'italiano è un effetto "transpolitico", avvenuto spontaneamente e visibilmente quasi all'insaputa degli italiani stessi.

Tuttavia, vogliamo sostenere la tesi che malgrado il distacco tra la vera area territoriale e l'area creata come italiana in modo artificiale, ci muoviamo pure nel quadro del funzionamento della lingua italiana e della sua dimensione culturale, morale e giuridica. Per alcuni può essere un'affermazione inaccettabile, ma a nostro avviso una lingua non è un patrimonio che appartiene soltanto a una nazionalità, a una cultura, a uno spazio fisico e mentale.

Sul campo della relazione tra A e B, occorre ammettere anche l'intervento di una lingua C, considerati vari valori dell'internazionalizzazione della marchionimia italianeggiante (in generale, di ogni tipo di marchionimia). Da una parte, si tratta della via attraverso la quale gli influssi italiani s'infiltrano in polacco: non sempre direttamente dall'italiano[4]. Dall'altra, si prevede una prospettiva di processi di diffusione internazionale non ostacolati, perfino desiderati nel contesto della commercializzazione dell'offerta registrata in Polonia e aperta realmente o teoricamente (anche inconsapevolmente) ad altri Paesi. Infine, si crea un ampio spazio di formazione onimica (onomaturgia marchionimica) multilingue nella marchionimia in cui l'italiano (A) interagisce con un'altra lingua straniera (C) nel sistema linguistico polacco (B). Si entra in questo modo nell'ambito di fenomeni complessi di formazione, che non vanno trascurati per l'aspetto metodologico della nostra indagine.

Alla luce di questi presupposti, possono essere considerate altre ipotesi, non potendo essere escluso un coinvolgimento eventuale dell'italiano come attore passivo nella sua operatività comunicativa in un altro spazio linguistico che dall'italiano viene alimentato, allo stesso tempo alimentando in qualche modo l'italiano stesso. È un fenomeno che si può paragonare con quello che concerne la lingua inglese, ma certamente misurabile su un'altra scala.

La marchionimia è uno dei più importanti campi d'uso in cui si incontrano diverse lingue su un territorio nazionale. Nel contesto polacco emerge l'ipotesi che l'interferenza motivata dalla lingua-cultura italiana sia una delle più forti e visibili nella produzione dei marchionimi che attestano degli espliciti influssi stranieri.

L'italiano è un idioma verso cui i polacchi, creando i marchionimi, si rivolgono con un interesse straordinario, radicato e conseguente ad un bisogno di esoticizzazione e assegnazione di originalità e attrattività ai nomi commerciali e ad altri crematonimi che compaiono nei confini utilitaristici dell'onimia polacca.

---

4 Vd. il termine *panini* (cfr. Sez. 3.5.6), nella lingua-cultura polacca preso in prestito dall'inglese, oppure lo pseudoitalianismo *tutti frutti* utilizzato dapprima nell'area inglese-americana e poi anche germanofona (cfr. un famoso brano rock degli anni '50 del XX sec. di Little Richard intitolato *Tutti Frutti*; l'ispirazione originaria sarebbe dovuta venire dai nomi dei gusti di gelato in una gelateria a New Orleans, vd. https://web.archive.org/web/20031125050026/http://www.rockabilly.nl/references/messages/dorothy_labostrie.htm, u.a. 25.02.2024; cfr. anche Hendrykowski 2018).

Le nostre osservazioni e le analisi su campioni possibilmente rappresentativi per la categoria onimica e linguistica studiata, portano a credere che l'italiano si manifesti nella *marchionimia polacca*[5] in modo paragonabile o anche maggiore dell'inglese, ma ciò dipende anche dai settori che si sottopongono a tale analisi.

Allo stesso tempo dobbiamo sottolineare che in questo studio non siamo in grado di confrontare l'entità degli influssi italiani e inglesi, tuttavia, non abbiamo potuto ignorare una rilevante presenza dell'inglese nelle forme ibride che si possono qualificare sia come italianeggianti, sia come anglicizzanti nell'area della MPL. Queste forme "dubbie" non sono state escluse dalla nostra analisi, considerando il loro potenziale molto creativo e caratteristico nei processi di ibridizzazione marchionimica.

La monografia si compone di quattro capitoli divisi in paragrafi e sezioni e sottosezioni. Lo studio è stato pensato come un'elaborazione di un *background* teorico e illustrativo (CAPP. 1–2), cui segue un campione di fatti linguistico-culturali che possono essere interpretati come fonti dell'ispirazione italiana in Polonia (CAP. 3), fino ad un'analisi dettagliata del nostro *corpus* marchionimico, frutto di un lavoro di ricerca nelle fonti ufficiali, nonché negli spazi pubblici, principalmente quello presente virtualmente in Rete dove vengono collocati i nomi sottoposti alla nostra analisi crematonomastica (CAP. 4).

Il CAP. 1 è dedicato alla spiegazione delle nozioni di base (termini teorici che incorniciano la ricerca: marchionimia, italianità e formazione / onomaturgia), nonché ad una caratteristica di alcuni elementi di grammatica delle due lingue a contatto, significativi dal punto di vista dell'analisi strutturale e comunicativo-culturale dei marchionimi raccolti nel *corpus* di ricerca.

Il CAP. 2 mette in rilievo uno sguardo sull'italiano, lingua con un potenziale vitale molto caratteristico non solo per i parlanti nativi che la usano, ma anche per la cultura europea e globale. Malgrado non sia diffusa quanto le altre lingue straniere del primo cerchio d'interesse come: inglese, spagnolo, tedesco o francese, per certe ragioni storiche e attuali è diventata e continua ad essere la materia che permea nei linguaggi specialistici di altri idiomi e, a sorpresa o meno, supporta spontaneamente la formazione di unità marchionimiche appartenenti a diversi sistemi comunicativi, come p.es. quello polacco. Apparentemente, il polacco sembra essere, per ragioni storiche e soprattutto linguistiche, un sistema chiuso alle influenze di altri idiomi "occidentali", comunque, i fatti dimostrano una sua idoneità a inserire gli influssi stranieri nella propria marchionimia, tra cui gli espliciti influssi italiani, facendo sì che il polacco sia diventato via via, in questi ultimi decenni, un idioma sempre più consapevolmente aperto e accogliente.

Nel CAP. 2 cerchiamo inoltre di spiegare che nella sua complessità appellativo-propriale, l'italiano assume lo statuto della lingua-cultura che invita gli "ospiti" interessati, fornendo loro modelli strutturali e concettuali

5 Da ora in poi si usa il simbolo MPL.

universalmente applicabili anche in altri sistemi culturali e linguistici. Nonostante si dichiari una certa crisi dell'italiano, la lingua e la cultura italiana rimangono un ambito di riferimento e fonte d'ispirazioni notevoli. Per lo più vengono sempre considerate un bene e patrimonio comune dell'umanità non solo riservato all'Italia e agli italiani. È rilevante che nella sua complessità, costituita dal linguaggio generale e da quello onimico (che consideriamo parte indispensabile della lingua), l'italiano continua ad essere oggetto d'interesse, manifestato attraverso vari atti e testimonianze in altre lingue e culture.

Nel Cap. 3 si discutono alcuni ambiti ed esempi di motivazione diretta e indiretta che presentano un impatto misurabile nella produzione dei marchionimi italianeggianti in Polonia: i nomi commerciali polacchi storici, basati su strutture italiane; i nomi propri italiani che rinviano a personaggi veri o fittizi, ma emblematici per la percezione pubblica; i giochi con la lingua italiana nei testi del cabaret polacco; i gastroitalianismi che si adottano con tutto il piacere di avere l'accesso alla cucina e ai prodotti italiani Polonia. Principalmente, si tratta di categorie d'ispirazione che emergono nella vita quotidiana e sono maggiormente frutto dei segni dell'italianità nella cultura di massa in Polonia.

La scelta di ispirazioni possibili permetterà di capire dove si possono trovare le tracce dell'italianità codificata in numerosissimi marchionimi polacchi. È un fenomeno caratteristico per l'epoca contemporanea ma non senza qualche testimonianza storica, anche motivante in questo caso e per questo citati. Rileviamo alcuni tentativi rimarcabili nei decenni di prima della fine del comunismo in Polonia e perfino tra le due guerre, tuttavia, l'attenzione particolare viene posta sulla MPLI prodotta e registrata sin dagli anni '90 del XX sec. e nei tempi più recenti.

L'analisi onomastico-linguistica della nostra raccolta si colloca nel Cap. 4. La raccolta la riteniamo un *corpus* di nomi-citazioni, attestati come microtesti in varie fonti del sistema amministrativo e della comunicazione commerciale in Polonia, tra l'altro i registri statali ufficiali e gli elenchi con dati di contatto. Sono informazioni pubblicamente accessibili, anzi funzionanti come messaggi pubblicitari che gli imprenditori vogliono diffondere per naturali scopi commerciali. Nondimeno, nella nostra sistemazione li menzioniamo in contesti minimi senza dettagli precisi, p.es. sull'indirizzo fisico preciso dell'esercizio aziendale, sui numeri identificati o nomi e cognomi degli imprenditori. Quando citiamo un nome di battesimo o un cognome di una persona fisica, lo facciamo per stretti scopi di ricerca linguistica, giacché è indispensabile per rendere più chiara la giustificazione della motivazione del firmonimo, omettendo, comunque, dati ulteriori che potrebbero far identificare direttamente una persona fisica[6].

---

6 Rispettiamo il regolamento generale sulla protezione dei dati RGPD (regolamento UE 2016/679) trattati per scopi scientifici, come pure l'art. 34 della Legge polacca del 4 febbraio 1994 sul diritto d'autore e sui diritti connessi. In particolare, indichiamo la fonte del firmonimo citato la quale rinvia ai dati identificativi dettagliati degli intestatari resi pubblici. Lo stesso riguarda le illustrazioni che vengono

Alla raccolta dei marchionimi selezionati per il *corpus* non abbiamo posto limiti che riguarderebbero la definizione preliminare delle loro strutture formali, la natura degli oggetti da essi designati o l'assegnazione amministrativa territoriale (voivodato), affinché il campione sottoposto all'esame fosse il più rappresentativo per l'ambito sottoposto allo studio. Per questo, dal punto di vista linguistico, i nomi dei marchi aziendali che firmano l'attività individuale o sociale (produzione, servizi o commercio) sono considerati nella stessa maniera: come fatti onomastici che illustrano lo stesso fenomeno. È il criterio principale che ha guidato l'individuazione di unità marchionimiche che si possono riferire a elementi particolari della lingua e cultura italiana. La loro assegnazione tipologica evidenzia casi palesi, manifestati sul piano dell'espressione. L'effetto italianeggiante è quasi sempre progettato dagli autori dei nomi, ma interpretato dagli utenti con diverso successo.

Tuttavia, il riconoscimento dell'italianità nelle forme studiate non avviene con scarsa frequenza. La lingua italiana è troppo distintiva, sia nel contesto polacco, sia comparandola con altre lingue che entrano in gioco. Le ispirazioni sono di solito meno sublimi di quanto si potrebbe aspettare in questo tipo di circostanze. L'uso dell'italiano può essere perfino causato da un impulso di affascinamento o piacere dovuti a indizi isolati (nomi di personaggi, nomi geografici, nomi di opere d'arte, nomi di marche italiane, unità terminologiche, citazioni di singole voci ed enunciati categorizzati come italianismi o prestiti e occasionalismi nel linguaggio polacco, culturemi lessicali, ma anche determinati dai caratteristici suffissi o suffissoidi d'origine italiana, considerati una forma di marcatori speciali dell'italianità linguistica).

Il volume termina con una discussione e una ricapitolazione generale sui fatti marchionomastici osservati. Per facilitare la ricerca di un singolo marchionimo come lemma linguistico attestato, si aggiunge al volume l'indice alfabetico delle unità marchionimiche sistemate e analizzate. La bibliografia contiene gli indirizzi delle pubblicazioni consultate cui ci siamo riferiti nel contenuto della monografia. Vengono evidenziate inoltre le fonti dei dati analizzati e di alcuni materiali di riferimento, p.es. statistici e illustrativi. I lettori non italofoni possono trovare due riassunti del libro: in polacco e in inglese.

***

Esprimo i miei più vivi ringraziamenti a tutti coloro che mi hanno sostenuto nella stesura di questa monografia, in particolare il prof. Giovanni Gobber dell'Università Cattolica del Sacro Cuore per la recensione e per tutti i suggerimenti trasmessi; il direttore della Rivista Italiana di Onomastica Enzo Caffarelli per la sua lettura

---

accompagnate dall'indicazione della fonte, p.es. nelle pubblicazioni amministrative dello Stato polacco, specialmente i Bollettini dell'Ufficio Marchi e Brevetti della Repubblica Polacca = WUP (pol. *Wiadomości Urzędu Patentowego Rzeczypospolitej Polskiej*).

e per le varie osservazioni nella parte "onimica" del capitolo analitico; nonché il dr. Ilario Cola, collega e amico per la correzione linguistica e per i tanti dei suoi preziosi consigli, oltre che per una discussione accademica di cui siamo partecipi da quasi 30 anni. Ringrazio inoltre il prof. Rafał Zarębski e la dr. Monika Tosik per la lettura dei riassunti polacco e italiano del volume.

1. Nozioni di base e inquadramento linguistico

Una data lingua etnica non è un'entità incorniciata come complesso finito e chiuso, ancora meno come sistema immobile. Si dà per scontata la sua variabilità diacronica e sincronica, ma non tutte le sfere del sistema cambiano con la stessa intensità. Si notano cambiamenti al livello del vocabolario che apparentemente perde le sue voci (p.es. quelle che da tempo sono diventate arcaismi) e ne assorbe nuove (p.es. termini nei linguaggi settoriali necessari per trasmettere messaggi specialistici). Contemporaneamente, tanti notevoli e continui processi di arricchimento o riduzione di unità linguistiche sono osservati nella sfera che accompagna il lessico, e cioè nell'ambito propriale indispensabile per l'individualizzazione e l'orientamento identificativo tra gli oggetti della realtà extralinguistica.

Il patrimonio linguistico è un serbatoio sempre aperto in cui si distingue il vocabolario con le sue facoltà morfo-sintattiche, semantiche e comunicativo-pragmatiche. Ma non meno rilevante è l'esistenza di elementi collaterali o complementari costituiti da onimi rappresentati da diverse categorie e sottocategorie onomastiche, maggiormente nomi personali, nomi geografici, nomi di entità culturali.

L'onimia, a differenza del lessico comune, è un ambito linguistico di strutture non arbitrarie. Gli onimi vengono creati come unità strutturalmente e culturalmente motivate, spesso ispirate da obiettivi e circostanze specifiche, come l'interscambiabilità tra le lingue. Ad esempio, nell'antroponimia di una data lingua si osserva l'adattamento di tanti nomi di battesimo originari di lingue e culture anche molto diverse, ma accolte per ragioni ideologiche, estetiche, epocali, legate alla tradizione o per l'interesse di mantenere un riferimento alla propria provenienza oppure per distinguersi in modo più marcato del solito.

Un fenomeno simile e ancora più articolato viene adoperato nei processi di creazione dei nomi commerciali che hanno letteralmente bisogno di una diversificazione avanzata per poter funzionare come possibilmente unici e irrepetibili. Con supporto linguistico esteriore, e cioè l'uso di una lingua straniera, si riesce a raggiungere questo scopo, soddisfacendo l'intenzione dell'autore del nome che propone ai riceventi qualcosa di non comune ma allo stesso tempo non troppo estraneo.

Oggi, infatti, il movimento interlinguistico, anche se non proporzionale fra una lingua e l'altra, si osserva nella crematonimia, e specialmente nella sua classe che comprende i nomi commerciali intesi in onomastica come *marchionimi*. In certe aree, questo fenomeno assume dimensioni spettacolari come testimonianza di atti letteralmente desiderati e guidati da onomaturghi motivati da determinate tendenze e preferenze, malgrado l'esistenza e l'area d'interesse delle strutture marchionimiche possano essere limitate nelle dimensioni dell'uso.

L'onimia nuova, rappresentata maggiormente da marchionimi, come pure il lessico speciale in varie terminologie, costituiscono una risposta concretizzata ai bisogni della comunicazione che cerca di accompagnare lo sviluppo della realtà socio-economica. I nomi commerciali assumono in questa situazione funzioni quasi lessicali fino al punto di passare il confine tra *nomina propria* e *nomina appellativa*[7], soprattutto quando diventano elementi dell'enunciazione (comunicazione quotidiana, discorso specializzato, pubblicità, linguaggio mediale, ecc.)[8]. Comunque, al livello strutturale non si rivelano così regolari e sistemici come lessemi, giacché si servono di modelli di formazione non normativi e sconosciuti per il vocabolario della lingua generale.

1.1. Marchionimia

Nelle scienze onomastiche maggiori (antroponomastica, toponomastica e crematonomastica[9]) si distinguono termini nodali che funzionano come operatori tassonomici nella descrizione dei fatti onomastici. Il loro ruolo è cruciale per orientarsi nel mondo dei nomi propri. Costituiscono concetti metalinguistici (ovvero metaonomastici) su cui si poggia la distinzione degli onimi in diverse categorie. È interessante che questa distinzione sia di natura convenzionale. Per questo è possibile attribuire a nomi come *Marco*, *San Pietro*, *Prada*, *Venezia*, *Bacio* funzioni e relazioni che rinviano a individui o oggetti veri o potenziali nella realtà extralinguistica.

La capacità denotativa dei nomi citati e di molti altri non è univoca. Non sono lessemi con significati semantici che formano delle definizioni stabilite e fisse almeno al livello delle accezioni principali di una parola appartenente al vocabolario della lingua generale. Dal punto di vista puramente linguistico sono

---

7 Vd. Walczak 2000; Frigerio, Tenchini 2017.

8 Cfr. Zardo 1996; Blackett 2003; Biolik 2011; Dunaj, Mycawka 2012: 172–174; Rutkiewicz-Hanczewska 2019.

9 Ogni disciplina onomastica è individuata essenzialmente sulla base dell'oggetto della denominazione (Šrámek 1999: 16). Tuttavia le relazioni tra le aree denominative sono del carattere ipo- e iperonimico. Le discipline e i settori d'interesse onomastico non sono autonomi. L'antroponimia e la zoonimia rientrano nella "bionimia" (nomi di organismi viventi), la toponimia nella geonimia, ma anche nella cosmonimia e così via. È anche per sottolineare che, p.es., i crematonimi pur non essendo solo nomi di entità economiche (crematonimi di *marketing* ovvero marchionimi), rientrano in prevalenza in questo ambito, come avviene per i nomi di persone nella bionimia. La toponimia e la crematonimia compongono ancora un'altra categoria superiore che è l'"abionimia" (nomi di realtà non animate, materiali e non materiali). Cfr. Gałkowski 2022a: 54–63; id. i.c.d.s.; Valentová 2021b.

sostantivi che appartengono alle categorie antroponomastiche, toponomastiche e crematonomastiche. Dal punto di vista culturale sono indicatori pragmatici che designano i referenti su cui si può dire qualcosa di concreto o ipotetico. La loro peculiarità consiste nella capacità di polidesignazione che non conosce restrizioni naturali nella comunicazione. Possono facilmente lasciare il loro campo originario e passare a un altro che è più vicino nella stessa categoria onimica o più lontana in una categoria onimica diametralmente diversa o addirittura opposta. Si tratta in questi casi di processi di transonimizzazione.

Ad esempio, *Marco*, come antroponimo con funzione di nome di battesimo attribuito ad un uomo concreto chiamato *Marco*, oppure potenzialmente attribuibile ad un uomo con la stessa condizione identificativa, può anche essere tramandato nel campo della toponimia o crematonimia dove designa un luogo o un oggetto materiale o virtuale. Ancora più marcata in questa prospettiva è la capacità del nome *Venezia*, senza esitazione interpretato come un urbonimo fisiograficamente e culturalmente determinato, ma ciò dipende dalle conoscenze dell'utente, in questo caso piuttosto universali e non generanti ambiguità. D'altra parte, una relativa ambiguità è possibile quando lo stesso nome denota un altro luogo geografico, un posto nella topografia urbana, fa da cognome o altro nome personale speciale, ovvero denomina un oggetto o un'attività, essendo un marchio nell'area economica.

Non sorprende poi il loro passaggio tra le lingue, quando le strutture così leggibili per quanto riguarda la loro origine passano in un'altra lingua e, pur create con mezzi linguistici italiani, funzionano fuori dall'ambito d'origine strutturale e/o semantico (p.es. molte aziende polacche denominate appunto *Venezia*).

La categoria marchionimica assorbe ogni tipo di creazione e, come vogliamo dimostrare, la MPL da tempo e sempre con un'intensità notevole e ben distinta s'ispira alla lingua e cultura italiana, instaurando un *marchionomasticon* speciale al livello linguistico e comunicativo (denotativo e connotativo).

1.1.1. Marchionimia come categoria crematonomastica

Il termine *marchionimo* è utilizzato in italiano come operatore tassonomico[10] principale della marchionomastica intesa come branca della crematonomastica[11].

10 Come lessema deriva da *marchio* che ha un'origine germanica antica, e quindi non classica, peraltro radicata negli idiomi neoromanzi (cfr. l'etimologia dei verbi *marcare* e *marchiare*, Caprini 1976; vd. anche Danesi 2009: 17–18; Caffarelli 2018d; Gałkowski 2022a: nota 5). Inoltre, per le origini, l'implementazione e lo sviluppo del concetto e fenomeno della *marca*, vd. Ferraresi 2015: 31–39; cfr. Watin-Augouard [a c. di] 1997: 11–14; Minestroni 2003: 34–39.

11 Ovvero della "crematonomastica di *marketing*" (Gałkowski 2011a). La marchionomastica potrebbe equivalere anche all'"onomastica economica" (="econimia"). L'ipotetica *econimia* corrisponde al ted. *Ökonymie* nella teoria di Christof Platen (1997), solo che questo autore limita il campo d'interesse ai nomi di prodotti (ted. *Produktnamen*) e alla cosiddetta "linguistica dei nomi di prodotti" (ted.

È equivalente specialistico di *nome commerciale* o di *marchio* (marchio presentato in forma linguistica)[12]. Il formante *-onimo* gli aggiudica espressamente lo statuto di onimo, a prescindere da una discussione continua sulla sua natura: propriale (di nome proprio) e/o appellativa (di nome comune)[13].

Come unità linguistiche fondate su elementi costitutivi d'aspetto semplice o composto (delessicale o depropriale), i marchionimi possono designare esemplari di diversi tipi di oggetti: imprese di carattere aziendale e prodotti o servizi, quindi enti materiali e immateriali, individualizzati o perfino unici come realtà (p.es. una concreta ditta) o introdotti sul mercato in serie (p.es. prodotti fabbricati dalla stessa ditta e sotto lo stesso nome che assume spesso lo statuto di marca).

La nostra è una visione panoramica della marchionomastica, giacché non si dovrebbe a nostro avviso, staccare e riservare il marchio solo a prodotti o servizi, entità commercializzate. Il significato del marchio si protrae verso una prospettiva più ampia e completa, nella quale rientrano anche i produttori intesi come

---

Produktnamen-Linguistik). Una proposta alternativa è il ted. *Produktonomastik* (Gabriel 2003), ma anche qui l'accento è posto sempre sulla denominazione del prodotto e non altre entità economiche. Tuttavia, "[s]econdo la definizione di Platen, il termine [*Ökonyme*], più che definire con esattezza una classe o un sottogruppo di referenti, sembra rispondere alla necessità di delimitare, in antitesi all'onomastica tradizionale, un campo di ricerche, che ha come oggetto d'analisi la prassi della comunicazione economica, le cui strategie linguistiche, e in particolare onimiche, sono permeabili e diverse" (Fischer 2008: 135). Pur disponendo di varie proposte terminologiche esistenti l'uso del concetto di "econimia" non è ovvio, vale tuttavia la pena ricordare che nella lessicologia italiana questo termine è stato proposto con un significato che designa proprio l'essenza dell'ambito in questione: "la formazione di nomi di ditte e di prodotti commerciali" (Thornton 2004a: 609). Cfr. Caffarelli 2012b: 58.

12 Non siamo d'accordo con la distinzione di Salvatore Riolo (2007: 59 ss.) tra *marchionimo* inteso unicamente come *nome brevettato* e nome commerciale come *nome non registrato.* Non è pertinente con l'attuale teoria crematonomastica del *commercial naming* (cfr. Sjöblom 2016). Sosteniamo infatti che i marchionimi non si verificano solamente nel vocabolario come voci lessicalizzate ("parole dotate [...] di grande mobilità e alta mortalità", Zardo 2007: 253). Sono unità di una delle varie categorie onomastiche che in certi casi possono subire processi di lessicalizzazione, ma non è una condizione necessaria del loro statuto linguistico (cfr. Van Langendonck 2007a: 235–238). Allo stesso tempo contestiamo fermamente l'opinione espressa da Sigrid Muselmann (2012: 255) secondo cui "a differenza dei nomi propri, il nome del marchio si riferisce proprio ad un prodotto che viene venduto però in tante copie".

13 È un dibattito in cui si incontrano più interessi: onomastici, lessicologici e perfino lessicografici, ma anche testuali e discorsivi. In effetti, il marchionimo, più di ogni altro tipo di onimo, fa parte di processi enunciativi e comunicativi, p.es. nella comunicazione d'impresa e pubblicitaria, nei testi specialistici e nella conversazione quotidiana (cfr. p.es. Van Langendonck 2007b; Frigerio, Tenchini 2017; Danesi 2008; Stopczyńska 2016: 109–147).

ditte o aziende e i risultati della loro attività artigianale, industriale o commerciale. In un'altra sede abbiamo chiamato quest'area *naming commerciale*[14].

L'area marchionimica va intesa come altre aree denominative complesse. È ovvio, p.es., che l'antroponimia non comprende soltanto nomi di battesimo e cognomi; la toponimia non annovera soltanto nomi di località. La natura degli oggetti antroponimici e toponimici varia e i loro nomi assumono diversi ruoli funzionali, come p.es. i *nick* nella comunicazione virtuale o i nomi delle vie, strade, autostrade nei sistemi amministrativi. Così pure il marchionimo non ha una natura omogenea, se osserviamo i suoi possibili referenti economici intorno ai quali si sviluppa una marca. Possiamo quindi considerare i marchionimi anche come unità denominative che indentificano produttori, fornitori e venditori di prodotti e servizi.

Crediamo che ogni tipo di marchionimizzazione[15] illustri i fenomeni studiati in riferimento all'interferenza italiana nella formazione dei marchionimi italianeggianti nell'area polacca.

1.1.2. Marchionimi e la discussione terminologica attuale

Come struttura terminologica metaonomastica il termine *marchionimo* è da considerare come sinonimo di *nome di marchio* o dell'internazionalismo *brand name*, ridotti, per metonimia, a *marchio* o *brand.* Il termine chiave della marchionomastica sta assumendo dimensioni interdisciplinari nell'ambito delle scienze umane, soprattutto in linguistica e semiotica, ma anche in altre discipline relative alla sociologia, alle scienze culturali, al diritto, e infine all'economia e al *management*, o più in generale al *marketing*, come spazio di interesse e applicazione comune nella cultura socio-economica contemporanea[16].

In sostanza, il marchionimo "potrebbe [...] definirsi come la denominazione di quella porzione del marchio che ha carattere linguistico (e non iconico, sonoro, ecc.)" (Caffarelli 2018d: 997), ma bisogna osservare che è un segno con funzioni multimodali rivolte allo spazio di segnalazione visuale, soprattutto quando i marchionimi diventano la base del logo. Funzionano allora come *logonimi*, ossia come nomi commerciali presentati graficamente nella veste logotipica, come nel linguaggio della pubblicità con valori semiotici particolari[17]. I logonimi rappresentano la marca che "è chiaramente un dispositivo semiotico, che trae origine da

---

14 Pol. *nazewnictwo handlowe* (Gałkowski 2011a: 35). Cfr. Breza 1998; Rzetelska Feleszko 2000; Jadanowska 2014; Siwiec 2012b; Puda-Blokesz 2023.

15 Da una parte, la marchionimizzazione sta semplicemente per la formazione ovvero l'onomaturgia dei marchionimi di vari tipi; dall'altra, è uno specifico processo di passaggio di una voce appellativa od onimica nella categoria dei marchionimi. Tra i due significati, in molte situazioni, si potrebbe mettere il segno d'uguaglianza.

16 Cfr. Marrone 2007; Danesi 2009 (2006); Cotticelli Kurras, Trovato, Vigolo 2012; Cotticielli Kurras 2014; Tizer 2015; Tesławski 2015.

17 Cfr. Horecký 1994; Imríchová 2002; ead. 2023; Caffarelli 2018e.

un vero e proprio segno, quel *marchio* che nell'uso americano si chiama «logo», il quale in sostanza è un *nome proprio*, di solito caratterizzato anche da una certa morfologia assai precisa (un *lettering*, un colore, un grafismo particolare)" (Volli 2003: 83–84).

Nella nostra ricerca usiamo anche un altro sinonimo di marchionimo, ed è *firmonimo*[18], il quale peraltro è piuttosto un tipo nella classe dei marchionimi. Il firmonimo risulta una delle istanze del marchionimo – esso si trova quando il nome di marchio indica specificamente una ditta o un suo frutto di commercializzazione, e si pone come un simbolo fondato su un'unità linguistica esistente fuori della marchionimia o creato come neoformazione. Si usa specialmente per indicare l'esercizio economico di un singolo imprenditore che ha il diritto a registrare il termine come aggiunta ai suoi dati, la quale tuttavia non è identificativa al livello personale, se non si indicano il nome e cognome dell'intestatario/a della ditta, l'indirizzo della sede o un numero sui registri amministrativi ufficiali (p.es. l'identificatore fiscale)[19]. Dal punto di vista comunicativo e marchionomastico, è un simbolo verbale della firma[20] il quale funziona come ogni altro nome aziendale designante strutture di ragioni sociali più complesse.

Ciò è stato precedentemente esposto anche in una nostra pubblicazione recente in francese (Gałkowski 2019a: 99–100):

> Je crois que le terme [*firmonimo*] garantit l'universalisation de sa portée dans la taxinomie sémantique et fonctionnelle de différents types et étapes du nom commercial (angl. *Trade Mark*, it. *nome di marchio* ou *marchionimo*, russ. *товарный знак*). Les équivalents français ou autres de ce vocable : fr. *firmonyme*, angl. *firmonym*, it. *firmonimo*, russ. *фирмоним*, etc. peuvent être dès lors soumis à la discussion. Notons que le polonais *firma* comme d'ailleurs le français *firme*, l'anglais *firm* ou encore l'allemand *Firma* vient de l'italien *firma* qui veut dire « signature » (alors un signe qui fonctionne en tant que logo) mais aussi « confirmation, attestation d'un engagement », « raison sociale » (v. <http://www.cnrtl.fr/etymologie/firme>, dernière consultation : 16/05/2017). Le terme *firmonyme* correspond bien aux noms d'entreprises ou d'exercices commerciaux (d'activités commerciales) mais au fond il

---

18 Cfr. pol. *firmonim / nazwa firmowa* 'nome di ditta (pol./internaz. *firma*)', Gałkowski 2011a: 47, 63; Biolik 2011: 60; Jadanowska 2014; Puda-Blokesz 2023: 348.

19 In questo volume citiamo i firmonimi in quanto voci che sono entrate nella comunicazione come altri marchionimi e sono usate nel linguaggio orale e scritto nel discorso pubblico (registrate negli elenchi ufficiali, esposti su mezzi come insegne, siti in Rete, piattaforme di contatti con l'accesso aperto, ecc.).

20 Conformemente ad una delle accezioni del lessema *firma* in italiano: "Sinon.[imo] non com.[une] di *ditta* (commerciale); in questo sign.[ificato], la parola ricalca (come il fr. *firme* e l'ingl. *firm*) il ted. *Firma*, che a sua volta è un prestito dall'italiano" (Treccani: https://www.treccani.it/vocabolario/firma/, u.a. 2.12.2023). Cfr. s.sg.f. pol. *firma* 'ditta'; s.sg.f. pol. *przedsiębiorstwo* 'impresa'; s.sg.m. pol. *zakład* 'azienda'; WSJP: s.vv.

> est aussi valable pour les noms de marques ou de produits qui sont immanquablement associés à une entreprise sous une marque donnée.

Il termine universale alternativo ed esplicativo del marchionimo è inoltre l'ingl. *business name*, ma neanche questo soddisfa tutte le opportunità del funzionamento del marchionimo (marchio linguistico). Lo spiega Paula Sjöblom (2014: 93) riferendosi alla casistica internazionale, soprattutto quella scandinava:

> A *company name* (also *business name*) is an expression which consistently refers to a certain business. With this name, a company is identified and its activities distinguished from other companies. In German studies, the term *Unternehmensname*, in Swedish *företagsnamn* and in Finnish *yritysnimi* ('enterprise name') are often used in the same sense. However, if we discuss it in depth and also take legal aspects into consideration, these terms are not unambiguous. For example, the Finnish Trade Names Act uses the term *toiminimi* ('acting name', in Swedish *firma*) which refers to names of all kind of financial actors from private entrepreneurs to cooperatives and listed corporations [...]. The same word *toiminimi* in colloquial Finnish refers to the name of a private entrepreneur. To make matters even more complicated, the English term *company name* does not literally correspond to the terms in these other languages. One must also remember that all businesses are not companies (in Finnish *yhtiö* from the verb *yhtyä* 'to combine') in a strict sense, as we take, for example, private entrepreneurs, who do not share their entrepreneurship with a partner. Nor, on the other hand, can all companies be considered businesses that practise economic activity (e.g. *housing cooperatives*). When studying company names, the researcher must be aware of the business legislation and trade name legislation of the country in question, because the law determines what kind of companies can exist, sets limits to company names and regulates them.

Si ricordi poi la differenza tra *ergonimo* e *pragmonimo* (oppure *pragmatonimo*). E l'uno e l'altro sviluppano la loro proprietà terminologica con equivalenti che mantengono nella loro struttura le basi provenienti dal greco: *ergo-* (con il significato corrispondente al concetto di lavoro e/o di frutto del lavoro) e *pragmo-/ pragmato-* (attinente al concetto di "produzione dell'ingegno umano", Caffarelli, Gagliardi 2018: 46), p.es. ingl. *ergonym*[21] e slovac. *pragmatonymum*, entrambi ritrovabili nella categoria dei crematonimi[22].

21 Nella terminologia ICOS, "sometimes used for the name of an institution or commercial firm" (*Onomastic terminology*, https://icosweb.net/publications/onomastic-terminology/, u.a. 26.04.2023).

22 "The term *pragmatonymum* (English *pragmatonym*) – proper name of the type, model, kind of type, version, trademark, or series of a product produced serially (*serionym*), for example *Toyota Avensis, Škoda Felícia* (cars), *Jawa 500* (motorcycle) or the proper name of an individual product (*unicatonym*), i.e. the proper name of a unique product, item, such as of a ship, aircraft or bell, for example *Titanic* (ship). Pragmatonyms are a subgroup of chrematonyms. *Chrématonymum* (English

I confini semantici di questi due termini sono incerti e s'intrecciano fino al punto di diventare sinonimi, ma è *ergonimo* a prevalere negli studi onomastici internazionali, costituendo allo stesso tempo l'equivalente di *marchionimo* nella definizione massima di questo concetto (nome di un ente economico: azienda, prodotto, servizio[23]) corrispondente al ted. *Handelsname* 'nome commerciale' secondo la teoria di Theodolius Witkowski (1964: 36): "nomi di imprese e denominazioni di aziende o ditte sia nomi di prodotti" (Fischer 2008: 134)[24].

> Si sa da dove vengono i nomi commerciali, che spesso sono anche marchi registrati e come tali considerati in questa sede, ancorché alla stessa categoria potrebbero appartenere pure i nomi di impresa, i cosiddetti ergonimi. [...] Gli uni e gli altri rispondono alla funzione di espressione rispetto all'emittente, di appello rispetto al ricevente e di rappresentazione rispetto alla realtà denotata (Coletti 2009: 1).

Chiudendo la rassegna terminologica, va aggiunto che è entrato nell'uso scientifico anche il termine *crematonimi di marketing* proposto nella nostra teoria sui crematonimi[25]. È l'equivalente del pol. *chrematonimy marketingowe* e funziona anche in altre lingue. Il concetto ha un valore iperonimico, ma lo possiamo anche trattare come sinonimo funzionale di *marchionimo*, inteso come *nome di un'entità economica categorizzata in modo ampio* (cfr. Gałkowski 2014c: 83).

La portata culturale codificata nei crematonimi di *marketing* (marchionimi) rinvia inoltre all'idea di *onomastica commerciale* (fr. *onomastique commerciale*, Fèvre-Pernet, Roché 2005; Fèvre-Pernet 2008; considerata anche nel contesto interdisciplinare, cfr. Gałkowski 2019: 97), che è la continuazione della *linguistica*

---

chrematonym) is the proper name of a human creation that is not fixed in the country, for example a social phenomenon, holiday, medal, artwork, institution, company, item and unique product or brand, model, series or type of a serially produced item" (Valentová 2021a: s.v. *ergonymum*; cfr. anche ead. 2020: 302–303). Cfr. Breza 1998; Kosyl 2001.

23 Cfr. Fischer 2008; Eckkrammer 2013; Gałkowski 2010: 614; id. 2022a. Cfr. anche Gałkowski, Bijak 2018 (s.v. *ergonim*).

24 È inoltre una definizione conforme al pol. *nazwa handlowa* 'nome commerciale' definita dal Consiglio della lingua polacca come "nome di un'azienda, di una merce, di un prodotto o di un servizio (che di solito è il loro nome proprio)" (*Definicje pojęć...*, https://rjp.pan.pl/dokumenty-rady?view=article&id=93:definicje-poj-nazwa-was naq-nazwa-handlowaq&catid=45, u.a. 12.03.2023; trad. AG; cfr. Siwiec 2006). Bisogna anche dire che *nome commerciale* (ted. *Handelsname*) è un concetto comprensivo di nome di prodotto (ted. *Warenname*); cfr. Ronneberger-Sibold 2004. Cfr. anche fr. *dénomination commerciale* vs. *socionyme* (Gałkowski 2002: 39).

25 Vd., in ordine cronologico, Gałkowski 2011a; id. 2011c; id. 2012a; id. 2012b; id. 2014a; id. 2014b; id. 2014c; id. 2015d; id. 2016b; id. 2017a; id. 2018a; id. 2019a; id. 2020; id. 2022a. Cfr. anche id. 2002 e id. 2006.

delle insegne (fr. *linguistique des enseignes*, Pottier 1947), nonché della *linguistica industriale* (Migliorini 1927: 75)[26].

1.1.3. Permeabilità della marchionomastica e del *branding*

A quanto ricordato da Fiorenza Fischer (2008: 135) a proposito di *Ökonyme* (vd. la citazione in nota 11), la problematica dei marchionimi permea lo stesso negli studi onomastici (marchionomastici / ergonomastici / crematonomastici) e nel campo d'interesse più applicabile che spetta al *marketing*, particolarmente al *branding*.

Il *branding* è diventato un importante settore economico che si fonda su un'attività intellettuale con la consapevolezza del ruolo che svolge il nome del marchio nello sviluppo e nel successo di un ente economico sul mercato[27]. Il marchio linguistico come un fatto d'espressione per eccellenza accumula funzioni pubblicitarie e perfino persuasive[28].

La produzione di un marchionimo è un atto di formazione (ovvero di onomaturgia intesa nel senso marchionomastico come creazione di nuovi onimi; cfr. PAR. 1.2) che si effettua una sola volta, senza prevedere tutte le conseguenze che corre l'imposizione di una data forma linguistica all'oggetto della denominazione. Ma può essere anche un'arte guidata da esperti che se ne occupano studiando tutti i rischi e pregi di una creazione ordinata come prodotto in sé stesso[29]. La seconda opportunità permette di creare proposte di nomi che rispondono ad un complesso di requisiti di un sofisticato marchionimo in modo programmato.

Il marchionimo come elemento simbolico e identificativo può articolarsi in informazioni ufficiali, amministrative e pubblicitarie a proposito di una realtà economica[30], ma anche altri elementi che compongono normalmente un *brand* nella prospettiva multimodale (linguistica e grafico-visuale).

---

26 La miglioriniana *linguistica industriale* fu, a quanto pare, modellata sulla fr. *linguistique industrielle* (Humery 1922), la base di un filone di studi dedicati oggi anche alla descrizione dei processi di lessicalizzazione dei nomi di marchio (cfr. p.es. Minestroni 2003: 147; Altmanova 2016; Caffarelli 2023; anche id. 2004a).

27 In questo senso il *branding* esprime la prospettiva della cosiddetta **marcologia* (Lewi, Desprez 2013; cfr. Gałkowski 2019a: nota 9; Bugheşiu 2015: Cap. III), la quale considera i nomi di marchio come **brandotti*, quindi *brand* funzionanti come prodotti (sul modello del fr. *branduit*: *brand* + *produit*; cfr. Fábián 2002: 123; Fèvre-Pernet 2008: 1539).

28 Vd. Kuhn 2008.

29 Vd. alcuni esempi manuali di *branding*: Zboralski 1995; id. 2000; Latour 1996; Danesi 2006 (2009); Sodano 2019. Cfr. le procedure legali polacche e italiane della denominazione aziendale: https://www.biznes.gov.pl/pl/portal/00117, u.a. 7.09.2023; https://www.fattureincloud.it/guida-aprire-partita-iva/nome-azienda/, u.a. 7.09.2023; https://www.altalex.com/guide/ditta-individuale, u.a. 7.09.2023 (anche https://www.ionos.it/startupguide/avvio/come-tutelare-il-proprio-nome-aziendale/, u.a. 6.09.2023).

30 Cfr. p.es. Durant 2008.

> The visual distinctiveness of a brand may be a combination of any of the following: names, letters, numbers, a symbol, a signature, a shape, a slogan, a colour, a particular typeface. But the name is the most important element of the brand as its use in language provides a universal reference point. The name is also the one element of the brand that should never change (Blackett 2003: 15–16).

La caratteristica del nome di un marchio è quasi fisica (reificata). Tale caratteristica si manifesta nella sua rappresentazione grafica associata al referente insieme a valori da esso codificati. "Il nome appartiene all'identità visiva della marca, perché [...] è in grado di evocare e produrre immagini mentali" (Fabris, Minestroni 2004: 218).

È un fenomeno complesso che si fonda su una certa operatività tecnica. Di principio, non sfugge agli obiettivi dei grafologi ed altri esperti della comunicazione visiva.

> Il termine "marchio" indica un segno visivo che rappresenta una persona, un'azienda, un ente o un'identità e che diventa riconoscibile, da parte dell'osservatore, differenziandosi dalla concorrenza. È il segno grafico di riferimento dell'azienda, che "marchia" i suoi prodotti dichiarandone l'appartenenza e tutelando la sua esclusività da un punto di vista formale e legale. È l'immagine che l'azienda vuole dare di sé al mondo esterno, in modo da farla riconoscere in tutti i contesti in cui essa opera e si presenta. L'immagine grafica di un marchio è strettamente legata ai valori e alle parole chiave che definiscono la filosofia aziendale: progettare un marchio è un lavoro complesso che presuppone la conoscenza approfondita dell'azienda da rappresentare per comunicare l'idea (il concept) attraverso richiami visivi simbolici. Il marchio deve comunicare attraverso un linguaggio visivo semplice e sintetico (Mapelli 2021: 91).

"Everything a brand does is a communication" (Feldwick 2023: 127), ma è il suo nome che è capace di suggerire certe concettualizzazioni e connotazioni in linea performativa, informativa, qualificativa e perfino sensitiva[31]. "Il naming di un brand e il logo ad esso abbinato possono infatti essere utilizzati per fornire un'immediata categorizzazione dello stesso in termini di attributi (ad es. Kinder Pan&Cioc), benefici (ad es. Vitasnella) e target di riferimento (ad es. Polo Ralph Lauren)" (Gabrielli 2014: 20).

Come unità comunicativa il marchionimo entra in una semiosfera che comporta proprietà sociali e utilitarie, indispensabili per raggiungere scopi di lucro ovvero commerciali[32], creando intorno a sé una "storia", una "filosofia" o una "personalità", cioè un significato che si estende proporzionalmente alla notorietà dell'oggetto della commercializzazione. Nella teoria della marca, il nome

---

31 Cfr. Gabrielli 2012: 19.
32 Cfr. Gałkowski 2022a: 305.

del marchio acquista la capacità di illustrare, raccontare, spiegare (Fabris, Minestroni 2004: 222).

Lo sviluppo della funzione del marchionimo inteso in questi termini è un atto culturale di persuasione conosciuto nel discorso della pubblicità[33], ma prima di poter assumere questa facoltà, il nome del marchio deve nascere, cioè emergere da un atto di strutturazione e fissazione nell'uso come unità denominativa cui si dà la vita in modo intenzionale e progettato. È il compito degli atti di un'onomaturgia specifica, non lessicale, ma sempre riflessa nella lingua.

1.1.4. Stato della ricerca nella marchionomastica italiana

Fra i rilevanti studi dedicati alla marchionimica italiana occorre menzionare un ciclo di pubblicazioni di Paola Cotticelli Kurras che ha proposto una classificazione dei marchionimi funzionanti nell'area italiana nel XX e XXI sec.[34], considerandoli spesso come elementi del discorso pubblicitario in cui i nomi dei marchi sono inseriti[35], ma anche configurandoli come messaggi trasparenti in sé stessi.

> Il messaggio pubblicitario italiano si basa costantemente su un alto grado di trasparenza semantica e ciò si registra a diversi livelli: sia nell'impiego di determinate tecniche morfologiche sia nel modo di utilizzo delle lingue straniere. A livello morfologico si registra un ampio impiego di nomi esistenti rispetto alle neoformazioni, con un ritorno a nomi descrittivi e tradizionali espressi attraverso complessi sintagmi nominali del tipo *Salumi delle colline torinesi* [...]. L'uso di elementi extragrammaticali è riservato alla categoria dei farmaconimi, i cui principi attivi rimangono più o meno oscuri a livello lessicale, tuttavia in quanto categoria sempre riconoscibile grazie alle sue tipiche caratterizzazioni suffissali in *-il*, *-ina*, *-in* (Cotticelli Kurras 2012: 99).

Anche Enzo Caffarelli dedica una certa attenzione all'argomento della creazione e del funzionamento dei marchionimi italiani. L'onomasta ha sviluppato l'idea dei nomi commerciali, da una parte designanti i referenti aziendali, dall'altra, i prodotti o servizi[36]. Molto rivelatori per l'analisi dell'iter formativo dei marchionimi sono stati i risultati di una sua ricerca pionieristica sulla farmaconimia.

---

33 Cfr. Danesi 2009: 18–23.

34 Nell'emabito di questo tema, la studiosa ha pubblicato numerosi saggi (p.es. Cotticelli Kurras 2008; ead. 2012a; ead. 2012b; ead. 2012c; ead. 2013; ead. 2014).

35 Il problema studiato anche insieme a Enzo Caffarelli (vd. Cotticelli Kurras, Caffarelli 2013; cfr. p.es. Caffarelli 2012a; id. 2012b; Muselmann 2012; Kuhn 2013). L'argomento allargato all'analisi dell'enunciato pubblicitario passa anche ad approcci di *marketing* e semiotica visiva del marchio e della marca (cfr. Monachesi 1993; Marrone 2007: spec. Cap. 5; Cotticelli Kurras, Trovato, Vigolo 2012; Rossolatos 2017).

36 Si possono indicare i lavori come Caffarelli 2012a, id. 2012b, id. 2016a, id. 2016b, ma anche tanti altri, fra i quali brevi interventi scientifici e divulgativi che si citano in questo volume e si possono tracciare nella bibliografia onomastica italiana

L'autore si è occupato della sistemazione dei farmaconimi denominati per mezzo di termini specialistici, p.es. *patonimi, patoidonimi, meronimi, dinamonimi, fisionimi, zetesionimi, ilonimi*, ecc. (Caffarelli 2016b: 725–728)[37].

Un importante contributo, nell'avanzamento della ricerca sulla marchionimia italiana, spetta inoltre a Maria Chiara Janner che ha preso in esame la problematica della morfosintassi dei nomi di marca in italiano[38]. La studiosa spiega l'essenza della sua analisi nel modo seguente:

> Ricalcando le formule del marketing, questo lavoro si potrebbe definire uno studio di *brand integration* in prospettiva linguistica, una riflessione sull'inserimento delle marche nel discorso. La sua forza innovativa consiste nell'impostazione sperimentale con cui indaga i marchionimi in prospettiva testuale e sintattica, considerando gli usi effettivi da parte degli utenti della lingua con un'attitudine puramente descrittiva. I nomi commerciali vi sono considerati nella loro natura processuale: non come entità ontologicamente predefinite, bensì come il risultato di relazioni sintagmatiche e paradigmatiche che è possibile cogliere grammaticalmente studiando le proprietà combinatorie che tali nomi, di volta in volta, manifestano all'interno della proposizione (Janner 2017a: 17).

I lavori di Janner presentano una qualità specialistica innovativa negli studi onomastici, ma anche linguistici e nella comunicazione di *marketing*. Connettendo la prospettiva grammaticale con quella testuale, l'autrice è riuscita a proporre soluzioni che completano le teorie strutturali sul marchionimo come unità a sé stante. Nella prassi comunicativa, l'unità marchionimica compare con le sue caratteristiche lessicali come parte di un contesto in cui è l'argomento *pivot* oppure un supporto di un dato messaggio nel suo uso effettivo. "Il valore [...] del marchionimo è dato dall'insieme delle proprietà combinatorie che emergono dall'analisi morfosintattica della proposizione" (ibid.: 312).

In questa revisione dello stato della ricerca bisogna ribadire che la marchionimia italiana, ma anche quella internazionale introdotta nell'area italiana (e soprattutto quella lessicalizzata), è stata sottoposta ad altri approcci, fra cui l'approccio diacronico e comparativo (p.es. Fraccaroli 2008; Cotticelli Kurras 2012c; Ventura 2021; Gałkowski 2016b); l'approccio lessicografico (p.es. Zardo 1996; id. 2007; Riolo 2007); l'approccio lessicologico (p.es. Zardo 1997; Rossi 1998; Frigerio, Tenchini 2017; Caffarelli 2023); l'approccio terminologico e linguistico-settoriale (p.es. Fischer 2008; Tizer 2015; Coletti 2010; Caffarelli 2018d); l'approccio comunicativo interculturale al livello internazionale (p.es. Fábián 2002; Caffarelli 2008; id. 2016a); l'approccio glottodidattico (p.es. Gilardoni 2020; Gałkowski 2023: Par. 2.4 e Sez. 3.1.4); l'approccio rivolto alla relazione nome di marchio – oggetto della

---

aggiornata ogni anno sulla *Rivista Italiana di Onomastica* dallo stesso autore e redattore dirigente il periodico.

37 Cfr. Gucciardo 2004; id. 2009.

38 Particolarmente Janner 2017a; anche ead. 2012 e ead. 2017b.

denominazione (p.es. Muselmann 2012; Caffarelli 2013; Cotticelli Kurras 2021); l'approccio linguistico e onomastico-commerciale, teorico e generale (p.es. Monachesi 1993; Danesi 2008; id. 2009; Marrone 2007; Cotticelli Kurras 2008; ead. 2012a; ead. 2013; ead. 2014; Kuhn 2008; ead. 2013; Logozzo, Gwiazdowska, Acri 2009; Gałkowski 2009b; id. 2015a; Caffarelli 2012a; id. 2012b; Janner 2012; ead. 2017a; ead. 2017b; Frigerio, Tenchini 2017); l'approccio interdisciplinare (p.es. Salmon 2007; Gabrielli 2012; id. 2014; Groblińska 2022).

Si possono, infine, indicare alcuni lavori che presentano i risultati di indagini su un tipo di marchionimi scelto (in riferimento ai loro oggetti di denominazione), p.es. i nomi nel settore alberghiero e della ristorazione (Serianni 1978; Caffarelli 2014b; id. 2015); i nomi nel settore alimentare (p.es. Zilg 2006a; ead. 2006b); gli enonimi italiani (Gilardoni 2017); i nomi delle auto (Caffarelli 2014d; id. 2016c); i nomi delle agenzie di viaggio (id. 2000); la farmaconimia (Gucciardo 2004; id. 2009; Caffarelli 2016b); ecc.

1.1.5. Stato della ricerca nella marchionomastica polacca

In Polonia, gli studi rivolti specificamente verso la marchionimia occupano un significativo posto nell'odierna ricerca crematonomastica e, in generale, onomastica e interdisciplinare. I loro risultati vengono, prevalentemente, pubblicati in lingua polacca. Pertanto, non trovano grande ricezione fuori dall'ambito nazionale e slavo. La ragione di questo è anche la materia analizzata: solitamente sono raccolte di marchionimi polacchi.

Pochi onomasti polacchi cercano di pubblicare in lingue occidentali, come l'inglese, il tedesco, il francese o l'italiano[39]. Se opportuno, perché si capisce la necessità di far interessare degli studi locali anche gli esperti stranieri, utilizzano anzitutto la lingua inglese come codice internazionale più diffuso nella comunità scientifica del mondo.

Tutti i lavori onomastici, fra cui anche quelli riferiti al campo della crematonimia di *marketing*, vengono riportati dai bollettini della bibliografia onomastica polacca (BOP[40]). Sin dai primi anni del XXI sec., ogni anno si pubblicano in

---

39 Tra gli italianisti polacchi, il campo di studi onomastici attira l'attenzione nostra e di altri studiosi nel Dipartimento di Italianistica dell'Università di Łódź. Ed è, particolarmente, l'italianità negli onimi di diverse categorie che viene sviluppata come tesi degli studi, p.es. negli odonimi polacchi (Ozimska 2021), nei crematonimi associativi e di *marketing* (Groblińska 2019; id. 2022), oppure come parte delle ricerche sugli italianismi nuovi nella lingua polacca (IVLW). In altri centri italianistici polacchi, alcuni studi onomastici che si intraprendono, vengono indirizzati piuttosto verso l'antroponimia e la deonimia (p.es. Pronińska 2015; Miłkowska-Samul 2017).

40 L'informazione dettagliata su tutti i volumi cartacei pubblicati dal 1960 viene riportata in un nostro articolo sullo sviluppo della crematonomastica polacca (Gałkowski 2022b: 65–66). Oggi, la recente bibliografia onomastica polacca, è accessibile anche in Rete sulla piattaforma https://bibonom.ijp.pan.pl/, u.a. 21.12.2023.

Polonia decine di articoli e capitoli che trattano vari aspetti della marchionimia, soprattutto la sua strutturazione, ma anche problemi teorici e interdisciplinari (commerciali, pubblicitari, linguistico-culturali, testuali, perfino letterari).

È comparsa anche qualche monografia, fra cui una nostra nella sua II edizione (Gałkowski 2011a[41]), in cui alcuni capitoli sono stati dedicati ai crematonimi di *marketing* nel contesto comparativo polacco-italiano-francese. Da quello che si può osservare, il nostro libro sulla *crematonimia utilitaria* ha dato alla luce un certo filone di sviluppo degli studi crematonomastici in Polonia, trovando interesse fra gli specialisti di onomastica "tradizionale" e molti addetti ai lavori, studenti e dottorandi, polonisti e linguisti in altre aree, che hanno scritto le loro tesi di laurea o di dottorato oppure di post-doc, su argomenti marchionomastici.

Contemporaneamente o subito dopo, sono state pubblicate anche altre monografie, p.es., un volume post-convegno sulla crematonimia come "segno dei nostri tempi" (Biolik, Duma [a c. di] 2012) contenente molti capitoli marchionomastici[42]; un libro sui logonimi degli oggetti economici nella fine del XX sec. (Frankowska-Kozak 2009); uno studio comparativo sugli ergonimi commerciali nello spazio linguistico polacco e russo (Szelewski 2010); una monografia sui nomi di negozi e strutture di servizio nello spazio urbano (Siwiec 2012a).

In anni più recenti, nell'area marchionomastica polacca si possono indicare altri volumi interessanti dedicati ad argomenti specifici come: crematonimia ferroviaria (Tomasik 2016); marchi di vodke (Stelmach 2019); firmonimi in una prospettiva visuale (Borowiak 2021); farmaconimia (Tomasik 2021); crematonimia funeraria (Puda-Blokesz 2021); ecc.

Oltre i libri, si dovrebbero menzionare vari cicli di articoli degli stessi o altri onomasti e linguisti polacchi, a volte in collaborazione con autori ed esperti di diverse aree slave. I primi compaiono all'inizio degli anni 1990. A titolo esemplificativo si indichino, p.es., Przybylska 1992: nomi di aziende; Rzetelska-Feleszko 1994: *trend* nell'uso dei nomi di negozi; Rutkowski 2003: relazione tra nomi commerciali e *marketing*; Sojka-Masztalerz 2004: firmonimi polacchi e ucraini messi a confronto; Walkowiak 2013: elementi stranieri nel *branding* polacco; Myszka 2017: modelli strutturali dei marchionimi a cavallo tra il XIX e il XX sec.; Rutkiewicz-Hanczewska 2019: limiti dei processi onomaturgici nella marchionimia contemporanea.

Praticamente in tutti i centri onomastici polacchi (università o istituti di ricerca in diverse città: Białystok, Breslavia, Bydgoszcz, Cracovia, Danzica, Lublino, Łódź, Olsztyn, Poznań, Rzeszów, Stettino, Varsavia, Zielona Góra) si

---

41 La I edizione è del 2008.

42 Il volume è il frutto di una conferenza onomastica MiOKO (*Międzynarodowa i Ogólnopolska Konferencja Onomastyczna* lett. Conferenza internazionale e polacca di onomastica) che ricorre in Polonia ogni due anni a partire dagli anni '60 del XX sec. Gli atti della conferenza negli ultimi 20 anni raccolgono sempre un numero ragguardevole di capitoli crematonomastici (anzitutto marchionomastici).

potrebbero specificare gruppi di autori e numerose pubblicazioni che riportano ricerche marchionomastiche, originali e innovative, ma maggiormente in lingua polacca. Molti progetti su questo argomento sono tuttora in corso.

1.2. Formazione marchionimica

La problematica della formazione marchionimica si scontra con un concetto meno diffuso negli studi onomastici, e cioè quello dell'onomaturgia. Il termine dell'onomaturgia nella sua resa fondamentale è dovuto ad una proposta di Bruno Migliorini registrata nel sottotitolo di uno dei suoi lavori lessicografici del 1975 *Parole d'autore*[43]. Il linguista ricordava che la voce *onomaturgia* compariva in Proclo, invece il suo derivato *onomaturgo* nel *Cratilo* (Migliorini 1975: 3)[44]. Apparentemente, sono nozioni che risalgono all'Antichità. È comunque vero che da Migliorini ricevono un significato linguistico stretto e limitato ai fatti della lingua generale. L'onomaturgia migliorininiana[45] equivale alla formazione delle parole d'autore; l'onomaturgo è allora il creatore o produttore delle parole d'autore.

> Si chiama *quadro d'autore* quello che dimostrabilmente risale a un autore determinato; similmente è stata detta parola d'autore quella che è stata coniata da una persona nota, in un certo tempo, in un certo luogo. [...] un astronomo che scopre in cielo una cometa non ancora mai osservata, una combinazione di colori nuova e gradevole, un gas diverso da quelli noti, una di quelle mille cose che finora non ha trovato che le designi, dà la spinta all'onomaturgo o a qualche suo amico per coniare una parola che serva a distinguere il nuovo oggetto e la nuova nozione e a identificarlo quando se ne debba parlare (Migliorini 1975: 3).

Per parole d'autore s'intendono soprattutto i neologismi ovvero le neoformazioni che passano nel repertorio lessicale di una data lingua. È questa una prima definizione dell'onomaturgia, ripresa anche da Treccani: "[c]reazione, invenzione di parole nuove, in quanto sia operata da una determinata persona e in un certo tempo"[46]. Nell'Enciclopedia si ammette che l'onomaturgia è "anche lo studio linguistico relativo alla coniazione di parole nuove" (ibid.).

Queste sono le due accezioni lessicologiche del concetto di onomaturgia. In questa sede vogliamo, comunque, vedere in esso una certa estensione della sua

---

43 Gli equivalenti termini in altre lingue, p.es. spagn. *onomaturgia*, pol. *onomaturgia*, ingl. *onomaturgy*, sono ancora poco usati (cfr. p.es. Álvarez de Miranda 2009; Gałkowski 2012e[2024]; id. 2014d; Robinson 2011).

44 Cfr. Fanfani 2011: 1055; Adamo, Della Valle 2017: 25–26.

45 L'espressione utilizzata nel titolo dell'articolo di Massimo Fanfani (1997), ivi anche l'interpretazione dell'idea di onomaturgia (ripresa anche da id. 2011 nella descrizione enciclopedica del lemma *parole d'autore*).

46 In Rete: https://www.treccani.it/vocabolario/onomaturgia/, u.a. 24.10.2023. Cfr. anche Smółkowa 2001: Par. I.1.

applicazione all'area creativa dell'onimia, e specialmente della marchionimia, oggetto di alcune branche interdisciplinari della "neo-onomastica" che considerano la creazione e l'introduzione di un marchionimo nella comunicazione un atto di *parole* con *vocazioni onomaturgiche* (Venturi 2020: 208)[47].

In quanto operazione che costituisce uno strumento della formazione delle parole, l'onomaturgia conferisce opportunità di arricchimento del vocabolario nel sistema linguistico, soprattutto in seguito a processi morfo-lessicali, ma anche semantici e sintattici. Anche nella sfera onimica è possibile, e molto congruo, parlare di effetti di arricchimento che non concernono più il lessico, ma sul lessico si modellizzano. In molti casi i marchionimi come neologismi potrebbero passare per *«parole di un momento», soltanto «occasionali»* (De Mauro 2006: 96). Tuttavia, l'"occasione" della loro comparsa, di principio, non è un *evento del momento* (cfr. Adamo, Della Valle 2017: 26), giacché tale evento viene ufficializzato e diventa duraturo, reificato come marchio e traccia storica non cancellabile di una data occorrenza riconosciuta nella comunicazione commerciale.

1.2.1. Onomaturgia marchionimica

Un ulteriore sviluppo delle idee migliorininiane pretende che l'onomaturgia comporti "ogni individuale atto di *parole* che porta alla coniazione di una voce [e] deve necessariamente rispecchiarsi e confluire nella lingua" (Fanfani 2011: 1055). Nell'area marchionimica, e particolarmente in quella sua prospettiva che consiste nell'uso di elementi stranieri nella formazione di strutture nuove nella lingua ricevente, ogni atto formativo è un atto di onomaturgia, in questa sede chiamata *onomaturgia marchionimica*. Usiamo, probabilmente, questo termine per la prima volta negli studi onomastici[48], nonostante la materia scientifica posta dietro al concetto di onomaturgia marchionimica esista e si investighi in modo molto dinamico da alcuni decenni in diverse aree linguistiche.

Allargando le possibili accezioni dell'onomaturgia marchionimica non oltrepassiamo l'orbita della creatività nella lingua per scopi pragmatico-comunicative e sociali, giacché l'area onomaturgica motivata dall'influsso di una lingua sull'altra implica un'intenzionalità quasi sociotecnica.

Il frutto dell'onomaturgia marchionimica, nel contesto che ci interessa in questa sede di più, sono formazioni nuove nella lingua ricevente che sin dalla

47 Cfr. Ronneberger-Sibold 2015; Raso 2017.

48 Invece è possibile trovare la collocazione *onomastica toponimica* (Randaccio 2015: 184). Potrebbe essere un'interpretazione dell'ormai classica espressione *fantasia onomaturgica* (oppure *onomaturgia fantasiosa*; cfr. "insegne di fantasia", Rossi 1998) coniata da Giovanni Battista Pellegrini (1990) in riferimento all'opportunità di creazione di nuovi toponimi, soprattutto in qualità dei microtoponimi, ma usata anche in altri contesti. Tra gli esempi delle collocazioni simili va anche notato il termine *estro onomaturgico*, utilizzato soprattutto negli studi letterari.

loro nascita si caricano del ruolo di *mediatori culturali* (ingl. *cultural mediators*, Bugheşiu 2013).

1.2.2. Formazione italianeggiante

Essendo lingue vive, l'italiano e il polacco manifestano una naturale e dinamica capacità produttiva, che non si può frenare o respingere nella civiltà contemporanea. Fa parte di questa capacità la proliferazione dei marchionimi, in un'importante quantità, risultato dall'interferenza linguistica. Nel caso che ci interessa in questa indagine possiamo, tuttavia, parlare di un'interferenza unidirezionale: dall'italiano verso il polacco. L'operazione opposta praticamente non avviene ed è difficile immaginarla come avverabile[49]. Neanche è possibile pensare ad un contesto storico in cui la cultura e/o la lingua polacca avrebbe potuto svolgere qualche effetto vistoso o minimo che sia nell'interazione con la cultura o lingua italiana.

Il termine *marchionimi italianeggianti* lo coniamo sul modello di un altro simile proposto da Enzo Caffarelli (2018a): *marchi italianeggianti*. Sono formazioni di varia etiologia strutturale, non limitata solamente alle creazioni che assomigliano a neologismi italiani puri o ibridi, ma anche a unità di provenienza delessicale o deonimica, nonché desintagmatica, marchionimizzate, ottenute in seguito alla ripresa e trasposizione (onimizzazione o transonimizzazione) di intere voci (lessicali od onimiche) ed enunciati italiani.

L'onomaturgia italianeggiante, ossia con qualsiasi tipo di impronta italiana nella formazione dei marchionimi, è stata ed è di continuo l'oggetto di vari studi di autori italiani e stranieri su scala assai larga, ciò è direttamente proporzionale alla reale presenza degli elementi italiani nella marchionimia internazionale e all'interesse dimostrato di fronte a questa opportunità da parte degli onomaturghi e utenti delle lingue.

In Italia, lo stesso Enzo Caffarelli si è occupato, p.es., dei nomi italiani delle pizzerie in alcune parti del mondo[50], dei nomi italiani di autovetture prodotte fuori dall'Italia[51]. Pertinenti anche alla luce dei risultati della nostra ricerca, sono le osservazioni dell'onomasta italiano riguardo l'onimia automobilistica internazionale marcata dal riferimento alla lingua-cultura italiana.

> [La] ricca presenza di nomi italiani nell'industria automobilistica può spiegarsi almeno in vari modi, in parte complementari. Il primo riguarda il passaggio da nome comune a nome proprio di parole italiane che godono fama internazionale e

---

49 Uno dei rari esempi che potrebbe contraddire ciò è la marca del produttore polacco di finestre, porte, ecc. *Oknoplast*. Il nome è un neologismo parzialmente ibrido (s.sg.m. pol. *okno* 'finestra' + internaz. *plast-* < p.es. ingl. *plastic*). Il marchionimo passa per una struttura semplice e propensa all'internazionalizzazione, comunque i nessi di due consonanti come *kn* o *pl* non sono naturali per la pronuncia italiana.

50 Vd. Caffarelli 2014a; id. 2014b; id. 2015.

51 Vd. id. 2014c; cfr. id. 2014d: 501–503.

> vengono normalmente usate in molte lingue, come la terminologia musicale. Una seconda ragione concerne il prestigio che l'industria automobilistica italiana può vantare nel mondo, grazie in particolare al settore delle auto da corsa. Una terza consiste nella fama di luoghi turistici e di vacanza, puntualmente scelti quali denominazioni evocative da varie case straniere. Infine, esiste una motivazione squisitamente linguistica: quando, per dar nome ai nuovi modelli, negli ultimi decenni, non si è attinto al bacino dei nomi propri già esistenti e si è cercato, sia nel lessico comune, sia con nomi di fantasia, voci la cui veste fonetica garantisse facile pronuncia, riconoscibilità e memorizzazione semplice, la lingua italiana (o il latino e il greco che ne sono alla base) ha fornito parole per lo più bisillabi, uscenti in vocale, in cui pronuncia e grafia si corrispondono. Tutto ciò spiega la presenza di nomi italiani nell'apparenza o nella sostanza anche in aziende dell'Estremo Oriente (Caffarelli 2014d: 503).

I pregi formali dell'italiano come base linguistica della marchionimia internazionale vengono estrapolati anche da altri autori che hanno notato questo fenomeno globale. In modo speciale risalgono, in una prospettiva a favore delle risorse italiane, alla produzione dei marchionimi nel settore gastronomico; ciò è dovuto ad un'altra (e forse la prima) fama attribuita ad una sfera della cultura e dello stile di vita in Italia, e cioè alle caratteristiche peculiari della cucina italiana. I nomi italiani costituiscono in questa circostanza firme di autenticità oppure dei tentativi di autenticazione e avvicinamento alla qualità italiana nell'offerta gastronomica di cibi locali e degli stessi prodotti commercializzati come italiani, spacciati o contraffatti come italiani o semplicemente ispirati al mondo alimentare italiano[52].

Effettivamente, *il nome non inganna* (Cotticelli Kurras, Wahl 2015), come viene confermato da vari lavori in merito riferiti soprattutto all'area germanofona che da tanto tempo e senza ostacoli (esistenti, p.es., in Polonia durante tutta la dura epoca del comunismo) assorbe l'apporto sostanziale della cultura italiana in diverse sfere[53].

Un contributo ragguardevole e iniziante un filone di studi internazionali dei marchionimi italianeggianti in Germania, lo si deve a Klaus Gabriel (2003) e a Elke Ronneberger-Sibold (2005). Nella scuola della marchionomastica tedesca fondata all'inizio del XXI sec., sono stati pubblicati da Marie Antoinette Rieger importanti studi in merito ai nomi commerciali italianeggianti. L'autrice ha esaminato l'aspetto pseudo-italiano dei marchionimi nei paesi germanofoni e altri, notando l'impatto svolto dagli effetti dell'*Italian Sounding* nella formazione dei nomi commerciali nella sfera di consumo (Rieger 2013)[54].

---

52 Cfr. Bernhard 2006; Casini 2015.

53 Sugli italianismi in rapporto alla marchionimica tedesca vd. p.es. Grassi 1987; Rovere 2006; id. 2009; Gannuscio 2009.

54 Cfr. anche Rieger 2009a; id. 2009b; id. 2012a; id. 2012b; id. 2017.

L'aspetto pseudoitaliano della marchionimia ha attirato l'attenzione degli specialisti in varie discipline dell'area tedesca, p.es. rivolte all'analisi della comunicazione di *marketing* in cui il fenomeno *Italian Sounding* è molto visibile e motivante per le scelte consumistiche[55].

La Germania e altri paesi europei sono territori fisicamente e culturalmente vicini (cfr. Sez. 1.3.2) all'Italia, ma i contatti di natura onomastico-commerciale con l'italiano si verificano anche in altre parti del mondo. Sono effetti di una globalizzazione profonda che riguarda oggi il mondo intero, in cui tutto circola senza difficoltà, dagli enti economici ai nomi che designano questi enti.

Molti linguisti studiano questa dinamica situazione dell'italiano nel *Linguistic Landscape* (LL) di vari paesi, anche esotici[56], in cui le denominazioni italianeggianti si distinguono tra le proposte denominative locali e altre straniere, incontrate letteralmente "per strada", p.es. sulle insegne di aziende commerciali (negozi, ristoranti, bar, saloni di bellezza, ecc.). "L'insegna – sostengono Carla Bagna e Monica Bargni (2007) – è [...] in grado di dare visibilità ai tratti ritenuti più pertinenti per trasmettere l'italicità"[57]. Secondo noi, le insegne svolgono in questo modo scopi pragmatici caratteristici per enunciati proposti come portatori di un messaggio, suggerimenti comunicativi e valori culturali[58].

Lo stesso fenomeno e simili reazioni pubbliche dinanzi alle denominazioni italiane sulle insegne, prodotti, documenti, supporti informativi di varia natura, si possono osservare nella realtà pubblica in Polonia. È un *signum temporis* tracciato su scala globale. Secondo Carla Bagna (2017: 148) "the Italian language has

55 Vd. Francioni, Albanesi 2017. Il problema è studiato da molti decenni (vd. p.es. Stegu 1997; Ille 2009; cfr. Yorkston, Menon 2004). Anche qui si osserva che l'apporto di elementi italiani nell'operazione di formazione dei marchionimi è motivato da un alto grado di trasparenza dei costrutti incorporati in questo settore funzionale del tedesco (cfr. Ronneberger-Sibold 2015: 2203). Le testimonianze di questo fenomeno sono state osservate anche nell'area anglofona, dovute alla visibilità degli pseudoitalianismi e altre forme italianizzanti nell'inglese britannico e americano (cfr. p.es. Brincat 1991; Hajek 2002; Iamartino 2002; Haller 2009; Furiassi 2012; cfr. Vedovelli 2018a; id. 2018c). Riguardo altre aree linguistiche vd. p.es. Fantuzzi 2011 (area francese); Vavarro Salazar 1991 (area spagnola); Mercatanti 2010 (area scandinava); Costantini 2018 (area bulgara); Fábián, Szabó 2010 (area ungherese).

56 Cfr. p.es. Vedovelli 2006; Vedovelli, Machetti 2006; Miani, Merola 2012; Coluzzi 2017.

57 Sulla questione dell'*italicità* vd. p.es. Bombi, Orioles 2011 (cfr. anche Cola 2021: 10–12). Altri lavori della scuola linguistica senese intrapresi con questi presupposti sull'*italiano di contatto* sono, p.es., Bagna 2006; ead. 2009; Bagna, Machetti 2012.

58 Come altri elementi onimici esposti nell'area pubblica delle città le insegne potrebbero essere considerate come una categoria di urbanonimi o, più specificamente, *urbacrematonimi* che creano una nomenclatura e uno spirito particolare del linguaggio prodotto da vari nomi visibili nel LL (cfr. Bieńkowska, Umińska-Tytoń 2019: 85; Teutsch 2008).

become the second language after English as a presence in the contexts of public communication, overcoming every boundary".

1.2.3. Circoscrizione della formazione italianeggiante in Polonia

L'onomaturgia marchionimica italianeggiante in Polonia non è stata finora oggetto di studi monografici come in questo volume. L'argomento ha, tuttavia, trovato un necessario interesse da parte degli onomasti e linguisti polacchi. Nella maggior parte degli studi intrapresi si trattava di ricerche che vertevano su *corpus* dei nomi commerciali di una data area tematica (legata ad una classe omogenea di oggetti, p.es. locali di ristoro) oppure di un'area fisica (p.es. la crematonimia di *marketing* registrata in una città), in cui i marchionimi strutturalmente influenzati dall'italiano facevano parte di un insieme di nomi commerciali di varie caratteristiche strutturali[59].

L'inizio degli studi marchionomastici in Polonia è segnato da relativamente pochi interventi pubblicati nel periodo del dopoguerra fino agli anni '80 del XX sec.[60] Nei primi anni '90 questo settore dell'onomastica polacca ha accelerato il suo sviluppo diventando oggi un importante campo di studi su onimi polacchi e internazionali all'interno della crematonomastica che implica studi sui nomi presenti negli spazi pubblici, ma con un particolare rilievo che concerne i marchionimi.

Nella prima fase di crescita delle ricerche crematonomastiche polacche, l'attenzione è stata posta sulle denominazioni dette in polacco *nazwy firmowe* 'nomi aziendali' (Lewandowski 1992) o *nazewnictwo przemysłowo-usługowe* '*naming* industriale e dei servizi' (Kopertowska 2001) come riflesso di una nuova situazione economica avvenuta in Polonia dopo il 1989, cioè alla fine del regime socialista. Allora come anche adesso, era e rimane un'area in cui la crematonimia di *marketing* è la più rappresentata e avvincente non solo per gli onomasti.

Come in altri paesi, ma in Polonia solo negli anni tra il 1990 e 2000, questa problematica è entrata in una fase di riflessione più applicativa, notevolmente legata al *branding* e alla comunicazione commerciale. Validi fino ad oggi, compendi in questo settore sono stati pubblicati non da onomasti o linguisti, ma da esperti dei processi economici e del linguaggio del *business*. Si chiedevano come chiamare in modo più riuscito una ditta o un prodotto; quindi quale nome poteva

59 In un primo tempo gli influssi stranieri si consideravano testimonianze della cosiddetta "esoticizzazione" manifestata dall'uso di elementi di lingue occidentali nella MPL, tra l'altro dell'italiano (cfr. Przybylska 1992; Nowowiejski 2007; Ułańska 2009). Cfr. Ramat 2006.

60 Alcuni tentativi di studi linguistici in questo settore si potrebbero tracciare anche prima della Seconda guerra mondiale, p.es. quello di Zenon Klemensiewicz (1937).

funzionare al meglio come marchio linguistico di un ente nella nuova realtà socio-economica[61].

A quell'epoca, anche noi ci siamo interessati di questa problematica, che da allora fornisce sempre nuove domande di ricerca sulle *strategie pragmatiche e onomastiche del branding aziendale* (Gałkowski 2005). La particolare focalizzazione è stata posta sull'argomento cui ritorniamo con questo volume per completare, ma soprattutto per sviluppare e sistemare la questione degli influssi italiani nella MPL[62]. In questa scala, per quanto sappiamo, non è stata affrontata da nessun altro autore[63].

1.3. Italianità

L'italianità è uno dei termini chiave in questa ricerca. È un concetto astratto che va inteso in ampio senso. Codifica un insieme di espedienti che rappresentano, evocano e simboleggiano l'Italia, gli italiani, la loro storia e la storia del loro Paese con tutte le sue diversità, la lingua e la cultura italiana, i patrimoni linguistici e letterari, l'arte, la gastronomia, i prodotti commerciali, ma anche i paesaggi, il caratteristico ambiente naturale, l'architettura, l'infrastruttura e perfino una specifica mentalità, pregi e difetti che insieme a vari stereotipi caratterizzano il popolo italiano e la terra in cui gli italiani vivono[64].

---

61 P.es. Zboralski 1995; id. 2000. Per più dettagli ed anche indicazioni bibliografiche vd. Gałkowski 2011a; id. 2011c; id. 2022b.

62 I primi due dei nostri lavori dedicati a questi studi sono stati pubblicati all'inizio degli anni 2000 (Gałkowski 2002; id. 2003). Abbiamo ripreso questa ricerca dieci anni dopo (id. 2014; id. 2015), ma anche in alcuni studi successivi (p.es. id. 2017), vedendo sempre la necessità di sistemazione più approfondita di questo vitale fenomeno nella formazione della MPL.

63 Cfr. Walkowiak 2013.

64 Per lo sviluppo di queste idee che alimentano il concetto di italianità vd. p.es. Malato 2003; Pressburger 2003; Mattarucco 2012; Rieger 2012b; Stammerjohann 2013; Marazzini 2015; Mazzei 2017; Pizzoli 2017; ead. 2018a; Cola 2021. Oggi, come segnalato sopra (cfr. Introduzione e nota 57), questo concetto avrebbe anche un suo coadiuvante: *italicità*. "I termini «italicità» e «italico» sono stati usati per lungo tempo dagli storici per definire le popolazioni rivali, poi sconfitte dai Romani. Al giorno d'oggi la parola ha assunto (o, per meglio dire, aggiunto) un significato nuovo: l'italico è un membro della vasta rete o aggregazione globale che si basa sui valori condivisi di una civiltà a cui hanno sì partecipato anche i popoli italici della tradizione, ma che si sviluppa sia attraverso la storia romana sia quella cristiana e in seguito quella rinascimentale, moderna e, oggi, quella postmoderna che caratterizza l'Italia, i territori italici come la Svizzera italiana, la Dalmazia, l'Istria, San Marino e Malta e tutti i luoghi in cui risiedono gli italici contemporanei o in cui arriva l'italicità valoriale, culturale ed economica" (Roić 2006: 8). Cfr. Orioles 2014; id. 2015.

1.3.1. Italianità come italianismo

Intendiamo quindi l'italianità attraverso il prisma endoptico, volto all'interno della sua manifestazione nazionale, ma anche attraverso un prisma esoptico, che crea opportunità per studiarla all'esterno della sua fonte, p.es. tramite gli influssi linguistici e culturali in altre lingue e culture[65].

Nel senso inteso come modalità d'ispirazione o perfino modello da adottare, l'italianità può essere ricondotta al concetto di *italianismo* osservato nella lingua-cultura, ma anche nella letteratura, nelle arti visive, nell'architettura, nella musica, nella filosofia, nell'educazione, nel pensiero ideologico, ecc.[66]

Il discorso dell'italianità come area culturale di riferimento è stato individuato in seguito alla formulazione e alla fissazione di certi giudizi e pregiudizi internazionali, validi da secoli, che attribuivano e attribuiscono a questo discorso un alto grado di primato nello sviluppo e nell'arricchimento culturale, ma anche linguistico, delle intere nazioni e delle loro strutture (cfr. Boaglio 2008).

Come ricorda Wojciech Tygielski, citando Roman Pollak (attivo negli anni '20 del XX sec.), l'italianità costituirebbe il modello di interazione della cultura italiana (Tygielski 2005: 583). Una tale interazione era sempre accettata in Polonia. La cultura italiana, sosteneva Pollak, non era mai negativa e faceva da alternativa attraente di fronte alle culture "aggressive" come p.es. la cultura tedesca (ibid.: 584). L'umanista polacco del periodo della Seconda Repubblica di Polonia (fra le due guerre mondiali) era dell'opinione che la cultura italiana influenzò positivamente le caratteristiche nazionali polacche, aiutò a superare il passivismo tipico degli slavi, sviluppò il culto della bellezza e la propensione a varie iniziative. Ha persino risvegliato lo spirito nazionale, stimolando le comuni aspirazioni all'indipendenza, non potendo paragonarsi a nessun'altra cultura europea con cui la Polonia ebbe qualche contatto (ibid.: 586)[67].

1.3.2. Italianità bene comune

Il discorso dell'italianità ha valorizzato e valorizza di continuo la convinzione del ruolo dell'Italia come Paese stimolante il potenziale intellettuale, estetico e sociale paneuropeo ed extraeuropeo[68]. Con tutto il suo patrimonio che si cercava

---

65 Tra l'altro nell'area polacca vd. Zawadzka 1976; Borejszo 1977; ead. 2007; Umińska-Tytoń 1992; Widłak 2000; id. 2009; id. 2010; id. 2017; Zawilska 2006; Gałkowski 2011b; id. 2014b; id. 2015b; id. 2017b; Szemberska 2011.

66 Vd. p.es. gli studi sviluppati nei saggi in Coveri [a c. di] 1991; Widłak [a c. di] 1997; Wrześniak [a c. di] 2011; Rojek, Redaelli [a c. di] 2008; AA.VV. 2017; Gałkowski et al. [a c. di] 2021; Kaczmarek et al. [a c. di] 2021.

67 Si segnali il riferimento reciproco negli inni delle due nazionalità, incoraggianti reciprocamente alla lotta per la libertà (cfr. Krząstek, Żak 1997: 31–37).

68 Si vedano, p.es., il contesto americano (ingl. *Italianity* vs. *Italianness*; cfr. Giovinazzo 2018) e il contesto francese (fr. *italianité*, Ulmi 2016).

di conoscere e imitare, l'Italia costituiva dai tempi del *Grand Tour* una "seconda patria" per gli appassionati stranieri che osservavano, studiavano e godevano della sua ricchezza culturale.

Vale la pena ricordare qui una frase attribuita a Henryk Sienkiewicz: pol. *Każdy człowiek cywilizowany ma dwie ojczyzny: własną i Włochy*[69]. L'affermazione viene considerata un aforismo. Ma è in verità una parafrasi delle parole di un tal pittore Świrski, protagonista di una novella sienkiewiczana intitolata *Na jasnym brzegu* (1897)[70]. Conta tutto il contesto in cui si esprime questa convinzione[71].

Osiamo osservare che la trasformazione in un "aforismo d'autore" della riflessione messa in bocca ad un personaggio letterario è probabilmente l'effetto di una sovrainterpretazione dell'opinione universale rievocata dallo scrittore nella sua prosa. È una verità condivisa da molti italofili (come, prima dell'avvento del "turismo di massa", la fascinazione espressa da Wolfgang Goethe in seguito al suo viaggio e soggiorno in Italia nel 1740, ed altri ricordi simili di tanti viaggiatori sulla terra italiana, tra cui scrittori, musicisti, artisti, filosofi, ecc.[72]). Nondimeno, l'opinione sul doppio ruolo di patria svolto dall'Italia viene (in Polonia) comunemente associata al nome dello scrittore polacco, premio Nobel[73].

Quell'idea tanto stereotipata, quanto non priva di ragionamento storico risalente all'antichità romana, veniva esaltata dal propagatore degli studi di lingua e cultura italiana in Polonia, padre Fortunato Giannini (1875–1928), lettore all'Università Jagellonica di Cracovia all'inizio degli anni '20 del XX secolo[74]. L'opinione fu controfirmata da Errico De Marinis, membro del Parlamento italiano e

69 [lett. Ogni individuo civilizzato ha due patrie: la propria e l'Italia; trad. AG].

70 Per la traduzione del titolo vd. la nota successiva.

71 Dice Świrski: *Ja myślę, że każdy człowiek ma dwie ojczyzny: jedną swoją najbliższą, a drugą: Włochy. Bo tylko zastanowić się, to i cała kultura, i cała sztuka, i cała wiedza, wszystko szło stamtąd... Weźmy ot taki renesans... Prawdziwie!... Wszyscy są, jeśli nie dziećmi, to przynajmniej wnukami Włoch...* [Io penso che ogni uomo abbia due patrie: una propria che è la più vicina, e l'altra: l'Italia. Perché solo a pensarci, la cultura, l'arte, il sapere visti complessivamente, tutto veniva da lì... Guardate solo il Rinascimento... È vero!... Tutti, se non figli, sono almeno nipoti d'Italia; trad. AG]. Cfr. la trad. di Maria Capranica Jukoska: "Io penso che ogni uomo ha due patrie, una sua propria, più vicina, e l'altra l'Italia, perché, riflettendo, tutta la civiltà, tutta quanta l'arte e tutta la scienza, tutto proveniva di là..." (ead., *Sulla costa luminosa*, Milano: Casa Editrice Sonzogno, 1903: 93).

72 Cfr. Serianni [a c. di] 2002: 446–453.

73 Cfr. il *blog* al sito https://italjarek.pl/dwie-ojczyzny/, u.a. 15.02.2023.

74 Sfortunatamente per la sua ricezione ulteriore, Fortunato Giannini fu anche propagatore dell'ideologia fascista professata in Italia (vd. Giannini 1923). La opponeva al bolscevismo, ma non la valutava in modo imparziale, ignorando le nefaste conseguenze della dilatazione inarrestabile del fascismo in Italia e in Europa, o condividendo in modo aperto le idee fasciste nella politica e vita sociale, negli anni '20 e '30 del XX sec. vivaci anche in Polonia (cfr. Palmarini 2013: 230–231).

Ministro dell'istruzione dell'epoca, che, riferendosi alla situazione politica incentivata dalla Germania dopo lo scoppio della Prima guerra mondiale, disse:

> Gli ultimi tempi, infatti, per opera specialmente della Germania e per indolenza e convenzionalismo degli italiani, avevano falsato il passato, rinnegando le vere origini della civiltà europea ed il carattere delle varie fasi della storia del pensiero e del progresso. [...] E in questa revisione del pensiero e della vita trascorsa riappare in tutto il suo fulgore la grandezza insuperata della patria nostra, dell'Italia madre della civiltà del mondo. Io spero che nell'avvenire ogni italiano saprà veramente essere orgoglioso della sua grande patria, che fu madre e maestra dell'Europa (Errico De Marinis nel testo intitolato *Italia madre. Italiani e Polacchi*, datato il 16 dicembre 1916; in Giannini s.a.: 182).

La visione dell'Italia "madre" e del "sogno italiano" (Czajka 2017: 10) che funzionava nella consapevolezza collettiva di diverse nazioni europee faceva sì che anche nel contesto polacco si potesse parlare di un consistente e influente intervento formativo della cultura italiana. Apparentemente, la Polonia non riuscì ad approfittare appieno di quella *chance* di modernizzazione (Tygielski 2005: 606). Malgrado si tratti di fatti storici discussi e ridiscussi, non condividiamo questo scetticismo storico[75].

L'Italia ha svolto in Polonia un ruolo stimolante, manifestato in molte aree della sua realtà, rendendola letteralmente più bella, più interessante, più creativa[76]. *Toutes proportions gardées*, questa osservazione concerne anche il polacco non chiuso a quello che proveniva direttamente dall'italiano e arricchiva l'idioma polacco al livello lessicale, terminologico e comunicativo-culturale.

---

75 Questa *chance* epocale presenta sempre le solide fondamenta mentali e di reale contatto. Marek Cichocki (2018: 13–14) constata: "Fin dalle sue origini, la Polonia è stata nell'orbita della principale divisione tra Nord e Sud che ha creato l'Europa e la cultura europea. Da questa divisione e dai costanti tentativi di superarla, è nata la polonità. Questo è uno dei motivi per cui, sulle rive della Vistola, oggi possiamo ammirare l'autentica architettura rinascimentale italiana senza dover andare a Firenze o a Roma. Penso addirittura che non si possa capire la Polonia se si astrae da questa visione. [...] La Polonia è capace di grandezza, è consapevole della propria soggettività e del proprio ruolo essenziale per la cultura e la civiltà europea (e quindi può essere semplicemente se stessa), soprattutto quando è in grado di inscriversi nella fondamentale e antica divisione tra Nord e Sud"; trad. AG. Cfr. anche nota 693.

76 Per lo sviluppo di questo presupposto vd. p.es. Miziołek [a c. di] 2019 (ivi anche una bibliografia pertinente: Miziołek, Milej, Rejmak 2019). Una importante prova di questi processi sono anche testimonianze italiane nell'odonimia polacca, come p.es. il nome *Muranów* < it. *Murano*, un quartiere di Varsavia, proprietà all'epoca di un italiano, J. Belotti (Handke 1993: 92; cfr. Gałkowski 2014d; Ozimska 2021).

1.3.3. Parole chiave dell'italianità nella comunicazione generale e digitale

Senza dubbio l'incontro con la cultura italiana veniva e viene di continuo coadiuvato dall'impatto della caratteristica, comunemente riconoscibile, della lingua italiana, particolarmente associata all'ambito rappresentato, *lingua valoriale per il mondo globale* (Vedovelli 2018c: 71[77]). In effetti, è un idioma inconfondibile per la cultura umana moderna che codifica concetti costituenti le tante fasce indotte dall'italianità: tradizioni, comportamenti, fenomeni, simboli, eventi storici, caratteristiche naturali, geografiche, topografiche, infrastrutturali[78].

E si devono menzionare in questo contesto anche i nomi degli individui, innanzitutto quelli più famosi: artisti, scrittori, uomini politici, scienziati, scopritori, inventori, imprenditori; i nomi dei luoghi: località, aree territoriali, oggetti fisiografici; nonché le denominazioni di varie realtà materiali e non materiali che compongono il mondo italiano (p.es. nomi di eventi, prodotti, opere d'arte). Tutti comportano significati enciclopedici che costruiscono un sapere sulla civiltà ammirata e imitata. È un indizio dell'imprescindibile commistione di elementi che sono costituiti sia da strutture del lessico generale e terminologico (nomi comuni), che da strutture onimiche (nomi propri) che costituiscono una parte integrante dell'italiano in contatto con altre lingue e culture (cfr. Sez. 2.4.3).

Questa prospettiva, nel contesto dei contatti italo-polacchi, sfuggiva piuttosto alle considerazioni scientifiche. Nella trattazione delle interferenze tra le due lingue, soprattutto nei contesti della comunicazione commerciale, nessun elemento della lingua-cultura dovrebbe essere omesso, perché la capacità di interferire non si limita solo ai prestiti lessicali[79], ciò dimostra la formazione completamente libera dei marchionimi italianeggianti in Polonia.

L'italianità nella creazione della MPL può essere evocata in modi davvero originali. A parte la lingua e i suoi parametri formali distintivi, entrano in gioco

---

77 Cfr. Vedovelli 2018a; id. 2018b; id. 2019.

78 Cfr. Widłak 2000; Franceschini 2003; Boaglio 2008; Cola 2021.

79 Scriveva Stanisław Widłak (2010: 34): "L'interferenza come causa delle variazioni e delle innovazioni linguistiche, quindi delle metamorfosi linguistiche, si manifesta di solito, nell'ambito di una data lingua, su due piani di contatti. Si hanno, da una parte, interferenze che chiameremo intralinguistiche o intrasistemiche, cioè tali che si realizzano nell'interno di un dato sistema linguistico, fra diverse varianti (o variazioni: regionali, sociali, stilistiche, ecc.) della stessa lingua; l'italiano, con le sue numerose varietà (dialetti e varietà geografiche, sottocodici e linguaggi tecnici, settoriali, registri, e così via) è un terreno particolarmente interessante per tale tipo di ricerca. D'altra parte si hanno interferenze interlinguistiche o intersistemiche che si realizzano tra vari sistemi linguistici in contatto. Anche qui si aprono possibilità quasi illimitate per la ricerca linguistica sulle interferenze fra le diverse lingue e sui prestiti dalle lingue straniere in italiano, nonché su quelli che le altre lingue presero dall'italiano".

vari aspetti iconici, raramente neutri per quanto riguarda la loro capacità di integrarsi con la denominazione, illustrando o completando la sua natura linguistico-concettuale. I codici verbali si mescolano in tal caso con i codici non verbali.

In modo particolare, i fenomeni di questo genere nascono e funzionano in una sfera comunicativa molto simile alla crematonimia di *marketing* e all'ideonimia (nomi di opere d'arte e produzioni mediali), rasentando l'ambito commerciale con obiettivi promozionali e informativi nel mondo virtuale, ma non fittizio. Possono evocare l'italianità varie denominazioni nella sfera pubblica, p.es. gli odonimi, i crematonimi ideativi, ma anche gli *e-nimi* nello spazio virtuale.

Nella prassi linguistica vengono in queste circostanze coinvolte le parole chiave dell'italianità in entrambe le lingue, e notevolmente:

- il coronimo pol. *Włochy* = it. *Italia*[80];
- l'etnonimo pol. *Włoch* / *Włoszka* / *Włosi* / *Włoszki* = it. *italiano* / *italiana* / *italiani* / *italiane*[81];
- il glottonimo pol. [*język*] *włoski* 'lingua italiana' = it. *italiano*;
- gli agg. derivati pol. *włoski* / *włoska* / *włoscy* / *włoskie* = it. *italiano* / *italiana* / *italiani* / *italiane*[82];
- il formante *-italo* (uno specifico italianismo);
- il v. pol. *italianizować* = it. *italianizzare* (cfr. Palmarini 2018: 206);
- il sost. pol. *italianizacja* = it. *italianizzazione*;
- il termine pol. *włoszczyzna* nel senso della 'lingua italiana'[83];

80 In casi particolari, è possibile usare anche la versione internazionale e classicizzante *Italia*, considerata "più nobile" e carica di connotazioni speciali (p.es. pol. *słoneczna Italia* 'Italia solatía'; cfr. infra e SJP-PWN: s.v.). Per maggiori informazioni sul coronimo pol. *Włochy* e i loro derivati vd. nota 165. Cfr. anche Sez. 4.8.1.17.

81 In alcune testimonianze storiche dialettali, soprattutto nelle regioni al Sud della Polonia, si sono registrate le forme etnonimiche come *Italianie*, *Italiańcy/Italjańcy*, *Italioki*, *Talianie/Taljanie*, *Talijanie*, *Talejanie*, *Talanie*, *Tajleńcy*, *Telijanie*, ecc. (Tyrpa 2011: 201–202; cfr. nota 165).

82 L'uso dell'agg. *włoski* nel suo paradigma è caratteristico per diversi nessi lessicali fissi che funzionano come termini, specialmente nell'ambito botanico per indicare alcune specie di piante o frutti, p.es. pol. *kapusta włoska* lett. 'cavolo italiano' (= verza); *orzech włoski* lett. 'noce italiana' (= noce); *koper włoski* lett. 'anetto italiano' (= finocchio). In altri usi dialettali e discorsivi capitano anche *topola włoska* 'pioppo italiano'; *konopie włoskie* 'canapa italiana'; *groch włoski* lett. 'piselli italiani' (= fagioli / fagiolini); *włoska sosna* 'pino italiano', ecc. (ibid.: 200).

83 Tuttavia, la nozione di *włoszczyzna* potrebbe indicare anche altre estensioni, tra l'altro la rappresentanza personale degli italiani in Polonia, come diplomati, nunzi, artisti, architetti, membri delle corti aristocratiche, insegnanti, imprenditori (vd. Tazbir 2001; cfr. Tygielski 2005; id. 2010). Indica, inoltre, verdure considerate "provenienti dall'Italia", come p.es. porro, sedano, carota. Cfr. SJP-PWN: s.v.

- anche il termine *italianità* / pol. *włoskość* e l'agg. pol. *italianizowany* o *italianizujący* = it. *italianeggiante*[84].

Nella formazione denominativa in questi ambiti vengono sfruttate anche le varianti inglesi del toponimo *Italia*: *Italy* o del suo derivato *italiano*: *Italian*. La voce ingl. *Italy* è radicata nel discorso globale (p.es. tramite la frase-certificato *Made in Italy*) costituendo un segno linguistico universalizzato. *Italy* vince con *Italia* nella sfera comunicativa commerciale, pubblicitaria e socio-promozionale. Sembra più internazionalizzato o, anzi, "americanizzato". Non è così "lirico" come *Italia*, e non "grossolano" come *Włochy* nell'area polacca[85].

Come illustrazione del fenomeno notato si veda la Tab. 1 con alcuni esempi dei nomi di *account* su Instagram di soggetti nel VLL polacco. Gli *account* propongono qualche offerta (commercializzata o meno) nei settori dell'insegnamento dell'italiano L2/LS, della promozione della cucina italiana, delle attrazioni turistiche e del patrimonio culturale in Italia.

Si citano i nomi degli *account*, ma anche i simboli grafici che possono essere *avatar* stilizzati codificanti elementi della lingua-cultura italiana interpretabili (p.es. i colori della bandiera italiana; il disegno del Paese; certe immagini simboliche: il Colosseo; la torre pendente di Pisa; il marchio *Vespa*; una tazza di caffè; la caffettiera; un ramoscello di ulivo; ecc.). Ma le più sofisticate sono le denominazioni stesse, un tipo di *e-nimi* moderni nello spazio virtuale che instaura un marchio specifico e non ripetibile sotto il quale si accumulano atti svolti da persone che li possono effettuare anche in modo anonimo, ma con la certezza di non perdersi nell'oblio (almeno durante l'esistenza dell'*account* in Rete)[86].

---

84 È piuttosto difficile proporre un equivalente pragmatico polacco dell'it. *italianeggiante*. Potrebbe essere l'aggettivo pol. *italianizujący*, ma questo è piuttosto la traduzione dell'it. *italianizzante*. Il più adatto sembra l'aggettivo pol. *italianizowany* lett. 'italianizzato'; andrebbe bene anche l'espressione frastica pol. *włosko brzmiący* lett. 'che suona italiano' (*Italian Sounding*). Notiamo, però, che né *italianizujący* o *italianizowany* né *włosko brzmiący*, non rendono il pieno significato di *italianeggiante*, riferito non solo al dominio linguistico. Riteniamo lo studio presente possa contribuire alla sua esplicazione.

85 Cfr. Gałkowski 2017c.

86 Cfr. anche Sez. 2.2.4.

Tab. 1. I nomi-marchio "italofili" dei profili polacchi su Instagram.[87]

Nome del canale/*account*	***Avatar***	**Nome del canale/*account***	***Avatar***
italiano.con.piacere (< it. *italiano con piacere*)		**italiano_con_ adriano_** (< it. *italiano con Adriano*)	
wloski_na_via_italia (< pol. *włoski na via Italia* 'l'italiano in via Italia')		**Vicoloitaliano** (< it. *vicolo italiano*)	
italiadoro_ (< parola macedonia italiadoro < *Itali(a)* + *adoro* oppure dal sint. *Italia d'oro*)		**vacanze_romane__ italiano** (< it. *vacanze romane italiano*)	
wloski_w_la_dolce_ italia (< pol. *włoski w "La Dolce Italia"* 'l'italiano in...')		**Italianissimaaa** (< neo *italianissima* + due altre *a* per "far impressionare" i *follower*)	-
Wloskijestboski (< pol. *włoski jest boski* 'l'italiano è divino'; una divertente rima di *włoski* e *boski*; pol. *boski* nello slang significa qualcosa di eccezionale ed entusiasmante)		**wloski_a_punto** (< pol. *włoski "A punto"* 'l'italiano...')	
Wloskidasielubic (< pol. *włoski da się lubić* 'l'italiano si fa amare'; ripresa di una nota trasmissione polacca: *Europa da się lubić...* 'L'Europa si fa amare')		**Italianoinonda** (< it. *italiano in onda*)	

87 La data dell'ultimo accesso a tutti i canali è del 15.02.2023. Per alcuni *account*, che presentano un'immagine riconoscibile degli intestatari, non è prevista una citazione visiva dell'avatar.

Tab. 1. I nomi-marchio "italofili" dei profili polacchi su Instagram.

Nome del canale/*account*	***Avatar***	**Nome del canale/*account***	***Avatar***
Italiamici (< elem. *itali-* + it. *amici*)		**italo_polacca** (< it. *italopolacca*)	
itallove_ (< elem. *ital-* + ingl. *love*; cfr. *italove* e *italowe*)	-	**Itanotatki** (< elem. internaz. *ita-* + s.pl.f. pol. *notatki* 'appunti')	
dotknij_wloch (< pol. *dotknij Włoch*, 'tocca l'Italia')		**vivaitalia_by_ weronika** (< it. *viva Italia* + ingl. *by* + n.f. pol. *Weronika*)	
Italofilia (< internaz. *italofilia*)		**Italianizzatrice** (< neo *italianizzatrice*)	-
italianika_dominika (< pol. *italianika Dominika*; neo pol. *italianika* coniato sul modello dei sost. latineggianti in *-ika*, come, p.es., pol. *judaika, polonika*)	-	**wloskideal.pl** (< ibr *włoski deal* 'deal italiano'; ingl. *deal* 'affare, sfida'; anche pol. *ideał/idealny* 'perfetto)	
wloszczyzna.blog (< pol. *włoszczyzna* 'lingua italiana', come pol. *polszczyzna* 'lingua polacca'; oppure indica vari ortaggi "d'origine italiana", come carota, sedano, porro, cavolo)		**Wloskaakademiakulinarna** (< pol. *włoska akademia kulinarna* 'accademia culinaria italiana')	
Italiapopolsku (< pol. *Italia po polsku* 'l'Italia in polacco')		**Italianizzata** (< it. *italianizzata*)	

Tab. 1. I nomi-marchio "italofili" dei profili polacchi su Instagram.

Nome del canale/*account*	***Avatar***	**Nome del canale/*account***	***Avatar***
Italoteka (< elem. *italo-* + il formante *-teka* come in pol. *biblioteka*)		**Italoswiry** (< pol. *italoświry* < elem. *italo-* + s.pl.m. pol. *świry* stante nel linguaggio colloquiale per 'scemi, pazzi; appassionati fino al punto di impazzire')	-
wlochy.w.grochy (< pol. *Włochy w grochy* 'L'Italia collegando i puntini'; è un "simpatico" enunciato in cui *Włochy* rima con *grochy*; sembra una comp. del linguaggio infantile, ma attira l'attenzione per l'originalità e la domanda che s'impone: *perché Włochy w grochy?...*)		**Wloskiefarniente** (< *włoskie far niente* 'far niente italiano' sul modello dell'italianismo *dolce far niente*)	
Italialovejola (< ibr *Italialove Jola*; pol. *Jola* è una forma ipocoristica del n.f. pol. *Jolanta* 'Jolanda')	-	**italianki.pl** (< neo pol. *italianki*, s.pl.f. < elemento internaz. *italian-* + il suff. nominale pol. *-/n/ki*)	
ochach.italia (< pol. *och ach, Italia*; i segnali discorsivi pol. *och* e *ach* correlati suggeriscono le sensazioni di qualcuno che è molto e quasi esageratamente affascinato da qualcosa)		**Boskowlosko** (< pol. *bosko włosko* lett. 'in modo divino e italiano'; pol. *bosko* è una voce in funzione di avverbio di maniera che serve per sottolineare l'entusiasmo; consapevolmente o inconsapevolmente può contare anche il fatto che il pol. *bosko* risulta un falso amico dell'it. *bosco*)	

È un esiguo campione tra le tante altre testimonianze contemporanee di segnali di italofilia[88] presentati come comunicati professionali o privati nell'area virtuale dei *social* polacchi. Essi non costituiscono l'obiettivo della nostra ricerca, ma servono per evidenziare l'onomaturgia denominativa espressa con l'uso delle parole dell'italianità nel VLL polacco. Malgrado siano delle effemeride, che possono sparire dalla Rete da un giorno all'altro, costituiscono esempi di etichette o *slogan* assai evocativi, visibilmente categorizzati nell'ambito di interessi rivolti all'Italia e alla lingua e cultura italiana. Le abbiamo menzionate per mostrare uno spazio di opportunità denominative simili alla marchionimia, le quali possono anche influenzare la creazione di marchionimi italianeggianti specifici (cfr. p.es. nomi con gli elementi *Italia, italiano, italo-*; vd. Sez. 4.8.1.17). Effettivamente, sono spesso un'alternativa alle denominazioni commerciali vere e proprie che racchiudono il riferimento esplicito all'italianità.

1.3.4. Italianità e pseudoitalianità linguistica come forza persuasiva nella marchionimia

In questo studio ci interessa l'italianità intesa in modo trasversale e, in particolare, una sua categoria rappresentata dalla lingua-cultura italiana nella MPL. La definiamo *italianità linguistica*, considerando ogni nome commerciale creato con l'intervento dell'italiano una manifestazione della strutturazione formale e spesso semantica firmata da elementi del lessico e dell'onimia d'origine italiana, fra cui, anche italianismi ormai funzionanti nel sistema polacco. In casi particolari, la base formale può assumere anche il carattere di *pseudoitalianità linguistica*, che per un utente polacco comune, il quale spesso non padroneggia l'italiano, non si differenzia molto dall'*italianità linguistica*, in quanto percepisce le formazioni pseudoitaliane come appartenenti sempre allo stesso cerchio di ispirazioni influenzate e riconducibili alla lingua-cultura italiana.

Secondo i *cliché* unanimi che vigono in varie aree culturali, la specificazione suggerita dal prefisso *pseudo-*, comporta significati negativi di falso, fittizio, mentito, sostitutivo, indicando una "specie che presenta una effettiva o solo apparente rassomiglianza con quella al cui nome viene premesso" (Treccani[89]). Paradossalmente, questo aspetto si svela come positivo per la produzione, la ricezione e l'uso dei marchionimi *pseudoitaliani*, ciò si traduce non solo da una innocua indulgenza di fronte alle forme fantasiose, scorrette, bizzarre, quasi italiane e ibride, ma anche dall'efficacia di *marketing* che tali forme riescono, con successo, ad assicurare.

Ciò è anche dovuto ad un generale atteggiamento mentale che i polacchi dimostrano rispetto all'italiano: sarebbe un idioma che dimostra "indulgenza"

88 Sui fattori dell'attrattività dell'italiano che decidono dello sviluppo dell'italofilia nel mondo vd. Bombi, Orioles 2019.

89 https://www.treccani.it/vocabolario/pseudo/, u.a. 20.12.2024.

nei confronti di inesattezze morfosintattiche o verso processi onimici di storpiamento volontari. Per questo, viene sfruttato nella MPL per esprimere magari giudizi, emozioni, umorismo e comicità, reazioni o semplicemente il bisogno di dire qualcosa in modo insolito, esotico per i polacchi, e ritenuto proprio, espressivo, "all'italiana".

L'impatto pragmatico (pubblicitario, connotativo, culturale) di questa strutturazione è fenomenale. Si sta sviluppando e – in un certo senso – "specializzando", anche perché l'area marchionimica polacca pare già satura di unità che si rifanno alla lingua-cultura italiana, oggi espandendosi non solo nello spazio fisico, ma anche virtuale, e cioè nella sfera denominativa delle aziende attive in Rete. D'altronde, il contesto nazionale può trasformarsi in un contesto internazionale, uscendo dai limiti dell'area riservata alla comunicazione polacca. L'italianità e la pseudoitalianità linguistica nella marchionimia sono quindi fenomeni che è possibile studiare in riferimento ad un idioma in cui vengono situati, ma bisogna tener conto anche della loro universalità, nonché della multidirezionalità delle loro fonti e mete possibili.

Oltre tutte le ispirazioni interne (illustrate soprattutto nel Cap. 3 e nell'analisi dei singoli marchionimi nel Cap. 4), suggestiva può essere la moda che diffonde l'italianità linguistica in altre aree europee ed extraeuropee, nella comunicazione virtuale in Rete e attraverso il mercato italiano all'estero. Un dato nome commerciale italiano originale funziona come "una firma, ma industriale, dunque riproducibile per definizione" (Volli 2003: 84).

Si direbbe che le fonti d'ispirazione dell'italianità linguistica all'estero siano più ricche e più variegate che nell'Italia stessa dove l'uso consapevole della lingua e la norma non permettono forme erronee, troppo sofisticate o finte al livello della loro natura standardizzata. Questa barriera scompare in altri Paesi, e soprattutto nelle società che dimostrano una dose di entusiasmo dinanzi alle cose italiane, come p.es. in Polonia, dove – letteralmente parlando – fiorisce questa *trend* distintivo nell'uso dell'italiano nella marchionimia, incluso "il fenomeno degli pseudoitalianismi, parole che «orecchiano» l'italiano ma non hanno nessun corrispettivo puntuale nella [...] lingua [italiana]" (Serianni, Antonelli 2011: 205).

Il *Made In Italy*, anche ipotetico e falso, è un fine non solo ludico, ma quasi politico dell'economia sul piano internazionale. L'italianità linguistica firma una tipologia di qualità e caratteristiche fisiche comunemente apprezzate. Effettivamente, come categoria intellettuale speciale, l'italianità linguistica attiva un discorso pieno di immagini e giudizi, in fondo stereotipati, ma fruibili e promettenti nella prospettiva della persuasione. Come giustamente osserva Katarzyna Maniowska (2023: 4), la lingua italiana è estremamente importante in quanto crea e rafforza le convinzioni iconiche all'"italianità" dei prodotti[90].

90 Nella versione originale di questa opinione, l'autrice usa l'equivalente polacco dell'italianità: *włoskość* (cfr. nota 1).

L'italiano ha un potenziale straordinario, in Polonia alimentato da una particolare capacità dei polacchi di "apprezzare, godere pienamente [...] dei lati positivi dell'*italianità*" (Cola 2021: 25), senza notare quelli negativi che, probabilmente solo in Italia e con troppo criticismo, vengono percepiti come causa di "un cielo cupo senza stelle" (ibid.: 24).

1.4. Inquadramento linguistico italo-polacco

Entriamo nell'argomento con una rassegna di elementi di paragone tra il sistema grammaticale italiano e polacco la quale ha il compito di evidenziare e inquadrare i *pattern* linguistici più evidenti e rappresentativi, ma anche quelli meno evidenti e sporadici che illustrano lo stesso i fenomeni studiati. Si deve tener conto che i marchionimi italianeggianti nell'ambito polacco sono strutture speciali, ma attraenti per i loro valori esteriori ed estetici insieme ad ulteriori connotazioni culturali.

Il polacco e l'italiano appartengono alla stessa famiglia linguistica, la famiglia indoeuropea. Le loro origini si fondano quindi sulle comuni radici preindoeuropee. La verifica di ciò è ormai data per scontata, ma è giusto ricordarlo quando il polacco e l'italiano vengono analizzate come lingue di contatto. Al livello nazionale e internazionale, entrambi gli idiomi come codici di culture relativamente diverse, manifestano relazioni reciproche. Comunque, come già accennato, si può parlare piuttosto di un influsso unidirezionale: dell'italiano sul polacco, e non nella direzione opposta, che, anche ipoteticamente, parrebbe stravagante e quasi impossibile da implementare. Il polacco non è un idioma da comunicazione internazionale. Inoltre, anche immaginando circostanze favorevoli, è troppo complicato al livello formale per poter divenire un catalizzatore di processi produttivi in altre lingue e culture.

1.4.1. Peculiarità della flessione

Il polacco, come anche l'italiano sono lingue flessive. Tuttavia, l'italiano – pur uscendo dal ceppo latino con una flessione paragonabile nel suo potenziale a quella attuale polacca – limita la sua capacità di flettere il nome, il pronome e l'aggettivo[91] a due generi e due numeri di un tipo di forme nominali che si trova generalmente nelle lingue flessive come quelle romanze (la declinazione per genere femminile e maschile e per numero singolare e plurale). Più articolata si presenta la coniugazione del verbo in italiano (per tempi e modi).

---

91 Nella linguistica italiana come classe variabile si distingue anche l'articolo (vd. p.es. Gobber 2022: 142). In polacco questa categoria è inesistente, ma l'analisi dei marchionimi che abbiamo effettuato prova una certa consapevolezza del suo ruolo, anche senza la conoscenza attiva dell'italiano (cfr. Sezz. 4.8.1.1 e 4.8.1.2).

Invece la flessione polacca dei nomi, aggettivi e pronomi è molto più complessa[92], coinvolgendo non solo il genere e il numero, ma anche sette casi diversi secondo i quali si declinano tutte le categorie nominali. Mentre, la coniugazione dei verbi polacchi pare meno variegata per quanto riguarda i tempi e i modi, non disponendo, p.es., del trapassato e del congiuntivo, ma eccellendo, come alcune altre lingue slave, nella categoria dell'aspetto "compiuto" (perfettivo) o "incompiuto" (imperfettivo/duraturo), soprattutto all'infinito e a due tempi verbali: passato e futuro.

Il polacco come lingua flessiva (pol. *język fleksyjny*, Przybylska 2003: 305) ha una imponente idoneità nella declinazione anche dei forestierismi non adattati, usati come citazioni originali, presi in prestito da altre lingue.

Per quanto riguarda le voci italiane infiltrate nel polacco, si declinano facilmente le forme che escono in *-a*, interpretate sempre come femminili (p.es. nom. *pizza*; *mafia*; *Vespa*; *Prada*; gen. *pizzy*; *mafii*; *Vespy*; *Prady*; dat. *pizzy*; *mafii*; *Vespie*; *Pradzie*; acc. *pizzę*; *mafię*; *Vespę*; *Pradę*; strum. *pizzą*; *mafią*; *Vespą*; *Pradą*; loc. *pizzy*; *mafi*; *Vespie*; *Pradzie*; vocat. *pizza!* o *pizzo!*; *mafia!* o *mafio!*; *Vespa!*; *Prada!*[93]).

I nomi italiani in *-o* (gli italianismi citati o prestiti come *canto, prosecco, risotto*) rimangono (o dovrebbero rimanere) invariabili[94]. Questa regola concerne anche i nomi propri, tuttavia, la situazione in questo caso non è stabile, cioè viene spesso trasgredita, a volte con una convinzione di correttezza da parte degli stessi utenti polacchi. Di principio, i toponimi non adattati e non tradotti come *Como, Rovigo, Codogno* restano nelle loro forme basiche, invariabili in tutti i casi[95]. Invece, gli antroponimi come *Francesco, Antonio, Tommaso* e tanti altri in *-o* si devono

---

92 Cfr. p.es. le varie possibilità della morfotattica polacca (Strutyński 1994; Kowalik 1999; Kwapisz-Osadnik 2012: 46–72).

93 Le forme al vocat. **Vespo!*, **Prado!*, teoricamente, sono corrette, ma non dovrebbero essere raccomandabili, giacché "distruggono" la distintività e la riconoscibilità formale dei marchionimi stranieri. Dipende, comunque, dalla notorietà del marchio e da altri fattori, anche culturali e interonomastici, che possono contare in casi individuali. D'altro canto, se, p.es., *Prada* viene usato nella sua versione originaria cognominale, la sua declinazione in polacco pone dubbi di utilità pratica: nom. *Marco Prada*; gen. *Marka Prady*; dat. *Markowi Pradzie*; acc. *Marka Pradę*; strum. *Markiem Pradą*; loc. *Marku Pradzie*; vocat. **Marku Prado!* (ma piuttosto *Marco Prada!*). In certi stili e linguaggi (p.es. legale o ecclesiastico) si cerca, anche contro la prassi comune, di evitare la declinazione dei nomi italiani e altri stranieri "declinabili". Cfr. anche infra.

94 Una soluzione per l'attivazione della declinazione nel caso di alcuni italianismi in *-o* è l'avvenuto adattamento che gli fa perdere la *o* finale: vd. p.es. s.sg.m. pol. *sopran* < it. *soprano* (e così gen. *sopranu*; dat. *sopranowi*; ecc.) o s.sg.m. pol. *alt* < it. *alto* (quindi gen. *alta*; strum. *altem*; loc. *alcie*).

95 Quelli adattati (considerati addirittura come tradotti; cfr. la questione della traduzione dei nomi propri: Wang 2012; Gałkowski 2018c; Zarębski 2020), p.es. gli esonimi italiani in polacco: *Bolonia* 'Bologna', *Neapol* 'Napoli', *Wenecja* 'Venezia',

declinare, ma la scorrevolezza nella loro declinazione non riguarda in modo uguale ogni caso. Sembra più agevole al genitivo con la desinenza grammaticale *-a*: *Francesca*; *Antonia*; *Tommasa* ('di Francesco'; 'di Antonio'; 'di Tommaso'), e meno maneggiabile, p.es., al dativo in *-owi*: **Franceskowi*; **Antoniowi*; **Tommasowi* ('a Francesco'; 'ad Antonio'; 'a Tommaso').

Queste forme un po' strane compaiono solo quando non si cerca di sostituire i nomi italiani con le loro diffusissime versioni polacche: *Franciszek*; *Antoni*; *Tomasz* (gen. *Franciszka*; *Antoniego*; *Tomasza*; dat. *Franciszkowi*; *Antoniemu*; *Tomaszowi*).

In effetti, il passaggio al nome corrispondente tra le lingue è una procedura consueta e per molti versi naturale, raccomandata e universale. La si potrebbe vedere anche come un tipo di "traduzione" che funziona bene con i nomi dei personaggi famosi come *papa Francesco* (pol. *papież Franciszek*), sant'Antonio (pol. *święty Antoni*), Tomaso d'Aquino[96] (pol. *Tomasz z Akwinu*), ma si applica con più difficoltà ai nomi di altri individui. Anzi, sarebbe non conforme alla legge dell'anagrafe, se si cambiasse arbitrariamente, p.es., il nome *Tommaso* a qualcuno che lo porta, rinominandolo *Tomasz*[97].

Va ancora detto che nel campo della declinazione dei nomi maschili italiani uscenti in *-o*, che compaiono nella comunicazione in polacco, molto dipende dalla situazione individuale creata nell'uso o *ad hoc* riguardo ad un dato prenome.

Ad esempio, nel nesso *Umberto Eco*, designante un personaggio concreto, è sconsigliabile lasciare senza declinazione il nome *Umberto*; invece non è immaginabile una qualsiasi flessione del cognome *Eco* (gen. *Umberta Eco*; dat. *Umbertowi Eco*; acc. *Umberta Eco*; strum. *Umbertem Eco*; ecc.[98]). Purtroppo, non funziona con vari altri nomi.

Dovrebbero essere "bloccate" come non declinabili le parole sdrucciole, p.es. il n.m. *Massimo* ['mas:imo][99] (il suo equivalente polacco è *Maksymilian*). Ma anche qui capitano le forme, come p.es. dat. *Massimowi* o strum. *Massimem*, creando spostamenti di accentuazione sulla penultima sillaba.

Al contempo, nessun dubbio concerne i nomi maschili, funzionanti come parole sdrucciole, i quali hanno i loro equivalenti molto simili o del tutto uguali

---

Mediolan 'Milano', *Rzym* 'Roma' si declinano senza una minima difficoltà. Cfr. Palmarini 2020.

96 Conosciuto anche come *Tommaso d'Aquino*.

97 Cfr. Kasprzyk, Skubiszewski 2015.

98 Cfr. Gałkowski 2015e: 501. Sulle declinazioni dei cognomi italiani che terminano in *-o* e altre vocali vd. *Nazwiska włoskie* (SJP-PWN: s.v.) e Słapek 2019.

99 Nella trascrizione fonetica di voci italiane e polacche in questo volume ci serviamo del sistema di codificazione IPA; p.es. la lunghezza delle consonanti di grado forte (grafemi doppi e altri intervocalici, come *gl* + *i*; *gn* + *e*, *i*; *sc* + *e*, *i*) viene indicata con il segno [:]. Alcuni dei tratti fonologici minori non si precisano (p.es. la quantità vocalica né in italiano né tanto meno in polacco in cui, se non in casi di pronuncia marcata, non esiste più).

in polacco, quando vengono usati ai casi diversi che il nominativo o il vocativo (p.es. n.m. it. *Stefano*, equiv. pol. *Stefan* (nom./vocat.): gen. *Stefana*; dat. *Stefanowi*, acc. *Stefana*; strum. *Stefanem*; loc. *Stefanie*).

La declinazione ammissibile, inammissibile o sconsigliata dei nomi maschili italiani in *-o*, usati come citati in polacco, viene condizionata da più fattori, fra cui contano inoltre quelli stilistici, che non permettono di generalizzare.

Ci sono dei nomi italiani senza equivalenti in polacco e poco conosciuti dall'utente polacco, i quali nella loro versione declinata potrebbero essere difficili da tracciare o immaginare nella loro versione originale nominativa (p.es. dat. *Calogerowi* o strum. *Calogerem*: nom. *Calogero*; è d'altronde una voce sdrucciola senza un equivalente in polacco). Alcune forme declinate possono poi sembrare cacofoniche o strane all'orecchio comune, ma i tentativi di declinarle sono inevitabili (p.es. dat. **Carlowi* o loc. **Carlu* < nom. *Carlo*, usato, p.es., come un marchionimo polacco).

Non raramente, declinare o non declinare una voce italiana o italianeggiante (quindi anche un marchionimo) è una decisione istintiva del parlante. E soprattutto nel linguaggio orale ovvero in una situazione comunicativa in cui non vi è tempo a sufficienza per elaborare le scelte espressive; e poco importa se risulti inaccettabile o poco comprensibile nel contesto in cui sia usata. A nostro avviso, è questo il principio che regge la declinazione dei marchionimi polacchi creati su basi italiane, che in tutte le loro versioni uscenti in *-o*, *-e*, *-i*, *-u* rimangono piuttosto invariabili nell'uso. Tuttavia, non si possono escludere delle situazioni in cui si sottopongono alla flessione malgrado le sconvenienze formali, potendo anche far sorridere gli utenti[100].

Ad esempio, sorprende la forma **Presta*, teoricamente al genitivo di *Presto* (nome di una rete di pizzerie in Polonia), in un enunciato sentito localmente che consolida l'effetto ottenuto: pol. *Idziemy na pizzę do Presta* [sic!] 'Andiamo a mangiare una pizza da Presto'. Preferibilmente, questo caratteristico italianismo in *-o*, diffuso anche in altre situazioni comunicative come prestito-citazione, non viene alterato al livello della flessione (recte pol. *Idziemy na pizzę do Presto*). La sua invariabilità è obbligatoria e conta nella politica pubblicitaria della marca. Allo stesso tempo, i casi come gen. **Presta* o loc. **Preście* possono essere prove di una familiarizzazione con il nome del marchio, ovvero del suo inserimento nella comunicazione. Le flessioni discutibili non stupiscono più di tanto e sono ammissibili nel linguaggio quotidiano.

Per completare queste osservazioni, sottolineiamo che alcuni prenomi italiani maschili che eccezionalmente escono in *-a*, come *Mattia* o *Andrea*, facilmente trovabili nella MPL in molteplici occorrenze, si flettono come i nomi femminili in *-a* (p.es. *Anna*, *Caterina*, *Serafina*[101]). Sono, comunque, sempre problematici e creano

---

100 Cfr. Zaręba 1947: 21.

101 Due di questi esempi, *Anna* e *Serafina*, hanno gli stessi equivalenti in polacco, come tanti altri nomi personali femminili esistenti nella stessa forma in italiano e in

confusioni (p.es. nelle frasi pol. *U Mattia zjesz dobrą pizzę* vs. *U Mattii zjesz dobrą pizzę*, entrambe da tradurre come 'Da Mattia mangerai una buona pizza', con la preferenza di usare il gen. *Mattii* e non *Mattia*).

Vi è, tuttavia, una soluzione per evitare una declinazione mancata o inestetica, ed è la possibilità di mettere il firmonimo in funzione aggettivale o appositiva dopo il nome generico che determina la natura dell'oggetto denominato, p.es. *pizzeria Mattia* o *pizzeria Andrea*[102] (cfr. pol. *w pizzerii „Mattia"* o *w pizzerii „Andrea"* lett. 'in pizzeria [denominata] *Mattia / Andrea*').

La declinazione è invece decisamente ostacolata in polacco per i nomi italiani in *-e*, lo stesso i nomi comuni e i nomi propri, p.es. *amore*; *sole*; *padre*; *madre* o *Varese*; *Lecce*; *Michele*; *Ferrante*. Devono restare invariabili in tutti i casi[103]. Per questo si prestano alla desiderata "immobilizzazione" formale nella marchionimia, garantendo sempre la stessa riproduzione della voce usata come marchionimo.

Per quanto riguarda i nomi in *-i*, se non sono cognomi, rimangono piuttosto invariabili (p.es. *spaghetti*; *panini*; *Maserati*; *Intimissimi*), anche perché la loro declinazione "forzata" creerebbe scompiglio e porterebbe a situazioni di ipercorrezione e stravaganza pseudolinguistica.

I cognomi in *-i*, caratteristici per l'italiano, di principio, si sottomettono alla flessione di declinazione in polacco, ma inducono spesso molte difficoltà nella ricerca delle loro forme flesse corrette. Ad esempio, i cognomi come *Ramazzotti*, *Boccelli* o *Benigni* seguono il paradigma: nom./vocat. in forme originali, gen./acc. *Ramazzottiego*; *Boccellego*; *Benigniego*; dat. *Ramazzottiemu*; *Boccellemu*; *Benigniemu*; strum./loc. *Ramazzottim*; *Boccellim*; *Benignim*, ma i polacchi lo trovano piuttosto difficile da realizzare correttamente[104]

---

polacco. Il polacco, nella maggior parte dei casi, li ha assorbiti nella sua antroponimia, tramite le lingue neolatine, ma anche il latino (per più dati su quest'ambito si veda il confronto effettuato in Gałkowski 2023: Tab. 2).

102 Malgrado si tratti di un termine generico, nell'identificazione ufficiale l'italianismo adottato *pizzeria* verrà solitamente scritto con la maiuscola: *Pizzeria Mattia*; *Pizzeria Andrea*.

103 Eccezionalmente, e in seguito ad un processo di familiarizzazione, i nomi maschili come *Michele* si sottopongono ad un'operazione pragmatica di flessione che segnala integrazione sociale (p.es. dat. **Michelemu*; strum. **Michelem*).

104 Cfr. la flessione dei cognomi italiani intesi al plurale e declinati del genitivo, p.es. pol. *Kapuletich* o *Montekich* corrispondenti a 'dei Capuleti' e 'dei Montecchi'. Cfr. inoltre esempi della flessione dei cognomi italiani sistemati in Bartmińska, Bartmiński 1978, p.es. *Modigliani* gen. *Modiglianiego*; *Sannazzaro* loc. *Sannazarze*; *Schiapparelli* strum. *Schiapparellim*; *Tomasi di Lampedusa* gen. *Tomasiego di Lampedusy*; *Vespucci* gen. *Vespucciego*; *Zanussi* gen. *Zanussiego*; ecc.

1.4.2. Aspetti della pronuncia

La presunta capacità dei polacchi di poter pronunciare senza difficoltà le parole italiane passa per uno stereotipo. Sono essi convinti di riprodurre correttamente i fonemi italiani e, nel limite dell'accettabile, ciò è vero e sufficiente per alimentare nella loro mente uno speciale piacere psicologico e la soddisfazione che non raggiungono provando, senza una conoscenza basica, a ripetere oralmente vocaboli di altre lingue, come inglese, tedesco, francese e, ovviamente, tante altre[105].

L'italiano, se paragonato con il polacco al livello puramente fonetico, è una lingua che fa parte delle lingue vocaliche e prosodiche, tenendo conto della "pronuncia modello", normativa (Serianni 1989: 14). Il polacco è invece un idioma consonantico e non prosodico. Il vocalismo italiano non si esprime nel numero delle vocali che ha a disposizione: ce ne sono solamente sette (*a* [a]; *i* [i]; *u* [u]; *e* aperta [ɛ]; *e* chiusa [e]; *o* aperta [ɔ]; *o* chiusa [o]), ma nella frequenza d'uso di queste vocali come segni soprasegmentali nelle parole italiane (per la maggioranza uscenti in una vocale e non tolleranti i nessi di tre o più consonanti se non provviste di una vocale di supporto)[106].

Prendendo in considerazione il criterio del numero delle vocali nel suo sistema fonetico, la lingua polacca risulterebbe vocalica, ed è invece decisamente consonantica[107]. In effetti, dispone di almeno otto vocali. In realtà, includendo tutte le nasali possibili, si possono individuare anche più vocali in polacco (*a* [a]; *o* [ɔ]; *e* [ɛ]; *i* [i]; *u* [u]; *y* [ɨ]; la *e* nasale <ę> [ɛ̃]; la *o* nasale <ą> [ɔ̃] + le nasali non segnate graficamente in modo distintivo: la *y* nasalizzata [ĩ]; la *u* nasalizzata [ũ] e la *a* nasalizzata [ã]).

Per quanto riguarda i suoni consonantici, il polacco ne possiede ben 30 (contro 21 in italiano + due semiconsonanti). Non si prendono in considerazione alcuni allofoni, che non si realizzano più in modo distintivo nell'orale, ma si mantengono come segni ortografici, p.es. la "acca sonora" e la "acca stonata", scritte per mezzo di *h* o del digramma *ch* (oggi entrambe pronunciate come la acca non sonora [x]).

Il polacco è consonantico per il numero delle consonanti a disposizione, ma essenzialmente per la frequenza e l'ammassamento di suoni consonantici che

---

105 La facilità nella pronuncia delle lingue straniere concerne certamente alcune altre lingue slave, ma qui la situazione è un po' più complicata. Prima di tutto, le altre lingue slave non hanno, almeno oggi, la possibilità di influenzare la produttività lessicale e propriale di qualsiasi tipo nella lingua polacca. O sono troppo distanti e senza un minimo impatto culturale sull'area polacca (come le lingue balcaniche: bulgaro, serbo, croato, ecc.). O sono troppo vicine, anche formalmente, e per questo creerebbero confusioni, come il ceco o lo slovacco. Per ragioni sociostoriche e mentalistiche, non contano nei processi formativi neanche le lingue slave orientali, come il russo, il bielorusso o l'ucraino.

106 Cfr. Serianni 1989: 10–16; Canepari 1999: 51–70; Magajewska, Gałkowski, Cola 2020: 31–42.

107 Cfr. Przybylska 2003: 304; Kwapisz-Osadnik 2012: 19–28.

possono comparire in una sola parola, rendendola "esigente" nell'articolazione corretta. Problematica si mostra anche l'ortografia: lettere con segni diacritici, diagrammi o trigrammi, p.es. molto vicini nella pronuncia *ś/si* [ɕ] e *sz* [ʃ]; *ć/ci* [ʨ] e *cz* [ʧ]; *ź/zi* [ʑ] o *dź/dzi* [ʥ] vs. *dż* [ʤ]; ecc.[108]. Per questo gli utenti polacchi riescono a pronunciare alcuni suoni consonantici particolari in italiano, anche distinguendo le differenze regionali, se è opportuno.

Effettivamente, tra i fattori che giocano a vantaggio dell'italiano come lingua che – apparentemente – non pone difficoltà fonologiche ai polacchi, vi è il valore che consiste nell'alto grado di analogia dei suoni italiani ai loro equivalenti nella lingua polacca. E non solo consonantici. È rilevante per le vocali: la *a* polacca, se pronunciata con le labbra più aperte corrisponde perfettamente alla *a* italiana; la *e* polacca, maggiormente, alla *e* aperta italiana; la *o* polacca alla *o* aperta italiana; la *u* e la *i* polacche alle *u* e *i* italiane; la *y* polacca assomiglia molto nel suo andamento fonologico alla *e* chiusa italiana[109].

Non crea maggiori complicazioni neanche la realizzazione delle consonanti forti (raddoppiate nell'ortografia) e del suono [ʎ] notato con il trigramma *gli* (vicino al suono equivalente che inizia la parola polacca *lista* 'lista')[110].

Le similitudini permettono di riprodurre l'italiano con lo strumentario segmentale dei fonemi polacchi e non viceversa. La musicalità dell'italiano dovuta alla chiarezza e all'alta frequenza delle vocali nei suoi vocaboli si situa quasi all'opposto della pronuncia polacca "frusciante" e "crepitante" che abbonda di consonanti sofisticate.

In tutte queste circostanze che favoriscono la riproduzione orale (e scritta) dell'italiano da parte dei polacchi avviene, comunque, un inconveniente che non gioca molta importanza nella manipolazione amatoriale della lingua italiana da parte di chi non conosce tutti i segreti del fonetismo italiano, ma, può generare incertezze nell'inserimento fedele delle strutture fonetiche italiane da chi, invece, l'italiano lo conosce.

È un tratto indispensabile per la naturale prosodia della lingua italiana, e cioè l'accento fonico mobile che è, talvolta, distintivo per la semantica delle forme omografe, ma primariamente necessario per la corretta resa di tanti lessemi e onimi italiani nell'orale.

Come si sa, l'accento fonico (*espiratorio / dinamico*, Serianni 1989: 54) come elemento soprasegmentale nella lingua italiana, se non cade sulla penultima sillaba,

---

108 Le opposizioni fonologiche in polacco sono numerose e molto fine. Costituiscono un materiale interessante che si potrebbe confrontare con l'italiano e altre lingue nello studio delle commutazioni e coarticolazioni segmentali (Gobber, Morani 2014: 42–43) pertinenti per la comprensione dei messaggi (cfr. Gobber 2022: 136–140).

109 Cfr. Gałkowski 2001; Kwapisz-Osadnik 2012: 27–28; Magajewska, Gałkowski, Cola 2020: 35–40.

110 Cfr. Serianni 1989: 46.

è difficile da applicare senza l'aiuto competente di un italofono o di un dizionario con la trascrizione fonetica. Perfino a persone che padroneggiano l'italiano come L2 capita di confrontarsi con indovinelli di accentuazione, soprattutto in vari cognomi o nomi di luogo italiani[111]. Per un utente straniero, confrontato a forme italiane sdrucciole, bisdrucciole, ma anche tronche[112], l'obbligo di accentuare una tale o non un'altra sillaba, è una sfida non raggiungibile, se non elucidata, esercitata e memorizzata[113].

Per questo, se si chiedesse a qualcuno, madre lingua polacco, che ignora le regole dell'accentuazione italiana, di pronunciare i nomi citati sopra, come *Massimo* o *Stefano*, e tanti altri, p.es., *Angelo* o *Elena*, anziché realizzarli con l'accento proparossitono, li pronuncerebbero piuttosto nel modo per loro più naturale, e cioè con l'accento parossitono: *Massimo* [masˈsimɔ]; *Stefano* [stɛˈfanɔ]; *Angelo* [anˈʤɛl ɔ]; *Elena* [ɛˈlɛna] (sic!).

La stessa situazione riguarda tanti toponimi italiani, i quali, marchionimizzati in polacco per mezzo delle loro forme originali (e non tradotte o adattate al polacco), dovrebbero teoricamente essere riprodotti con gli accenti fonici corretti per essere veramente autentici, p.es. i nomi come *Bergamo, Genova, Padova, Cefalù*[114].

L'accento grafico come nel nome tronco di *Cefalù* suggerisce la fonetica adeguata al modello italiano, ma non è un indizio interpretabile da chi non è in grado di identificarlo come marchio diacritico dell'accento ossitono. Anzi, capita che si annulli, perché lo scritto *Cefalù* viene spesso reso senza l'accento grafico sulla *u*, come pure in molte altre strutture italiane con gli accenti grafici citate o usate come italianismi non adattati in diversi contesti comunicativi scritti, p.es. nel discorso giornalistico o turistico in cui non si prende abbastanza cura della grafia esatta (cfr. i vocaboli come *città, libertà, caffè, tè, ragù, perché*, ecc.; cfr. p.es. TAB. 5 in questo volume).

Fra gli esempi citati, è particolare la situazione dell'urbonimo *Bergamo*, usato in polacco con l'ortografia originale. È il nome di una città che per grandezza e la caratteristica sociale si presenta come tante altre in Italia. Ma due fattori lo rendono specialmente conosciuto, il primo risalente a circa una ventina di anni, il secondo al 2020.

Il fattore meno recente si riferisce al fatto che a Bergamo si trova un aeroporto (Bergamo-Orio al Serio) dove atterrano e da dove partono tanti aerei da e

111 La posizione dell'accento nei nomi propri italiani è consultabile in poche fonti. Per scopi glottodidattici abbiamo cercato di colmare questa lacuna elaborando anche quest'aspetto importante degli antroponimi e toponimi italiani in un contesto bilingue (Gałkowski 2023: spec. Tabb. 2, 3, 4).

112 Anche altre nella tipologia di parole e accenti italiani (Canepari 1999: 150–152).

113 Vd. Mancini, Voghera 1994; Magajewska, Gałkowski, Cola 2020: Par. 8.3.

114 Gli equivalenti polacchi, in quanto esonimi, di *Genova* e *Padova* sono: *Genua* [geˈnua] e *Padwa* [ˈpadva].

in direzione della Polonia. È noto come pol. *Lotnisko w Bergamo* ovvero *Lotnisko Bergamo* 'Aeroporto [a] Bergamo'.

Da molti utenti polacchi il nome in questione viene pronunciato come *Bergamo* [bɛr'gamɔ] (sic!). Quelli più consapevoli dell'accentazione italiana di questo urbonimo lo riproducono correttamente come *Bergamo* ['bɛrgamo][115], ma talvolta con esitazione, perché rischiano di non essere capiti o di essere giudicati sofisticati pronunciando un nome così diffuso in modo non naturale.

Per quanto riguarda il secondo fattore, si potrebbe ammettere che *Bergamo* (con l'accento sulla penultima sillaba) sia diventato l'adattamento di questo nome al polacco dopo la pandemia da Covid-19. In effetti, il nome *Bergamo* è stato sulla bocca di tanti giornalisti e commentatori dei *mass media* come la radio e la tv, per indicare una città particolarmente toccata dalle conseguenze del contagio da coronavirus all'inizio della pandemia[116].

Come si assume, la riproduzione dell'accento corretto, che è diverso rispetto a quello solitamente incontrato nei vocaboli polacchi; è praticamente impossibile e perfino fuorviante, quando si cerca di mantenerlo o imitarlo con un successo parziale o attraverso più tentativi in una ripetizione superflua di un solo nome italiano o italianeggiante in funzione marchionimica. Certamente, pare sempre più conforme all'originale pronunciare *Bergamo* come *Bergamo* ['bɛrgamɔ] e non *Bergamo* [bɛr'gamɔ], anche se, come suggeriamo, *Bergamo* può essere un adattamento naturalizzato nell'ambito della lingua polacca; oppure *Massimo* ['massimɔ] e non *Massimo* [mas'simɔ] o ancora *Cefalù* [ʧɛfa'lu] e non *Cefalu* [ʧɛ'falu] o simili [sic!][117].

---

115 Riproduciamo qui la trascrizione fonetica corretta di *Bergamo* in italiano, ma un altro problema, di cui neanche si rende conto chi non parla italiano, è la pronuncia delle *e* e *o* nella posizione tonica e atona (il polacco dispone solamente delle *e* e *o* aperte in tutte le posizioni).

116 Non è qui senza significato psicologico l'impatto delle informazioni sulla diffusione del coronavirus a Bergamo nei mesi da febbraio a giugno del 2020. Si è notata allora nel mondo una temporanea italofobia e il nome *Bergamo* è diventato uno dei segni che la codificavano. Questa impressione non è più attuale, ma crediamo che il nome stesso della città di Bergamo possa avere oggi meno *chance* nella formazione marchionimica polacca proprio per la determinazione qualificata come scoraggiante al livello connotativo. Cfr. la voce *Bergamo* su *Google Trends* dal 2004 fino ad oggi: https://trends.google.pl/trends/explore?date=all&geo=PL&q=bergamo&hl=it, u.a. 4.11.2023. È sintomatica la tendenza alla crescita o alla diminuzione di interesse nei primi mesi della pandemia da Covid-19.

117 Questo fenomeno non riguarda, ovviamente, solo la Polonia (vd. un intervento da parte della Redazione Consulenza Linguistica dell'Accademia della Crusca: https://accademiadellacrusca.it/it/consulenza/toponimi-stranieri-in-italiano/1201, u.a. 19.11.2023; cfr. Schweickard 1992).

D'altro verso, il problema concerne anche i nomi che vengono da nomi personali italiani, ma sono essi a essere inseriti per primi e nella forma che non viola il loro fonetismo originale.

In certe situazioni, l'accento diverso dal parossitono s'impregna nella coscienza collettiva della comunità che usa italianismi in seguito alla diffusione della corretta versione orale degli stessi o simili modelli, usati nella comunicazione commerciale e pubblicitaria. Potremmo ammettere che il caso di *Massimo* possa essere modellato sulla realizzazione fonetica all'italiana del nome di marca di moda *Massimo Dutti* (vd. Fig. 1) per cui si sente piuttosto l'accentuazione sulla prima sillaba in *Massimo* [ˈmas:imɔ] (sic!).

Fig. 1. Fonte: https://www.massimodutti.com/pl/, u.a. 23.04.2023.

A margine, occorre segnalare che la *Massimo Dutti*, molto conosciuta tra le marche del tipo *prêt-à-porter* di buona qualità, pur sembrando italiana, dal costrutto che fa pensare al prenome *Massimo* e al cognome *Dutti*, è un marchio internazionale che esiste dal 1985, inventato nell'area spagnola. Comporta un gioco con i valori di *massimo* spagn. *máximo* (la "massima qualità") e una variazione sul nome *Armanduti*, che sta per un diminutivo catalano di *Armando*[118].

È sintomatico che perfino gli spagnoli dimostrino una preferenza nella scelta di un nome all'italiana invece di un originale che potrebbe suggerire, come *máximo*, la provenienza nazionale di un dato marchio. Sono, comunque, consapevoli del fatto che i segni diacritici che, teoricamente vantaggiosi per la realizzazione corretta dell'accentuazione, sono elementi ingombranti nella grafia delle marche al livello internazionale e nella scrittura elaborata elettronicamente in Rete. La versione *maximo* sarebbe, invece, scorretta dal punto di vista ortografico. La soluzione presa dall'italiano (*massimo* / *Massimo*) è parsa più conveniente agli autori del marchio spagnolo, anche perché priva di una *x* mediana che rende la voce un po' "appesantita".

Alla corretta accentuazione del nome *Massimo* in tutte le occorrenze discusse e altre può contribuire anche l'imponente influenza della pronuncia del nome del marchio italiano, conosciuto molto bene in Polonia e nel resto del mondo, *Intimissimi* (ovvero: *intimissimi*, marca di biancheria intima; vd. Fig. 2). Il logonimo scritto normalmente con l'iniziale minuscola viene direttamente dall'it.

118 È il nome del fondatore della marca, Armando Lasauca; vd. https://logos-world.net/massimo-dutti-logo/, u.a. 23.04.2023.

intimissimo flesso al plurale. È uno dei tanti nomi che fa diffondere l'accentuazione giusta di tutto il paradigma italiano in *-issimo/-issima/-issimi/-issime* (cfr. Sez. 4.8.2.6) in cui l'accento cade sulla *i* nella terzultima sillaba.

intimissimi

Fig. 2. Fonte: https://www.intimissimi.com/pl/, u.a. 23.04.2023.

La questione dell'accento nelle forme dei marchionimi italianeggianti nell'area polacca risulta estremamente delicata e sfugge ad una regolarità che si potrebbe descrivere e qualificare come univoca senza una dettagliata analisi di singoli casi. Il problema si trasmette a numerose forme pseudoitaliane e ibride, che si adeguano piuttosto alle norme polacche di accentuare sulla penultima sillaba anche i neologismi, ma non può essere esclusa una tendenza a fare riferimento a un'accentuazione diversa che viene suggerita dal formante d'origine italiana.

Infine, possiamo dire che anche essendo indulgenti, è "doloroso" per un italofono sopportare gli accenti sbagliati nelle parole italiane. Consideriamo che, in fondo, *Napoli* [na'pɔli] non è *Napoli* ['napoli], se questo urbonimo viene pronunciato con l'accento fonico sbagliato. Apparentemente, niente di grave ne consegue quando i polacchi, senza conoscere la corretta pronuncia italiana, dicono, p.es., *Pizzeria Napoli* [pits'tsɛrja na'pɔli]. Allo stesso tempo, vi è una possibilità che, comunque, arrivino ad articolare spontaneamente *Napoli* come ['napoli], riproducendo questo nome dal contesto calcistico abbastanza ripetuto e con l'accentuazione corretta: *SSC Napoli.* Non aiuta in questo compito l'equivalente polacco di *Napoli*: *Neapol* [nɛ'apɔl], portando, d'altronde, a varie realizzazioni degli pseudoderivati di *Napoli* (p.es. pol. *pizza neapolitana* [sic!] 'pizza napoletana').

Sembrano dati didascalici troppo minuti, ma crediamo che abbiano un impatto pertinente nella vicenda che riguarda la riproduzione delle strutture italiane originali e la formazione italianeggiante all'interno della MPL. In verità, un'ispirazione anche minima può contare moltissimo nell'onomaturgia e nella vita successiva della costruzione onimica registrata.

È inoltre vero che le situazioni in cui le voci italiane trasformate in marchionimi nell'ambito polacco vengono pronunciate con l'accento originale creano un'aura d'italianità irreprensibile. E lo si ottiene anche per le strutture che a prima vista non avrebbero in sé niente d'italiano.

Si veda, p.es., l'uso dei nomi femminili *Maria* e *Barbara,* che nella stessa forma scritta esistono anche nell'antroponimia polacca e sono altrettanto popolari quanto i loro equivalenti italiani. La differenza capitale tra questi nomi in polacco e in italiano consiste nel fatto che nel nome polacco *Maria* l'accento cade sulla prima sillaba rendendolo bisillabico: ['marja][119]; invece nel nome polacca *Barbara* l'accento fonico si mette sulla seconda *a*: [bar'bara].

Considerati questi dettagli che raggiungono il rango dei tratti fonetici culturalmente distintivi, la pronuncia del trisillabico *Maria* [ma'ria] con il caratteristico iato ['ia][120] all'italiana fa subito sviluppare l'impressione dell'estraneità. E se ne crea una simile nel momento in cui il comune nome polacco *Barbara*, usato in seguito alla transonimizzazione, p.es., per designare una camicia da donna sotto questo marchio appartenente alla marca polacca *Italian Fashion* [sic!], venga pronunciato apposta all'italiana *Barbara* ['barbara].

I meandri dell'accento italiano nei processi legati alla formazione della MPLI delimitano, comunque, una terra per lo più ignota. Lo dimostrano molti esempi che riproducono nella grafia quello che pare conforme alla notazione dei suoni e invece non lo è. Essenzialmente, non dovrebbe stupire il fatto che i polacchi cerchino di adattare la grafia all'andamento delle strutture italiane, non conoscendo la lingua motivante. Allo stesso tempo, nella maggioranza dei casi, sono capaci di pronunciare correttamente le voci italiane o italianeggianti, soprattutto quelle la cui semplicità è stata il criterio conduttore nella creazione di un dato marchionimo. Ne traggono soddisfazione che è conseguente al successo d'uso delle forme d'ispirazione italiana. È, da un lato, il successo nella pronuncia, dall'altro, nella riproduzione grafica, nonché nella capacità di memorizzare più fermamente le semplici forme neologiche create sotto l'influenza dell'italiano.

1.4.3. Attrazione e problematicità dell'ortografia

L'ultimo ambito che si deve menzionare in questa prospettiva di confronto tra le due lingue sono le loro caratteristiche ortografiche o grafiche, molto importanti dal punto di vista visuale e funzionale di ogni tipo di marchionimi. Emergono in

---

119 È usata anche la variante *Maryja* [ma'rija] pronunciata quasi come l'it. *Maria* [ma'ria], ma è un nome riservato alla Beata Vergine. La forma *Maryja* non può essere assegnata alle donne, costituendo un tabù antroponimico o di un altro tipo onimico (non esistono nello spazio polacco luoghi, oggetti, entità economiche che siano chiamati per mezzo dell'ipotetico transonimo *Maryja*).

120 Semmai, in polacco riprodotto come ['ija] che si potrebbe ammettere nella pronuncia "re-italianizzata" dell'italianismo *pizzeria*, saldamente adattato in polacco nella pronuncia polonizzata e con l'accento fonico spostato sulla *e*: *pizzeria* [pits'tsɛrja] o [pi'tsɛrja] (cfr. anche s.sg.f. pol. *kawaleria* < it. *cavalleria*). Si noti a questo punto un effetto d'assimilazione prodotto dallo scontro del pol. *pizzeria* con i nomi come pol. *cukiernia* 'pasticceria', *lakiernia* 'laboratorio di verniciatura' o *portiernia* 'portineria', che hanno fatto nascere un equivalente di *pizzeria* in polacco nella forma *pizzernia* [pits'tsɛrɲa]. È caratteristico che la versione alternativa *pizzernia* è molto più rara nell'uso sulle insegne e nel linguaggio dei giovani che frequentano le pizzerie; è invece usata nel linguaggio delle generazioni più mature, e soprattutto nell'orale. Cfr. Tab. 6.

varie fasce e analisi di gruppi o singoli esempi dei nomi commerciali italianeggianti studiati.

Da una parte confermano lo stereotipo sulla "facile" ortografia della lingua italiana, dall'altra possono anche contraddirlo considerati tanti casi di trascuratezza ortografica dovuta all'ignoranza o alla "manipolazione" nell'italiano usato da parte degli autori di marchionimi italianeggianti nell'area polacca.

Tuttavia, anche gli errori involontari registrati nelle forme marchionimiche ufficializzate possono essere catalizzatori della creazione originale all'interno del para-sistema marchionimico sottoposto allo studio (cfr. varie occorrenze che può procurare l'italianismo *bellissima* in diverse sue versioni grafiche). È un paradosso cruciale del fenomeno studiato, tra l'altro come causa della proliferazione dei marchionimi, ma pertinente anche nella prospettiva di una generale attitudine che dimostrano gli utenti polacchi di fronte all'italiano diffuso in certi linguaggi settoriali, naturalmente seminati da termini d'origine italiana, p.es. musicali e gastronomici

Si può preporre come una delle tesi largamente verificabili di questo studio, che avendo a che vedere soprattutto con le forme scritte, alcuni dettagli dell'ortografia italiana o stilizzata come italiana diventino indicatori dell'italianità riconosciuta al livello visuale (grafico) del marchionimo.

In primo luogo, occorre menzionare la scrittura delle doppie consonanti che codificano tratti fonologici particolari di un suono consonantico, diversamente resi nell'articolazione polacca (cfr. p.es. *Anna*: it. ['an:a] vs. pol. ['anna]), ma sempre pronunciabili e percepibili.

In secondo, l'ortografia italiana è attraente per una sua regolarità superficiale che concerne le desinenze ovvero le terminazioni delle voci uscenti in una vocale – per così dire – prevedibile: *-o*, *-a*, *-i* (meno intuitive sono *-e* o *-u*, ma anche qui si notano marcatori comunemente riconoscibili come italiani e riprodotti senza difficoltà, come p.es. gli avverbi in *-mente*).

Infine, l'attrazione della grafia italiana si traduce per la naturale assenza di ammassamenti consonantici e poca presenza di segni diacritici nelle parole d'origine italiana e, conseguentemente, nelle voci create come pseudoitaliane nella MPLI. A questo punto, la differenza con la lingua polacca è profonda. L'ortografia polacca è spesso molto complicata e tante delle sue unità non si prestano alla creazione di un marchionimo che abbia tutti i requisiti di una forma maneggiabile e riuscita al livello locale e internazionale.

2. Vitalità dell'italianità codificata dall'italiano

> [...] è l'Italia, intesa come l'insieme del suo clima, della sua natura, dei suoi paesaggi, delle città maggiori, dei mari, delle montagne ciò che i polacchi adorano. I polacchi poi pretendono di percepire l'"italianità" come un "fenomeno" che gli è abbastanza vicino anche se questo non deve essere vero ed è una falsa pretesa che vorremmo ci allontani da certi luoghi comuni che creiamo su di noi stessi. Ed appunto, forse per sentirci anche un po' diversi da altri popoli slavi, vediamo nell'Italia e in tutto ciò che la compone un territorio di fuga, di soddisfazione, di radicale cambiamento culturale. S'impone anche il fatto che tra i nostri popoli non ci sono mai stati scontri, gravi problemi politici, economici o sociali. Anzi, crediamo sempre all'accoglienza reciproca (Gałkowski 2014e: 14).

L'italianità si esprime in modo più palese attraverso l'italiano. Se si pone l'ipotesi che vi sia una relazione tra la cultura di una nazione e la sua lingua, è possibile riscontrare una tale relazione per ogni coppia di simili entità[121]. Crediamo, comunque, che nel caso dell'italiano questa relazione presenti legami particolarmente visibili[122] e garanti dell'effetto ottenuto, cioè della diffusione complementare degli elementi della lingua e della cultura italiana nel mondo.

E non sono gli italiani stessi a prendersene cura. Piuttosto, sono gli utenti stranieri che cercano di impiegare nozioni e denominazioni originali in italiano come segnale di empatia con una realtà, quella italiana, che è accolta in varie altre aree, anche le più lontane (sia per geografia sia per usi e costumi) come l'area polacca.

Per questo l'italiano è così vitale e naturalmente carico di ruoli comunicativi. Esso si avvale del supporto di tanti italianismi da tempo adattati e accolti in varie lingue europee, ma anche di forme caratterizzate da un iniziale processo di

121 Tuttavia non pare ovvio l'uso di tali termini come **anglicità*, **tedeschità* o **polonità*. Per alcune aree, d'altronde ben distinte al livello del carattere nazionale e del patrimonio culturale, una tale terminologia non è data o non è ben attestata in italiano, laddove può essere riconosciuta, p.es., in polacco (cfr. s.sg.f. pol. *francuskość* 'francesità'). È anche importante la loro portata semantica che non consta di uno schema di significati costruiti nello stesso modo. Dipende dal contesto e dallo sviluppo nella comunicazione, essendo il risultato della discorsivizzazione. Vi è probabilmente un caratteristico termine in questo paradigma lessicale su cui si modellano gli altri, assumendo vari gradi di accezioni possibili, ed è "americanità" che trionfa come concetto con un discorso molto sviluppato e carico di vari sensi a più livelli, che non sono solo positivi.

122 A questo punto, giova segnalare un'altra accezione che evoca il legame in questione: l'italianità e la "[c]onformità dell'espressione alla correttezza, proprietà ed eleganza propria della lingua italiana" (GDLI vol. VIII: s.v.).

integrazione (come prestiti) nel lessico della lingua e della cultura di arrivo. Fra queste forme molto visibili vi sono numerosi termini settoriali e onimi italiani che dovrebbero essere considerati una parte essenziale dell'italianità linguistica osservata in contesti sociali, economici, artistici, mediali fuori dall'Italia.

2.1. Italiano lingua nazionale e internazionale

L'italiano come lingua nazionale etnica e materna è intrinsecamente legato a un Paese in cui sin dalla sua unità nel XIX sec., ma anche prima, svolge un ruolo identificativo. È, tuttavia, una questione leggermente discutibile, se si considera la complessa storia e situazione contemporanea linguistica dell'Italia pre- e postunitaria. Invece all'estero la discussione quasi non esiste.

L'italiano è giudicato un idioma ben definito, adatto per gli usi terminologici, performativi e, in modo speciale, onomaturgici (soprattutto nella marchionimia). Ciò ne fa anche una lingua internazionale, anche se di fronte ad altri primati più spettacolari come l'egemonia comunicativa dell'inglese oppure la naturale presenza dello spagnolo in molte parti del mondo, l'italiano non ha diritto di avvalersi di questo statuto in modo imparziale. La sua internazionalità ha diversi sensi e dimensioni, ma diventa chiara e convincente quando, p.es., lo paragoniamo con il potenziale internazionale del francese o del tedesco, oppure del polacco il quale si mette proprio all'opposto sulla scala della diffusione internazionale e per ciò i suoi utenti ricorrono allo splendore di lingue e culture più diffuse come garanzia di inclusione e un intelligente strumento per non isolarsi.

Precisiamo che per l'internazionalizzazione dell'italiano (o di un'altra lingua) non intendiamo solamente la sua conoscenza. Sono invece la sua penetrazione lessicale e la presenza onimica che dipendono direttamente dal bisogno e interesse culturale inflesso e aspettato come valido e immanente in un'altra area linguistica.

2.1.1. Italiano in Italia e italofonia

Nel Paese d'origine, l'italiano è l'idioma di ca. 57 milioni di utenti per i quali è la lingua prima (L1: lingua etnica/materna) e ufficiale; questa cifra aumenta di altri 3 milioni di parlanti per i quali l'italiano è la lingua seconda (L2: lingua non etnica), praticamente straniera, ma sempre ufficiale sul territorio dello Stato italiano dove abitano o soggiornano[123].

123 L'uso della lingua italiana è comunque una situazione caratterizzata da una relativa omogeneità, se prendiamo in considerazione l'importanza concessa anche o primariamente ai dialetti. Secondo le statistiche dell'ISTAT, nel 2015 neanche la metà della popolazione italiana (ca. 46 %) comunica in ambienti privati prevalentemente in italiano; e oltre 8 milioni (14 %) preferiscono in questa situazione il loro dialetto; ca. il 32 % si esprime lo stesso in italiano o in dialetto (ISTAT 2017). Bisogna anche tener presenti le minoranze linguistiche storiche: germaniche, slave, sarde, ladine, catalane, provenzali, franco-provenzali, albanesi, greche (vd. p.es. Toso 2008).

Per quanto riguarda il numero di tutti gli utenti dell'italiano, è un idioma che secondo varie ricerche e statistiche (dipendono dai criteri adottati, purtroppo non sempre omogenei) è usato come L1/L2 ufficiale dai 65 e ai 71 milioni di parlanti[124]; e si colloca da una ventina d'anni nella terza decina di lingue più parlate nel mondo, oscillando tra il 20° e il 29° posto. La relativamente lontana 29ª posizione, comunicata nel 2022 da una statistica globale[125], è correlata al numero esatto di 67,9 milioni di parlanti d'italiano lingua materna/etnica o non etnica, ma ufficiale nel luogo di residenza del parlante[126]. Tuttavia, non è il numero stimato di tutti gli italofoni nel mondo. E qui i numeri possono molto differire in eccesso dalle quote anche approssimative dei parlanti d'italiano L1.

Secondo alcune ricerche sotto il patrocinio del Ministero degli Affari Esteri e della Cooperazione Internazionale della Repubblica Italiana (MAECI), condotte all'occasione delle azioni di "stati generali" della lingua italiana nel mondo (a cominciare dall'indagine *Italiano 2000*[127]), l'universo italofono ("italico", cfr. infra) arriva perfino ai 250 milioni di individui di cui 80–125 milioni in Europa, ma non è un'estimazione oggettiva, se fondata su un presupposto che concernerebbe "le persone nel mondo che manifestano un certo interesse verso il Belpaese e l'italiano" (Fiorenza 2018: 126[128]).

Adottando questa relativa logica, si potrebbero pareggiare gli "italofili" agli "italofoni", ciò non è un'equazione ovvia; in verità condurrebbe a scarti infondati in una realtà anche ipotetica. Effettivamente, non tutti gli italofili conoscono l'italiano, quindi non sono italofoni, nondimeno sono sicuramente in possesso di una particolare dose di nozioni in italiano e italianismi, ed anche di molti elementi dello "strato propriale" (cfr. infra) della lingua italiana, in casi specifici disponendo di un sapere onomastico molto avanzato (p.es. esperti e amatori appassionati del cinema, della musica, del turismo in Italia).

L'interesse verso l'italiano (lingua e cultura italiana), malgrado la lingua degli italiani non sia diffusa come altri idiomi al *top* del *ranking* mondiale, è

---

124 https://italofonia.info/ora-siamo-8-miliardi-e-il-95-di-noi-non-e-di-madrelingua-inglese/, u.a. 19.02.2023.

125 Più specificamente: https://www.statista.com/statistics/266808/the-most-spoken-languages-worldwide/, u.a. 2.02.2022.

126 Cfr. le statistiche sul sito che presenta *The 100 Most Spoken Languages Around the World* (https://www.visualcapitalist.com/100-most-spoken-languages/, u.a. 17.02.2023). Per avere un paragone, il polacco si pone in questa classifica al 38° posto (ca. 40 milioni di utenti sul territorio polacco e in diaspore limitrofe).

127 I resoconti in De Mauro et al. 2002. Per gli stati generali della lingua italiana successivi (fino al 2021/2022) si vedano i protocolli notificati sul portale Italofonia.info (p.es. https://italofonia.info/stati-generali-della-lingua-2021-poca-sostanza-tanti-anglicismi/, u.a. 19.02.2022), tra l'altro *Italiano 2010. Lingua e cultura italiana all'estero* (il resoconto in Giovanardi, Trifone 2012). Cfr. anche AA.VV. 2003; Peluffo, Serianni [a c. di] 2005; Licata et al. 2016; Heinz [a c. di] 2017.

128 Cfr. Bassetti 2016: 164.

comparabile proprio alle aree linguistiche, come l'anglofonia, la francofonia o l'"ispanofonia"[129]. E tutte con lo statuto di *lingua franca* in diversi settori. In un certo senso, ce l'avrebbe anche l'italiano, da secoli considerato come *lingua franca* del bacino del Mediterraneo[130].

> Però, se non ha creato un impero materiale, l'italiano riuscì a creare un impero immateriale, formato più da radicamenti culturali che da armate e complessi amministrativi – perché, com'è ovvio, gli imperi non sono rappresentati soltanto da occupazioni, ma anche da propagazioni di altro genere. (Basti pensare all' 'impero americano', che esiste e opera anche dove non c'è neanche una pattuglia di militari USA). L'italiano ha mostrato infatti, negli ultimi decenni del secolo XX, di esser diventato lingua internazionale di una sorta 'invisibile', usato com'è da una parte estesissima del Mediterraneo e delle aree contermini (Simone 2000: 436).

2.1.2. Italiano al di fuori dell'Italia e italsimpatia

Oltre l'Italia, nel resto del mondo, l'italiano è una delle lingue ufficiali in altri cinque Paesi (la Repubblica di San Marino, il Vaticano; a livello regionale: la Svizzera, la Croazia, la Slovenia), ma si tratta di comunità relativamente piccole e poco numerose (da ca. 800 persone al Vaticano fino a ca. 300.000 in Croazia[131]). Contemporaneamente, come si è già segnalato, l'italofonia viene alimentata, ad esempio, da quasi 1,5 milioni di utenti d'italiano in Argentina e di ca. 700.000 parlanti negli Stati Uniti, principalmente a New York e nel New Jersey[132].

Nei Paesi indicati, l'italiano ha uno statuto specifico, determinato dalla tradizione, sfondo storico e sociale. Molto particolare sembra essere lo statuto dell'italiano nel Vaticano che si dovrebbe intendere non solo come "Stato della Città del Vaticano", altresì come metonimia della Chiesa cattolica, ivi anche di una comunità ecclesiale gerarchica, attiva e presente nel mondo intero[133]. È molto ragguardevole per la lingua usata in questa struttura locale e globale, considerato l'importante "contributo dato dalla Chiesa alla diffusione della lingua [italiana]" (Librandi 2017: 7).

---

129 Si preferisce comunque il termine *ispanità* o *ispanicità* in quanto equivalente dello spagn. *hispanidad*.

130 Cfr. Brincat 2005.

131 Di cui ca. 14.000 si dichiarano di nazionalità italiana (dal censimento del 2021, https://lavoce.hr/attualita/censimento-2021-ecco-quanti-sono-oggi-gli-italiani-in-croazia, u.a. 4.01.2023), e soprattutto nell'area d'Istria (vd. https://italofonia.info/litaliano-in-istria-una-cultura-resa-minoritaria-che-cerca-di-rifiorire/#google_vignette, u.a. 4.03.2024).

132 Per vari dati vd. https://italofonia.info/, u.a. 4.03.2024.

133 Ufficialmente, la lingua della Chiesa e della Santa Sede è il latino. L'italiano è la lingua dello Stato vaticano.

Si veda quanto ribadito da Claudio Giovanardi e Pietro Trifone (2012: 57–58) in riferimento all'italiano della Chiesa cattolica di Roma usato in contesti sociali, diafasici e diamesici non soliti, senza distinguere, comunque, lo Stato e la Santa Sede dalla Chiesa universale:

> Come non ricordare inoltre, a proposito di una diffusione "parallela" dell'italiano, il fatto che la nostra lingua sia quella utilizzata nelle occasioni ufficiali dal Vaticano? Ciò non sorprende finché i papi sono stati italiani, ma è di maggior rilievo pensando alla provenienza degli ultimi due pontefici (Polonia e Germania[134]) e al fatto che entrambi abbiano usato l'italiano nei discorsi pubblici pronunciati in Italia e in altre parti del mondo. Ma oltre alle abitudini linguistiche del papa e della Curia, non si dimentichi il forte ruolo veicolare svolto dagli organi di stampa (primo fra tutti l'"Osservatore romano"), dai comunicati della stampa e della radio vaticana. A ciò si aggiunge il ruolo di volano linguistico rappresentato da diversi organismi e istituzioni che fanno riferimento alla Chiesa cattolica, come ad esempio i seminari e le università di ispirazione religiosa; e si aggiunga anche la fondamentale opera svolta dalle numerose missioni diffuse nelle parti del mondo meno fortunate.[135]

L'italofonia (motivata o meno dall'italofilia ovvero dall'"ital-simpatia"[136]) viene considerevolmente alimentata da studenti d'italiano di varie fasce d'età.

---

134 Lo stesso riguarda anche l'attuale papa argentino, ma d'origine oriunda italiana, Francesco (nato Jorge Mario Bergoglio) il cui italiano è assai caratteristico, non di rado sconvolto da "parole dirompenti" (Librandi 2017: 110–116), che sembrano richiamare voci del lunfardo, un miscuglio di spagnolo bonaerense con espressioni italiane e di altri repertori (la lingua del tango e della cultura *underground* di oltre un secolo fa).

135 Per altre informazioni su questo argomento vd. Bustaffa 2016 e Librandi 2017. Si osserva che "[i]l soggiorno in Italia rappresenta una motivazione molto forte [...] per i religiosi stranieri che entrano in contatto con i luoghi più sacri per loro (la Città del Vaticano, sede del papato a Roma, i luoghi del culto dei santi cattolici sparsi nel territorio): durante il periodo di studio teologico sarà a maggior ragione indispensabile per loro affinare le proprie conoscenze attraverso l'italiano (sempre più preferito al latino pure dai più colti)" (Diadori, Palermo, Troncarelli 2015: 62). Per quel che riguarda la qualità dell'italiano imparato e usato, ad esempio, da sacerdoti polacchi in contesti scientifico-teologici vd. Gałkowski 2016b.

136 Termine attribuito ad Andrea Riccardi, il presidente della Società Dante Alighieri (Fiorenza 2018: nota 6). Scritto anche tutto attaccato "italsimpatia" (cfr. Giumelli 2015) sarebbe una parafrasi riassuntiva della frase espressa dal presidente Riccardi che ritiene l'italiano "riconoscibile come la lingua della simpatia" (*Il Messaggero*, 9 aprile 2015, p. 22). In altri versi, l'italiano assume il ruolo dell'"ambasciatore di simpatia" (https://www.almaedizioni.it/it/notizie/litaliano-ambasciatore-di-simpatia/; cfr. https://comunicazioneinform.it/il-presidente-andrea-riccardi-all82-congresso-internazionale-della-dante/, u.a. ai siti 20.02.2023). È anche alquanto sintomatico che oltre alla "simpatia" si conceda all'italiano e verso l'italiano la

Troppo clamore ha sollevato nel 2014 l'informazione che l'italiano fosse la quarta lingua più studiata nel mondo, dopo l'inglese, lo spagnolo e il cinese. L'esito di un'indagine stimolata dal MAECI ha sorpreso l'opinione pubblica fino al punto che, insieme ai dubbi, alcuni si espressero con un particolare sarcasmo nei confronti delle statistiche sociologiche raccolte nel mondo intero[137]. Sempre più probabili paiono le posizioni quinta o sesta; nel 2021/2022 nel Duolinguo Language Raport (2021) si è proprio confermato il sesto posto attribuito all'italiano L2[138].

Come informano i bollettini del MAECI, pubblicati regolarmente dopo la rassegna ciclica degli stati generali dell'italiano, p.es. per l'anno 2014 è stato rilevato che "[l']italiano annovera studenti in 111 paesi, dall'Afghanistan allo Zimbabwe. Il numero degli studenti per paese varia sensibilmente, da un minimo di 8 a quasi 250.000; nel complesso, alla luce delle recenti attività di ricognizione promosse

---

connotazione della "seduzione" (Giumelli 2015). Cfr. inoltre un'opinione a questo proposito di Francesco Sabatini che, citando Claudio Angelini, commenta il successo dell'azione globale conosciuta sotto il nome della "Settimana della lingua italiana nel mondo" (organizzata ciclicamente dal 2001): "Un insieme di eventi che mira a diffondere quella che possiamo chiamare (e non è un gioco di parole) la "cultura della lingua italiana", come risposta diretta a quella spontanea simpatia che, a dire di molti, in vari luoghi del mondo si manifesta verso la nostra lingua, in quanto espressione sonora di ciò che si attribuisce di bello al vivere italiano" (Sabatini 2003: 565). In Polonia, l'italofilia, come una specie di "confessione", è un fenomeno fondato storicamente ed è l'oggetto di vari studi specialistici (Tygielski 2005: 501).

137 La situazione si è ripetuta per alcuni anni successivi. "Tutti i pazzi per l'italiano", proclamava il titolo di uno degli articoli sul sito dell'AGI: https://www.agi.it/cultura/tutti_pazzi_per_litaliano_quarta_lingua_pi_studiata-1174983/news/2016-10-18/, u.a. 20.02.2023. Ancora più sorprendente e, in pratica, poco verosimile pare il suggerimento che "nel 2012 l'italiano era la seconda [sic!] lingua più studiata al mondo" (Fiorenza 2018: 127). Con meno dubbio si accetterebbe il seguito di questa osservazione riportata da Elisa Fiorenza (ibid.), e cioè che "[l']italiano, inoltre, rimane la seconda a livelli di marchi commerciali, tanto che «negli scaffali dei supermercati di cinque continenti le parole italiane sono la maggioranza» [cit. in base a *La Stampa*]. Quest'ultimo dato è connesso all'importanza di due fattori che esercitano ancora grande attrattiva per gli stranieri, ovvero l'imponenza della cultura italiana e del *Made in Italy*, tanto che […] l'italiano rappresenta tutt'oggi anche un valore e un patrimonio per le nuove professionalità". La nostra indagine effettuata tramite lo studio dei marchi registrati in Polonia contribuirebbe a questa visione privilegiante dell'influsso della lingua-cultura italiana nella MPL. Non è poi escluso che l'italiano in questa classifica occupi sul mercato polacco e, sicuramente, nei settori particolari, il primo posto, precedendo l'inglese (cfr. altri nostri lavori in questo campo che ha catturato la nostra attenzione sin dall'inizio degli anni 2000: Gałkowski 2002; id. 2003; id. 2011b; id. 2014d; id. 2015a; id. 2017b).

138 Cfr. Trifone 2003; Giovanardi, Trifone 2012: 44–50; Vedovelli 2018a; id. 2019.

dal MAECI, oltre un milione e mezzo d'individui studia la lingua italiana nel mondo" (AA.VV. 2014: 37[139]).

Il *target* didattico dell'insegnamento e dell'apprendimento (a volte anche, dell'autodidattica linguistica) è variegato. Imparano l'italiano L2 gli studenti di scuole primarie, secondarie superiori (ca. la metà del numero complessivo nel mondo) e universitarie (ca. il 13 %; cfr. le statistiche del MAECI, ibid.: Tabb. 1–3); ma anche persone di varia età, al di là dei sistemi educativi, fra le quali prevalgono quelle che vogliono conoscere la lingua (e cultura) italiana "per diletto", senza scopi determinati da bisogni particolari, p.es. professionali.

D'altra parte, possono necessitare di padroneggiare l'idioma italiano le persone che devono o vogliono lavorare in ambiti determinati dalla comunicazione e tradizione/cultura italiana, in casi singolari, ad esempio artisti del canto lirico, imprenditori dell'industria leggera, cuochi, critici d'arte, rappresentati del clero, scienziati, per forza di cose, italianisti, e, in generale, tutti coloro che emigrano o soggiornano in Italia per diverse ragioni.

Luca Serianni osservava che tra gli "stati in cui l'italianistica [lo studio e interesse verso la lingua e la cultura italiana] è connessa a una tradizione di studi umanistici (conservatori di musica, accademie d'arte, istituti di romanistica)" (Serianni [a c. di] 2002: 460) vi è, tra l'altro, la Polonia ed alcuni altri Paesi dell'Europa orientale, come l'Ungheria, la Repubblica Ceca, la Slovacchia e la Romania. Ma le motivazioni che spingono all'apprendimento e all'insegnamento della "lingua degli angeli" (cfr. Stammerjohann 2013) possono essere anche più banali e meno ambiziose, tuttavia, non meno importanti da un punto di vista sociale e individuale, ciò va valutato e, perfino, "calcolato" con tutta serietà.

Tra queste motivazioni particolari e, in un certo senso, anche peculiari, dell'apprendimento/insegnamento d'italiano L2/LS, che abbiamo anche già discusso in altra sede (Gałkowski 2014e), si possono indicare i fattori come: il "capriccio" / il "piacere" (un altro modo di parlare del "diletto" suggerito supra); ragioni professionali; scopi educativi; la volontà di immergersi nell'italianità.

139 Per avare qualche aggiornamento si rinvia alla documentazione audiovisiva degli Stati Generali della Lingua e della Creatività italiane nel mondo (con il *focus* sul tema specifico: *L'Italiano di domani*) che si sono tenuti il 21 novembre 2021 presso la Farnesina a Roma (https://www.youtube.com/watch?v=wqJzc37BHJg, u.a. 21.02.2023). Secondo le ultime indagini, l'italiano "[verrebbe] studiat[o] da oltre 2 milioni di persone nel mondo, assume[ndo] un ruolo chiave nel veicolare una rappresentazione dell'Italia in cui cultura, scienza e tecnologia, settori in cui tradizionalmente il nostro Paese [l'Italia] eccelle, si affiancano ad innovazione ed efficienza" (https://www.unesco.it/it/News/Detail/1338, u.a. 21.02.2023). La nuova stima quantitativa non è stata accertata da ricerche statistiche adeguate (cfr. l'intervento del Ministro degli affari esteri e della cooperazione internazionale Luigi di Maio, https://www.youtube.com/watch?v=wqJzc37BHJg, min. 28:30-29:30, u.a. 21.02.2023).

Più palesemente, questo ventaglio di ragioni per le quali, p.es., i polacchi vogliono imparare/conoscere l'italiano, si può osservare e analizzare tra il pubblico di vari corsi d'italiano organizzati in Polonia negli istituti di lingua non statali ("scuole di lingua"), fra i quali anche singoli insegnanti che offrono ad interessati lezioni private, conversazioni, avviamenti linguistici e specialistici per principianti e più avanzati[140].

2.1.3. Italiano in Polonia

Riguardo proprio alla Polonia, all'inizio del nuovo Millennio Elżbieta Jamrozik (2000: 321–322) sosteneva:

> La posizione dell'Italia sul mercato economico ha delle ripercussioni sia sull'importanza della lingua italiana nel sentimento linguistico del polacco medio, sia sulla presenza linguistica dell'italiano nei nomi dei prodotti, marchi e sigle. L'interesse dei polacchi per l'italiano si rivela nei corsi di lingua. Secondo l'indagine svolta nelle principali scuole di lingua a Varsavia, l'italiano, pur non essendo lingua di comunicazione internazionale, è riuscito ad inserirsi come quarta lingua straniera dopo il francese (che del resto perde terreno in Polonia). [...] Come risulta da[l] [...] sondaggio, gran parte del pubblico dei corsi di lingua, pur non essendo professionalmente costretto a imparare l'italiano, prova un bisogno puramente soggettivo di farlo, bisogno condizionato dalla presenza italiana sul mercato polacco e dall'apertura delle frontiere dopo il 1989.

Sempre nell'area polacca, ciò che può positivamente sorprendere è l'interesse che, da una parte dimostrano i polacchi verso lo studio d'italiano L2, dall'altra, la politica delle istituzioni statali italiane e diplomatiche con la quale si cerca di sostenere l'insegnamento della lingua italiana in Polonia.

Ad esempio, nell'anno accademico 2009/2010 si è notato un picco nel numero di studenti d'italiano in Polonia, il più elevato in Europa e considerevole, se viene comparato con altre regioni nel mondo e i Paesi, come l'Egitto, il Canada, gli Stati Uniti, l'Argentina, il Brasile, l'Iran, l'Australia (aree in cui i numeri di studenti d'italiano sono alti ai livelli elementare, intermedio e/o avanzato[141]).

---

140 Questi presupposti vanno confrontati con gli esiti di un'indagine sulle motivazioni allo studio dell'italiano (Baldelli 1987), condotta negli anni 1981–1986 dall'allora Ministero degli Affari Esteri. Luca Serianni l'ha riassunta e commentata, ricordando la graduatoria che indicava la classifica di queste motivazioni nell'ordine seguente: arricchimento culturale; esigenze di studio; esigenze di lavoro; ragioni turistiche; motivi affettivi (Serianni [a c. di] 2002: 464; cfr. i dati emergenti da tavole IPSOS e Istituto Piepoli in Peluffo, riportati in Serianni [a c. di] 2005: 108–151).

141 Cfr. Giovanardi, Trifone 2012: tabb. 16–23; cfr. anche AA.VV. 2014: tabb. 1–3 e grafici 1–3.

D'altro canto, dopo questo picco notevole al livello internazionale, nella stessa Polonia dall'anno accademico 2011/2012 per altri 7 anni si osserva una percentuale costante dei relativamente pochi studenti universitari polacchi che scelgono l'italiano come lingua di studio o all'interno dell'insegnamento (lettorato) di una L2/LS obbligatoria (0,5 % dal 2011 al 2018). Dal 2019 al 2020, quindi per due anni, questo valore raggiunge il 0,6 %, ma nel 2021/2022 scende ai soli 0,4 % del totale degli studenti interessati ad una lingua straniera. Il leggerissimo aumento d'interesse per l'italiano si è notato durante la pandemia da Covid-19, vale a dire all'epoca dell'insegnamento a distanza, ma non si sa ancora perché esso sia diminuito subito dopo la pandemia[142].

È un indizio significativo nello sviluppo di riflessioni che si formulano intorno alle lingue minori studiate in Polonia come L2/LS. Alla luce dello studio presentato anche in questo libro, risulta che ogni situazione motivante che fa allargare la prospettiva di "italsimpatia" o perfino "italofilia" dimostrate dai polacchi[143] contribuisce ad una creatività onomastica osservata tramite l'analisi degli strumenti onomaturgici nella marchionimia polacca marcata dall'italiano (MPLI), anche se in molti casi si tratta di formazioni ambigue e pseudoitaliane, comunque non meno manifestanti quell'interesse e attrazione che suscitano la lingua e la cultura italiana negli italofoni-italofili, "oriundi" nuovi, e, infine o forse anzitutto, negli apprendenti dell'italiano L2[144].

Nell'area polacca l'italiano non è una "lingua di contatto" nel senso weinreichiano assegnato a questo concetto linguistico[145], ma lo è in quanto oggetto di autentica e spontanea simpatia, confermata tramite l'ammirazione e il piacere di sperimentare e conoscere la cultura italiana, anche nell'uso di motivi d'ispirazione e singole voci che evocano un netto e consapevole influsso italiano.

E se non si tratta di "lingua/e *di* contatto", il contesto permette di sostenere la tesi di Stanisław Widłak (2010) di "lingue *in* contatto" riguardo alla relazione italiano-polacca. Si ricordi l'osservazione sempre pertinente dell'italianista polacco:

> Se parliamo di lingue in contatto – il polacco e l'italiano nel nostro caso – dobbiamo, d'altra parte, renderci conto del fatto che, accanto a queste lingue "umane" – naturali, articolate – esistono, nelle relazioni fra i popoli (e parallelamente a quelle fra i gruppi sociali all'interno di una nazione), altre "lingue" (metaforicamente parlando) o linguaggi, che partecipano alla vita sociale, ai contatti reciproci e agli scambi e interferenze. Sono mezzi paralinguistici che accompagnano la comunicazione linguistica, tale il linguaggio dei gesti (compresa la mimica o gli atteggiamenti del corpo), tipico degli abitanti della Penisola Appenninica e che partecipa

142 Sulla base dei dati statistici del GUS pol. *Główny Urząd Statystyczny* 'Ufficio Centrale di Statistica' (vd. *Rocznik Statystyczny*...).

143 Cfr. CBOS 2021.

144 Cfr. Bombi, Orioles 2019.

145 Cfr. Diadori, Palermo, Troncarelli 2015: 93–96.

a suo modo alle interferenze fra i comportamenti sociali dei nostri due popoli. Ci sono anche altri "linguaggi", che non partecipano direttamente alla comunicazione linguistica, ma che nondimeno sono co-creatori dell'ambiente psico-sociale e culturale proprio di un particolare tipo di civiltà, come l'italianità o il carattere / "spirito" polacco; tali testimoni del patrimonio spirituale e materiale sono per esempio il linguaggio delle arti figurative e della cinematografia, della musica, dell'architettura ecc., che sono pure portatori di una data civiltà e che partecipano, spesso in modo molto rilevante, agli interscambi e alle interferenze di valori spirituali fra i popoli. È, infatti, in una "polifonia" fatta di diversi patrimoni spirituali, culturali e materiali che si realizzano le relazioni umane fra le varie etnie in contatto, come fra le loro lingue e culture (Widłak 2010: 10).

2.2. Italiano lingua esportata e valorizzata nel contesto polacco

L'attrazione della lingua e della cultura italiana è un fatto provato e studiato in vari contesti: socio-demografici, culturali, educativi, intellettuali, professionali. L'Italia è il Paese di riferimento con con cui si identificano i suoi cittadini con la nazionalità italiana (in Italia e all'estero), ma anche gli abitanti stranieri con la cittadinanza italiana: sono quelli che imparano l'italiano per convivere con gli altri concittadini e usufruire o rispondere alle istituzioni che usano l'italiano come lingua ufficiale.

Bisogna considerare anche i casi di acquisizione della cittadinanza e di diventare "italiani/-e" tramite matrimonio o unione civile con un coniuge italiano[146], se esso rimane valido per almeno due anni in Italia, o tre all'estero: tempo necessario per confermare il legame matrimoniale, ma un periodo in cui è possibile arrivare ad una soglia della conoscenza comunicativa per coloro che prima non parlavano italiano.

Le relazioni coniugali e, in generale, familiari, creano sempre circostanze favorevoli per l'apprendimento di una lingua straniera, nuova per uno dei coniugi. Nel contesto italo-polacco, si potrebbero indicare non pochi esempi di situazioni in cui nei matrimoni misti, maggiormente tra un uomo italiano e una donna polacca (la combinazione inversa risulta rara), abbiano portato a una

---

146 L'altra opportunità per diventare cittadino italiano per uno straniero consiste in una residenza continuata e accertata in Italia che va da quattro a dieci anni, a seconda del caso specifico, tuttavia tra gli altri requisiti da dimostrare per ottenere la cittadinanza d'Italia, vi è anche la conoscenza della lingua italiana al livello min. B1 (cfr. https://n26.com/it-it/blog/cittadinanza-italiana, u.a. 7.02.2023). È una delle motivazioni per studiare l'italiano e servirsi di un certificato apposito emesso tra uno dei quattro enti certificatori in Italia, p.es. dalle Università per stranieri di Siena e di Perugia; o ancora per frequentare in Italia una scuola elementare, media inferiore, superiore o l'Università. Cfr. Legut 2019: 15.

veloce immersione della donna nella lingua italiana, anzi, nella cultura italiana, garantendole "bilinguismo" e "biculturalismo"[147].

I mariti italiani delle polacche, a quanto pare, trovano interesse nell'apprendimento della lingua della moglie creando con lei un legame più forte e di rispetto reciproco, oppure in alcuni casi, dopo essersi trasferiti con la famiglia in Polonia, dove possono far parte delle cosiddette "piccole Italie" (il fenomeno della *Little Italy*, cfr. infra) che si sono via via costituite nelle grandi città polacche, come p.es. Breslavia, Cracovia o Varsavia.

2.2.1. Il fenomeno della *Little Italy*

Fig. 3. Insegna di una rete di "negozi italiani" a Varsavia. Foto: Agnieszka Woch, 2024.

Il fenomeno della "piccola Italia" (*Little Italy*) è tanto caratteristico per le grandi, ma anche più piccole città, o intere regioni, come lo è, dal punto di vista sociale e morale, l'equivalente fenomeno della cosiddetta *Polonia*[148], e cioè dei polacchi

---

147 Ne informava in un'intervista (accessibile sul sito https://corrieredelmezzogiorno.corriere.it/napoli/notizie/sociale/2014/15-settembre-2014/coppie-miste-mariti-napoletani-dellepolacche-vogliono-trasferirsi-varsavia-230140075800.shtml, u.a. 7.02.2023), ancora nel 2014, Anna Smolińska, presidente dell'*Instytut dla Polonii* (cfr. la nota successiva), un'associazione per gli immigrati polacchi in Campania. La polacca intervistata ha notato che la grande ondata dell'immigrazione polacca in Italia era stata soprattutto femminile. Le donne polacche si occupavano di lavori come badanti e casalinghe ed erano consapevoli della necessità di imparare l'italiano per svolgere bene i loro compiti e andare avanti con i loro obiettivi sociali (conoscere amici e mariti, studiare, acquisire nuove competenze professionali, col tempo crescere dei figli ben integrati in Italia, ecc.). Per la tipologia e l'attività di altre organizzazioni e associazioni di emigrati polacchi in Polonia vd. Legut 2019: 11–13; Pasztor, Jarosz 2018: 448–450.

148 Il termine polacco *Polonia*, coincidente con l'omonimo coronimo italiano e in altre lingue, come p.es. il latino, usato in polacco sin dalla seconda metà del XIX secolo, significa l'insieme dei gruppi etnici polacchi che abitano fuori dalla terra polacca (sulla base della definizione nell'enciclopedia PWN online, https://encyklopedia.pwn.pl/szukaj/Polonia.html, u.a. 7.02.2023); esso compare anche nelle

residenti all'estero, tra cui anche i discendenti nati ormai fuori dal Paese d'origine dei loro parenti e nonni. Non si nota in polacco un altro termine speciale per i rappresentanti della *Polonia* che vivono sin dalla loro nascita all'estero, come p.es. il termine "oriundi" per le generazioni degli italiani nati fuori dall'Italia e gli individui di origine mista, italiana e altra/e.

A margine, vale la pena segnalare che gli oriundi (italiani) creano visibili e numerose società italiane in varie parti del mondo, p.es. nel Brasile, in Svizzera, a New York negli Stati Uniti. È difficile contarli. I numeri sono piuttosto approssimativi[149] o anche, condizionati da un punto di vista di certe politiche e para-ideologie, come quella degli "italici"[150]. Volendo, si potrebbe parlare anche di una categoria simile agli oriundi italiani nel caso dei polacchi che vivono in altrettanto numerose comunità in America, p.es. a Chicago (una città americana particolarmente "polonizzata"; ca. 1,5 milioni di abitanti d'origine polacca) e, anche loro, a New York (ca. 700.000)[151].

Tuttavia, parlando di italiani stabilitisi in Polonia e soprattutto nelle grandi città, le "piccole Italie polacche" non hanno strutture formali; o se mai fosse così, durante la pandemia del coronavirus esse si sono notevolmente affievolite, ma dall'inizio del 2022, come risulta da osservazioni dirette, stanno ripristinando la loro tipica energia organizzativa.

2.2.2. Le comunità italiane in Polonia

Le comunità italiane in Polonia sono distinte da certe caratteristiche sociali tra cui quella più marcata è semplicemente il fatto di essere italiani, italo-polacchi o partner e amici impegnati nell'italianità degli italiani, spesso anche studenti, esperti e appassionati amatoriali della cultura e della lingua italiana (nel senso estremamente inclusivo della concezione degli "oriundi nuovi"[152]).

In realtà, la presenza delle "piccole Italie" nelle grandi città polacche è individuabile attraverso le azioni e attività sociali, promozionali, educative, commerciali degli italiani singoli o integrati in organizzazioni formali e non formali, come fondazioni, associazioni, compagnie di amici che si incontrano in un ristorante italiano, membri di gruppi culturali, turistici, imprenditoriali, ecc. Un

---

collocazioni con gli aggettivi detoponimici che delimitano territorialmente le comunità polacche, maggiormente integrate, in un Paese o una città, p.es. pol. *Polonia amerykańska* (gli immigrati polacchi negli Stati Uniti), *Polonia włoska* (in Italia), *Polonia rzymska* (a Roma), *Polonia sycylijska* (in Sicilia).

149 C'è chi afferma che, ad esempio, nel Brasile "gli italo-brasiliani s[iano] circa 30 milioni, mentre altre fonti ridimensionano questo numero anche di 8 milioni" (Jorio, Pittau, Waisel dos Santos 2021).

150 Sul ruolo degli italofoni e delle comunità italiane all'estero vd. AA.VV. 2014: 83–99.

151 Cfr. https://wartowiedziec.pl/serwis-glowny/styl-zycia/12472-polonia-w-liczbach-czyli-najwiksze-skupiska-polonii-na-wiecie, u.a. 22.02.2023.

152 Cfr. Bombi, Orioles 2011.

esempio molto fondato e conosciuto anche ben fuori dalla città in questione, in Polonia, in Italia e altri Paesi europei, è la "piccola Italia" di Wrocław (Breslavia), un'agglomerazione nella Slesia Bassa a sud-ovest della Polonia.

Nel 2012, a Breslavia vivevano 148 italiani; secondo le statistiche più recenti ce ne sono molti di più: ufficialmente ca. 700[153], ma questo numero può essere anche più alto. Non senza ragione Wrocław è stata proclamata *Mała Italia* (pol. *mała Italia* 'piccola Italia'; cfr. supra). Sebbene questo specifico slogan urbano sia stato diffuso per scopi promozionali dai *mass media* o aziende e individui particolari, non vi è dubbio che molti italiani hanno scelto il capoluogo della Bassa Slesia come destinazione personale e sociale[154].

La "piccola Italia breslaviana" manifesta la sua operatività sociale proponendo diverse iniziative che emergono dall'impegno professionale dei suoi rappresentanti, come p.es. quelli che da più anni promuovono la città di Breslavia come metà turistica e centro di sviluppo economico e sociale cosmopolita, corrispondente allo splendore culturale e alla storia multinazionale e multiculturale della capitale del voivodato della Bassa Slesia, gli ideatori del progetto *BreslaviAmo*.

2.2.3. *BreslaviAmo* et al.

La denominazione *BreslaviAmo* presenta una interessante natura lessicale (ma anche propriale) di applicazione di un modello di gioco di parole e formazione neologica ibrida[155] abbastanza sfruttata nella neoformazione italianeggiante: coinvolge in una crasi l'urbonimo italiano e internazionale *Breslavia* e il verbo *amare*

---

153 Per avere un paragone, presso l'Anagrafe Italiani residenti all'estero (AIRE), a Cracovia nell'arco degli anni 2015 e 2016 si sono iscritti ca. 900 italiani. Da vari punti di vista, soprattutto storico-sociali ed estetici (artistici, architettonici, culturali) la vecchia capitale polacca, con una certa esaltazione situazionale, viene considerata "la seconda Roma" (Maniscalco 2016). Cfr. il concetto di *Cracovia «italiana»* (Mazzei 2017).

154 Cfr. https://www.breslaviamo.it/italiani-breslavia/, u.a. 7.02.2023.

155 Si confronti il nome del circolo studentesco degli italianisti dell'Università di Łódź *ItaliAMO*; allo stesso tempo l'omonimo nome della rivista gestita e pubblicata dal circolo (pol. *Studenckie Koło Naukowe ItaliAMO*; per maggiori informazioni si consulti il sito https://www.facebook.com/SKN.ItaliAMO/?locale=pl_PL, u.a. 8.02.2023; vd. anche Groblińska et al. [a c. di] 2023) oppure il nome del canale su Instagram che informa di un'iniziativa di socializzazione in locali di ristoro di Trójmiasto (agglomerazione di tre città famose di Pomerania, Danzica, Gdynia e Sopot), per gli italiani e gli "appassionati d'Italia": *aperitiamo.3city* (https://www.instagram.com/aperitiamo.3city/, u.a. 8.02.2023). La forma *aperitiamo* suggerisce il chiaro riferimento all'*aperitivo*, con tutto il discorso connotativo che il termine-concetto implica; l'imitazione dell'espressione verbale in questione evoca l'idea di radunarsi e di fare l'aperitivo. Giocando con l'ortografia sull'immagine che accompagna l'*account* Instagram, si ottiene anche un'altra lettura possibile della struttura esaminata: *Aperi / Ti / Amo* (gli elementi costitutivi sono in tre colori

alla prima pers. pl. (*Braslavi[a]* + *amo*), creando una specie di enunciato con l'inversione del verbo (*amo*) e del complemento diretto (*Breslavia*[156]).

D'altro canto, questo crematonimo può essere interpretato nella veste suggerita anche da un'altra neoformazione motivata dall'italiano, *Breslaviamo*, la quale si riferirebbe alla morfologia di un potenziale verbo (**breslaviare*) coniugato alla prima pers. pl. dell'indicativo presente o dell'imperativo diretto. È una fine improvvisazione creativa di stampo palesemente italianeggiante, motivata a più livelli formali e semantico-pragmatici.

Molti altri nomi di natura crematonimica italianeggiante vengono generati in ambiti di "piccole Italie polacche", prima di tutto i marchionimi che designano le imprese, i prodotti o i servizi che si potrebbero categorizzare come italiani d'origine (perché creati o appartenenti agli italiani), ma anche altri tipi di crematonimi (associativi o ideativi) che designano organizzazioni, gruppi sociali, iniziative culturali, azioni, progetti, feste, produzioni artistiche, ecc.

La domanda che si potrebbe porre è se questo tipo di formazione italianeggiante possa far parte del *corpus* d'analisi dal punto di vista metodologico. La nostra risposta è sì, giacché si tratta di creazioni linguistiche emerse e introdotte nell'uso in polacco e sul territorio polacco, anche se in casi particolari si dovrebbe considerare un loro statuto più cosmopolita, internazionale o di trasposizione direttamente dall'Italia o da un altro Paese.

Non è un criterio che possa ostacolare la penetrazione delle date forme nel registro scritto (molto importante per la realtà comunicativa pubblica, p.es. nei loghi, sulle insegne, le confezioni, i *poster*; e virtuale tramite i canali di trasmissione visiva elettronica) e in quello parlato appena ci si trova davanti all'opportunità di citare il nome, di volerlo usare oralmente, per ragioni informative o di orientamento referenziale.

È d'altronde una situazione paragonabile o del tutto simile a quella dell'uso di alcuni dati personali principali. Anche un utente che non conosce la lingua italiana deve percepire, pronunciare, notare, ripetere nomi e cognomi originali

---

della bandiera italiana: *Aperi* verde, *Ti* bianco, *Amo* rosso). Anche qui il riferimento al molto preferito in questa specie di creatività nominativa verbo *amare*, ivi una chiara e carica di emozioni e italianità frase *ti amo* (cfr. la struttura del termine milanese *apericena*).

156 Può essere influenzata da un nome-slogan che, fortuitamente, promuove la città di Wrocław (designata con l'uso di vari esonimi, come appunto it./sp. *Braslavia*, port. *Breslávia*, cec. *Vratislav*, lat. *Vratislavia*, ted. *Breslau*): *WrocLove* (fusione ibrida dell'urbonimo pol. *Wroc[ław]* + ingl. *love* 'amore; amare'). La neoformazione *Wroclove* è diventata la base per più nomi commerciali (p.es. di un negozio e marca di abiti; una birra; una composizione di tè aromatizzato; una pasticceria; ecc.); di per sé è una marca urbana di valore culturale. La forma è una specie di analogia fonetica per suggerire agli stranieri la pronuncia polacca dell'endonimo *Wroclaw* (scritto originariamente con la *l* "tagliata": *ł* stante per il suono [w]/[ɫ] come la *u* nell'it. *uomo*; correttamente *Wrocław* [ˈvrɔtswaf]).

o traduzioni o spiegazioni in polacco; informazioni metalinguistiche
no e i dialetti, la terminologia italiana (p.es. gastronomica, enologica,
ocale/tradizionale); immagini che illustrano oggetti, prodotti, eventi,
di formule determinate difficilmente traducibili[166].
iderino due esempi dei *post* delineati sui canali Instagram[167]:

wloskiego_tarraro (pol. 'scuola d'italiano Tarraro'):
*rno! Se nel mondo intero ci sono ancora persone che vogliono imparare la più
gua italiana o quella più frusciante, polacca, ditegli che iniziamo e che dovreb-
fonarci o scriverci* [...]
*rno! Jeśli na całym świecie są jeszcze osoby, które chcą się uczyć najpiękniejsz-
ka włoskiego albo najbardziej szeleszczącego, polskiego, powiedzcie im aby do
zwoniły albo napisały* [...] (pubbl. il 6 ottobre 2022; fonte: https://www.instag
m/p/CjYVLa1u4yG/, u.a. 1.02.2023).

atki (il nome neologico composto di due elementi: *ita-* riferito all'*italiano/I-*
pol. *notatki* 'appunti'):

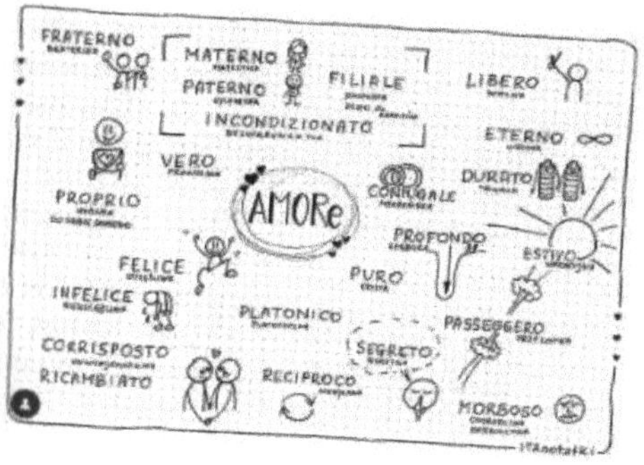

onte: https://www.instagram.com/p/CaAGenarciE/ (pubbl. il 26 agosto
8.02.2023.

biamo suggerito anche prima, la categoria degli **e-nimi*[168] può, nei casi
ri, dimostrare un carattere para-marchionimico. La maggioranza delle

rene Ranzato (2010) detti *elementi culturospecifici.*
dicano i nomi dei canali (nomi virtuali dei proprietari di *account*); la data della
licazione del post; i contenuti per esteso, ma con riduzioni di alcuni segni,
p.es. *emoji, avatar, tag* visuali, ecc.
mo questo termine metaonomastico per indicare ogni nome virtuale comparso
te che designa un interlocutore (può essere considerato un genere particolare di
ponimo), un *account* sui canali *social* (sempre con un valore para-antroponimico
eudonimo e segno distintivo speciale) o un altro ente attivo in Internet (p.es.

degli italiani, spesso gli elementi alquanto italiani che precedono o seguono il segno @ negli indirizzi *e-mail* o altri dettagli nell'identificazione di un individuo che risiede o è venuto occasionalmente dall'Italia in Polonia (nomi di località, vie nell'indirizzo civico, ecc.[157]).

Per dare qualche altro esempio delle denominazioni italiane o italianeggianti che designano varie entità nel mondo delle "piccole Italie polacche", si citano i nomi come:

- *Fondazione Italo-Polacca INTERE* (Łódź-LD): il n. *INTERE*, notato anche come *InteRe*[158], riveste la forma di un acronimo sillabico che collega le parti iniziali di due termini: *integrazione* e *relazione*; interpretato liberamente potrebbe far venire in mente anche il pref. *inter-* usato, p.es., negli agg. *internazionale, interregionale* o i sost. *interesse, regione*; se interpretato come lessema, s'assocerebbe al pl. f. dell'agg. *intero*, ma è piuttosto una pura coincidenza;
- *Associazione Italo-Polacca „Kulturando"* (Poznań-WP): il n. specifico viene proposto in veste di un neologismo deverbale, imitando una forma del gerundio presente italiano; creato in seguito ad un accostamento (crasi) della voce polacca, e internazionalmente ben identificabile (< s.sg.f. *kultura* 'cultura' + la desinenza gerundiva *-ando*); il neologismo è facilmente associato alle forme d'origine italiana, conosciute tra l'altro dalla terminologia musicale, come *mormorando* o *cantando*;
- *Associazione „DueTerre"* (Częstochowa-SL): il nome, scritto tutto attaccato, *DueTerre*, è una giustapposizione di due elementi che creano un chiaro concetto sintagmatico *due terre*; il pensiero codificato nella struttura coinvolge, ovviamente, le terre polacca e italiana[159];
- gruppi italiani su FB sotto le etichette che possiamo considerare di natura onimica, come p.es. *Italiani Residenti in Polonia e di transito*; *Italiani a Varsavia… e oltre*; *Italiani in Polonia e nel Resto d'Europa*; *Motociclisti Italiani in Polonia*; territoriali: *Italiani a Cracovia*; *Italiani a Łódź e…*; *Italiani a Gdańsk–Sopot–Gdynia*; *Italiani a Częstochowa*; determinati dal genere dei membri: *D.I.Wa. – Donne Italiane a Varsavia* (l'acronimo *D.I.Wa* è deliberatamente associato alla voce *diva*, d'origine italiana/neolatina, con lo statuto di internazionalismo, che pragmaticamente si rifà al mondo femminile);
- i titoli dei periodici, come, ad esempio, *Gazzetta Italia* (pubblicata a Varsavia), che si vanta dello *slogan* accompagnante il suo logonimo: *L'unico magazine bilingue italiano-polacco*[160];

157 Sono situazioni che generano errori di pronuncia e di scrittura; diventano a volte ancora più complicate e poco rassicuranti anche per l'interessato stesso, quando il suo nome e cognome o altri dati vengono sottomessi alla declinazione polacca, che, malgrado le regole assai precise della flessione dei nomi stranieri, pone difficoltà e si scontra con inevitabili sbagli morfosintattici. Cfr. Sez. 1.4.1.
158 Cfr. l'annotazione al sito FB della fondazione: https://www.facebook.com/fundacjaintere/?locale=it_IT, u.a. 27.02.2023.
159 Il sito dell'organizzazione: https://dueterre.pl/, u.a. 23.02.2023.
160 Il sito della rivista: https://www.gazzettaitalia.pl/, u.a. 23.02.2023.

- i nomi dei *blog* per gli italiani, redatti da italiani in Polonia, italo-polacchi, ecc., p.es. il *blog* intitolato *Bella Varsavia* con uno *slogan* che l'accompagna: *il miglior blog in italiano sulla città*[161].

2.2.4. Italiano e italofilia nel *Virtual Linguistic Landscape*

Si potrebbero citare tanti altri esempi di unità denominative che sfiorano i campi di lessico appellativo e propriale, servendo da indicatori e chiavi d'accesso all'oggetto che designano e cui rinviano, quasi di regola presenti in Rete quindi in uno specifico "paesaggio linguistico virtuale" (VLL *Virtual Linguistic Landscape*[162]), oggi molto più visibile del tradizionale paesaggio linguistico osservato sul terreno fisico (LL *Linguistic Landscape*[163]).

Se raccolti in un *corpus*, le varie denominazioni sottomesse ad una investigazione qualsiasi creano una simulazione della presenza massiccia di elementi linguistici italiani generati o motivati dai bisogni comunicativi e da scopi particolari di una comunità "oriunda" in Polonia (italiani e persone che conoscono o studiano italiano), ciò è facilmente comparabile a situazioni registrate in altri Paesi (ad esempio in Germania[164]).

Sui *social*, come p.es. Instagram, funzionano numerosi *account* e canali gestiti da "oriundi" in Polonia, *native* o specialisti di lingua italiana, ma soprattutto da chi si occupa di materie legate alla realtà italiana, cominciando dall'insegnamento/apprendimento dell'italiano L2/LS, passando per *blog* culinari e finendo sulle esposizioni di marchi commerciali o socio-culturali. Sono originali ed evocativi i loro nomi, p.es. *italianizzata*; *italianizzatrice*; *italianinissimaaa*; *italiadoro_*; *italiana.mente*; *italaamici*; *dolciitaliani.pl*; *vicoloitaliano*; *primo.cappuccino*; *italiano.con.piacere*; *italiano_con-adriano*; *lamiapiccolaitalia*; *mio_italiano_online*; *italianoinonda*; *vacanze_romane_italiano*; *spaghet_ti_amo*; ecc. (cfr. Tab. 1).

È un cospicuo inventario di strutture che comportano funzioni identificative e promozionali, invitanti ad accederci, a seguire i *post*, a mettersi in contatto con i proprietari dei canali. Giocando con la lingua (italiana, polacca e altre) si creano

161 Accessibile al sito https://www.bellavarsavia.com/, u.a. 23.02.2023.
162 "LLs describe the languages that define public spaces. Analogous to the physical LL, the virtual LL serves to delineate the linguistic community and to mark language status in expressed power relations among the coexisting linguistic choices in the cyberspace community. The VLL describes the linguistic cyberscape just as the LL describes the linguistic cityscape. In this way, the VLL functions as an identity marker, providing choice in textual access and expression" (Ivkovic, Lotherington 2009: 19).
163 Vd. p.es. gli studi in Hélot et al. [a c. di] 2012.
164 Vd. p.es. Meyer 2017; Raimo 2021. Cfr. Bagna, Barni 2007; Malinar 2000; Sabatini 2003; Simone 2000.

forme le quali più sono originali e intriganti e p
nicativo.
Va dato per scontato che indipendentemen
(ispirato ad elementi italiani, ma anche polacch
cetti come il coronimo *Włochy* e il suo equiva
ficatore denominativo viene sanzionato da un
esplicitamente o implicitamente diffondendo
"piccole Italie polacche".
La rassegna stessa dei denominatori di cana
vanti sotto l'aspetto onomaturgico, le quali ci int
studio (creazioni lessicali neologiche, giochi stru
concettuali, espressioni che sono o diventan
utenti). I fenomeni linguistici e comunicativi s
iconici) si manifestano in vari tipi di messaggi
contatto, ricordi, *tip* (consigli), *slogan* in italiano,

165 Il toponimo *Italia* esiste anche nella lingua pol
nimo indicante l'odierno Stato della Repubblica
rio dove vivono gli italiani e dove si parla italia
un'origine complessa, germano-slava. La voce
è usata in polacco piuttosto come una specie
Come toponimo storico, indicherebbe l'antica
marinare, signorie, principati, regni che segna
Pol./internaz. *Italia* fu la fonte d'ispirazione p
etnonimo per indicare gli italiani in polacco,
variante pol. *Italikowie*, ma questa esclusivame
vano le antiche regioni d'Italia, it./lat. *Italici*); *I
perfino, **Italiańcy*, forme molto strane, con sfun
sentite come spregiative e derisorie, da usare p
beffa nei confronti degli italiani; per questo anc
para-antroponimica degli individui ed *account*
riguarda i fantastici aggettivi che esprimerebbe
liani in polacco, p.es. agg.sg.m. **italski* (però us
nell'antica Italia, pol. *języki italskie* 'lingue ita
Anche se il nome *Italia* (scritto all'epoca anche
sin dall'inizio del XX sec., è sempre percepito
solenne, affettiva e ricercata" (cfr. Wędkiewicz 1
1979: 209–210), l'unica base per la formazione le
l'origine diretta: s.sg.m. *Włoch* '(un/l') italiano' e
per il genere e il numero (p.es. s.sg.f. *Włoszka*, an
włoski 'italiano'; s.sg.f. *włoskość* 'italianità'; s.sg.f.
ficato: 1. una denominazione particolare della lin
italiana" usati nella preparazione di molti piat
maggiori informazioni su questo argomento si r
2018: 206–207; Gałkowski 2017c. Cfr. inoltre Sezz

con le lo
sull'italia
estetica,
significat
Si cons
szkola_
Buongi
bella li
bero tel
Buongi
ego języ
nas zad
ram.co
itanon
talia +

Fig. 4. F
2022), u.a

Come a
particol

166 Da I
167 Si in
publ
com
168 Usia
in R
antr
di p

strutture denominative "pro-italiane" osservate su vari *social* implicano valori di crematonimi di *marketing*.

In effetti, dietro a molti canali esistenti in Rete con i loro nomi originali stanno gli obiettivi economici, dichiarati oppure no, attuali o lungimiranti, insomma, che prevedono il raggiungimento di uno scopo personale o sociale, come se si trattasse di un ambito commerciale e di *business*. Se non sono esplicitamente nomi di marchio, lo sono, tuttavia, in veste culturale, educativa, artistica, promozionale, pubblicitaria, il che non si dissocia affatto da obiettivi mercantili.

2.2.5. Marchionimia culturale

Come sostegno della tesi proposta nella sezione precedente, si potrebbe avanzare anche l'idea di una certa *marchionimia culturale* che, iperonimicamente parlando, possa incorporare ogni possibile aspetto di nome di marchio, iniziando da quello commerciale, ma inglobando anche quello sociale, artistico, mediale, pop-culturale, ideologico, ecc.

Pare un argomento vasto e interdisciplinare; studiato da noi, in modo sparso, in alcuni nostri lavori precedenti in cui si intravedevano elementi italiani o ispirati alla lingua e alla cultura italiana nei nomi appartenenti a certi sottogruppi della categoria dei crematonimi associativi e ideativi (p.es. i nomi di gruppi sociali, concorsi, eventi, concerti, festival, spettacoli, fiere, mercatini dedicati alla promozione dei prodotti italiani)[169].

Par excellence, si tratta di strutture che funzionano e si comportano proprio come i marchionimi. Infatti, tali strutture, denominando varie entità diffondono nel discorso pubblico il nome di un "marchio" specifico. Lo caricano di un messaggio informativo e/o simbolico che si rifà alla lingua e cultura italiana. Inoltre, si affermano in una comunicazione che comporta caratteristiche miste, collegando obiettivi onomastico-sociali focalizzati su un *target* aperto, ma di principio, interessato all'"universo italiano".

2.3. Italiano lingua importata e performativa in Polonia

Il patrimonio verbale della cultura italiana da tempo si diffonde e s'iscrive nella percezione e nella memoria collettiva polacca a più livelli, da una parte, in modo naturale e inevitabile tra i polacchi residenti e occasionalmente affluenti in Italia (per lavoro, per turismo, per studio, per competizioni di vario genere, per culto

---

nomi dei *blog/blogger*; nomi dei siti personalizzati che offrono servizi in Rete, ma anche, tramite il contatto elettronico realizzano varie consegne per i contraenti, costituendo spesso veri e propri marchionimi). Per la questione di *e-nimi*, *onimi virtuali*, **medionimi* e simili vd. p.es. Graf 2003; Łobodzińska, Preisert 2003; Czopek-Kopciuch 2004; Siwiec 2014.

169 Vd. p.es. Gałkowski 2019b; cfr. id. 2017b.

religioso), dall'altra, e in modo più o meno trasparente, tra gli utenti della lingua polacca nel loro Paese d'origine o all'estero. Di fatto, l'immigrazione polacca nel mondo nell'arco degli ultimi 100–120 anni è paragonabile a quella italiana calcolabile in decine di milioni di individui. E si tratta di destinazioni dove i polacchi e i loro discendenti convivono con gli oriundi italiani.

Per esempio, nei Paesi in cui si nota un alto numero di emigrati italiani e si coltiva una visibile attrazione di molte fasce della cultura sociale italiana, abitano altrettanti polacchi che assorbono con gli altri cittadini nativi o stranieri gli elementi della invasiva civiltà italiana, manifestata attraverso la presenza del vocabolario italiano, adattato o usato come citato, o ancora creato sul modello italiano, nelle lingue come innanzitutto l'inglese e il tedesco, ma anche il portoghese e altre[170]. Si potrebbe pensare che questa influenza italiana sui polacchi in un Paese terzo fosse più considerevole dell'influenza italiana in loco, direttamente in Italia[171], dove i polacchi si sono fatti notare certamente con numeri importanti, ma non così spettacolari, come altre nazioni che hanno visto una forte emigrazione dopo la Seconda guerra mondiale e, specialmente, durante la trasformazione politica nell'ex blocco sovietico e subito dopo l'entrata della Polonia nell'UE[172].

---

170 Nel mondo d'oggi ci sarebbero ca. 19 milioni di italiani che abitano fuori dall'Italia. La massiccia emigrazione degli italiani è avvenuta dopo l'Unità d'Italia nel 1861, particolarmente nell'arco degli anni 1900–1930 e 1950–1970 (le mete preferite: gli Stati Uniti, la Francia, la Germania, la Svizzera, il Brasile; cfr. https://www.treccani.it/enciclopedia/migrazioni-internazionali-e-migrazioni-interne_(L'Italia-e-le-sue-Regioni); https://www.treccani.it/enciclopedia/emigrazione-italiana_(Dizionario-di-Storia)/, u.a. ai siti 7.02.2023; cfr. ISTAT 2022). Anche i polacchi residenti all'estero sono ca. 20 milioni, sparsi nel mondo intero, con una ragguardevole presenza fissa e da 4–5 fino a 6 generazioni nei Paesi come gli Stati Uniti, la Germania, il Brasile, la Francia (cfr. https://www.polskiinternet.com/poland/polonialiczba.shtml; https://encyklopedia.pwn.pl/haslo/polonia-emigracja-i-polacy-w-swiecie;3959692.html, u.a. 7.02.2023). Sono le destinazioni in cui i polacchi convivono e si confrontano anche con influenti valori tradizionali italiani (espressi tramite la gastronomia, la cultura di massa, la moda, il commercio, le figure intellettuali, politiche, artistiche, ecc.).

171 A proposito delle interferenze linguistiche e della lingua italiana usata dall'emigrazione polacca in Italia in un contesto bilinguale identitario vd. Wierzbicka-Piotrowska 1997; Kowalcze-Franiuk 2018.

172 Facendo leva sull'emigrazione polacca in Italia, tranne la storia dei relativamente sporadici (se consideriamo le proporzioni sociali) soggiorni educativi, di pellegrinaggio, commerciali e di svago nei secoli scorsi, dal Medioevo fino all'inizio del XX secolo (vd. p.es. Sajkowski 1973; Olkiewicz 1979; Ptaśnik 1959), si osservano due tappe principali dell'afflusso maggiore dei polacchi in Italia: la prima nel periodo bellico e subito dopo la Seconda guerra mondiale (1944–1947), legata alla presenza dell'armata polacca in Italia; la seconda, invece, molto più lunga che va dalla fine degli anni 1940 fino agli anni 2000 (Dybciak 2017: 217, 220;

2.3.1. I polacchi in Italia

Oggi il numero ufficiale di polacchi residenti in Italia oscilla intorno alle 75 mila persone e si tratta di una comunità che da ca. 10 anni sta diminuendo[173]. Secondo i dati dell'ISTAT, nel 2022 si contavano 74.981 polacchi tra tutti i cittadini d'Italia[174], con i numeri maggiori nel Lazio, in Emilia-Romagna, in Lombardia, in Campania e in Toscana (le donne in quote almeno doppie rispetto a quelle degli uomini, p.es. in Lombardia, 5.340 donne contro 1.777 uomini).

Ancora nel 2016 i cittadini polacchi in Italia erano ca. 90 mila. Costituirebbero il 2 % di tutti gli emigrati in Italia, occupando il 13° posto nel *ranking* demografico fra le comunità straniere nel Bel Paese (IDOS 2015[175]). Anche nel 2008, l'ISAT notava ufficialmente 90.218 polacchi residenti sul territorio italiano, il che si trovava invece all'8° posto nel *ranking* dell'emigrazione in Italia (ISTAT 2008: 5)[176].

Legut 2019: 7–11; cfr. Morawski 1997); e tutto alla luce delle relazioni non sempre chiare e facili tra i due Paesi, comunque senza scontri gravi (cfr. Urban 2019). Da notare, tuttavia, che nella ricerca dedicata specificamente all'emigrazione polacca in Italia, e nel primo e nel secondo periodo si accenna soprattutto all'attività e ai successi dei personaggi che hanno segnato lo spazio di contatti polacco-italiani con opere di letteratura, saggistica, mecenatismo delle arti, ecc. (vd. p.es. Miziołek [a c. di] 2019: spec. il cap. intitolato *Arte, cinema, letteratura, teatro* o Marinelli et al. [a c. di] 1997; Siekiera 2000). Con meno interesse, perché è difficile da inquadrare e da definire come peculiare, ci si riferisce all'emigrazione "più comune" di molta gente che senza grandi *exploit* è rimasta in Italia dopo le prime onde di emigrazione militare e poi di quella detta in polacco *"za chlebem"* (lett. 'in cerca del pane [per vivere]'), cioè a scopi lavorativi, per guadagnarsi da vivere (Kordasiewicz 2010: 38; cfr. Kowalcze-Franiuk 2018; vd. anche Gorczyca 2024), solo secondariamente, turistici, culturali, educativi o altri (p.es. fuga e rifugio dall'oppressione politica comunista; cfr. Golemo 2006; Legut 2019: 8 e 20–21; o visite di scambio tra artisti, scienziati, specialisti di vari settori dell'attività sociale; cfr. Pasztor, Jarosz 2018: 432–439).

173 Il picco concerneva l'arco del tempo tra il 2004 e il 2012, ma i dati che si registrano in varie fonti sono differenti, ciò è dovuto ai risultati che coinvolgono anche i soggiorni clandestini, ma non meno importanti per lo sviluppo dei processi che si osservano. Per questo, le quote tra 30 e 45 mila Polacchi residenti in Italia verso la fine degli anni 1990 (indicate da Morawski 1997: 249) non sono verosimili; in realtà, potevano essere almeno doppie. Cfr. Legut 2019: 10 (grafici 1 e 2).

174 Cfr. https://www.tuttitalia.it/statistiche/cittadini-stranieri/polonia/, u.a. 07.02.2023.

175 Cfr. Legut 2019: 19.

176 Si considerino inoltre le quote statistiche annuali ufficiali dell'emigrazione polacca in Italia nel periodo 1973–2022 secondo il GUS (vd. *Główne kierunki emigracji i imigracji...*); p.es. nel 1978: 250 polacchi venuti e registrati in Italia; nel 1983: 464 (l'epoca dello stato di guerra in Polonia); nel 1987: 2700; nel 1992: 88 contro 130 di ritorno (l'interesse di lasciare il Paese dopo la caduta del comunismo diminuisce); nel 1997: 155 contro 212; nel 2005: 413 contro 331 (la Polonia è ormai nell'UE); 2008: 922 contro 428 (una nuova ondata di partenze per l'Italia); 2012: 512 contro

Per forza di cose, la comunità polacca in Italia non è, comunque, una comunità integrata né omogenea in vista dei criteri di posizione sociale e legale; per lo più, è una comunità "mobile", ma rimane aperta la domanda, se veramente "non notabile", "fuori dalla classifica" o "opaca" (Legut 2019: 10)[177].

La frequente rotazione tra i polacchi emigrati e ripartiti e, di nuovo, ritornati in Italia, è caratteristica degli ultimi tre decenni in cui i controlli alle frontiere sono minimi, i viaggi sono relativamente meno cari e più comodi (p.es. con le linee aeree che fino alla pandemia da Covid-19 si ritenevano *low-cost*). Questo fattore ha contribuito all'apporto costante delle influenze italiane (intese nel senso ampio) nella cultura e nella lingua polacca, cominciando dalle sfere private, locali, ma estendendosi anche su quelle regionali e nazionali, primariamente negli ambiti commerciali ed economici, che coinvolgono vari contraenti e clienti, quindi la gente comune.

In queste condizioni si prende nota della codificazione italiana o italianeggiante di entità e processi sottoposti alla comunicazione commerciale, ma gli elementi italiani s'infiltrano nella lingua e nei discorsi delle persone realmente ed emozionalmente impegnate nell'italianità anche tramite altri canali di contatto. Un ruolo importante in questi processi è svolto soprattutto dalla componente femminile che, come evidenziato sopra, prevale su quella maschile per quanto riguarda l'emigrazione polacca in Italia.

2.3.2. La rilevanza della mobilità delle donne

La preponderante componente femminile dell'emigrazione polacca in Italia[178] non rimane senza impatto nell'area comunicativo-discorsiva, inclusi i processi di apprendimento della lingua italiana L2 e di socializzazione con la cultura italiana. Le donne, in generale, sono più propense ad adattarsi, all'assorbimento di quadri di vita nuovi e all'accettazione di circostanze di straniamento che si

538 (l'immigrazione sorpassa l'emigrazione); 2017: 230 contro 478; 2020: 122 contro 404 (l'inizio della pandemia da Covid-19); 2022: 230 contro 323 (l'Italia come destinazione della residenza fissa non è più così interessante come nei decenni precedenti). Per maggiori dettagli vd. https://stat.gov.pl/obszary-tematyczne/ludnosc/migracje-zagraniczne-ludnosci/glowne-kierunki-emigracji-i-imigracji-na-pobyt-staly-w-latach-1966-2022,4,2.html, u.a. 5.03.2024.

177 Nel suggerimento originale si usa il termine pol. *przeźroczysty* 'trasparente' che vale per il senso di "invisibile". Cfr. Legut 2019: 19. Vd. anche Kowalcze-Franiuk 2018.

178 Verso il 2010 le donne costituivano mediamente ca. 70 % di tutta la migrazione polacca residente in Italia. Questo numero aumentava verso l'80 % a Napoli (Kordasiewicz 2010: 38). Per un'altra conferma di questo fatto, si valuti che nel 1988 si registravano quasi il 65 % di studentesse tra gli studenti d'italiano L2 d'origine polacca all'Università per Stranieri di Perugia (Covino Bisaccia 1989: 61).

incontrano all'estero[179]. Se confrontato con gli stereotipi, si constaterebbe che le polacche emigrate in Italia, ma anche quelle che ne sono tornate, trovassero piacere e soddisfazione nell'esposizione alla cultura italiana, il che viene provato in opinioni personali, espresse, ad esempio, sui loro *social.*

Non è ovviamente un atteggiamento riservato alle donne polacche, o ancora, al genere femminile, ma in questa sede capta particolarmente l'attenzione. Sono le donne che manifestano più predilezione per tutto ciò che pare "bello", "insolito", "eccezionale", "eccitante", "umano", "leggero", anche se si tratta di *cliché* sulla natura femminile, ad ogni modo aperta e orientata a recepire in modo più evidente impressioni estetiche, sensitive, cromatiche, naturali e non di *routine*[180].

Ecco una delle opinioni entusiastiche, comunemente condivise, che si ripetono spesso sui *social* delle polacche residenti in Italia:

> ***toskania_ani*** (pol. 'la Toscana di Ania'):
> [...] *- mam na imię Ania / - 18 lat temu przeprowadziłam się do Włoch / - mam wspaniałego męża* [...] */ - zwiedziłam Włochy , ale moim miejscem na ziemi okazała się Toskania* [...] *- ciągle, nieodmiennie zachwycam się Włochami, tą przyrodą, zabytkami, kuchnią*[181] (pubbl. il 7 dicembre 2021; fonte: https://www.instagram.com/p/CXL7Zj3sjTY/, u.a. 8.02.2023).

Si vedano anche altre due confessioni che consentono di comprendere fino a quanto l'ambiente circostante affascini e si consolidi nella memoria, così che emerga il desiderio di condividere tale esperienza con i *follower*, principianti o

179 Secondo diverse ricerche, le donne apprendono più velocemente e più "naturalmente" le lingue straniere, se immerse nel *bain linguistique* (fr. 'bagno linguistico') del Paese che raggiungono come emigrate. Verso la fine degli anni '80 del XX sec., in conclusione di un'indagine della motivazione allo studio dell'italiano nei discenti stranieri presso l'Università per Stranieri di Perugia, si osservava che "[...] le lingue, anche a livello mondiale, vengono studiate prevalentemente dalle donne, che pare abbiano maggiore intelligenza verbale degli uomini e maggiore predisposizione allo studio delle lingue" (Covino Bisaccia 1989: 28; cfr. ibid.: 56 e 60–62 [Tavola 29]). Cfr. Janaszek 2020; Kurcz 2000: 183–184; Pawlak 2019: 6–7; Rogers 2006.

180 Malgrado si pretenda che il soggiorno in Italia sia qualcosa di piacevole e positivo, sono registrate non pochi casi di esperienze dure e perfino di disturbi psicologici, che gli psichiatri definiscono come la "«Sindrome italiana» [...] dal nome del paese più «badantizzato» dell'Europa occidentale e forse del mondo" (Leogrande 2011; cfr. Kordasiewicz 2010: 46–51; Legut 2019: 11 e 19; Wojtaszczyk 2012; cfr. Gałkowski 2014f; Gorczyca 2024).

181 [(...) – mi chiamo Ania / – 18 anni fa mi sono trasferita in Italia / – ho un marito meraviglioso (...) / – ho visitato l'Italia, ma il mio posto sulla terra si è rivelato essere la Toscana (...) – Sono costantemente, immancabilmente entusiasta dell'Italia, della natura, dei monumenti, della cucina...; trad. AG].

più avanzati, nella scoperta del mondo italiano, conformemente all'adozione di una missione personale di propagatore/propagatrice di una vita "all'italiana".

italo_polacca:
Czym pachną dla Was Włochy? / Dla mnie to mieszanka wielu zapachów i smaków. Sycylia ma wiele zapachów i smaków. Bez większego wysiłku można tu przytyć. / Zaczynając od tych jedzeniowych arancino, cipollina, polpo z cytryną i pietruszką, involtino al pistacchio, cassata. Przez Aperol, chinotto, mandarino al limone w chiosco. Kończąc na deszczu z domieszką pyłu Etny, brezzy, świeżym praniu i sgrassatore Marsiglia. Nie byłam tu od roku. I to prawie tak jakby odciąć komuś tlen. Przepełnia cię jakaś taka melancholia czy pustka, którą trzeba wypełnić oczywiście pastą alla norma, przemiłą chiacchieratą, niebieskim kolorem morza i nieba i całym tym hałasem, którego po dłuższym pobycie już nie zauważasz. / Dobrze, że jesteś Italio.[182] (pubbl. il 8 giugno 2021; fonte: https://www.instagram.com/p/CP5WY4ojDAV/, u.a. 8.02.2023).

wloskipogodzinach (pol. *włoski po godzinach* lett. 'l'italiano dopo le ore'; pol. *po godzinach* 'dopo lavoro/nel tempo libero'):
PAN DEI MORTI🥖☠️💀 / Chlebek zmarłych. Ciasteczka pojawiające się w okresie Wszystkich Świętych we Włoszech. Wyglądają niepozornie, ale są przepyszne, pełne dobroci i mające całe mnóstwo odpowiedniej dla tego czasu symboliki! Kryjące się we wnętrzu suszone owoce były w minionych wiekach podarunkiem dla zmarłych. Orzeszki piniowe symbolizują kości, a użycie „starych" ciasteczek amaretti i savoiardi, żeby zrobić nowe pan dei morti, ma oznaczać początek, odrodzenie. Do tego jeszcze kakao, szczypta korzennych przypraw i dobry chlust likieru amaretto i włoski akcent na Halloween gotowy.[183] (pubbl. il 31 ottobre 2022; fonte: https://www.instagram.com/p/CkYRpnFoWVj/, u.a.14.02.2023).

---

182 [Che odore ha l'Italia per Voi? / Per me è una miscela di molti odori e sapori. La Sicilia ha molti odori e sapori. Qui ci si può ingrassare senza troppi sforzi. / A cominciare da quelli alimentari: arancino, cipollina, polpo al limone e prezzemolo, involtino al pistacchio, cassata. Attraverso l'Aperol, il chinotto, il mandarino al limone al chiosco. Per finire, la pioggia con un tocco di polvere dell'Etna, la brezza, il bucato fresco e lo sgrassatore Marsiglia. Non vengo qui da un anno. Ed è quasi come togliere l'ossigeno a qualcuno. Sei pervaso da una sorta di malinconia o di vuoto che va colmato con, ovviamente, pasta alla norma, una piacevole chiacchierata, il colore azzurro del mare e del cielo e tutti i rumori di cui non ti accorgi più dopo un lungo soggiorno. / È bello che tu ci sia, Italia; trad. AG].

183 [Panetto dei morti (recte *pane dei morti*). Biscotti che compaiono in Italia nel periodo di Ognissanti. Sembrano poco appariscenti, ma sono deliziosi, pieni di bontà e hanno un simbolismo appropriato per questo periodo! La frutta secca nascosta all'interno era un dono per i morti nei secoli passati. I pinoli simboleggiano le ossa e l'uso di amaretti e savoiardi "vecchi" per fare il nuovo pan dei morti sta a significare un inizio, una rinascita. Aggiungete del cacao, un pizzico di spezie e una bella spruzzata di liquore amaretto e il tocco italiano per Halloween è completo; trad. AG].

Da notare nei *post* di *italo-polacca* e *wloskipogodzinach* l'alto grado di (auto)consapevolezza del linguaggio italiano e la facoltà naturale e agevole con la quale le autrici polacche padroneggianti, a quanto pare, la lingua italiana[184], declinano i termini italiani nella flessione polacca e attribuiscono a questi il genere grammaticale corrispondente al vocabolo polacco che genericamente identifica l'italianismo (e l'oggetto disegnato).

Nel *post* di *italo_polacca* si osserva, quindi, un riuscito tentativo di strutturazione apparentemente adattata alla flessione polacca: *brezzy* come frutto dell'integrazione[185] dell'it. *brezza* al genitivo e *chiacchieratą* – it. *chiacchierata* allo strumentale (entrambe le voci si comportano come se fossero sostantivi polacchi al singolare femminile uscenti in *-a*[186]). L'uso di vocaboli italiani mediante la citazione diretta conferisce loro un alone di autenticità ed eccellenza. Ogni intento di tradurre in polacco (o in altre lingue), ad esempio, tanti termini gastronomici o decrematonimici come *arancino, cassata, chinotto* (da *italo_polacca*) o *pan dei morti, amaretti e savoiardi* (da *wloskipogodzinach*) produrrebbe un effetto di eradicazione o distorsione non solo linguistica, ma anche semasiologica e culturale[187]. Per lo più, si tratta di prodotti che nella vita quotidiana dei polacchi sono assenti

---

184 Si consideri qui anche uno stereotipo sulle polacche o, in generale, sui polacchi "poliglotti". Osserva Karolina Golemo (2010: 181): "Tra molti italiani c'è la convinzione che i polacchi imparino con straordinaria facilità le lingue straniere, in particolare l'italiano. Diversi esperti hanno confermato questa opinione. In effetti, molti polacchi [residenti in Italia] padroneggiano i rudimenti dell'italiano, di solito «a orecchio», e sono in grado di comunicare rapidamente con gli italiani. Tuttavia, è anche vero che pochi riescono a raggiungere un livello elevato di abilità linguistiche"; trad. AG (cfr. Gałkowski 2014f). Va anche detto che in Italia questa buona fama arride a tutti gli slavofoni in generale.

185 Il termine introdotto da Roberto Gusmani (1993).

186 Nel vocabolario polacco le due voci in questione non esistono; nondimeno, l'equivalente polacco di *brezza* è il s.sg.f. *bryza* proveniente dal fr. *brise*. E l'uno e l'altro nel *post* citato potrebbero essere valutati come *italianismi occasionali*, propri di una lingua intermedia; cfr. la caratteristica degli *idiomi «di passaggio»* (Bagna, Bargni 2006: 5).

187 In sostanza, produrrebbe dei malintesi la traduzione del regionalismo metonimico *arancino* (o *arancina*, forma geosinonimica) in s.sg.f. dim. pol. *pomarańczka* o *mała pomarańcza* 'piccola arancia'; ai livelli pragmatici non si ottiene l'effetto pertinente desiderato traducendo il termine *arancino* in modo descrittivo (pol. *smażona na głębokim tłuszczu faszerowana kulka ryżowa* 'polpetta di riso ripiena e fritta'); in modo approssimativo (p.es. *cassata*: pol. *typowe ciasto sycylijskie* 'un dolce tipico siciliano'); o ancora in modo esplicativo (p.es. *chinotto*: pol. *orzeźwiający napój gazowany z gorzkiej pomarańczy* 'bevanda gassata rinfrescante all'arancia amara [recte: un altro tipo di agrume]'). Un caso un po' diverso è la voluta traduzione quasi alla lettera del termine *pane dei morti*: pol. *chlebek zmarłych* (pol. *chlebek* è un vezzeggiativo di *chleb* 'pane'). L'autrice provvede, comunque, a completare la sua proposta di traduzione letterale di una spiegazione perfettamente conforme

e non invocano associazioni di tipo psicologico, emozionale o sensitivo.Si noti inoltre il termine *sgrassatore Marsiglia* (da *wloskipogodzinach*): neanche tradotto letteralmente in quanto *odtłuszczacz Marsylia* (o *marsylski*) garantisce ricordi di sensazioni olfattive perché è un prodotto (marchio) usato in modo particolare in Italia[188].

2.3.3. Viaggi in Italia e l'italiano in uso

Per quanto riguarda il numero di viaggiatori polacchi in Italia, tra i turisti nel 2019, poco prima dell'inizio della pandemia da Covid-19, esso ammonta fino a 2 milioni[189]. Viaggia in Italia chi desidera e trova il piacere di scoprire il Bel Paese in modo convenzionale o non convenzionale, godendo un'atmosfera particolare che offre l'Italia insieme alla sua natura, al suo patrimonio culturale e alla vita sociale.

Prevalentemente, e lo si può dire anche senza ricerche sociologiche, sono individui che non conoscono l'italiano, ma possono essere provvisti di alcune nozioni utili nella comunicazione quotidiana, nell'autopresentazione, nello scambio di saluti e altre formule di cortesia, ecc.[190]

---

alla circostanza corrispondente nella cultura (cfr. nota 183 con la traduzione del *post*). La cura della ricerca di equivalenti o di dettagli avvicina l'utente della lingua polacca alla realtà linguistica e culturale italiana, ma allo stesso tempo la priva di genuinità e di originalità denominativa.

188 Il cacofonico termine pol. *odtłuszczacz*, stilisticamente pesante, potrebbe a stento essere associato, per chi non l'ha sperimentato, a qualcosa di simbolico per l'aria di casa italiana.

189 Le fonti dell'Ufficio Studi ENIT: https://www.infomercatiesteri.it/turismo_out.php?id_paesi=82#, u.a. 07.02.2023.

190 Come per ogni altra lingua, sul mercato editoriale, promozionale e proprio turistico polacco si trovano da tempo molte pubblicazioni che servono da "guide linguistiche" di primo contatto (per non dire e non senza senso figurato, "primo soccorso") nella comunicazione con gli italiani in Italia o altrove. Oggi il loro ruolo è svolto da efficaci e pratici strumenti in Rete, come *Google Translate* o altre *app*, programmi e attrezzi elettronici per traduzioni scritte o orali veloci. Ancora poco fa e di continuo, ma anche nei tempi più remoti, si poteva usare per scopi comunicativi il cosiddetto pol. *rozmówki* (s.pl.f. dim.) lett. 'piccole conversazioni / frasari'. Ne indichiamo solo qualche esempio con i titoli che sono alquanto indicativi: un opuscolo antiquato, ma sempre sorprendentemente pertinente di Fortunato Giannini, con il titolo bilingue *Come s'impara l'italiano? / Jak nauczyć się po włosku?* (Giannini s.a. [ca. 1922]; particolarmente la parte II: sezz. A, C, D); e tre frasari più aggiornati: un classico *Rozmówki polsko-włoskie (Najbardziej przydatne wyrażenia, zwroty i terminy języka włoskiego, wraz ze słowniczkiem i gramatyką)* 'Frasario polacco-italiano (Le frasi, le espressioni e i termini più utili in italiano, con glossario e grammatica)'; trad. AG (Borkowska 2002); *Włoski. Konwersacje bez tajemnic. Co, kiedy, jak powiedzieć po włosku* 'L'italiano. Conversazioni senza segreti. Cosa, quando e come dire in italiano'; trad. AG (Kreisberg 2010); e un

Persino i meno ambiziosi riescono a imparare a dire *buongiorno, grazie, sono polacco, non capisco* e altro di simile, senza però andare avanti in questa avventura linguistica. Anche perché si pensa ad uno stereotipo tanto falso quanto vero sugli italiani che "si accontentano" di poche parole indirizzate nei loro confronti nella loro lingua, e accolgono gli stranieri – dice lo stesso stereotipo – con le braccia e i cuori aperti, senza una traccia di reticenza o diffidenza, che, invece, potrebbero caratterizzare altre nazioni (p.es. i francesi o gli inglesi, restando sempre nel discorso stereotipato sui popoli).

Vi è chi fa tesoro delle novità incontrate e apprese durante i viaggi in Italia e le conserva come un piccolo *acquis* linguistico-culturale, usato ulteriormente, occasionalmente o specialmente in situazioni come, ad esempio, l'atto di denominazione della propria impresa, di un evento, di un posto o di un oggetto. È molto probabile che tanti marchionimi creati sotto l'ispirazione della lingua e cultura italiana (in modo italianeggiante o evocante gli elementi culturali riferiti all'Italia) siano stati inventati in seguito ad un impulso portato direttamente dall'Italia, in ricordo o come conferma di certe reazioni di affascinazione, adozione di modelli, impostazioni o anche contatti intrapresi.

Questo tipo di circostanze diventa ancora più motivante per i viaggi di turismo "ambizioso", notevolmente nell'ambito culturale[191], p.es. con lo scopo di conoscere la geografia socio-culturale italiana o trovare, appunto, opportunità di sviluppo professionale, di realizzazione di un progetto o di lancio di un'iniziativa.

Un solo vocabolo, un'espressione, un gruppo di parole o perfino – come vedremo più avanti – un morfema o altra particella mono- o polisillabica *Italian Sounding*, possono essere il fomento per un successivo atto onomaturgico fissante un'unità linguistica selezionata come base o parte integrante di una formazione marchionimica.

2.3.4. Il *branding* dovuto alla conoscenza della realtà italiana

Un singolo marchionimo può fissare un dato costrutto che non deve essere il risultato di un avanzato studio di *branding*, oppure lo è, ma si consolida sempre come struttura abbastanza semplice e non modificabile. Chi conosce o non conosce l'italiano, chi si è accorto del potenziale del *naming* valendosi di una forma italiana, pseudoitaliana o italianeggiante, lo fa anche senza ulteriori riferimenti all'area linguistica d'ispirazione.

---

altro dedicato a un *target* migratorio per lavoro con il titolo *Rozmówki dla wyjeżdżających do pracy polsko-włoskie* 'Frasario polacco-italiano per chi cerca lavoro'; trad. AG (AA.VV. 2012). Questi e molti altri *rozmówki* con o senza dizionari e altri supplementi linguistici o culturali costituivano e costituiscono tuttora fonti di enunciati pronti, ma anche di singole parole che passa(va)no nella coscienza degli utenti polacchi confrontati con la realtà linguistica italiana. Cfr. Gannuscio 2009.

191 Cfr. Negri Arnoldi, Tagliolini 2003: spec. Capp. 2 e 3.

Va ribadito che un *corpus* di centinaia di unità denominative create in seguito all'adozione di elementi italiani è impressionante, pur non disponendo nell'uso quotidiano di complessi denominativi così numerosi e determinati.

D'altro verso, un effetto accattivante lo può garantire anche un unico marchionimo, importante per il suo creatore e/o proprietario, soddisfatto dell'impiego di una intelaiatura italiana o metaitaliana del crematonimo di *marketing* gestito.

L'esperienza personale e il contatto con la lingua e la realtà italiana, oltre il lessico della lingua comune, anche con vari nomi propri (di persone, posti geografici, monumenti, luoghi pubblici, istituzioni, entità economiche, marche) conducono ad una specie di riciclaggio di onimi italiani nella marchionimia polacca. I casi più inconfutabili sono i marchionimi che si basano su: nomi di battesimo d'origine o in vesti formalmente italiane; molti toponimi, come, ad esempio, vari urbonimi; nonché nomi di monumenti e luoghi d'interesse turistico e culturale in Italia; infine, diverse marche commerciali famose o meno. La maggioranza di queste unità onomastiche possono essere riutilizzate come modello o finemente suggerite in una data struttura creata nel contesto polacco.

Si vedano, ad esempio, i marchionimi o pseudomarchionimi polacchi che si rivelano come un manifesto gioco delle marche di alta moda italiana *Versace*, *Armani* o *Gucci*[192]:

- *Żywieckie Wersacze*: un marchio di prodotti tessili (agg. pol. *żywieckie* 'di Żywiec', relativo al nome della città polacca Żywiec-SL; vantaggioso nel contesto del *marketing* perché omonimo del nome di marchio della birra *Żywieckie*, molto conosciuta tra i consumatori + la trascrizione ortografica in polacco di *Versace* la quale garantisce la stessa pronuncia del nome di riferimento "nascosto");
- *Versaczek*: la denominazione di un negozio di abbigliamento *second hand*[193] (una forma alterata del n. *Versace*, parzialmente trascritta nell'ortografia polonizzata

192 Per maggiori informazioni su di questi e vari altri marchi/marche dell'alta moda italiana e internazionale vd. Tungate 2008. Cfr. DNMC: s.vv.

193 Una categoria di negozi con abiti usati, il più delle volte importati da Paesi dell'Europa Occidentale, rivenduti a pezzi o a peso. È un tipo di commercio che risponde ai bisogni dei clienti meno abbienti, ma anche di quelli che cercano marche famose meno costose rispetto a quelle sul mercato di "prima mano" o apprezzano l'usato per certi valori specifici (abiti *vintage*). La rete non formale di negozi *second hand* è sempre abbastanza fitta in Polonia. Ad ogni modo, sono punti di vendita senza prestigio, ciò si esprime anche attraverso la lingua: in modo appellativo vengono chiamati *lumpeksy* o *szmateksy*, che sono neologismi comportanti il significato spregiativo di negozi per una clientela non esigente e sottovalutata (s.sg.m. *lumpeks* / *lumpex* < s.sg.m. pol. *lump* colloq. 'nodulo, grumo'; s.sg.f. *szmata* spreg. 'panno logorato' + il formantoide crematonimico *-ex/-eks*, aggiunto a marchionimi polacchi per creare un effetto di internazionalizzazione o allusione, ad esempio, al modello registrato nella memoria collettiva e formato dal marchionimo *Pewex* – una rete di negozi di lusso in cui all'epoca comunista si compravano prodotti vari, tra l'altro i vestiti, con valute estere, come i dollari americani o speciali valori

[cfr. supra] con l'aggiunta della *k* finale che fa produrre il suff. *-ek* proprio dei diminutivi vezzeggiativi polacchi al maschile singolare);

- *Tani Armani*: un altro negozio di abiti di seconda mano (un sintagma nominale che consta di una rima interna e porta un significato giocoso: agg.sg.m. pol. *tani* 'a buon mercato / a basso costo' + il marchionimo/cognome *Armani*);
- *Guczczi*: l'iscrizione su una borsa di tela, con la funzione di una pseudomarca e di un gioco verbale non ostacolato da nessuna barriera normativa (ortograficamente imita la pronuncia corretta della voce *Gucci* con una geminata ['gutʃːi]; cfr. Fig. 5);
- *Guczi Sruczi*: una pseudomarca che s'ispira al marchio italiano *Gucci* (si è cercato di adattare il nome all'ortografia polacca con la pronuncia ['gutʃi], la quale fa rima con un'altra voce senza significato ['srutʃi], ma che suona in modo disfemistico e ironico).

Fig. 5. Fonte: https://ideashirt.pl/blog/2018/11/06/torba-bawelniana-niewazne-niej-wazne-niej/; https://ohshop.shoplo.com/guczi-sruczi-koszulka-dorosla, u.a. ai siti 8.02.2023.

L'ispirazione di natura propriale dovuta all'osservazione della cultura e dei "punti forti" del mercato italiano (p.es. industria leggera, produzione di scarpe, settore alimentare e di ristoro) fa scaturire il ricorso a numerosissimi onimi italiani o pseudoitaliani che servono da base o fonte d'ispirazione per i marchionimi polacchi motivati metaonomasticamente. Anche un utente comune della lingua polacca, che visita l'Italia o meno, nota e usa lessemi o termini italiani, che sono all'origine delle unità marchionimiche (nomi personali e geografici). Si cercherà di verificare anche questo tipo di presupposto.

della banca polacca centrale). Molti dei *lumpeks* vengono denominati in modo scherzoso, ironico e stuzzicante o apparentemente pretensionale. Per questo si notano delle strutture che rimandano ai nomi delle sartorie della *haute couture*, coinvolgendoli nelle formazioni che creano spesso voci distorte nella resa ortografica ibrida, stando al confine della legge con la violazione degli interessi di marche illecitamente imitate, addirittura sfruttate.

2.3.5. Marchi degli "pseudoitaliani"

Un fenomeno molto singolare, notato a questo livello, sono le evenienze denominative in cui gli autori di marchionimi non solo imitano o prendono in prestito elementi dall'antroponimia italiana e del suo potenziale formativo, ma appositamente inventano dati personali che possono essere recepiti come nomi e cognomi italiani veri o verosimili. Essi sono impiegati con l'intento di creare un'allusione ad un portatore fittizio d'origine italiana.

Questo "trucco" permette di dare sembianza perfettamente italiana al marchio creato *ad hoc*. In certe situazioni è anche il risultato della trasformazione ("italianizzazione") dei nomi e cognomi di persone che firmano il marchio registrato o esposto sulle insegne.

Gli esempi di questi processi tanto intelligenti e ingegnosi quanto improbabili e fuorvianti, si stanno moltiplicando nei tempi recenti. Sono considerati accettabili e tollerabili dal punto di vista del *marketing*, ma conducono talvolta a malintesi o sospetti che vanno contro la politica di coesione e fiducia guadagnata dal marchio.

Situazioni del genere sono testimoniate anche dalla *fiction* mediale, p.es. nei film e *serial* comunemente conosciuti dal pubblico della cinematografia e tv polacca. Di seguito ne diamo un esempio rilevato negli ultimi anni.

Nel 156° episodio della stagione XII (2014) intitolato *Suknia* (< s.sg.f. pol. *suknia* 'vestito da donna') della serie televisiva polacca prodotta dalla TVP in collaborazione con il gruppo cinematografico Balmedia *Ojciec Mateusz* (lett. 'Padre Matteo', d'altronde ispirato e sulla licenza italiana della corrispondente serie della Rai1 *Don Matteo*), compare la figura di un sospetto "stilista brillante". Lo stilista si serve della denominazione personale *Armando Fabbrizi* (*Fabisi* o *Fabbisi*, dipende dalla pronuncia non unificata dei protagonisti, intenzionalmente intrecciata in un inganno). Nella trama *fiction* di stampo criminale, ambientata in una realtà dell'industria ed esibizione di prodotti di moda tessile nella provincia di Lublino al Sud-Est della Polonia, si tratterebbe di un certo *Arek Fabisiak*, un polacco di etnia rom con un *look* meridionale[194].

Nella sceneggiatura della puntata in questione i produttori si sono avvalsi di uno stereotipo perspicuo che associa il mondo italiano alla moda, e di uno stratagemma del tutto lecito e vantaggioso dal punto di vista del *marketing*, che consiste nella rinominazione tramite prestiti linguistici o di una ingeniosa invenzione fantasiosa di un antroponimo-marchio per designare la propria impresa o marca.

Allo stesso tempo, se riferito ad una persona, è spesso un procedimento di pseudonimizzazione, tra i membri della società nel settore della moda e altre industrie creative nonché nel mondo artistico, molto frequente e pertinente per quanto riguarda la volontà o necessità di distinguersi e di captare l'attenzione,

---

194 Il film è accessibile sui canali di Telemagazyn: https://www.telemagazyn.pl/serial/ojciec mateusz 544480/s12/odc156/ odc156/, u.a. 24.10.2022.

garantendo spesso connotazioni positive alla commercializzazione o alla "celebrityzzazione"[195].

È sintomatico il fatto che i nomi di marchio nel mondo dell'industria tessile o calzaturiera stilizzati su modelli italiani vengano adottati dagli imprenditori polacchi che, in questo modo, avrebbero l'ambizione o una esagerata convinzione di esprimere tramite il nome italiano una presunta alta qualità della loro offerta commerciale. Ciò potrebbe risultare un'opinione arbitraria, ma è autentificata e comprovata da altri esempi di "valore aggiunto" dato dalla rinominazione italiana o presunta tale, che avrebbe il potere, nell'intenzione degli utilizzatori, di rendere maggiormente i loro prodotti credibili originali, stravaganti nonché qualitativamente migliori quando vengono appunto denominati all'italiana. Questo si spiega anche con il fatto che i polacchi hanno poca fiducia nel prodotto nazionale e considerano i marchi stranieri, soprattutto italiani o tedeschi e giapponesi come migliori.

In alcune circostanze si tratta solo di insegne, per dare l'impressione di una gestione straniera, ad esempio, di una boutique di una marca particolare, come nel caso della denominazione *Dario Romani* (un negozietto di cravatte, prodotti di *boutonière, foulard,* sciarpe e scialli, che si può incontrare tra le centinaia di venditori di abiti nei padiglioni di commercio all'ingrosso a Rzgów-LD). La stilizzazione all'italiana è molto chiara e perfettamente leggibile dai clienti[196].

La creatività influenzata dall'antroponimia italiana, sovrapposta all'antroponimia polacca corrispondente, sembra l'esito di gioco o perfino di un innocuo scherzo che non richiede troppa ricerca di *branding.* Gli esempi, come si vedrà nell'analisi ulteriore del *corpus,* sono anche numerosi in altri settori di attività economiche polacche.

La sofisticazione legata all'adozione dei nomi italiani per i marchi polacchi può comunque essere oggetto di riflessione creando un certo sospetto da parte dei contraenti e clienti fino al punto di dubitare se un dato marchionimo deantroponimico creato con nomi e cognomi italiani sia vero. È perché l'invenzione delle forme italianeggianti per ragioni di *marketing* pare troppo disponibile,

---

195 Gli esempi di pseudonimi professionali nel campo della *fashion* polacca ottenuti per mezzo dell'adozione di forme che in un certo modo codificato il legame con i nomi originali del portatore si notano in riferimento anche ad altre lingue, p.es. il francese, vista una simile convinzione del primato della moda francese nel mondo. Si consideri il nome del marchio di camicie maschili *André Renard* creato dallo stilista Andrzej Lisowski: l'equivalenza tra le due versioni del prenome è diretta (fr. *André* = pol. *Andrzej*); il cognome *Lisowski,* etimologicamente proveniente dal s.sg.m. pol. *lis* 'volpe' si realizza nel fr. *renard.*

196 Il nome dell'intestatario del marchio è *Dariusz* (equiv. it. *Dario*), il cognome *Romanowski* (allude al nome di battesimo *Roman* 'Romano', ma la sua vera etimologia è detoponimica: deriva dal nome di luogo *Romanowo* e sim.; occupa il 178° posto dei cognomi più popolari in Polonia; ISNP: s.v.). Fonte dei dati: https://www.yelp.com/biz/pphu-dario-romani-dariusz-romanowski-rzg%C3%B3w, u.a. 6.02.2023.

soprattutto quando confrontata con la realtà commerciale e/o produttiva dell'esercizio economico designato per mezzo di onimi italiani.

Sarebbe il caso del famoso marchio di scarpe polacche *Gino Rossi*, fondato nel 1992 a Słupsk-PM. A quanto risulta dalle nostre ricerche, uno dei soci fondatori della marca è un italiano che si chiama appunto *Gino Rossi*[197].

Volutamente o non volutamente, il nome coincide con il marchio *top* dell'industria calzaturiera italiana *Sergio Rossi*. L'uno e l'altro fanno uso del cognome italiano più diffuso e in nessun modo riservato all'area commerciale. Ciononostante, i nessi nome e cognome *Sergio Rossi* e *Gino Rossi* come marchi sono legalmente registrati e protetti. I *quiproquò* tra entrambi sono inevitabili. Si badi al fatto che il logonimo dei negozi *Gino Rossi* con l'ortografia delle iniziali minuscole (*gino rossi*; vd. Fig. 6) assomiglia al logonimo *Sergio Rossi*, anche questo con le lettere iniziali non maiuscole (*sergio rossi*).

Dal 2021 i negozi polacchi di *Gino Rossi* sono stati chiusi; le scarpe *Gino Rossi* sono comunque sempre prodotte e accessibili sul mercato polacco e internazionale. L'ortografia più diffusa del marchionimo in veste logo è in maiuscoletto (DJR Display Bold) per tutte le lettere componenti il nome: GINO ROSSI. Al contempo, la grafia italiana della marca rimane un fatto irrevocabile che vive una propria vita commerciale, culturale e sociale[198].

Fig. 6. Negozio della marca Gino Rossi nel centro commerciale Port a Łódź-LD. Fonte: https://www.facebook.com/watch/?v=1801865426514004, min. 0:23, u.a. 12.02.2023.

197 L'informazione tratta dal portale *Fashion Business*: https://fashionbiznes.pl/historia-marki-co-kryje-sie-za-nazwa-gino-rossi/, u.a. 12.02.2023.

198 Vd. un'opinione sul forum di discussione Goldenline: "La marca Gino Rossi ha solo un nome italiano, mentre è un'azienda completamente polacca fondata probabilmente all'inizio degli anni Novanta. Per quanto ne so, uno degli azionisti era o è italiano e la società ha preso il suo nome. Naturalmente, suona italiano e mondano, così gli acquirenti pensano di acquistare un prodotto italiano, ma purtroppo si sbagliano. Una semplice manovra di *marketing*. Lo stesso fanno le aziende cinesi che vogliono affermarsi sul mercato nazionale e inventano nomi stranieri per i loro marchi. I nomi italiani sono usati per le scarpe, quelli francesi o inglesi per i vestiti" (pubbl. il 13 ottobre 2008); trad. AG; https://www.goldenline.pl/grupy/Przedsiebiorcy_biznesmeni/nie-polecam/gino-rossi-fatalne-obuwie,495584/, u.a. 12.02.2023.

L'applicazione di una denominazione italianeggiante, riconosciuta come tale, tocca a tratti altresì il subconscio, e certi dettagli potrebbero essere d'ostacolo o anzi aiutare a interpretare bene l'intenzione degli onomaturghi. Accade, a nostro avviso, con l'uso di un segno grafico paradiacritico analogo ad un circonflesso che si mette sopra la consonante *c* nel logonimo pseudoitaliano della marca polacca di vestiti da uomo *Lanĉerto*, originaria di Łańcut-PK.

Il segno non ha valori ortografici cogenti, anzi non risponde a nessuna necessità normativa della scrittura polacca, eccetto, eventualmente, un'indicazione nella traslitterazione per codificare il suono [ʧ] scritto regolarmente con due caratteri in un nesso: *cz*[199]. L'effetto ottenuto ha un valore senza pretese normative, ma instaura una traccia distintiva che funziona insieme al vocabolo intero come uno stemma unico ed esclusivo nel suo genere. Il segno *ĉ* nel marchionimo *Lanĉerto* (in un'altra forma grafica promosso pure in maiuscoletto: *LANĈERTO*; vd. Fig. 7) attira l'attenzione e può insinuare la resa fonetica italiana[200].

Recentemente, nei contesti internazionali della comunicazione aziendale pubblicitaria o *social*, si usa anche la variante senza il circonflesso sofisticato: *Lancerto / LANCERTO* (motivata, ad esempio, dalla scrittura priva del circonflesso nell'indirizzo del sito Internet della *Lanĉerto*: www.lancerto.com; anche dall'ortografia che riproducono per lo scritto gli utenti della lingua). Questa variante ha una naturale capacità di essere accolta, tra l'altro, dal sistema italiano. Tuttavia, il nome non ha origine italiana. Non si ritrova nemmeno nel repertorio dei cognomi o toponimi italiani[201].

Eppure, si intravede una ripresa formale tra la parti iniziali del marchionimo e dell'urbonimo *Łańcut* (il nome della città in cui è situata la società per azioni *Lancerto* che gestisce la fabbrica della *Lanĉerto*, se trascritto senza segni diacritici, risulta *Lancut*).

---

199 Cfr. *Guczi* e *Guczczi*.

200 Allo stesso tempo, nel "fantalinguaggio" dell'onomaturgia a scopi del *marketing* (il termine usato da Medici [1986: 13] in riferimento alla "fantasia linguistica" del linguaggio pubblicitario) potrebbe anche alludere alla lingua francese per cui l'accento circonflesso viene riconosciuto come segno distintivo (cfr. la marca *Lancôme* con una linea di profumi denominati con le voci distinte da questo segno quasi emblematico: *Peut-Être*; *Hypnôse*; *Arôme et Moi*; *Ô de Lancôme*; *Ô d'Azur* [*ô = fr. *eau* 'acqua']). L'allusione è assolutamente costruttiva giacché la Francia viene associata al mondo dell'alta moda.

201 Non deve essere esclusa una coincidenza con un probabile microtoponimo italiano o altro tipo di onimo (p.es. uno pseudonimo); ad ogni modo, piuttosto sconosciuti per i creatori della marca *Lanĉerto*. In una prospettiva dei principi di *branding* è una soluzione riuscita. Per questo il nome non si confonde con altri e preserva la sua originalità, conseguentemente protetta nella forma verbale dall'iscrizione brevettata (vd. https://ewyszukiwarka.pue.uprp.gov.pl/search/pwp-details/Z.314504, u.a. 12.02.2023).

Apparentemente, la resa italianeggiante può essere abbastanza trasparente per gli italofoni, ma inconsapevolmente percepibile anche da altri che nella proposta denominativa polacca intravedono cenni inconfondibili per il sistema italiano o romanzo: la struttura del vocabolo uscente in *-o*, non ritrovabile nel vocabolario appellativo della lingua polacca; la sovrapposizione dell'elemento *La-* ad una potenziale struttura calzante come l'articolo determinativo italiano; la pronuncia che scaturisce da associazioni di matrice orale italiana, lo stesso nella versione [lanˈʧɛrtɔ] o letta completamente alla polacca [lanˈtsɛrtɔ][202].

Fig. 7. Logonimo della Lanĉerto. Fonte: https://www.lancerto.com/o-nas.html, u.a. il 25.10.2022.

Il marchionimo raggiunge livelli avanzati del successo secondo le categorie del *naming* commerciale. È semplice; irrepetibile; praticamente unico nel mondo della MPL (e internazionale); piuttosto facile da essere memorizzato o riprodotto per lo scritto e nell'orale; invariabile (anche secondo le regole della flessione polacca che non fa declinare i nomi veri o pretesi come stranieri che escono in *-o*); inconfondibile (se considerata, ad esempio, la sopra discussa grafia paradiacritica della "lettera" *ĉ*, mancante nell'alfabeto polacco, ma forse per questo comunemente notata come segno distintivo della denominazione)[203].

2.4. Italiano lingua-cultura inclusiva dello strato appellativo e propriale

L'osservazione sull'italiano che è la lingua nazionale d'Italia è tanto vera quanto incompleta alla luce di una definizione generale e universalizzata che riguarda questa lingua europea d'origine romanza. È indispensabile precisare che è la lingua etnica degli italiani (la loro lingua materna: L1), che non abitano solamente nei confini dello Stato italiano.

---

202 La pronuncia adottata nei materiali audiovisuali della marca è conseguentemente italianizzata: [lanˈʧɛrtɔ]. Cfr. il materiale pubblicitario: https://www.youtube.com/watch?v=5AGFkVeeJCU, u.a.12.02.2023.

203 Cfr. un'informazione pubblicitaria in cui non si mantiene più il segno speciale sulla *c*, rendendo il nome più internazionalizzato e adatto alle esigenze della codificazione elettronica senza segni diacritici: *Lancerto* [sic!], https://jaka-moda.pl/lancerto-czy-na-pewno-warto-kupic-tam-garnitur/, u.a. 12.02.2023.

Ma una tale caratteristica non risulta congrua e ci si dovrebbero introdurre anche altri presupposti che emergono dall'adozione di vari criteri sulla portata e sull'estensione (sociale) della lingua italiana.

Essa sarebbe inoltre: la lingua dei cittadini italiani in Italia e all'estero, tra cui ci sono anche persone di altre origini etniche; la lingua dei discendenti degli italiani (oriundi) che sono emigrati all'estero; la lingua degli emigrati stranieri che risiedono/soggiornano in Italia; la lingua delle persone che hanno imparato l'italiano ad un dato livello e/o delle persone che continuano a studiarla; la lingua utilizzata in certi ambiti speciali, p.es. nelle strutture della Chiesa cattolica che funziona come un'organizzazione sociale e dello Stato della Città del Vaticano.

Si potrebbe aggiungere ancora altro, se ci si riferisse allo statuto interno ed esterno dell'italiano in Italia e all'estero, convalidando in questo modo l'opinione scientifica e ufficializzata che vuole vedere l'italiano come una variante standard di un linguaggio che ha una tradizione millenaria, ma una storia formale recente.

È, infine, il modello linguistico cui vengono confrontati altri idiomi di origini simili diffusi sul territorio italiano (in termini diatopici, sono dialetti, alcuni con lo statuto di una avanzata autonomia, come il sardo o il napoletano cui spetta lo statuto di lingue vere e proprie secondo l'UNESCO).

2.4.1. Italiano trasmesso accessibile a tutti

Occorre, altresì, notare che nell'italiano standard si rispecchiano varianti esaminate anche su altri assi di variabilità, come la diastratia, la diacronia, la diafasia e la diamesia: in termini diastratici e diacronici – l'italiano letterario e colto che risale ai modelli introdotti dai "padri della lingua italiana" nel Medioevo e nel primo Rinascimento vs. l'italiano popolare storico e contemporaneo, oggi sostenuto e provvisto di una variante digitale (*e-italiano*[204]); in termini diastratici – p.es. i socio-/eto-/professo-/idioletti prodotti in varie circostanze d'uso del registro orale e scritto; in termini diafasici – p.es. l'italiano televisivo o l'italiano neostandard utilizzato per lo scritto (*parlato scritto*) nella comunicazione mediale in Rete o tramite altri canali di diffusione elettronica (*italiano trasmesso*).

Proprio l'ultima delle varianti diventa l'area d'interesse anche naturale e internazionale[205] giacché i canali di trasmissione mediatica sono oggi accessibili a tutti (TV e radio tradizionali via satellite, industria cinematografica, musica con le canzoni come manifestazione dell'espressione orale speciale nonché documenti video e radio via Internet, una varietà di siti in Rete, *social* di autori/proprietari italiani o stranieri, ma in italiano) e diventano fonte di contatto con la lingua e cultura italiana, fornendo a utenti stranieri motivi, voci ed enunciati

204 L'*e-italiano* è stata una proposta complementare di Antonelli (2014) all'ormai classico schema di architettura dell'italiano contemporaneo di Berruto (1987), discusso in vari studi ulteriori (p.es. Masini 2003; D'Achille 2006; Lubello, Nobili 2018).

205 Cfr. AA.VV. 2014: 57–59.

pronti riprodotti in riprese specifiche, ad esempio, nella comunicazione pubblicitaria, nella produzione artistica o nell'onomaturgia marchionimica che ci interessa particolarmente in questo volume.

Paolo D'Achille presenta un'opinione che vale, in questo contesto, sollevare, viste anche le opportunità che si creano sull'asse d'acquisizione linguistica (insegnamento e apprendimento della lingua italiana L2/LS) o, più direttamente, in un ambiente di contatto interlinguistico/interculturale e di funzionamento dell'italiano come lingua d'ispirazione culturale, intellettuale, professionale e, senz'altro, anche commerciale, diffusa oggi e per questo reperibile in qualsiasi posto nel mondo:

> I giudizi su questi mezzi di comunicazione [telefono, radio, cinema, televisione, computer], e quindi sulla lingua che usano e che diffondono, sono molto vari: c'è chi ottimisticamente li ha salutati come contributi preziosi allo svecchiamento dell'italiano; chi con pessimismo vede in essi un pericolo di impoverimento, un rischio di omologazione e di stereotipizzazione (e non solo linguistica); chi, infine, tende a valutarli caso per caso. Forse la posizione più equilibrata è quella di chi ritiene che le varie forme di trasmesso possano migliorare le competenze, anche linguistiche, di chi dispone già di un proprio bagaglio di conoscenze, ma che sarebbe pericoloso considerarle «scorciatoie» che possano surrogare l'attrezzatura culturale di base, ove essa sia carente. Non c'è dubbio, in ogni caso, che la formalità tende a essere marginalizzata da queste forme di comunicazione, che adottano uno stile informale di base, con molti tratti del neostandard, ricorrendo a dialetti e varietà regionali (e talvolta anche all'inglese e alle lingue straniere) come elementi di variazione diafasica verso il basso (D'Achille 2006: 240–241).

Il contatto con l'italiano trasmesso nella sua veste standard, neostandard o, perfino, in una forma in evoluzione verso una variante che non si può ancora prevedere, è una manifestazione dello stato di fatto che determina la diffusione, l'interesse e l'influenza dell'italiano (lingua-cultura italiana[206]) su altre lingue e culture nel mondo, tra l'altro quella polacca.

---

206 Il binomio *lingua-cultura* (Giovanardi, Trifone 2012: 11; cfr. Vedovelli 2018b: 186) funziona come concetto in varie teorie linguistiche: approcci applicativi e più generali (cfr. Zarzycka 2004; Rak 2015: 311), tra l'altro nella prospettiva marchionomastica. Permette di vedere la lingua direttamente immersa nella cultura e viceversa. Se ridotto alla sola "lingua" o alla sola "cultura" il concetto risulta incompleto. Effettivamente, in molte investigazioni umanistiche finora documentate non si è potuto fare a meno del doppio apporto e intreccio tra queste due realtà interdipendenti (p.es. in glottodidattica, studi e pratica di traduzione, lessicografia enciclopedica e onomastica). D'altro canto, si potrebbe osare pretendere che in molti filoni di linguistica teorica e in filosofia del linguaggio, la riflessione si è ridotta alla lingua come "sistema" (strutturale), "mezzo di comunicazione", "codice", "potenziale", "visione *langue*", ecc. La ragion d'essere della *lingua-cultura* come concetto interdisciplinare viene avvalorata p.es. da studi della cosiddetta

2.4.2. Culturemi terminologico-onimici

Va rimarcato che l'italiano letteralmente trasmesso dai mezzi di comunicazione di massa moderni e manifestato puntualmente con la presenza negli spazi pubblici di svariati elementi linguistici (a volte, anche ai confini della lingua stessa), contestualizza la realtà linguistico-culturale di una data area. Ciò concerne, tra l'altro, i termini speciali e caratteristici in diversi settori culturali, spesso senza equivalenti in altre lingue-culture, vale a dire dei *culturemi*[207] che svolgono le funzioni di indicatori e identificatori linguistici delle entità e dei fenomeni ovvero dei *realia* e significati terminologici immersi nella realtà di una data nazione.

Il ruolo dei culturemi nella prassi comunicativa e nei processi cognitivi è molto simile a quello dei nomi propri che, al solito, designano un referente concretizzato per mezzo di una forma linguistica strutturalmente invariata e monoreferenziale (anche se l'oggetto della referenza può essere plurimo, p.es. nel campo degli antroponimi collettivi, lo sono gli abitanti delle città: *anconetani* < *Ancona*; *comaschi* < *Como*; *patavini* < *Padova*; ecc.).

Inoltre, siamo dell'opinione, che i culturemi possono annoverare, tra le loro varie categorie, anche onimi "veri e propri" che raffigurano la realtà della lingua-cultura italiana (nomi di persona, nomi di luogo o nomi commerciali).

---

lessicultura espediente della "cultura condivisa" (vd. Galisson 1987; id. 1988a; id. 1988b; id. 1992; cfr. anche DNMC). È inoltre da considerare una certa consapevolezza dell'importanza dell'ordine dei due componenti del concetto discusso: *lingua-cultura* e non *cultura-lingua*. Vale infine un'osservazione di Massimo Vedovelli (2018: 186) nei confronti dell'italiano che potrebbe corrispondere lo stesso ad altre lingue nella civiltà moderna: "la lingua, nella visione che a lungo si è imposta nell'azione istituzionale, appare in posizione ancillare rispetto alla cultura". In effetti, la *lingua* avrebbe il valore iponimico rispetto alla *cultura*.

207 I culturemi (ingl. *culturemes*; pol. *kulturemy*) non sono un concetto nuovo negli studi linguistici, teorici e applicativi; tuttavia, proprio oggi, esso sta trovando il suo *essor* nella riflessione umanistica, e specialmente comparativa etnolinguistica (tra lingue e culture diverse), lessicologica e lessicografica, traduttologica, ma anche glottodidattica. Nella prospettiva più generale sono "unità che servono per la descrizione della relazione lingua e cultura" (Rak 2015: 305; trad. AG). Dal punto di vista volto alla lingua, sono elementi di una data lingua A che codificano i significati di elementi (lessemi) della cultura della A, e che, nella maggior parte dei casi, non hanno equivalenti lessicali in un'altra lingua B perché sono inesistenti i loro referenti nella cultura della B (cfr. p.es. i lavori lessicografici recenti: IVLW; Berezowski, Deckert 2023). Vi è anche un'interpretazione ontologica di questo fenomeno per cui si intendono i culturemi come, appunto, referenti nella realtà extralinguistica. Cfr. Pamies (2017: 100): "Culturemes can be described as extra-linguistic cultural symbols, which behave like metaphorical models, motivating figurative expressions in language (lexical or phraseological)" (cfr. anche IVLW: 18). In una certa misura i culturemi corrispondono al concetto di *elementi culturospecifici* (Ranzato 2010).

I due ambiti (terminologico e propriale) sono vincolanti nell'uso interlinguale, cioè esigono il ricorso alla citazione della forma originale di un dato culturema della lingua A nella lingua B, anche se si notano molte prove di adattamenti o di una specifica traduzione tradizionalmente condivisi (in polacco, p.es. s.sg.f. *lazania* = it. *lasagna*; *Krzysztof Kolumb* = il nome personale "polonizzato" di Cristoforo Colombo; pol. *Ruch Pięciu Gwiazd* come traduzione letterale del socioideonimo it. *Movimento Cinque Stelle*).

Si mantengono, nel contempo, intatte innumerevoli strutture che devono essere citate come tali in originale e per questo accolte da chi vuole situarle in un dato contesto enciclopedico, sociale, geografico, economico, ideologico, artistico, ecc. (p.es. i termini come *Quattrocento* in relazione alla cultura del primo Rinascimento, inteso come epoca d'oro della cultura italiana; il nome dell'attuale Presidente della Repubblica Italiana *Sergio Mattarella*; la maggioranza dei nomi geografici, p.es. *Cinque Terre;* il nome dello spumante *Prosecco*, in polacco lessicalizzato e scritto quindi con la minuscola *prosecco*; o ancora tutti i marchionimi d'origine e di proprietà italiana, p.es. nel settore automobilistico *Fiat, Alfa Romeo, Lamborghini, Maserati*, ecc.).

Si apre così una risorsa che consiste sia di unità linguistiche di natura terminologica, sia di voci di natura onimica (talvolta, non meno terminologica). In realtà, gli uni e gli altri si intrecciano. Entrambi, e soprattutto il secondo campo, costituirebbero non solo una frazione lessicale della lingua italiana, ma addirittura una sua varietà specifica, se estratti come sistema o subsistema.

2.4.3. Strato appellativo vs. strato propriale dell'italiano

Badando alla rilevanza funzionale e cognitiva dell'ampia portata dell'onimia italiana (comparabile, del resto, alle onimie di altri idiomi), in riferimento a varie categorie denotative, come ad esempio le entità sul mercato economico, si potrebbe contrassegnare una speciale varietà complementare d'italiano sull'asse diastratico, costituita da unità appartenenti allo *strato propriale* (onimico) della lingua. Esso viene confrontato e in un certo senso subordinato allo *strato appellativo* (lessicale), e cioè alla lingua generale e al suo complesso lessicale e morfologico da cui attinge l'onomastica nei processi creativi (attingendo anche da sé stessa come fonte ispiratrice, materiale e strumento formativo).

Pur essendo riconducibile nell'alveo del *linguaggio appellativo*, il *linguaggio propriale* (onimico) ha, contemporaneamente, la capacità di staccarsene e funzionare come una risorsa autonoma, anche se non pare reale e possibile né opportuna la comunicazione con l'uso dei soli nomi propri. Nella comunicazione umana, la semiosi dei segni linguistici riferiti agli oggetti della realtà materiale o immateriale non può prescindere dalle unità onimiche, senza delle quali sarebbe impresa ardua o impossibile orientarsi nello spazio, all'interno di un sistema sociale, nel patrimonio culturale di un'area linguistica[208].

---

208 Vd. p.es. Gałkowski 2005; id. 2015c; id. 2016a; id. 2018b; cfr. id. 2017c; id. 2019c.

È evidente che i significati (enciclopedici e connotativi) di un vasto gruppo di nomi propri sono molto più consistenti di quelli dei nomi appellativi che genericamente determinano la natura oggettuale del referente chiamato/denominato per mezzo di un onimo.

Si confrontino, ad esempio, i vocaboli *città* e *Roma*: il primo avrebbe il significato lessicale e connotativo[209] essenzialmente compiuto, inclusa la gamma di accezioni potenziali; il secondo assorbe invece informazioni, associazioni e valori connotativi incalcolabili, essendo sempre aperto a integrare caratteristiche (semantiche, pragmatiche, funzionali) nuove[210].

D'altro verso, si possono indicare nomi propri che senza la conoscenza di un oggetto che designano, sono prettamente privi di significato, se non parliamo del loro significato funzionale uguale alla loro valenza grammaticale e onomastica (del resto, non sempre chiara neanche questa per quanto riguarda il numero, il genere, il potenziale referenziale). Nello specifico, rimangono asemantici gli antroponimi nei loro repertori senza attribuzione di referenti, tra l'altro i nomi di battesimo. Se estratti dall'*antroponomasticon* come singole voci onimiche utilizzate a scopi designativi ulteriori, infatti, potrebbero confermare la tesi filosofico-linguistica del mancato significato lessicale dei *nomina propria*[211].

È, teoricamente, indiscutibile che un nome personale isolato (p.es. *Anna* o *Marco*) è asemantico. Se, invece, assegnato a una persona, acquisisce una dimensione semantica, provvista di tratti pragmatici con un carico contestualizzato: appunto personale, sociale, spesso affettivo, e col tempo anche largamente connotativo[212].

---

209 Tuttavia, situazioni, esperienze, fatti nuovi possono generare altre connotazioni del vocabolo *città*, prima sconosciute o non percepite da utenti. Può essere anche un processo di attribuzione di connotazioni individuali. Ad esempio, il nome generico *pappagallo* connota molto di più per il proprietario di un pappagallo; nella misura paragonabile, anche lo zoonimo con il quale il pappagallo è stato chiamato.

210 Cfr. quanto detto a proposito di questo concreto urbonimo nel nostro volume sulla competenza onomastica (Gałkowski 2023: 35–36). Cfr. anche l'osservazione di Holger S. Sørensen citato in nota 212.

211 Nella discussione sulla "*meaninglessness*, la «mancanza di significato»" (Caprini 2001: 25) del nome proprio partecipano non solo linguisti, ma anche altri umanisti, sin dall'epoca antica, per il Medioevo fino all'epoca moderna (cfr. p.es. Haraj 2011: Capp. 2–6; Sørensen 1963: Capp. 1–7; Stalmaszczyk, Fernández Moreno [a c. di] 2016).

212 Kosyl (1983: 14) osservava che il valore connotativo del nome proprio è un insieme di giudizi e rappresentazioni sul denotato di un dato onimo particolarmente etichettato di significati ulteriori; p.es. *Italia* comporta l'etichetta connotativa di "un bel paese", *Lavazza* (inteso come marchio) – "eccellente caffè *made in Italy*". Di fatto, un nome proprio guadagna, come rilevava Kuryłowicz (1956: 2) "un contenuto infinitamente ricco" (trad. AG). Peraltro, questa valutazione è contestata anche

Questa norma funzionante, quasi come una legge linguistico-culturale, vale anche per tutte le altre classi onimiche (all'interno dell'antroponimia, per i cognomi e tutti gli altri tipi di onimia personale; all'interno della zoonimia, per un repertorio di nomi di animali individuali trattati spesso nei sensi prosopopeici, come d'altronde altri oggetti animati e inanimati con cui l'uomo instaura una cosciente relazione; all'interno della crematonimia, per fonti interminabili di neologismi, onimizzazioni e transonimizzazioni che possono svolgere il ruolo di crematonimo di *marketing* [marchionimo], crematonimo associativo o crematonimo ideativo, ecc.).

Perciò, un idioma come l'italiano si riempie di unità propriali (categoria 1) e proto-propriali (categoria 2). Formalmente, tra le categorie 1 e 2 non vi è differenza, ma dal punto di vista semantico-pragmatico e comunicativo la differenza è precipua.

Riteniamo che le unità della categoria 1 sono provviste di significato referenziale (designano un oggetto singolare o un esemplare di una serie sotto lo stesso nome, p.es., tutti gli uomini che si chiamano *Giovanni*, o tutte le macchine che si producono sotto il marchio *Fiat*); le unità della categria 2 hanno, invece, la capacità di designare/denotare in modo propriale, ma non sono ancora assegnate ad un oggetto (funzionano senza denotato).

Quanto alla categoria 1 e al loro universo referenziale reale, bisognerebbe sottolineare che qualsiasi oggetto materiale o non materiale percepito con i sensi o con l'intelletto può essere denominato e ridenominato per mezzo di un onimo; quanto alla 2, a malapena si troverebbe una struttura linguistica (o anche paralinguistica, ma pronunciabile) che non potrebbe ricevere lo statuto proto-propriale e, conseguentemente, propriale.

Questa circostanza si verifica in molte classi e sottoclassi degli *onomastica* maggiori, p.es. tra i microtoponimi o tra i marchionimi che perfino su scala limitata ad un territorio locale si contano in migliaia, introdotti nell'uso o ritirati da esso; ma neanche in quest'ultima situazione dallo stesso uso dimenticate, anzi rimangono nella memoria del patrimonio linguistico con la facoltà di poter essere menzionati e ricordati.

Si consideri soltanto quanti luoghi o quanti oggetti collocati fisicamente nello spazio possano essere individuati su un terreno abitato o inabitato (strade,

---

da fautori della "tesi sinsemantica" dei nomi propri. Sosteneva H. S. Sørensen (1963: 65): "the «content» of Copenhagen, the denotatum of «Copenhagen», may be said to be infinite in the sense that Copenhagen can be subjected to an analysis which can be carried on indefinitely. However, there are many proper names which denote nothing. In such cases the «content» of «the object denoted» is not infinite – it is nil. But to say that the «content» of the object, if any, denoted by a proper name P is infinite, in the sense just specified, is certainly not to say that the meaning of P is infinite". Quest'opinione viene riconfermata da Saul Kripke (1980), per il quale il nome proprio è un *designatore rigido* (ingl. *rigid designator*): non comporta un'intensione.

costruzioni, sentieri, prati, boschi, sassi, ruscelli, ecc.) o entità economiche (ditte, prodotti, servizi, azioni) possano essere individuate mediante assetti linguistici standard e non standard, deappellativi, transonimici, neoformazioni (con elementi di tutte le varianti lessicali; quanto all'italiano, sovente prodotti a base di lessemi provenienti da dialetti, *slang*, linguaggi mediali o costruiti inserendo nelle nuove voci propriali morfemi appartenenti a diversi paradigmi, p.es. suffissi e suffissoidi o prefissi e prefissoidi, ma anche intere unità delessicali o depropriali in combinazioni composte).

Va inoltre osservato che lo strato propriale della lingua italiana (o di qualsiasi altra) può essere perfino più abbondante di quello appellativo; per lo più, impensabile da raccogliere perché è in continuo sviluppo, senza il rischio di esaurimento (soprattutto la marchionimia).

Per gli utenti nativi è uno strato che solo parzialmente è conosciuto. *In toto*, costituisce un dominio che non si ritrova sui vocabolari, ma si accumula nel patrimonio comune e rappresenta la cultura con la quale sta in una relazione, facendo una mera parte del sistema diametrico dell'italiano; o diatecnico, se ci riferiamo specificamente alla marchionimia.

Presa esattamente in considerazione questa stratificazione dicotomica appellativo-onimica insieme ai suoi intrecci interni (tra nomi comuni e nomi propri), si può parlare della *completezza formale* della lingua italiana utilizzata al livello nazionale e internazionale.

Osservando la diffusione dell'onimia italiana e delle sue varietà, anche quelle esonimiche (ossia adattate e tradotte), si intravede una esplicita o implicita penetrazione culturale e linguistica dell'italiano in altre culture e lingue.

In Polonia, naturale e proporzionale al successo dei prodotti e delle ideazioni infrastrutturali è l'introduzione di vari nomi commerciali italiani che diventano elementi indispensabili per orientarsi nella ricca offerta e nel crescente interesse economico verso il mercato italiano. Avviando una ricerca come la nostra si può capire quanto questo interesse sia fonte di ispirazione per l'economia e i processi marchionomastici interni.

Oltre alla marchionimia, una componente di assoluto rilievo è la ideonimia, e cioè l'insieme di nomi individuali di opere d'arte che vengono riprodotti nelle didascalie dei quadri, delle sculture, degli oggetti di *design* artistico di provenienza italiana.

Effettivamente, "[u]na nazione come l'Italia possiede, secondo i calcoli dell'Unesco il 66 % [sic!] delle opere d'arte di tutto il mondo: vuol dire che in questo campo è una vera superpotenza, non teme rivali" (Pressburger 2003: 451) e, di conseguenza, diffonde nelle altre lingue-culture non solo nomi speciali degli oggetti artistici, ma anche i nomi italiani di artisti[213]. Questa realtà rappresenta

213 Nel contesto polacco si può rinviare ai lavori come Białostocki [a c. di] 1965; AA.VV. 2004; Sienkiewicz 2013; AA.VV. 2019: 185–383 (ivi anche altri rappresentati di arti visive, architettura, pubblicistica culturale e letteratura nonché una bibliografia di approfondimento).

una delle importanti aree, meno rilevata, incomprensibilmente trascurata e quasi ignorata negli studi della diffusione spontanea e storica della lingua-cultura italiana attraverso la sua onimia e la terminologia espressa dalla crematonimia ideativa. Invece, occorrebbe giudicarlo come un fattore molto importante nell'esame degli interessi e delle cause di una consapevolezza collettiva sull'italianità nelle società internazionali, tra le quali quella polacca.

Nel capitolo successivo analizzeremo più da vicino certi canali possibili di "atti di penetrazione" dell'italiano, che si possono manifestare nell'onomaturgia della MPL, e non sono limitati alla sola "invasione" terminologico-culinaria italiana nella lingua e nella comunicazione quotidiana e specialistica polacca[214].

Nondimeno, condividiamo l'opinione stereotipata che "[l]e carte che l'Italia può giocare per sostenere la propria immagine nel mondo sono quelle classiche: l'arte e la cucina" (Pagnoncelli 2005: 52).

214 Dobbiamo ammettere che il linguaggio culinario italiano primeggia in questa specifica competizione tra le fonti degli influssi italiani. Lo confermano varie indagini dedicate al discorso della cucina e alla terminologia gastronomica italiana, nel contesto nazionale e internazionale (vd. p.es. Caffarelli 2004c; Bernhard 2006; Gannuscio 2009; Ille 2009; Frosini 2012; Lavric 2012; Faivre 2014; Perissinotto 2015; tutti i saggi in Bombi, Orioles [a c. di] 2015, in particolare Casini 2015; Marazzini 2015), inclusa anche una prospettiva "enogrammatologica" (Vedovelli 2015; cfr. Machetti 2010).

3. Fonti dell'ispirazione

Ogni tipo di crematonimia, e soprattutto la crematonimia di *marketing* ovvero la marchionimia, può essere esposto a vari influssi di lingue e di culture. Nella formazione dei marchionimi polacchi, gli influssi diretti o indiretti italiani sembrano particolarmente sfruttati e diffusi. Si tratta di segnali linguistico-culturali provenienti da diverse fonti che diffondono anche *implicite* l'italianità nella realtà sociale polacca e contribuiscono ad una nuova tappa storica della cosiddetta "esplosione italiana"[215] nella cultura polacca. Contribuisce ad essa l'uso costante o sporadico di elementi lessicali (italianismi adattati e non adattati) e propriali (antroponimi, toponimi, nomi di marchi) della lingua italiana percepiti e utilizzati da polacchi nella comunicazione quotidiana e specializzata.

Appartiene a questo processo anche la creatività influenzata dalla linguacultura italiana nella formazione dei marchionimi polacchi come manifestazioni di una strutturazione linguistica contrassegnata da predilezioni verso l'Italia, gli italiani e la loro lingua. In molti casi, basta il fatto che questi elementi linguistici abbiano il sentore d'italiano, creando i desiderati effetti di *Italian Sounding*[216] e piacevoli connotazioni.

---

215 Riprendiamo qui il concetto pol. *"eksplozja włoska"* lett. 'esplosione polacca' (Olkiewicz 1979: 202), che originariamente si riferiva all'intervento culturale degli italiani nella vita della società polacca della prima metà del XVI sec., interpretato come "modo di essere all'italiana". Oggi quest'esplosione deve essere vista in un'altra dimensione, perché la cultura italiana non è l'unica che possa affascinare i polacchi dall'esterno. Tuttavia, come abbiamo provato nei capitoli precedenti e ci accingiamo a illustrare nei due successivi, l'"esplosione italiana" continua a consolidare i suoi fondamenti e a introdurre nel discorso pubblico numerose costruzioni radicate nella lingua straniera che senz'altro è la preferita dai polacchi per i suoi vari aspetti formali (grafici ed eufonici), ma anche emozionali. La tendenza nata nei secoli scorsi non si è dilatata, piuttosto si è rafforzata perché oggi l'apertura alla cultura italiana è diventata massiccia grazie ad un generale sviluppo dell'accesso all'informazione, alle possibilità di viaggiare e di collaborare con altre nazioni (anche nella sfera intenzionale o fittizia, come vedremo da molti esempi di marchionimi polacchi italianeggianti che funzionano nella comunicazione commerciale polacca).

216 Molto marcato soprattutto nel settore alimentare (ovvero "falso alimentare", Orioles 2018; cfr. Bombi, Orioles 2019: 69–70), ma anche altri che sono emersi come particolarmente toccati dall'italianità nella MPL. "For product categories such as *pizza*, *pasta* or coffee the ITALY frame seems to be central, as they are in competition with genuine Italian products – hence, the brand communication seems coherent with regard to the product category. Consequently, for other categories such as cookies, dairy products or fruit gum it is almost always the brand name only that evokes the frame ITALY, whereas the brand communication does not

Osserva Béatrice Ferrari (2015: 44):

> [...] l'italianità nel mondo è ricercata, apprezzata, importata... a volte anche fabbricata di sana pianta e comunicata quando di italiano c'è ben poco. In molti hanno capito che la parola è un veicolo fondamentale per attribuirsi l'origine di un bene, grazie a quell'elemento essenziale che è il suo suono. Questo fenomeno, sintetizzato nell'espressione inglese 'Italian Sounding', è considerato dal Diritto dei Marchi come concorrenza sleale quando riferito a prodotti che non sono affatto italiani. Come si è visto nella puntata di dicembre 2014, ogni lingua ha dei suoni e dei vissuti particolari che connotano la loro melodia. L'inglese ad esempio esprime globalità, modernità, tecnologia mentre nel francese si percepisce dolcezza, seduzione, eleganza e delicatezza; l'italiano invece è calore, gioia, sole, sensualità e gusto. [...] Il nome può [...] dare la sensazione di italianità semplicemente grazie alla sua melodia.

Nei processi che presiedono all'ingresso dell'italianità nella MPL partecipano vari fattori ed elementi già disponibili che motivano la creazione dei marchionimi di stampo italianeggiante. Contribuiscono a questo scopo, tra l'altro:

- attestazione e uso di marchionimi italianeggianti che hanno segnato la storia dell'economia polacca, con la funzione di elementi storici o tradizionali sul mercato e nella comunicazione commerciale (sono relativamente poco numerosi, ma caratteristici e ben percettibili);
- antroponimi, toponimi e crematonimi d'origine italiana, funzionanti nella realtà polacca come portatori di significati culturali e indicatori di oggetti noti (forme onimiche modellizzanti per ripresa o imitazione nella marchionimia);
- conoscenza anche selettiva degli elementi della cultura italiana sia alta sia di massa che entrano sulla scena globale, costituendo gli aspetti classici d'italianità (arte, letteratura, cinema, musica, ecc.);
- produzioni massmediatiche ed eventi volti al coinvolgimento dei *realia* italiani o basati su modelli italiani ovvero la lingua-cultura italiana;
- apprendimento dell'italiano come L2/LS a vari livelli (nel sistema educativo istituzionale e non istituzionale)[217];
- diffusione di termini italiani, autentici oppure no, anche stilizzati su voci italiane[218], in campi tradizionali e nuovi dei linguaggi settoriali (p.es. nel settore

---

confirm this frame, but rather highlights associations like 'fun', 'exotism' etc. These are not Italy-specific, but emphasise the emotions which the manufacturer intends to be related to the product" (Heinemann 2021: 67).

217 Malgrado non si parli, come è stato spiegato prima, di un ampio gruppo di apprendenti.

218 Oggi prestate direttamente dall'italiano, ma a volte per mezzo di altre lingue, p.es. il tedesco, che a lungo funzionava come "sentiero di trasmissione" (Bańko et al. 2016: 35) di vari forestierismi introdotti nella lingua polacca. Potremmo ipotizzare che fino ad un certo punto l'area tedesca abbia servito come fonte ispiratrice da seguire nella creatività marchionimica in Polonia (cfr. Widłak 2010: 55–57). È un presupposto da verificare.

gastronomico/culinario legato alle culture dei prodotti e consumo particolari; nella creatività artistico-ludica; nel discorso turistico, ecc.)[219];
- uso dell'italiano o imitazioni di forme italiane (pseudoitaliane) nel LL (e/o VLL[220]) polacco.

Per quanto riguarda l'area del LL, l'uso spontaneo (non motivato commercialmente) dell'italiano in una data veste formale non è, certamente, frequente, ma localmente può essere stimolante e determinante nella creazione di marchionimi italianeggianti. Si tratterrebbe, in sostanza, di iscrizioni negli spazi pubblici, sui muri di edifici, monumenti, affissi, che rappresentano occorrenze occasionali. D'altra parte, il ruolo del LL si amplia, quando si prendono in considerazione le insegne di vario tipo nell'area denominativa commerciale già esistente (locali di ristoro, negozi, alcune aziende e centri di servizi con nomi di tipo urbanonimico o socionimico[221] che presentano un riferimento all'italianità linguistica, spesso accompagnati da dati e messaggi informativi, a volte in forma ibrida di giochi di parole divertenti; vd. p.es. Figg. 17 e 19; cfr. Sez. 4.4.2.2.1 e Par. 4.7)

Peraltro, le iscrizioni in italiano che non sono denominazioni commerciali, di principio, costituiscono manifestazioni visibili di una lingua che si distingue per la sua originalità, ma non è usata come codice attivo di comunicazione.

Come esempio si veda l'epitaffio che compare su una lapide commemorativa nel cimitero dei soldati italiani a Varsavia, fondato nel 1926 (*L'Italia ai suoi caduti che riposano in terra polacca. Guerra 1915–1918. Guerra 1940–1945 / Ricordate e meditate il nostro sacrifico*; vd. Fig. 8). Tra gli oggetti d'interesse vi possono essere anche i nomi e cognomi dei militari sulle loro tombe: rappresentano strutture riproducibili in altre situazioni denominativo-comunicative, come ogni altro

219 Con l'obiettivo della volgarizzazione scientifica o in modo del tutto divulgativo, varie categorie dell'italianità si possono consultare in alcuni compendi destinati ad un pubblico che vuole conoscere e capire meglio l'Italia e gli italiani, p.es. Brzozowski 2014; Regel 2014; Hendrykowski 2018 (si notino inoltre tanti *blog* e canali specializzati sui *social*; cfr. Tab. 1). Vale la pena sottolineare che non si tratta di guide turistiche e altre pubblicazioni che presentano curiosità geografiche, località e monumenti italiani. Ma è anche significativo che reparti di librerie e biblioteche polacche volti al turismo estero abbondino di libri dedicati all'area italiana; è probabilmente più ricco e più ricercato da clienti e lettori. Un suo importante filone, meno sviluppato nel caso di altre aree linguistico-culturali, è il settore della geografia culturale, e specialmente della "geografia culinario-gastronomico-alimentare" italiana (spesso regionalizzata; cfr. p.es. Capponi-Borawska 2004; ead. 2020).

220 Cfr. la presenza dell'italiano sui *social* polacchi, cominciando dalle denominazioni dei profili di *user* affascinati dalla lingua e cultura italiana (il fatto segnalato in Sezz. 1.3.3 e 2.2.4).

221 Cfr. la definizione dei *socionimi urbani* (Caffarelli, Gagliardi 2018: 48).

nome personale italiano, che compare negli spazi pubblici in Polonia (p.es. sulle targhe delle vie[222]; vd. Figg. 9 e 10).

Fig. 8. Iscrizioni di epitaffi al Cimitero Militare Italiano in Polonia. Foto: AG, Varsavia 2024.

Fig. 9. Via Leonardo da Vinci a Gliwice-SL. Foto: Aleksandra Klama, 2024.

Fig. 10. Via Francesco Nullo a Varsavia[223]. Foto: AG, 2024.

222 Cfr. la ricerca sugli urbanonimi polacchi associati all'italianità effettuata da Joanna Ozimska (2021).

223 Nella denominazione ufficiale si usa il nome e cognome declinato del colonello italiano Francesco Nullo (un militare italiano che prese parte e perì nell'insurrezione

Se non parliamo delle insegne dei locali di ristoro, dei menù o cartelloni con denominazioni di piatti e di locali pubblici italiani o considerati come tali almeno dal nome, la presenza di testimonianze scritte in italiano è sempre un fenomeno episodico. Le iscrizioni italiane di tipo informativo e temporaneo sono rarissime, perché non se ne avverte il bisogno. Rappresentano eccezioni anche le iscrizioni motivate da uno speciale riferimento culturale e linguistico, p.es. certe citazioni tratte dal patrimonio letterario o filosofico italiano o frasi create sui modelli fraseologici conosciuti e provvisti di messaggi con fini particolari, p.es. nella cultura educativa o nella sub-cultura (vd. Figg. 11, 12, 13).

Fig. 11. Le sentenze in varie lingue sul muro dell'edificio della Facoltà di Filologia dell'Università di Łódź[224]. Foto: AG, Łódź 2023.

Fig. 12. L'esposizione di un messaggio enigmatico in italiano che informa di un *vernissage* all'Università di Łódź: *Splendori sulle mostra scale / Guarda tutto senza gravità* [sic!]. Foto: Ilario Cola, 2023.

polacca del gennaio 1863). La declinazione non è fissa. Su una delle targhette della via il nome è rimasto invariato nella forma nominativa. È una tendenza nuova nell'esposizione LL di questo odonimo a Varsavia.

224 La sentenza italiana: *La sapienza è la figliola dell'esperienza.*

Fig. 13. Un affisso di strada con l'iscrizione in italiano *Capo di tutti i cani*[225] trovato in via Jaracza a Łódź (orig. GU-TANG CLAN, 2022; cfr. https://artinfo.pl/dzielo/capo-di-tutti-i-cani-2022, u.a. 10.04.2024). Foto: AG, 2024.

Durante i lunghi decenni dopo la Seconda guerra mondiale, neppure la MPL mostrava una tendenza simile a quella che si nota nell'ultimo trentennio dopo la fine del socialismo reale in Polonia. Ogni occorrenza registrata aveva comunque un valore distintivo, contribuendo alla diffusione di alcuni italianismi, espressioni ed enunciati italiani nella comunicazione quotidiana polacca (p.es. le voci come *bella, bambino, spaghetti, italiano, amore, buongiorno, o sole mio, felicità*, ecc.; cfr. p.es. Fig. 20)[226].

Oggi, questo ruolo divulgativo dell'italianità viene svolto anche dalla pubblicità commerciale specificamente dedicata alla promozione dei prodotti italiani[227], p.es. nelle reti di negozi, supermercati e *discount*, dai nomi famosi, come *LiDL, Biedronka, Żabka,* ma anche altri, specialmente nomi di locali di ristoro (vd. Figg. 14, 15, 16, 17), nomi di marchio che alludono alla qualità (vd. Fig. 18) o alla mentalità italiana (vd. Fig. 19).

---

225 Il riferimento all'italianismo molto diffuso *capo di tutti i capi* utilizzato in polacco nella versione senza l'articolo *i* davanti a *capi*: *capo di tutti capi* [sic!]. Anche la voce *cane/-i* la si può qualificare come un italianismo discreto, conosciuto, tra l'altro, dall'espressione *mondo cane.*

226 Cfr. IVLW: 47; anche Walczak 1982; Rybicka-Nowacka 1986; Malinowska 1990; Giermak-Zielińska 1997; Widłak 2000; Nowowiejski 2001; Godzich 2011; Jamrozik 2017; Sosnowski 2020.

227 È un fenomeno relativamente nuovo nell'ambito polacco (studiato di più in riferimento agli anglicismi, p.es. Chłopicki, Świątek 2000; cfr. Vaglioni 2012); esistente da tempo in altre aree linguistiche (cfr. p.es. Grassi 1987). In Polonia segnalato, tra l'altro in Jamrozik 2006 (cfr. id. 2017); Gałkowski 2014d (cfr. id. 2011b: 47–48 e Maniowska 2023).

Fig. 14. L'insegna della Pizzeria Mariano[228] a Rumia-PM. Foto AG, 2023.

Fig. 15. Ristorante Si Due[229], Varsavia. Foto: AG, 2022.

Fig. 16. Centro alimentare / salumeria Buon Gusto[230], Bielsko-Biała-SL. Foto: AG, 2021.

---

228 Si noti qui il tentativo di distinguere due elementi costitutivi nel logonimo *MariAno* (*Mari* e *Ano*); agli occhi di un italofono il motivo di tale ipotetica composizione può suscitare domande, perché ci legge il nome comune *ano*. Senza la conoscenza dell'italiano, non si produce alcun effetto collaterale. La composizione si interpreta come un nome personale d'origine italiana *Mariano* (una tipica forma maschile uscente in *-o*; il suo equivalente polacco è *Marian*). In realtà, *MariAno* può essere una contaminazione motivata da altri nomi personali (*Mario/a*, *Anna*).

229 Accanto alla sequenza italianeggiante *Si Due* (< it. *sì*, ipoteticamente) si usa anche il termine *ristorante* che risulta un internazionalismo d'origine italiana; si tratta inoltre di una voce prototipica che serve da modello per tante altre formazioni in *-ante*.

230 Si osservi l'ortografia con le iniziali *b* e *g* minuscole, non rara nei marchi all'interno dei logonimi. È interessante l'inserimento di un elemento che presenta un bicchiere di vino (il calice simboleggia la vocale *u* in *buon*).

Fig. 17. Un bar caffetteria ambulante Włoski Luj[231], Kuźnica-PM. Foto: AG, 2022.

Fig. 18. Una tazzina con il logonimo di Rigello, marca di una fabbrica di torrefazione di caffè a Łódź[232]. Foto: Zgierz-LD, AG, 2023.

---

231 Il nome *Włoski Luj* è senza dubbio un sintagma nominale polacco con un significato chiaro (< pol. *włoski luj*: agg.sg.m. *włoski* 'italiano' + s.sg.m. colloq. *luj* 'maschio brutto / trascurato'). Per gli italofoni il gioco di parole è evidente: *luj* sta per un falso amico dell'it. *lui*; tutta la sequenza è quindi una composizione ibrida che crea effetti umoristici. Tuttavia, un utente polacco comune che non conosca l'italiano non riesce a percepire il trucco linguistico adoperato (*lui* non è un italianismo noto nell'area polacca).

232 È un esempio del marchionimo italianeggiante neologico IS basato sul suff. *-ello* che si può considerare un culturonimo linguistico italiano (cfr. infra *Lubella* e Sez. 4.8.2.3.2). L'occorrenza catturata (il marchionimo presentato come una pubblicità su un supporto materiale simbolico: una tazza da caffè) testimonia una delle tante possibili esposizioni "materiali" della denominazione commerciale. In effetti, *Rigello* come logonimo o unità linguistica autonoma e/o contestualizzata può comparire come insegna della fabbrica, nome di marchio sulle confezioni di caffè, nell'indirizzo WEB (www.rigello.pl), nell'informazione scritta sul produttore, testualizzazione in qualsiasi tipo. Lo si osserva nel caso di tanti altri marchionimi esposti nel LL/VLL.

Fig. 19. Centro giochi sportivi per bambini Ancymondo[233] c/o Stacja Nowa Gdynia, Zgierz-LD. Foto: AG, 2023.

Fig. 20. Una pubblicità della rete di negozi di elettrodomestici RTVEuroAGD (pol. *Zrób sobie bondziorno o każdej porze* [lett. 'Offriti "un buongiorno"[234] ad ogni momento della giornata']; il *testimonial*: Stefano Terrazzino, cfr. infra). Fonte: https://www.behance.net/Przemek_Napiorkowski/projects, u.a. 11.12.2023.[235]

3.1. Fonte marchionimica storica interna

Ricordiamo che, conformemente alla concezione della strutturazione appellativo-propriale della lingua, tra gli elementi italiani notati da individui di una società come quella polacca, che non appartiene al mondo romanzo, ci sono vocaboli della lingua comune, della terminologia, ma anche dell'onimia italiana (nomi personali, nomi geografici, nomi di entità economiche e culturali). A questo punto, bisogna inoltre ribadire che le ispirazioni onomaturgiche italianeggianti

---

233 È un ibrido ottenuto per mezzo di contaminazione fra l'italianismo *mondo* e il s.sg.m. pol. *ancymon* (nello *slang* popolare stante per un bambino metaforicamente definito come "un angelo con le corna del diavoletto", https://polszczyzna.pl/ancymon-kto-to-jest-co-to-znaczy-definicja-synonimy/, u.a. 30.08.2023). Sull'insegna compare un'altra voce neologica, *figlosfera* (< s.pl.m. pol. pop. *figle* 'scherzi, giochi' + s.sg.f. pol./internaz. *sfera* 'sfera'). Cfr. Nagórko 2007.

234 La voce *bondziorno* è un adattamento ortografico e fonetico colloquiale di *buongiorno* in polacco.

235 Per altri esempi visuali di questo tipo e dell'uso di elementi italiani nel linguaggio pubblicitario, ma anche giornalistico e televisivo (spesso con allusioni sociopolitiche), vd. IVLW: 563–577.

nella MPL provengono anche dal circuito interno alla lingua polacca stessa: i marchionimi creati per mezzo di strutture italiane o imitanti la morfologia italiana, ormai esistenti e visibili nella comunicazione commerciale e quotidiana. Si tratta di unità denominative che, diventano ispirazione per altre strutture identiche le quali designano oggetti simili o diversi.

In effetti, nei repertori di crematonimi di *marketing*[236] l'imitazione e la riproduzione dei marchionimi italianeggianti sono praticamente inevitabili, anzi, secondo la psicologia sociale e l'"onomastica di contatto" (Sandnes 2016: 541) sono naturali[237]. Pensiamo che sia un fenomeno paragonabile all'effetto palla di neve: più evolve, più diventa smisurato e interessa più partecipanti (onomaturghi). Le motivazioni di questo processo possono essere svariate e prevedibili: qualità estetiche; funzionalità; leggibilità; riconoscibilità; garanzia di successo; una continua fama dell'italianità nel mondo[238].

> [...] l'italiano ha saputo portare un suo contributo al linguaggio del mondo. [...] nonostante l'indiscutibile svolta del tipo di italiano che si diffonde all'estero dal XX secolo in poi, non cessa del tutto una qualche familiarità del mondo della cultura con la nostra lingua. Il successo di artisti e letterati italiani all'estero è ancora e di nuovo notevolissimo. [...] l'italiano dell'ultimo secolo è circolato all'estero nelle vesti e nei ruoli di lingua del lavoro, degli affari, delle specialità (a volte, ahimè, anche non lusinghiere, come la mafia) per cui vanno noti ovunque i nostri concittadini, soprattutto abbigliamento, con il successo all'estero dei grandi marchi, gastronomia e ristorazione, al punto da generare persino [...] pseudoitalianism[i] (Coletti 2012: 19–20).

Sebbene gli autori dei marchi italianeggianti in Polonia non lo dichiarino apertamente, è chiaro che in molte situazioni, coscientemente o sub-coscientemente, essi riproducono modelli offerti da nomi che funzionano nella stessa struttura per altri referenti.

In termini onomastici, si tratterebbe di una transonimizzazione all'interno di una categoria crematonimica: un dato marchionimo diventa un altro marchionimo e la sua differenza non consiste nell'esposizione linguistica (in sostanza, omonimica), ma nella natura degli oggetti che l'uno e l'altro designano.

L'imitazione onomaturgica intermarchionimica è completamente naturale per i processi di creazione di nuovi marchionimi[239]. Nonostante i creatori dei

236 Per informazioni maggiori sulla teoria della crematonimia di marketing vd. Gałkowski 2011a: 61–129. Cfr. anche id. 2012b; id. 2014c; id. 2017a; id. 2018a; 2019a; Knappová 1996.

237 Cfr. Sjöblom 2016: 463–464.

238 Cfr. Caffarelli 2016a: 29.

239 Si vedano in proposito Gałkowski 2009b; id. 2015a; Walkowiak 2013: 222–223; cfr. Zilg 2006b: 135–141. Si tenga presente che l'onomaturgia intermarchionimica può essere, allo stesso tempo, vantaggiosa e svantaggiosa nella prospettiva della globalizzazione dei *brand* (cfr. Ahmad 2003; Clifton 2003).

marchionimi siano scarsamente disposti a darne conferma, è tuttavia possibile ritenere che tale procedura sia frequente, basandosi a volte sugli specifici prototipi costituiti da nomi commerciali italianeggianti che in un dato periodo si sono registrati come forme che generano serie denominative sul loro modello.

Una specifica reduplicazione o moltiplicazione di un dato marchionimo creato in seguito ai processi di prestito strutturale[240] (spesso motivato da significati e connotazioni di appellativi cui si è volto l'interesse onomaturgico) o formazione ibrida con elementi italiani completa tutti i casi di produzione autonoma di unità marchionimiche che ai loro proprietari sembrano originali e irrepetibili. D'altronde, non di rado, ciò avviene su scala limitata dai confini di una località, di una zona, di un settore, di una cerchia probabile di contraenti.

Quando un nome diventa un marchio più conosciuto che entra su un mercato che va oltre l'area primariamente mirata, può velocemente perdere il suo pregio di unicità e originalità, confrontandosi con decine di strutture denominative uguali al livello formale o molto simili, p.es. i casi della voce italiana *bella* che viene introdotta nella MPL in centinaia di unità crematonimiche (cfr. Sez. 4.8.1.6.1).

Va ancora osservato che con l'avvento della comunicazione via Internet aperta al mondo, una frequente ricorrenza della forma *Bella* come denominazione marchionimica si dissipa e perde la sua funzione distintiva, se non è accompagnata da altre informazioni e segni identificativi o distintivi, linguistici[241] e intersemiotici sull'oggetto della sua referenza. Il fenomeno è ovvio, ma a quanto pare non lo deve essere per i creatori che utilizzano il nome e registrano la loro entità di riferimento con l'etichetta *Bella*.

Ad ogni modo, non è un grande problema comunicativo, se, ad esempio, *Bella* compare sull'insegna del salone di una parrucchiera in una via X di una località Y. Creerebbe, comunque, perplessità il fatto di vedere altre insegne con l'uso di questa emblematica voce concettualizzante italiana su una stessa piazza, lungo una stessa via, in una stessa località, che sia di ridotte dimensioni, un quartiere, una zona, a meno che non si parli di reti di una stessa impresa in diverse sedi (azienda di produzione o servizi, negozio, agenzia, ufficio, ecc.), per cui, invece,

240 I forestierismi creano subsistemi linguistici, da una parte arricchendo il patrimonio lessicale della lingua che riceve il prestito, dall'altra, secondo alcuni studiosi, producendovi instabilità e costituendo una specie di "pericolo" (Giermak-Zielińska 2008) per lo stato di fatto raggiunto nel tempo da un idioma (cfr. il caso degli italianismi nella sfera internazionale, Sosnowski 2003; Petrilli 2011; Coletti 2012; Pizzoli 2018b; Campa 2019). Si noti, p.es., il progetto dell'attuale Governo italiano di vietare la *crescente «anglomania»* nella lingua italiana (https://it.euronews.com/2023/04/04/ciao-non-hello-il-governo-italiano-vuole-vietare-le-parole-inglesi-con-multe-fino-a-100mil, u.a. 6.06.2023).

241 Teresa Giermak-Zielińska (2004) denomina questi elementi usando il termine fr. *glose* (equivalente del termine pol. *dookreślnik* 'co-identificatore'). Cfr. la questione della *zona perionimica* del marchionimo in Sez. 4.1.2.

l'uso di un nome distintivo è garante del riconoscimento della marca creata o in evoluzione.

3.1.1. Il marchionimo *Bella*

Bella in quanto nome commerciale, corrispondente ad un nome di marca, è da quasi 50 anni conosciuto in Polonia, ad esempio, come marchio designante prodotti igienici e soprattutto assorbenti mestruali d'uso universale (vd. Fig. 21). Rimane visibile come una voce concettualizzata nello spazio commerciale (negozi, distributori stazionari, vendita in Rete) e nelle case polacche dove le donne le utilizzano per i loro bisogni d'igiene intima. Niente di straordinario, ma al livello comunicativo, comunque, sì, giacché *Bella* è una chiave di codice speciale e si sta lessicalizzando o, anzi, categorizzando come sinonimo di vocabolo che segnala l'associazione alla donna e alla femminilità dalla quale d'altronde sarebbe stata dedotta.

Si sottolinei, tuttavia, che la voce *bella*, pur essendo perfettamente situata nell'ambito femminile ed estetico di bellezza anche da utenti che non conoscono l'italiano, non è un lessema adottato dal sistema polacco, se tralasciamo l'omonimo nome di battesimo *Bella* (alterato del n.f. *Izabella*, associato anche alla sua variante *Izabela*), notato nell'antroponimia polacca del XX secolo[242].

Fig. 21. Fonte: https://bella.pl/pl_PL, u.a 13.03.2023.

Bella è senz'altro uno dei nomi che funzionano quasi come emblematici nel paesaggio linguistico nazionale in Polonia (anche come elemento di un LL personale e familiare laddove si percepisce come marca di prodotti utilizzati nell'ambiente

242 Cfr. SIWPU: s.v. Oggi il prenome *Bella* è raramente scelto come nome ufficiale per le neonate, forse perché – tra varie ragioni relativamente non vantaggiose – crea una possibile associazione all'imbarazzante realtà di riferimento del marchionimo *Bella* che designa gli assorbenti. Ogni stigmatizzazione non desiderata, anche se relativa, dei nomi di battesimo fa sì che i nomi "rischiosi" si evitino nell'assegnazione personale. Lo stesso riguarderebbe *Bela* come uno degli ipocoristici di *Izabela* (una versione conosciuta anche dalla letteratura polacca).

privato). Effettivamente, sembra impossibile non notarlo, anche se i prodotti *Bella* sono, naturalmente, riservati alle donne[243].

Il significato della base italiana del marchionimo polacco *Bella* gioca, teoricamente, un ruolo secondario nel funzionamento di questa denominazione particolare, ma l'azienda che gestisce la produzione sotto questo marchio propone anche le linee denominate in modo tale da suggerire l'influenza diretta o indiretta italiana, p.es. *Bella Mamma* ("assorbenti e slip post-parto"; dal sito ufficiale della marca, vd. nota 243); *Bella Ideale* ("...estremamente assorbenti e ultrasottili"); *Bella Medica* ("tamponi e salviette antibatteriche e antinfiammatorie"); *Bella Intima* ("solette ultrasottili rivestite in 100 % cotone"); *Bella Tampo* ("...perfettamente assorbenti"; *Tampo* < riduzione dell'it. *tampone* / s.sg.m. pol. *tampon* < fr. *tampon*); ecc. [trad. AG].

È giusto, inoltre, precisare che dal 1956 fino al 1983 gli assorbenti *Bella* si producevano sotto il marchio *Donna* (vd. Fig. 22). E l'uno e l'altro nome si rivolgono al sintagma italiano *bella donna*, sfruttato in molte altre denominazioni marchionimiche polacche, contemporanee e storiche (cfr. Fig. 23).

Fig. 22. Una confezione storica degli assorbenti prodotti nel periodo della Repubblica Popolare Polacca. Fonte: https://archiwum.allegro.pl/oferta/opakowanie-donna-podpaski-higieniczne-prl-i8511604876.html, u.a 13.03.2023.

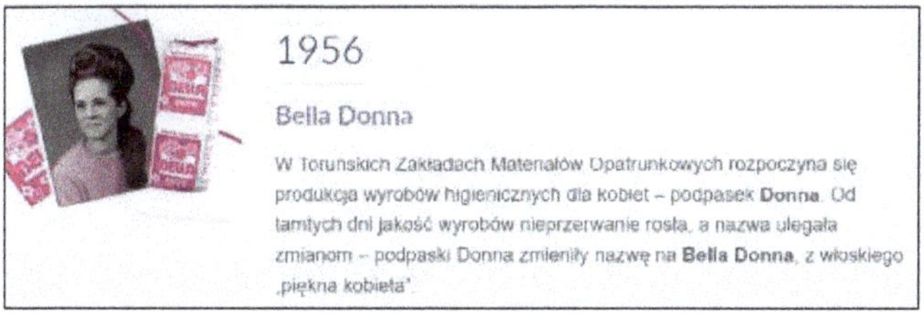

Fig. 23. Dalla storia degli assorbenti Donna / Bella Donna / Bella[244]. Fonte: https://tzmo-global.com/pl_PL/brand/bella/, u.a. 13.03.2023

243 Lo conferma anche la politica pubblicitaria della marca. Uno dei suoi *slogan* attuali dice in polacco: *Dla każdej z nas PO PROSTU BELLA* [lett. Per ognuna di noi, semplicemente Bella; trad. AG], https://bella.pl/pl_PL, u.a. 12.03.2023.

244 È significativa la cura per una spiegazione metalinguistica del marchio *Bella*: [1956. La fabbricazione di prodotti per l'igiene femminile – gli assorbenti igienici Donna – inizia a Toruńskie Zakłady Materiałów Opatrunkowych (Aziende di

L'irradiazione del nome *Bella* (come pure di *Donna* o *Bella Donna*) nella prospettiva crematonimica in Polonia è molto forte e instaura una specifica categoria, anche come elemento di strutture polirematiche, miste o composizioni ibride (vd. SEZ. 4.8.1.6.1). Per la sua radicazione nella comunicazione commerciale e quotidiana in polacco, lo si potrebbe categorizzare come prototipico e senz'altro influente su altri processi formativi che coinvolgono l'uso di elementi italianeggianti nella MPL.

3.1.2. Il marchionimo *Lubella*

Effetti di irradiazione onomastica, di continuazione o di riaffermazione sono offerti da alcuni altri nomi arruolati come marchionimi italianeggianti con una vita lunga sul mercato polacco, che devono essere qualificati come storici, ma sono a tutt'oggi diffusi.

È, per primo, il caso della marca *Lubella* (vd. Fig. 24)[245]. Per gli italofoni, e principalmente per gli italiani, anche senza entrare nei dettagli strutturali che presentiamo ulteriormente, il nome in questione potrebbe sembrare del tutto conforme alla morfologia italiana, soprattutto perché è notato, p.es., nella forma uscente in *-o* come un cognome assai diffuso nell'antroponimia italiana[246]. Un'altra associazione spontanea di chi, conoscendo l'italiano, vede questo nome senza disporre di altre indicazioni sulla sua contestualizzazione crematonimica, è una possibile lettura individualizzante della parte *-bella* corrispondente all'aggettivo italiano appena discusso sopra.

Fig. 24. Fonte: https://lubella.pl/, u.a 25.10.2022.

La sovrainterpretazione strutturale di *Lubella* che condurrebbe all'individualizzazione dell'ipotetico *lu-* e dell'altrettanto ipotetico *-bella*, è teoricamente

Materiali per la medicazione di Toruń). Da allora, la qualità dei prodotti è aumentata costantemente e il nome è cambiato: gli assorbenti Donna sono stati ribattezzati Bella Donna, dall'italiano «bella donna»; trad. AG].

245 Cfr. anche SEZZ. 4.1.3 e 4.1.4.

246 L'etimologia del cognome *Lubello* è chiara: esso è una variante del nome di famiglia *Lobello* o *Lo Bello*. Si interpreta la parte iniziale *lu-* come una versione regionale (meridionale) dell'articolo determinativo *il/lo*. Si noti anche la variante *Lubelli*, portata soprattutto da pugliesi (vd. Caffarelli, Marcato 2008: s.vv.).

possibile, ma non ostinata in nessun tipo di politica linguistica. Tuttavia, si tratta di *quiproquò* ottenuti in seguito ad un'analisi fantasiosa che non si può escludere nel momento in cui la marca *Lubella* entra più significativamente sul mercato internazionale, tra l'altro quello italiano.

Lubella è un marchio di pasta con una assai lunga storia. I suoi inizi risalgono alla seconda metà del XIX sec. Oggi designa lo stesso i prodotti e la fabbrica, ma ancora negli anni 1990 era gestita da un'azienda nazionalizzata denominata ufficialmente *Polskie Zakłady Zbożowe Lublin* (*PZZ Lublin*) lett. 'Stabilimenti Cerealicoli Polacchi Lublin'.

Il nome *Lubella* è una netta formazione neologica che non s'associa a nessun appellativo polacco; principalmente sarebbe la composizione della parte iniziale dell'urbonimo *Lublin*: *Lub-* e del morfema marchionimico stilizzato sul suffisso italianeggiante *-ella* (attraente per la presenza della doppia *l* che allude anche alle due *l* in *Lublin*).

La creazione coniata è molto semplice e facile da ricordare e riprodurre. Avrebbe tutti i requisiti di un marchionimo riuscito dal punto di vista linguistico e pragmatico, mantenendo associazioni desiderate (p.es. il legame formale con il toponimo *Lublin*, nome della città sede della marca), ma anche previste o non previste, ma favorevoli per il funzionamento del nome come marchio sul mercato della pasta di qualità in Polonia (oggi anche in alcuni altri paesi, p.es. in Romania).

Una nostra rassegna tra gli utenti della lingua polacca e clienti che conoscono e utilizzano la marca *Lubella*, a sorpresa, porta all'osservazione che il nome *Lubella* si è così inciso nell'uso linguistico non marcato da non dover far pensare ad una possibile influenza italiana che, molto probabilmente, concerne questo neologismo[247]. La marcatezza del genere viene notata solo quando la si suggerisce. Tuttavia, non perché non sia ammissibile, ma per lo statuto di salda immersione nella strutturazione onimica polacca, oggi quasi lessicalizzata e, sicuramente, producente un modello prototipico per tantissimi altri nomi di tipo crematonimico che si basano sulla formazione con il morfema italianeggiante *-ella* o *-bella*[248].

Va precisato che nella presunta formazione italianeggiante di *Lubella* non si è verificato un intervento diretto di un autore italiano o italofono, nondimeno nella

---

247 Dalle nostre osservazioni nel campo della marchionimia risulta che il formante suffiss/oid/ale *-ella* come marcatore d'italianità determina una delle tendenze onomaturgiche dei nuovi neologismi polacchi (cfr. Sękowska 2012), funzionanti come "formazioni nuove non stabilizzate" (pol. *neologizmy nieustabilizowane*, Smółkowa 2001: 15).

248 P.es. *Medella* (servizi di fisioterapia); *Aromatella* (produttore di cosmetici); *Crochetella* (marchio di borse all'uncinetto; il nome ibrido composto con il fr./ingl. *crochet* 'uncinetto'); *Topinella* (marchio di *purée* di topinambur; il riferimento al nome di una specie di formaggio fondente chiamato in polacco *serek topiony* lett. 'formaggino fuso'). Per altri esempi vd. Sez. 4.8.2.3.2.

storia della marca di Lublino si è registrata una relazione di natura infrastrutturale con l'Italia[249].

Anche se un'ingerenza italiana immediata nella creazione del marchionimo *Lubella* è solo molto ipotetica, non si può negare al nome la sua riuscita corrispondenza formale ai nomi d'origine italiana che si vedono da tempo in negozi sugli scaffali con le confezioni di pasta. Ricorre l'associazione al marchio *Barilla*, distribuito con la firmata pasta di "qualità italiana" da almeno due decenni sul mercato polacco. L'effetto prodotto dalla coincidenza sonora degli elementi *-illa* ed *-ella* porta ad un abbinamento non fondato nella realtà, ma l'avvicinamento intuitivo e quasi istintivo alla prestigiosa marca di pasta italiana è vantaggioso per *Lubella* in una prospettiva economica e socio-gastronomica, suggerendo un'alta qualità del prodotto.

Per il *lider* nel settore di produttori di pasta in Polonia questa libera associazione non è insignificante, come pure nella situazione osservata nella discussione intorno alla marca polacca di scarpe *Gino Rossi* (cfr. Sez. 2.3.5)[250].

L'irradiazione dei marchionimi italianeggianti che i polacchi osservavano all'epoca in cui l'area comunicativa all'interno del mondo commerciale non era ancora così satura di migliaia di unità denominative di marchi di ogni possibile tipo strutturale, è un evento onomastico che non si può contraddire. I primi nomi formati con l'introduzione di elementi lessicali dall'italiano o interpretati in questa direzione, come *Bella* o *Lubella*, stabilivano i modelli prototipici da copiare e imitare, per cercare altre ispirazioni italianeggianti che garantivano un effetto pari nel funzionamento del *branding*.

3.1.3. La serie dei marchionimi ispirati a *Bambino*

Un altro marchionimo italianeggiante che potremmo classificare come "storico" e prototipico nell'area polacca è *Bambino*. È il marchio dei gelati confezionati su stecco (pol. *lody na patyku*) prodotti dall'inizio degli anni '60 del XX sec. da alcune cooperative (pol. *spółdzielnie mleczarskie* 'cooperative lattiero-casearie'). Il prodotto è tuttora presente sul mercato (oggi fabbricato e commercializzato dalla ditta Jogo con la sede a Łódź).

---

249 Nei materiali informativi sul passato dell'azienda si legge che nel 1963 la PZZ Lublin lanciò una nuova produzione di pasta basata sulle attrezzature della "nota" azienda italiana Pavan di Galliera Veneta-PD (https://www.lubella.pl/pl/nasza-lubella/historia-marki, u.a. 12.03.2023).

250 Come conferma di tali atteggiamenti da parte della marca *Lubella*, si veda la coincidenza prodotta dall'esistenza di un'iniziativa chiamata *Akademia Lubella* (un programma educativo destinato ad allievi di scuole primarie, https://akademialubella.pl/, u.a. 14.03.2023) con una, che è gestita da tempo dalla Barilla, denominata *Academia Barilla* (https://www.academiabarilla.it/, u.a. 14.03.2023). Bisognerebbe anche aggiungere che certi elementi del logo della Lubella possono essere ispirati da quello della Barilla, p.es. la segnalazione della data della fondazione.

È un marchio ormai "classico" nel suo genere, conosciuto da molte generazioni di polacchi, che l'hanno notato soprattutto nella loro infanzia come simbolo di piacere gustativo particolarmente desiderato da bambini. La tradizione dei gelati *Bambino* è sempre portatrice di connotazioni particolari, all'epoca associate al mondo esotico, ciò suggeriva anche il loro nome italiano.

Effettivamente, l'Italia era visualizzata attraverso lo stereotipo di esotismo[251]; anche oggi lo è nel senso positivo di questo termine. Giova segnalare, comunque, che alcuni decenni fa, l'esotismo si aggregava, notevolmente, alle figure delle persone di pelle scura. Per questo sulle confezioni dei gelati *Bambino* comparivano delle immagini, che oggi passerebbero per *politically incorrect*, dei bambini di origine africana o haitiana, soprattutto quando si trattava dei gusti al cioccolato o caffè (cfr. Fig. 25)[252].

Fig. 25. Due confezioni dei gelati Bambino: anni '70–'80 e '90. Fonte: https://wykop.pl/cdn/c3201142/comment_ii3wCcypJPPnUXMTECT6ktuqa0UAS4Jw.jpg; https://wykop.pl/cdn/c3201142/comment_1vvmFyaAhnAD4Ax3dH5poNFYh4C2xdVv.jpg, u.a 13.03.2013.

Il nome *Bambino* nella percezione socio-pragmatica funzionava come equivalente del concetto di gelato, nondimeno l'accompagnava sempre l'identificativo pol. *lody* 'gelati': *lody Bambino*. La scelta del caratteristico nome italiano poteva portare alla convinzione che il gelato era una specialità italiana.

L'espressione *lody Bambino* si è registrata nel linguaggio comune per mezzo di alcuni popolari *slogan* pubblicitari, non professionali ma efficaci nel loro genere retorico[253].

251 Le opinioni sull'esotismo reciproco nei contatti tra Italia e Polonia sono differenti. Cfr. in proposito Jamrozik 2006 e Widłak 2010: 100.

252 L'idea connotata da *Bambino* s'associa al personaggio letterario pol. *murzynek Bambo* 'negretto Bambo', conosciuto da una delle poesie di Julian Tuwim (*Bambo*, 1935).

253 P.es. pol. *Lody Bambino dobre latem i zimą!* [lett. I gelati Bambino buoni in estate e in inverno!; trad. AG]. Invitavano ad acquistarli dei venditori ambulanti sulle spiagge della costiera polacca del Mar Baltico. I *lody Bambino* suscitavano l'invenzione di altri *slogan* che oggi potrebbero assomigliare agli enunciati creativi

Oggi, il marchionimo *Bambino* si è leggermente perso nella marea dei nomi commerciali diversi, anche nella sua categoria di denominazioni di gelati, ma rimane sempre una marca di qualità tradizionale, prodotta in varie dimensioni industriali, accompagnata da didascalie informativo-linguistiche che si possono adattare anche a mercati stranieri (vd. p.es. Fig. 26).

Fig. 26. Una confezione dei gelati Bambino (gusto amarena). Fonte: https://jogo.com.pl/lody-bambino-wisniowe-w-polewie-czekoladowej/, u.a 13.03.2023.

La prototipicità della denominazione italianeggiante ideale di *Bambino* è stata ed è tuttora motivante per altri nomi commerciali in Polonia che riprendono nella loro onomaturgia il lessema italiano *bambino*, insieme ad altre varianti nel suo paradigma morfologico, tra cui *bambina* e *bambini*. La voce compare in vari settori industriali e commerciali, ma anche culturali (artistici)[254].

Il lessema *bambino* si usa, p.es., come base del marchionimo designante una serie di articoli d'igiene destinati particolarmente a bambini: il sapone *Bambino* o lo shampoo *Bambino* (nella sua versione più lontana nella storia, anche *Bambi*, che si potrebbe interpretare come accorciamento di *bambino*), due prodotti, anche questi, con una tradizione che risale ai tempi della Repubblica Popolare di Polonia (vd. Fig. 27)[255].

---

proposti dai *meme*. Se ne consideri un altro più disinvolto come messaggio controverso, soprattutto nell'ambito dei minorenni, ma per questo efficace nella sfera *marketing* il cui scopo era sempre l'acquisto del prodotto: pol. *Lody, lody Bambino! Lepsze niż wódka, lepsze niż wino* [lett. Gelati, gelati Bambino! Meglio della vodka, meglio del vino; trad. AG]. Questa "filastrocca per adulti" è entrata anche nella pop-cultura (vd. le parole di una canzone intitolata *Lato w Kołobrzegu* 'L'estate a Kołobrzeg': *Rewelacja na Bałtyku – lody, lody na patyku / Ani wódka, ani wino nie zastąpi ci Bambino* [lett. Meraviglia al Baltico – gelati, gelati su stecco / Né la vodka né il vino non ti sostituiranno Bambino; trad AG], https://ising.pl/skaner-lato-w-kolobrzegu-disco-polo-rymyg5-tekst, u.a. 13.03.2023).

254 Cfr. IVLW: s.v. e p. 54.

255 La storia del marchionimo *Bambino* nel settore cosmetico è anche più remota. Si veda l'omonimo caso *Bambino* nell'analisi del *corpus* (un marchio brevettato nel 1939).

Fig. 27. Pol. *szampon dla dzieci* ['shampoo per bambini']. Fonte: https://kafeteria.pl/t/12169,bambi-szampon-dla-dzieci-z-d-pantenolem?p=2, u.a. 13.03.2023; pol. *mydło dla dzieci i niemowląt toaletowe* ['sapone da toilette per bambini e neonati']. Fonte: https://archiwum.allegro.pl/oferta/dla-kolekcjonera-prl-mydlo-bambino-i7555032555.html, u.a. 13.03.2023. Il marchio *Bambino* su una confezione moderna di olio per bambini. Fonte: https://static.wizaz.pl/media/images/kwc/product/085/029/29085/507731.jpeg, u.a. 21.11.2023.

3.1.4. *Pollena* e il fascino delle geminate

Fra altri marchionimi italianeggianti storici che risalgono all'epoca comunista in Polonia si può indicare *Pollena*, il nome simbolico dell'azienda che veniva denominata come *Zjednoczenie Przemysłu Chemicznego „Pollena"* 'Unione dell'Industria Chimica'[256]. Negli anni '70 del XX sec. lo *Zjednoczenie „Pollena"* si è consolidato con la fabbrica di cosmetici *Ewa* di Łódź, dando come nome di marca *Pollena-Ewa*.

Lo stesso *Pollena* dà un effetto sonoro e grafico italianeggiante, ma nella sua etimologia creativa è piuttosto motivato dall'ingl. *pollen* 'polline' (uno dei sottili ingredienti naturali che si usavano nella produzione cosmetica dello *Zjednoczenie*). Per il mantenimento della doppia *l* e per l'aggiunta della vocale finale *-a* la struttura ottenuta sembra un neologismo ispirato alla lingua italiana e per questo funge da un'altra voce marchionimica prototipica che influenza l'onomaturgia di strutture simili nella MPL, soprattutto di quelle che inseriscono nella loro ortografia la doppia *l* o altre consonanti geminate in posizioni intervocaliche (p.es. *Falla*, produttore e venditore di articoli di plastica; in un'altra occorrenza, nome di una rete di ristoranti; *Ballena*, servizi di posta e spedizione; il reggiseno *Samanta Ollanta*; *Millena*, marca di ceramica artigianale; *Messa*, un albergo / *spa house*; *etta* [sic!], agenzia di pubblicità; vd. Figg. 28, 29, 30).

256 Nella denominazione formale compaiono termini accettati per il linguaggio specifico della politica economica nazionalizzata (p.es. s.sg.nt. pol. *zjednoczenie* 'unione', oggi una specie di arcaismo semantico). Occorre ricordare che la censura polacca dell'epoca controllava fino al 1970 anche i nomi dei prodotti e altre informazioni sulle etichette delle confezioni di articoli commercializzati, poiché si proponeva di impedire quelli che erano ritenuti messaggi subliminali inneggianti al capitalismo (Romek 2022).

Fig. 28. Il ristorante FALLA a Varsavia. Foto: AG, 2024.

Fig. 29. L'albero Messa a Władysławowo-PM[257]. Foto: AG, 2023.

Fig. 30. L'agenzia pubbliciatria etta (esiste dal 1993). Pol. *pieczątki* / *wizytówki* / *grafika reklamowa* ['sigilli / biglietti da visita / grafica pubblicitaria']. Foto: AG, Varsavia, 2024.

La *l* doppia e alcune altre geminate nell'ortografia polacca segnalano e costringono gli utenti polacchi ad una pronuncia che suscita una eco specifica[258]. Le consonanti doppie in polacco sono effettivamente realizzate come doppie, l'una dopo l'altra: hanno tutte e due le fasi della implosione e della esplosione. Mentre

257 Nome scelto per ragioni eufoniche e una strutturazione italianeggiante, comunque coincidente con il nome comune italiano *messa*, concettualmente poco adatto per denominare un albergo svolgente allo stesso tempo funzioni di una *spa house* (pol. *dom kuracyjny* lett. 'casa di cura').

258 Si veda p.es. l'adattamento internazionale del nome del mostro *Gojira* e dell'omonimo titolo di una produzione cinematografica giapponese del 1954; anche pol. *Godzilla*, senza la pretesa di ispirazione diretta italiana, che tuttavia non può essere esclusa (cfr. SJP-PWN: https://sjp.pwn.pl/poradnia/haslo/Gojira-czy-Godzilla;7127.html, u.a. 8.11.2023).

in italiano la consonante è doppia nella grafia, ma nella pronuncia è solo maggiore il tempo dell'ostacolo all'uscita dell'aria. In polacco è sentito un leggero e netto staccamento nell'emissione tra l'una e l'altra consonante nella coppia, p.es. pol. *pizza* ['pitstsa] vs. it. *pizza* ['pits:a].

È intrinseca per un utente polacco comune che non conosce le regole della fonologia italiana la pronuncia marcata delle doppie nei marchionimi italianeggianti e altri nomi d'origine italiana (italianismi) che mantengono l'ortografia italiana, p.es. *allegro* (un termine musicale e la base di vari marchionimi)[259]. Per questo, e nello scritto e nello orale, molte forme neologiche polacche con le consonanti doppie intervocaliche sono spesso interpretate come ispirate all'italiano, p.es. negli ipotetici **czekkolada* < pol. *czekolada* 'cioccolata'; **szaffa* < pol. *szafa* 'armadio'; **cerramika* < pol. *ceramika* 'cerramica', d'altronde riprodotti nella MPL (p.es. *SZAFfA!* [sic!], nome di un negozio con abiti di seconda mano; cfr. l'imitazione umoristica dell'italiano nei propositi di cabaret polacco discussi in Par. 3.3).

3.1.5. Altri marchionimi italianeggianti storici

Chiudendo questa parte dedicata ad alcune, e in realtà non numerose ma influenti, forme di marchionimi polacchi italianeggianti storici e prototipici, bisogna dire che se ne potrebbero tracciare anche altri che si situano a certi livelli interlinguistici o, solo per omonimia strutturale o paronimia, potrebbero essere interpretati come creati per mezzo di voci o elementi para-morfologici italiani.

È, ad esempio, il caso del marchionimo *Amica*, la marca polacca di elettrodomestici, come lavatrici, cucine a gas, lavastoviglie. Il nome *Amica*, coincidente con l'it. *amica*, prende origine – a quanto viene dichiarato[260] – dal lat. *amica*. Rimane, tuttavia, indiscussa la ovvia incidenza di omonimia tra forma latina e quella italiana[261]. L'associazione interlinguistica in situazione del genere è inevitabile per polacchi italofoni che non conoscono il latino. E, di nuovo, si direbbe che per i produttori come quelli degli elettrodomestici *Amica* il rinvio all'italianità non è sfavorevole, vista la "qualità italiana" riconosciuta anche in questo settore, non solo per quel che riguarda il *design*[262].

Un certo alone italianeggiante, ma allo stesso tempo neoromanzo universalizzato, poteva essere attivato con i marchionimi polacchi storici, come *Amino* (marca di prodotti alimentari concentrati, esistente dal 1968; ipoteticamente, il nome si riferisce al s.pl.m. pol. *aminokwasy* 'aminoacidi'); *Baltona* (marchio di

259 Cfr. Widłak 2010: 76.

260 Cfr. la storia della marca: https://www.amica.pl/history, u.a. 20.11.2023.

261 Anche oggi l'origine mista (in generale, romanza) di alcuni italianismi in polacco potrebbe essere oggetto di discussione (vd. Malinowska 1990; Sosnowski 2003; Godzich 2011; Widłak 2017; cfr. questa problematica al livello internazionale, p.es. Coveri [a c. di] 1991; AA.VV. 2007; Stammerjohann 2013; Heinz [a c. di] 2017).

262 Da alcuni decenni nell'industria e nel commercio in Polonia sono attive le marche italiane come *Merloni* o *Indesit* (con stabilimenti a Łódź e a Radomsko-LD).

servizi di distribuzione di merci esistente dal 1946; la fusione degli elementi *Bal-* dal Mar Baltico e *-tona*); *UNITRA* (marca di produttore di impianti radiotelevisivi, esistente dal 1961 al 1982; sembra un acronimo[263]).

Inoltre, bisognerebbe rilevare alcuni altri marchionimi che nell'analisi del *corpus* abbiamo indicato con il segno /S/ (storici), fra cui ci sono evidenti forme italiane e italianeggianti come: *Casanova*; *Patti*; *Marocco*; *Monaco*; *Rialto*; *Ardalli*; *Capello*; *Marinello*; *Diabolo*; *Rogana*; *Fontana*; *Solano*; *Piccolo*; *Carina*; *Verina*; *Forte*; *Momento*; *Uno*; *Legoldino*; *Luigi Rossi*. Varia, comunque, la capacità di irradiazione di questi marchionimi, spesso concretizzati al livello antroponimico o toponimico di base. In molti casi, come si vede, sono anch'essi forme create per mezzo di onimizzazione o transonimizzazione fra cui prevalgono italianismi, stabiliti da tempo come tali nell'ambito polacco.

3.2. Fonte culturale deantroponimica

Tralasciando ogni tipo di speculazione che può essere importante anche quando certe ipotesi si escludano o lascino un minimo di associazione italianeggiante possibile, si consideri che la prototipicità dei marchionimi polacchi che svelano l'influsso dell'italiano nella loro onomaturgia onimica risulta anche da transonimi d'origine italiana che da tempo si sono impiantati come strutture crematonimiche nell'area linguistica polacca. Sono, per primo, i nomi personali (nomi di battesimo e cognomi in forme indubbiamente italiane) e, per secondo, i toponimi, soprattutto gli urbonimi che designano le principali città italiane[264].

Diverse forme di nomi propri italiani, e soprattutto gli antroponimi dei personaggi famosi o, comunque, segnanti la realtà culturale polacca, potevano e possono fungere da modelli ripresi nell'onomaturgia marchionimica[265].

---

263 Cfr. anche i nomi delle sue filiali *DIORA*, *UNIMA*, *UNIPRO*, *FONICA* che sfiorano, allo stesso tempo, strutture latineggianti e italianeggianti. La pratica di introdurre nell'uso forme universalizzate e classicizzanti è giustificata su larga scala; all'epoca poteva essere suscitata anche dalla diffusione mediatica (cinematografica) delle opere letterarie come *Quo vadis* di Henryk Sienkiewicz (cfr. Brahmer 1980: 291–292).

264 Non sviluppiamo qui la questione dei toponimi italiani, ma bisogna dire che sono strutture altrettanto caratteristiche, che, come altri esonimi in funzione di "elementi lessiculturali" (Palmarini 2020: 107), diventano patrimonio onomastico comune di varie aree linguistiche. Cfr. Gałkowski 2023: Sez. 3.1.3.

265 Nelle sezioni successive citiamo i nomi italiani d'origine italiana presenti nella cultura polacca; ma non meno ispiratori per l'onomaturgia marchionimica possono essere le centinaia di nomi originali di personaggi famosi della cultura italiana storica e attuale, molti dei quali rievocano significati concreti anche per utenti polacchi comuni (p.es. cognomi dei registi italiani come *Antonioni*; *Benigni*; *Bellocchio*; *Bertolucci*; *De Sica*; *Fellini*; *Pasolini*; *Rossellini*; *Sorrentino*; *Tornatore*; *Visconti*; *Zeffirelli*; ecc.). Dati antroponimici del genere creano lunghe "liste

3.2.1. Esempi dei nomi italiani personali e personalizzati nella cultura polacca

I contatti diretti tra Polonia e Italia durano da secoli, intensificandosi, ad esempio, tra il Seicento e il Settecento[266], ma anche nell'epoca contemporanea, che è la più propensa alla mobilità di individui, alla diffusione di testi di ogni genere e produzioni mediatiche nell'ambito della cultura alta e di massa, a servirsi di più canali d'informazione, tra i quali vi è Internet[267].

Nella storia e nell'antroponimia polacche si sono impresse ed emergono di continuo diverse unità di nomi personali italiani che vengono utilizzati nel discorso sociale e nella comunicazione generale o specifica: sono portati da polacchi d'origine italiana o per certe ragioni sono stati ricevuti da cittadini polacchi in seguito ai cambiamenti della loro condizione sociale (p.es. da donne polacche sposate con uomini italiani residenti o non residenti in Polonia)[268].

---

echiane" che si possono consultare anche per scopi didattici (per altri dati vd. Gałkowski 2023: Appendice I).

266 Per maggiori informazioni vd. p.es. Quirini-Popławska 1973; ead. 2016; Zawadzka 1976; Olkiewicz 1979; Brahmer 1980; Manikowski 1983; Tazbir 2001; Tygielski 2005; Mazzei 2017; Noga 2019.

267 Vd. p.es. Miziołek [a c. di] 2019.

268 Rinviamo i lettori alle informazioni che si possono consultare, p.es., in ISNP o PSB (fonti di vari dati personali presentati in questo paragrafo). Qui citiamo solamente alcuni dei più interessanti adattamenti dei cognomi italiani comparsi nell'antroponimia polacca dopo il "diluvio" degli italiani in Polonia fra il XVI e il XVII sec. (successivi adattamenti o "traduzioni" in polacco sono indicati tra parentesi): *Berecci* (*Bereczy*); *Bianchi* (*Bianki*); *Boratini* (*Boratyński*); *Brancharini* (*Brankarynowski*); *Cellari* (*Cellary, Celary*); *Cyboni* (*Ciboni*); *Czeki* (*Cecchi*); *Del Pace* (*Delpacy; Pokoiński*); *Ducci* (*Duczewski*); *Gianotti* (*Dzianotti*); *Gibboni* (*Dziboni*); *Giuli* (*Dziuli*); *Fachinetti* (*Fakinetti*); *Gucci* (*Guczewski, Guczy*); *Cortini* (*Kortyn*); *Cotoni* (*Kotoni*); *Curzio* (*Kurcjusz*); *Montelupi* (*Wilczogórski*, pl. *Wilczogórscy*); *Moriconi* (*Morykoni*); *Orsetti* (*Orszetty*); *Pazzi* (*Pac*, pl. *Pacowie*); *Trevani* (*Trewani*); ecc. (cit. tra l'altro in Tygielski 2005: 377, 384–388 ss.). Neanche menzioniamo decine di cognomi degli italiani che segnarono la storia polacca del Seicento e del Settecento e che venivano (e vengono tuttora) usati senza cambiamenti al livello strutturale, p.es. *Amoretti*; *Bandinelli*; *Barilli*; *Burattini*; *Canavesi*; *Cantelli*; *Carducci*; *Cola*; *Fodiga*; *Fontana*; *Gratta*; *Moreto*; *Pinocci*; *Pioli*; *Soderini*; *Tellari*; *Ubaldini*; *Viviani* e quant'altri (ivi). Non è detto che oggi gli onomaturghi dei marchionimi polacchi italianeggianti possano riferirsi a questo repertorio sconosciuto ai laici, tranne qualche esempio sporadico o specifico per una situazione personale. Se, ad esempio, qualcuno usa come base del marchionimo la voce *Gucci*, con molta probabilità non si rifà ai Gucci (Guczewscy) della storia polacca; tuttavia, potrebbe motivare la sua ispirazione anche in questo modo, con minor rischio di conseguenze legali derivanti dalla supposta imitazione dell'omonima marca di moda italiana (cfr. i casi del marchio *Gucci* cit. in Sez. 2.3.4).

Non è qui possibile farne una rassegna aperta e dettagliata, poiché si tratta spesso di dati personali protetti; tuttavia, possiamo limitarci a considerare personaggi della vita pubblica, viventi o defunti. Questi ultimi sono in casi particolari commemorati nell'urbanonimia polacca, e tra questi vi sono, p.es., i cognomi delle famiglie *Marconi* e *Montelupi* (cfr. l'odonimo *ulica Marconich* [u'litsa mar'kɔnix] 'via Marconi' a Varsavia e il nome della casa *Kamienica Montelupich* [u'litsa mɔntɛ'lupix] 'Palazzo Montelupi' a Cracovia; Figg. 31 e 32). Entrambe le famiglie segnarono in modo memorabile la realtà storica delle città rispettive.

Gli architetti e artisti Marconi durante due secoli (il XIX e il XX[269]) firmarono tanti progetti nella struttura urbana della capitale polacca.

Oltre l'ambito architettonico, prima della Seconda guerra mondiale, l'onimo *Marconi* era conosciuto anche come il nome di una importante fabbrica radiotecnica con la sede a Varsavia (*Polskie Zakłady „Marconi" S.A.* 'Fabbrica Polacca "Marconi" società per azioni', 1925–1944), una delle filiali della londinese Marconi's Wireless Telegraph Company Ltd., fondata da Guglielmo Marconi (cfr. Encyklopedia PWN: s.v. *Polskie Towarzystwo Radiotechniczne*).

Montelupi è invece il cognome di una famiglia di imprenditori d'origine toscana, nobilitata in Polonia e conosciuta anche sotto l'equivalente del cognome italiano "tradotto" in polacco: *Wilczogórscy* (< pol. *wilk* 'lupo' + *góra* 'monte'; cfr. nota 268). Il nome ("marchio") dei Montelupi s'accocia alla fondazione della prima posta in Polonia. Sul muro della loro casa al n. 7 in piazza Stary Rynek a Cracovia (*Kamienica włoska*, cfr. supra) si commemora il fatto storico della loro proprietà, nonché della sede della posta montelupiana (cfr. nota 270).

Vale la pena aggiungere che il nome di via Montelupi (*ulica Montelupich*), ubicata anch'essa nel centro storico di Cracovia, viene localmente utilizzato per indicare una prigione sempre funzionante (pol. *więzienie na Montelupich* lett. 'prigione in via Montelupi' o, per semplificazione non fondata nella realtà denominativa esistente, *więzienie Montelupich* [sic!] lett. 'prigione dei Montelupi', ufficialmente *Areszt Śledczy w Krakowie przy ul. Montelupich 7* 'Carcere di custodia cautelare di Cracovia, via Montelupi 7').

---

269 Cronologicamente: Henryk sr Marconi (1792–1863); Ferrante Zygmunt ~ (1798–1868); Karol Antoni Tytus ~ (1826–1864); Leandro Jan Ludwik ~ (1834–1919); Henryk jr ~ (1842–1920); Jan ~ (1845–1921); Władysław ~ (1848–1915); Leonard ~ (1835–1899); Bohdan Lucjan ~ (1894–1975). Cfr. PSB: s.v. *Marconi* e il sito https://ulicetwojegomiasta.pl/ulica/marconich, u.a. 13.09.2023.

Fig. 31. Via Marconi. Foto: AG, Varsavia 2024.

Fig. 32. Le iscrizioni sul muro dell'ingresso alla *Kamienica włoska*[270]. Foto: Roman Sosnowski, Cracovia, 2024.

270 Pol. *W średniowieczu mieściły się tu…* [Nel Medioevo si trovavano qui le sale di rappresentanza della città / Dalla metà del XVI secolo questa casa padronale era di proprietà della famiglia Montelupi / Dal XVI al XVII secolo fu la sede del primo ufficio postale polacco 1558-1958; trad. AG]. Cfr. Quirini-Popławska 2016: 51–61; anche *Encyklopedia PWN*: s.v. *Montelupi.*

Fig. 33. Via Frascati a Varsavia. Foto: AG, 2024.

Passando nella realtà sociale polacca e al di là della collocazione secondaria nella denominazione dei luoghi e vari oggetti (istituzioni, alcuni monumenti, edifici[271], ecc.), si osserva che altri cognomi italiani possono fungere da modelli da imitare, spesso prototipici, nella marchionimia o in altre categorie della crematonimia.

Tra quelli più caratteristici per i nostri tempi sono, p.es., i cognomi italiani dei polacchi d'origine italiana, come *Zanussi, Nardelli, Quirini, Rosati, Rigamonti* o *Vetulani*[272]. Tutti gli elencati diffondono il modello più diffuso del cognome italiano uscente in *-i*, sottoposto, come abbiamo già visto, alle regole della declinazione polacca (vd. p.es. i contesti in polacco *dzięki Zanussiemu...* 'grazie a

271 Nella fattispecie, ci sono poche illustrazioni, giacché il riferimento ai personaggi italiani (ricordati dalla storia polacca o indipendentemente dai contatti reciproci) è raramente fondato nei fatti. Nondimeno, si incontrano tra le istituzioni, p.es., le strutture scolastiche con la specificazione denominativa che rievoca il nome dell'educatrice e medico italiana Maria Montessori (tra l'altro, numerose scuole materne: pol. *przedszkole Montessori*, termine generico); tra i monumenti, p.es. la statua di Francesco Nullo a Varsavia (pol. *pomnik Francesca Nulla* 'monumento a Francesco Nullo' [cfr. Fig. 10]; il monumento è situato in via Frascati a Varsavia; è caratteristico anche il nome italiano della via: detoponimico e in riferimento all'urbonimo *Frascati*, utilizzato per denominare una delle zone nella capitale polacca). Cfr. anche Gałkowski 2014d: 77–79.

272 Portati da: Krzysztof Zanussi (regista, scenografo, produttore cinematografico, 1939–); Andrzej Nardelli (attore, cantante, 1947–1972); Danuta Quirini-Popławska (storico del Medioevo, 1939–); Dariusz Rosati (economista, uomo politico, ministro, parlamentare, nato d'altronde come Gaetano Dario Rosati, 1946–); Weronika Rosati (attrice, 1984–); Maksymilian Rigamonti (fotogiornalista, 1974–); vari membri della famiglia Vetulani (scienziati, ingegneri, medici, giuristi, linguisti, p.es. Zygmunt Vetulani, informatico e linguista computazionale, 1950–). Occorre segnalare che ci sono inoltre dei cognomi che si presentano come italiani, ma in fondo sono appartenenti a persone senza origini italiane, come p.es. Aleksander Bardini (attore, regista, pedagogo, 1913–1995), un ebreo polacco che utilizzava anche la versione ortografica *Bardyni* del suo caratteristico cognome sospetto di italianità.

[Krzysztof] Zanussi' o *rodzina Vetulanich* 'la famiglia [dei] Vetulani'; cfr. *ulica Montelupich* supra).

Altre occasioni di evocazione e ripetizione pubblica dei cognomi (insieme ai prenomi) le offrono i dati personali dei cittadini, prevalentemente di maschi d'origine italiana, che si sono trasferiti in Polonia per motivi familiari, lavoro, carriera mediale e sono attivi in diverse sfere della vita sociale e professionale, soprattutto come imprenditori, ma anche *celebrities* televisivi che svolgono particolari missioni socio-culturali. I loro nomi e cognomi suonano in modo da poter riconoscerli come forme tipicamente italiane[273]. Questi originali nessi di antroponimi italiani, ripetuti nella comunicazione mediale, vengono ricordati come modelli di unità linguistiche fortemente marcate dall'italianità nella grafia e nell'articolazione.

Occorre osservare che tra i nomi personali "di scorta rappresentativa" italiani sulla scena pubblica polacca quelli delle donne compaiono sporadicamente[274].

La maggioranza degli italiani residenti in Polonia non sono persone di fama internazionale per qualsiasi motivo convenzionalmente riconosciuto come insolito (artistico, scientifico, politico, religioso, ecc.), tuttavia hanno incrementato la conoscenza di forme di antroponimi d'origine italiana da parte di milioni di osservatori della vita pubblica in Polonia.

Questa situazione non rimane senza impatto nelle possibili riproduzioni degli antroponimi simili nell'onomaturgia marchionimica (riuso di elementi ortografici e morfologici caratteristici per le strutture imitate, p.es. le consonanti geminate nei nessi suffissoidali *-/zz/ino, -/cch/ino*[275], *-etti, -essa*, ecc.).

---

273 P.es. Paolo Cozza: è stato più volte invitato ai programmi televisivi in cui si presentavano i Paesi e le culture europee (p.es. *Europa da się lubić* lett. 'L'Europa si fa amare', un *talk-show* prodotto dal canale 2 della Televisione Polacca TVP all'inizio del XXI sec., poco prima dell'adesione della Polonia all'UE); Vito Casetti: un altro protagonista che ha partecipato in alcuni episodi di *Europa da się lubić* e in altri programmi televisivi polacchi; Marco Bocchino: il nome di un cantante italiano che si è esibito in vari programmi della TVP, p.es. *Kocham cię, Polsko!* lett. 'Polonia, ti amo!', *Rozmowy w toku* lett. 'Colloqui in corso', *Jaka to melodia?* lett. 'Che canzone è?'; Stefano Terrazzino: un ballerino italiano che si è reso protagonista in alcuni cicli del programma della televisione polacca TVN *Taniec z gwiazdami* 'Ballando con le Stelle' (cfr. Fig. 20); Luigi Pagano: un cantante e musicista d'origine napoletana.

274 Ad esempio, il nome dell'autrice e giornalista d'origine italiana, docente all'Università di Varsavia, Tessa Capponi-Borawska (cfr. nota 218).

275 Uno dei casi più difficili nella decodificazione corretta orale (p.es. nel cognome *Bocchino*). La causa di questo problema pare un'usanza comune dei polacchi di realizzare l'agg. *macchiato* (nell'italianismo *caffè macchiato*) come [ma'ʧatɔ] o [ma'ʧjatɔ] e non [ma'k:jato] (cfr. anche il caso di *Chianti* pronunciato da chi non conosce le regole della fonetica italiana come ['ʧanti] o ['ʧjanti] e non ['kjanti]).

A questo punto, si potrebbero anche considerare i nomi personali meramente italiani che hanno adottato in qualità di pseudonimi scenici gli artisti polacchi, come pure le figure di protagonisti delle produzioni cinematografiche o film TV polacchi.

Tra i primi, p.es., lo pseudonimo artistico di un cantante contemporaneo, ma anche attore, compositore e produttore di musica, Vito Bambino[276]. Si possono capire le ragioni della scelta di *Bambino* (cfr. l'uso di questo caratteristico italianismo osservato nella MPL storica, Sez. 3.1.3) e *Vito*, un nome maschile che non pone dubbi nell'associazione all'area italiana (cfr. il nome *Don Vito* nella nostra analisi marchionomastica; vd. anche nota 283).

Si potrebbe anche credere che il prenome *Violetta* della diva della canzone polacca del XX sec. (sulla scena conosciuta come Violetta Villas[277]), fosse indiscutibilmente motivato dal suo modello italiano[278] (nella versione polonizzata *Wioletta*). Lo pseudonimo *Violetta Villas* emetteva una eco desiderata, tra l'altro grazie alla pronuncia delle doppie consonanti: *tt* e *ll*, la seconda coppia alludendo, p.es., al cognome di Maria Callas alla quale Violetta Villas si voleva paragonare come talento vocale[279].

Rientrano in questo gruppo anche i nomi italianeggianti di altri artisti della scena di musica polacca o internazionale d'origine polacca, meno famosi, ma non meno bravi, come p.es. Mike Cossi[280].

Va detto che questa procedura di creatività di pseudonimi artistici all'italiana è piuttosto rara, ma avrebbe anche una storia abbastanza lunga. Si ricordi lo pseudonimo di un'attrice polacca che fece una importante carriera negli anni '20 del XX sec. a Hollywood, conosciuta nel mondo come *Pola Negri*[281]. Assunse questo nome per esprimere ammirazione e riconoscimento alla poetessa italiana Ada Negri. Lo pseudonimo dell'attrice reverbera nella sfera pubblica polacca fino ad oggi, consolidando l'antroponimo *Negri* come modello per altre formazioni transonimiche.

Last but not least, vi sono dei nomi personali italianeggianti, fissati e utilizzati come pseudonimi non ufficiali di alcuni personaggi pubblici polacchi. Al solito, sono onimi carichi di associazioni semplici di tipo strutturale, con eventuali motivazioni semantico-culturali trasparenti o non trasparenti, come nel caso di alcuni pseudonimi letterari e artistici (p.es. *Illo* = Kazimierz Tetmajer, poeta, XIX/XX sec.; *Fantasio* = Wiktor Gomulicki, scrittore, poeta, XIX sec.;

276 Il suo vero nome è Mateusz Wojciech Dopieralski (1988–).
277 Il vero nome: Czesława Gospodarek (1937–2022).
278 L'ispirazione creata da *Violetta*, protagonista della Traviata di Verdi, è verosimile.
279 Non si pretende certamente che i cognomi *Villas* o *Callas* siano italiani, ma per la loro pronuncia caratteristica passano per esotici, consolidando la tipica per le strutture italianeggianti scrittura e pronuncia della doppia *l*.
280 Lo pseudonimo di Maciej Kossowski (1937–2022), cantante e compositore.
281 Il vero nome: Barbara Apolonia Chałupiec (1896–1987).

Don Dudio = Józef Waśniewski, scrittore, XIX sec.[282]) o complesse con allusioni culturali, sociologiche e psicologiche avanzate (p.es. *Don Orleone*, pseudonimo dell'ex-direttore dell'impianto petrolchimico Orlen a Płock-MZ dal 2018 al 2023, Daniel Obajtek[283]).

3.2.2. Nomi dei personaggi inventati o recitati e l'italiano usato *ad hoc*

L'altra categoria segnalata rientra nel quadro del caso ormai presentato dello stilista della *fiction Armando Fabbrizi* (Sez. 2.3.5), che illustrava la ripresa di antroponimi italiani nel *branding* del settore della moda. Sono nomi inventati e attribuiti a protagonisti italiani o d'origine italiana fittizi nella trama di una data produzione televisiva, cinematografica o d'animazione; ma anche altri che sono nomi dei personaggi reali e storici o ipotetici, interpretati da attori in alcuni film polacchi famosi.

Si cominci da esempi che si sono registrati nella memoria degli spettatori polacchi che all'epoca erano bambini o adolescenti e non potevano mancare di notare i nomi italiani di certe figure dei loro cartoni animati preferiti. Queste denominazioni di fantasia dovevano essere originali, divertire e suggerire riferimenti all'area linguistica e culturale italiana, costituendo, p.es., un gioco di parole, un indicatore dell'origine nazionale, una soluzione linguistica creativa.

3.2.2.1. Bartolini e *Pampalini*

Due produzioni tracciate con questi elementi provengono dallo Studio di Animazione di Bielsko-Biała-SL, che per certe ragioni era ed è sempre uno dei luoghi preferiti degli italiani che dagli anni '70 del XX sec. venivano in Polonia e ci rimanevano come residenti (spesso legati con gli stabilimenti della Fiat polacca nella Bassa Slesia). È un fatto che potrebbe sottostare alle scelte nella denominazione delle produzioni artistiche subito associate con la città di Bielsko-Biała.

La prima è il ciclo di *Avventure del professor Baltazar Gąbka*, prodotto in diverse serie tra il 1969 e il 1980 sulla base dei libri di Stanisław Pagaczewski (1916–1984), nella quale uno dei protagonisti principali si chiama *Bartolini Bartłomiej herbu Zielona Pietruszka* [sic!] lett. 'Bartolini Bartłomiej della Casata del Prezzemolo Verde' (vd. Fig. 34), un maestro di cucina del principe Krak. Il cognome *Bartolini*

---

282 Si possono tracciare anche tanti altri; vd. SPiK.

283 Lo pseudonimo allude certamente a Don Corleone, un mafioso fittizio (cfr. i marchionimi *Corleone*, *Don Corleone*, *Don Vito* nell'analisi del nostro *corpus*), suggerendo interessi non puri dell'interessato. La neoformazione *Don Orleone* ottenuta per mezzo di un gioco interonimico include la contaminazione con l'ergonimo pol. *Orlen*.

si mette davanti al prenome, è anche ad esso ispirato: *Bartłomiej* è l'equivalente polacco di *Bartolomeo.*

L'effetto ottenuto dall'eufonico *Bartolini* come antroponimo meramente italiano uscente in *-i* (*-ini*) completa l'immagine del personaggio, presentato nella produzione animata come un basso ometto con baffetti "alla napoletana". Lo si vuole d'origine italiana, visto anche lo stereotipo che i bravi cuochi sono italiani. Il maestro *Bartolini,* per confermare la sua italianità, ripete spesso l'esclamazione *Mamma mia!,* che funziona come la sua etichetta linguistica d'identificazione. L'espressione si è consolidata come un'inconfondibile parola d'accesso al mondo italiano.

Fig. 34. La statuetta del cuoco Bartolini Bartłomiej (allestimento in bronzo intitolato *Smok wawelski i kucharz Bartolini Bartłomiej* ['Il drago di Wawel e il cuoco Bartolini Bartłomiej']). Foto: AG, Bielsko-Biała, 2022.

Un secondo esempio dei cartoni animati prodotti a Bielsko-Biała è il nome *Pampalini,* altrettanto interessante nella divertente pronuncia agli orecchi polacchi, che piace molto ai bambini e riveste la natura di un termine tipico del linguaggio infantile. La forma mantiene una certa affinità formale con *Bartolini,* ed è dovuto all'uso dell'elemento *-lini* nella parte finale di questi caratteristici antroponimi italianeggianti inventati[284].

Pampalini nella produzione individuata è il cognome di un certo cacciatore avventuriero in una serie di cartoni animati polacchi *Pampalini łowca zwierząt* [lett. 'Pampalini cacciatore di animali'], prodotti tra il 1975 e il 1980 (vd. Fig. 35). Conformemente all'idea dei creatori della produzione per bambini, *Pampalini* era alquanto incapace e piuttosto disattento. Non si suggeriva che fosse d'origine

284 Comunque, ipoteticamente, ispirati da forme cognominali italiane: *Bartolini* è uno dei nomi di famiglia dell'aristocrazia italiana; *Pampalini* come cognome italiano oggi non si trova, ma potrebbe essere visto come una variante o una trasformazione del cognome *Pampolini* (cfr. Caffarelli, Marcato 2008: s.vv.).

italiana, ma il suo cognome consolidava un modello trasmesso anche ad altre formazioni nell'onomaturgia italianeggiante di onimi nell'area polacca.

Fig. 35. La statuetta del professor Pampalini con l'ippopotamo. Foto: AG, Bielsko-Biała, 2022.

In altre animazioni per bambini, le figure chiamate con i nomi italiani o gli elementi italiani sono rari, ma la ricorrenza episodica di questo fenomeno poteva anche influire sulla popolarità dei nomi modello come *Bartolini* o *Pampalini* e sul riuso marcato dell'espressione *Mamma mia!*, nonché di alcune parole italiane che comparivano negli enunciati dei personaggi protagonisti. Non possiamo, quindi, parlare di una vera e propria tendenza, quanto di una forma di episodicità che si nota meglio delle altre occorrenze.

3.2.2.2. Prosilla, Prosiutta, Psinokio

L'italianità non smette di ispirare i produttori di animazioni disegnate per bambini. Tra le creazioni recenti di questo genere possiamo annoverare le produzioni, con una veste grafica molto colorata e accattivante, amata dai bambini piccoli, della serie intitolata *Mami Fatale*[285]. Nel titolo (nome della protagonista principale) si intravedono delle influenze francesi, tuttavia è l'italiano che ogni tanto fornisce agli autori delle interessanti idee denominative. Tra i titoli delle puntate

285 I suoi autori sono Łukasz Kacprowicz e Robert Jaszczurowski (Studio di Film in Miniatura, prod. dal 2013 fino ad oggi).

di *Mami Fatale* ci sono costrutti antroponimizzanti, spesso di tipo ibrido, p.es. *Megaprosilla*[286], *Psinokio*[287], *Italiano*[288], *Prosiutta*[289].

Come si vede, l'italiano e la cultura d'Italia sono ambiti che suscitano e garantiscono un divertimento che non è particolarmente originale, ma è avvistato da tutti, con i tentativi di offrirne delle testimonianze anche ai bambini per cui buffi possono sembrare i nomi inventati per i personaggi, ma anche l'imitazione improvvisata della lingua italiana (il personaggio chiamato *Italiano* "parla" in un italiano stilizzato che assomiglia al dialetto napoletano). Tutte queste forme sono poi esempi di onomaturgia onimica italianeggiante molto creativa e allusiva. Pare che altre lingue straniere non garantiscano successi così sicuri in questo tipo di formazione.

3.2.2.3. Giuseppe a Varsavia

Il ricorso ai nomi dei protagonisti italiani e considerati come italiani è caratteristico anche per alcune produzioni mediatiche polacche, presentate sui grandi e piccoli schermi (cinema e tv[290]), ma anche per le scene di cabaret, fra cui degli *hit parade* della comicità artistica polacca. Non sorprende più che gli italiani con

---

286 Il nome di un maiale grosso (una formazione ibrida: pref. *mega-* + s.sg.m. pol. *prosię* 'maialino' + suff. it. *-illa*; cfr. *Godzilla,* nota 258.

287 Il nome di un cane (contaminazione dell'agg. di relazione pol. *psi* 'di cane' < s.sg.m. pol. *pies* 'cane' + n. *Pinokio* < it. *Pinocchio*).

288 Il nome di un personaggio che incarna un "italiano vero", un mafioso napoletano che si chiama *Vito Calzone*; la puntata con questa figura presenta varie allusioni alla cultura italiana, all'Italia e alla lingua italiana (vd. p.es. l'uso dei termini culinari: *pasta, lasagne, calzone, pizza*).

289 Il nome di un maiale femmina che diventa la fidanzata del maiale chiamato *Prosiaczek* (costruito come agglutinazione del s.sg.m. pol. *prosię* e dell'italianismo che s'associa alla carne di maiale *prosciutto*; ci viene imposta una *-a* finale perché la formazione possa corrispondere al genere femminile).

290 Neanche osiamo toccare l'ampio argomento del cinema italiano e di vari film e serie provenienti dall'Italia, che hanno fornito tanto materiale italiano concreto, approssimativo e suggestivo, lasciando nella percezione comune tracce linguistiche riprodotte con vario successo, ma con la consapevolezza dell'origine linguistica e del valore culturale educativo. Ȇ, tra l'altro, dovuto al fatto che le produzioni straniere visionate in Polonia sui piccoli schermi sono doppiate, per mezzo di un solo lettore, in modo tale da far sentire simultaneamente dietro alla traduzione orale anche il linguaggio originale. Si ricordi un solo esempio: *La piovra,* serie TV della Rai, prodotta tra il 1984 e il 2001, conosciuta e molto seguita dalla fine degli anni '80 anche da telespettatori polacchi sotto il titolo equivalente polacco *Ośmiornica*. Per la ricezione de *La piovra* in Polonia vd. p.es. Osmólska-Mętrak 2019. Per quanto riguarda certe statistiche dei pochi film italiani sui grandi e piccoli schermi polacchi negli anni '80 e altri rari eventi culturali di provenienza italiana in Polonia vd. Pasztor, Jarosz 2018: 431–433.

la loro lingua e cultura, ma, primariamente, la loro mentalità, siano diventati oggetto dell'espressione di simpatia nei loro confronti, ma anche motivo di divertimento e scherzi. Per quanto riguarda gli effetti linguistici, è vero che l'italiano si presta ad una produzione e riproduzione diretta che non pone molte difficoltà nella sua ripresa, manipolazione o deformazione intenzionata.

Lo si può osservare in diverse illustrazioni che presentiamo di seguito, sottolineando, comunque, che non tutte escono da presupposti suggeriti di fini buffi; tutti contribuiscono, tuttavia, alla consolidazione e allo sviluppo degli stereotipi sugli italiani che avrebbero una lunga storia nella percezione polacca. Si vedano, quindi, gli esempi di personaggi e ruoli comunemente appartenenti alla categoria dell'italianità impiantata nel contesto polacco, soprattutto di finzione, ma anche della realtà storica vera o possibile.

Uno dei personaggi italiani molto impressi nella sensibilità culturale dei polacchi è il ruolo dell'attore italiano Antonio Cifariello (1930–1968) che incarnò il personaggio del titolare *Giuseppe Santucci* nel film intitolato *Giuseppe w Warszawie* ['Giuseppe a Varsavia'], una produzione cinematografica in bianco e nero nella convenzione della commedia (dir. Stanisław Lenartowicz, prod. 1964)[291].

È una storia che presenta le peripezie del popolo polacco sotto l'occupazione tedesca durante la Seconda guerra mondiale. All'interno di questo quadro storico decisamente tragico viene inserita la figura di un soldato italiano più o meno verosimile per quanto riguarda la sua partecipazione nelle battaglie del fronte orientale. Pertinente è l'idea del coinvolgimento di un militare dell'autentica origine italiana (chiamato spesso appunto *Italiano*) che rievoca vari stereotipi vigenti sugli italiani, talvolta esagerati simpatici, socievoli, sinceri ma naif nell'ambiente straniero, spesso fuori testa e persi nelle gravi situazioni di guerra.

Oggi può stupire il fatto stesso di presentare la serietà e l'orrore della guerra con un intreccio narrativo di circostanze piuttosto comiche, ma era proprio per distinguersi dalle molte altre produzioni cinematografiche polacche maggiormente drammatiche che videro la luce subito dopo la fine della guerra nel 1945. Si raggiungeva in questo modo, tramite la commedia, un effetto di catarsi. L'introduzione della genuina figura dell'italiano contribuiva in questo processo sociopsicologico e, in fondo, artistico, garantendo effetti singolari.

I dialoghi del film sono ricchi di contenuti italiani, soprattutto perché Giuseppe parla ostinatamente in italiano e gli altri cercano di usare nozioni italiane nei suoi confronti. Alcune delle battute, le voci italiane alterate o create sul modello morfologico italiano sono passate nella memoria collettiva e vengono riprodotte anche senza la conoscenza della loro origine cinematografica in questione.

Oltre il caratteristico prenome del protagonista italiano *Giuseppe* e dell'antonomasia *Italiano* con la quale viene chiamato, si possono rievocare elementi

---

291 Nell'elaborazione dei dati sui film e i loro protagonisti abbiamo consultato, tra l'altro, le pubblicazioni come Banaszkiewicz, Witczak 1966-1994; Miller-Klejsa, Woźniak [a c. di] 2014; Lubelski 2015.

adeguati alla situazione comunicativa, ma anche formanti le ulteriori fraseologie nel linguaggio comune polacco (con vocaboli italiani o riferiti alla realtà italiana, tra cui alcuni onimi), come:

- una metafora di un passeggero polacco del treno sul quale viaggia anche il militare italiano Giuseppe: *kozak spod Sorrento* [lett. 'un cosacco da Sorrento'][292], per additare in modo ironico qualcuno di coraggioso e proveniente dall'Italia, con il suggerimento di nemico cui si perdona (allusione alla disfatta di Stalingrado del 1942 in cui presero parte come alleati dei tedeschi anche delle truppe italiane);
- *Mamma mia…*, dice ad un certo momento Giuseppe cui risponde una donna in polacco: *Na litość bierze, na mamę!* [da interpretare come: 'Vuole che io abbia pietà di lui, invocando la mamma!'][293]; uno dei tanti propositi dell'attore italiano, pronunciati in italiano, ciò produce quasi un naturale effetto documentario (l'espressione *mamma mia*[294] è una delle voci molto ispiranti nella MPLI, oltre che entrata come esclamativo nel linguaggio comune[295]);
- una serie di termini e concetti che potevano riferirsi alla realtà caratterizzante l'ambiente d'origine di Giuseppe e la sua innata capacità di cantare e suonare la chitarra: *Tenorino, Caruso, belcanto, bambini* [sic!] (pronunciati in questa serie da un passeggero che si rivolgeva al soldato italiano)[296];
- *Molto, molto simpatico* (una delle battute della ragazza chiamata Marysia che fa finta di corteggiare Giuseppe)[297];
- *Bum bum Vesuvio!*, una iperbole per far capire all'italiano che si parla di esplosioni (una delle battute caratteristiche di un protagonista che gioca il ruolo di tedesco in secondo piano)[298];
- *Spierdalamento, bo ci przysunę, że się w ogóle nie pozbierasz!*, detto in modo colloquiale e intenzionalmente volgare [da interpretare come 'Togliti dai piedi, se no, ti concio per le feste!']; è un'altra battuta del protagonista del finto tedesco menzionato sopra: crea *ad hoc* un neologismo che collega la radice del v. pol. volg. *spierdalać* 'andare a farsi fottere' con il formante suffissoidale d'origine italiana *-mento*, dando come risultato una voce che pragmaticamente esprime l'intenzione

---

292 Vd. YT: https://www.youtube.com/watch?v=OI1pODq_W5g, min. 7:35.

293 Ivi, min. 7:54.

294 Cfr. *Mami Fatale* nella sezione precedente.

295 Tra le altre non meno caratteristiche che usa Giuseppe e che vengono riprodotte da protagonisti polacchi, anche: *amore mio*; *basta*; *sì*; *arrivederci*; ecc.

296 Vd. YT: https://www.youtube.com/watch?v=OI1pODq_W5g, min. 10:11 (ripetuto in due sequenze).

297 Ivi, min. 13:40.

298 Vd. YT: https://www.youtube.com/watch?v=OI1pODq_W5g, min. 21:8. E alcune altre voci pronunciate dallo stesso finto tedesco con errori e in contesti programmati nella sceneggiatura, p.es. *vietate* (anziché *vietato*) o *discutare* (al posto di *discutere*); anche *vita finita!*.

di allontanare qualcuno e una chiara allusione all'italiano che produce anche una conseguente attenuazione della parolaccia per via dell'effetto comico; la neoformazione *spierdalamento* non si ritrova per ovvie ragioni (una base semantica volgare e indicente) nella marchionimia polacca, ma fa parte di *slang*[299].

Giuseppe w Warszawie è una fonte straricca di espressioni italiane e italianeggianti che si sono fissate nella comunicazione polacca e, tra l'altro, si manifestano come ispirazioni formali, culturali e concettuali nell'onomaturgia marchionimica.

3.2.2.4. Francesco Rovanelli

Un altro esempio di film in cui compare la stereotipata figura di un italiano, altrettanto simpatico e pieno di temperamento, un bell'uomo sensuale, disinvolto e aperto ai cambiamenti nella sua vita, è il famoso ruolo di un architetto italiano che si chiama *Francesco Rovanelli,* impersonato dall'attore polacco Kazimierz Witkiewicz (1924–2018) nella produzione cinematografica comica intitolata *Nie lubię poniedziałku* [lett. 'Non mi piace il lunedì'] (dir. Tadeusz Chmielewski, prod. 1971).

Di nuovo, è da rilevare un tipico antroponimo (nome e cognome) italiano che crea un distintivo riferimento all'italianità (il prenome *Francesco,* prototipico delle formazioni italianeggianti in *-esco,* e il cognome *Rovanelli,* con il caratteristico suffisso *-elli*[300]). Interessanti sono le scene del film in cui i protagonisti polacchi cercano di parlare italiano o introducono nei loro propositi certe voci ed espressioni, tentando di comunicare qualcosa nella lingua del *signor Rovanelli,* completamente perso nella capitale polacca, dopo il suo arrivo a Varsavia (la trama è ambientata negli anni '70 del XX sec.).

---

299 Vd. p.es. https://www.miejski.pl/slowo-spierdalamento, u.a. 21.03.2023; cfr. la formazione *spierdalando* (v. pol. *spierdalać* + la desinenza *-ando*; cfr. IVLW: s.v. e passim).

300 Racchiude il riferimento al nome *Rovano* associato alla nobiltà italiana (si consideri una possibile base etimologica detoponimica: fr. *Rouen* > n.m. fr. *Rouan* > n.m. *spagn. Ruan*; n.m./cogn. it. *Roan*[o] / *Rovano* [< dim. *Rovanello*/-i]; cfr. anche *Rovani,* una variante di *Rogani, Rogano,* Caffarelli, Marcato 2008: s.vv.). *Rovanelli* è una delle forme antroponimiche che ha contribuito alla diffusione del marcatore morfologico italianeggiante *-elli* nella MPL (cfr. Sez. 4.8.2.3.2). Un successo paragonabile spetta al formante suffiss/oid/ale *-etto,* all'epoca associabile all'antroponimo *Rioletto,* lo pseudonimo di uno dei personaggi della serie televisiva ambientata nella Polonia sotto l'occupazione tedesca durante la Seconda guerra mondiale *Stawka większa niż życie* [lett. 'La posta in gioco vale più della vita'] (dir. Janusz Morgenstern e Andrzej Konic, prod. 1967–1968). Vd. anche la forma *Gambetti* (il cognome di una certa Zofia, protagonista dell'episodio 21 della serie poliziesca *07 zgłoś się* '07, rispondi', prod. TVP, SF Kadr, 1987).

Si ricorre allo stereotipo di dire qualsiasi cosa in italiano per prendere il contatto e soddisfare l'utente italiano. Ad esempio, una signora polacca (con una cagnetta di nome *Bella*) che Rovanelli incontra per strada gli si rivolge in polacco: *Pan jest Włochem? Spaghetti...!* ['Lei è italiano? Spaghetti...!'][301]. La sequenza ha senso se considerata ragionevolmente l'allusione agli spaghetti, ma con questa parola chiave la signora esprime tutto quello che vorrebbe dire per incantare il suo interlocutore italiano, d'altronde contento di aver trovato qualcuno di comunicativo e che ha riconosciuto in lui proprio un italiano[302].

La signora continua a conversare con Francesco, ricordandosi la caffetteria *Italia*[303] che funzionava prima della guerra in via Nowy Świat a Varsavia, oppure la pasticceria *Lardelli* che – secondo la signora – si trovava di fronte alla Stazione Centrale e vendeva buonissimi gelati e torte. Le denominazioni marchionimiche italiane in questo contesto sono molto evocative ed espressive. Testimoniano una realtà caratteristica per lo spazio pubblico che sarebbe propria per la storia della denominazione all'italiana dei locali di ristoro, in questo caso fondata nella storia[304].

Il film *Nie lubię poniedziałku* ha introdotto in polacco altri fraseologismi con elementi italiani che hanno un valore consolidante per le tracce italiane nel discorso cinematografico polacco, p.es. i propositi di una commessa polacca cui è stato raccomandato Francesco Rovanelli come candidato per marito: *Hej, hej!... Hop, hop!... O sole mio...!*[305]. Pol. *hej* e *hop* sarebbero le particelle interiettive che servono per richiamare qualcuno nella situazione contestualizzata; *o sole mio* ha invece un valore qualunque, ma attributivo, come *spaghetti* di poco prima, all'italianità (per il chiaro riferimento alle parole della famosa aria del canto lirico e canzone d'origine napoletana[306]) rafforzato da un tono di rammarico della donna che è stata abbandonata tutta nuda dal suo italiano promesso.

---

301 Vd. YT: https://www.youtube.com/watch?v=1K7Nn0AxOlI, min. 49:05.

302 Si ricordino, a questo punto, le parole della canzone *Ragazze dell'Est* di Claudio Baglioni (1981), che fece una *tournée* in Polonia negli anni '70: *Io le* [giovani donne polacche] *ho viste portare fiori e poi fuggire via / E provare a dire qualcosa in un italiano strano.* Baglioni rappresenta cantanti e gruppi di musica italiani che fino ad oggi risvegliano il piacere musicale dei polacchi (cfr. Par. 3.4).

303 Vd. YT: https://www.youtube.com/watch?v=1K7Nn0AxOlI, min. 49:15 ss.

304 Infatti, a Varsavia esisteva la pasticceria denominata *G.G. Lardelli* (vd. p.es. https://www.warszawa1939.pl/obiekt/polna-30, u.a. 20.11.2023): Giovanni Giacomo Lardelli (1870–1941), un pasticcere d'origine svizzera. Cfr. il caso di una serie di marchionimi della *Gelateria Italiana di Luigi Olivo* a Cracovia (anni '40 del XX sec.), p.es. *Cassatini* (cfr. il nostro *corpus*); spec. nota 442.

305 Vd. YT: https://www.youtube.com/watch?v=1K7Nn0AxOlI, min. 1:24:35 ss.

306 L'espressione *'O sole mio* ha motivato la creazione di numerosissimi marchionimi polacchi (e internazionali), tra cui, p.es., i nomi di locali di ristoro (ristoranti, pizzerie, bar) e altre imprese commerciali.

3.2.2.5. *Królowa Bona*

Alcune locuzioni italiane sono state introdotte o fissate in polacco tramite la TV anche grazie al successo dell'indimenticabile serie televisiva *Królowa Bona* ['Regina Bona'], una produzione in 12 puntate uscita sugli schermi di televisori tra il 1980 e il 1981 (dir. Janusz Majewski).

Il film presenta la storia della regina polacca d'origine italiana, Bona Sforza d'Aragona che dal 1518 al 1557 sedette sul trono polacco accanto al marito, re Sigismondo I il Vecchio. Al di là del nome personale italiano *Bona* e del caratteristico cognome nobile *Sforza*, la serie ha veicolato nella memoria collettiva, e lo sta facendo tuttora, perché *Królowa Bona* viene ritrasmesso ogni tanto, diverse espressioni italiane che la protagonista e altri personaggi storici, recitati da attori polacchi, usavano per autenticare i loro ruoli. Anzitutto, per sottolineare l'emotività, desideri, impressioni, opinioni, decisioni, p.es.: *basta!*; *presto!*; *sì!*; *sì, certo!*; *sicuramente*; *no!*; *bene*; *va bene*; *benissimo*; *mio caro*; *mia cara*; *maledizione!*; *oh Dio!*; *bella*; *niente*; *impossibile!*; *d'accordo*; *terribile!*; *allora?*; *avanti!*[307].

È rilevante che Bona Sforza sia uno dei pochi esempi di figure femminili italiane conosciute e presentate nelle produzioni cinematografiche o televisive polacche. L'ha interpretata l'attrice Aleksandra Śląska (1925–1989), che ha impersonato magistralmente il ruolo della grande regina d'origine italiana, confermando alcuni stereotipi che si mantengono riguardo alle donne italiane agli occhi dei polacchi: "belle", "intelligenti", "intraprendenti", "decise", "distanziate", "ciniche", ecc.

3.2.2.6. *Francesca Andreani*

I *cliché* elencati sopra sono in qualche senso ripresi nella figura di una poliziotta d'origine italiana (nata in Calabria, ex-moglie di un mafioso, ora in prigione), uno dei personaggi nella serie televisiva molto popolare tra i polacchi nell'ultimo ventennio intitolata *Ranczo* (varie stagioni di più puntate prodotte dal 2006[308]).

Si chiama *Francesca Andreani*[309] (recitata dall'attrice polacca Anna Iberszer, 1976-). La giovane italiana è venuta in Polonia per un tirocinio di scambio e ci è rimasta, assunta come guardia comunale dagli organi locali. È una funzionaria

307 Sono le voci ed espressioni che si individuano in una sola puntata (6), interposte nei propositi in polacco della *królowa Bona* (vd. YT: https://www.youtube.com/watch?v=LJY8yipyFnY, u.a. 23.03.2023).

308 Per la visione vd. https://vod.tvp.pl/seriale,18/ranczo-odcinki,316445. *Ranczo* < pol. s.sg.m. *ranczo* 'insediamento agricolo-rurale' (> spagn. *rancho*), inteso anche come 'posto con molte cose in ballo'.

309 Un'altra denominazione personale che non pone dubbi sulla sua origine linguistico-culturale: il prenome *Francesca* e il cognome inventato *Andreani*, che per caso fa parte dell'antroponimia italiana (cfr. Caffarelli, Marcato 2008: s.v.).

carismatica, capace di gestire al meglio i suoi obblighi professionali, dimostrando tratti di carattere esagerati, come un'indiscutibile imparzialità o una religiosità esemplare, ma per questo conformi alla realtà di una cittadina di provincia polacca, allo stesso tempo convincenti e comici. Al personaggio di Francesca è stato imposto un accento italiano nella sua recitazione in polacco. Di tanto in tanto, usa parole ed espressioni italiane o pseudoitaliane.

Le singole voci italiane (p.es. il suo grido abituale *Santa Madonna!*), usate da Francesca nei suoi enunciati contribuiscono a cementarle nella memoria collettiva degli spettatori polacchi contemporanei, anche qui cominciando dal nome e cognome italiano della "bella", "brava" e "piena di temperamento" protagonista *Francesca Andreani* cui si concede la capacità di parlare in polacco, ma con formule che tradiscono la sua presunta origine italiana[310].

3.3. Fonte umoristica: esibizioni di cabaret

> [...] Pollachi, huomini di natura assai benigna et dati all'otio et alli piaceri [...] [h]anno ancora un incredibil facilità in apprendere le lingue et li costumi delle nationi straniere et transformarsi in quelle quanto a gl'habiti et a tutte le maniere d'esse (Iulius Ruggieri[311] in *Acta Nuntiaturae Polonae*, vol. VI, 1991: 151).

Come preavvisato, il gioco con la lingua italiana a effetti comici viene anche adoperato nei testi del cabaret polacco. Gli esempi sono pochi, ma anche qui, significativi per la diffusione (con molte riproduzioni via canali Internet, come YT). Costituiscono la conferma di molti stereotipi e illustrano la percezione dell'"elastico" genio della lingua italiana nella comunicazione polacca: il suo vocabolario, l'onimia, gli italianismi adattati e occasionali, elementi morfologici emblematici, la pronuncia, l'intonazione, ecc.

Presentiamo un esame di alcune esibizioni dei gruppi di cabaret polacco popolari tra il pubblico, registrati dal vivo in scene e trasmesse come documenti audio-visuali da canali tv, YT e altri in Rete.

---

310 Da notare intere battute in cui Francesca usa forme pseudoitaliane, p.es. *Va bene, prosza cia, ty pamiętaj, bo to by byla dla mnie terrible tradżedia cię zabić* (sic!) [significato approssimativo: Va bene, ricorda che per me sarebbe una terribile tragedia ammazzarti; trad. AG]; cit. al sito: https://ranczo.fandom.com/wiki/Francesca#Seria_9, u.a. 23.03.2023). La voce trascritta come **tradżedia* non è polacca; è un tentativo di adattamento fonetico *ad hoc* dell'it. *tragedia* pol. *tragedia*. Nei propositi di Francesca compaiono anche forme pseudopolacche o deformate dalla "parlante straniera", come p.es. *prosza cia* (recte pol. *proszę cię* 'ti chiedo').

311 Nunzio pontificio di papa Pio V in Polonia dal 1565 al 1568.

3.3.1. *Włoch*

Il primo esempio è uno *sketch* del cabaret *Czwarta Fala* (< pol. *czwarta fala* 'quarta onda') intitolato *Włoch*[312], una produzione della televisione polacca Polsat del 2022[313]. Consiste in una parodia di traduzione da una lingua presunta come "italiana" in polacco. I propositi pseudoitaliani sono detti da un personaggio che incarna un maschio italiano del nome *Damiano*[314].

Damiano, che pretende di essere un milanese, racconta diverse esperienze e peripezie di una sua vacanza passata in Polonia. L'effetto comico consiste nella produzione di forme lessicali od onimiche ed enunciati che si vogliono in italiano e conducono la deduzione verso certe situazioni della realtà polacca e italiana, interpretate nella loro "traduzione" in polacco. Tra i propositi in due "lingue" si creano dei *quiproquò* sorprendenti che fanno ridere il pubblico.

Interessanti per le nostre riflessioni risultano le formazioni lessicali che si basano su deformazioni o "italianizzazioni" dei vocaboli polacchi prodotti da Damiano. Ricorrente è il meccanismo di aggiungere una *-o* finale al posto di altre vocali o come la continuazione delle strutture polacche uscenti in una consonante. Il risultato ottenuto consiste nella mascolinizzazione di ogni vocabolo ibrido sottoposto a questa semplice ed evocativa operazione neologica, simile alla regola di creare sostantivi in esperanto[315], in questo contesto diretta verso l'italianizzazione della forma linguistica ottenuta.

Ecco alcune battute illustrative scelte dello *sketch* (trascritte in modalità di ortografica italo-polacca). Le presentiamo in Tab. 2: la trascrizione apposita della "traduzione" (colonna I); il senso suggerito in polacco (colonna II); commenti pragmatico-culturali (colonna III[316]):

---

312 Ricordiamo che il s.sg.m. pol. *Włoch* significa 'italiano'. È l'unico termine usato come etnonimo in polacco in riferimento ad un rappresentante maschile della nazione italiana. Le sue eventuali alterazioni hanno piuttosto il carattere storico, p.es. *Włoszek* che risulta un classico diminutivo in *-ek* e comporta una sfumatura peggiorativa, oggi in disuso (cfr. Olkiewicz 1979: 210; Tygielski 2005: 506). La forma *Włoszka* 'italiana' (vd. il titolo dello *sketch* seguente), come variante femminile di *Włoch*, rimane neutra, ma contano i suoi usi fraseologici particolari (cfr. infra).

313 Disponibile su https://polsatgo.pl/wideo/gwiazdy-kabaretu/5025380/autoplay, u.a. 1.04.2023.

314 Il nome italianizzato di uno dei membri del duetto *Czwarta Fala*: Damian Lebieda.

315 Ad esempio, *pano, pantoflo, papriko, parkejo, parolo, partio,* solo per citare alcuni lemmi del vocabolario esperanto, senza precisare il genere. La creatività dell'esperanto è sempre ispirante per la proliferazione di nuove formazioni in polacco, soprattutto quelle di stampo romanizzante, quindi anche italianeggiante (cfr. DEIIE). Cfr. nota 622.

316 Il minutaggio indicato degli enunciati citati è conforme al documento accessibile sul sito YT: https://www.youtube.com/watch?v=ex0dxOney0Q, u.a. 23.03.2023.

Tab. 2. Le battute dello *sketch Włoch* del cabaret *Czwarta Fala*.

Damiano	Interpretazione in polacco	Commenti strutturali e pragmatico-culturali
Ciao, banditto (min. 0:42)	*Dobry wieczór, Państwu* ['Buonasera, Signore e Signori'; trad. AG: vale per tutte le altre citazioni]	Per rendere la voce creata *ad hoc* più italianeggiante, si raddoppia e si pronuncia in modo marcato la *t*.
Multo bene Polonia biusto una puppo (min. 0:47)	*W Polsce jest masa cudownych miejsc* ['In Polonia c'è un sacco di luoghi meravigliosi']	La forma **biusto* allude al pol. *biust* qui: 'seno'; **una puppo* al pol. *pupa* colloq. 'sedere'. Entrambi si riferirebbero ad una "moltitudine di belle e sensuali donne".
Słoikko importo (0:58)	*Warszawa*	**słoikko* < pol. *słoik* 'barattolo'; la forma allude ad un'antonomasia con la quale vengono definiti i giovani abitanti di Varsavia che vengono dalla provincia e per ragioni economiche, dopo il weekend, portano ("importano") con sé i barattoli (pol. *słoiki*) con il cibo preparato nelle loro case familiari; caratteristici il raddoppiamento della *k* e l'aggiunta della *-o* finale.
Marco Polo (1:12)	*Ostatnio odkryłem* ['Ho scoperto negli ultimi tempi']	Si allude al ruolo storico dello scopritore Marco Polo.
Akveno di uryno	*Cudowne Morze Bałtyckie* ['Il meraviglioso Mar Baltico']	**akweno* < pol. *akwen* 'serbatoio d'acqua' (una voce neolatina); **uryno* < pol. *uryna* 'orina'; una generale allusione all'inquinamento delle acque del Mar Baltico.

Tab. 2. Le battute dello *sketch Włoch* del cabaret *Czwarta Fala*.

Damiano	Interpretazione in polacco	Commenti strutturali e pragmatico-culturali
Januszo agresivo paravano (1:40)	*Przemili współplażowicze* ['Gli amichevoli co-frequentatori della spiaggia']	**Junuszo* < pol. *Janusz* 'Giovanni'; *paravano < pol. *parawan.*, p.es. 'paravento per la spiaggia'; il prenome *Janusz* simboleggia un polacco comune, maleducato, spesso aggressivo e poco socievole (si usa anche al pl. *Janusze* indicando più uomini di questa caratteristica soggettiva), che, p.es., sulla spiaggia segna il suo territorio con il paravento, occupando spazio destinato anche ad altre persone affluenti durante la breve estate polacca al Mar Baltico.
Zawiaso skrzypiatto (2:48)	*Mnie bolały stawy* ['Mi facevano male le articolazioni']	**zawiaso* < pol. *zawias* 'cerniera/ cardine'; **skrzypiatto* < v. pol. *skrzypieć* 'scricchiolare'; allude al fatto che le articolazioni sono come i cardini e scricchiolano, se non funzionano bene; si noti la caratteristica doppia *-tt-*, artificialmente introdotta nella formazione ibrida.
Traivero dalekko (3:21)	*Podróżowaliśmy daleko* ['Abbiamo viaggiato lontano']	**traivero* < allusione all'ingl. *travel* 'viaggio' in una forma mista per quanto riguarda l'ispirazione (inglese, spagnolo, italiano); **dalekko* < un travestimento del'avv. pol. *daleko* 'lontano'; si noti il raddoppiamento creativo della *k* che rende la parola in sé uscente in *-o* pseudoitaliana.
Uno Biedronko di skonto di Ciechocinko (3:38)	*Względy ekonomiczne kazały nam zostać na miejscu* ['Aspetti di carattere economico ci hanno spinto a non partire']	**Biedronko* < l'evocazione del nome della rete di supermercati di sconto *Biedronka*; *Ciechocinko < l'evocazione della città di Ciechocinek-KP, famosa come centro di cure.

Tab. 2. Le battute dello *sketch Włoch* del cabaret *Czwarta Fala.*

Damiano	Interpretazione in polacco	Commenti strutturali e pragmatico-culturali
Nutella finito (3:56)	*Wszystko, co dobre, szybciutko się kończy* ['Tutte le cose buone finiscono presto']	Si allude ad un veloce esaurimento di una confezione di crema Nutella, un dolce simbolo di piacere per la bocca (un marchionimo italiano e internazionale fortemente carico d'italianità).
Francesca..., kebabo solare (4:06)	*Grażyna... odeszła z Turkiem* ['Grażyna se n'è andata con un turco']	L'antroponimo pol. *Grażyna* è diventato un determinante popolare di una donna polacca di classe bassa; compare in coppia con *Janusz* (cfr. supra); **kebabo* < pol./internaz. *kebab* (indica un tipo di cibo e bar speciale, dove, p.es., i turchi servono i kebab).
Alkoholicco preservativo (4:29)	*Bawcie się bezpiecznie* ['Divertitevi senza rischio']	**alkoholicco* < pol./internaz. *alkohol* (allude allo stereotipo che ai polacchi piace molto l'alcol); it. *preservativo* < pol. *prezerwatywa* (allusione ai comportamenti sani e sicuri).

Come si vede, *gag* specifiche vengono create al livello delle battute nello pseudoitaliano, ma anche al livello della confrontazione tra di esse e le loro potenziali "traduzioni", che, in verità, sono delle sovrainterpretazioni per scherzo, spesso per estrarre dal racconto di Damiano dei sensi sovversivi codificati in strutture ibride, allusive e soggettive. In questa sede ci interessa soprattutto la strutturazione di questi enunciati, senza giudicare la qualità artistica del risultato ottenuto, che pare raggiunga la categoria di successo nel campo performativo rappresentato.

Le formazioni italianeggianti create nello *sketch* assomigliano a un *fantalinguaggio*[317], nel suo genere stilizzato e conosciuto anche dalla letteratura, p.es. prodotto da Umberto Eco e attribuito al personaggio di Salvatore nel romanzo *Il nome della rosa* (uno specifico idioletto, misto di latino volgare, latino classico, italiano, spagnolo, inglese, tedesco).

Lo *sketch Włoch* illustra davvero eccellentemente e accuratamente la capacità di trasformare e di incorporare l'italiano nel polacco, contro ogni regola

317 Il termine utilizzato, tra l'altro, da Baldini 2003.

di norma e limiti formali di adattamento[318], ottenendo una stilizzazione italianeggiante ingigantita che serve ad obiettivi ludici. Questi obiettivi non si possono sottovalutare, anche se teoricamente non si tratta di fenomeni naturali per i comportamenti linguistici degli utenti polacchi. Tuttavia, questa tesi è da contraddire, giacché una pari creatività può essere propria della performatività individualizzata che si adopera in altre situazioni di carattere artistico o comunicativo (liberalizzato nel discorso quotidiano, inclusa l'intonazione marcata, o quello speciale sui *social* e in Rete), nonché nell'onomaturgia marchionimica che presentiamo in questo libro.

3.3.2. *Włoszka*

Per avere un altro esempio di una beffa linguistica in cui il ruolo maggiore è svolto dall'italianità, si esamini un altro *sketch*, questa volta intitolato *Włoszka* (pol. *Włoszka* 'un'italiana'[319]), messo in scena dal gruppo cabarettistico *Nowaki* tramite gli stessi canali della TV Polsat nel 2022.

Lo sketch si svolge in una pizzeria, un nome esposto sulla scena come insegna della corrispondente sceneggiatura. Rima con la voce *pizzeria* il prenome dell'italiana *Sofia* (da trascrivere in polacco come **Sofija*), ma anche altre voci italiane: p.es. *mamma mia*, e con un termine polacco volgare al genitivo nella frase rivolta da Sofia al suo fidanzato Alfredo (un altro antroponimo italiano utilizzato nella scena): *Alfredo, co drzesz ryja?* ['Alfredo, perché stai gridando così forte?'; trad. AG] (*pizzeria – mamma mia – Sofija – ryja*; pol. *ryja* < gen. del s.sg.m. pol. *ryj* volg. 'muso; volto'[320]).

I tre protagonisti dello *sketch* (Sofia, Alfredo e suo fratello Fabio, un gay) intrecciano nella loro comunicazione in polacco diverse voci italiane o pseudoitaliane, alcune delle quali si presentano in Tab. 3 (colonna I con l'indicazione del minutaggio[321]) insieme alle spiegazioni (colonna II) e ai commenti strutturali e pragmatico-culturali (colonna III):

---

318 *Cfr.* uno studio di Ilario Cola (i.c.d.s.) sulla traduzione dei testi di cabaret polacco in italiano e viceversa.

319 Conta il fatto che il s.sg.f. pol. *Włoszka*, come abbiamo già osservato, fa parte dell'espressione idiomatica pol. *mokra włoszka* lett. 'un'italiana bagnata', termine colloquiale utilizzato per concettualizzare un tipo di capigliatura femminile "all'italiana" (capelli ricci con effetto di *gel* che li rende lucenti come se fossero bagnati).

320 L'inizio dello *sketch*, YT: https://www.youtube.com/watch?v=KmNbodYbmzM, u.a. 23.03.2023.

321 Ivi.

Tab. 3. Le battute dello *sketch Włoszka* del cabaret *Nowaki.*

Voci italianeggianti nella collocazione contestuale	**Traduzione interpretativa [AG]**	**Commenti strutturali e pragmatico-culturali**
Alfredo (1): *Mam nadzieję, że nam się tu nic nie rozpiedorolo dzisiaj* (0:24) cfr. anche Alfredo (2): *Fabio, co ty pierdololo?!* (9:34)	(1): 'Spero che oggi non ci venga rovinato nulla' (2): 'Fabio, che cosa stai dicendo?!'	*_rozpierdololo_ < v. pol. volg. *rozpierdolić* 'rovinare, distruggere' nel caso 1 (una pura invenzione che non ha nessun modello nella lingua polacca, ma diventa italianeggiante per la terminazione *-dololo*, che assomiglia, p.es., al cognome di Marco Polo; nel caso 2 il vocabolo si riferisce al v. pol. volg. *pierdolić* 'dire cose insensate').
Alfredo: *Sofija, Sofija! mój pappa nie żyje* (0:49) (la voce *"pappa"* / *"papa"* viene ripetuta più volte nello sketch; vd. p.es. la sequenza dal min. 1:46)	'Sofia, Sofia! Il mio papà è morto'	*_pappa_ = it. papà (la doppia *p* rende la voce più marcata della versione originale con l'accento ossitono o del corrispondente arcaismo letterario pol. *papa* < fr. *papa*; non rimane senza impatto anche il significato colloq. del pol. *papa* 'bocca, faccia', p.es. nel fraseologismo *zamknąć papę* ['chiudere la bocca'] o *dać ci w papę?* ['vuoi che ti prenda a pugni in faccia?'], cui si ricorre pure nel seguito dello *sketch*).
Alfredo: *Co robić? Sofija, co robić?* Sofia: *No płakkać, płakkać...*	A.: 'Cosa fare? Sofia, cosa fare?' S.: 'Eh, piangere, piangere'	*_płakkać_ < pol. *płakać* 'piangere' (il raddoppiamento della *k* dà una leggera sfumatura italianeggiante alla voce nel contesto; conta tutta la maniera di pronunciare questa struttura: una doppia *k*, ma anche la larghezza dell'emissione delle *a*, caratteristica per la fonetica italiana).
Alfredo: *Nasz pappa jest al dente* (1:41)	lett. 'Il nostro papà è al dente'	L'uso dell'espressione it. *al dente*, conosciuta dal linguaggio culinario internazionale, significherebbe qui il fatto di essere "duro" (alludendo al corpo rigido di un cadavere).

Tab. 3. Le battute dello *sketch Włoszka* del cabaret *Nowaki*.

Voci italianeggianti nella collocazione contestuale	**Traduzione interpretativa [AG]**	**Commenti strutturali e pragmatico-culturali**
Fabio (a proposito di *pappa*): *Devianto romantico* Alfredo: *Raczej jebakko grande* (2:52)	F.: 'Un deviante romantico' A.: 'Piuttosto un grande scopatore'	**devianto* < pol. *dewiant* 'deviante'; **jebakko* come una forma sostantivata < v. pol. volg. *jebać* 'scopare' (una neoformazione ibrida fortemente italianeggiante per l'uso del nesso *-kk-* e della vocale finale *-o*).
Fabio: *W Karpaccio obok Szklarskiej Poręby* (3:14)	'A Karpacz vicino a Szlarska Poręba'	**Karpaccio* < urbonimo pol. *Karpacz*-DS; un gioco interlinguale al livello dell'onimo *Karpacz* misto con il termine culinario it./internaz. *carpaccio*.
Fabio: *Cmoknij mnie w lazanię!* (3:35)	'Baciami il culo!'	pol. *lazania* è l'adattamento dell'it. *lasagna*; qui usato occasionalmente in modo scherzoso e per eufemismo al posto del pol. volg. *dupa* 'culo' nella frase fissa *Pocałuj mnie w dupę!* ['Baciami il culo!'].
Alfredo: *Sofija jest czytatta*	'Sofia è educata / non è analfabeta'	**czytatta* < v. pol. *czytać* 'leggere'; una forma che assomiglia ad un agg.sg.f., inesistente in polacco; la terminazione *-atta* rende il vocabolo italianeggiante.

La convenzione dell'imbrogliata comicità delle *performance* sulle scene dei cabaret in cui quasi tutto è accettabile permette di muoversi tra diversi registri e le innumerevoli opportunità che crea la lingua polacca mista con l'italiano. Lo dimostra anche la sfera dei linguaggi settoriali in cui penetrano italianismi o pseudoitalianismi e, in seguito, tutto l'ambito dell'onomaturgia dei marchionimi. Nondimeno, non si può pretendere che ogni neoformazione uscente in *-o* e, per l'aggiunta, contenente una consonante raddoppiata al suo interno, debba essere motivata dall'italiano e classificata come italianeggiante.

Un'altra restrizione consiste anche nel fatto che certe voci del linguaggio appellativo, nonché quelle marchionimiche (crematonimiche), determinate dall'ispirazione italiana, possono perdere il loro carattere italianeggiante primario, passando ad un livello in cui la loro struttura si generalizza e non induce subito l'associazione all'italiano malgrado le evidenti ragioni formali (cfr. il caso studiato della marca *Lubella*).

3.4. Fonte musicale: canzoni del pop italiano

Come ormai accennato, nella prospettiva di ipotetiche ispirazioni della cultura di massa italiana che modellizzano vari marchionimi polacchi italianeggianti si possono indicare molti titoli e versi o vocaboli provenienti da famose canzoni italiane che si sono impresse nella memoria collettiva e risuonano come enunciati evocativi anche senza conoscere il loro significato lessicale. In verità, è un materiale molto ricco e sempre crescente. Da una parte, si possono sentire alla radio o disponibili su piattaforme digitali; sono spesso imitate in vari stili (p.es. da gruppi professionali e amatoriali che si esibiscono ai concerti di intrattenimento locali, ai ricevimenti di nozze, come *cover* registrate su dischi, in collezioni su canali YT, ecc.). In Tab. 4 presentiamo alcuni di questi brani ed elementi che risuonano nell'orecchio polacco di chi anche poco conoscitore della musica, e per questo fonte quasi inconsapevole di modelli linguistici nell'onomaturgia italianeggiante e in vari tipi di comunicazione polacca[322]. Va detto che, anche negandolo, tanti polacchi condividono il piacere di ascoltare la musica italiana (come amatori o per un puro divertimento), e soprattutto quella pop o di cantanti che hanno riscosso un successo eccezionale, p.es. con la diffusione del "genere" *italo disco*, raccolto nelle caratteristiche collezioni miste, presentate da uno o più esecutori (vd. p.es. *Balla balla* di Francesco Napoli).

Tab. 4. Citazioni da canzoni italiane famose (storiche e contemporanee).

Cantante / gruppo	Titolo della canzone (anno della produzione) Citazione di brani delle canzoni scelte[323]
Renato Rascel (1912–1991)	*Arrivederci Roma* (1954) "**Arrivederci, Roma**... / Good bye... / Au revoir..."
Tony Renis (1938–)	*Quando, quando, quando* (1956) "**Dimmi** quando tu verrai / Dimmi **quando quando quando** / **L'anno il giorno l'ora** in cui / Forse tu mi bacerai / Ogni istante attenderò / Fino a quando quando quando / D'improvviso **ti vedrò** / Sorridente accanto a me"

322 La nostra scelta è esemplificativa e non esaustiva, ma non priva di conferme da parte di alcuni soggetti polacchi intervistati su questo argomento che indicavano anche parole o gruppi di parole particolarmente memorizzati come "italianismi cantati" (vd. nota successiva).

323 Nella ricerca e per le citazioni riportate si sono, tra l'altro, consultate le fonti come: https://canzoneitaliana.it/progetto/; https://www.angolotesti.it/; http://www.lyrics.com/, u.a. ai siti 9.12.2023. Il neretto è nostro e segnala elementi particolarmente ricordati dal pubblico, anche nei termini di italianismi pronti per il riuso.

Tab. 4. Citazioni da canzoni italiane famose (storiche e contemporanee).

Cantante / gruppo	**Titolo della canzone (anno della produzione)** **Citazione di brani delle canzoni scelte**
Domenico Modugno (1928–1994)	*Volare* (1958) "**Volare** oh, oh / **Cantare** oh, oh / Nel **blu**, **dipinto** di blu / **Felice** di stare lassù / E volavo, volavo felice più in alto del **sole** / Ed **ancora** più su / Mentre **il mondo pian piano** spariva **lontano**, laggiù / **Una musica dolce** suonava **soltanto per me**"
Adriano Celentano (1938–)	*Azzurro* (1968) "**Azzurro** / Il **pomeriggio** è **troppo** azzurro / E **lungo** per me / Mi accorgo / Di non avere più risorse / **Senza di te** / E **allora** / **Io** quasi quasi prendo **il treno** / E **vengo**, vengo da te"
id.	*Il tempo se ne va* (1980) "E intanto **il tempo se ne va** / E non ti senti più **bambina** / Si cresce in fretta **alla tua** età / Non me ne sono accorto **prima**"
Ricchi e Poveri (dal 1967–)	*Che sarà* (1970) "**Che sarà**, che sarà, che sarà / che sarà **della mia vita** chi lo sa / so far **tutto** o forse **niente** / ma **domani** si vedrà / e sarà, sarà quel che sarà"
id.	*Voulez-vous danser* (1983) "Voulez vous / Voulez vous / Voulez vous danser? / Che vuol **dire** ti va di ballar **con me** / **Mani** su mani giù mani dove vuoi / **Questa musica** è il **ballo** che **piace** a noi / Anche tu proprio tu che non **balli** mai / Anche tu salta su balla **insieme** a noi"
id.	*Mamma Maria* (1983) "Un **gatto bianco** con gli **occhi blu** / Un vecchio vaso sulla tv [...] / **Ma-ma-ma, mamma Maria, ma-** [...] / Legge il destino, ma nelle stelle / E poi ti dice **solo cose belle**"
Patty Pravo (1948–)	*La bambola* (1970) "Tu mi fai girar, tu mi fai girar / Come fossi **una bambola** / Poi mi butti giù, poi mi butti giù / Come fossi **una bambola**"

Tab. 4. Citazioni da canzoni italiane famose (storiche e contemporanee).

Cantante / gruppo	**Titolo della canzone (anno della produzione)** **Citazione di brani delle canzoni scelte**
Mina (pseudonimo di Mina Anna Maria Mazzini, 1940–) & Alberto Lupo (1924–1984)	*Parole parole* (1972) "**Che cosa** sei, che cosa sei, che cosa sei / **Cosa** sei / Non cambi mai, non cambi **mai**, non cambi mai / Proprio mai / **Adesso** ormai ci puoi provare / Chiamami tormento dai, già che ci sei / **Caramelle** non ne **voglio** più [...] / **Parole**, parole, parole / **Soltanto parole** / Parole tra **noi**"
Drupi (pseudonimo di Giampiero Anelli, 1947–)	*Piccola e fragile* (1974) "**Così piccola** e fragile / mi sembri **tu** e sto sbagliando di **più** / Così piccola **accanto** a me / e fragile o **no** / ma in fondo sei **molto** più **forte** di me!"
id.	***Sereno è* (1974)** "**Sereno** è / Rimanere a **letto ancora un po'** / E sentirti giù in **cucina** che / Già prepari **il mio caffè** / E far finta di dormire / **Per** tirarti contro **me**"
Matia Bazar (dal 1975)	*Solo tu* (1977) "**Solo tu** / Nel calore / Del **mattino** che rinasce / Intorno al **sole** / **Cosa** può più importare / Se la pelle **tua** si lascia accarezzare / Risvegliarsi **ormai** per me / Non ha **senso senza te** / Solo tu / (Solo tu) / **Stamattina** / Per alzarmi **ancora un giorno insieme** a te"
Umberto Tozzi (1952–)	*Ti amo* (1977) "**Ti amo** / Un soldo, ti amo / In aria, ti amo / Se viene **testa** vuol **dire** che, **basta**, lasciamoci / Ti amo / Io sono, ti amo / In fondo **un uomo** / Che non ha **freddo** nel **cuore** e nel **letto**, comando io / Ma tremo davanti al tuo seno / Ti odio e ti amo / È **una farfalla** che muore sbattendo le ali"
Al Bano (1943–) e Romina Power (1951–)	*Felicità* (1982) "**Felicità** / È tenersi per **mano**, **andare lontano**, **la felicità** [...] / È restare **vicini come bambini**, la felicità [...] / È un bicchiere di **vino** con un **panino**, la felicità [...] / **Senti nell'aria c'è già / La nostra canzone d'amore** che va / [...] / Senti nell'aria c'è già [...] / **Come un pensiero** che sa di felicità [...] / **Come un sorriso** che sa di felicità"

Tab. 4. Citazioni da canzoni italiane famose (storiche e contemporanee).

Cantante / gruppo	Titolo della canzone (anno della produzione) Citazione di brani delle canzoni scelte
id.	*Sempre sempre* (1986) "**Come vorrei**, vorrei / **Amarti** meno / E invece no / **Niente** oltre te / E invece no / Sei **padrone** di me [...] / **Sempre sempre** / Sempre sempre **tu** (Sempre sempre, **insistentemente**) / **Nella mente**, insistente tu [...] / Come vorrei, vorrei / Amarti meno / **Come si fa?** / **Bella** come sei / Come si fa? / Con quel **cuore** che hai"[324]
Toto Cutugno (1943–1923)	*L'Italiano* (1983) "**Lasciatemi cantare** / Con **la chitarra** in **mano** / Lasciatemi cantare / **Sono un italiano** / **Buongiorno Italia, gli spaghetti al dente** [...] / Buongiorno Italia, **buongiorno Maria** [...] / **Buongiorno Dio** [...] / Buongiorno Italia col **caffè ristretto**"
Francesco Napoli (1962–)	*Marina* (anni '80-'90) "Mi sono **innamorato** di **Marina** / una **ragazza** mora ma **carina** [...] / Marina, Marina, Marina / **Ti voglio** al più **presto** sposar [...] / O **mia bella** mora / No **non mi lasciare** / Non mi **devi** rovinare"
id.	*Ciao ciao Italia* (anni '80 –'90) "**Ciao, ciao Italia** / È da **tanto** che sono **lontano** e **penso** a te / Ciao, ciao Italia! / È la malinconia che mi fa **compagnia** / E mi manchi ogni **giorno** di più / **Amara terra mia**"
id.	*Balla balla* (anni '90) "**Balla**! Balla, ba-ba-balla! Balla! / È **una musica speciale con** un **ritmo** eccezionale [...] / **Come prima** / Più di prima t'amerò / Una **lacrima** sul viso / Pregherò / **Azzurro, quando quando** / **Volare** / **Che sará?** / **Canta insieme** a me / Come prima / Più di prima **t'amerò** / Per **la vita**, **la mia vita** ti darò / Pregherò per te / Che hai **la notte** nel cuor / E se tu non vorrai / Crederai"
I Santo California (dal 1974)	*Tornerò* (1992) "Rivedo **ancora** il **treno** / Allontanarsi, **e tu** / Che asciughi quella **lacrima** / **Tornerò** / Com'è difficile / Un **anno senza te** [...] / Sei / **Sei la vita mia** / Quanta **nostalgia** / **Senza te** / Tornerò / Tornerò"

324 Sono molto conosciute e sempre amatissime anche altre canzoni di questa ex coppia di cantanti pop italiani, p.es. *Tu soltanto tu*; *Libertà*; *Sharazan*; ecc.

Tab. 4. Citazioni da canzoni italiane famose (storiche e contemporanee).

Cantante / gruppo	**Titolo della canzone (anno della produzione)** **Citazione di brani delle canzoni scelte**
Andrea Bocelli (1958–)	*Con te partirò* (1995) "**Con te partirò su navi per mari** che, **io lo so** / **No, no, non** esistono pi con te io **li rivivrò** / Con te partirò / **Io con te**"
Tony Tabbi (?–)	*Ciao ciao siciliano* (1995) "**Ciao, ciao, ciao siciliano!** / **Ciao, ciao, ciao!** / Giri **il mondo** e cerchi **la fortuna** / Ciao, ciao, ciao siciliano! / Ovunque tu andrai / **Lo so**, la troverai"
Eros Ramazzotti (1963–)	*Più bella cosa* (1996) "Com'è cominciata io non saprei / **La storia** infinita **con te** / Che sei diventata **la mia** lei / Di **tutta una vita** per me [...] / **Cantare d'amore non basta mai** / Ne servirà **di più** / Per dirtelo **ancora** per dirti che / **Più bella cosa non c'è** / **Più bella cosa di te** / Unica come sei / Immensa quando vuoi / **Grazie** di esistere"
Alice (pseudonimo di Carla Bissi, 1954–)	*Una notte speciale* (1982) "Strane **donne** col ventre offeso / **Danzano** sui tacchi a spillo / Danzano questa **notte** / Intorno a un fuoco immaginario / **Zingari** coperti **d'oro** / Zingari che sono **senza** tempo / **Noi senza** dignità / Oltre **la montagna scopriamo l'amore** / **Qui, qui** senza falsità / **Noi** ci **amiamo** come la mente non sa"

Essenzialmente, i brani di molte canzoni italiane (anche di altri generi, come il canto lirico e il canto popolare[325]) costituiscono una eccellente conferma e fonte di italianismi pronti per il riuso, anche nuovi e ritenuti come voci "tipicamente italiane", a volte riprodotte in modo dilettante (p.es. durante le esibizioni di *karaoke*). Non importa quindi la loro forma esatta; possono essere deformate o trasformate in unità sconosciute per l'utente italiano nativo e/o esperto. Tuttavia, questo non toglie loro il genio d'italianità "cantata" e "incantevole".

325 Cfr. i casi di *'O sole mio* (Sez. 3.2.2.4) o *Bella ciao* (Sez. 4.6.8).

Lo *stock* di italianismi derivati da canzoni pop, e quello che capita al loro uso al di fuori della propria area di origine, può essere paragonato al fenomeno del linguaggio culinario italiano internazionale in via di sviluppo, nonché a quello marchionimico-gastronomico, presente nel LL di tutte le aree culturali consce della cucina italiana. I suoi vari aspetti nella realtà linguistica, terminologica e comunicativa polacca sono presentati nel paragrafo seguente.

3.5. Fonte settoriale: linguaggio gastroalimentare italiano

I fenomeni di formazione italianeggiante osservati nelle produzioni di cabaret e audio-visive, si delineano inoltre da un ambito in cui l'italiano è usato con vari successi e insuccessi per quel che concerne la sua correttezza ortografica e grammaticale o la scelta dell'adattamento adeguato ai processi di inserimento di italianismi nella lingua polacca. È maggiormente, e quasi unicamente, l'ambito commerciale del settore gastronomico[326], e, in primis, della cultura del caffè, dell'enocultura, della cultura della pasta e di quella della imperante pizza, piene di "forestierismi crudi" (Lubello 2010) d'origine italiana[327].

Vale sempre (e quasi ovunque) l'osservazione di Carla Marcato (1996: 76) in riferimento ad una parte del mondo particolare, ma così tanto attuale e applicabile alla situazione che oggi si sta osservando, p.es., in Polonia:

> L'incidenza dell'*Italian style*, e con esso l'adozione di parole ed espressioni italiane, con le diverse modalità di adattamento ed acclimatamento che caratterizzano i prestiti linguistici, la creazione di pseudoitalianismi (come ulteriore prodotto

326 Rileva Vincenzo Orioles (2018: 142): "Quello dell'*Italian sounding* è un tema che ha guadagnato gli onori della cronaca ormai da diversi anni e che mantiene tuttora una grande attualità. [...] l'espressione evoca tutti quei prodotti che, senza essere autentici, nella loro denominazione e nel loro confezionamento richiamano con ingannevoli assonanze le eccellenze del comparto alimentare italiano". Per lo sviluppo del campo di ricerca intorno alla terminologia gastronomica e alimentare, che denominiamo qui come *linguaggio gastroalimentare italiano,* visto attraverso la diffusione internazionale, vd. p.es. Bernhard 2006; Gannuscio 2009; Ille 2009; Frosini 2012; Casini 2015; Marazzini 2015; Perissinotto 2015. Vd. anche il contesto della cosiddetta **gastronomastica* (fr. *gastronomastique,* Faivre 2014; ingl. *gastronomastics,* Lavric 2012; cfr. Caffarelli 2002; id. 2004c; Groblińska 2019). Cfr. anche il contesto interdisciplinare di vari studi contenuti in Diadori, Frosini [a c. di] 2023.

327 Bisogna sottolineare che entriamo in un ambito tipico non solo per la cultura polacca. Scrive Wojciech Tygielski (2005: 643): "la cucina italiana, o anche "similitaliana", è un importante fattore unificante su scala globale, perché nel mondo di oggi un amante della pasta al sugo e della pizza, nel bene e nel male, può soddisfare il suo appetito quasi a qualsiasi latitudine, mentre molti americani hanno da tempo dimenticato l'origine italiana di questi piatti, che hanno consumato di corsa per generazioni"; trad. AG. Cfr. Siekiera 2000: 331, spec. le note 9 e 10.

> dell'interferenza linguistico-culturale), è relativamente recente. [...] Il successo dell'*Italian food* e la diffusione dei prodotti sul mercato vanno di pari passo con il prestigio dell'*Italian style*, del *made in Italy*, e con la diffusione della dieta mediterranea, ma si afferma nelle abitudini alimentari del Nordamerica anche perché, sin dagli inizi, non è parso così estraneo al gusto da essere considerato inaccettabile.[328]

Occorre dire che la società polacca nell'ultimo trentennio ha trovato un gran piacere e interesse tradotto da una *trend* globale[329] (e fondato storicamente anche all'interno della realtà polacca) per introdurre nella propria tradizione gastronomica (di per sé abbastanza cosmopolita) tanti prodotti, piatti e modi di mangiare e bere all'italiana. Una chiara conferma di questo fenomeno sono le varie testimonianze linguistiche che si diffondono come italianismi e forme italianeggianti (ulteriormente, anche su veste di marchionimi) che compaiono e si registrano nella terminologia specialistica, mediatica e quotidiana riferita al cibo e alla cultura culinaria e dietologica in Polonia. L'osservazione importante è poi quella che, infatti, è un settore culturale e linguistico in cui tutti gli utenti vengono in qualche modo coinvolti e molti se ne credono "esperti" senza una buona padronanza della lingua italiana[330].

328 Cfr. anche Marcato 2010; Bassetti 2015: 62.

329 Il "mangiare italiano" è infatti un fenomeno culturale del consumo di massa diffuso e praticato nel mondo intero (Bucci 2011).

330 Ad esempio, quelli che non conoscono l'italiano credono che Magda Gessler (vd. http://www.magdagessler.pl/, u.a. 10.07.2023), un'autorità culinaria polacca, per il suo uso occasionale di qualche nozione italiana, parli bene l'italiano, però anche lei conosce questa lingua ad un livello basilare, malgrado utilizzi termini del linguaggio specialistico (ma non senza errori grammaticali e di pronuncia). Ad ogni modo, il suo coraggio di usare l'italiano e di seminare il proprio discorso con termini della nomenclatura culinaria italiana originale reverbera positivamente nell'opinione pubblica contribuendo alla diffusione degli elementi e della fama dell'italiano come *lingua della cucina*. Si notino anche numerose proposte di marchionimi proprio in italiano o italianeggianti che denominano i locali di ristoro che subiscono le cosiddette "rivoluzioni culinarie" presentate sul canale polacco TVN nei programmi di *cuisine show* prodotti da Magda Gessler (*Kuchenne rewolucje*, emissione dal 2010 fino ad oggi, https://tvn.pl/programy/kuchenne-rewolucje, u.a. 3.12.2023), p.es. *Trattoria Bandiera Italiana*; *Osteria di Bitongo*; *Cibo Pazzesco*; *La Nonna Siciliana*; *Il Pino*; *Bistro La Rosa*; *La Casa Del Polacco*; *Grande Cozze* (sic!); *Papalina*; *La Bambola*; *Lemon Capri*; *Mio Angel*; *Casa di Fulvio Maria Viola*; *Villa Toscania* (sic!); *Trattoria da Tadeusz*; *Grande Azzurro*. Sono evocativi anche quelli in polacco ma concettualmente immersi nella cultura italiana, p.es. i nomi dei ristoranti "gessleriani" *Włoszczyzna* e *Bazylia i Oregano* (la fonte con le precisazioni sulla localizzazione e la puntata nell'emissione TV: https://gdziebylamagda.pl/, u.a. 4.01.2024).

3.5.1. Il linguaggio del caffè

Da almeno un ventennio e oltre, la cultura del caffè in Polonia è dominata dall'influenza universale italiana in questo settore particolare[331]. Nei bar polacchi, come pure nelle case polacche, si riesce a preparare ogni tipo di caffè italiano, in una qualità che può soddisfare, p.es. *(kawa) espresso* o *(kawa) cappuccino* (s.sg.f. pol. *kawa* 'caffè').

Nella terminologia polacca, come si vedrà più in dettaglio nella sistemazione in Tab. 5, si sono impiantate molte forme denominative del linguaggio del caffè italiano, ma i loro concetti possono differire dalla natura originale di vari tipi di caffè italiano.

Ad esempio, l'*espresso macchiato* (o per l'ellissi, *macchiato*) può avere le caratteristiche del latte macchiato (cfr. nota 275). Da notare anche la diffusione del termine *latte*, adattamento per una specifica ellissi sintattica dell'espressione italiana *caffè latte*, il cui concetto e l'oggetto reale sono poco popolari tra gli italiani in Italia. Il *latte* è diventato in polacco[332] o in molte altre lingue (p.es. in tedesco, in ceco, in slovacco, ecc.)[333] un nome piuttosto generico di uno speciale tipo di caffè, che, malgrado il nome di provenienza italiana (per mantenere la sembianza dell'italianità motivante), non ha quasi niente a che vedere con la tradizionale cultura del caffè in Italia.

Oggi, in Polonia, il concetto di *latte* nel senso di 'caffè latte'[334] si capisce molto bene, soprattutto nella generazione dei giovani, ma ancora circa dieci anni fa compariva sui menù di bar e ristoranti con meno convinzione di essere adeguatamente decodificato, fino al punto di usare una involontaria in sé tautologia tipo pol. *latte z mlekiem* [sic!] ciò alla lettera si tradurrebbe come 'latte con latte'[335].

In Polonia, il termine *latte* (scritto non di rado con la maiuscola *Latte*) indica una bevanda "nazionale", servita, p.es., in vari punti della rete di negozi alimentari *Żabka*, i quali svolgono anche il ruolo dei "bar all'angolo" (caffetterie) nelle città e cittadine polacche[336].

---

331 Anche se si tratta sempre di una categorizzazione stereotipata di un "caffè italiano" ideale, senza discernere precisamente tutte le modalità della sua preparazione e tipologia marcata anche regionalmente. "Solo per restare nel mondo del caffè, basti pensare a come la cultura di questo prodotto è stata declinata diversamente in altre aree del Paese, da Trieste a Milano, da Torino a Napoli. In ognuno di queste città il caffè viene interpretato in modo differente, intrecciandosi con la specificità della storia locale" (Bettiol 2015: 11).

332 Cfr. IVLW: s.v.

333 Cfr. Casini 2015: 100.

334 Anche in versione metà francese metà italiana (*café latte*, cfr. SJP-PWN: s.v.).

335 Attestato nel 2012 su un menù espositivo in un bar alla Stazione Centrale di Varsavia.

336 Cfr. https://www.zabka.pl/o-zabce/, u.a. 11.11.2023.

Il nome *latte* è, nella fattispecie, un'invenzione linguistica di carattere socio-culturale (e commerciale), come pure altri termini in questa categoria fuori dalla gestione della lingua italiana in situ. Si consideri, a questo punto, il caso dei *frappuccino* e *freddoccino*[337] che insieme ad altri termini italianeggianti occupano un importante posto come *xenoitalianismi* (Vedovelli 2018a: 191) nell'italiano globale, a discapito della ipotetica crisi attuale dell'italiano[338].

3.5.2. Il linguaggio del vino

> Italy has always been recognized as the land of choice for wine, and the old denomination Enotria ('land of wine') testifes to this. Wine is a cultural product and is rooted in a social space (Cotticelli Kurras 2021: 26).

Parlando in questo contesto dell'enocultura (cultura del vino) e dell'apposito linguaggio settoriale, si pensa specialmente all'ambito propriale tramite il quale vengono veicolati nell'uso polacco tanti nomi di marchi di vini italiani. Primariamente, si leggono sulle etichette delle confezioni in bottiglia di questo emblematico alcol. Secondariamente, vengono utilizzati come codici di informazioni specialistiche, ossia *dati enogrammatologici* (Vedovelli 2015) sui vini d'origine italiana che concorrono in Polonia con i vini di altre provenienze, p.es. francesi o spagnoli.

Gli enonimi italiani sono noti per un importante gruppo di *connaisseur*, ma anche gente comune che ha l'accesso a una completa scelta dei vini del mondo nell'attuale offerta commerciale sul mercato polacco. I nomi come, p.es., *Chianti, Valpolicella, Barolo, Nebbiolo, Lambrusco, Malvasia, Primitivo, Nero d'Avola* e quant'altri, costituiscono forme singole o intere liste di espressioni che possono impressionare l'occhio e l'orecchio dei laici per cui le denominazioni italiane simboleggiano l'alta qualità della bevanda non tradizionale sulle tavole dei polacchi.

Particolarmente rilevante è il fatto che alcuni ampelonimi italiani si collocano a metà strada tra lo statuto onimico e quello appellativo, p.es. il termine *prosecco*[339], in polacco, ora scritto con la maiuscola, ora con la minuscola; nell'uso scritto e nella pronuncia sottoposto anche alla frequente riduzione della doppia *c* (**proseco*) o a un raddoppiamento ipercorretto della *s* (**prosseco* o **prossecco*).

Per quanto riguarda il linguaggio della cultura del bere vino italiano, gli utenti polacchi ne riconoscono abbastanza bene i termini, come *bianco* e *rosso*; meno diffusi sembrano altri, p.es. *spumante, frizzante, dolce, secco* o *amabile*, ma pure questi, come italianismi diretti, contribuiscono alla consapevolezza generale dell'italianità linguistica tra i polacchi. Come i nomi propri dei vini, tali italianismi di minore frequenza possono essere letti sulle etichette delle confezioni imbottigliate.

---

337 Vd. Treccani: s.v.; Vedovelli 2005.
338 Cfr. Vedovelli 2019; anche Tab. 5.
339 Cfr. IVLW: s.v.

A questo proposito, si ricordi la diffusione del marchionimo polacco *Piccolo* designante quasi genericamente uno spumante analcolico per bambini prodotto da varie marche, detto nel discorso commerciale *szampan*, s.sg.m. pol. (< fr. *champagne*; vd. Fig. 36).

Fig. 36. Fonte: https://www.ambra.com.pl/marki-i-konsumenci/swiat-naszych-marek/piccolo-otwarty-na-party-/, u.a. 20.11.2023.

3.5.3. Il linguaggio della pasta

La cultura della pasta italiana si sta consolidando in Polonia e nel mondo insieme al linguaggio specifico che si applica alla sfera della produzione, presentazione, commercializzazione, all'uso e alla tipologia generica della pasta italiana in cucina[340].

Il primo campo d'interesse è la terminologia tradizionale e tecnica che si apre con il termine titolare della *pasta.* È usato come prestito diretto dall'italiano in polacco, l'equivalente del s.sg.m. pol. *makaron* (anche questo un italianismo, ma più storico e formalmente adattato alla morfologia polacca[341]).

La voce *pasta* (con il suo significato italiano culinario), nonostante la sua diffusione, non è ufficialmente notata nel vocabolario polacco. Provoca, d'altronde, una confusione tra alcune accezioni dell'esistente in polacco sostantivo femminile *pasta* (p.es. con il significato di 'paté' o 'crema commestibile spalmabile', ma anche pol. *pasta do butów* 'lucido per scarpe' e *pasta do zębów* 'dentifricio')[342].

Invece, per la popolarità delle pietanze a base della pasta italiana, alcuni dei termini che designano la sua tipologia fisica o provenienza, si registrano nella comunicazione quotidiana o commerciale polacca, p.es.:

340 Vd. p.es. un glossario pubblicato in Rete da Franco Mosino (2011).

341 Cfr. SEJP1: s.v. *makaran* [sic!]. Nella famiglia lessicale di *makaron* si possono notare anche le voci con sfumature peggiorative in riferimento agli italiani come *makaroni, makaroniarz*, oppure *makaronizm* equiv. di *maccaronismo* 'esotismo / barbarismo' (IVLW: s.vv.).

342 Vd. SJP-PWN: s.v.; cfr. SEJP1 e SEJP2: s.v.

- *spaghetti* (adattato anche come *spagetti*, ma si raccomanda la manutenzione della *h*; la riduzione della doppia *t* ad una sola, se avviene, è un evidente errore di ortografia; conosciuto, p.es., dalle collocazioni funzionanti in polacco come: *spaghetti bolognese*[343], stante per *gli spaghetti al ragù bolognese*, oppure *spaghetti alla carbonara*[344] / *spaghetti carbonara*);
- *penne* (non di rado, ridotto per sbaglio ad una sola *n*: **pene*; p.es. nelle collocazioni come *penne all'arrabbiata*, *penne all'amatriciana* e altre, con il costante rischio di riprodurre gli elementi di questi sintagmi con sbagli);
- *farfalle*; *fusilli*; *pappardelle*; *cannelloni* (i termini usati soprattutto nei contesti specialistici, p.es. sui menù dei ristoranti italiani in Polonia, per questo scritti al solito senza sbagli);
- *tagliatelle* (talvolta, con l'ortografia "semplificata" di **taliatelle*);
- *lasagne* (adattato anche come s.sg.f. pol. *lazania* o s.pl.f. pol. *lazanie*);
- *gnocchi* (nell'uso scritto si suggerisce spesso la pronuncia corretta del vocabolo, trascritta secondo l'ortografia polacca come **niokki* o **nioki*; a differenza di altri vocaboli usati in questo settore, sorprendentemente, quello degli *gnocchi* si cerca di riprodurlo nel modo più corretto e quindi conforme alla forma originale italiana; cfr. anche lo pseudoadattamento **nioczczi*);
- e alcuni nomi di pasta ripiena molto popolari in Polonia, come *tortellini* e *ravioli*.[345]

In tutte le forme citate, sono, in pratica, inevitabili i refusi ortografici che, immancabilmente, consistono nella riduzione delle consonanti doppie o nel raddoppiamento consonantico non necessario, ma che rafforza l'aspetto italiano del vocabolo usato.

Per questo, si hanno dei casi di creatività occasionale ma registrata nel discorso commerciale, i quali presentano un superfluo raddoppiamento di una consonante intervocalica anche nei lessemi polacchi, p.es. nel campo tematico della pasta ripiena, i famosi *pierogi* (termine polacco) nell'ortografia a stampo pubblicitario della marca polacca di cioccolato Wedel, si notano come *pierrogi* [sic!]. La motivazione dell'ortografia con il nesso *rr* può essere dicotomica: da una parte, svela un tratto italianeggiante, dall'altra resta in relazione al nome di un eroe immaginario *Wargorr*, inventato dalla marca per scopi promozionali[346].

---

343 Il qualificativo *bolognese* per indicare salse e tipi di paste o pizze col ragù di carne e pomodoro all'italiana compare in diverse versioni di cui *bolonese* o *boloneze*, ma anche *bolonesse* sembrano adattamenti polacchi sulle confezioni e menù di locali di ristoro, comunque, in verità non lo sono per niente. D'altronde, negli ultimi tempi si cerca di uniformizzare l'ortografia di questo italianismo funzionante nell'ambito alimentare e gastronomico, preferendo la forma italiana originale *bolognese*.

344 Con le varianti fantasiose che concerno la grafia della prep.artic. *alla*, create anche sotto l'influenza del francese *à la*: *a la*, *a'la*, ecc.

345 Cfr. IVLW: s.vv.

346 Vd. https://wkuchnizwedlem.wedel.pl/przepis/czekoladowe-pierrogi-ala-wargorr-z-owocamiserkiem-mascarpone-i-biala-czekolada, u.a. 28.03.2023.

Un simile meccanismo viene impiegato come gioco strutturale al livello della combinazione delle lettere (e dei suoni appositi) nella voce *Makkaron* (< s.sg.m. pol. *makaron* 'maccherone / pasta'), un marchionimo, ma anche nome della pasta servita nella trattoria che si chiama appunto *Makkaron Pasta Bar* (Varsavia). Si tratta di un'occorrenza che non è unica nell'uso marchionimico.

Concludendo la sezione sulla cultura della pasta e il linguaggio che la determina, va discusso un caso intrigante della sfera socioideonimica polacca in cui, in una prospettiva derisoria, ma legalmente e socialmente ammessa, si mette in gioco linguistico la voce centrale di questo ambito: *pasta*. Essa dà la base per vari derivati stravaganti nella loro contestualizzazione comunicativa. È la vicenda della terminologia pseudoideologica del discorso *nonsense* di un'associazione globale con una filiale polacca che si è ufficialmente proclamata sotto il nome pol. *Polski Kościół Latającego Potwora Spaghetti* [lett. 'Chiesa Polacca del Mostro Volante Spaghetti'][347].

Tralasciando da parte tutte le riflessioni o i giudizi di natura psicologica o etica, si notino alcuni neologismi usati nell'ideologia della "Chiesa" (tutti qualificati come strutture neologiche in polacco):

- s.sg.f. *pastologia* (una neocomposizione sui modelli in *-logia* cui è stata collegata la parola "chiave" di *pasta* con una *o* di raccordo strutturale);
- s.sg.m. *pastafarianizm* (un nome astratto con il significato estroso di "religione sperimentale"; una composizione neologica sul modello dei nomi polacchi in *-izm* '-ismo', particolarmente in riferimento al pol. *rastafarianizm* 'rastafarianismo', ma senza un netto legame concettuale);
- s.pl.m. *pastafarianie* lett. 'pastafariani' (i presunti partigiani del "pastafarianesimo", detti anche in modo beffo *makaronicy* < pol. *makaron*);
- s.sg.m. *pastar* / s.sg.f. *pastarka* (neoformazioni che travestono i termini dell'ambiente religioso pol. *pastor* 'pastore' e pol. *pastorka* 'pastora').

Ci si chiederebbe perché la pasta sia diventata ispiratrice per questo tipo di fantasticheria para-ideologica. La motivazione può essere generata proprio dalla parola *pasta* che dice qualcosa come concetto, ma esso è completamente lontano dalla sfera spirituale, anzi viene usato in modo giocoso e molto ironico.

Di nuovo, l'italiano si presta ad una creatività di carattere ludico e non vi sono circostanze che ostacolino il suo specifico sfruttamento di natura formale e connotativa. Molti italianismi si ritrovano in questa strategia comunicativa, ma essa è particolarmente caratteristica per i gastroitalianismi[348], ciò abbiamo osservato

---

347 Diretta derivazione del medesimo movimento nato negli Stati Uniti nel 2005 (vd. https://klps.pl/, u.a. 28.03.2023; cfr. https://www.spaghettimonster.org/, u.a. 20.11.2023).

348 Cfr. il termine pol. *italianizmy gastronomiczne* 'italianismi gastronomici' (Gałkowski 2014d: 80). Cfr. anche Bombi 2015: 84 (a proposito dei "falsi italianismi gastronomici").

anche nel caso delle voci *pizza* e *pizzeria* sottoposte ad una manipolazione discorsiva nei dialoghi di *sketch* di cabaret (cfr. TABB. 2 e 3).

3.5.4. Il linguaggio della pizza

Fig. 37. Slogan pubblicitario di una pizzeria a Władysławowo-PM. Pol. *Pizza włoska lepsza niż w Palermo* [lett. 'Pizza italiana migliore di quella di Palermo']. Foto: AG, 2023.

Per quel che riguarda la cultura e il linguaggio della pizza, occorre rilevare che è un tipo dei *realia* italiani universali e universalizzati in modo straordinario[349]. Pare che la cucina polacca e quella europea, e in un certo senso, anche la globale, non esistano senza la pizza, e i locali che la servono come piatto unico o rappresentativo per la sua origine storica e tradizionale, sono un bene sociale del patrimonio determinato dall'origine culturale, ma probabilmente comune per ogni Paese della civiltà contemporanea. E vi è poco rischio di essere lontani dalla verità in questa costatazione.

La pizza è una pietanza cui si può attribuire l'etichetta di *Invented in Italy*, ed è appropriata nella percezione globale alla marca *Made in Italy*, anche se il prodotto stesso si prepara dove capita e non solo in Italia[350].

Visibilmente, tutto quello che può essere chiamato come "pizza", la parola stessa inclusa, rimane portatore d'italianità. È sintomatico che le pizzerie come locali di ristoro con le loro caratteristiche originali, in Polonia o altrove, cerchino di essere più autentiche, e quindi più italiane possibile. Sono come locali "ambasciate" o "consolati" d'Italia all'estero[351]. Il loro obiettivo è far sentirsi gli ospiti

349 Osserva Ugo Vignuzzi (2014): "Oggi, nel mondo, la parola italiana più diffusa è *pizza*, ma se torniamo indietro, anche solo agli anni Quaranta del Novecento, il termine (e la pietanza cui si riferisce) era praticamente sconosciuto fuori dell'Italia meridionale". Fino ad un certo momento della storia recente, neanche in polacco la parola *pizza* si notava come italianismo che oggi è senz'altro uno dei prestiti più usati e acclimatati con il suo referente nella lingua-cultura polacca (cfr. Witaszek-Samborska 1993: 71–77).

350 Cfr. Bucci 2011: 66; Caffarelli 2013.

351 Cfr. un'altra delle opinioni di U. Vignuzzi (2014): "[...] la cucina italiana, apprezzatissima ambasciatrice nel mondo dell'*Italian style of life*, è uno specchio perfetto della nostra complessa e composita identità". Enzo Caffarelli (2016a: 30), a questo punto, indica proprio tre principali "ambasciatori di italianità nel mondo": pasta, pizza e vino. Ognuno di questi prodotti "mantiene il consolidato ruolo di macrotipo

e clienti come se fossero in Italia. Anche per questo, l'identificazione (autenticazione) di questi luoghi e della loro merce in offerta gastronomica avviene tramite la lingua ovvero la terminologia della cultura della pizza.

Il linguaggio della pizza prodotta e servita, p.es., in Polonia, guarda, quanto possibile, i riferimenti alle strutture e ai concetti italiani certificati dalle forme linguistiche originali e non confondibili. Ciononostante, un certo gioco intorno al linguaggio e alla natura della realtà della pizza è ammissibile. Entra in questo gioco, e in particolar modo, il fattore della proprialità delle strutture denominative che permettono di orientarsi nella solita o insolita offerta di un dato locale, in Polonia, regolarmente chiamato *pizzeria* (raramente, per adattamento, *pizzernia*; cfr. nota 120).

Effettivamente, le pizzerie in Polonia, come pure nel resto d'Europa (e in molte altre regioni del mondo) occupano un posto privilegiato tra i locali di ristoro che, per la pietanza ivi preparata e venduta, sono graditi ad ogni tipo di clientela, dai più piccoli ai più anziani. Il legame tra le pizzerie e l'italianità è inestricabile, ciò si traduce non solo dall'origine storica di questo tipo di luogo che serve pizze, ma, letteralmente, dall'espressione linguistica che concerne il mondo della pizza e della sua commercializzazione.

Il linguaggio specifico di pizza e pizzerie occupa un posto importante tra i linguaggi settoriali italiani e insieme alla cultura sottostante passa in altre aree linguistiche. Comprende tutto quello che si può nominare parlando della pizza durante il processo della sua preparazione, composizione, servizio, vendita, promozione, ecc.

Ma ci si ritrova anche una sfera denominativa che sta al confine tra lo strato comune e propriale della lingua (i nomi di pizze), e un'altra, che, senza dubbio, appartiene all'onimia (i marchionimi che indicano le pizzerie come aziende e le pizze come prodotti commercializzati)[352].

3.5.5. Gastroitalianismi in uso

Le testimonianze nell'area d'uso dei gastroitalianismi sono tante, ma quelle più interessanti paiono le occorrenze con sbagli, refusi o riproduzioni inesatte. Tutte contribuiscono alla creazione di un *meta-italiano*, in altre sedi, come abbiamo già menzionato, detto *italiano internazionale* o *globale* (cfr. Sezz. 1.3.3 e 3.5.1; anche nota 64)[353], il quale, malgrado la sua disinvoltura formale e non normativa,

---

in grado di scomporsi in una serie di sottocategorie ormai diffuse nella metalingua [...] della cucina" (Bombi 2015: 80–81) al livello internazionale.

352 Bisogna aggiungere che in Polonia le pizzerie si confrontano con la concorrenza di altri locali di ristoro. Sono, p.es., i bar che offrono i *kebab* (con la loro specifica terminologia) oppure le trattorie o tavole calde genericamente chiamate in polacco *Obiady domowe*, il che alla lettera significa 'pranzi di casa' e viene inteso in quanto "pranzi con cucina casareccia" o "pranzi come dalla mamma".

353 "L'italiano ha mostrato infatti, negli ultimi decenni del secolo XX, di esser diventato lingua internazionale di una sorta 'invisibile', usato com'è da una parte

rimane un fatto reale e imprescindibile che si deve tollerare e trattare con una dose d'indulgenza.

È certamente possibile far notare al responsabile o a potenziali responsabili una data incongruenza formale, ma nelle solite situazioni di contatto tra un imprenditore-autore del nome e un cliente-utente né l'uno né l'altro sono esperti circa la norma corretta. Gli eventuali errori nelle strutture italiane utilizzate non procurano fastidio. E non ne tolgono la natura italiana attribuita e percepita[354].

Non è solamente questione di grafia delle parole italiane o degli italianismi, della loro morfologia sistemica e della conformità ad altri criteri di correttezza grammaticale al livello della parola e della frase[355], ma riguarda anche il problema della riproduzione orale di elementi segmentali e soprasegmentali, quindi della pronuncia, dell'accentuazione e dell'intonazione di vocaboli ed enunciati caratteristici per un tipo di linguaggio culturale italiano introdotto nella cultura straniera.

Come abbiamo visto sopra, gli esempi di questi vocaboli, termini e intere espressioni italiane sono innumerevoli e possono essere presentati in diverse varianti riscontrate che sono documentate da varie occorrenze. Le strutture estratte con elementi reiterati, malgrado la loro scorrettezza o discutibilità adattativa al polacco, non stanno fuori dal linguaggio, anzi sono per esso naturali.

Sembra paradossale, ma in qualsiasi tipo di comunicazione, le forme linguistiche riprodotte (pronunciate o scritte) con sbagli, non vengono automaticamente epurate dal linguaggio: non fanno parte della *langue*, ma lo sono per quanto riguarda la loro integrazione alla *parole*, cioè alla realizzazione performativa della *langue*, che solo teoricamente e potenzialmente sarebbe perfetta; nell'uso essa è viva, e come un organismo ha il diritto di subire cambiamenti del suo aspetto ideale, nonché sottoporsi a vari processi di evoluzione alla perfezione o imperfezione. Questo fenomeno risulta evidentemente osservabile nei casi d'uso degli italianismi e di altri forestierismi[356]. Sarà ancora più sorprendente, se entriamo appieno nel campo della marchionimia, in cui le imperfezioni linguistiche volute

---

estesissima del Mediterraneo e delle aree contermini" (Simone 2000: 436), ma anche su altri territori ben lontani in cui questa sua capacita di internazionalizzazione è attiva come una sorta di meccanismo autoportante e autosufficiente, alimentata da fattori sorprendenti e imprevedibili nello sviluppo di questo fenomeno. Evocativo è inoltre quanto è puntualizzato da Piero Bassetti (2015: 61), e lo si potrebbe riferire anche alla lingua italiana: "Nello scenario *glocal*, noi italici potremmo svolgere un ruolo egemone, se solo accettassimo il fatto che essere italiani nel mondo vuole dire 'italicizzarlo'[,] aprirsi all'ibridazione e non ostinarsi a difendere la purezza del *Made in Italy*".

354 Errori, refusi e riproduzioni inesatte, paradossalmente, possono portare alla creazione delle strutture che, *in toto*, compongono un lessico considerato come parte del sistema o sistema a sé stante (cfr. lo statuto degli italianismi e pseudoitalianismi nella lingua maltese, Brincat 2000; id. 2005).

355 Cfr. Jamrozik 2017: 102.

356 Cfr. Gusmani 1993; Gobber 2018: Capp. 3 e 4.

e non volute si fissano nelle strutture registrate che passano nella comunicazione speciale e generale.

Le occorrenze citate in Tabb. 4 e 5 formano, parzialmente, un repertorio di invenzioni strutturali che compaiono nella sfera comunicativa pubblica, qui presentate in modo grafico e riferite a realizzazioni fonetiche altrettanto originali, anche se tra una data grafia e la pronuncia effettiva ci possono essere anche divari significativi. Sono testimonianze di riproduzioni che sono in corso di normativizzazione o perfino lessicalizzazione, ma si fissano nel linguaggio anche contro le possibili raccomandazioni normative. In questo modo arricchiscono la *langue* in una sua fase non normativizzata e sempre potenziale.

Nella rassegna illustrativa si radunano gli elementi rappresentativi per due gruppi tematici discussi sopra. Si sottolinei che tra le occorrenze citate si situano anche le forme usate in dati contesti senza nessuna incongruenza alla struttura accettata e adattata come citazione nel vocabolario della lingua polacca (codificati come "f.a.a.")[357].

Ci limitiamo qui strettamente all'area polacca, rendendoci conto del fatto non solo probabile, ma molto fondato nella realtà europea e globale, che tanti dei casi estratti possono risultare internazionali, propri per i processi riscontrati anche in altre aree linguistiche (e culturali)[358]. Basta una delle circostanze di diffusione di questi costrutti, la quale consegue alla distribuzione internazionale dell'oggetto che viene determinato o marchionomasticamente chiamato per mezzo di forme italianeggianti, per poterle osservare anche fuori dall'ambito in cui compaiono autonomamente. È una delle leggi infallibili della globalizzazione o, addirittura, della glocalizzazione: si cerca di adattare qualcosa di più esteso (globale) alle aspettative e prerogative di un ambito locale, p.es. ristretto ad un Paese, a una lingua, al discorso di un settore, ecc.

Nell'area polacca, l'uso di molti gastroitalianismi, nonché di altre voci italianeggianti, fra cui soprattutto i marchionimi, deve risultare dall'osservazione e imitazione di forme simili impiantate già in altre lingue-culture, oggi possibili da vedere e sentire dal vivo all'estero (e non in Italia) o in Rete e in altri mezzi di comunicazione di massa in cui si è liberi nella navigazione, nella scelta, nella ricerca di qualcosa che si ritiene stimolante e degno di attenzione.

Di seguito presentiamo le tabelle con le testimonianze discorsive e comunicative in due dei linguaggi mirati nelle sezioni precedenti: il linguaggio della cultura del caffè e il linguaggio della cultura della pizza, i quali sono penetrati nella lingua polacca ovvero nell'ambito comunicativo interlinguistico in cui operano i gastroitalianismi comunemente diffusi nel mondo. Entrambe le raccolte sono lontane dall'essere esaustive, ma evidenziano le strutture più frequenti nell'uso reale, anche se quasi sempre qualificate dal punto di vista teorico, come occasionalismi ossia, in certe situazioni, "eccezionalismi" di tipo *hapax* (p.es. pol.

357 Lessicograficamente confermate dallo SJP-PWN.
358 Cfr. DIFIT e OIM.

kapuczino o pol. *picca*), se consideriamo la loro struttura insolita, comparsa contro ogni aspettativa della norma o delle regole di adattamento ammesse.

Si deve precisare che gli autori di molte di queste forme "eccezionali" non sono consapevoli della qualità o scorrettezza delle loro proposte né delle conseguenze di una data notazione. Va anche detto che le singole occorrenze sono effetto di trascrizioni sbagliate dei vocaboli originali e corretti, ma per questo non sono insignificanti per l'uso, anzi, si memorizzano e si possono riprodurre in altre occasioni[359].

Tab. 5. Unità lessicali del linguaggio settoriale del caffè riscontrate nell'uso polacco.

Strutture	**Contesto d'uso**
cappuccino[360] (f.a.a./u.f.); *capucino* (u.f.); *kapucino* (u.r.); *kapuczino* (u.r.); *capuczino* (u.r.); *cappucino* (u.f.); *capuccino* (u.f.); *cappucinno* (u.e.)	... ***kapuczino**.. z pianką*... (NKJP).[361] ... *w filiżance byla woda i grudka proszku kawy* ***capuczino*** ... (ivi).
espresso (f.a.a./u.f.); *expresso* (u.f.); *expreso* (u.f.); *espreso* (u.r.); *ekspreso* (u.f.); *ekspresso* (u.r.)	... *wielu członków naszej ekipy przyzwyczajonych jest do picia małego* ***ekspresso*** *po śniadaniu*... (NKJP). ... *Mocna słodka kawa* ***expresso*** *– i po bólu*... (ivi).
double espresso (f.a.a./u.f.); *espresso doppio* (f.a.a./u.f.); *doppio espresso* (f.a.a./u.r.); *espresso dopio* (u.e.)	 **Fig. 38.** Fonte: https://oliana.pl/kawiarnia, u.a 29.03.2023.[362]

359 In Tabb. 5 e 6 vengono indicate con l'annotazione "u.r." (= uso raro) o "u.e." (= uso eccezionale). Per le altre occorrenze si indicano nella didascalia i simboli "u.f." (= uso frequente) e "f.a.a." (= forma accettata e adattata).

360 Vale la pena notare che, p.es., a Milano il *cappuccino* ormai si dice *cappuccio* (e di solito è "cappuccio e brioche"). Si considerino anche il *moccaccino* (cappuccino con un po' di cacao) e il *marocchino* (caffè con cacao). Cfr. infra *frappuccino* e *freddoccino*.

361 I *metadata* per tutti i contesti trovati tramite il motore di ricerca del NKJP sono verificabili al sito: http://www.nkjp.pl/poliqarp/nkjp300/, u.a. 26.03.2023. Nei frammenti di testo citati si mantiene l'ortografia originale trascritta dalla fonte di un dato enunciato.

362 Tutte le immagini in Tabb. 5 e 6 sono degli estratti da vari menù dei locali di ristoro polacchi, trovati in Rete o in situ.

Tab. 5. Unità lessicali del linguaggio settoriale del caffè riscontrate nell'uso polacco.

Strutture	**Contesto d'uso**
americano (f.a.a./u.f.); *kawa americano* (f.a.a./u.f.); *americono* (u.e.); *americato* (u.e.)	 **Fig. 39.** Fonte: http://kotcafewroclaw.pl/menu, u.a 29.03.2023.
caffè latte (f.a.a./u.f.); *café latte* (f.a.a./u.f.); *cafe latte* (f.a.a./u.f.); *caffelatte* (u.r.); *cafelatte* (u.r.); *kawa latte* (u.f.); *latte* (u.f.); *cafe late* (u.r.); *late* (u.r.)	*W kawiarni można zamówić **latte** z mlekiem chudym bądź pełnym, a nawet z mlekiem sojowym* (https://dojrzalakobieta.pl/kawa-latte/, u.a. 26.03.2023).
caffè crema (f.a.a./u.f.); *caffe crema* (u.f.); *kawa crema* (u.r.)	***Caffe Crema** to doskonała świeżo palona mieszanka przeznaczona dla wymagającego klienta* (https://marven.pl/Kawy/Producent/MarvenCoffee/Kawa-ziarnista-Cafe-Crema-1kg, u.a. 10.04.2023).
macchiato (f.a.a./u.f.); *espresso macchiato* (f.a.a./u.f.); *latte macchiato* (f.a.a./u.f.); *machiato* (u.f.); *latte machiatto* (u.e.); *macciato* (u.r.)	***Machiato**, espresso, latte, americano – czym różnią się poszczególne kawy?* (https://www.komputronik.pl/informacje/machiato, u.a. 26.03.2023).
affogato (f.a.a./u.f.); *caffe affogato* (f.a.a./u.f.); *cafe affogato* (u.f.); *kawa affogato* (u.f.); *afogato* (u.f.); *affogatto* (u.r.)	***Affogato**, czyli trafione i zatopione w kawie* (https://www.przyjacielekawy.pl/blog/affogato-czyli-trafione-i-zatopione-w-kawie/, u.a. 26.03.2023). ***Affogatto** czekoladowe to jeden z prostszych i pyszniejszych napojów na gorąco...* (https://paulinakrajewska.com/2017/04/affogatto-czekoladowe.html, u.a. 26.03.2023).
frappuccino[363] (f.a.a./u.f.); *frapucino* (u.r.)	*Amerykanie będą się musieli zdrowo namęczyć, zanim zaserwują nam holistyczne **frappuccino** w plastikowym kubku* (NKJP).

363 Né il termine né la realtà che designa sono d'origine italiana. È un vocabolo inventato fuori dall'Italia, promosso soprattutto dalla marca Starbucks che cerca di proteggere l'ortografia originale con le doppie *p* e *c*.

Tab. 5. Unità lessicali del linguaggio settoriale del caffè riscontrate nell'uso polacco.

Strutture	**Contesto d'uso**
freddoccino[364] (f.a.a./u.f.); *freddocino* (u.f.); detto anche *caffe freddo* (u.f.); *freddo cappuccino* (u.f.)	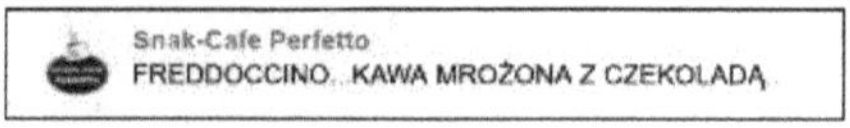 **Fig. 40.** Fonte: https://m.facebook.com/snakcafeperfettograjewo, u.a 28.03.2023.
ristretto (f.a.a./u.f.); *kawa ristretto* (f.a.a./u.f.)	 **Fig. 41.** Fonte: https://nicelocal.pl/zielona-gora/restaurants/coffee_shop_kawiarnia/photo/62e4b67d3c950600d40a4a96/, u.a 29.03.2023.[365]
lungo (f.a.a./u.f.); *espresso lungo* (f.a.a./u.f.)	*Polacy dość powszechnie polubili cappuccino i espresso, choć w przetworzonej, rodzimej wersji to nie dwa łyki gęstej i mocnej kawy, lecz pięć łyków nieco rozwodnionej. Coraz częściej sięgamy też po latte, macchiato,* ***lungo*** *czy frappe* (NKJP).

364 Ancora poco diffuso come termine alternativo del pol. *kawa mrożona* lett. 'caffè congelato' (= 'caffè freddo').

365 Questa immagine presenta anche altri termini pseudoitaliani utilizzati nel settore analizzato, p.es. *capp. scurro* (cappuccino scuro?); *mocha*; *moccha* (mocca?); *marochino* (marocchino?).

Tab. 6. Unità lessicali del linguaggio settoriale della pizza riscontrate nell'uso polacco[366].

<table>
<tr><th>Strutture[367]</th><th>Contesto d'uso</th></tr>
<tr><td>pizza (f.a.a./u.f.);
*picca ['pitstsa] (u.e.)</td><td>... postawili nam kurde po piccy dostaliśmy jakieś lody kawę pepsikole kurcze ... (NKJP).</td></tr>
<tr><td>pizzeria (f.a.a./u.f.; in polacco il vocabolo viene accentuato sulla e: [pits'tsɛrja]);
pizzernia (f.a.a./u.r.; nella pronuncia: [pits'tsɛrj̊a])</td><td>

Fig. 42. Pizzernia Lokalna (insegna di una pizzeria, Łódź). Fonte: https://uml.lodz.pl/aktualnosci-lodzpl/artykul-lodzpl/restauracje-w-lodzi-pizzernia-lokalna-serwuje-orientalna-pizze-mieszkancom-teofilowa-id47614/2022/2/14/, 2.02.2022.</td></tr>
<tr><td>Margherita (f.a.a./u.f.);
Margerita (f.a.a./u.f.);
Margarita (u.f.);
Margharita (u.f.);
Margeritta (u.f.);
Margaritta (u.f.)</td><td>margeritta come base del nome della pizzeria, p.es. Pizzeria Margeritta a Wągrowiec-WP;

margaritta come base del nome della pizza:
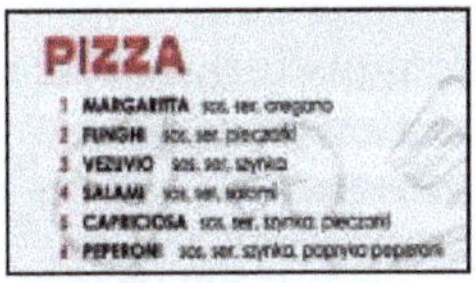

Fig. 43. Fonte: https://mammamia.gniezno.pl/Menu, u.a 27.03.2023

margarita come base del nome della pizza:

Fig. 44. Fonte: http://www.pizzeriameduza.pl/?menu,2, u.a 27.03.2023.</td></tr>
</table>

366 Per altri esempi e la creatività che concerne l'ambito lessicale della pizza vd. anche Gałkowski 2014d: 81–82.

367 Soprattutto vi sono denominazioni di pizze create a partire dei nomi italiani tradizionali oppure dei nomi dei loro ingredienti maggiori; per uniformizzazione scritti qui con la maiuscola, ma senza la pretesa che siano "veri" nomi propri ovvero marchionimi (cfr. supra).

Tab. 6. Unità lessicali del linguaggio settoriale della pizza riscontrate nell'uso polacco.

Strutture[367]	**Contesto d'uso**
Capricciosa (f.a.a./u.f.); *Capriciosa* (u.f.); *Capriciossa* (u.f.); *Capriccioza* (u.f.); *Caprecioza* (u.e.); *Capricosa* (u.e.)	 **Fig. 45.** Fonte: http://pizzeria-ambrozja.com.pl/pizzeria-bukowno/, u.a 27.03.2023.  **Fig. 46.** Fonte: https://pizzeriamargarita.pl/ketrzyn/menu/, u.a 27.03.2023.  **Fig. 47.** Fonte: https://www.pizzeria-tawerna.pl/menu, u.a. il 27.03.2023.
Napoletana (f.a.a./u.r.); *Napolitana* (u.f.)	 **Fig. 48.** Fonte: https://amore-pizzeria.pl/menu-malopolska/index.html, u.a 27.03.2023.
Peperoni (f.a.a./u.f.); *Pepperoni* (u.f.)	 **Fig. 49.** Fonte: https://barlinek24.pl/pizzeria-verona.html, u.a 27.03.2023.
Prosciutto (f.a.a./u.f.); *Prosciuto* (u.f.); *Proschiutto* (u.r.); *Prosiutto* (u.e.); *Proszutto* (u.e.)	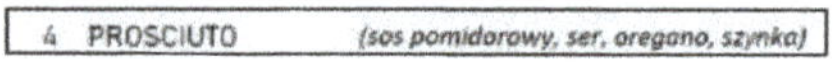 **Fig. 50.** Fonte: https://restauracja-babilon.pl/pizzeria/, u.a 27.03.2023.
Formaggi (f.a.a./u.f.); *Fromaggi* (u.f.); *Formagi* (u.f.); *Quattro Formaggi* (u.f.); *Quattro Formaggio* (u.r.); *Quatro Fromaggi* (u.f.); *Quatra Formaggi* (u.r.)	 **Fig. 51.** Fonte: https://pizzeriamaska.pl/menu-2/, u.a 27.03.2023.  **Fig. 52.** Fonte: https://www.pizzeria-tawerna.pl/menu, u.a 27.03.2023.

Tab. 6. Unità lessicali del linguaggio settoriale della pizza riscontrate nell'uso polacco.

Strutture[367]	**Contesto d'uso**
Quattro Stagioni (f.a.a./u.f.); *Quattro Stagioni* (u.f.) *Quatro Staggioni* (u.r.); *Quarto Stagioni* (u.f.); *Quatra Stagioni* (u.r.)	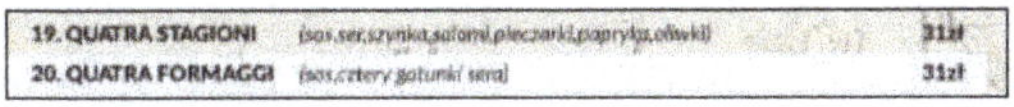 19. QUATRA STAGIONI (sos,ser,szynka,salami,pieczarki,papryka,oliwki) 31zł 20. QUATRA FORMAGGI (sos,cztery gatunki sera) 31zł **Fig. 53.** Fonte: https://davincileba.pl/wp-content/uploads/2022/07/MENU_DA_VINCI_2022_07.png, il 27.03.2023. 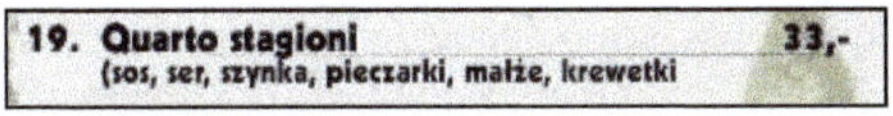 19. Quarto stagioni 33,- (sos, ser, szynka, pieczarki, małże, krewetki **Fig. 54.** Fonte: https://barlinek24.pl/pizzeria-verona.html, u.a 27.03.2023.
Vesuvio (f.a.a./u.f.); *Vezuvio* (u.f.)	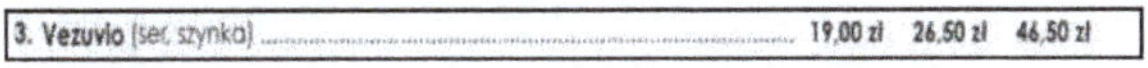 3. Vezuvio (ser, szynka) 19,00 zł 26,50 zł 46,50 zł **Fig. 55.** Fonte: http://www.laguna.com.pl/menu.php, u.a 27.03.2023.
Funghi (f.a.a./u.f.); *Fungi* (u.f.); *Al Funhgi* (u.e.)	 2. FUNGI 27.00 42.00 56.50 sos pomidorowy, ser, pieczarki **Fig. 56.** Fonte: https://www.pizzeria-uniejow.pl/menu, u.a 27.03.2023.  Al Funhgi 13 21 33 sos, ser, pieczarki **Fig. 57.** Fonte: https://przyratuszu.pl/menu/, u.a 27.03.2023.
Frutti Di Mare (f.a.a./u.f.); *Fruti Di Mare* (u.r.)	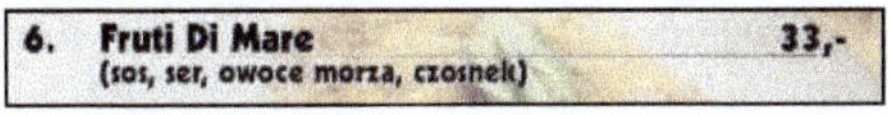 6. Fruti Di Mare 33,- (sos, ser, owoce morza, czosnek) **Fig. 58.** Fonte: https://barlinek24.pl/pizzeria-verona.html, u.a 27.03.2023.
Spinaci (f.a.a./u.f.); *Spinacci* (u.f.); *Spinace* (u.e.)	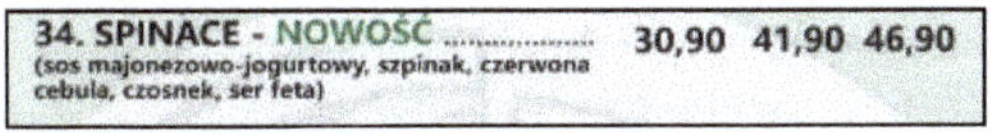 34. SPINACE - NOWOŚĆ .... 30,90 41,90 46,90 (sos majonezowo-jogurtowy, szpinak, czerwona cebula, czosnek, ser feta) **Fig. 59.** Fonte: http://pizzeria-ambrozja.com.pl/pizzeria-bukowno/, u.a 27.03.2023.
Broccoli (f.a.a./u.f.); *Brocolli* (u.f.); *Brocoli* (u.f.)	 19. BROCOLLI sos, ser, oregano, pieczarki, brokuły, szynka, kukurydza **Fig. 60.** Fonte: https://pizzeriaoregano.eu/menu/, u.a 27.03.2023.
Siciliana (f.a.a./u.f.); *Sycyliana* (u.f.)	 14. Sycyliana ser, pomidor, oliwki, rokpol 34.00PLN **Fig. 61.** Fonte: http://www.pizzeriacambi.pl/index.php?p=menu, u.a 27.03.2023.

Ai nomi evidentemente italianeggianti nella tipologia delle pizze come prodotti in una data pizzeria (o da un produttore di consumo industriale) bisogna aggiungere anche altre strutture che si presentano come invenzioni di natura neologica (p.es. ibrida) svelante certe tendenze di carattere linguistico-culturale nella formazione di questi costrutti. Due, fra di esse, sono specialmente importanti. La prima è il ricorso a una formula italianeggiante che si mantiene nella neoformazione ottenuta; la seconda, facoltativa, è la codificazione di un'informazione sugli ingredienti che dominano sulla pizza e permettono di denominarla in riferimento al nome italiano o polacco dell'ingrediente. Particolarmente interessanti sono allora le formazioni che incorporano, p.es., i nomi di specialità di salumeria polacca, come i *kabanosy* (un tipo di salsiccia fine secca affumicata). Potrebbero entrare nella categoria dei nomi di pizze in locali che non si incontreranno fuori dalla Polonia, i quali, poi, sono decodificabili praticamente solo da consumatori e utenti polacchi (p.es. *Kabanostra, Kabanosso* o *Kabano*, vd. infra).

È un gruppo di denominazioni commerciali occasionali propri per l'area polacca, in certi casi interamente immersi nella concettualizzazione e nella strutturazione polacca, p.es. quando al nome *pizza* viene aggiunto un aggettivo polacco con il significato trasparente nella decodificazione e adeguatezza all'oggetto nominato (p.es. *Pizza Chłopska* < agg.sg.f. pol *chłopska* 'contadina', la quale designa una pizza con ingredienti tradizionali polacchi, come p.es. *kiełbasa* 'salsiccia'), o quando ha luogo una ellissi del nome *pizza* all'interno del sintagma nominale in cui si sottintende la voce *pizza* (ottenendo, p.es., il nome *Chłopska*[368]).

D'altra parte, vanno notati anche i nomi di pizze completamente fantasiosi, per cui la motivazione può venire da varie direzioni, tra l'altro dal riferimento al nome o cognome del proprietario italiano della pizzeria, al nome geografico prediletto e in qualsiasi relazione con l'ambiente del locale, o ad una realtà che culturalmente simboleggia, in bene o in male, l'Italia (p.es. la mafia).

Si vedano alcuni esempi di questo tipo di eventi linguistico-culturali all'interno del linguaggio della pizza in Polonia nell'ambito del lessico polacco inerente alla cultura della pizza; su tale lessico influisce direttamente o indirettamente la lingua-cultura italiana:

- ***Kabanostra*** (una fusione del s.sg.m. pol. *kabanos* 'salsiccia fine secca affumicata' [cfr. supra] + it. *nostra*: *kabano[s]+stra*):

Fig. 62. Fonte: https://pizzeria-milicz.pl/index.php/bogate-menu/, u.a 27.03.2023.

- ***Kabanosso*** (una neoformazione con l'uso del s.pl.m. pol. *kabanos* + il formante suffissoidale italianeggiante *-osso*):

Fig. 63. Fonte: https://www.grupapns.pl/2017/12/projekt-menu-pizzeria-tanzo/, u.a 27.03.2023.

368 Lo stesso tipo di pizza viene chiamato anche *Wiejska* (< agg.sg.f. pol. *wiejska* 'rurale') o *Ludowa* (< agg.sg.f. *ludowa* 'popolare / folkloristica').

- ***Kabano*** (una variazione che resta in relazione con il pol. *kabanos* e una forma astratta che gira nell'orbita dello spagnolo e dell'italiano; potrebbe far venire in mente anche il vocabolo *cubano*):

Fig. 64. Fonte: http://pizzeriamefisto.pl/menu/, u.a 27.03.2023.

- ***Bimatella*** (una neoformazione fantasiosa con il formante *-ella*):

Fig. 65. Fonte: https://mlynalbigowa.pl/pizzeria/nasze-menu.html, u.a 27.03.2023.

- ***Frutina*** (una neoformazione fantasiosa che mistifica un diminutivo italiano e suggerisce una relazione con la frutta: è il nome di una pizza con l'ananas, molto popolare in Polonia):

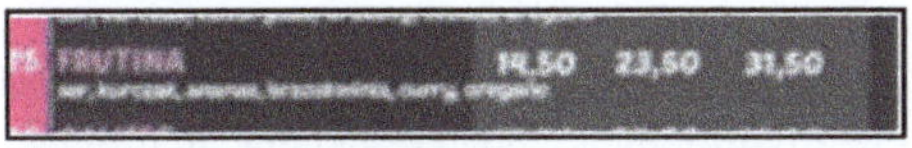

Fig. 66. Fonte: https://www.grupapns.pl/2017/12/projekt-menu-pizzeria-tanzo/, u.a 27.03.2023.

- ***Burgerita*** (una neoformazione fantasiosa che si basa sul modello della *margherita* e suggerisce una relazione con i *burger*; coniazione di *burge(r)* + *-rita*):

Fig. 67. Fonte: https://pizzeriamargarita.pl/ketrzyn/menu/, u.a 27.03.2023.

- ***Venetto*** (una trascrizione ipercorretta del toponimo *Veneto* usato transonimicamente; una sola *t* poteva sembrare all'autore di questo nome "poco" italiana[369]):

Fig. 68. Fonte: https://www.pizzeria-tawerna.pl/menu, u.a 27.03.2023.

369 Un fenomeno simile si osserva nelle variazioni sulla *margherita* in cui la sola *t* non rispecchia, agli autori dei nomi, il carattere "sufficientemente italiano" della struttura, e quindi si incontrano le forme ipercorrette come *Margheritta, Margaritta, Margharitta.*

- ***La Mafi*** (tolta l'ipotetica *a* finale, si ottiene un leggero effetto di eufemizzazione del vocabolo *la mafia*):

Fig. 69. Fonte: https://restaurantguru.com/Pizzeria-Lusia-Wapno/menu, u.a 27.03.2023.

- ***Mafiosso*** (una variante dell'agg. *mafioso*, molto popolare nella MPLI, anche tra i nomi di pizze in questa versione originale; l'ortografia con una doppia *s* rende il vocabolo diverso dall'originale corretto, ma più riconosciuto come appunto italianeggiante che ha dato in polacco l'agg. *mafiozo* 'mafioso'):

Fig. 70. Fonte: http://pizzeria-oficyna.pl/index.php/przykladowa-strona/, u.a 27.03.2023.

- ***La Kura*** (è un nome divertente in sé; combina l'elemento *la* con il s.sg.f. pol. *kura* 'gallina'; *la* potrebbe svolgere il ruolo dell'articolo determinativo *la*, funzionante in questa veste, tra l'altro, in italiano; pol. *kura* allude all'uso della carne di pollo in questa pizza; tutto *La Kura* risulta un falso amico dei traduttori tra polacco e italiano: è l'omofono dell'it. *la cura*, ma questo non deve avere un impatto particolare nel messaggio pragmatico trasmesso da questa denominazione; per gli italofoni è, comunque, segnante un *quiproquò* che, probabilmente, non è stato previsto dagli autori di questa struttura[370]):

Fig. 71. Fonte: https://tino.pl/sopot/kategorie-menu/pizze/, u.a 30.03.2023.

Tra diversi nomi di pizze "polacche" compaiono altre voci ispirate dall'italianità, tra cui, oltre vari appellativi d'origine italiana, si incontrano toponimi, p.es. le pizze denominate (*pizza*) *Roma*; (~) *Napoli*; (~) *Milano*; (~) *Palermo*; (~) *Bologna*; (~) *Italia*; (~) *Toscana*, ed anche antroponimi, p.es. i nomi di battesimo, quindi (*pizza*)

370 Una specie di pizza con ananas viene abbastanza spesso denominata *Hawaii* o *Hawajska* 'hawaiana' (per l'esotismo che evoca la frutta aggiunta). Cfr. Fig. 72.

Giovanni; (~) *Filippo*; (~) *Giuseppe*; (~) *Olivia*; (~) *Mirella* (alcune di queste pizze sono in offerta della Pizzeria *Mammamia* a Breslavia).

Gli errori o il gioco di alterazioni all'interno di queste basi denominative sono rari, ma se appaiono, sono anche rilevanti perché non si possono togliere dalla struttura registrata. Ad esempio, è il caso del marchionimo *Guseppe* (scritto senza la *i* dopo la *G*), il marchio di pizze vendute sotto la marca di Dr.Oetker Polska, pronunciato nelle pubblicità e da utenti come *Giuseppe* (vd. Fig. 72). La denominazione commerciale *Guseppe* è internazionale, ma particolarmente conosciuta in Polonia (come pure la denominazione *Feliciana* della stessa marca; vd. Fig. 73; cfr. anche nota 1).

Fig. 72. Fonte: https://www.oetker.pl/pl-pl/nasze-produkty/guseppe/guseppe-hawaii, u.a 30.03.2023

Fig. 73. Fonte: https://www.oetker.pl/pl-pl/nasze-produkty/feliciana/feliciana-vegan-verdure-piccante, u.a 30.03.2023.

3.5.6. Settore alimentare e creatività marchionimica

L'onomaturgia creativa italianeggiante o la riproduzione distorta delle forme originali dei gastroitalianismi che si rivelano nell'uso polacco, visibili nel *Linguistic Brandscape* [sic!], sono legate anche ad altri settori della cultura culinaria e alimentare polacca che assorbe tante cose insieme ai loro nomi dall'universo della cucina e dei prodotti tipici per l'area italiana[371]. In generale, si tiene a mantenere

371 Cfr. Casini 2015: 99–100.

la nomenclatura italiana in questo ambito[372], ciò preserva l'italianità attribuita agli articoli, come:

- dolci e *dessert*, p.es. [*il*][373] *panettone*, ormai diventato uno dei simboli del periodo natalizio anche in Polonia, almeno per quanto riguarda gli spazi di supermercati e altri negozi o pasticcerie; [*la*] (*crema*) *nutella* / *Nutella*; [*il*] *tiramisù* / *tiramisu*; [*la*] *panna cotta*;
- formaggi, anzitutto [*la*] *mozzarella*; [*il*] *gorgonzola*; [*il*] *parmigiano*; [*il*] *mascarpone*, ma anche [*la*] *ricotta*[374] o [il] *pecorino*;
- salumi, p.es. [*il*] *prosciutto crudo*; [*la*] *mortadella*; [*la*] *bresaola*;
- prodotti di olive con [*l'*]*olio d'oliva* e la sua terminologia tecnica di cui è usato soprattutto il qualificatore *extra vergine*;
- salse, p.es. [*il*] *pesto* [*genovese*]; [*la*] *salsa* / [*il*] *sugo* / [*la*] *passata* / [*la*] *polpa* [*al/di pomodoro*]; [*il*] *ragú* [*alla bolognese*];
- pane, p.es. [*i*] *panini*; [*la*] *ciabatta*; [*la*] *focaccia*; [*la*] *piadina*;
- altri tipi di specialità gastronomiche serviti come tipicamente italiane o all'italiana, p.es. [*la*] *bruschetta*[375]; [*il*] *risotto*; [*il*] *carpaccio*; *caprese* (= pol. *sałatka caprese* 'insalata caprese' [sic!]); [i] *panini* inteso come 'sandwich'.

---

372 Niente meno che elementi della "terminologia dell'agroalimentare [italiano che] coinvolge molti campi disciplinari" (Zanola 2015: 145).

373 Gli articoli si danno qui nelle parentesi quadre per far evidenziare la loro solita assenza nella riproduzione scritta od orale dei nomi citati, raramente riprodotti nei contesti in lingua polacca nel sistema della quale questo tipo di determinante non esiste e non ha praticamente equivalenti, tranne certi usi pragmatici degli aggettivi dimostrativi (cfr. Sezz. 4.8.1.1 e 4.8.1.2).

374 Un prodotto che assomiglia alla ricotta italiana è stato battezzato nella nomenclatura caseinica polacca *serek typu włoskiego* lett. 'formaggino di tipo italiano' (p.es. sotto la marca della latteria OSM Sierpc-MZ). Per certificare l'italianità del formaggio, il *serek* di Sierpc viene per l'aggiunta denominato con il marchionimo che adopera l'iter della transonimizzazione detoponimica: *Capri* (vd. Fig. 74). Il *serek typu włoskiego* fabbricato dall'OSM Sierpc sembra avere anche qualche concorrenza, p.es. *Capresi* (prodotto dal gruppo caseario Polmlek di Pułtusk-MZ; vd. ivi). Al livello denominativo, influiscono l'uno sull'altro per quanto riguarda la motivazione offerta con il marchionimo *Capreggio* che designa sempre lo stesso tipo di "ricotta polacca all'italiana", confezionata sotto la marca Sottile Gusto gestita dalla rete Biedronka (più esattamente, dal suo proprietario internazionale Jeronimo Martins Polska). L'idea generale di questi prodotti può rinviare anche al nome generico italiano *caprino fresco*.

375 Vd. la pronuncia sbagliata di questo vocabolo, e non solo nell'ambito polacco (avvenuta primariamente nei Paesi germanofoni), vista l'associazione del nesso di lettere *sch* al suono [ʃ] o [ʃtʃ]: [bruˈʃɛtta] o [bruʃtˈʃɛta]. Questa maniera di pronunciare la voce *bruschetta* in polacco (e in altre lingue) è anche influenzata dalla pronuncia regolare dell'italianismo *prosciutto*.

Fig. 74. Fonti: https://osm-sierpc.pl/products/serek-capri/; https://polmlek.com/products/serek-typu-wloskiego-capresi/, u.a 2.04.2023; un volantino di Biedronka (2–7.08.2022).

Giova segnalare che i proprietari di Biedronka o Lidl (come pure altre reti di negozi alimentari introdotti sul territorio polacco da investitori stranieri) inventano le cosiddette "marche proprie" (pol. *marki własne*) sotto le quali vendono articoli la cui provenienza può essere adeguatamente suggerita dal nome della "marca" stessa o da nomi di particolari specialità.

Oltre la marca *Sottile Gusto*, Biedronka promuove anche un'altra: *GustoBello* (scritto tutto attaccato), la quale passa per una marca italiana, ma in realtà non lo è. Nondimeno, *GustoBello* firmerebbe i prodotti "100 % italiani". Il giudizio dell'autenticità o meno di articoli italiani di *GustoBello* è fuori dalle nostre competenze[376]. Si ribadisca, comunque, un importante successo di questa marca che serve per firmare non solo i prodotti, ma anche delle campagne pubblicitarie e azioni conosciute da modelli simili in altre reti di supermercati europei.

GustoBello permette di prendere nota di varie denominazioni della terminologia gastronomica italiana (vd. Fig. 75) e si avvale di un'altra operazione comunicativa direttamente marcata dall'italianità, e cioè della descrizione bilingue in didascalie sull'etichetta di un dato prodotto italiano, p.es. *Crema nocciole di sicilia – Krem z orzechów laskowych z Sycylii* (vd. Fig. 76). Sicuramente, basterebbe la sola informazione polacca, ma niente impedisce l'introduzione di una parallela, anzi, la prima, in italiano.

In effetti, si intravedono qui sottili goffaggini che si registrano sulle etichette di *GustoBello*, cominciando dal nome stesso della marca che, come *Sottile Gusto*, può imitare il marchio italiano *Gran Gusto*, solo che la base *gusto bello* ci sembra leggermente discutibile per quanto riguarda la collocazione (il gusto è piuttosto *"buono"*, non *"bello"*).

Più evidenti e rivelatori di una maldestrezza nell'uso della lingua italiana sono, p.es., i casi di errori grammaticali che risultano da refusi editoriali: *Risotto*

---

376 Cfr. https://www.dlahandlu.pl/detal-hurt/wiadomosci/biedronka-wprowadza-nowa-marke-wloska-agencja-pomoze-w-promocji-produktow,76935.html, u.a. 30.07.2023.

all *formaggio* (recte *al*), oppure le creazioni ridondanti al livello semantico e stilistico: *Risotto ai funghi con funghi porcini* [sic!][377].

Sono, in verità, degli indizi che annullano o mettono in dubbio la validità di provenienza dei messaggi racchiusi nei marchionimi e nelle descrizioni didascaliche di prodotti confezionati come italiani.

Fig. 75. Fonte: https://handelextra.pl/artykuly/220992,z-ziemi-wloskiej-do-biedronki, u.a 9.04.2023.

Fig. 76. Fonte: https://blix.pl/produkt/krem-z-orzechow-laskowych-gustobello,8c5329f2b, u.a 9.04.2023.

377 Cfr. anche un'informazione pubblicitaria del *discount*: *Z ziemi włoskiej do Biedronki. Biedronka wprowadza nową linię specjałów prosto z Italii – GustoBello. Oferta „W 100 % autentycznie włoskie" obowiązuje od 7 do 20 lutego br. lub do wyczerpania zapasów* (https://handelextra.pl/artykuly/220992,z-ziemi-wloskiej-do-biedronki, u.a. 9.04.2023) [Dalla terra italiana a Biedronka. Biedronka presenta una nuova linea di specialità direttamente dall'Italia: GustoBello. L'offerta «100 % autentica italiana» è valida dal 7 al 20 febbraio di quest'anno o fino a esaurimento scorte; trad. AG]. Si rifà l'inizio di questo testo pubblicitario (*Dalla terra italiana...*) ad un caratteristico verso dell'inno nazionale polacco *Z ziemi włoskiej do polskiej* 'Dalla terra italiana a quella polacca' (cfr. Krząstek, Zak 1997).

Senza entrare nei dettagli di politiche di *marketing* tra le marche rappresentative del fenomeno osservato, va ricordato che il modello adoperato da *GustoBello* di Biedronka può essere modellato su *Italiamo*, una marca di prodotti italiani che funziona nello stesso modo nella rete dei *discount* della Lidl; e perfino in Italia dove si informa appunto che *Lidl parla "Italiamo"*[378].

Gli eventi *Italiamo* della Lidl in Polonia promuovono la diffusione di vari nomi della terminologia gastronomica e culinaria italiana segnalati all'inizio di questa sezione. Uno dei recenti comporta il riferimento alla famiglia, malgrado il concetto ottenuto dallo *slogan Rodzina Italiamo* (s.sg.f. pol. *rodzina* 'famiglia') non sembri chiaro nel contesto determinato dall'offerta commerciale incentrata sui prodotti d'origine italiana. L'immagine di Fig. 77 e la sua apposita fonte (un documento pubblicitario su YT) suggerirebbe l'ispirazione sorta dallo stereotipo sulla "famiglia italiana"[379]: composizione di più generazioni che si raduna durante i pasti giornalieri e cui piace mangiare insieme.

Fig. 77. Fonte: https://www.youtube.com/watch?v=yvDmH5IRJmg, u.a 9.04.2023.

Attraverso i termini della cultura alimentare italiana (nella versione originale o deformati e in fondo smascheranti la falsa autenticità), che si usano in diversi contesti situazionali (sulle confezioni, sui menù di locali di ristoro, in tanti negozi che promuovono i prodotti italiani, talvolta, nei mercatini e festival, nonché nelle fiere pubbliche speciali che espongono la merce originale italiana o fabbricata secondo i modelli e le ricette italiane), si possono osservare vari fenomeni di procedure d'uso delle forme italianeggianti in polacco.

---

378 Per altre informazioni intorno a quest'azione vd. https://distribuzionemoderna.info/notizia-del-giorno/lidl-parla-italiamo, u.a. 9.04.2023.

379 È uno degli importanti "campi donatori" (Zilg 2006: 28) che si dovrebbero considerare nell'analisi dell'ispirazione lessico-culturale dei marchionimi italianeggianti.

Esse si comportano come tutte le altre che abbiamo indicato nelle sezioni precedenti, analizzando i linguaggi settoriali del caffè, del vino, della pasta, della pizza. Se non sono citate come originali, annotate su o in riferimento ai prodotti italiani originali, possono subire ogni tipo di deformazione ortografica, in primo luogo quando vengono introdotte senza la consultazione della forma corretta in italiano o, nel caso di alcune strutture (voci uscenti in *-a*), si sottopongono alla declinazione polacca che le "deforma" in modo del tutto ammissibile.

Hanno anche la capacità di costituire le basi di diverse neoformazioni nell'ambito gastronomico e altro della MPLI. Danno avvio alla creazione di neologismi ibridi che rimangono in contatto concettuale e strutturale con il modello lessicale italiano importato nella comunicazione commerciale polacca.

Molto avvincente è, p.es., l'onomaturgia per mezzo del formante morfologico *-otto* di *risotto*. Gli esempi ormai diffusi sono: s.sg.m. pol. *kaszotto* (*kasz-* + *-otto*: I); ~ *gryczotto* (*grycz-* + *-otto*: II); ~ *pęczotto* (*pęcz-* + *-otto*: III); ~ *ciecierzotto* (*ciecierz-* + *-(z)otto*: IV)[380]. Rappresentano un gruppo ormai numeroso di neologismi che combinano la parte finale tolta da *risotto* con i nomi comuni: s.sg.f. pol. *kasza* 'semola' (I); agg.sg.f. pol. (*kasza*) *gryczana* 'grano saraceno' (II); s.sg.m. pol. *pęczak* 'graniglia' (III); s.sg.f. pol. *ciecierzyca* 'ceci' (IV).

Da notare anche *ryżotto* (IVLW: s.v.) che capovolge l'autenticità del modello italiano originale offerto alle lingue del mondo dal *risotto*. Nel s.sg.m. pol. *ryżotto* la parte iniziale che funge da radice di *risotto* è stata soppiantata dal s.sg.m. pol. *ryż* 'riso' che porta anche alla pronuncia marcata dalla consonante a fessura laminale fricativa retroflessa sonora *ż* [ʐ] / [ʒ], preceduta dalla vocale centrale chiusa non arrotondata *y* [ɨ]. Nella percezione della forma polonizzata conta inoltre la presenza di un caratteristico segno diacritico nella *ż*.

L'effetto è relativamente originale; è piuttosto una trivializzazione della voce di partenza nella lingua italiana e una discutibile polonizzazione di *risotto* in quanto italianismo che da tempo funziona come lessema adattato in polacco. La creazione lessicale è stata lanciata nella serie di vari sapori di *ryżotto*, spesso insoliti e "deitalianizzati" (p.es. "alla messicana"), prodotti sotto la marca polacca *Soligrano*, d'altronde anche questa una formazione esplicitamente italianeggiante (vd. Fig. 78).

---

380 Cfr. Latos 2022.

Fig. 78. Fonte: https://soligrano.pl/produkt/ryzotto-meksykanskie-100-g/, u.a 10.04.2023.

I nomi della serie ispirata da *risotto*, e ulteriormente da *kaszotto*, funzionano piuttosto in qualità di appellativi; tuttavia, posti sulle confezioni dei prodotti da essi denotati, possono a prima vista sembrare dotati dello statuto di marchionimi. Questo non è escluso per certi casi simili ai precedenti, poiché alcune voci di questo tenore sono state negli ultimi tempi presentate alle procedure della brevettazione legale (vd. Fig. 79); e nella comunicazione, senza dubbio, svolgono la funzione di marchionimi.

Fig. 79. Fonte: https://mojlowicz.pl/produkt/kaszotto-z-cebulka-i-podgrzybkami/, u.a 30.03.2023. Pol. *kaszotto z cebulką i podgrzybkami* ['risotto di semola con cipolla e funghi di bosco']; https://www.izielnik.pl/inna-bajka-gryczotto-z-burakami-i-jarmuzem-2, u.a 30.03.2023. Pol. *gryczotto burak i jarmuż* ['risotto di grano saraceno con barbabietole e cavolo riccio']; https://www.inna-bajka.pl/obiady/ciecierzotto-ciecierzyca-curry.html, u.a 2.04.2023. Pol. *cicierzotto ciecierzyca curry* ['risotto di ceci al curry'].

Si deve, tuttavia, ricordare che fra i gastroitalianismi più popolari ci sono anche dei prestiti adattati da tempo nella lingua polacca, che funzionano spesso parallelamente o accanto alle strutture originali, p.es. s.sg.m. pol. *parmezan* (= it.

parmigiano); s.sg.f. pol. *mortadela* (= it. *mortadella*); s.sg.m. pol. *rizotto* (= it. *risotto*). Va tenuto conto del fatto che il prodotto, chiamato per mezzo di un adattamento, non è conforme nella sua natura a quello designato dal vocabolo italiano originale (p.es. la *mortadela* [sic!] polacca è abbastanza diversa dalla mortadella italiana).

Un altro aspetto importante concerne le situazioni in cui la vera e completa natura grammaticale degli italianismi di questo tipo non è percettibile per un utente che non conosce l'italiano e accetta ogni manipolazione formale di queste forme, tra l'altro il cambiamento del loro numero o genere grammaticale originale. A titolo illustrativo, si consideri il comportamento del termine *panini*. In italiano è un lessema usato per determinare al plurale almeno due unità di panino. In polacco, come italianismo e internazionalismo, serve per indicare al singolare un *sandwich* caldo preparato "all'italiana" (vd. Fig. 80).

Fig. 80. Fonte: https://wiekszapolowa.eu/produkt/panini-z-szynka/, u.a 30.03.2023. Pol. *panini z szynką* ['panino / *sandwich* con prosciutto cotto'].

Il nome *panini* è una delle ultime tendenze per denominare appunto "un" *sandwich*, p.es., nei bar delle stazioni di servizio in Polonia; ed è un prestito giunto in polacco forse non direttamente dall'italiano, ma dall'inglese in cui è accolto da tempo (cfr. nota 4).

L'uso del nuovo termine d'origine italiana per designare qualcosa che è da sempre conosciuto nella cultura polacca (cfr. s.sg.f. pol. *kanapka* 'sandwich') rende lo scopo del *marketing* probabilmente più riuscito, dando anche la soddisfazione ai clienti di poter ordinare "un" / "una" *panini* anziché una comune *kanapka* o un troppo americanizzato *sandwich*.

È molto probabile che la voce *panini* citata in funzione di gastroitalianismo nell'ambito polacco venga percepita come un sostantivo singolare femminile, ciò è dovuto alla sua similitudine superficiale ai sostantivi polacchi femminili in *-ni* (p.es. s.sg.f. *pani* 'signora') e *-yni* / *-ini* (p.es. s.sg.f. pol. *sprawczyni* 'la donna che effettua un'azione')[381].

L'implementazione e il successo "del/della" *panini* possono essere motivati da diversi marchionimi e altre occorrenze popolari delle forme in *-ini* osservate nell'uso polacco, p.es. il caso discusso di *Bartolini*[382].

381 Cfr. anche nota 198 e Gałkowski 2014d: 81.

382 In Polonia, sono attive più di 20 ditte denominate *Bartolini* (nome unico, principale o incluso nella composizione onimica tattica). In alcuni casi sono motivati

Nella consolidazione di questa *trend* strutturale, che si studierà anche nella parte dell'analisi del *corpus* in questo libro, sta contribuendo la fama raggiunta dal marchio d'acqua minerale *Cechini* (vd. Fig. 81), gestito dai fratelli Cechini, due pronipoti di un ingegnere italiano Franco Cechini che nella seconda metà del XIX sec. si trasferì in Polonia nella regione di Nowy Sącz-MP, sposando una donna polacca. L'*holding* Cechini è oggi un'imponente marca in vari settori, e il nome decognominale stesso del marchionimo *Cechini* è maggiormente riconosciuto nell'ambiente socio-commerciale dalle etichette di bottiglie d'acqua ad alto grado di mineralizzazione proveniente dalle sorgenti di Muszyna (la stessa regione)[383].

Fig. 81. Fonte: https://www.cechini-muszyna.pl/wszystkie-produkty/, u.a 1.04.2023.

Il nome in *-ini* della Cechini, da un utente polacco pronunciato spontaneamente come [tsɛˈxiɲi] (eventualmente [ʧɛˈxiɲi] e raramente [ʧɛˈkiɲi]), può incentivare delle associazioni con altri nomi italianeggianti in *-ini*, noti ai polacchi, portando ad una reazione favorevole di fronte a una struttura eufonica e simpaticamente "morbida" nella sua italianità sottostante. Comunque, la provenienza etimologica italiana del marchio *Cechini* è poco identificabile da parlanti polacchi, ciò prova una rassegna effettuata da noi tra informatori rappresentativi per la società contemporanea polacca.

A proposito della pronuncia ufficializzata del marchio *Cechini*, va fortemente ribadito che la stessa marca raccomanderebbe la sua pronuncia "alla polacca", e quindi [tsɛˈxiɲi]. Questo è dovuto anche al fatto che il cognome dei Cechini in polacco viene articolato proprio in questa maniera (per l'influenza dei lessemi pol. *cecha*, s.sg.f. 'tratto' o *cech*, s.sg.m. 'artigiano'). Lo pronuncia come [tsɛˈxiɲi], e

---

dal nome degli intestatari *Bartłomiej* 'Bartolomeo' o *Bartosz* un ipocoristico di *Bartłomiej*.

383 Per altre informazioni sulla genesi della marca Cechini vd. anche https://fabrykiwpolsce.pl/z-ziemi-wloskiej-do-polski-holding-cechini/, u.a. 1.04.2023.

non diversamente, anche un rappresentante della generazione più giovane della famiglia degli imprenditori dell'antenato italiano, Marcin Cechini[384].

Il cognome si è polonizzato sul piano fonetico; mantiene, invece, l'ortografia storica, forse perché come marchio imprenditoriale sul mercato polacco esiste da lungo tempo e non gli servirebbe alcun cambiamento formale (p.es. **Cekini*)[385].

A margine, va aggiunto che il marchio *Cechini* potrebbe essere annoverato nel gruppo dei marchionimi italianeggianti storici nell'ambito polacco, solo che la sua vera notorietà è sorta in tempi relativamente recenti, insieme al successo della marca nell'industria e nella commercializzazione massiccia delle acque minerali *Cechini* di Muszyna.

Da ultimo, è determinante che il marchio *Cechini* entra in un'orbita di associazioni formali e comunicative positive dal punto di vista del *marketing*, perché per la caratteristica desinenza *-ini* può mettersi nella stessa linea di costrutti onimici di acque minerali italiane famose che portano i nomi di marchio in *-ini* o in *-ino*, anzitutto la *Sangemini* o la *San Pellegrino*. Queste marche sono, tuttavia, poco conosciute dai clienti polacchi, ma una certa coincidenza strutturale al livello lessicale tra *Sangemini*, *Pellegrino* e *Cechini*, non è, sicuramente, una circostanza senza impatto auspicabile nella percezione promozionale dell'acqua polacca (per lo meno quella teorica). Dal punto di vista formale, il segno linguistico *Cechini* avrebbe poi la strada libera a ritrovarsi nel sistema italiano[386], se l'omonimo marchio raggiungesse anche il mercato italiano o un altro mercato in cui le acque minerali italiane sono acquistate, perché ne è apprezzata la qualità.

L'attrazione dei suffissi del paradigma *-ini* / *-ino* / *-ina* è confermata da numerosissime testimonianze, su cui faremo riferimento anche in altre parti di questo lavoro.

---

384 Vd. p.es. la pubblicità della marca su YT: https://www.youtube.com/watch?v=Qamh-TJHls8, min. 0:19.

385 Nondimeno, *Cechini* può essere, invece, una variante del cognome italiano *Cecchini*, con semplificazione della geminata *cc(h)* in *c(h)*. Il cognome *Cecchini* viene dal nome personale *Cecco* > *Cecchi* + suff. *-ino* (Caffarelli, Marcato 2008: s.v.).

386 Da ricordare che al pubblico italiano è ben noto il personaggio del maresciallo *Cecchini* della serie TV *Don Matteo* (prod. Lux Vide/Rai Fiction) con il quale sarebbe subito stabilita un'associazione.

4. Analisi dei processi onomaturgici nella MPLI

Nella problematica sottoposta ad analisi ci interessano particolarmente i fenomeni strutturali nei processi onomaturgici che coinvolgono elementi dell'italianità linguistica nella produzione dei marchionimi qualificati come "italianeggianti", cioè che dimostrano qualche attinenza con la lingua e, indirettamente, con la cultura italiana. Si tratta di un ampio ventaglio di prove, visibili nello spazio comunicativo-commerciale pubblico, e, in modo particolare, in alcuni settori dell'attività socio-economica in Polonia.

La preoccupazione principale della marchionimia, in generale, è quella di restringere il campo della percezione comune sulla settorialità dell'esercizio commerciale, il quale risulta difficile da delimitare e identificare senza dati semantici (codificati dal nome), didascalici o iconici riferiti ad un dato firmonimo. Questa attinenza può essere caratteristica e comunemente evidente per branche commerciali naturalmente toccate da legami culturali e mentalistiche con l'Italia, come p.es. la ristorazione ritenuta "italiana" e la sua categoria speciale: le pizzerie. Per il resto delle corrispondenze referenziali settoriali, questa qualificazione non è assegnata da un tratto caratteristico.

Tenendo conto dell'ascrizione di un dato marchionimo italianeggiante al settore economico rappresentato o alla natura del prodotto (o servizio) fabbricato e commercializzato, sottomettiamo allo studio linguistico-onomastico un repertorio che definiremo come *crematonomasticon* con attinenze all'area linguistica italiana, o più precisamente, un *marchionomasticon* dello stesso tipo. Ad uno sguardo generale e preliminare, esso dimostra un carattere non omogeneo per quanto riguarda la sua capacità di rappresentare le opportunità e gli schemi formali scoperti ed elaborati dalla creatività marchionomastica, comunque, determinato da influenze di una lingua straniera posta – per forza di cose – a confronto con una lingua ricevente, in questo caso il polacco, in cui i fenomeni studiati risultano distintivi di per sé.

Ricordiamo e precisiamo, quindi, che ci muoviamo essenzialmente nel sistema della lingua polacca, ma prendiamo in considerazione l'ispirazione motivata dal sistema di un'altra lingua messa in contatto, ossia la lingua italiana. È una lingua con una facoltà particolare di espansione formale visibile, vera o presunta, nella marchionimia creata e registrata nello spazio linguistico-culturale polacco.

Ogni tassello dell'influenza italiana tracciata nella produzione onomaturgica dei marchionimi polacchi lo riteniamo un monema di carattere pari ai formanti nell'area lessicale e morfologica della lingua comune. Lo possiamo qualificare come "monema marchionimico italianeggiante", ammettendo che è una delle categorie di monemi propri per la crematonimia di *marketing*, ovvero, su una scala più larga, per l'onimia in un dato ambito linguistico, nonché internazionale.

Effettivamente, come è stato ormai rilevato, la denominazione operante in un'area linguistica non deve limitarsi solo ad essa in qualsiasi tappa della sua pre-esistenza, dell'esistenza e della post-esistenza. Un marchionimo inventato in una lingua, introdotto nella sua comunicazione e utilizzato in vari suoi discorsi, può anche lasciare questa lingua e passare in un'altra dove svolge le stesse funzioni comunicativo-discorsive. È un'osservazione che assume lo statuto di una legge crematonomastica. Ed essa concerne anzitutto la marchionimia in uno spazio che è mobile nell'uso interlinguistico, quasi fisico, se consideriamo gli oggetti reali designati dalle unità marchionimiche.

Diversi aspetti nell'onomaturgia marchionimica dipendono dal contesto della motivazione che ha dato nascita ad un nome commerciale. Il contesto può essere nettamente interonimico, ma anche in questa circostanza linguistica deve essere studiato come se fosse un contesto lessicale, funzionante da matrice in cui è disposta una struttura creata come marchio.

4.1. Principi metodologici

Nella mappatura delle strutture qui di seguito analizzate, illustrate con vari esempi e discusse anche in contesti di riflessione particolare nei capitoli precedenti, si devono specificare alcune chiavi metodologiche[387] che permettono di sintetizzare questo nostro studio linguistico e di proporre uno schema possibile da applicare in due casi specifici:

- primariamente, ad altre categorie crematonimiche nell'onomaturgia delle quali si notano le influenze italiane;
- secondariamente, ad altri ambiti linguistici in cui si possono verificare i fenomeni di italianità linguistica nella marchionimia e in altre categorie di crematonimi.

La chiave metodologica maggiore è la prospettiva dell'onomaturgia denominativa crematonimica sotto l'influenza di una lingua di supporto formale rappresentata dall'italiano contemporaneo. Mettiamo in atto un approccio in cui la capacità

387 Nella stipulazione di questa prospettiva metodologica abbiamo consultato vari studi teorici, che fanno qui da riferimento bibliografico, notevolmente: Adamo, Della Valle 2017; Altmanova 2016; Biolik 2011; Buttler 1986; Brodowska-Honowska 1967; Bugheşiu 2015; Burkacka 2010; Caffarelli 2012a; id. 2015; id. 2016a; id. 2018a; Cotticelli Kurras 2008; ead. 2012a; Danesi 2006; id. 2009; Fábián 2002; Fèvre-Pernet 2008; Francioni, Albanesi 2017; Gabriel 2003; Gałkowski 2002; id. 2003; id. 2009b; id. 2014d; Giermak-Zielińska 2004; Handke 1976; ead. 1993; Heinemann 2021; Ille 2009; Imríchová 2002; Jadacka 2001; Jamrozik 2006; Janner 2017a; Kaproń-Charzyńska 2004; ead. 2019; Kopertowska 2001; Kowalik 1999; Mercatanti 2010; Pamies 2017; Pizzoli 2017; id. 2018b; Przybylska 1992; Putka 2014; Rieger 2012a; ead. 2012b; Rogowska-Cybulska 2011; Ronneberger-Sibold 2015; Sablayrolles 2009a; id. 2019b; Sękowska 2012; Smółkowa 2001; Stammerjohann 2013; Stegu 1997; Thornton 2004a; ead. 2004b; Waszakowa 2005; Widłak 2000; Zilg 2006b.

strutturale e creativa della lingua di supporto si confronta con la capacità creativa e produttiva della lingua di destinazione rappresentata dal polacco, l'idioma che delimita l'ambito marchionimico d'interesse.

La lingua di destinazione accoglie la lingua di supporto con il suo serbatoio di monemi italianeggianti, fra cui ci saranno:

- intere unità onimiche o i loro frammenti (componenti);
- intere unità lessicali o i loro frammenti (componenti);
- formazioni neologiche qualificate come italianeggianti sia per il polacco sia per l'italiano;
- sintagmi composti da unità appellative e propriali (eventualmente miste con unità provenienti anche da altre lingue);
- morfemi e radici che caratterizzano le voci italiane prestate come basi marchionimiche e che creano formazioni nuove (molto spesso qualificate come ibride).

Le strutture specifiche tracciate e sistemate costituiscono forme che determineremo con il termine di "italicismi", quindi una non omogenea categoria di italianismi i quali sono prodotti come prestiti tradizionali, nuovi e occasionali dall'italiano; vi sono inoltre neoformazioni italiane e formazioni ibride, nonché pseudoitalianismi che rappresentano uno strato della crematonimia polacca situata al confine con il linguaggio stilizzato, *snob*, retoricizzante, liberalizzato che non rischia quasi nessuna sanzione normativa.

Come effetto, abbiamo a che vedere con una marchionimia sorta da monemi d'origine italiana o di presunta origine italiana (*Italian Sounding* IS o *Potential Italian Form* PIF), ossia formazioni onimiche ibride che sfruttano elementi scelti in modo non arbitrario dal sistema italiano.

L'applicazione della chiave metodologica è quindi una prospettiva in cui vengono individuate delle formazioni che sono esiti di vari *processi compositivo-compressivi*: soprattutto i costrutti composti in quanto sintetismi (e più raramente gli analitismi) formati secondo una modellizzazione che include fusioni e sincretismi "lessicalizzanti"[388], contaminazioni, agglutinazioni, collegamenti vari, nomi compilati su unioni libere di parole ed elementi in qualità di formanti, spesso composizioni parafrastiche dotate di valori semantici e pragmatici adeguati al contesto referenziale della denominazione.

Nella fattispecie, ci occupiamo dei fenomeni di *denominazione stilizzata* e *analogica* che si manifestano attraverso la generazione di serie di formazioni i cui componenti possono essere spostati da una ad un'altra formazione simile, quindi sono intercambiabili. Questi componenti si basano su elementi uguali a morfemi e morfi, su radici lessicali o propriali, ma anche su nessi di lettere attribuibili a varie fonti linguistiche o imprecise.

388 Per *lessicalizzante* intendiamo quello che si crea o funziona come *lessicale*, ma non appartiene espressamente al lessico (il caso dei marchionimi, in generale).

I componenti delle composizioni marchionimiche possono essere categorizzati anche come formantoidi. Nei casi specifici dell'onomaturgia marchionimica, essi portano alla nascita di strutture individualizzate che si possono considerare *onimoidi* o *crematonimoidi*. Dal punto di vista strettamente linguistico si potrebbero classificare come elementi apparentemente "vuoti" e superflui, quasi "inutili"[389], ma dal punto di vista onomastico e pragmatico, svolgono ruoli proprio utili o utilitari nella comunicazione, codificanti certe intenzioni e messaggi tramite la superficie formale dell'unità marchionimica prodotta per lo scopo identificativo e comunicativo.

In effetti, non sono scarne composizioni lessicali o para-lessicali. Strutturalmente parlando, le formazioni in questione occupano posti marginali nel sistema linguistico, ma viste le loro funzioni e la proliferazione massiccia, questa marginalizzazione dovrebbe essere oggetto di rivalutazione ulteriore.

La marchionimia, e specialmente quella creata in seguito a processi di produzione ibrida (p.es. sotto l'influenza della lingua e cultura italiana), si offre a vari gradi di analisi strutturale, che deve prevedere anche valori polivalenti: stilistici, pragmatici, a volte emozionali, suggestivi e persuasivi; quindi, con una valenza illocutiva e intenzionale di *marketing*, raggiunta da effetti di motivazione formale ed estetica, fono- e grafotattica, che fanno parte della problematica della morfologia "colloquiale" o "comune" e non di quella "sistematizzata" (cfr. Kaproń-Charzyńska 2004: 22).

4.1.1. Modelli e componenti dei marcatori d'italianità

Nella modellizzazione dei marchionimi creati per mezzo dei processi di onomaturgia in cui si utilizzano elementi d'origine italiana si possono specificare diverse categorie formali. In generale, gli elementi in questione costituiscono *marcatori d'italianità*. A volte, sono unità linguistiche pronte prestate direttamente dallo strato appellativo (lessemi) o propriale (onimi) della lingua italiana, altre volte sono strutture sintagmatiche, nonché componenti particolari (porzioni di voci lessicali od onimiche) che servono per formare strutture italianeggianti nuove o riaffermare nella funzione marchionimica transonimizzazioni di vari nomi propri italiani od onimizzazioni di parole e sintagmi italiani o misti. La decodificazione di tali tipi di marcatori di italianità non è un'operazione ovvia, ma, come sottolineato più volte, a essere rilevante e a soddisfare l'utente è soprattutto l'aspetto italiano riconosciuto nella formazione o in una sua parte compositiva che permette di qualificarlo come "italianeggiante".

Le categorie onomaturgiche emergenti da processi di formazione si possono considerare come *modelli marchionimici*. Essi stanno alla base di una classificazione strutturale e semantico-concettuale che si caratterizza di una doppia

389 Cfr. il concetto fr. *fractolexèmes* ("fragments de lexies qui valent pour la lexie entière", Sablayrolles 2019a: 109).

natura: da una parte, coinvolge varie unità della lingua-cultura italiana ben definibili e categorizzate come autonome; dall'altra, è anche un sistema in cui i modelli, in quanto classi onomaturgiche delimitate, possono rappresentare contemporaneamente altri, quindi assumere statuto di modelli trasversali.

Per porre in evidenza le maggiori possibilità di modellizzazione marchionimica italianeggiante, caratterizzata da autonomia o trasversalità strutturali secondo la classificazione delle formazioni tracciate, nell'analisi ci serviamo dei codici seguenti:

MTA ⟶ modelli di strutture transonimizzate autonome: interi onimi d'origine italiana trapiantati direttamente nella marchionimia polacca per transonimizzazione;
MTN ⟶ modelli di strutture transonimizzate non autonome: elementi di onimi italiani, combinati con altri segmenti (affissi/-oidi, porzioni di parole stanti per radici, elementi ovvero componenti imprecisi e di fantasia), spesso in vista di potenziali neoformazioni ibride;
MOA ⟶ modelli di strutture onimizzate autonome: intere unità linguistiche rappresentanti varie categorie grammaticali del lessico italiano (sostantivi, aggettivi, verbi, ecc.), nonché sequenze sintagmatiche composte da lessemi italiani;
MON ⟶ modelli di strutture onimizzate non autonome: elementi di voci della lingua generale (frammenti di nomi comuni o altre categorie grammaticali del lessico italiano), combinati con altri segmenti (affissi/-oidi, porzioni di parole, componenti imprecisi e di fantasia), spesso in vista di potenziali neoformazioni ibride;
MNO ⟶ modelli neologici originali di carattere prettamente italianeggiante (da qualificare come forme italiane nuove, interpretate come nomi comuni o nomi propri, oppure unità sequenziali, ma create fuori dal contesto comunicativo italiano);
MNM ⟶ modelli neologici misti (interlinguistici) categorizzati lo stesso come ibridi italianeggianti: strutture mono- o polirematiche d'origine polacca o altra straniera (soprattutto inglese) modificate per mezzo di elementi d'ispirazione italiana.

Nei processi di creazione dei vari modelli, e, in modo particolare, di quelli ibridi veri e propri, si specificano i seguenti tipi di componenti/segmenti determinati dalla loro provenienza e abilità strutturale compositiva:

{cid} ⟶ componenti italiani deonimici (propriali: interi nomi propri riciclati o i loro frammenti; riguarda varie categorie dell'onimia italiana);
{cil} ⟶ componenti italiani delessicali (appellativi: interi lessemi italiani o elementi identificati con varie categorie lessicali della lingua italiana generale, prevalentemente sostantivi, aggettivi e verbi);
{civ} ⟶ componenti italiani universalizzati (originariamente usati in appellativi o in onimi; prevalentemente vari suffissi/-oidi);

{cpd} → componenti polacchi deonimici (interi nomi propri riciclati o i loro segmenti; riguarda varie categorie dell'onimia polacca);
{cpl} → componenti polacchi delessicali (derivano da varie categorie lessicali della lingua polacca generale, prevalentemente da appellativi: sostantivi, aggettivi e forme verbali);
{cpv} → componenti polacchi universalizzati (originariamente usati in appellativi o in onimi);
{cin} → componenti inglesi (prevalentemente deappellativi);
{csv} → componenti deonimici o delessicali di carattere straniero internazionalizzato;
{cx} → componenti indeterminati per quanto riguarda la motivazione deonimica o delessicale nella struttura neologica ibrida italianeggiante.

4.1.2. Dimensione perionimica

Precisiamo che fra i vari esempi dei marchionimi raccolti nel *corpus* analizzato in questo capitolo (ma anche in tutti gli altri nel libro), citiamo e discutiamo prevalentemente *firmonimi*, cioè strutture che sono sia denominazioni singole e indipendenti, sia costituenti di strutture più complesse in cui diversi e normalizzati elementi complementari determinano la natura dell'oggetto di riferimento, soprattutto nel sistema amministrativo e legale, ma anche comunicativo. Effettivamente, la struttura denominativa di un ente commerciale può presentare una prima informazione identificativa sul suo oggetto, codificata nel marchionimo inteso come firmonimo, ma anche tramite elementi aggiuntivi, come la ragione sociale, i nomi dei proprietari, una descrizione funzionale e concettuale, la localizzazione, date, *slogan* o *tagline*, ecc. Questi dati aggiuntivi che accompagnano il firmonimo nella sua presentazione completa e ufficiale, ma anche ideata in un ambito specifico (p.es. mediale e pubblicitario), li consideriamo come elementi dei *campi perionimici* del marchionimo[390]. Le varie occorrenze nell'uso di questi

390 Come accennato (vd. nota 241), p.es. nella teoria di Teresa Giermak-Zielińska (2008: 211) quest'informazione speciale che accompagna il nome viene indicata con il termine fr. *glose explicative*. È una proposta pertinente, peraltro, a nostro avviso, le *glosse esplicative* fanno parte dei marchionimi nelle loro versioni registrate come ufficiali e complete. In altri casi, le glosse marchionimiche ridotte a singoli vocaboli particolari costituiscono una specie di "orientatori" fornendo un messaggio fisso al firmonimo spesso troppo astratto (p.es. elementi inglesi come *Fashion, Design, Capital, Beauty, Line, Nails*, ecc.). Bisogna sottolineare che gli elementi semantici aggiuntivi e orientativi servono a precisare aspetti dell'oggetto denominato in diverse categorie crematonimiche, come p.es. nomi di istituzioni, comunità religiose, partiti politici, gruppi musicali, club sportivi, nomi di edifici, nomi di stazioni radiofoniche, televisive, ecc. (cfr. Vaxelaire 2005: 353–363).

campi, in generale, farebbero parte di un oggetto secondario della marchionomastica, il quale vogliamo chiamare la *perionimia.*

Per illustrare questo fenomeno, serva l'esempio del marchionimo *Lubella* (discusso più largamente in Sez. 3.1.2), il firmonimo ovvero la marca di fabbrica della pasta e altri prodotti alimentari.

Ufficialmente, il firmonimo *Lubella* viene accompagnato da alcuni dati denominativi aggiuntivi (di specificazione, identificazione, localizzazione, ecc.): *PZZ LUBELLA GMW Sp. z o.o. Sp.k. w Lublinie* ovvero: *Polskie Zakłady Zbożowe Lubella Grupa Maspex Spółka z ograniczoną odpowiedzialnością Spółka komandytowa w Lublinie.* L'acronimo *PZZ* corrisponde alla storica denominazione descrittiva della fabbrica[391]. Il codice *GMW* designa il *Gruppo Maspex Holding* cui appartiene oggi la marca *Lubella.* La *W* nel codice *GMW* può equivalere all'iniziale dell'urbonimo *Wadowice* (MP), oggi la sede legale del gruppo. Le abbreviazioni *Sp. z o.o.* (1) e *Sp.k.* (2) sono codici convenzionalizzati che indicano la ragione sociale dell'esercizio economico: (1) pol. *spółka z ograniczoną odpowiedzialnością* 'società a responsabilità limitata'; (2) pol. *spółka komandytowa* 'società in accomandita' (siglata anche come S.K.).

Per far risaltare meglio il marchionimo-firmonimo come segno centrale di una data composizione del genere, esso può essere preso tra virgolette o (per lo scritto) presentato in un altro stile grafico (p.es. in corsivo o in un genere di caratteri tipografici diversi dal resto della struttura e/o al neretto). Si confrontino le occorrenze possibili, come p.es. PZZ „Lubella" GMW Sp. z o.o. Sp.k. w Lublinie; PZZ *Lubella* GMW Sp. z o.o. Sp.k. w Lublinie; PZZ **LUBELLA** GMW Sp. z o.o. Sp.k. w Lublinie.

Studiando ogni caso singolo rimarrà aperta la domanda: quali degli elementi costituitivi di una denominazione estesa e completa possono essere considerati come marchionimi? Per quanto riguarda *Lubella,* riteniamo che proprio questo singolo firmonimo faccia da marchio che equivale al marchionimo. Ma non escluderemmo, in questa considerazione, la parte acronimica *PZZ* che precede la voce *Lubella* in molti usi documentati di questa struttura con lo statuto onomastico continuo. Gli stessi suggerimenti o dubbi potrebbero interessare il resto dei dati che accompagnano la denominazione ufficiale del marchio. Sono dati vigenti in

---

391 Ricordiamo che il sintagma nominale *Polskie Zakłady Zbożowe* significa 'Impianti Polacchi per la Produzione di Cereali'. Il nome descrittivo e la tradizionale sigla (o acronimo letto come: pol. *pezetzet* [pɛzɛt'zɛt]), che rievocano il sistema economico socialista, vengono continuamente utilizzati per designare più strutture in questo settore industriale in Polonia (p.es. *PZZ w Krakowie S.A.*; *Zakłady Zbożowo-Młynarskie „PZZ" w Kielcach*; si noti, nella seconda denominazione, la divergenza tra sigla e nome effettivo; agg.pl.m. pol. *młynarskie* è relativo all'idea del s.sg.m. pol. *młyn* 'mulino').

un momento determinato[392] e possono essere modificati (tolti, sostituiti da altri, ampliati) nel futuro.

Nella prospettiva onomastico-linguistica adottata, gli elementi che accompagnano il marchionimo/firmonimo *Lubella*, solitamente integrati ad esso o apparentemente superflui e che possono essere omessi, li consideriamo come *perionimici*. Instaurano essi una zona equivalente ad un campo comune in cui viene collocato il firmonimo: varie informazioni "periferiche" che accompagnano il nome di marchio.

Analizzando il caso esemplificativo di *Lubella* si capisce che la zona perionimica può comprendere diversi costituenti e presentare caratteristiche la cui variabilità dipende da occorrenze specifiche e da situazioni comunicativo-discorsive determinate. È difficile stabilirne gli schemi precisi. Fanno parte del nostro interesse, ma solo laddove possono dare una luce sui modelli analizzati e classificati.

4.1.3. Collocazioni e contesti

In casi particolari, le zone o i campi perionimici o, più precisamente, *perimarchionimici*, si riducono a singoli elementi scelti delle intere strutture registrate (p.es. *PPZ Lubella* o *Lubella GMW*, *Lubella Sp. z o.o.*, ecc.), ma possono avere anche altre realizzazioni formali, fraseologiche e lessicali, che riproducono informazioni e qualificatori ritrovabili nell'esposizione ufficiale e iconica del logonimo. Ove possono essere assegnati al marchionimo per dire qualcosa sull'oggetto denominato (la sua natura sostanziale, la sua appartenenza ad un gruppo di oggetti, la sua apparenza esterna, la sua funzione, ecc.)

Nel primo caso, si tratta, p.es., di *slogan* e *tagline* che accompagnano il marchio nella sua presentazione logonimica. In riferimento a *Lubella*, sarebbero il *tagline* pol. *Tradycja od 1881* ['Tradizione dal 1881'], oppure uno degli slogan pubblicitari attuali della marca, p.es. pol. *Najlepsze ze zboża* ['Il meglio dei cereali'] (vd. Fig. 82).

392 Cfr. p.es. l'attualizzazione per l'anno 2022 sul documento *Informacja o realizowanej strategii podatkowej* ['Informazioni sulla strategia fiscale attuata'] del 15.12.2022: https://maspex.com/wp-content/uploads/2022/12/PZZ-LUBELLA-Sp.-z-o.o.-Sp.k.-Informacja-o-realizacji-strategii-podatkowej-za-rok-2021.pdf, u.a. 29.04.2023.

Fig. 82. Fonte: https://lubella.pl/, u.a. 29.04.2023.

Il secondo statuto lo riscuotono tutti i qualificatori semantico-lessicali possibili che antecedono il marchionimo e costruiscono insieme ad esso sintagmi di natura fraseologica, collocazioni specifiche riscontrate in polacco, p.es. pol. *marka Lubella* ['marca L.']; *firma Lubella* ['ditta/azienda L.']; *zakład Lubella* o *zakład Lubelli*[393] ['azienda/fabbrica L.'] / ['fabbrica della L.']; *spółka Lubella* ['la società L.']; *makaron Lubella* o *makaron Lubelli* ['pasta L.'] / ['pasta della L.']; *produkty Lubella* o *produkty Lubelli* ['prodotti L.'] / ['prodotti della L.'].

Il repertorio di questi qualificatori[394] diventa anche più diversificato quando si specificano altre categorie di prodotti fabbricati sotto il marchio o serie del prodotto principale della marca, e cioè della pasta, p.es. pol. *świderki Lubella / Lubelli* ['fusilli L. / della L.']; *kokardki Lubella / Lubelli* [lett. 'fiocchi [farfalle] L. / della L.']^[395]; *spaghetti Lubella / Lubelli*; *gniazda nitki Lubella / Lubelli* ['nidi di pasta L. / della L.']; *owsianka Lubella / Lubelli* ['pappa di avena L. / della L.']; ecc.

Se valutiamo i contesti d'uso, questa strutturazione può interessare tutte le occorrenze immaginabili in cui compare il marchionimo, creando con esso vari contesti (comparabili con campi perionimici) nell'uso discorsivo del marchionimo, p.es. pol. *produkcja Lubelli* ['produzione della L.']; *reklama Lubelli* ['pubblicità della L.']; *strategia Lubelli* ['strategia della L.']; *kontakt Lubelli* o *kontakt do Lubelli* ['per contattare L.']; *siedziba Lubelli* ['sede della L.'); ecc.

Per principio, le varie occorrenze contestuali, definibili in modo preciso o meno, non dovrebbero far parte delle nostre riflessioni intorno alla modellizzazione nell'onomaturgia italianeggiante dei marchionimi polacchi. Eppure, si ammette che, in casi particolari, anche le occorrenze di questo tipo passino allo spettro dei fenomeni linguistici osservati che si avvalgono della terminologia italiana per designare la natura generica della pasta nei contesti perimarchionimici, come p.es. *spaghetti Lubella* o *spaghetti Lubelli* (vd. Fig. 83).

---

393 *Lubelli* = il genitivo di *Lubella*.

394 Sempre in polacco, ma si creano anche in altre lingue sui territori del loro uso e della commercializzazione della marca polacca *Lubella* (p.es. romeno, ceco o slovacco).

395 Su altri territori europei commercializzati anche sotto il qualificatore italiano *farfalline Lubella*.

Fig. 83. Fonte: https://lubella.pl/, u.a. 29.04.2023.

Nell'offerta attuale della *Lubella* ci sono, altresì, una varietà di prodotti per la designazione dei quali, nella comunicazione commerciale della marca, ci si serve direttamente o si operano calchi semantici di termini utilizzati nel linguaggio della pasta italiana[396], p.es. *Lasagne Lubella*; *Bavette Lubella*; *Cannelloni Lubella*; *Bucatini Lubella*; *Muszelki morskie gnocchi Lubella* (pol. *muszelki morskie* lett. 'conchiglie marine'); *Pełne ziarno spaghetti Lubella* (pol. *pełne ziarno* lett. 'grano intero'). Tuttavia, è una situazione specifica per il caso di per sé immerso nell'ambito che si vuole far associare alla cultura alimentare e gastronomica italiana.

4.1.4. Concetto di modello prototipico

Fra i fenomeni importanti nell'interpretazione onomaturgica italianeggiante va rilevato anche il fenomeno dei "prototipi"[397], il quale potrebbe valere come vettore di sviluppo della ricerca effettuata. Lo segnaliamo, con appositi esempi, in Tab. 9.

Si tratta di un processo ipotetico che consiste nella trasformazione (onimizzazione o transonimizzazione) o nel riuso frammentario di una data voce italiana, creando in questo modo altre unità propriali (o lessicalizzate), sempre di stampo italianeggiante, ma in un'altra area linguistico-culturale. È importante rilevare che fra i modelli prototipici si possono ritrovare anche gli stessi marchionimi

396 Vd. https://lubella.pl/pl/produkty/makarony, u.a. 29.04.2023.

397 Va precisato che non ci riferiamo qui alla questione dei nomi propri *prototipici* e *non prototipici* la quale è oggetto di ampie riflessioni linguistiche all'interno della teoria onomastica generale (cfr. Van Langendonck 2007a: 186–246). Le nostre ipotesi concernono l'idea della prototipicità intesa come base ispiratrice esplicita o implicita dei processi di modellizzazione onimica (marchionimica) particolari nella MPLI.

italianeggianti, che assumono statuto di *macromarchionimi* e, in epoca recente, sono impiegati nella comunicazione commerciale di riferimento.

Senz'altro, questa funzione viene svolta dal marchionimo *Lubella*, che all'interno della *policy* denominativa della marca ha motivato la creazione di altre neoformazioni, p.es. *Pastella*, un nome brevettato nel 2008 (vd. Fig. 84).

Fig. 84. Fonte: WUP, 6, 2008, p. 1732.

Si può ipotizzare che il nome *Lubella* venga imitato anche da altre ditte. Ad esempio, nel 2016, una società polacca è riuscita a brevettare il marchio *Libella* per designare vari prodotti alimentari confezionati (vd. Fig. 85). Teoricamente, il nome *Libella* crea un conflitto formale con *Lubella*, ma in fondo costituisce una forma neologica originale, anche se differenziante dall'ipotetico modello solo con una vocale.

Fig. 85. Fonte: WUP, 4, 2016, p. 943.

Il cambiamento della vocale *u* in un'altra (*i*, *e*, *o* o *y*) nella parte iniziale del prototipo *Lubella* porta ad altre neoformazioni registrate nella MPL: *Lebella*; *Lobella*; *Lybella*. Tutte sono perfettamente neologiche in polacco. Allo stesso tempo, non si esclude il loro legame con *Labella*, non raro come occorrenza marchionimica, e interpretato piuttosto in un solo modo: come nome univerbato del sintagma italiano *la bella*. Si noti che già nel 1925 una fabbrica di imprenditori polacchi aveva registrato il marchio *Labella* per designare prodotti di bellezza (vd. Fig. 86).

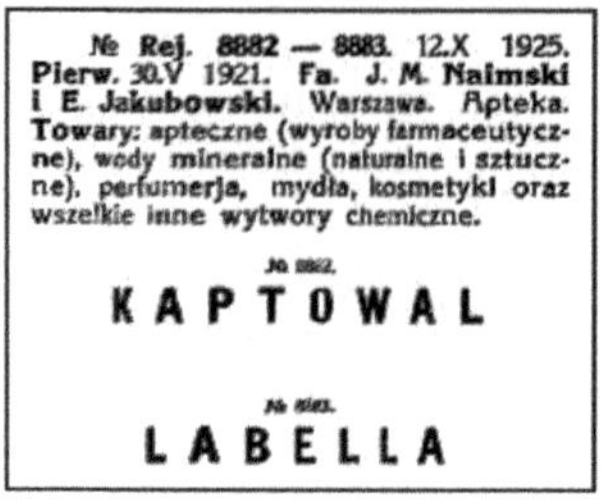

Fig. 86. Fonte: WUP, II(10), 1925, p. 1229.

La creatività fondata su un prototipo non ha limiti, soprattutto quando si ha a che vedere con un nome con un potenziale motivazionale come *Lubella*. Anche il cambiamento dell'iniziale *L* in un'altra consonante dà risultati che possono essere associati, primariamente o secondariamente, con il marchionimo formato per denominare la marca di Lublino, p.es. *Fubella*; *Mubella*; *Nubella*; *Vubella*; *Zubella*. Sono dei neologismi senza un'associazione concettuale che potrebbe riferirsi alle parti iniziali di queste formazioni: ?*Fu/b-*,?*Mu/b-*,?*Nu/b-*,?*Vu/b-*,?*Zu/b-*. In alcuni casi, l'effetto così ottenuto è scherzoso o può essere interpretato come tale, p.es. *Bubella* (cfr. s.sg.m. pol. *bubel* parlando di un 'prodotto difettoso') o *Kubella* (cfr. s.sg.m. pol. *kubek* 'tazza/bicchiere'). In altri, la lettura suscita ipotesi interlinguistiche, p.es. *Dubella* (cfr. la radice pol./internaz. *dubel/t-/dubl-* parlando di qualcosa di 'raddoppiato' o 'copiato')[398]; *Tubella* (cfr. avv. di luogo pol. *tu* 'qui' o s.sg.f. pol./internaz. *tuba* 'tubo'; o un'interpretazione ipotetica italiana: *tu bella*); *Rubella* (cfr. s.sg./pl.m. pol./internaz. *rubel/ruble* 'rublo/-i'). Per lo più, ispirate a *Lubella* possono essere anche neoformazioni che consistono nell'uso di un'altra vocale al posto della *e* nella parte *-bella*, p.es. le ipotetiche *Luballa*; *Lubilla*; *Lubulla*.

Esempi di questo genere sono solamente un preludio nella creatività incontrollabile e travolgente che concerne l'onomaturgia della marchionimia italianeggiante nell'ambito polacco. L'analisi proposta svelerà la sua larga scala, forse non riscontrabile in questa misura in altri ambiti linguistico-culturali (un problema da sottoporre a chi svolgerà ricerche ulteriori).

---

398 *Dubella* è poi solo a un passo dalla forma neologica italianeggiante *dupella*, che è un gioco di parole in cui si legge il s.sg.f. pol. *dupa*, un vocabolo osceno che significa 'culo'. Sarebbe, quindi, un divertente para-eufemismo (cfr. il lemma *dupessa*, una neoformazione pseudoitaliana attestata con il significato erotico peggiorativo: 'una donna fisicamente attraente', IVLW 2023: 211). *Dupella* compare come *nick* sui *social*, anche in collocazioni che sviluppano l'oscenità (p.es. *Doantella Srella-Dupella* [sic!] recte: *Donatella*; *Srella* associato con il v. pol. volg. *srać* 'cagare'; fonte: https://pl-pl.facebook.com/doantella.srelladupella/, u.a. 9.11.2023). Cfr. nota 629.

Molteplici stratagemmi creativi si scoprono tra le classi onomaturgiche della sistemazione formale e culturale successiva la quale delineerà una variegata modellizzazione strutturale e semantico-concettuale incentivata da marcatori di italianità nella MPLI. Si tenga presente che molti degli esempi selezionati e sistemati in un tipo di modelli possono illustrarne anche altri; quindi, contemporaneamente, possono appartenere a diverse classi stabilite.

4.2. Descrizione dei dati e criteri di costituzione del *corpus*

Riteniamo che il *corpus* dell'analisi linguistica, come pure di ogni altro carattere preso in considerazione in questo volume, sia rappresentativo per la portata del fenomeno tracciato e studiato.

Quantitativamente, prevedevamo che l'ammontare delle forme estratte, secondo i criteri adottati, sarebbe stato notevole, ma non ci aspettavamo che tali forme avrebbero potuto essere così numerose.

Lo stesso al livello qualitativo, che pregiudicavamo, sì, come assai orientativo per le occorrenze analizzate, anche prima in alcuni dei nostri studi e di quelli di altri autori; tuttavia, è venuto fuori che il reale spettro delle opportunità onomaturgiche italianeggianti, verificate nella MPL, è costituito e alimentato da una scala molto più ampia e più variegata di quella finora accertata e programmata.

Il sistema della modellizzazione e della funzionalità che caratterizzano l'organizzazione e strutturazione onomastica all'interno della MPL è molto rivelatorio e significativo non solo per la marchionimia come classe o sottoclasse della crematonimia o, in generale, dell'onimia nell'ambito polacco, ma bensì per l'onimia internazionale. L'importanza dei risultati della ricerca è altrettanto significativa per lo studio dei fenomeni attuali legati ai processi innovativi di sviluppo strutturale e comunicativo della lingua polacca.

Nell'ambito considerato, questi fenomeni non rimangono, tuttavia, senza impatto indiretto sulla lingua italiana, quantunque si tratti di fatti esolinguistici rispetto all'italiano all'interno della realtà osservata e della sua valutazione, e cioè di una situazione staccata fisicamente dal suo territorio nonché da un potere di gestione dell'italiano nel suo uso.

A ben vedere, questa vicenda, anche se non coinvolge lo spazio linguistico italiano, riguarda pur sempre lo stato attuale dell'italiano nel mondo, se non altro, come fonte d'ispirazione e della reale motivazione onomaturgica universalmente manifestantesi di continuo. Per quanto riguarda l'ambito polacco, ciò avviene in modo abbastanza intensivo ed estensivo, anche se con la prospettiva di essere ridotto o frenato, ma non da fattori che possano dipendere, p.es., dal cambiamento dell'atteggiamento di simpatia e affascinazione che dimostrano gli utenti polacchi di fronte alla lingua e cultura italiana.

A margine, si precisi che cause e condizionamenti socio-psicologici di influenze effettive dell'italiano sulla MPL possono essere molto più prosaiche e congiunturali o, addirittura, mercantili. Invero, la denominazione commerciale si può specializzare o diventare meno propensa alle influenze esterne per certe cause socio-politiche, come la tendenza di dare più valore a ciò che è "polacco": naturale, nostrano, conosciuto, vicino, non sofisticato, patriottico; e a scapito dei processi di internazionalizzazione e globalizzazione commerciale.

Esiste anche il relativo rischio di diminuzione di esercizi commerciali poiché non ce ne sarà bisogno in futuro, nelle quantità osservate oggi. È anche abbastanza significativo il fatto che numerose piccole imprese individuali potranno essere sostituite da un minor numero di aziende, ma di dimensioni ed economicamente più forti, trapiantate sul territorio polacco dall'esterno insieme ai loro nomi che presentano piuttosto una caratterizzazione formale soggetta a forte influsso neologico dell'inglese. Eventualmente, si verificherà, p.es. nel settore del commercio alimentare, un fenomeno che passo passo farà chiudere tali attività o vederle sostituite da altre strutture simili, come i piccoli negozi alimentari che si chiudono a causa dell'espansione della rete *Żabka* (sempre con lo stesso e unico nome), oggi operante in più di 10 mila punti di vendita e para-caffetterie o anche *fast food* sull'intero territorio del Paese (cfr. Sez. 3.5.1).

L'italiano, col tempo, probabilmente perderà in Polonia il rango accertato oggi nell'uso "diretto" o "indiretto" nella marchionimia.

Ci occupiamo, comunque, di una situazione che sembra abbastanza fissa, con certi alti e bassi, verificata, approssimativamente, sull'arco degli ultimi decenni, ma dobbiamo sottolineare un fattore che da un mese all'altro ha sospeso se non proprio cancellato dai registri amministrativi molti esercizi commerciali (con nomi italianeggianti o meno). Si tratta del periodo della pandemia da Covid-19, esattamente quando ci siamo messi alla raccolta dei dati per il nostro *corpus*. Per ragioni ovvie, tra le quali vi sono soprattutto il rischio e poi le conseguenze della crisi economica causata dalla pandemia, molte delle denominazioni estratte formalmente sono scomparse dal mercato, ma non dall'uso, giacché il processo di degradazione o sparizione di un evento economico non è immediato, ma richiede un certo periodo per essere assimilato. Ciò riguarda anche il processo subito proprio dai nomi di imprese che hanno sospeso la produzione o hanno chiuso i battenti, o di prodotti non più fabbricati e commercializzati, i quali possono rimanere, anche a lungo, nella memoria orale collettiva, vale a dire al di fuori di quelle testimonianze documentate scritte della loro esistenza linguistica. Per questo non è possibile pretendere che il *corpus* sia pienamente attuale. Ciononostante, siamo convinti che rappresenti i fenomeni attualmente osservati e verificabili oggi, sempre, su larga scala.

Il *corpus* dal maggior numero di unità marchionimiche stabilito per questa ricerca è stato raccolto soprattutto nel periodo da marzo a giugno 2020, quindi in pieno *lockdown* causato dalla pandemia da Covid-19. La raccolta è stata svolta in modo tradizionale, per mezzo dei motori di ricerca elettronici ufficializzati. Si è effettuata una rassegna sistematica di diverse fonti (*database* elettroniche), estraendo manualmente le unità denominative evidenti o anche suscettibili di essere prese in considerazione, contrassegnate esplicitamente e, più raramente, implicitamente, da italianità linguistica.

Talvolta, nella selezione svolta sui siti di vari elenchi disponibili in Rete ci siamo serviti di strumenti accessibili che si potevano usare nei motori di ricerca (partendo da parole, frammenti di parole, nessi di lettere, come p.es. le consonati doppie). I nomi degli eventi economici trovati sono stati, in seguito, sistemati in una lista, provvisti di vari dati aggiuntivi (anche perionimici), come:

- tutti i componenti della composizione completa di una data denominazione insieme alla sua ragione sociale;
- in casi particolari, i nomi e cognomi dei proprietari degli esercizi commerciali, soprattutto quando si è notato un qualche legame di motivazione formale tra un firmonimo e il nome del proprietario della ditta;
- il settore relativo all'attività economica svolta o un'informazione sulla natura dell'oggetto commercializzato;
- i numeri di registrazione legale nei sistemi amministravi e nel registro nazionale (rimangono nel nostro archivio privato);
- l'anno di costituzione, sospensione o scioglimento dell'impresa;
- il nome della località con il codice del voivodato della sede centrale dell'esercizio;
- altri dati di contatto, se pertinenti per la spiegazione della motivazione del nome coniato[399].

4.2.1. Dati quantitativi di fondo

I numeri esatti delle unità marchionimiche estratte che prendiamo qui in considerazione possono essere verificati in più modi. Si è inoltre ritenuto opportuno indicare il percorso compiuto per raggiungere il numero complessivo riportato in questo volume.

Un primo numero che bisogna rilevare nella prospettiva quantitativa è la somma totale di unità imprenditoriali che sono state registrate ufficialmente in Polonia: nel 2020, ce n'erano esattamente 4.106.708, secondo le statistiche dell'Ufficio Centrale di Statistica della Repubblica Polacca (GUS); tuttavia, in questo numero si trovano anche imprese (ditte, fondazioni e associazioni a scopo di lucro) non operative e quelle che hanno realmente chiuso la loro attività. Nei casi particolari, la cessazione d'attività non era ancora segnalata dal GUS. È comunque importante tener presente che i nomi di tutti questi esercizi, come spiegato sopra, sono tuttora in circolazione, anche quelli che riteniamo "storici".

Nella quota suddetta ci sarebbero ca. 2,5 milioni di soggetti che gestiscono un tipo di attività economica. Nel numero indicato si sommano i valori delle seguenti forme giuridiche: società commerciali (461.000); cooperative (9.800);

399 Non forniamo dati che non sono pubblici o che hanno incontrato obiezioni per essere resi pubblici. Tali dati sono conservati nei nostri archivi privati o possono essere consultati nelle fonti di materiale marchionimico sottoposto allo studio presente (cfr. infra e Fonti dei dati).

fondazioni e associazioni (18.900); ditte delle persone fisiche che svolgono un'attività imprenditoriale (2 milioni).

Peraltro, si sono analizzate soprattutto le coordinate dell'ultimo gruppo, giacché statisticamente è il più numeroso. Non è, certamente, stato possibile né necessario verificare tutte le 2,5 milioni di unità denominative, ma stimiamo di averne esaminate almeno 250.000 (10 %) come campione rappresentativo dell'ambito che ci interessava. A questo numero bisogna aggiungere un altro gruppo difficilmente calcolabile (stimato intorno ai 5.000 casi) di nomi corrispondenti ad altri oggetti di denominazione commerciale (prodotti, servizi, altre entità economiche).

In riferimento a tutti questi numeri suddetti, i risultati che si daranno di seguito possono sembrare non copiosi, ma, comunque, importanti per la formulazione di osservazioni e tendenze tracciate[400].

Di unità che potevamo determinare come italianeggianti e ricondurre alla base effettiva del nostro *corpus*, ne sono state stabilite ca. 20.000, quindi quasi l'8 % (sul numero di 255.000). Va tuttavia precisato, che il risultato ottenuto contiene delle ripetizioni di singole denominazioni in funzione di firmonimi designanti oggetti diversi.

Complessivamente, il *corpus* di questa ricerca consiste in ca. 2.000 marchionimi di carattere strutturale italianeggiante, se si prendono in considerazione le unità denominative singole, semplici e composte (anche sequenziali).

Ciò significa che, p.es., il nome *Bella* quando compare come firmonimo designante diversi oggetti, nel *corpus* viene contato una sola volta malgrado le sue numerosissime occorrenze verificate. Invece, ogni elemento aggiunto ad una struttura ripetuta (p.es. *La Bella*; *Bella Donna*; *Bella Ciao*; ecc.) fa sì che le unità create in questo modo vengono trattate nel nostro *corpus* come lemmi autonomi.

4.2.2. Criteri linguistici di selezione e di esposizione dei dati

La selezione dei marchionimi per il *corpus* è stata svolta secondo tre criteri linguistici maggiori che permettevano di verificare o porre un'ipotesi sul carattere italianeggiante di una data forma:

- una evidente univocità di carattere lessicologico e onomastico tra la denominazione prodotta e una struttura dello strato appellativo o propriale della lingua italiana, anche nelle composizioni sintagmatiche/fraseologiche (p.es. *Bella* < it. *bella*; *Marcello* < it. *Marcello*; *Dolce Vita* < it. *dolce vita*);
- l'inclusione di un elemento morfo-fonematico ovvero grafico (appellativo o propriale) di provenienza italiana o strutturalmente motivato dall'italiano nel costrutto ibrido creato come composizione / costruzione neologica, mono- o polirematica;

400 Cfr. il *database* dei firmonimi polacchi contenuta in Puldzian Płucienniczak 2017.

- una prospettiva trasversale, il più possibile ampia e rappresentativa in termini di riferimento dell'oggetto denominato, settore industriale/economico, luogo di registrazione e amplitudine comunicativa, serie analogiche emergenti e forme individualizzate dei marchionimi tracciati.

Nell'analisi sono adottati i seguenti principi e norme redazionali di ricerca:

1. le classi o sottoclassi individuate e definite nei titoli delle sezioni sono accompagnate da commenti introduttivi od osservazioni conclusive riferite ai gruppi di esempi di una data categoria;
2. i lemmi presentati sono sistemati alfabeticamente; in questo ordine vengono inseriti anche gli esempi tratti e verificati sui Bollettini dell'Ufficio Marchi e Brevetti della Repubblica Polacca (*Wiadomości Urzędu Patentowego Rzeczypospolitej Polskiej* WUP), con apposite illustrazioni che sono costituite da citazioni visive estratte direttamente dai WUP[401];

401 I dati contenuti nel blocco di un marchio registrato come brevettato/protetto e pubblicato sui WUP sono visualizzati in forma di copia *Print Screen*. Nella maggior parte dei casi, non si riprendono tutte le varie descrizioni del settore commerciale, industriale, socio-economico, ovvero le descrizioni circa le caratteristiche dei prodotti e servizi che ricadono sotto un marchio protetto; spesso, sono allora degli estratti iniziali di lunghe liste di materie corrispondenti a questi campi, che non vale la pena citare, anche per l'impossibilità di tradurle tutte dal polacco (sotto alla citazione visiva si segnalano in italiano nella descrizione delle figure i vettori maggiori sull'oggetto di denominazione). I marchionimi storici (registrati sui WUP prima e nei primi decenni dopo la Seconda guerra mondiale) vengono segnalati per mezzo del simbolo /S/. Servono per rilevare i fenomeni presenti nella comunicazione commerciale polacca da quando la marchionimia viene sottoposta ai processi di registrazione ufficializzata e brevettata presso gli organi dello Stato polacco. Tuttavia, si tratta di tre diversi periodi e circostanze politiche: I. l'epoca della la Polonia democratica negli anni '20 e '30 del XX sec. e poi sotto l'occupazione tedesca, ma entro confini diversi rispetto a quelli stabiliti dalla Conferenza di Jalta nel 1945; in tale periodo vi era un particolare plurilinguismo che dipendeva anche dalla zona del Paese: polacco, yiddish, tedesco, ucraino, russo, lituano, ecc.; II. la Polonia comunista negli anni dal 1945 fino al 1989; III. la Polonia post-comunista dagli anni '90 del XX sec. fino ad oggi. Prendiamo in considerazione anzitutto l'ultimo periodo. Anche in questo si possono specificare diverse tappe determinate dallo sviluppo del mercato liberalizzato che vede sin dai primi anni '90 una proliferazione straordinaria di nuove imprese, la cui denominazione rivela spesso influssi linguistici esterni (stranieri). La tappa attuale è più regolata e sistemata, ma vari marchionimi registrati anche 30 anni fa continuano la loro esistenza o ne rimane un ricordo documentato che non si dovrebbe tralasciare in questa ricerca, pur si tratti di esempi selezionati. La tappa osservata oggi differisce abbastanza da altre: si sviluppa anche nello spazio mediale, soprattutto in Rete, alimentando in modo considerevole il VLL.

3. in corsivo e in neretto si indicano le forme tracciate e categorizzate come marchionimi italianeggianti, riproducendo la loro ortografia originale, ma unificando l'uso della maiuscola iniziale; anche nel caso delle strutture sintagmatiche si cerca di utilizzare la maiuscola iniziale per tutte le voci della composizione, ciò corrisponde alla norma ortografica dei nomi propri sequenziali in polacco[402];
4. le forme in neretto rinviano come singoli lemmi all'indice finale di tutti i marchionimi citati in questo libro; in questo modo la lettura dell'analisi non deve essere lineare: è possibile ritrovare la collocazione ufficiale e la descrizione di un dato marchionimo annoverato ad una classe dei modelli onomaturgici individuati; per questo tra le descrizioni dei lemmi si possono incontrare anche delle ripetizioni di informazioni specifiche;
5. tra le parentesi tonde usate dopo il lemma al neretto si indicano alcune spiegazioni linguistiche, crematonomastiche e culturali, p.es. riguardo la composizione del nome ottenuto:
   - **neo** = neologismo/neologia/neoformazione;
   - **neo IS** (*Italian Sounding*) = neoformazione apparentemente italiana e, prevalentemente, ibrida;
   - **ibr** = neoformazione ibrida; ibrido;
   - **neo PIF** (*Potential Italian Form*) = nome di fantasia/neologico potenzialmente italiano;

402 Si segnali, tuttavia, un fatto importante che concerne le lettere iniziali: a seconda dell'intenzione originaria dei creatori del marchionimo o conformemente alla sua presentazione nel logo/logonimo (p.es. sui WUP), l'iniziale minuscola può essere anche distintiva, giustificata dalla stilizzazione adottata, talvolta suggestiva (p.es. *bobini*, marchio di prodotti per l'igiene dei bambini, vd. https://bobini.pl, u.a. 26.09.2023; *bobini* < s.sg.n. colloq. *bobas* 'bimbo' + suff. italianeggiante *-ini*; cfr. Sez. 4.8.2.1.5). Inoltre, l'iniziale minuscola è spesso sanzionata dalla fusione grafica del firmonimo con l'indicazione del dominio Internet: *.pl* per la Polonia (p.es. *mariella.pl*). Per ragioni di riproduzione formale unificata per la ricerca presente, nell'analisi successiva e nell'indice dei marchionimi, prevalentemente, togliamo la parte *.pl* (e simili, p.es. *.com*) dalle strutture tracciate e notate in neretto corsivo. Comunque ci rendiamo conto del fatto che sono elementi ufficializzati e indispensabili nell'identificazione di un dato esercizio (soprattutto di quelli che conducono la loro attività solo in Rete). Gli stessi autori o proprietari dei marchi provvisti della particella *.pl* e sim. non riprendono tale uso in modo costante, ma li citano variandone la forma. Neppure nell'ortografia dell'iniziale minuscola o maiuscola originale vi è coerenza sistematica. L'uso della maiuscola è un tratto obbligatorio di qualsiasi tipo di nome proprio in polacco, soprattutto quando esso viene inserito in un testo (cfr. anche nota 19). Per questo, nell'analisi successiva e nell'indice dei marchionimi studiati, tutti i lemmi rilevati si trascrivono con l'iniziale maiuscola (p.es. *Monnari* ivece di *monnari*; *Tresori*: *tresori*; *Almavera*: *almavera*).

- codici tra le parentesi graffe in riferimento alla provenienza/natura di un dato componente/elemento strutturale[403];

6. tra le parentesi quadre si sistemano i dati seguenti:
   - con il segno ~ rinviamo alla forma del marchionimo attestato, indicato in grassetto all'inizio del blocco[404]; manteniamo l'ortografia originale, ma si tenga presente che nelle fonti consultate il marchionimo spesso viene esposto nella scrittura capitale che si utilizza anche per elementi perionimici[405]; a volte il marchionimo è delimitato dalle virgolette alte doppie (nell'ortografia polacca originale hanno il formato basse/alte: „M");
   - gli elementi perionimici sono riprese originali dei dati registrati nelle fonti consultate; se non risulta necessario per la spiegazione dello sfruttamento nella formazione del marchionimo, i nomi e cognomi dei proprietari dell'oggetto denominato si omettono; nondimeno la loro presenza nella struttura denominativa completa viene segnalata dai codici **N/C** = nome cognome o **C/N** = cognome nome (dipende dall'ordine originale)[406];

403 Non tutti i lemmi esigono un'esplicazione dettagliata: la loro specificità emerge dall'inclusione nella classe determinata.

404 A volte la forma originale del marchionimo viene copiata per evidenziare la sua caratteristica compositivo-grafica specifica.

405 L'utilizzo delle lettere maiuscole permette agli onomaturghi e agli utenti di evitare certi eventuali dubbi circa la scrittura dei nomi formati, copiati, utilizzati in vari documenti, ecc. È particolarmente utile per l'ortografia delle strutture polirematiche. Si sottolinei, tuttavia, che la questione dell'ortografia originale del marchionimo registrato e visualizzato come voce linguistica o logonimo varia a seconda del caso (cfr. nota 402). È l'onomaturgo che decide quale modalità grafica applicare alla struttura creata. Occorre riconoscere che la grafia e l'ortografia dei nomi di marchio "vivono la propria vita" e non è possibile assoggettarle ad una norma uniformizzata (cfr. p.es. *PIeRO*; *MaFioSSo*; *LaDalla*; *Dell Sole*; *DANZArte*). L'analisi della grafia dei marchionimi nella loro versione originale andrebbe oltre lo scopo linguistico di questo studio. A questo punto, rinviamo ad aspetti quali la tipografia, la semiotica visuale o il *design* grafologico dei caratteri e il *design* di altri elementi iconici e simbolici (cfr. p.es. Danesi 2006: 25–33; Frutiger 2010: 138–169; Polidoro 2016: 108–114; Mapelli 2021: 89–102).

406 Quando si parla di "proprietari" si intendono per questo termine generale persone di riferimento legale, che sono i direttori, detentori, titolari, soci dell'esercizio esistente, sospeso, cancellato e/o storico sul mercato, oppure i responsabili del marchio sotto il quale viene denominato un dato ente (impresa, prodotto, servizio). Quando risulta necessario per la spiegazione linguistica, i nomi e/o i cognomi delle persone fisiche sono citati conformemente alla denominazione integrale e ufficiale di un esercizio o prodotto con rinvio alla fonte consultata. Nei casi particolari si dispone del permesso personale degli interessati.

- per l'indicazione del nome e/o cognome dei proprietari si utilizzano le abbreviazioni:
  n.pro / **c.pro** (nome / cognome del proprietario / intestatario); **n.pra** / **c.pra** (nome / cognome della proprietaria / intestataria);
  c.pri (cognome dei proprietari / intestatari)[407];
- la specificazione della natura dell'oggetto denominato per mezzo di sigle maggiormente convenzionalizzate, p.es.:
  B.H.U. = pol. *Biuro Handlowo-Usługowe* 'Ufficio di Commercio e Servizi';
  F.H. = pol. *Firma Handlowa* 'Ditta Commerciale';
  F.H.U. = pol. *Firma Handlowo-Usługowa* 'Ditta di Commercio e Servizi';
  F.P.H.U. / **F.H.U.P.** = pol. *Firma Produkcyjno-Handlowo Usługowa* 'Ditta di Produzione, Commercio e Servizi';
  F.R.B. = pol. *Firma Remontowo-Budowlana* 'Impresa Edile di Ristrutturazioni;
  F.U. = pol. *Firma Usługowa* 'Impresa Servizi';
  P.W. = pol. *Przedsiębiorstwo Wielobranżowe* 'Azienda multi-settoriale';
  Z.P.U.H. = pol. *Zakład Produkcyjno-Usługowo-Handlowy* 'Azienda di Produzione, Servizi e Commercio';
  Z.U. = pol. *Zakład Usługowy* 'Azienda Servizi'; ecc.,
- la specificazione della ragione sociale con l'uso dei codici:
  Sp. z o.o. = pol. *Spółka z ograniczoną odpowiedzialnością* 'Società a responsabilità limitata' (cfr. supra);
  Sp.k. = pol. *Spółka komandytowa* 'Società in accomandita' (cfr. supra);
  Sp.a. = pol. *Spółka akcyjna* 'Società per azioni';
  Sp.c. = *Spółka cywilna* 'Società civile';
  Sp.j. = *Spółka jawna* 'Società a nome collettivo';
  Sp.p. = *Spółka partnerska* 'Società civile' (nomenclatura storica);
- gli identificatori generici utilizzati come glosse nella struttura perionimica, se compaiono nelle fonti di consultazione, come p.es. *Salon, Studio, Gabinet, Akademia, Agencja, Biuro, Instytut, Klinika*[408]; *Przedsiębiorstwo Konfekcyjne* 'impresa di confezionamento [di vestiti]'; *Galeria Fryzur* 'galleria delle acconciature' e sim.[409];

---

407 I nomi e cognomi che accompagnano i marchionimi si possono consultare nei *database* come KRS; GUS (*REGON Rejestr Gospodarki Narodowej* 'Registro dell'Economia Nazionale') , *Rejestr UP* 'Registro dell'Ufficio Marchi e Brevetti'). Cfr. infra.

408 Nella maggior parte dei casi, sono termini che si interpretano facilmente nella comunicazione commerciale internazionale.

409 Il significato di un dato descrittore perionimico viene indicato nella parte successiva della presentazione dei dati tra le parentesi quadre; si utilizza allora il segno # che rinvia alla traduzione o ad una spiegazione interpretativa dell'espressione polacca.

- le sigle o i nomi delle fonti consultate (banche dati: registri ed elenchi di imprese, prodotti, servizi, offerte degli stabilimenti industriali e commerciali, brevetti)[410]:
  Aleo = il database delle aziende *Aleo.com*: https://aleo.com/pl;
  CEiDG = *Centralna Ewidencja i Informacja o Działalności Gospodarczej* (Database delle ditte / Registro Centrale e Informazioni sull'Attività Commerciale presso il Ministero delle Imprese e della Tecnologia): https://aplikacja.CEiDG.gov.pl/CEiDG/CEiDG.public.ui/search.aspx;
  GUS = *Główny Urząd Statystyczny* (Istituto Centrale di Statistica[411]) / *Database REGON*: https://wyszukiwarkaregon.stat.gov.pl/appBIR/index.aspx (anche https://www.coig.com.pl/spis-polskich-firm_katalog_polskich_firm.php);
  KRS = *Krajowy Rejestr Sądowy* (Registro Giudiziario Nazionale c/o Ministero della Giustizia[412]): www.krs-online.com.pl; specificamente:
  KRSO = *Baza firm KRS online* (Database di imprese KRS online);
  KRSW = *Wyszukiwarka KRS* (Motore di ricerca KRS), https://ekrs.ms.gov.pl/web/wyszukiwarka-krs/strona-glowna/index.html; la ricerca a partire del nome dell'esercizio: http://www.krs-online.com.pl/lista_podmiotow_wedlug_nazw.html;
  PKT = *Polskie Książki Telefoniczne* (Elenchi Telefonici Polacchi / Pagine gialle): https://www.pkt.pl;
  RIO = *Rejestr.io*: *Fundacja Moje Państwo* (Fondazione Il Mio Stato): https://rejestr.io/;
  WUP = *Wiadomości Urzędu Patentowego* 1924-2023 (Bollettini dell'Ufficio Marchi e Brevetti): https://uprp.gov.pl/pl/publikacje/biuletyn-i-wiadomosci-uprp[413];
- altre fonti di consultazioni supplementari:
  BF = *BiznesFinder.pl*: https://www.biznesfinder.pl/;
  BNF = *Baza firm i osób decyzyjnych* (Database delle imprese e imprenditori): https://www.bnf.pl/;
  CLN = *Classificazione di Nizza*, ed. 2021: https://registrare-marchio.com/la-classifica-di-nizza-per-i-marchi/#classi;
  TSTM = *Trademark Search Tool Marcaria*: https://trademark-search.marcaria.com/en;
  UP = *Urząd Patentowy Rzeczpospolitej Polskiej* (Ufficio Marchi e Brevetti della Repubblica Polacca): https://ewyszukiwarka.pue.uprp.gov.pl/search/simple-search[414];

---

410 Cfr. anche Fonti dei dati dove si precisano le date dell'ultimo accesso ai siti.
411 L'equivalente funzionale dell'ISTAT in Italia.
412 L'equivalente italiano del Registro delle Imprese. In realtà il KRS è presente in diverse sezioni dei tribunali distrettuali della Repubblica Polacca.
413 Al sito si possono consultare i volumi dei WUP dai quali provengono le immagini dei logonimi e altri dati presentati come citazioni visuali nel libro.
414 Quando mancano riferimenti alle fonti amministrative e di contatto identificativi, si indicano i siti Internet (soprattutto si tratta dei negozi in Rete) e/o le

- l'indicazione del settore / della natura dell'oggetto di denominazione (in molti casi, conforme alle classi CLN); nella descrizione della natura degli oggetti si usano semplificazioni (si omettono alcune preposizioni, articoli, congiunzioni o virgole tra elementi specificanti, ecc.);
- l'anno della fondazione dell'esercizio in riferimento all'oggetto di denominazione; eventualmente, si aggiungono:
  il simbolo □ : segnala l'anno della cancellazione ufficiale dell'esercizio (il nome rimane nella memoria dei fatti economici o designa altre strutture);
  il simbolo ◊ : segnala l'anno della sospensione ufficiale dell'esercizio (l'attività può essere ripresa sotto la stessa o un'altra denominazione);
- il nome della località in cui l'esercizio è ubicato o nel suo indirizzo postale, con il codice che simboleggia il voivodato (una delle 16 regioni amministrative maggiori dello Stato polacco; vd. Abbreviazioni e simboli utilizzati);

7. le frecce segnalano l'introduzione di una o più esemplificazioni riferite al lemma discusso nel blocco;
8. nella parte finale dei blocchi vengono indicate eventuali numeri di altre occorrenze (**a.o.**) in cui un dato lemma marchionimico è stato tracciato, considerando che è utilizzato sia autonomamente che in diverse configurazioni formali (**d.c.**);
9. alcuni lemmi sono accompagnati da figure (citazioni visuali dai siti indicati nelle fonti, oppure fotografie scattate in situ)[415].

4.3. Modellizzazione deonimica

Nell'analisi qualitativa (strutturale, motivazionale e funzionale) dei lemmi marchionimici nel nostro *corpus* di ricerca abbiamo individuato diverse categorie deonimiche, trattando gli interi onimi d'origine italiana come una prima classe di marcatori di italianità riscontrati nella MPLI. Di seguito si discutono i loro esempi divisi tra alcuni gruppi di riferimento onomastico che vengono precisati con l'indicazione della categoria onimica stante alla base dei marcatori onimici.

In generale, sono dei casi di modelli di transonimizzazione MTA e MTN che coinvolgono gli antroponimi, i toponimi e altri nomi propri. Addentrandoci nell'argomento, si passa anche all'esemplificazione e alla discussione dei casi di MNO e MNM fra i quali le strutture italiane d'origine propriale possono svolgere un ruolo motivazionale importante e cruciale nell'interpretazione onomastico-linguistica.

---

denominazioni delle strutture (marche "madri") cui l'oggetto del marchionimo appartiene (precedute dal segno //).

415 A certi valori semiotico-visivi ci riferiamo descrivendo e illustrando un dato marchionimo con una figura apposita. I marchi linguistici sono spesso brevettati nella loro forma logonimica individualizzata, simbolica e contrassegnati in colori specifici e protetti come elemento integrale del marchio.

4.3.1. Transonimizzazioni deantroponimiche

Il materiale da riciclare in questo tipo di operazione interonimica sono soprattutto dei nomi di battesimo e cognomi italiani che sono stati utilizzati dai creatori onomaturghi come fonte di ispirazione linguistico-culturale, intenzionalmente riproposta a utenti polacchi. Queste unità onomastiche, vere o finte, presentano molti vantaggi nella comunicazione di *marketing*, specie laddove si voleva suggerire a utenti (clienti) che l'oggetto di denominazione e commercializzazione è di natura e qualità proprie per l'ambito italiano corrispondente, p.es. vari prodotti del settore della moda, i quali, senza nessuna conseguenza, possono essere denominati con marchionimi deantroponimici italianeggianti.

Le transonimizzazioni deantroponimiche sono particolarmente popolari nella MPLI, giacché i nomi personali presentano caratteristiche denominative pronte e facilmente riconoscibili come tali. Da una parte, si possono riferire agli antroponimi che servono per designare gli individui viventi o storici o altri enti animati o inanimati che sono sia antropomorfizzati che percepibili in una prospettiva umana (p.es. i nomi di animali domestici, di figure e personaggi immaginari, letterari, mediali, leggendari, mitologici, spirituali, simbolici, rappresentati in arti visive, *alter ego*, ecc.). Dall'altra, questa confusione, intenzionalmente imposta nell'uso, è anche un effetto desiderato che suscita un pronto valore connotativo o, per lo meno, suggestivo ed estetico.

I transonimi basati su antroponimi possono codificare varie informazioni di fondo motivazionale, p.es. il riferimento ai propri dati personali: nomi e cognomi trasposti in qualche modo al marchionimo (nella presentazione che segue si vedranno, tra l'altro, molte prove di traduzione o adattamento in italiano dei nomi dei proprietari/intestatari di esercizi/oggetti di denominazione), ai nomi delle persone care ai proprietari o che cooperano con esse[416].

Inoltre, la transonimizzazione può essere subito messa ad un livello di ristrutturazione che consiste nell'utilizzo di parti tolte da nomi di motivazione (sequenze di suoni/lettere, sillabe, finali che rappresentano vari componenti deonimici/deantroponimici nell'onomaturgia della MPLI).

4.3.1.1. Nomi di battesimo maschili

I nomi di battesimo maschili italiani utilizzati come MTA sono inconfondibili nel contesto e per l'orecchio polacco. La loro caratteristica desinenza *-o* (eccetto alcuni che terminano in *-a* o *-i*, e rievocano lo stesso l'italianità, come p.es. *Andrea, Giovanni*) li rende originali. La conoscenza anche di pochi personaggi

416 Come altri nomi propri, e riguarderebbe praticamente tutti quelli che non sono "vuoti" in riferimento ad un oggetto portatore (luogo, prodotto, marca, iniziativa sociale, ecc.), i nomi personali degli individui concreti sono provvisti di un contenuto significativo, di una 'storia', di un 'valore', di un 'discorso' o 'racconto' (=slovac. *príbeh*; cfr. Gałkowski 2023: nota 33).

storici o viventi con i nomi in *-o* (p.es. *Leonardo da Vinci, Marco Polo, Luciano Pavarotti*, ecc.) fa sì che la provenienza formale di tali nomi venga subito interpretata come italiana.

Inoltre, come è già stato osservato, la ricerca e l'associazione di tanti nomi maschili polacchi che terminano in consonante e d'origine non slava alle loro basi straniere (specialmente quelle neolatine[417]), è un'operazione subconscia, quasi un gioco con forme già disponibili. Occasionalmente, per scherzo o in modo allusivo e pseudonimizzato, qualcuno vuole proprio chiamare *Arturo* un maschio che si presenta con il nome *Artur*, o *Adriano* uno che si chiama *Adrian* (cfr. infra).[418] Le occorrenze neologizzate in *-o* di tali nomi conferiscono a queste denominazioni specificamente alterate una sfumatura di leggerezza, simpatia, valore ipocoristico, anche se non sono ammesse nel sistema della lingua polacca.

Le stesse impressioni si ottengono per le trasformazioni di equivalenza, come p.es. *Dario* in riferimento a *Dariusz, Luca* a *Łukasz* o *Matteo* a *Mateusz*. Questo semplice gioco interlinguistico è anche uno degli strumenti onomaturgici più semplici che garantiscono una ricezione efficace e attraente nella comunicazione commerciale per mezzo dei *brand* italianeggianti.

I marchionimi deantroponimici italianeggianti (transonimi dei prenomi maschili o femminili italiani) presentano molti requisiti di nomi commerciali di successo nell'uso: sono semplici dal punto di vista strutturale e ortografico, riproducibili anche senza la conoscenza della lingua italiana, memorizzabili, "estetici", diversi da altri costrutti possibili e, malgrado la loro estraneità, per un certo senso, sono vicini allo spirito polacco che intuitivamente simpatizza con l'italianità. Oltretutto, è un'osservazione che potremmo ripetere ovunque in questa analisi fino alle sue conclusioni, tenendo conto della qualità formale e valori culturali di varie denominazioni create su ispirazione italiana in una data classe della MPLI individuata.

Decine di nomi di battesimo maschili italiani si possono ritrovare nella MPL. Alcuni da tempo sono ufficialmente protetti come marchi brevettati (p.es. *Andrea*; *Enzo*; *Giovanni*)[419]. Questi e gli altri sono illustrazioni di una onomaturgia che

---

417 Per la relazione di equivalenze possibili tra i nomi di battesimo italiani e polacchi vd. Gałkowski 2023: Tab. 2.

418 Nell'antroponimia polacca, il sistema consente alterazioni ipocoristiche in *-o* dei nomi maschili la cui forma di base termina in consonante. E non sono casi rari, p.es. nomi tipici polacchi senza equivalenti fuori dai sistemi slavi: n.m. pol. *Lech* > dim. vezzegg. *Leszko* o *Lesio*; *Stanisław* > dim. vezzegg. *Staszko* o *Stasio*; *Mieczysław* > dim. vezzegg. *Mieszko*; ecc.

419 In situazioni particolari possono essere nomi di imprenditori italiani che registrano le loro attività in Polonia. Sono, comunque, casi rari. Lo stesso riguarderebbe alcuni cognomi italiani, che peraltro rappresentano occorrenze ancora più sporadiche. Sottolineiamo anche qui che la motivazione diretta rinviante ad un nome o cognome di un cittadino italiano o d'origine italiana non dovrebbe, di principio, escludere una data forma dalla prospettiva di studio adottata: diventa essa firmonimo nell'area polacca, ed è il criterio della sua integrazione al *corpus*.

trova ispirazioni pronte da trasmettere nell'area polacca (o altra, anche internazionale). È il caso di tutti gli altri nomi propri transonimizzati nella marchionimia, ma anche di nomi comuni marchionimizzati, come vedremo in altre sezioni di questo capitolo.

Lasciamo parlare gli esempi della prima classe individuata.

Adriano (equiv. pol. *Adrian*, n.pro) ⟶ [~ N/C; CEiDG – serv. informatici – 2014 – Mikołów-SL]. Almeno 30 a.o.

Andrea (equiv. pol. *Andrzej*) ⟶ [~ // C/N MATTONI IMPORT-EXPORT; WUP – prodotti di pelle, accessori come portafogli, cinture, ecc. – 2018 – Wrocław-DS].

Fig. 87. Fonte: WUP, 10, 2018, p. 3837.

Antonio (equiv. pol. *Antoni*) ⟶ [~ Sp.j.; GUS – prod. varia – 1997 – Prandocin – Wysiołek-MP]. Almeno 100 a.o. in d.c.

Benito (senza un equiv. in pol.; il n. conosciuto come "testimonianza storica" dovuta al personaggio di Benito Mussolini; senza valore culturale connotativo, ma un'eventuale associazione storica non risulta "nociva" per il funzionamento del M) ⟶ [~ Sp. z o.o.; Aleo/GUS – neg. con abbigliamento e scarpe – 2013 – Warszawa-MZ].

Cristoforo (equiv. pol. *Krzysztof*, n.pro) ⟶ [N/C ~; Aleo/GUS – neg. alimentari e tabacchi – 2015 – Warszawa-MZ]. Alemno 5 a.o. in d.c.

Damiano (equiv. pol. *Damian*, n.pro) ⟶ [~; Aleo/GUS – vend. merci varie – 2017 – Żyraków-PK]. Almeno 22 a.o. in d.c.

Dario (equiv. pol. *Dariusz*, n.pro) ⟶ [~ N/C; Aleo/GUS – meccanico – 2005 – Lubin-DS]. Almeno 40 a.o. in d.c.

Donatello (senza equiv. in pol) ⟶ [TRATTORIA ~ N/C; Aleo/GUS – ristor. – 1997 – Poznań-WP]. Almeno 2 a.o.

Emiliano (equiv. pol. *Emilian*, n.pro) ⟶ [N/C RESTAURACJA „~"; Aleo/GUS – ristor. – 2009 – Szczerców-LD]. Almeno 5 a.o.

Enzo (l'equiv. pol. non esiste[420]; il nome è attraente per la sua semplicità, malgrado la *z* mediana sia pronunciata come [z] anziché [ts] o [dz]; la presenza della *z* rende la

420 A meno che non si prendano in considerazione forme ridotte di *Vincenzo* (pol. *Wincent/Wincenty*), *Lorenzo* (pol. ant. *Laurencjusz*, *Laurenty*, trad. *Wawrzyniec*) e

voce un M "con carattere" e "forza suggestiva", effettiva nell'azione; designa prodotti chimici per il bucato[421]) ⟶ [~ // GROUP Sp. z o.o.; WUP – 2019 – Krościenko-MP].

Fig. 88. Fonte: WUP, 5, 2020, p. 249.

Eugenio (equiv. pol. *Eugeniusz*, n.pro) ⟶ [~ N/C; Aleo/GUS – vend. automobili e altri veicoli – 2010 – Słupsk-PM]. Almeno 24 a.o. in d.c.

Fabrizio (l'equiv. pol. dovrebbe essere *Fabrycjusz*, un n. rinascimentale, oggi sofisticato) ⟶ [N/C „~"; Aleo/GUS – vend. mobili e articoli elettrodomestici – 2008 – Warszawa-MZ]. Almeno 2 a.o.

Filippo (equiv. pol. *Filip*, n.pro) ⟶ [N/C „~"; Aleo/GUS – serv. pavimentazione – 2018 – Starachowice-SW]. Almeno 25 a.o. in d.c.

Francesco (equiv. pol. *Franciszek*, spesso n.pro) ⟶ [N/C ~; Aleo/GUS – prod. abbigliamento – 1997 □ 2021 – Oświęcim-MP] ⟶ [#Mobilne Usługi Barmańskie ~ DrinkBar N/C; Aleo/GUS – #serv. bar mobile – 2021 – Psary-SL]. Almeno 10 a.o. Cfr. *Franczesko e Franczescco.*

Giovanni (equiv. pol. *Jan*, n.pro) ⟶ [~ // C/N; WUP – serv. informatici di gestione e analisi dei dati economici – 2015 – Warszawa-MZ].

Fig. 89. Fonte: WUP, 8, 2017, p. 2882.

Giorgio (equiv. pol. *Jerzy*; la scelta del nome *Giorgio* può essere motivata da una convinzione dell'autore del M della sua equivalenza pol., qui una confusione per paronimia: pol. *Grzegorz* n.pro corrisponde in it. a *Gregorio*, non a *Giorgio*) ⟶ [~ N/C; Aleo/GUS – serv. tassì – 2015 ◊ 2020 – Kłodzko-DS].

---

sim.; oppure il n.m. ted. *Heinz* come il suo equivalente possibile e la base etimologica straniera (variante del n.m. ted. *Heinrich* = pol. *Henryk*). Cfr. p.es. SeFDNP 1993: s.v.; Gałkowski 2023: Tab. 2: s.vv.

421 In ambiti particolari, il nome *Enzo* s'associa ad una marca automobilistica italiana di fama mondiale: *Ferrari* (utilizzata anche in dizioni personalizzate *Enzo Ferrari* o *Ferrari Enzo*; cfr. Caffarelli 2009b: 657).

Giulio (equiv. pol. *Juliusz*, n.pro) ⟶ [~ N/C; Aleo/GUS – serv. riparazione ristrutturazione costruzione – 2012 – Olsztyn-WM].

Leonardo (la scelta del nome è motivata dal suo equiv. pol. *Leonard*, n.pro; la ispira anche la figura di Leonardo da Vinci, p.es. nel secondo degli ess. cit.: un'agenzia architettonica) ⟶ [„~" N/C; Aleo/GUS – vend. orologi gioielli – 2007 – Gdańsk-PM] ⟶ [N/C ~; Aleo/GUS – serv. architettura – 1999 □ 2020 – Jaworzno-SL]. Almeno 10 a.o. in d.c.

Lorenzo (la scelta del nome è motivata nei due casi cit. dall'associazione ai c.pri: nel primo, a *Lorencowicz*, nel secondo, a *Lorenc*; *Lorenzo* è allo stesso tempo uno pseudonimo artistico di *Dj Lorenzo*) ⟶ [„~"; Aleo/GUS – lavori di costruzioni edili – 2019 – Gronków-MP] ⟶ [#Organizacja oprawy muzycznej imprez Dj *Lorenzo*; Aleo/GUS – #organizzazione della musica per eventi – 2020 – Szyszyńskie Holendry-WP]. Almeno 12 a.o. in d.c.

Luca (equiv. pol. *Łukasz*, n.pro) ⟶ [~ N/C; Aleo/GUS – consulenze economiche nella gestione di imprese – 2020 – Kiełczów-DS].

Marcellino (non ha un equiv. in pol.) ⟶ [~ N/C; Aleo/GUS – neg. in Rete – 2016 – Florentyna-WP].

Marcello (equiv. pol. *Marceli*; il nome associato con il settore del gelato; vd. Fig. 90) ⟶ [#Cukiernia ~ N/C; CEiDG – #pasticceria – 2018 – Ostrzeszów-WP] ⟶ [F.H.U. ~ N/C; CEiDG – agenzia immobiliare – 2020 – Września-WP] ⟶ [N/C #GABINET FRYZJERSKI ~; CEiDG – #studio del parrucchiere – 2009 – Katowice-SL]. Almeno 35 a.o. in d.c.

⟶ [~ // C/N GASTRONOMASZ P.P.U.H. IMPORT-EKSPORT-#ŚWIAT LODÓW; WUP – #il mondo del gelato – 2016 – Bydgoszcz-KP].

Fig. 90. Fonte: WUP, 8, 2017, p. 2839.

Marco (equiv. pol. *Marek*, spesso n.pro) ⟶ [#HURTOWNIA ZOOLOGICZNA „~" N/C; GUS – #vend. all'ingrosso di articoli zoologici – 2000 – Tomaszów Mazowiecki-LD] ⟶ [~ #Producent Mrożonek N/C // M&P PALETTEN-LOGISTIC N/C; PKT/GUS – #prod. di surgelati – 2018 – Sieradz-LD]. Almeno 170 a.o. in d.c.

Matteo (equiv. pol. *Mateusz*, n.pro) ⟶ [F.H.U. ~; Aleo/GUS – serv. trasporto spedizione – 2015 – Włocławek-KP].

PIeRO / Piero (equiv. pol. *Piotr*, n.pro; nella notazione grafica del marchio si ha un gioco con le iniziali dei nomi personali particolari collegati per mezzo di una *e* nel n. *Piero*) ⟶ [PIeRO (sic!); N/C; Aleo/GUS – vend. abbigliamento scarpe in mercatini / bancarelle – 2015 – Krosno-PK]. Almeno 34 a.o. in d.c. Cfr. *Pietro*.

Pietro (equiv. pol. *Piotr*, n.pro) ⟶ [N/C ~; Aleo/GUS – neg. alimentari – 2003 – Jędrzejów-SW]. Almeno 8 a.o. Cfr. *Piero*.

Raffaello (equiv. pol. *Rafał*, n.pro; nel secondo es. la designazione di una pasticceria per mezzo di *Raffaello* s'associa probabilmente più alla marca dei cioccolatini *Ferrero*, popolarissimi nella vendita in Polonia, che al famoso pittore rinascimentale) ⟶ [~; Aleo/GUS – neg. non specializzato – 2012 – Radom-MZ] ⟶ [#Cukiernia ~ N/C; Aleo/GUS – #pasticceria – 1996 – Łomża-PD]. Almeno 7 a.o. in d.c.

Roberto (equiv. pol. *Robert*) ⟶ [~ N/C; Aleo/GUS – raccolta di rifiuti non pericolosi – 2017 □ 2019 – Płoty-LB]. Almeno 47 a.o. in d.c.; spesso n.pro.

Rocco (equiv. pol. *Roch*) ⟶ [~ N/C; Aleo/GUS – riparazione e manutenzione di prodotti metallici – 2019 ◇ 2019 – Bolszewo-PM]. Almeno 30 a.o. in d.c.

Sebastiano (equiv. pol. *Sebastian*, n.pro) ⟶ [C/N „~"; Aleo/GUS – vend. prodotti tessili – 2004 – Skawina-MP]. Almeno 3 a.o.

Tito (equiv. pol. *Tytus*[422]; la scelta può essere motivata da valori eufonici che presenta *Tito*; cfr. *Tito Tito*, *Appetito*) ⟶ [~ N/C; Aleo/GUS – serv. trasporto spedizione – 2017 □ 2019 – Łódź-LD]. Almeno 17 a.o. in d.c.

Umberto (per paronimia, it. *Umberto* è stato associato al pol. *Hubert*, n.pro; in effetti, l'equiv. it. di *Hubert* sarebbe *Uberto*) ⟶ [~ N/C; Aleo/GUS – neg. alimentari – 2020 – Gniezno-WP].

Vittorio (equiv. pol. *Wiktor*; nell'es. cit. si nota un'ipotetica associazione non fondata sull'equivalenza, ma sulla paronimia tra l'it. *Vittorio* e il n.m. pol. *Witold*, n.pro) ⟶ [~ N/C; Aleo/GUS – consulenze economiche – 1997 – Sopot-PM]. Almeno 10 a.o. in d.c.

4.3.1.2. Nomi di battesimo femminili

I nomi di battesimo femminili italiani che si strutturano secondo i modelli MTA sono anche largamente rappresentati nella MPL. La loro interpretazione alla luce dell'onomaturgia italianeggiante è alquanto evidente come quella dei nomi maschili. Il fenomeno riguarda principalmente le forme uscenti in *-a* (d'altronde è un morfema grammaticale del genere femminile al singolare nel sistema polacco, p.es. it. *Alessandra* – pol. *Aleksandra*), ma anche quelle in *-e* per cui si ritrovano equivalenti polacchi in *-a* (p.es. it. *Irene* – pol. *Irena*), o si adopera un'associazione

422 È anche un nome della classicità latina e dunque umanistico-rinascimentale.

interlinguistica per mezzo di forme corrispondenti in altre lingue (p.es. it. *Agnese* – pol. *Agnieszka* – ingl. *Agnes*; it. *Edvige* – pol. *Jadwiga* – ted. *Hedwig*). Di seguito si vedano alcuni esempi estratti dal *corpus*, tra i quali anche forme brevettate, sempre garanti dell'italianità per il loro aspetto fono-morfemico.

Agnese (equiv. pol. *Agnieszka*, n.pra) ⟶ [„~"; Aleo/GUS – noleggio e leasing di attrezzature ricreative e sportive – 2008 – Bielsko-Biała-SL]. Almeno 14 a.o. in d.c.

Alessandra (equiv. pol. *Aleksandra*, n.pra) ⟶ [~ N/C; Aleo/GUS – serv. fotografico – 2019 □ 2019 – Rybnik-SL]. Almeno 20 a.o. in d.c.

Annarella (< l'ipocoristico it. di *Anna*; incorpora il n.pra *Anna*; nel campo perionimico una voce ingl. internazionalizzata: *Complex*) ⟶ [P.H.U. N/C ~ COMPLEX; CEiDG – vend. in Rete – 2013 – Międzyrzecz-LB].

Barbarella (sembra un n. di fantasia, ma risulta un ipocoristico it. di *Barbara*; fa riferimento al n.pra *Barbara*, ma anche al cogn. che ne deriva: *Barabasz*; può essere ispirato dal n. di un personaggio dei fumetti; tutta la sequenza ufficiale della denominazione: *Barbarella Barbara Barabasz* crea un interessante gioco di parole e assonanze eufoniche) ⟶ [N/C #STUDIO URODY „~"; CEiDG – #studio della bellezza / vend. all'ingrosso di profumi, prodotti cosmetici – 2007 – Kraków-MP]. Almeno 9 a.o.

Bettina (l'equiv. pol. oggi non esiste, a meno che non pensiamo alla relazione *Bettina/Elisabetta*, quindi pol. *Elżbieta*; il n.pra è *Beata*; si può presumere che l'autore del M abbia ipotizzato una somiglianza tra *Bettina* e *Beata*) ⟶ [~ Collection N/C; CEiDG – neg. abbigliamento – 1998 □ 2019 – Izabelin-MZ].

Camilla (nella maggior parte dei casi notati è l'equiv. del n.f. pol. *Kamila*, spesso n.pra; eventualmente si tratta di un'associazione formale ispirata dal n.m. pol. *Kamil* 'Camillo', anche questo spesso n.pro) ⟶ [~ N/C; Aleo/GUS – serv. riparazione beni personali e domestici – 2020 – Łódź-LD] ⟶ [~; Aleo/GUS – vend. in Rete – 2018 □ 2019 – Małecz-LD] ⟶ [#Akademia Piękna ~ N/C; Aleo/GUS – #accademia della bellezza – 2017 □ 2019 – Bezrzecze-ZP]. Almeno 16 a.o. in d.c.

Chiara (equiv. pol. *Klara*; la capacità di pronunciare correttamente *Chiara* da parte di utenti comuni è incerta, ma la sua italianità esteriore è rimarcata piuttosto senza esitazione) ⟶ [~ // C/N; WUP – prodotti di pelle; pubblicità; nella zona perionimica l'ingl. *design*; il diacritico speciale sulla *i* non viene riprodotto, è ideato solo per il logonimo – 2015 – Radom-MZ]. Vd. Fig. 91. Almeno 4 a.o.

Fig. 91. Fonte: WUP, 7, 2018, p. 2425.

Corinna (oggi senza un equiv. in pol.) ⟶ [„~" Sp. z o.o.; RIO – prod. abbigliamento – 2006 – Elbląg-PM].

Costanza (equiv. pol. *Konstancja*) ⟶ [~ N/C; CEiDG – vend. prodotti cosmetici – 2012 – Warszawa-MZ].

Edvige (equiv. pol. *Jadwiga*, n.pra) ⟶ [~ N/C; Aleo/GUS – serv. consulenza informatica – 2019 – Kraków-MP].

Evella (il n. non ha un equiv. pol. diretto; nondimeno viene facilmente associato al n.f. *Ewa* it. *Eva*, molto popolare in Polonia; la versione alterata *Evella* è riconosciuta anche grazie al suo uso abbastanza diffuso nella MPL; associato anche con il n.f. pol. *Ewelina*) ⟶ [~ Sp. z o.o.; WUP – prodotti alimentari – 2019 – Piaseczno-MZ]. Almeno 9 a.o.; + alcune nella versione *Ewella*.

Fig. 92. Fonte: WUP, 1, 2020, p. 85.

Giovanna (equiv. pol. *Joanna*, n.pra) ⟶ [~ N/C; Aleo/GUS – serv. educazione sportiva extrascolastica – 2011 – Lesznowola-MZ]. Almeno 4 a.o.

Giulietta (in casi particolari motivato dal suo equiv. pol. *Julia* – it. *Giulia/Giulietta*) ⟶ [~ N/C; Aleo/GUS – agenzia pubblicitaria – 2008 – Częstochowa-SL]. Almeno 7 a.o. in d.c. Cfr. *La Giulietta*.

Irella (non ha un equiv. diretto in pol.; associato, però, al n.f. pol. *Irena* 'Irene') ⟶ [N/C „~"; CEiDG – vend. abbigliamento e scarpe ai mercati – 2009 – Sadków-MZ]. Almeno 5 a.o.

Margherita (equiv. pol. *Małgorzata*, n.pra; l'ispirazione viene pure dal nome di un tipo di pizza popolare) ⟶ [~ N/C; PKT/GUS – serv. pulizia – 2005 – Łódź-LD]. Almeno 12. a.o.

Mirella (non ha un equiv. in pol.; per paronimia viene associato al n.f. pol. *Mirosława* > ipocoristici *Mirka* / *Mira*, n.pra) ⟶ [N/C „~"; CEiDG – serv. *catering* – 2004 – Bydgoszcz-KP]. Almeno 10 a.o.

Rossella (l'equiv. pol. non esiste; l'onomaturgo ha adoperato un'associazione infondata e solo paronimica tra it. *Rossella* e pol. *Rozalia*, n.pra) ⟶ [~ N/C; Aleo/GUS – vend. abbigliamento – 2020 – Poznań-WP].

Vittoria (equiv. pol. *Wiktoria*, n.pra) ⟶ [#Gabinet Kosmetologii Pielęgnacyjnej ~; Aleo/GUS – #studio della cosmetologia di cura / trattamenti estetici – 2018 – Słupca-WP]. Almeno 15 a.o. in d.c.

4.3.1.3. *Nomi personali culturalmente attestati*

Un altro tipo dei MTA sono le transonimizzazioni dei nomi documentati nella realtà e attestati nella cultura: degli individui che vivevano o vivono tuttora, oppure delle figure umane che sono fittizie, p.es. nei testi di letteratura.

Prevalentemente, si tratta di cognomi, giacché i prenomi non risultano in questa situazione direttamente attribuibili ai loro portatori concreti, che potrebbero venire subito in mente, motivando la creazione e la ricezione del marchionimo prodotto sulla loro base. Ad esempio, il nome *Giacomo* non attiva processi associativi, invece, il cognome *Puccini*, sì, ma dipende anche dalle conoscenze culturali di cui dispone l'utente. D'altro verso, vi sono alcuni nomi di battesimo italiani, che possono, in modo spontaneo, far pensare alle loro ispirazioni culturali possibili (es. *Leonardo*; *Michelangelo*; *Romeo*; *Giulietta*; ecc.).

Sono quindi delle unità deantroponimiche autenticate dalla loro parallela e principale funzione denominativa (onomastica). Apparentemente, introducono una confusione nel sistema onimico (polacco e internazionale), come molte altre evenienze di transonimizzazione. Il loro uso adeguato e comprensibile sul piano referenziale è condizionato da contestualizzazioni: i partecipanti del processo di comunicazione devono sapere che parlando di *Puccini* ci si riferisce ad un oggetto di commercializzazione codificato dal marchio *Puccini* e non al nome dell'artista italiano.

Tuttavia, la pretesa "confusione" è anche il loro vantaggio: nel discorso di *marketing* o pubblicità comporta un valore comunicativo che si può interpretare nei termini di un fenomeno comparabile all'intertestualità, che chiameremmo qui *interonimicità* (il gioco con l'uso di onimi di diverse classi). In effetti, non deve spiacere ai creatori del marchionimo *Puccini* il fatto che esso riproponga alla memoria degli utenti il cognome del compositore italiano *Giacomo Puccini*.

L'italianità di questo tipo di marchionimi si dilata almeno su due livelli: il primo è quello formale (sono strutture provenienti direttamente dal sistema italiano e riconosciute come tali); il secondo è quello interonimico e associativo (referenziale per quanto riguarda la base onimica dell'unità riciclata: dal campo antroponimico a quello crematonimico).

L'interonimicità è propria di numerosissimi casi di marchionimi di diverse categorie. In questa sede ci interessano quelli che rievocano personaggi teoricamente ritrovabili nella realtà culturale italiana compresa largamente. Alcuni sono molto evidenti, come p.es. *Caravaggio, Marco Polo* o *da Vinci*. Altri meno, ciò dipende dal grado di educazione generale e specifica degli utenti, p.es. *Palladio, Baggio* o *Corleone*. Altri ancora sono rintracciabili come transonimi solo da chi conosce la loro ispirazione autentica, p.es. i marchionimi provenienti da nomi dei proprietari degli oggetti denominati per mezzo di tali marchionimi (marchi).

L'ultimo dei casi risulta molto discutibile, giacché tanti dei singoli nomi consistenti nel riuso (riciclaggio) dei nomi di battesimo dei proprietari di oggetti di denominazione commerciale, o di quelli dei loro cari e simili, si potrebbero qualificare come unità interonimiche autenticate. A questo punto, nell'elenco che segue, ne citiamo solo alcuni a titolo esemplificativo, ponendo più attenzione a quelli che testimoniano la trasposizione interonimica intenzionale e impressiva.

Si tenga inoltre presente che i nomi non "vuoti", e quindi carichi di riferimento nei confronti di personaggi autentici, possono comparire anche in strutture modificate da parte dei loro creatori (cfr. le sezioni successive di questa parte dell'analisi del *corpus*), nonché in quelle più complesse in cui mantengono il loro ruolo primario, e cioè non è possibile staccarle dal loro riferimento principale designato (oggetti, personaggi, luoghi, cose), se si inseriscono nella costruzione che serve da marchionimo (cfr. p.es. il caso di *Tani Armani*).

Al Capone (< n. abbreviato del noto mafioso italo-americano, *Alphonse Gabriel Capone*) ⟶ [C/N „~"; Aleo/CEiDG – ristor. – 2006 – Chorzów-SL]. Almeno 5 a.o.

Antonio Andolini (< n. e cogn. di uno dei personaggi del *Padrino* dir. Francis Ford Coppola 1972; il padre di Vito Andolini alias don Vito Corleone) ⟶ [N/C ~; PKT/GUS – neg. abbigliamento – 2007 – Warszawa-MZ].

Baggio (ispirato dal cogn. del calciatore Roberto Baggio) ⟶ [N/C „~"; CEiDG – neg. alimentari bevande tabacchi – 2009 – Wałbrzych-DS].

Bartolini (nome ispirato dal cogn. del personaggio "d'origine italiana" dei cartoni animati *Bartolini Bartłomiej herbu Zielona Pietruszka*, cfr. Sez. 3.2.2.1) ⟶ [~ Pizzeria; PKT/GUS – 1999 – Knurów-SL]. Vd. Fig. 93. Almeno 3 a.o.

Fig. 93. Fonti: https://m.facebook.com/people/Bartollini/100066876307171/; https://www.favore.pl/456358_pizzeria-bartolini-kostrzyn-nad-odra-lubuskie.html; https://www.facebook.com/nowebartolini/, u.a. ai siti 6.05.2023.

Bellotto (< cogn. del pittore it. Bernardo Bellotto, pseudonimo di Giovanni Antonio Canal, conosciuto anche come Canaletto) ⟶ [~. #Galeria sztuki współczesnej; PKT/CEiDG – #galleria d'arte contemporanea – 2000 – Warszawa-MZ]. Cfr. *Canaletto* e *Kanaletto.*

Fig. 94. Fonte: https://bellotto.pl/, u.a. 28.02.2021.

Belmondo (n. ispirato al cogn. it. dell'attore francese Jean-Paul Belmondo) ⟶ [~ N/C; PKT/CEiDG – serv. informatici software – 2018 – Gdańsk-PM]. Almeno 6 a.o.

Boccaccio (< cogn. dello scrittore e poeta Giovanni Boccaccio) ⟶ [~ N/C; CEiDG – serv. informatici software – 2011 – Poznań-WP].

Canaletto (< *Canaletto*, un altro n. usato per indicare il famoso pittore it., Bernardo Bellotto) ⟶ [~ GAMES N/C; CEiDG – serv. educazione artistica – 2018 – Lublin-LU]. Almeno 3 a.o. Cfr. *Bellotto* e *Kanaletto.*

Caravaggio (< n. del pittore it. Michelangelo Merisi da Caravaggio) ⟶ [N/C ~; Aleo/GUS – prod. mobili per cucina – 2019 – Woźniki-MP]. Cfr. anche *Caravaggio Dalandi.*

Casanova /S/[423] (< cogn. dell'avventuriero it. Giacomo Casanova, che soggiornò, tra l'altro, in Polonia; come M registrato già nel 1948, designava prodotti di bellezza, vd. Fig. 95) ⟶ [~ Sp. z o.o.; Aleo/GUS – serv. finanziari – 2014 – Szczecin-ZP]. Almeno 5 a.o.

/S/ ⟶ [~ // #Fa[424] Laboratorium Chemiczno-Kosmetyczne „Tysor" Sp.z o.o.; WUP – #laboratorio chimico e cosmetico / prodotto di bellezza – 1948 – Bydgoszcz-KP[425]]

423 Si ricordi che il segno /S/ indica quei casi della MPLI che oggi si devono considerare come storici (registrati tra le due guerre mondiali o poco dopo la Seconda guerra mondiale e poi, sporadicamente, durante tutta la lunga epoca comunista in Polonia). Sono, comunque, importanti da rilevare in questo materiale, perché sia sono serviti da prototipi per altri marchionimi creati sul loro modello, sia sono ripresi nella loro forma primaria e continuano ad esistere nella MPL odierna.

424 Fa = s.sg.f. pol. *fabryka* 'fabbrica'.

425 Nel caso dei marchionimi registrati prima e per alcuni decenni dopo la Seconda guerra mondiale si usano i codici dei voivodati attuali. Serve per l'attribuzione generale delle unità tracciate alle regioni polacche particolari.

Nr Rej. 34179. 7. 10. 1948. ***Pierw.* 18.6. 1948. Fa Laboratorium Chemiczno-Kosmetyczne „Tysor" Sp. z o. o.** Bydgoszcz. Laboratorium chemiczno - kosmetyczne. **Towary;** środki kosmetyczne wszelkiego rodzaju zwłaszcza: kremy, pudry, szminki, róże, ołówki do brwi i rzęs, środki toaletowe jak mydła toaletowe, szampony, środki do zmywania włosów, środki do pielęgnowania ciała, pasty, proszki i mydełka do zębów, wody do ust, wody do zmywania, mleczka, perfumerie, woda kolońska, wody kwiatowe, perfumy, pachnidła, środki higieniczne.

Casanova

Fig. 95. Fonte: WUP, XXIV(11), 1948, p. 219.

Cinderella (< n. letterario) ⟶ [~ #USŁUGI KOSMETYCZNE N/C; CEiDG – #serv. cosmetici / parrucchiere – 2016 – Bydgoszcz-KP]. Almeno 8 a .o.

Corleone (< dal cogn. e toponimo di una nota località siciliana) ⟶ [~ N/C; Aleo/CEiDG – pavimentazione – 2010 – Bydgoszcz-KP]. Almeno 20 a.o. Cfr. *Don Corleone.*

Da Vinci (l'ispirazione viene dal cogn. del famoso pittore it. Leonardo da Vinci) ⟶ [~ N/C; Aleo/GUS – asilo scuola materna – 2020 – Korbielów-SL] ⟶ [N/C ~ TATTOO CRACOW; Aleo/GUS – studio tatuaggi – 2018 – Kraków-MP]. Almeno 40 a.o. in d.c.

Dante (< nome del famoso scrittore it. Dante Alighieri[426]) ⟶ [~ Sp. z o.o.; Aleo/KRSO – agenzia immobiliare – 2006 – Łomża-PD]. Almeno 36 a.o. in d.c.

Farinelli (< pseudonimo del famoso cantante castrato it.) ⟶ [N/C ~; Aleo/GUS – organizzazione eventi artistici – 2010 – Poznań-WP].

Galileo (< riferimento al nome di Galileo Galilei) ⟶ [F.H.U. „~" N/C; Aleo/GUS – vend. oggetti seconda mano – 2016 – Dąbrowa Tarnowska-MP]. Almeno 24 a.o.

Gepetto [sic!] (< it. Geppetto, uno dei protagonisti del romanzo di Collodi *Pinocchio*; la riduzione della doppia *p* ad una sola è ammissibile nell'adattamento pol.) ⟶ [#Usługi Stolarskie ~; CEiDG – #serv. falegnameria – 2013 □ 2020 – Wrocław-DS] ⟶ [N/C ~; CEiDG – prod. mobili – 2009 – Gliwice-SL]. Almeno 6 a.o. Cfr. la forma polonizzata *Dżepetto.*

Giotto (< nome del pittore it.) ⟶ [~ N/C; Aleo/GUS – serv. consulenza tecnica – 2003 – Celestynów-MZ] ⟶ [N/C „~" #GALERIA PIĘKNEGO PRZEDMIOTU; Aleo/GUS – #lett. galleria del bell'oggetto – 1997 □ 2020 – Konin-WP]. Almeno 6 a.o.

Giulio Cesare (< n. del console e generale romano) ⟶ [~ Sp. z o.o.; Aleo/GUS – vend. automobili e altri veicoli – 2007 – Katowice-SL].

426 Si tenga presente che *Dante* entra in collisione formale con l'omonimo nome di marchio italiano (vd. Caffarelli 2018b).

Lorenzetti (< c.pra ~) ⟶ [P.H.U. „~"; CEiDG – serv. allevamento animali / azienda agricola – 1995 □ 2017 – Kraków-MP].

Marco Polo (< n. e cogn. del viaggiatore, scrittore, mercante it.; nell'ultimo degli ess. cit. si noti un creativo riferimento paronimico al n./c.pro: *Marcin Polek*) ⟶ [Bar ~ N/C // Bar „Vanessa" N/C; PKT/GUS – bar – 2017 – Kraków-MP] ⟶ [„~" N/C; Aleo/GUS – agente turistico – 2011 – Szczecin-ZP] ⟶ [„MARCO-POLO" (sic!) Sp. z o.o.; Aleo/GUS – prodotti tessili – 2004 – Kłobuck-SL] ⟶ [„MARCO – POLO" (sic!); Aleo/ GUS – vend. frutta e verdura – 2014 – Pogalewo Wielkie-DS]. Almeno 36 a.o. in d.c. Cfr. il caso di *Marco Poro.*

Michelangelo (< n. del famoso artista it.; la motivazione va verso il n.m. *Michał* 'Michele', n.pro) ⟶ [~ N/C; Aleo/GUS – ristor. – 2019 – Warszawa-MZ]. Almeno 6 a.o.

Paganini (< cogn. del violinista it. Niccolò Paganini) ⟶ [~ Sp. z o.o. #Transport, spedycja, logistyka; PKT/KRSO – #serv. trasporto spedizione logistica – 2009 – Krzeszowice-MP]. Almeno 2 a.o.

Fig. 96. Fonte: https://www.paganinitsl.pl/, u.a. 2.05.2023.

Palladio (< cogn. dell'architetto it. Andrea Palladio) ⟶ [~ N/C; CEiDG – serv. architettura – 2017 – Krobia-WP].

PatriziaPogo [sic!] (il M è la comp. dell'equiv. del n.f. pol. *Patrycja* 'Patrizia', n.pra, e di due prime sillabe del suo cogn. *-Pogo* < *Pogorzelska*; la voce *Pogo* riceve un "leggero" carattere italianeggiante come forma uscente in *-o*; cfr. il suo paronimo it. *pago*) ⟶ [~; Aleo/GUS – neg. in Rete – 2019 – Olecko-WM].

Patti /S/ (il M, quasi senza dubbio, deriva dal n. dell'ammiratissima soprano d'origine it. Adelina Patti, 1843-1919, la quale ispirava le donne dell'intera Europa a cavallo tra il XIX e il XX sec.; il suo ritratto compariva su numerosi dipinti e fotografie dell'epoca; il genio della cantante è stato descritto dal critico di musica Herman Klein nel libro *The Reign of Patti*, 1920; il nome fu utilizzato per designare una "crema emolliente per la pelle" pol. *krem ujędrniający cerę*; è uno dei primi marchi brevettati in Polonia: per la prima volta nel 1919 e poi nel 1924; è anche uno dei primi e non molto numerosi MM italianeggianti negli anni '20 del XX sec.) ⟶ [~ // N/C; WUP – prodotto cosmetico – 1924 – Warszawa-MZ].

№ Rej. 519. 18.VI 1924. **Pierw**· 21.VII.1919. **Bolesław Oglib.** Warszawa· Laboratorjum chemiczno - kosmetyczne. **Towary:** krem udelikatniający cerę.

PATTI

Fig. 97. WUP, I(3), 1924, p. 158.

Pinokio /S/ (l'adattamento completo di *Pinocchio* nella lingua pol.) ⟶ [~ // Fa #Gdańskie Laboratorium Chemiczne; WUP – #Laboratorio Chimico di Gdańsk / marchio di fabbrica di prodotti igienici: saponi e cosmetici – 1947 – Sopot-PM].

Nr Rej. 33587. 31.10. 1947. Pierw. 13.6. 1947. Fa Gdańskie Laboratorium Chemiczne. Sopot. Wytwórnia wszelkiego rodzaju mydeł, proszków do prania, szamponów, kosmetyków, perfumerii. **Towary:** mydła i kosmetyki.

Pinokio

Fig. 98. WUP, XXIII(11), 1947, p. 227.

Puccini (< cogn. del compositore it. Giacomo Puccini; si noti l'effetto di paronimia nel secondo degli ess. cit.: *Puccini* vs. il c.pro: *Płucinik*) ⟶ [„~" N/C; Aleo/GUS – neg. abbigliamento – 1987 – Warszawa-MZ] ⟶ [~ 360 N/C; Aleo/GUS – serv. informatici – 2017 – Wrocław-DS]. Almeno 8 a.o.

⟶ [~ // C/N INTER-LEATHER; WUP – accessori di pelle; forniture per ufficio, ecc. – 2016 – Dobra-ZP].

Fig. 99. Fonte: WUP, 2, 2020, p. 225.

Pulcinella (l'ispirazione viene dalla commedia dell'arte in cui *Pulcinella* è il n. di uno dei protagonisti, ma ormai meglio definibile come la tipica maschera napoletana) ⟶ [~ N/C; PKT/GUS – ristor. pizz. – 2020 – Warszawa-MZ]. Almeno 2 a.o.

Rossini (< cogn. del compositore it. Gioachino Rossini) ⟶ [~ N/C; Aleo/GUS – prod. abbigliamento – 2017 – Sulechów-MP]. Almeno 5 a.o.

Tarantino (< cogn. del regista americano che porta questo cogn. it., Quentin Jerome Tarantino) ⟶ [~ Pizza; PKT – pizz. – s/d – Chorzów-SL].

Vespucci (< cogn. del mercante e viaggiatore it. Amerigo Vespucci) ⟶ [P.P.H.U. ~ N/C; Aleo/GUS – serv. trasporto – 2018 □ 2020 – Wrocław-DS].

Vivaldi (< cogn. del compositore it. Antonio Vivaldi; nel secondo degli ess. cit. bisogna considerare anche un'associazione formale che si crea tra il n. *Vivaldi* e il nomignolo *Waldi* corrispondente al n.m. pol. *Waldemar*, n.pro) ⟶ [~ #Meble Sp. z o.o. Sp.k.; Aleo/GUS – vend. in Rete #mobili – 2017 – Krosno-PK] ⟶ [~ N/C; Aleo/GUS – serv. trasporto spedizione – 2017 □ 2019 – Stare Faszczyce-MZ]. Almeno 34 a.o. in d.c.

4.3.1.4. Deantroponimici quasi-autenticati e non autenticati

Molte opportunità si creano quando l'onomaturgia dei marchionimi italianeggianti si libera dai vincoli di norma e strutturazione d'origine non alterata, non copiando più i nomi di riferimento, ma inspirandosene per crearne nuovi. È una zona di passaggio tra i modelli MTA e MTN, vista l'evoluzione che concerne un dato nome d'ispirazione sottoposto ai processi di marchionimizzazione. Si ottengono in questo modo forme che suggeriscono un riferimento personale affinché il cliente pensi ad una possibile relazione tra il marchio e un italiano/una italiana, il cui ipotetico nome è stato usato come base strutturale del marchionimo italianeggiante.

Sono, da un verso, unità verosimili nella realtà sociale (alludono ad una quasi-autenticata origine deantroponimica, Sez. 4.3.1.4.1), dall'altro, unità del tutto fittizie (che continuano ad alludere nel campo deantroponimico con più precisione categoriale ai cognomi ritrovabili nel sistema antroponimico italiano o inventati, ma interpretati da utenti stranieri come appunto "cognomi italiani", Sez. 4.3.1.4.2), finalmente, unità inventate che si propongono come nessi *nome cognome* italiani senza riferimenti realmente autenticati (Sez. 4.3.1.4.3).

Nel secondo e nel terzo dei casi individuati la falsità dei nomi apparentemente riciclati (riferiti a persone o famiglie non esistenti) sembra ambigua e ci ha condotto ad una ricerca di controllo che svela procedimenti onomaturgici di cui i loro creatori non vogliono esplicitamente informare. Azioni del genere si vedono come ammissibili, anche se in fondo possono essere giudicate come atti di "bugia sociale". Per questo sono anche interessanti e come tali riscuotono successo sul mercato, in cui – si ripeta – a vari prodotti e servizi proposti come "italiani" si concede un valore di qualità altamente apprezzata e desiderata.

4.3.1.4.1. Personalizzazione allusiva

L'allusione antroponimica autenticata o meno concerne vari marchionimi con i quali si vuole ottenere l'effetto della personalizzazione del *brand* sul mercato. Ci sono fra di essi forme che possono passare per nomi di battesimo, cognomi, pseudonimi, nomignoli italiani, spesso basati su antroponimi che hanno i loro referenti reali, ma in veste marchionimica si avvalgono di un'ortografia nuova (spesso intenzionalmente modificata rispetto all'ispirazione originale). Allo stesso tempo possono essere considerate forme neologiche; questo è legato anche al grado della loro alterazione o composizione con elementi aggiuntivi (tra l'altro componenti d'origine deonimica polacca rinvianti ai nomi personali autenticati polacchi). Si vedano alcuni esempi di questa categoria.

AgneseF [sic!] (comp. del n.f. it. *Agnese* corrispondente all'equiv. del n.f. pol. *Agnieszka*, n.pra. e della lettera iniziale del suo cogn.: *F* < *Frycz*; scritto con la *f* minuscola crea una struttura che potrebbe passare per un neologismo non decifrabile a prima vista: *Agnesef*; volendo, va anche interpretato come comp. di *Agnes* e *ef* in quanto nome della lettera *f* in polacco) ⟶ [#PRACOWNIA KRAWIECKA „AGNESEF"; Aleo/GUS – #laboratorio sartoria / prod. abbigliamento – 2012 □ 2017 – Wołomin-MZ].

Angello (allude al n.pra pol. *Angelina*; s'ispira al n.m. it. *Angelo*; il raddoppiamento della *l* è imputabile ad un errore nonché alla volontà di mettere in rilievo l'italianità del M) ⟶ [„~" N/C; CEiDG – prod. gelato / vend. all'ingrosso– 2012 – Katowice-SL].

Arietti (può essere la ripresa del cogn. it. ~; ma risulta anche una comp. deliberata di un {cpd} *Ari/e* < *Ariel*, n.pro + un {civ} *-e/tti*) ⟶ [N/C P.H.U. ~; CEiDG – vend. in Rete – 2011 – Poznań-WP].

Barrilla [sic!] (neo IS ibr fortemente marcato dall'italianità; a prima vista pare entrare in collisione con il marchio it. *Barilla*; per la marca *Barilla*[427] può essere senza peso formale, a patto che il M polacco e alcuni identici *Barrilla* non raggiungano il successo sul mercato in larga scala, soprattutto internazionale; la base è, quindi, il n./cogn. it. *Barilla*; è possibile anche un'altra lettura e altre ispirazioni formali, p.es. il collegamento di un {csl} *Bar/r/-* < internaz. *bar* + il suff. {civ} *-illa*; l'elemento *Bar/r/-* è anche motivato dal c.pra *Barczak*) ⟶ [Pizzeria „~" N/C; PKT – 2009 – Unisław-KP]. Almeno 3 a.o.

Benedetti (< cogn. it. ~ motivato dall'associazione con il c.pra *Benedyktowicz*) ⟶ [~ N/C; Aleo/GUS – neg. abbigliamento – 1997 □ 2017 – Olsztyn-WM].

Caravaggio Dalandi (nesso di due forme teoricamente antroponimiche; la prima ispirata direttamente al cogn. del pittore it.; la seconda può essere inventata *ad hoc*) ⟶ [~ N/C; CEiDG – serv. informatici software – 2017 – Szczecin-ZP].

Dana & Gabana (il nome è, senz'altro, motivato dal marchio it. *Dolce&Gabbana* che serve da modello in cui si modifica il cogn. *Gabbana*, riducendo la doppia *b* ad una

427 *Barilla* viene considerato il "primo caso moderno di marca italiana" (Ferraresi 2015: 130) e una delle marche di alimentari di punta del *Made in Italy* (cfr. Bucci 2011: 64–65).

sola e si sostituisce il cogn. *Dolce* con *Dana*; quest'ultimo risulta un {cdp} che corrisponde come nomignolo al n.f. pol. *Danuta*, n.pra) ⟶ [DANA & GABANA; Aleo/GUS – neg. abbigliamento – 2017 – Płock-MZ].

Donati (neo PIF coniato in riferimento al n.pra pol. *Donata*; la forma *Donati* è uno dei popolari cognomi it.) ⟶ [~ N/C; Aleo/GUS – serv. costruzioni edili – 2016 – Gliwice-SL]. Almeno 2 a.o.

Filippoo [sic!] (il n. si presenta come una variante fantasiosa dell'it. *Filippo* in funzione di un {cid} al quale è stata aggiunta un'altra *o* producendo un'originale sequenza di lettere: *ppoo*; il riferimento a *Filippo* è motivato dal fatto che il proprietario si chiama *Filip*) ⟶ [#Pracownia Meblarska ~; Aleo/GUS – #laboratorio di mobili – 2019 – Biskupie-Kolonia-LU]. Cfr. *Marcoo.*

Gabani [sic!] (< una possibile ispirazione si riconosce in riferimento al cogn. *Gabbana* che fa parte del marchio *Dolce&Gabbana*) ⟶ [~ N/C; Aleo/GUS – serv. fotografico – 2015 – Mościska-MZ].

Gucci Laloo (può essere ispirato al cogn. del famoso stilista it. e dalla omonima marca *Gucci*; composto con un n. di fantasia, forma una struttura che sorprende per il suo carattere sofisticato, soprattutto quando viene confrontato con il settore in cui è operativa la struttura: servizi di pulizia) ⟶ [„GUCCI LALOO" N/C; Aleo/GUS – serv. pulizia – 2020 – Troszyn-ZP].

Guseppe (il M riproduce uno sbaglio nel n. it. di base motivante *Giuseppe*; la scomparsa della *i* di *Giuseppe* può essere influenzata dalla diffusa denominazione di *Pizza Guseppe* della marca *Dr. Oetker*[428]) ⟶ [N/C ~ #Usługi Remontowo-Budowlane; Aleo/GUS – #serv. riparazione ristrutturazione costruzione – 2021 – Busko-Zdrój-SW].

Kanaletto (< cogn. *Canaletto*; ma è anche un gioco linguistico: l'associazione tra it. *canaletto* e s.sg.m. pol. *kanał*, il suo equiv.; il contesto di riferimento: servizi idraulici) ⟶ [F.H.U.P. ~ N/C; CEiDG – serv. idraulici, gas riscaldamento – 2012 – Ostrów Królewski-MP]. Cfr. *Bellotto* e *Canaletto.*

La Prada (< il n. dei due fratelli stilisti e della marca dell'alta moda it. *Prada*, preceduto dall'art.det. *La* che femminilizza il n. ormai associato al genere f. per la *-a* finale) ⟶ [BUTIK LA PRADA N/C; Aleo/GUS – vend. abbigliamento – 2015 – Lubin-DS].

Marcco [sic!] (< n.m. *Marco*; la *c* è stata raddoppiata senza una giustificazione normativa né in it. né in polacco; cfr. infra) ⟶ [~ Sp. z o.o.; PKT/KRSO – estrazione di ghiaia e sabbia – 2013 – Zielona Góra-LB].

Marcoo (nella base del costrutto sta il n. *Marco* equiv. del n.m. pol. *Marek*, n.pro; un effetto originale dal punto di vista grafico si ottiene per il raddoppiamento della *o*

428 La forma *Guseppe* è frequentissima nell'area inglese.

finale) ⟶ [~; Aleo/GUS – serv. educazione sportiva / ricreazione extrascolastica – 2015 □ 2016 – Chorzów-SL]. Cfr. *Filippoo.*

Marconi (uno dei caratteristici marchi pol. nell'industria della pelle, i quali fanno finta di essere italiani; è interessante per una chiara relazione con il n. *Marco*, ma anche l'associazione spontanea alla parola *marca* pol. *marka*, dalla quale non è certamente originaria, ma non si può negare legami insoliti nella catena di pensieri possibili da parte degli attanti nell'uso dei marchionimi; è anche probabile una relazione con il n. di Guglielmo Marconi o altre configurazioni antroponimiche in cui, in Polonia, questo nome viene riconosciuto come italiano; cfr. Sez. 3.2.1) ⟶ [~ // N/C LUDEK #Przedsiębiorstwo Prywatne; WUP – #Impresa Privata / prodotti di pelle – 1994 – Koleczkowo-PM]. Almeno 15 a.o.

Fig. 100. Fonte: WUP, 1, 1997, p. 62.

Moreli ("italianizzazione" del c.pra *Morel*) ⟶ [C/N ~; WUP – prodotti artistici di vari materiali – 2014 – Bliżyce-SL].

Fig. 101. Fonte: WUP, 4, 2018, p. 1310.

Tomma (la voce risulta un neo PIF motivato da una specie di nomignolo coniato in riferimento al n.m. *Tomasz* 'Tommaso', n.pro; può essere trattata come abbreviazione dell'equiv. it. di *Tomasz* oppure una combinazione di un {cdp} *Tom-* al quale si aggiunge un {cx} *-MA*) ⟶ [~ N/C; Aleo/GUS – serv. trasporto – 2013 – Wrocław-DS]. Almeno 5 a.o.

Vinnci (la forma può essere ispirata al cogn. di Leonardo da Vinci; non è escluso inoltre il riferimento al v. lat. *vinci*) ⟶ [~ // C/N1, C/N2 EUFORIA Sp. z o.o.; WUP – prod. accessori di pelle, abbigliamento, scarpe – 2016 –Racibórz-SL].

Fig. 102. WUP, 8, 2017, p. 2590.

Vivaldo (< *Vivaldi*, il cogn. del famoso compositore it.: la *i* finale è stata cambiata in una *o*, ciò rende la voce diversa dal modello di motivazione, ma sempre fortemente italianeggiante) ⟶ [~ Sp. z o.o.; RIO – prod. abbigliamento – 2012 – Łódź-LD].

4.3.1.4.2. Cognomi italiani fittizi

È un'ampia classe dei costrutti nella MPLI. Il suo potenziale è stato scoperto e sussiste dai lontani anni di prima della Seconda guerra mondiale quando, sporadicamente, si creavano marchionimi di carattere italiano, i quali si potevano interpretare come transonomi dei cognomi italiani (vd. p.es. il marchio *Ardalli* brevettato nel 1939, Fig. 104).

La stilizzazione italianeggiante interpretata come decognominale è diventata abbastanza visibile dai primi anni 1990 (cfr. *Marconi*) e continua fino ad oggi. Conformemente alla morfologia caratteristica per i cognomi italiani, le terminazioni in *-i* sono considerate tratti caratteristici dell'italianità nel sistema cognominale degli italiani. Tuttavia, la qualificazione deantroponimica è intuitiva. Allo stesso tempo, le voci considerate come possibili transonimi di cognomi fittizi italiani si potrebbero classificare tra i neologismi senza una chiara motivazione.

L'utilizzo delle forme apparentemente decognominali coincide inoltre (e a volte molto di più) con l'associazione di queste strutture con tanti marchi italiani famosi, che servono, senza nessun dubbio, d'ispirazione nei processi di onomaturgia della MPLI, e sono, in realtà, onimi basati su cognomi veri e propri (dei fondatori, proprietari, soci, ecc.). I nomi come *Armani*; *Ferrari*; *Bauli*; *Moretti*; *Fendi*; *Mutti*; *Barilla*; *Ferragamo*; *Piaggio* – e tantissimi altri funzionanti in questa situazione come prototipi – portano alla creazione di un marchionimo *decognominale* interpretato come una ipotetica marca italiana.

Le forme di questo tipo sono invasive, ma non esistono ostacoli che frenino la loro introduzione nella MPL. Anzi, come ormai spiegato con esempi (cfr. *Lanĉerto*), la loro popolarità non sembra declinare; alcune sono diventate marche molto pregiate e conosciute sul mercato polacco, come p.es. la marca della moda femminile *Monnari*, creata a Łódź, centro dell'industria leggera in Polonia[429].

429 Il nome *Monnari* "ricorda cognomi italiani" (Galofaro 2007). La voce è opaca. Deve essere il frutto di una ricerca di *branding* speciale. Suggerisce legami con l'area cognominale italiana.

Molti dei nomi citati e descritti nascondono un sottofondo, non sempre riconoscibile, ma pur sempre rilevante dal punto di vista di chi ha creato il nome e lo vuole introdurre nella comunicazione commerciale. Conta ancora di più la reazione dei riceventi di fronte al marchionimo nella sua semplice funzione di segnale (linguistico, grafico, visivo, acustico). Esso rinvia ad associazioni particolari, proprie per il mondo marcato dall'italianità. L'imitazione osservata nei casi raccolti non pone alcun dubbio sull'azione dell'interferenza. I nomi seguenti fanno finta di essere "marche italiane".

Allani (neo IS stilizzato sui cognomi-marchio it. uscenti in *-i*; è caratteristica la doppia *l* nel {cx} *All-* che, oltre al {civ} *-ani*, firma la sua natura italianeggiante) ⟶ [~ Sp. z o.o.; WUP – prod. accessori vari; pubblicità; neg. in Rete – 2015 – Warszawa-MZ].

Fig. 103. Fonte: WUP, 8, 2017, p. 2884.

Ardalli */S/* (comp. di un {cpd} *Ard/al/-* < *Ardal*, il n. dell'azienda, e di un {civ} *-/al/li*) ⟶ [~ // Fa. #Przemysł Gumowy „Ardal" Sp.a.; WUP – #industria della gomma / prodotti di gomma – 1938 – Lida[430]].

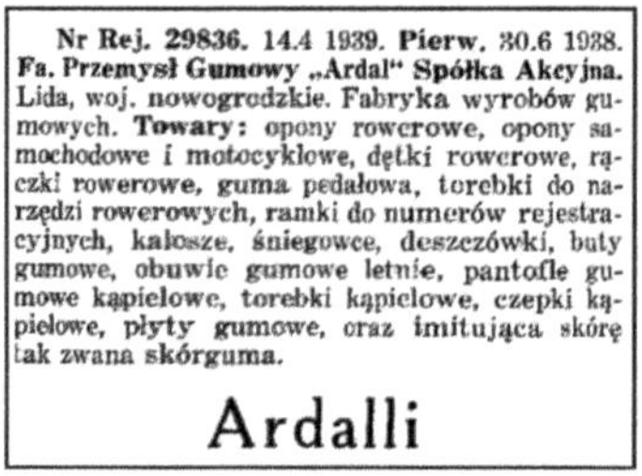
Nr Rej. 29836. 14.4 1939. **Pierw.** 30.6 1938. **Fa. Przemysł Gumowy „Ardal" Spółka Akcyjna.** Lida, woj. nowogrodzkie. Fabryka wyrobów gumowych. **Towary:** opony rowerowe, opony samochodowe i motocyklowe, dętki rowerowe, rączki rowerowe, guma pedałowa, torebki do narzędzi rowerowych, ramki do numerów rejestracyjnych, kalosze, śniegowce, deszczówki, buty gumowe, obuwie gumowe letnie, pantofle gumowe kąpielowe, torebki kąpielowe, czepki kąpielowe, płyty gumowe, oraz imitująca skórę tak zwana skórguma.

Ardalli

Fig. 104. Fonte: WUP, XVI(5), 1939, p. 249.

Banetti (neo PIF; comp. di un {cx} *Ban-* e di un {civ} *-etti*) ⟶ [N/C „~"; CEiDG – prod. abbigliamento – 2003 – Grojec-SL].

430 Oggi una città della Bielorussia, in quello che, nella Polonia tra le due guerre, era il voivodato di Nowogródek prima della Seconda guerra mondiale.

Baskonetti (neo IS stilizzato su un cogn. uscente in *-i*; l'impronta di una interferenza non solo italiana è data dall'introduzione della *k* nella grafia del M, che è, comunque, fortemente italianeggiante e conferma l'uso degli italianismi del genere nella designazione dei prodotti come borsette, portafogli e scarpe; la *k* e l'intero *Bask/on/-* risultano un {cpd} < *Baska*, c.pro; l'effetto ottenuto può essere la prova della creatività dell'onomaturgo, ma in fondo si tratta di un gioco interonimico che viene, a prima vista, letto come umoristico; comunque il cogn. *Basconetti* non esiste nell'antroponimia it. contemporanea) ⟶ [~ // C/N P.P.H.U. BASKA BIS; WUP – scarpe, borse, portafogli – 2016 – Starogard Gdański-PM].

Fig. 105. Fonte: WUP, 11, 2017, p. 4026.

Bigordi (neo PIF; corrisponde al cogn. quasi scomparso it. *Bigordi*, che poteva ispirare gli onomaturghi; ma può essere anche una comp. d'autore senza una particolare motivazione decognominale "nascosta"; risulta piuttosto uno pseudoitalianismo usato in un contesto artigianale e commerciale particolare) ⟶ [~ Sp. z o.o.; RIO – prod. articoli di pelle – 2016 – Jaksmanice-PK].

Fig. 106. Fonte: https://bigordi.pl/torebki-klasyczne/29-torebka-klasyczna-prostokatna-srednia-classy-bag.html, u.a. 6.05.2023.

Bogatti (neo ibr IS; la forma si ritrova tra i cognomi nell'*antroponomasticon* it.; ma può essere anche il risultato di un gioco interlinguistico: il n. è un paronimo dell'agg. sg.m. pol. *bogaty* 'ricco'; l'elemento *Bogat-* come un {cpl} < pol. *bogaty* sembra la base motivazionale della neoformazione nell'ambito polacco; l'associazione paronimica al marchio automobilistico *Bugatti* può essere anche un fattore che favorisce il funzionamento di questo M) ⟶ [~ Sp. z o.o.; RIO – prod. mobili – 2005 – Śmigiel-WP].

Cacci (neo PIF che può essere interpretato come forma decognominale it., anche se il cogn. *Cacci* è pochissimo diffuso in Italia; *Cacci* sembra attraente per il suo aspetto grafico con la ripetizione del grafo *c*; l'italianità del n. viene firmata con l'uso della finale *i*) ⟶ [~ // C/N DER-PLAST #PRODUKCJA-HANDEL-USŁUGI; WUP – #produzione-commercio-servizi / prodotti elettronici; orologi; gioielli, ecc. – 2021 – Lędziny-SL].

Fig. 107. Fonte: WUP, 34, 2021, p. 65.

Castellani (una possibile imitazione del cogn. it. in *-i*; il cogn. ~ è abbastanza diffuso in regioni del Centro e del Nord d'Italia[431]) ⟶ [~ N/C; CEiDG – neg. abbigliamento – 2017 – Warszawa-MZ].

Cefirutti (neo PIF stilizzato sui modelli cognominali in *-i*; per paronomasia, può essere ispirato al cogn. conosciuto come marca di lusso *Cerruti*; richiama anche *Cerutti*, un cogn. settentrionale, all'epoca conosciuto anche come marchio di una ditta di rotative per la stampa) ⟶ [~ // C/N; WUP – prodotti di pelle – 2016 – Katowice-SL].

Fig. 108. Fonte: WUP, 32, 2021, p. 59.

Coletti (imita il cogn. it. ~, usato anche nella versione *Colletti*, diffusa tra gli italiani non solo in Italia) ⟶ [„~" #Salon Obuwniczy N/C; CEiDG – #neg. scarpe – 2003 – Bolesławiec-DS].

Di Cario (un n. inventato che può essere interpretato come un cogn. it. creato sul modello: *Di* + un elem. lessicale od onimico; non si esclude che sia un travestimento del cogn. *Di Caprio* oppure una non esatta copia di *Di Carlo*) ⟶ [~ N/C; CEiDG – vend. abbigliamento – 2003 – Zduńska Wola-LD].

Di Ferro (una formazione perfettamente it. che corrisponde al sintagma preposizionale *di ferro*, la base di una comp. che imita un modello cognominale it.: *Di* + sostantivo; il riferimento al ferro è motivato dal settore: produzione di oggetti di ferro per le costruzioni o l'arredamento) ⟶ [~ Sp. z o.o.; RIO – prod. mobili – 2021 – Łowęcin-WP].

431 Cfr. Caffarelli, Marcato 2008: s.v.

Di Selentino (un marchio modellato come un cogn. it. preceduto dalla prep.sempl. *Di*; l'elem. *Salentino* è invece una forma che interamente può essere interpretata come un {cdi}; immancabilmente fa venire in mente il Salento, ovvero la penisola salentina) ⟶ [~ C/N; WUP – prod. abbigliamento, capelli; vend. in Rete – 2016 – Luboń-WP].

Fig. 109. Fonte: WUP, 11, 2017, p. 4123.

Furnero (neo IS originale, formalmente ispirato all'agg. *nero* usato come un {cil} *-nero* preceduto da un elemento {cx} *Fur-*; nel *brain storming* di una potenziale ricerca del *brand* poteva contare il fatto che *Fur-* corrisponde all'ingl. *fur* 'pelliccia'; oppure all'ingl. *furniture* 'mobili') ⟶ [~ Sp. z o.o.; RIO – prod. neg. mobili – 2019 – Ceków-WP].

Furrini (stilizzato sui marchi italiani in *-i*; conferma la tendenza della scelta di una forma che suggerisce l'origine decognominale it. o, direttamente, una marca it. con la firma della quale sembra più garantito il successo economico nel settore rappresentato) ⟶ [~ // C/N1 C/N2 C/N3 VERO STILO LEATHER CENTRO Sp.c.; WUP – prodotti di cuoio vero o artificiale, borse, valigie, scarpe, ecc. – 2015 – Wrocław-DS].

Fig. 110. Fonte: WUP, 11, 2017, p. 4009.

Giovannini (neo PIF basato sul n.m. it. *Giovanni* trasformato in una forma cognominale, d'altronde esistente nell'*antroponomasticon* it.) ⟶ [F.H. ~ N/C; Aleo/GUS – vend. in Rete – 2013 □ 2017 – Gryfice-ZP].

Laduro (neo IS che può essere una comp. di due {cil} *La-* < p.es. l'art.det. *la* + *duro-* < it. *duro*) ⟶ [~ Sp. z o.o.; RIO – prod. mobili – 2020 – Zajączki Drugie-SL].

Lanetti (può essere stilizzato su un cogn. it. in *-i*; la forma ~ è ritrovabile come cogn. d'origine it. nel mondo; probabilmente è un tentativo di simulare il marchio di scarpe *Lancetti*) ⟶ [~ // CCC.EU Sp. z o.o.; WUP – prodotti di pelle; scarpe – 2017 – Polkowice-DS].

Fig. 111. Fonte: WUP, 4, 2018, p. 1521.

Lovini (neo IS; stilizzato sui cognomi it. in *-i*; può integrare l'ingl. *love* > *Lov-* in quanto {cin} + un {civ} *-ini*) ⟶ [~ C/N; WUP – prod. scarpe, abbigliamento – 2018 – Kalisz-WP].

Fig. 112. WUP, 18, 2021, p. 55.

Maxoni (neo IS stilizzato sui cognomi e marchi it. in *-i*; l'impronta internaz. e di modernità è conferita al M dall'introduzione di una *x* nella sua grafia; la *x* è estranea alla norma ortografica pol., è invece molto caratteristica nell'onomaturgia marchionimica, p.es. nei suffissoidi *-ex*, *-ax*, *-ux*) ⟶ [C/N #ZAKŁAD PRODUKCJI OBUWIA ~; WUP – #azienda prod. carpe – 2019 – Wręczyca Mała-SL].

Fig. 113. Fonte: WUP, 1, 2020, p. 173.

Mazzoni (assomiglia al cogn. *Manzoni*, ma esso non deve rappresentare l'ispirazione del M; più probabile, se mai, può essere l'ispirazione generata dal. cogn. *Mazzini*; è caratteristica una doppia *z* nella sua ortografia) ⟶ [~ N/C; CEiDG – prod. mobili – 2005 – Sulmierzyce-WP].

Meltoni (marchio IS evidentemente stilizzato su marche decognominali italiane; la prova della falsa provenienza it. è un altro M inventato dalla stessa ditta, vd. *Vittorini*; entrambi i marchi si servono delle iniziali *M* e *V*, imitando in questo modo le usanze mondiali nella segnalazione delle marche di lusso; nei due casi si tratta di marchi di prodotti come borsette, portafogli, guanti di cuoio; cfr. *Valentini*) ⟶ [~ // C/N #PRACOWNIA RĘKAWICZEK – #fabbrica di guanti – 2016 – Zduńska Wola-LD].

Fig. 114. Fonte: WUP, 12, 2017, p. 4408.

Mobiliani (neo PIF; comp. di due {cil}: *Mobili-* < it. *mobili* + il suff. *-/i/ani*; il n. assomiglia al cogn. *Modigliani*; nel logonimo è molto interessante la *n* che è ricostruita come parte della *m* iniziale: fa pensare a *nobili*) ⟶ [~ Sp. z o.o.; RIO – prod. mobili – 2011 – Bydgoszcz-KP].

Fig. 115. Fonte: https://meble-mobiliani.pl/, u.a. 6.05.2023. Pol. *kuchnie doskonałe* 'cucine perfette'.

Monnari (neo PIF stilizzato sui cognomi it. uscenti in *-i*; il marchio ha riscosso un gran successo sul mercato polacco, soprattutto come marca di lusso della moda femminile; può essere scomponibile in un {cx} *Monn-* e un {civ} *-ari*; il n. è il frutto di una riuscita ricerca di *branding*; con il *tagline BAGS & SHOES* si segnala il settore d'interesse maggiore) ⟶ [~ // SERVICE Sp. z o.o.; WUP – 2017 – prodotti vari – Łódź-LD].

Fig. 116. Fonte: WUP, 10, 2018, p. 3908.

Narroli (neo ibr IS; una comp. che può imitare un cogn. o un toponimo it.; è un'eccellente comp. di un {cpd} *Narrol-* < toponimo pol. *Narol* + la desinenza *-i* usata come un {civ}; un gioco interonimico e interlinguistico) ⟶ [~ Pizzeria // PHU N/C; PKT/GUS – 2021 – Narol-PK].

Orvaldi (neo PIF; composto da un {cx} *Orv-* + morfo suffissale {civ} *-aldi*) ⟶ [~ Power Protection Sp. z o.o.; https://www.sklep.orvaldi.pl, u.a. 07.03.2021 – neg. onilne / tecnologia informatica – 2015 – Warszawa-MZ].

Pellini ⟶ [Pellini.pl; http://pelini.pl, u.a. 24.02.2020 – neg. in Rete. / gioielli // Bimart N/C – 2000 – Ustroń-SL].

Santi (stilizzato sul cogn. it. ~, molto diffuso in tutto il Centro-Nord d'Italia[432]; conosciuto anche come n.m. personale in Sicilia, oggi piuttosto desueto) ⟶ [~ Sp. z o.o.; WUP – accessori di sicurezza e protezione per l'ambiente di lavoro – 2013 – Gdynia-PM].

SANTI

Fig. 117. WUP, 7, 2018, p. 2792.

Stuccolini (il marchio brevettato nel 1994; potrebbe essere letto come una forma apparentemente decognominale per l'uso di un {cid} *-/o/lini* utilizzato sotto l'influenza dei cogn. in *-ini/-lini*, come p.es. *Bartolini* e sim.; il {cil} *Stucc/o/-* viene dal lessema *stucco* che indica la natura dei prodotti fabbricati sotto il marchio ~; l'ingegnosità degli onomaturghi può essere anche più avanzata: l'it. *stucco* indica il gesso – equiv. pol. *masa szpachlowa*, che si usava o si usa tuttora per la rifinitura di porte, finestre, soffitti; cfr. n.sg.f. pol. *sztukateria* < it. *stucco*) ⟶ [~ // TECHNIKON #Chemia Budowlana Sp.c.-C/N1, C/N2; WUP – #prodotti chimici per l'edilizia – 1994 – Warszawa-MZ].

szpachlówka (szpachla) budowlana; klasa 2.
STUCCOLINI

Fig. 118. WUP, 1, 1997, p. 47.

Tossi (neo IS formato sul modello che consta di due sillabe e coinvolge l'uso di una doppia cons. mediana; s'associa per paronimia con i noti cogn. it. come *Bossi* e *Rossi*) ⟶ [~ Sp. z o.o.; RIO – prod. mobili – 2007 – Olsztyn-WM].

Valentini (marchio evidentemente stilizzato su marche it. decognominali uscenti in *-i*; come cogn. it. ~ è diffuso in Italia soprattutto nel Lazio[433]; nel caso analizzato può essere ispirato alla marca *Valentino*, anzitutto perché il settore dell'attività è simile: produzione di borse e altri accessori di pelle vera e artificiale; il marchio si serve pure dell'iniziale *V* simboleggiante il suo logonimo; è anche un procedimento copiato su modelli di marche di lusso globali, solo che *Valentini* non è sicuramente un marchio di lusso) ⟶ [~ // N/C1, N/C2 Sp.j.; WUP – prodotti di pelle – 2016 – Gdynia-PM].

432 Cfr. ibid.: s.v.
433 Cfr. ibid.: s.v.

Fig. 119. WUP, 12, 2017, p. 4652.

Velucci (neo IS stilizzato sul modello del cogn. it. *Vellucci*; si noti anche un'associazione lontana con il cogn. di Monica Bellucci) ⟶ [Velucci.pl. // ELEVEN N/C – neg. in Rete / gioielli – 2000 – Zgierz-LD].

Vittorini (stilizzato su un marchio it. decognominale; senza dubbio, è falso, ma nell'imitazione di una voce che fa subito pensare ad una marca it., è completamente lecito e niente impedisce la sua esistenza e protezione come M che allude alla provenienza it.; cfr. *Meltoni*) ⟶ [~ // C/N #PRACOWNIA RĘKAWICZEK – #fabbrica di guanti / prod. borse, portafogli, guanti di cuoio – 2016 – Zduńska Wola-LD].

Fig. 120. WUP, 12, 2017, p. 4511.

4.3.1.4.3. Abbinamenti di nomi e cognomi di fantasia

Come osservato prima, l'invenzione degli imprenditori onomaturghi va ben oltre l'impostazione di un singolo nome di battesimo o cognome italiano in qualità di un marchionimo segnato dal carattere formale italianeggiante. L'astuzia dei creatori porta a osare introdurre nei circuiti di comunicazione commerciale polacca anche coppie convenzionalizzate di questi due elementi identificativi di una persona.

Le prime strutture di questo genere comparivano, come nel caso dei marchicognomi singoli, nei primi anni '90 del XX sec. (cfr. *Luigi Rossi*). Si compongono secondo lo schema *nome + cognome* (più raramente nell'ordine opposto) e propriamente rappresentano MTA fittizi, ma riconosciuti come nessi tradizionali dell'antroponimia italiana. Non sono, tuttavia, caratterizzati da riferimenti a individui reali o personaggi dei mondi mediale o artistico o di altro discorso che si svolga nello spazio della cultura, ma in casi particolari la loro evocazione può essere motivata da un'associazione diretta o indiretta ad un individuo noto al proprietario. È anche abbastanza frequente una riproduzione interlinguistica che rievoca qualche significato della base strutturale del nome e cognome polacco (p.es. *Dario Romani*; *Marco Poro*; *Mattia Esattore*).

Le illustrazioni di questo tipo di modelli deantroponimici sono assai frequenti. Alcune sono state brevettate. Sono denominazioni di gioco interonimico virtuale. Nella fattispecie dovrebbero essere sottoposte ad una discussione di carattere quasi etico, giacché costituiscono un fenomeno che si potrebbe paragonare ad un "plagio" specifico, ma apparentemente ammissibile.

Ci sembra che portino alla creazione di eventi meta-socio-onomastici i quali, comunque, non hanno fondamenti nella società, a parte il fatto di voler ingannare i clienti, anche quelli che sono coscienti del trucco e sono coinvolti in situazioni comunicative di *fake* e arroganza denominativa imposta, e cioè di bugia sanzionata.

Il gioco che generano può consistere non solo nell'imposizione di un possibile nesso *nome + cognome*; ci sono degli esempi che potrebbero essere qualificati come "parlanti" (p.es. *Valentino Venditore*), giacché svelano un'informazione codificata nei loro segmenti delessicali o deonimici, chiari agli utenti, oppure compresi dopo una certa riflessione e analisi.

Di seguito, vengono citati e discussi vari casi registrati, alcuni rigorosamente protetti e molto famosi (p.es. *Giacomo Conti*). La maggioranza sono marchi come altri, quindi la loro natura è *micromarchionimica* (conosciuti e usati in cerchie sociali strette), ma tutti entrano nello spazio virtuale in Rete dove non vi è più limite d'uso e l'espansione comunicativo-discorsiva è libera.

Nell'elenco sottostante vengono riportati esempi evidenti di transonimizzazione di questo tipo; non si escludono casi di doppia interpretazione, e cioè di strutture come *nome + apposizione* o semplici giustapposizioni, le quali agli occhi degli utenti possono presentarsi come possibili dati personali (p.es. *Vittorio Terracotte*; *Diamante Vittoria*; *Mario Tazza*).

Molta attenzione si è posta, in questa parte dell'analisi, affinché nella presentazione successiva non si trovino nessi con nomi e cognomi italiani autentici, p.es. dei soci in un'azienda.

Antonio Mariotti (la formazione allude ai due n. del proprietario pol. *Mariusz Antoni*; *Mariusz* nella sua versione vezzegg. risulta *Mario*; l'elem. *Mariotti* è attraente anche per il fatto di associarsi con il marchio *Marriott* che designa uno degli alberghi di lusso più famosi a Varsavia e conosciuto in tutta la Polonia) ⟶ [N/C ~; GUS – vend. all'ingrosso di abbigliamento e scarpe – 2020 – Bielsko-Biała-SL].

Arturo Vicci (n. e cogn. inventati; *Arturo* è, comunque, l'equiv. it. del n.m. *Artur*, n.pro; *Vicci* può alludere a *Vinci* e *Gucci*) ⟶ [~ // C/N ZPH ZALBUT; https://arturovicci.pl, u.a. 21.03.2021 – vend. abbigliamento scarpe borse, ecc. – 2012 – Rudniki-SL].

ARTURO VICCI®
COLLEZIONE

Fig. 121. Fonte: https://arturovicci.pl/, u.a. 11.05.2023.

Beatrice Bastiano (la motivazione risulta da più fattori: il cogn. di fantasia ~ ritrova una sua ispirazione nel n.m. pol. *Sebastian*, n.pro; la scelta del n. *Beatrice* può essere, invece, motivata da connotazioni positive legate all'eufonico antroponimo *Beatrice* e dal fatto che si tratta di un parrucchiere per donne) ⟶ [~ #GALERIA FRYZUR N/C; Aleo/GUS – #galleria delle acconciature / parrucchiere salone bellezza – 2006 – Łódź-LD].

Bruno Conti (ai tifosi del calcio it. fa pensare a Bruno Conti, campione del mondo nel 1982) ⟶ [~ Home Collection // MARFIL Sp. z o.o. Spk.; WUP – biancheria da letto – 2016 – Warszawa-MZ].

Fig. 122. Fonte: WUP, 12, 2017, p. 4520.

⟶ [BC ~ // C/N MR; WUP – orologi – 2017 – Katowice-SL[434]].

Fig. 123. Fonte: WUP, 5, 2018, Warszawa, p. 1715.

Celeste Colibri (comp. in cui il n. *Celeste* è stato ispirato al n.pra pol. *Celina*; l'ipotetico cogn. *Colibri*, pur essendo una forma usata in diverse lingue, è associato all'area it.; il concetto e l'immagine del colibrì pol. *koliber* sono particolarmente connotativi) ⟶ [„~" N/C; Aleo/GUS – salone bellezza – 2012 – Gdańsk-P].

434 Teoricamente, non esiste conflitto tra l'uno e l'altro *Bruno Conti*; nel primo caso, il marchionimo è accompagnato da *tagline* che entrano nel suo campo perionimico e lo differenziano dall'altro. Tanto meno si creano conflitti con la marca *Giacomo Conti*, cfr. infra. Il nesso con il cognome *Conti* continua una *trend* internazionale di applicare questo antroponimo italiano nella denominazione marchionimia (cfr. p.es. la marca di scarpe *Claudio Conti* della Deichmann nell'area tedesca e internazionale).

Fig. 124. Fonte: http://celestecolibri.pl/kontakt/, u.a. 5.03.2021.

Corrado Martino (*Corrado* corrisponde al suo equiv. pol. *Konrad*, n.pro; *Martino* nella comp. ottenuta svolge la funzione che si potrebbe attribuire ad un secondo nome o a un cogn. o viceversa) ⟶ [N/C ~; CEiDG – prod. articoli di pelle – 2000 – Siedlce-MZ].

Dario Romani (la motivazione viene da una trasformazione del n.pro pol. *Dariusz* nel suo equiv. it. *Dario*; invece *Romani* è un'"italianizzazione" *ad hoc* del c.pro pol. *Romanowski*; cfr. nota 196) ⟶ [P.P.H.U. ~ N/C; Aleo/GUS – vend. all'ingrosso dell'abbigliamento – 2002 – Kruszów-LD].

Dario Rossi ⟶ [~ Sp. z o.o.; Aleo/KRSO – neg. abbigliamento – 2017 – Warszawa-MZ].

Diamante Vittoria (il costrutto può essere interpretato come un nesso nell'ordine opposto al solito *nome e cognome*, quindi un *cognome e nome*) ⟶ [~ N/C; Aleo/GUS – consulenze economiche / gestione aziendale – 2015 – Będzin-SL].

Donatella Clemente (n. e cogn. inventati; *Donatella* può essere ispirato al n. della stilista it. Donatella Versace) ⟶ [~ N/C; CEiDG ⟶ neg. scarpe / articoli di pelle – 2015 □ 2018 – Warszawa-MZ].

Fabrizio Filippi ⟶ [N/C F.P.H.U. „~"; Aleo/GUS – prod. scarpe – 1997 – Kościelec-SL].

Giacomo Conti ⟶ [~ Sp. z o.o. Sp.k.; Aleo/KRSO/UP – prod. / vend. abbigliamento, rete di negozi – 2018 – Poznań-WP].

Fig. 125. Fonte: https://ewyszukiwarka.pue.uprp.gov.pl/search/pwp-details/Z.469613?lng=pl, u.a. 6.03.2023.

Giovanni Vagabondo (la scelta del vocabolo *vagabondo* come base del presunto cogn. di un certo Giovanni può essere il risultato di una ricerca non specialmente motivata dal significato del lessema; d'altro canto, il cogn. in questa forma sarebbe parlante e determinante per uno chiamato apposta *Giovanni*) ⟶ [~ // BARTEX Sp. z o.o. Sp.k.; WUP – vino semi dolce spumante – 2019 – Nowy Tomyśl-WP].

Fig. 126. Fonte: WUP, 4, 2020, p. 267.

Luigi Rossi /S/ (il M creato nei primi anni '90 del XX sec.; può rappresentare uno dei primi tentativi di servirsi di strutture *nome + cognome* d'origine it. senza un riferimento personale reale; bisogna considerare un legame tra *Luigi Rossi* e *Gino Rossi* come marchi pol. che imitano gli antroponimi italiani; si noti che *Gino* < *Luigino*, è uno degli ipocoristici di *Luigi*; da sottolineare anche il fatto che la pregiata marca *Próchnik*, conosciuta nel settore della moda, ha tralasciato il marchio *Luigi Rossi*, cancellandolo dalla sua storia; tuttavia, la testimonianza dell'iscrizione del n. accompagnato dall'altrettanto non moderato *tagline* ingl. *Top Line*, non scompare dagli archivi dei WUP) ⟶ [~ TOP LINE // Próchnik Sp.a.; WUP – cappotti, giacche, blazer, ecc. – 1996 – Łódź-LD].

Fig. 127. Fonte: WUP, 7, 1999, p. 921.

Marco Poro (l'effetto di un gioco interonimico tra il n./c.pro: *Marek Porowski* base dell'equivalenza antroponimica per *Marco* e la forma *Poro* ottenuta per apocope di *Porowski*; ambo i componenti si mettono in relazione paronimica al n. e cogn. *Marco Polo*) ⟶ [~ N/C; Aleo/GUS – serv. trasporto passeggeri – 2019 – Bydgoszcz-KP].

Marco Mazzini ⟶ [~ // C/N1 C/N2 C/N3 VERO STILO LEATHER CENTRO Sp.c.; WUP – prod. di borse, portafogli di cuoio – 2018 – Wrocław-DS].

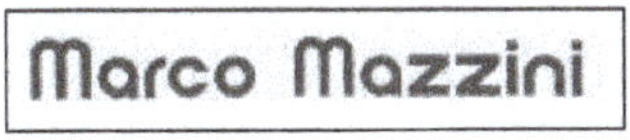

Fig. 128. Fonte: WUP, 8, 2019, p. 2517.

Mario Tazza ⟶ [~ 1961 // MATECKI I SPÓŁKA ZARZĄDZANIE AKTYWAMI Sp. z o.o.; WUP – #gestione delle risorse / prodotti di ceramica – 2018 – Pleszew-WP].

Fig. 129. Fonte: WUP, 1, 2020, pp. 96-97.

Massimiliano Ferre ⟶ [~ N/C; Aleo/GUS – ristor. – 2005 – Poznań-WP].

Fig. 130. Fonte: http://mf-restauracja.pl/, u.a. 3.05.2023.

Massimo Nobile ⟶ [N/C ~; Aleo/GUS – serv. consulenze informatiche – 2011 – Kraków-MP].

Massimo Poli (il M indica una marca di scarpe di lusso creata dalla stilista Ewa Krause) ⟶ [~ N/C; Aleo/GUS – progettazione prod. scarpe donna – 2017 – Częstochowa-SL].

Fig. 131. Fonte: https://massimopoli.com/, u.a. 3.05.2023.

Mattia Esattore (un'eccellente operazione di traduzione del n./c.pro *Maciej Poborca*, ammettendo che *Mattia* è l'equiv. del n.m. pol. *Maciej*, e che *Esattore* < it. *esattore* è l'equiv. del s.sg.m. pol. *poborca*, la base etimologica del cogn. pol. *Poborca*) ⟶ [N/C ~; Aleo/GUS – vend. in Rete – 2016 – Łask-LD].

Salvatore Dell Arte [sic!] (la combinazione ha un carattere sintagmatico; la parte *Dell Arte* può essere interpretata come "cognominale"; si noti il mancato apostrofo tra *Dell* e *Arte*, nonché l'uso di uno spazio "vuoto" tra questi due componenti) ⟶ [~ N/C; Aleo/GUS – serv. fotografico e grafico – 2013 – Mińsk Mazowiecki-MZ].

Valentino Venditore (il costrutto può essere interpretato come *nome + cognome* di natura perfettamente italianeggiante, anche se per un italofono la prima associazione che viene in mente è di natura semantica: *Venditore* < it. *venditore*, un termine specificante il n.m. *Valentino*) ⟶ [~ N/C; Aleo/GUS – serv. *catering* – 2020 – Biała Podlaska-PD].

Vittoria Giovani → [~ // #Przedsiębiorstwo Konfekcyjne "EMMA" N/C1, N/C2 Sp.j.; https://sklep.vittoriagiovani.eu/, u.a. 07.03.2021 – #azienda confezioni di abbigliamento / neg. in Rete – 2003 – Górzno-MZ].

Vittoria Gotti → [~ // C/N GUSTO; WUP – prodotti di pelle; neg. – 2016 – Toruń-KP].

VITTORIA GOTTI

Fig. 132. Fonte: WUP, 10, 2017, p. 3663.

Vittorio Terracotte (la giustapposizione potrebbe essere interpretata come *nome + cognome*; *Vittorio* corrisponde all'equiv. del n.m. pol. *Wiktor*, n.pro; *Terracotte* < it. *terracotta* è motivato dal settore in cui è attiva la struttura: la vendita di mattonelle di ceramica; *Terracotte* può essere anche considerato come elemento perionimico identificativo dell'azienda, d'altronde con la *chance* di essere compreso nel suo significato della base appellativa, giacché l'it. *terracotta* ha dato in polacco l'italianismo *terakota*, s.sg.f.) → [~; Aleo/GUS – commercio all'ingrosso di porcellana, ceramica e vetro – 2020 – Zielona Góra-LB]. Nel logonimo dell'azienda compaiono vari riferimenti all'Italia:

Fig. 133. Fonte: https://www.vittorioterracotte.com/, u.a. 4.05.2023.

4.3.2. Transonimizzazioni detoponimiche

Anche la toponimia italiana costituisce un'ampia fonte di strutture italianeggianti che si usano nella MPL (p.es. *Verona* in 150 occorrenze attestate, ma possono essere anche più numerose). Ci interessano le forme originali riprese come transonimi MTA. Non si prendono in considerazione le forme adattate, quindi gli esonimi[435] che in seguito ad una evoluzione formale (fono-morfologica e

435 Usiamo *esonimo* nel senso stabilito per questo termine negli studi onomastici: "Nome attribuito in un determinato linguaggio a un toponimo situato all'esterno dell'area dove tale linguaggio è parlato e morfologicamente differente dal

ortografica) si sono stabiliti nel sistema polacco. Dobbiamo, tuttavia, rimarcare che gli esonimi riferiti ai luoghi geografici italiani (p.es. pol. *Rzym* – it. *Roma*; pol. *Asyż* – it. *Assisi*; pol. *Wenecja* – *Venezia*; pol. *Sycylia* – *Sicilia*; ecc.[436]) costituiscono una altrettanto importante raccolta di marchionimi che si potrebbero qualificare come motivati dalla realtà italiana[437]. Non escludiamo, invece, gli esonimi italiani dei toponimi polacchi (p.es. *Varsavia*).

Ci concentriamo maggiormente su casi autentici che sono meno conosciuti dei loro adattamenti (se esistono), invece creano un'aura di italianità confermata da legami con l'area territoriale italiana. Presentiamo una esigua scelta di esempi. In realtà, altri numerosi toponimi italiani sono frequenti nella MPLI.

L'operazione, consistente nel riciclaggio di toponimi italiani e transonimizzati in marchionimi, non ha origini recenti: i primi transonimi detoponimici nella MPL sono registrati in brevetti che risalgono agli anni '20 del XX sec., ma sono piuttosto dei casi adattati. Sin da quel momento, s'incontrano pure delle occorrenze che consistono nel riuso dei toponimi in italiano, ma non riferiti a luoghi in Italia (vd. p.es. *Marocco*, *Varsavia*). Dopo la Seconda guerra mondiale, e fino agli anni '90, la tendenza a cercare ispirazione nella toponimia originale italiana è poco rappresentata (vd. *Rimini*). Nell'ultimo ventennio, la situazione è diversa e proporzionale alla relativa popolarità di voci italianeggianti come base della marchionimia creata nell'ambito polacco.

Si considerino gli esempi seguenti.

Assisi (< urbonimo it.) ⟶ [~ Sp. z o.o.; Aleo/GUS – serv. riparazione tecnica – 2013 □ 2021 – Warszawa-MZ].

Bolzano (< urbonimo it.[438]) ⟶ [~ C/N Pizzeria BolzAno Pizz & Pasta (sic!); WUP – 2017 – Kraków-MP].

---

nome usato nella lingua ufficiale o nella lingua comunemente parlata nell'area dove il toponimo è localizzato" (Caffarelli, Gagliardi 2018: 26). Cfr. *Onomastic terminology* ICOS (p.es. equiv. pol. *egzonim*, Gałkowski, Bijak 2018: s.v.).

436 Per gli equivalenti dei nomi geografici italiani in polacco vd. Gałkowski 2023: Tab. 4.

437 Una certa testimonianza dell'uso di questo tipo di denominazioni sta nella letteratura polacca: nella celebre ballata di Adam Mickiewicz *Pani Twardowska* (1822) si parla di *karczma Rzym* (s.sg.f. pol. *karczma* 'locanda'), un luogo *nomen omen* insediato da diavoli. La denominazione *Karczma Rzym*, sotto l'influenza della storia leggendaria mickiewicziana, è stata assegnata a vere locande e osterie, p.es. a Sucha Beskidzka-MP.

438 Si osservi l'effetto strano di mettere in rilievo la parte *-Ano* nel logonimo designante la pizzeria *BolzAno*. È la conseguenza di utilizzare e registrare la forma del firmonimo con la *A* mediana maiuscola che pare simboleggi la cima di un monte delle Alpi vista da Bolzano. Cfr. *MariAno*.

Fig. 134. Fonte: WUP, 12, 2017, p. 4555.

Burano (< nesonimo it.) ⟶ [N/C ~; PKT/CEiDG – vend. in Rete – 2005 – Jaworzno-SL].

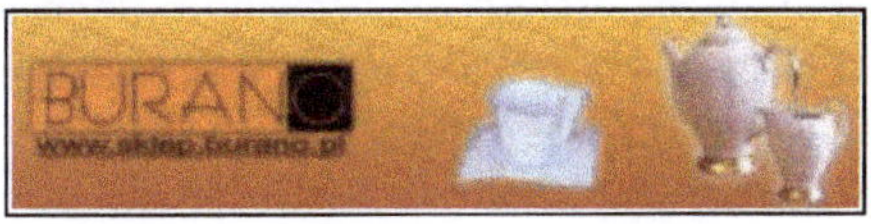

Fig. 135. Fonte: http://sklep.burano.pl/, u.a. 28.01.2021.

Campo di Fiori (modellato sull'urbanonimo *Campo de' Fiori*; l'espr. serve per designare una tipologia di pizzerie in varie località pol.) ⟶ [~ Pizzeria; PKT – s/d – Lublin-LU]. Almeno 5 a.o.

Capri (< nesonimo it.) ⟶ [~ #Producent lodów Cassate i wyrobów cukierniczych; PKT/CEiDG – #produttore di gelati Cassate e dolciumi – 2001 – Pniewy-WP]. Almeno 100 a.o. in d.c.

Dolomiti (< oronimo it.) ⟶ [~ Sp. z o.o.; PKT/KRSO – prod. gelato – 2019 – Będzin-SL].

Etna (< oronimo / n. di vulcano it.) ⟶ [~ Sp.c. #Producent lodów gałkowych; PKT/KRSW – #prod. gelato a "palline" – 1995 – Biórków Wielki-MP]. Almeno 4 a.o.

Livorno (< urbonimo it.) ⟶ [~ Sp. z o.o.; PKT/KRSW – prod. gelato – 2016 – Wrocław-DS.]. Almeno 2 a.o.

Marocco /S/ (< coronimo/esonimo it.; una denominazione registrata e protetta dal 1937; designa una "marca di fabbrica" pol. *marka fabryczna* degli accessori caratteristici per l'epoca, classificati come elementi della biancheria maschile: i colletti di ricambio "rigidi e morbidi"[439]) ⟶ [~ LUXUS COLLAR // N/C; WUP – 1939 – Warszawa-MZ].

---

439 Il marchio scomparve dalla mappa economica polacca con la morte del suo fondatore, Lejb Sendyk. L'origine del mittente traduce, in qualche senso, la sfumatura orientalizzata del nome *Marocco*. È caratteristico anche lo *slogan* ibrido *Luxus Collar*. Il qualificatore *luxus* è d'origine latina, ma riproduce piuttosto un termine di *slang* commerciale degli imprenditori ebrei polacchi, colorito di superlativi del

Nr Rej. 29546. 26.1 1939. Pierw. 16.10 1937. Lejb Sendyk. Warszawa. Wytwórnia bielizny. Towary: bielizna męska a w szczególności kołnierzyki sztywne i miękkie.

Fig. 136. Fonte: WUP, X-VI(2), 1939, p. 74.

Oggi, il M *Marocco* compare almeno in 5 a.o.

Milano (< urbonimo it.; viene usato come firmonimo autonomo o in configurazioni sintagmatiche) ⟶ [~ Sp. z o.o. #Dystrybutor lodów i mrożonek; PKT/KRSO – distribuzione / vend. all'ingrosso di gelati e prodotti surgelati – 1996 – Kościan-WP] ⟶ [N/C Sp.c. #Galeria Mebli ~; PKT/GUS – #galleria / neg. mobili – 2015 – Nowy Sącz-MP]. Almeno 100 a.o.

Miramare (< urbonimo it.) ⟶ [~ Sp. z o.o.; PKT/GUS – prod. gelato / gelateria – 2020 – Warszawa-MZ].

Modena (< urbonimo it.) ⟶ [~ MT Sp. z o.o.; Aleo/GUS – serv. trasporto aereo – 2005 – Biesko-Biała-SL]. Almeno 60 a.o. in d.c.

⟶ [~ #OSIEDLE // #DOM DEVELOPMENT Sp.a.; WUP – una #residenza urbana[440] / #casa – 2015 – Warszawa-MZ].

---

genere. La scelta del nome poteva essere ispirata al titolo di una pellicola statunitense del 1930 *Marocco* (dir. Josef von Sternberg), con l'indimenticabile ruolo di Marlene Dietrich (1901–1992), vestita da maschio, quindi portante anche un colletto bianco di cambio integrato alla camicia della sue *tenue.* Un interessante fatto che emerge dalla nostra ricerca concerne anche una situazione di concorrenza tra la famiglia Sendyk e un'altra casa ebraica a Łódź, quella dei Walfisz. L'imprenditore Izrael Walfisz possedeva un'altra fabbrica di calze a Łódź (nel 1938 registrò come brevettato il marchio *Monaco*, un nome internazionalizzato, ma d'origine italiana, vd. Fig. 138).

440 È un caso particolare di oggetto che si considera come il referente del marchionimo, ma allo stesso tempo, di un toponimo (o microtoponimo / urbanonimo), giacché indica un terreno abitato, localizzato nello spazio. L'attribuzione di un nome che all'origine è anch'esso un toponimo (urbonimo) incide sullo sviluppo di connotazioni che può generare il n. *Modena.* La ragione della scelta di *Modena* come base del marchionimo può essere anche la sua semplicità e "mondanità", nonché l'accostamento paronimico all'agg. *moderna.* Si tenga presente che *Modena* nella sua versione grafica originale non esige nessun adattamento speciale alla morfologia polacca; avviene, invece, un adattamento fonetico: l'accento proparossitono dell'urbonimo italiano, in polacco si spiana e diventa regolarmente parossitono (cfr. il caso di *Bergamo* e di altre voci sdrucciole discusso in Sez. 1.4.2).

Fig. 137. Fonte: WUP, 2, 2017, p. 376.

Monaco /S/ (< urbonimo/coronimo it.; cfr. nota 439) ⟶ [~ // N/C. #Fabryka pończoch; WUP – #fabbrica di calze – 1938 – Łódź-LD].

Nr Rej. 30151. 20.6 1939. Pierw. 28.7 1938. Izrael Walfisz. Łódź. Fabryka pończoch. Towary: pończochy.

Monaco - Izrael Walfisz
Łódź

Fig. 138. Fonte: WUP, XVI(7/8), 1939, p. 358.

Monza (< urbonimo it.) ⟶ [~ N/C; PKT/GUS – gelateria – 2019 – Niegowa-SL].

Murano (< nesonimo it.; ma la motivazione è anche altra, giacché *Murano* risulta estratta dal c.pra *Muranowicz*) ⟶ [Agencja ~ N/C; Aleo/GUS – agenzia pubblicitaria / organizzazione eventi artistici – 2012 – Warszawa-MZ]. Almeno 20 a.o.

Napoli (< urbonimo it.) ⟶ [~ N/C; PKT/GUS – agenzia pubblicitaria – 1999 – Warszawa-MZ]. Almeno 40 a.o.

Navona (< urbanonimo it.) ⟶ [~ Sp. z o.o.; Aleo/GUS – serv. *marketing* / *call center* – 2017 – Warszawa-MZ].

Palermo (< urbonimo it.) ⟶ [F.R.B. ~ N/C; Aleo/GUS – serv. ristrutturazione e costruzione – 2011 – Bydgoszcz-KP]. Almeno 50 a.o. in d.c.

Parma (< urbonimo it.; ingl. *capital* nella zona perionimica) ⟶ [~ Capital Sp. z o.o., Aleo/GUS – serv. ricerca economica – 2019 – Kielce-SW]. Almeno 10 a.o.

Rigga (può essere ispirato all'urbonimo *Riga* con la *g* raddoppiata; il risultato è italianeggiante, ma non corrisponde a nessuna forma toponimica esistente nelle lingue[441]; il nome ha l'aspetto "duro", le due *gg* creano l'effetto di una sensazione di

441 Potrebbe essere associato al nome comune svedese *rigga* 'impianto', utilizzato, p.es., nella denominazione di alcuni prodotti della marca IKEA, ma in questo caso non sembra pertinente.

"freddo", cfr. il settore rappresentato) ⟶ [~ Sp. z o.o. #Producent pizzy mrożonej; PKT/GUS – #produttore di pizze surgelate – 2003 – Puck-PM].

Rimini (< urbonimo it.; utilizzato nella MPL anche nel periodo di prima della Seconda guerra mondiale, per stereotipo associato ad una stazione balneare it. famosa tra i polacchi e gli ebrei più abbienti che vivevano sul territorio pol. negli anni '20 e '30 del XX. sec., vd. Fig. 139) ⟶ [N/C F.H. ~; Aleo/CEiDG – neg. cosmetici / prodotti per toeletta – 2013 – Nowy Sącz-MP]. Almeno 15 a.o.

⟶ [~ // Fa **„Messina"** – #właśc. N/C; WUP – prod. gelato[442]/#s.sg.m. pol. *właściciel* 'proprietario' – 1947 – Kraków-MP].

Nr Rej. 33541. 13.10. 1947. Pierw. 19.6. 1947. Fa „Messina" — właśc. Maksymilian Krawec, Kraków. Wytwórnia artykułów spożywczych. Towary: lody jadalne.

Rimini-Kraków

Fig. 139. Fonte: WUP, XXIII(11), 1947, 220.

Roma (< urbonimo it.) ⟶ [#TEATR MUZYCZNY ~ TM; WUP – il n. di un famoso #teatro mus. a Varsavia, allo stesso tempo il marchio di pubblicazioni fonografiche dello stesso teatro; il M brevettato – 2012 – Warszawa-MZ]. Almeno 56 a.o. in d.c.[443] Cfr. SEZ. 4.9.3 e Fig. 442.

---

442 L'uso dei nomi italiani deurbonimici è da tempo molto caratteristico nel settore del gelato (cfr. anche la marca "madre" *Messina* e altri nomi di gelaterie citati nel libro). Si tratta di una fabbrica (*Gelateria Italiana*) che produceva gelati nei primi anni dopo la fine della Seconda guerra mondiale, appartenente allora ad un italiano (Luigi Olivo), d'altronde molto attivo nel processo di formazione e protezione legale dei marchi che designavano i suoi gelati e rievocavano i prodotti tradizionali di questo tipo di dolci in Italia. Nel 1946, l'imprenditore italiano registrò la denominazione *Alpina. Gelateria Italiana* (WUP, XXII(7), 1946, p. 74), poi i marchi di gelati *Kasata* e *Cacate* [sic!] (WUP, XXII(9/10), 1946, p. 218); *Cassate, Kassate* e *Kasaty* (ivi, p. 223); *Cassatina; Kasatka; Casatka; Cassatka; Cassata-Miniaturka; Cassatka-Liliputka* (WUP, XXIII(11), 1947, p. 220). Sono interessanti i tentativi, meno o più riusciti, di adattamenti e alterazioni dei lessemi riferiti all'it. *cassata/-e*: *kassate, kasaty*; dim. *kasatka / casatka / cassatka*, nonché l'interpretazione semantica di *cassatina* = *cassata-miniaturka* (n.sg.f. pol. *miniaturka* 'cosa piccolissima / miniaturizzata') / *cassatka-liliputka* (l'uso del suff. dim. f. pol. *-tka*; *liliputka* < s.sg.m. *liliput* 'personaggio nano / piccolino' < ingl. *Liliputan* / ted. *Liliputer*). Cfr. SEZ. 4.8.1.13.

443 Bisogna aggiungere che l'ispirazione di *Roma* come base può essere anche deantroponimica, vista l'esistenza del n.f. *Roma* nell'antroponimia polacca (ipocoristico del n.f. pol. *Romana*; uso raro).

Santa Margherita (< agionimo *santa Margherita* oppure urbonimo *Santa Margherita Ligure*) ⟶ [N/C ~ #Usługi Dziennikarskie, Redaktorskie, Tłumaczenia; PKT/GUS – #serv. giornalismo redazione traduzioni – 2007 – Warszawa-MZ].

Sardegna (< coronimo it.) ⟶ [~ Sp. z o.o.; PKT/GUS – prod. gelato / gelateria – 2016 – Szczecin-ZP]. Almeno 4 a.o.

Sorrento (< urbonimo it.) ⟶ [CAFFE ~ N/C; Aleo/GUS – caffetteria – 2018 □ 2020 – Rewal-ZP]. Almeno 20 a.o.

Torino (< urbonimo it.) ⟶ [~ Sp. z o.o.; PKT/GUS – serv. agricoli – 2014 – Szczecin-ZP]. Almeno 45 a.o. in d.c.

Varsavia (< urbonimo pol. nella versione esonimica it.) ⟶ [#Technologie dla Firm „~" Sp. z o.o.; PKT/KRSO – #tecnologie per aziende / serv. tecnici per imprese – 2014 – Warszawa-MZ]. Almeno 7 a.o.

Venezia (< urbonimo it.) ⟶ [~ Sp. z o.o.; Aleo/GUS – serv. HR – 2015 – Wrocław-DS]. Almeno 30 a.o.

⟶ [~ ORIGINAL // N/C; WUP – gioielli, accessori, elementi per orologi, ecc. – 2016 – Krosno-PK].

Fig. 140. Fonte: WUP, 12, 2017, p. 4394.

Verona (< urbonimo it.) ⟶ [~ Z.U. N/C; Aleo/GUS – serv. persone anziane – 2018 – Ozimek-OP]. Almeno 150 a.o. in d.c.

Si noti, inoltre, che la scelta di un toponimo nella versione italiana come base di un marchionimo italianeggiante è assai probabilmente motivata da connotazioni che suscitano vari nomi geografici italiani che portano con sé significati onomastico-culturali. Nella maggior parte dei casi, sono valori stereotipati, ma possono essere anche individualizzati in riferimento a pregiudizi codificati, desideri, eventi, associazioni tratte dalle storie di vita personale dei proprietari.

Per la mole di lavoro richiesta, non è stato possibile svolgere in questa sede un'indagine accurata per quanto riguarda questo secondo ambito di connotazioni; tale ricerca è rinviata a lavori successivi. È possibile prendere qui in esame solo alcuni stereotipi determinati e rappresentativi per l'incarico culturale di un dato toponimo[444]. Anzitutto, questa riflessione concerne gli urbonimi, ma anche altri nomi che, originariamente, designano luoghi e oggetti.

444 Cfr. Sez. 4.3.2.

A titolo d'esempio, si consideri l'urbanonimo *Rialto* (vd. Fig. 141 con un esempio storico), o più esattamente, il gefironimo designante il ponte più famoso sul Canal Grande a Venezia:

Rialto /S/ (la struttura appartenente ad un proprietario ebreo, J. Salomonowicz[445], che nel marzo del 1939 registrò il marchio, dando la vita ad una marca di calze prodotte nella sua fabbrica, la quale qualche mese dopo non ebbe più la possibilità di continuare l'attività industriale) ⟶ [~ // Fa. #Mechaniczna Fabryka Pończoch N/C; WUP – #lett. fabbrica di calze meccanica – 1939 – Łódź-LD].

Nr Rej. 30329. 22.7 1939. **Pierw.** 17.3 1939. **Fa. Mechaniczna Fabryka Pończoch J. Salomonowicz. Łódź.** Fabryka pończoch. **Towary:** wyroby pończosznicze.

Rialto

Fig. 141. Fonte: WUP, XVI(7/8), 1939, p. 393.

Tra gli urbonimi alle basi dei marchionimi italianeggianti sono rappresentati soprattutto i nomi delle città più grandi in Italia, ma anche di alcune più piccole, che si distinguono per qualcosa di noto (p.es. *Monza*: Formula 1).

Nella scelta di un dato nome come base riciclata e prova dell'italianità sono determinanti gli stereotipi sulle città designate. Anche in riferimento ad altri toponimi italiani transonimizzati, il criterio dello stereotipo può essere la chiave della trasmissione di messaggi culturali associativi.

In Tab. 7 si riportano gli stereotipi specifici che possono guidare la riflessione quando, dopo la transonimizzazione, i toponimi italiani passano nella comunicazione commerciale come marchionimi. Gli stereotipi codificano immagini, figure, personaggi, luoghi, fenomeni di diversi settori della vita vista attraverso il prisma di una data dimensione socio-urbana o geografica.

---

445 Si tratta, senz'altro, di Juda Salomonowicz, uno dei numerosissimi imprenditori ebrei nella città di Łódź, un uomo ricco e aperto alle culture internazionali, proprietario di una fabbrica e di due case condominiali costruite in stile moderno. L'imprenditore poteva essere ispirato nella scelta del marchio italianeggiante a un altro uso crematonimico locale: il nome *Rialto* designava un cinema nel centro di Łódź (Koliński 2007: 109).

Tab. 7. I toponimi italiani e gli stereotipi da essi veicolati (il punto di vista di un utente polacco medio).[446]

Toponimo	**Stereotipi**
Assisi	♦san Francesco ♦religione ♦luogo santo ♦santuari ♦Chiesa ♦esotismo ♦atmosfera ♦spiritualità ♦pellegrinaggio
Burano	♦Venezia ♦Italia ♦mare ♦case variopinte ♦merletti ♦vetro colorato ♦ceramica ♦gioielli
Campo de' Fiori	♦Roma ♦Italia ♦poesia ♦letteratura ♦mercatini ♦fiori ♦l'idea della piazza ♦ambiente ♦atmosfera ♦bar e tavolini all'aperto ♦gente ♦turisti
Capri	♦bellezza ♦romanticismo ♦isola ♦estetico ♦eccezionale ♦sole ♦estate ♦pizza ♦viaggi per mare ♦escursione ♦barca ♦nave ♦tranquillità ♦armonia ♦riposo ♦vacanza ♦vento ♦venticello ♦caldo ♦piacere ♦letteratura ♦poesia ♦ricordi ♦cinema ♦simboli
Dolomiti	♦Alpi ♦alta montagna ♦inverno ♦sci ♦alpinismo ♦viaggio ♦strade ♦autostrade ♦gallerie
Etna	♦Sicilia ♦Italia ♦energia ♦eccitazione ♦eruzione ♦pietra lavica ♦pericoloso ♦simbolo
Livorno	♦Italia ♦Toscana ♦mare ♦paesaggi
Milano	♦Italia ♦Nord ♦italiani ♦lingua italiana ♦moda ♦ negozi della *haute couture* ♦stilisti ♦vestiti ♦tessuti ♦borse ♦scarpe ♦cuoio vero ♦grandi magazzini ♦colori ♦metropoli ♦mondano ♦fiera ♦commercio ♦affari ♦qualità ♦ricchezza ♦lusso ♦architettura ♦spesa ♦industria ♦qualità ♦mobili ♦arredamento ♦accessori ♦divertimento ♦musei ♦Duomo ♦voli *low cost* ♦aeroporti ♦nobile ♦persone eleganti ♦belle donne ♦begli uomini ♦mass media
Miramare	♦Italia ♦mare ♦sole ♦vista ♦albergo ♦viaggi ♦estate

446 La raccolta degli stereotipi riferiti ad alcuni toponimi italiani (più precisamente, i loro oggetti: città, piazze, isole, massicci di montagna, vulcani) rappresenta un campione estratto da una nostra inchiesta fatta tra chi poteva essere interrogato o intervistato, durante incontri con persone di diverso statuto: polacchi che potevano conoscere l'Italia solo dalla cultura trasmessa o dall'autopsia (dopo viaggio, soggiorni, studi, altri spostamenti per un periodo breve o più lungo nel Bel Paese). La raccolta concerne anche altre denominazioni geografico-topografiche. Abbiamo sistemato quelle che sono state illustrate da marchionimi in questa sezione (una scelta esemplificativa). Nell'arco di ca. due anni abbiamo raccolto le risposte di oltre 60 persone. L'inchiesta di questo genere, in alcuni casi personali, coincideva e ampliava l'obiettivo del sondaggio effettuato per altri scopi precisati in nota 480. In certi casi gli stereotipi hanno il carattere dei pregiudizi troppo avanzati e non verificabili in loco (p.es. su Napoli; cfr. Villano 2013: Cap. 3.)

Tab. 7. I toponimi italiani e gli stereotipi da essi veicolati (il punto di vista di un utente polacco medio).

Toponimo	Stereotipi
Modena	◆Italia ◆Nord ◆aceto balsamico ◆Maserati ◆Ferrari ◆qualità
Monza	◆Formula 1 ◆Ferrari ◆automobili ◆Italia
Murano	◆Venezia ◆Italia ◆mare ◆isola ◆bellezza ◆originalità ◆colori ◆gioielli ◆viaggi ◆scoperte
Napoli	◆Italia ◆italiani ◆napoletani ◆lingua italiana ◆dialetto ◆napolitano ◆canto ◆canzoni ◆chiasso ◆parlare a voce troppo alta ◆mafia ◆rischio ◆morte ◆pericolo ◆ladri ◆carabinieri ◆polizia ◆bancarelle ◆*gadget* ◆traffico ◆incendi ◆automobili scassate ◆immondizia ◆troppa gente ◆pizza ◆pasta ◆cucina ◆caffè ◆espresso ◆vino ◆gelato ◆granita ◆cornetti ◆dolci ◆sapori ◆sole ◆calcio ◆presepi ◆vulcano ◆Vesuvio ◆Pompei ◆film ◆letteratura ◆affascinante ◆atmosfera sociale ◆accoglienza ◆gente aperta ◆avventura ◆intenso ◆estremo ◆caldo ◆afa ◆Sofia Loren
Navona	◆piazza ◆Roma ◆Italia ◆fontane ◆bellezza ◆arte ◆simbolo
Palermo	◆Sicilia ◆Italia ◆italiani ◆siciliani ◆dialetto ◆Sud ◆sole ◆caldo ◆mafia ◆mafiosi ◆traffico ◆simpatia ◆pizza ◆pasta ◆cucina ◆sapori ◆vino ◆gelato ◆granita ◆agrumi ◆Falcone ◆carabinieri ◆polizia ◆criminalità
Parma	◆Italia ◆prosciutto ◆formaggi ◆vino ◆qualità ◆pizza ◆pasta
Rimini	◆Italia ◆sole ◆spiaggia ◆vacanze ◆viaggi ◆gioia ◆simpatico ◆positivo ◆gelato ◆pizza ◆pasta
Roma	◆Italia ◆italiani ◆lingua italiana vs. dialetto ◆romani vs. Romani ◆antico ◆monumenti ◆rovine ◆capitale ◆centro del mondo ◆Chiesa ◆chiese ◆Vaticano ◆papa ◆papa Giovanni Paolo II ◆papa Benedetto XVI ◆papa Francesco ◆santo Giovanni Paolo II ◆san Pietro ◆domenica ◆preghiera ◆Angelus Domini ◆Urbi et Orbi ◆benedizione ◆pellegrinaggio ◆cucina ◆Colosseo ◆fori ◆Campo de' Fiori ◆Piazza di Spagna ◆Piazza Venezia ◆Tevere ◆traffico ◆viaggi ◆turismo ◆Fiumicino ◆Ciampino ◆caldo ◆affollato ◆internazionale
Sardegna	◆Italia ◆Sud ◆isola ◆natura ◆sole ◆spiagge ◆mare ◆azzurro ◆esotismo ◆lontano ◆natura ◆ecologia ◆prodotti naturali
Sorrento	◆Italia ◆italiani ◆Sud ◆sole ◆mare ◆costa ◆paesaggi ◆azzurro ◆verde ◆qualità ◆pizza ◆pasta ◆Sofia Loren
Torino	◆Italia ◆Nord ◆italiani ◆lingua italiana ◆macchine di lusso ◆Fiat ◆Alfa Romeo ◆calcio ◆Roberto Baggio ◆moderno ◆metropoli ◆denaro ◆affari ◆pizza

Tab. 7. I toponimi italiani e gli stereotipi da essi veicolati (il punto di vista di un utente polacco medio.)

Toponimo	Stereotipi
Venezia	♦Italia ♦città su isole ♦città museo ♦straordinario ♦eccezionale ♦bellezza ♦fasto ♦arte ♦architettura ♦palazzi ♦turismo ♦stradine ♦ponti ♦cinema ♦viaggi ♦morte ♦follia ♦crociata ♦marea ♦acqua ♦gondola ♦gondolieri ♦storia ♦dogi ♦san Marco ♦Marco Polo ♦letteratura ♦segreto ♦gioielli ♦oro ♦desiderio ♦sogno ♦piacere ♦caro ♦tanta gente ♦turisti ♦canali ♦vaporetti ♦qualità ♦lustri ♦carnevale ♦maschere ♦vestiti storici ♦simboli
Verona	♦Italia ♦italiani ♦Romeo e Giulietta ♦amore ♦amore infelice ♦romantico ♦piacere ♦sesso ♦vino ♦Dante ♦Shakespeare ♦arte ♦qualità ♦teatro ♦spettacoli

Gli stereotipi riportati sono allo stesso tempo tendenziali e suggestivi. Costituiscono connotazioni e connessioni cognitive, pseudocognitive e intuitive. Si possono commentare, ma non si dovrebbero discutere, anche se, maggiormente, si tratta di opinioni soggettive e, talvolta, espresse spontaneamente e con una certa convinzione. È una raccolta orientata a descrivere gli umori del pubblico e non deve rappresentare un punto di vista individuale. Serve *in toto* per far evidenziare un potenziale interesse nel riciclaggio onomastico dei toponimi italiani che incarnano l'italianità per eccellenza. Molti degli stereotipi si ripetono e sono piuttosto manifesti per il contesto investigato (p.es. "Italia" e "italiani"). In alcuni casi, sono numerosi e variegati per quanto riguarda la loro quantità e la qualità dei contenuti segnalati (p.es. nel caso di Napoli, Milano, Roma).

La maggioranza degli stereotipi mirati ha significati espressi in tono euforico. Con non meno forza, attraggono l'attenzione anche i diversi stereotipi negativi, soprattutto quelli riferiti a Napoli. Paradossalmente, gli stereotipi disforici o neutri non scoraggiano i destinatari dei marchionimi nella ripresa dei toponimi che comportano sapere e connotazioni pregiudizievoli. Anzi, come nella vita, il male sembra essere altrettanto eccitante ed allettante.

Tra le associazioni rilevate ci sono immagini, impressioni, sensazioni, giudizi, simboli, marche, successi, problemi sociali e di altro tipo, luoghi, personaggi, ecc. Gli stereotipi individualizzano un dato oggetto di denominazione, dandone una definizione alternativa che non si trova su enciclopedie o altre fonti più ufficiali e sistemate. Invariabilmente, contano e sono ispiratori per l'onomaturgia italianeggiante nella MPL.

Un'analisi paragonabile la si potrebbe continuare nel caso di vari antroponimi (soprattutto di tipo MTA), nonché di altri nomi propri che stanno alla base formale dei marchionimi polacchi e sono sia i transonimi, che le fonti dei loro elementi utilizzati per creare forme nuove (cfr. sezioni successive).

4.3.3. Altre transonimizzazioni

Come noto, il mondo dei nomi propri non si ferma ai soli antroponimi e toponimi. Vari altri oggetti di riferimento possono comportare delle denominazioni onimiche, p.es. gli enti economico-commerciali.

Quindi, nel repertorio della MPLI abbiamo trovato, p.es., illustrazioni di transonimizzazione di marchionimi italiani, il riciclaggio dei quali è illegale, se i marchi base sono protetti (p.es. *Armani*). Si sono tracciati anche gli esempi di urbanonimi specifici (p.es. nomi de fontane), ideonimi (p.es. titoli delle opere d'arte), diversi tipi di crematonimi, teatronimi nonché etnonimi. Tutti rigidamente in italiano e senza refusi nelle loro strutture originali per non porre dubbi sulla loro autentica italianità (MTA).

Ad esempio, *La Camorra* e *Cosa Nostra*, pur essendo delle denominazioni quasi internazionali, sono riconosciute come nomi di organizzazioni mafiose italiane solo da utenti colti o quelli che si interessano di vari fenomeni sociali internazionali. Rappresentando nomi che mantengono una segnalazione dei loro riferimenti originali, anch'essi sono provvisti di connotazioni, simboli e stereotipi particolari, ma non tutti devono essere conosciuti o chiari ad un utente destinatario comune, soprattutto straniero (p.es. *La Furla*; *Lacrimosa*; *Vespa*).

Armani (M riferito direttamente al marchio it. *Armani*; crea una collisione legale) → [F.H.U. ~ N/C; Aleo/GUS – agenz. pubblicitaria – 2019 □ 2020 – Ciechanów-MZ]. Almeno 7 a.o.

Cosa Nostra (< crematonimo che designa una delle mafie storiche italiane; uno dei costrutti composti pronti più sfruttati nella marchionimia globale) → [N/C ~; Aleo/CEIDG – agenzia pubblicitaria – 2012 – Szczecin-ZP]. Almeno 5 a.o. Cfr. *La Cosa Nostra.*

Di Trevi (< urbanonimo romano: *Fontana di Trevi*) → [N/C „~"; Aleo/CEiDG – neg. abbigliamento – 2017 – Inowrocław-KP].

Ferrari (< M it. ~) → [PIZZERIA ~ N/C; Aleo/CEiDG – 2001 – Świdnica-DS].

Italiamare (neo perfettamente italianeggiante; fusione di due elem. it.: un {cid} *Italia-* < it./internaz. *Italia* + un {cil} *-mare* < it. *mare*; ma può essere anche un'invenzione di fantasia che crea un v. neologico pseudoitaliano in *-are*: **italiamare*; è entrato in conflitto legale con il marchio it. *Italiamare*) → [~ N/C; Aleo/GUS – serv. informatici IT – 2016 □ 2021 – Warszawa-MZ].

La Camorra (< socioideonimo che designa una delle organizzazioni mafiose; fuori dall'Italia non pare indecente usare nomi del genere come {cid} alle base di un M) → [~ Sp.c. N/C N/C; PKT/GUS – ristor. – 2013 □ 2019 – Lublin-LU].

La Cosa Nostra (l'articolo *La* è superfluo, giacché il n. originale dell'organizzazione è *Cosa Nostra*) → [~; PKT – ristor. – s/d – Poznań-WP]. Almeno 2 a.o. Cfr. *Cosa Nostra.*

Fig. 142. Fonte: https://pizzeria-la-cosa-nostra.business.site/, u.a. 14.05.2023.

Lacrimosa (l'ispirazione può essere riferita al titolo di una parte dell'opera *Requiem* di Mozart) ⟶ [F.R.B. ~ N/C; Aleo/GUS – serv. costruzioni edili – 2020 – Nieczajna Góra-MP].

La Furla (M creato come copia della marca it. *Furla;* viene associato ad un anagramma del c.pro *Fulara*, quindi si tratta di una relazione tra un {cdp} e un {cid}; alla voce è stato aggiunto l'art.det. *La*) ⟶ [#MODA DAMSKA LA FURLA N/C; Aleo/GUS – #moda femminile / neg. abbigliamento – 2016 – Ostrowiec Świętokrzyski-SW].

La Scala (< teatronimo ~) ⟶ [~ Sp.c. #Lodziarnia. C/N; PKT/GUS – #gelateria – 2001 – Wrocław-DS]. Cfr. *La Scalla.*

Madonna (< agionimo ~; ma l'ispirazione può venire anche dallo pseudonimo artistico della cantante pop americana, Madonna, d'altronde un'oriunda) ⟶ [~ #Dom weselny; PKT/GUS – #sala ricevimenti matrimonio – 2001 – Sarnów-MZ]. Almeno 7 a.o.

Polacco (< etnonimo it. ~; è interessante la motivazione diretta: il c.pro è *Polak* < s.sg.m. pol. *Polak* il cui equiv. it. è appunto *polacco*) ⟶ [„~"; Aleo/CEiDG – serv. elettricità – 2012 – Borowianka-SL].

Vespa (< ipoteticamente, dal riferimento al M it. *Vespa*, quindi sarebbe un perfetto {cid}; è piuttosto poco probabile che la motivazione sia legata al termine entomologico it. *vespa*) ⟶ [~ N/C; PKT/GUS – organizzazione corsi di perfezionamento / aggiornamento – 2007 – Poznań-WP] ⟶ [~ Sp. z o.o.; PKT/KRSO – serv. gestione ufficio – 2016 – Warszawa-MZ]. Almeno 13 a.o.

4.4. Modellizzazione neologica

Si passa ora ad una tappa ancora più caratteristica nei processi di onomaturgia della MPLI, e cioè all'esame delle creazioni neologiche nel *corpus* raccolto. Sono marchionimi cui assegniamo lo statuto delle neoformazioni che rappresentano diverse modellizzazioni. Nelle sezioni successive le consideriamo *en bloc,* illustrando così le categorie dei modelli MTN, MLN, MON e MNM.

Le più caratteristiche sono le creazioni ibride che impegnano componenti dello strato propriale o appellativo della lingua italiana e di quella polacca, in modo da instaurare voci che qualifichiamo come *italianismi* o *pseudoitalianismi*, ovvero *italianismi artificiali (*fra cui anche **italicismi,* cfr. PAR. 4.1 e nota 689). Nella stessa maniera si possono qualificare composizioni ibride prodotte con degli indispensabili componenti italiani e altri che provengo dalla lingua inglese. Sono assai frequenti nella MPLI (a questo punto ispirata da due lingue straniere).

Tuttavia, nella maggior parte dei casi, si tratta di formazioni fondate unicamente sull'italiano e, così, sono strutture nuove, tipicamente neologiche per l'area del linguaggio italiano dal quale, teoricamente, provengono, ma al quale come risultato di operazioni linguistiche particolari, non appartengono. Devono considerarsi come forme perfettamente neologiche (o ibride) nell'ambito del linguaggio polacco in cui nascono e in cui, principalmente, sono disposte a funzionare. È un paradosso caratteristico della comunicazione commerciale e dell'italiano "importato" in una data area linguistica.

Vista la loro strutturazione complessa variegata, le neoformazioni ibride non si possono qualificare con un solo termine che suggerisca i meccanismi della loro creazione. Ad esempio, solo una parte di questi neologismi possono essere esaminati come parole macedonia o *blends*, se adottiamo la definizione "classica" di questi concetti nella linguistica italiana e internazionale[447].

Non qualificandoli con un termine particolare (tranne il generale *neologismi marchionimici / marchionomastici*), riguardo la loro specifica concettualizzazione fenomenica si possono indicare certi stratagemmi, impegnati regolarmente o sporadicamente. Per questo si continua ad analizzare ogni singolo marchionimo, rilevando le caratteristiche che gli sono proprie.

Lo studio riguardante quel tipo di onimia, frutto di una creatività senza restrizioni e sfrenata nell'applicazione di neoformazioni italianeggianti, è stato finora poco sviluppato e approfondito nelle ricerche onomastico-linguistiche dei contatti fra italiano e polacco; peraltro essa pare desumibile da processi poco confermati nell'uso della lingua italiana (strutturata transmorfologicamente e alla luce da una specie di interlingua virtuale fuori dalla reale vigilanza della norma sistemica italiana).

Questa parte della nostra analisi, per certi versi, verrà anche ripresa in SEZ. 4.8.2, in cui sistemiamo vari suffissi e suffissoidi che comportano valori di marcatori morfologici d'italianità nella MPLI.

4.4.1. Impronta deonimica

Come prima cosa, si veda un campione di creazioni neologiche formate per mezzo di elementi dei nomi di persona o nomi geografici italiani e polacchi. Nella maggior parte dei casi, la qualificazione italianeggiante dei lemmi riportati è indiscutibile. Tuttavia, non si escludono occorrenze che tendono verso altre ispirazioni internazionali od originali e moderne nel sistema morfologico polacco,

447 Cfr. Zolli 1989: 116–119; Sablayrolles 2000: Capp. 4 e 6; Jadacka 2001: 142–143; Thornton 2004: 571; Rogowska-Cybulska 2011: 396–404; Adamo, Della Valle 2017: 29.

che è abbastanza aperto alle novità strutturali. In questo modo, i lemmi discussi qui sotto ricevono lo statuto di forme ibridizzanti nella modellizzazione marchionimica polacca.

Adario (neo IS; fusione dell'iniziale *A-* con *Dario* < l'ipocoristico del n.m. pol. *Dariusz*; un riferimento evidente al n.pra pol. *Daria*; è come se la *-a* finale di *Daria* si fosse spostata all'inizio della voce per creare una forma nuova codificata; *Dario* è allo stesso tempo un {cid}) ⟶ [„ADARIO" F.U. N/C; CEiDG – costruzione di edifici residenziali – 2018 – Bielsko-Biała-SL].

Agalla (neo ibr IS; comp. di un {cpd} *Ag/a/-* < pol. *Aga*, un ipocoristico del n.f. pol. *Agnieszka* 'Agnese' + formante suffissoidale {civ} *-/a/lla*) ⟶ [~ N/C; CEiDG – prod. tessile / tende tendine – 2005 – Bydgoszcz-KP].

Anarella (M di fantasia che può incorporare elem. riferiti al n.pra pol. *Hanna*, una variante del n.f. *Anna*; è ispirato all'it. *Annarella*) ⟶ [~ N/C; CEiDG – attività paramedica – 2011 – Warszawa-MZ].

Ardora (neo IS di fantasia in cui si possono individuare diversi componenti possibili, p.es. un {cx} *Ar-* e un {csl} *-dora* < it. *d'oro*; l'influenza può venire anche dall'associazione a una formazione *Spanish Sounding*) ⟶ [~ Sp. z o.o.; RIO – prod. abbigliamento – 2017 – Warszawa-MZ].

Biancogiro (neo ibr PIF; teoricamente è il collegamento di due {cil} *Bianco-* < it. *bianco* e *-giro* < it. *giro*; in verità, la seconda parte del costrutto risulta un {cdp}, giacché è l'omonimo del c.pro *Giro*, una forma cognominale pol. piuttosto rara) ⟶ [~ N/C #Nieruchomości i consulting; Aleo/CEiDG – #agenzia immobiliare – 2014 □ 2016 – Tułowice-MZ].

Bogotto (neo PIF in cui è stata usata la prima sillaba del n.pro pol. *Bogdan* come un {cdp} in compos., con il suff. *-otto* con la funzione di un {civ}) ⟶ [„~" #USŁUGI TRANSPORTOWE, HANDEL, EXPORT, IMPORT, ZAKŁAD WULKANIZACYJNY N/C; CEiDG – #serv. di trasporto, commercio, esportazione, importazione, pneumatici – 1991 – Katowice-SL].

Botticello (trasformazione del cogn. *Botticelli* con la *-o* finale al posto della *-i*, formante una struttura ispirata a un noto n. di un famoso pittore italiano del Cinquecento) ⟶ [~ N/C; Aleo/CEiDG – parrucchiere / trattamenti estetici – 2013 – Łomianki-MZ].

Cacharella (neo IS; si riferisce al n.pra pol. *Katarzyna*, che tra vari suoi ipocoristici avrebbe anche un accrescitivo *Kacha*, qui reso con lo scambio della *K* nella *C* pronunciata sempre come [k]; tuttavia, la pronuncia del M non è evidente: di principio, il digramma *ch* corrisponde, nella pronuncia, al fono [x]; l'it. *cacarella* sarebbe un falso amico del traduttore e non va preso in considerazione) ⟶ [~ N/C; CEiDG – vend. in Rete – 2019 – Kraków-MP].

Capalla (neo ibr PIF; contaminazione fra il c.pro *Kapala* e il formantoide {civ} *-alla*) ⟶ [~ N/C; CEiDG – costruzioni edili – 2015 – Tychy-SL].

Capello /S/ (apparentemente è l'onimizzazione dell'it. *capello*, ma in fondo la struttura è motivata dal c.pro *Kapellner*, un cogn. ebraico formato come germanizzato, derivante probabilmente dal ted. *Kapelle* 'cappella'; sembra strana l'idea di associarlo a *Capello*, ma si poteva trattare di una semplice attrazione formale che garantiva alla voce l'aspetto it. e allontanava il M da associazioni troppo dirette con il cogn. ebraico) ⟶ [~ // Fa. Adolf Kapellner #i Brat; WUP – #e il fratello – 1938 – Katowice-SL]

Nr Rej. 29720. 15.3 1939. **Pierw.** 25.2 1938. **Fa. Adolf Kapellner i Brat.** Katowice, woj. śląskie. Sprzedaż rowerów, pneumatyków, części i przyborów oraz maszyn do szycia. **Towary:** rowery, ramy i części składowe rowerów.

Capello-Katowice

Fig. 143. Fonte: WUP XVI(4), 1939, p. 204.

Castemila (neo IS; comp. di un {cx} *Caste-* + un {cpd} -mila < dal n.pra pol. *Milena*) ⟶ [~ N/C; PKT/CEiDG – prod. gelato – 2020 – Szczecin-ZP].

Cepelio Almusso (comp. sint. / neo IS; italianeggiante, *Cepelio* si riferisce, senz'altro, al famoso marchio pol. *Cepelia*[448], il n. di una rete di negozi con prodotti tradizionali, locali, folcloristici e "patriottici", presenti in numerose località turistiche e non turistiche polacche; creato ancora nell'epoca della Polonia comunista dopo la Seconda guerra mondiale, reso anche come lessicalizzato in pol.: n.sg.f. *cepelia*; *Almusso*, anch'esso fortemente italianeggiante per l'uso di un {civ} *-/us/so*, riprende, invece, il marchio *Almus*, il n. dell'azienda con la funzione di un {cpd}) ⟶ [~ // ALMUS Sp. z o.o.; WUP – prodotti igienici e altri marcati dal logonimo provvisto di motivi illustrativi del caratteristico folclore della Polonia centrale e meridionale – 2017 – Słomniki-MP].

Fig. 144. Fonte: WUP, 4, 2018, p. 1443.

448 È un acronimo composto dalle iniziali della denominazione pol. *Centrala Przemysłu Ludowego i Artystycznego* lett. 'Centro dell'Industria Folclorica e Artistica'.

Crenoma (neo IS; può essere ispirato all'urbonimo it. *Cremona* con la metatesi dei grafi *m* e *n*) ⟶ [P.P.H.U. „~" N/C; PKT/GUS – prod. gelato – 1998 – Chełmża-KP].

Czupalla (neo ibr IS; contaminazione fra il c.pro pol. *Czupała* e il formantoide {civ} *-alla*) ⟶ [~ N/C; CEiDG – serv. idraulici – 2016 □ 2021 – Kolonowskie-OP].

Deneri (neo IS; può essere interpretato in diversi modi, p.es. come uno pseudocognome it.; in realtà, è una comp. con l'aggregazione di un elem. {cdp} *-ner-* che si riferisce a *Neroj*, c.pro) ⟶ [~ N/C; Aleo/CEiDG – agente vend. non specializzata – 2013 □ 2019 – Warszawa-MZ].

EmiGrotto / Emigrotto (neo PIF; ottenuto in seguito alla comp. della parte *Emi-* < *Emilia*, il n.pra con la funzione di un {cdp}, al quale è stato attaccato un elem. neologico che può essere ispirato all'it. *grotta* o non presenta una motivazione particolare) ⟶ [~ N/C; CEiDG – vend. in Rete – 2013 □ 2018 – Żary-LB].

Giufeppe (neo IS basato sul n.m it. *Giuseppe*; la *f* al posto della *s* imita l'usanza grafica antica della cosiddetta "*s* lunga" = *ſ* [449]) ⟶ [~ Pizzeria. C/N; PKT – s/d – Nowa Dęba-PK].

Fig. 145. Fonte: https://www.facebook.com/pizzeriagiufeppe/, u.a. 6.05.2023.

Guccio (neo IS; ottenuto come un travestimento del n. di persona *Gucio*, un ipocoristico vezzegg. del n.m. pol. *Gustaw* 'Gustavo'; la pseudoitalianizzazione del n. consiste nel raddoppiamento della *c*; la voce deve essere pronunciata all'italiana, se no, è impronunciabile in pol.; è anche possibile un collegamento fantasioso con il marchio *Gucci*, ma non esiste una relazione concettuale tra le attività rappresentate[450]) ⟶ [~ N/C; CEiDG – costr. tetti – 2008 – Grabówki-MP]. Almeno 2 a.o.

---

449 Nelle scritture italiane (e in altre lingue) fino al Settecento si trova un segno grafico molto simile alla *f* usato per la *s*. Cfr. il grafo *ß* in tedesco.

450 Vale la pena ricordare che *Guccio* pare una forma aferetica di cui è sopravvissuta solo la consonante radicale + il suffisso degli ipocoristici in *-uccio* (p.es. *Ameriguccio, Arriguccio, Federiguccio*). Cfr. DNI: s.v.

Hanarella (neo IS di fantasia; si riferisce al n.pra pol. *Hanna*) ⟶ [HANARELLA.PL N/C #PRACOWNIA KRAWIECTWA LEKKIEGO; CEiDG – #laboratorio di sartoria leggera / prod. tess. – 2007 – Warszawa-MZ].

Italianna (neo ibr IS; si presenta quasi come l'omonimo dell'it. *italiana*, quindi un evocativo {cid} nel quale la *n* è stata raddoppiata, segnalando in questo modo l'integrazione nel M di un {cdp} *-anna-* < *Anna*, che risulta il n.pra) ⟶ [~ N/C; Aleo/CEiDG – attività non classificata – 2017 – Lublin-LU].

Kassiamo (neo IS creato sul modello che imita la forma verbale dell'ind.pres. 1 pers. pl. di un v. di fantasia della I coniug.; il costrutto è fondato su un {cdp} *Kass/ia/* < n.f. pol. *Kasia*, dim. vezzegg. del n. *Katarzyna* 'Caterina', n.pra) ⟶ [~; CEIDG – progettazione specializzata – 2021 – Dzierżoniów-DS].

Konti (neo ibr IS; coincide nella pronuncia con l'it. *conti*, la base per uno dei cogn. it. più popolari *Conti* [il 19° secondo ISTAT 2016]; per l'uso della *K* iniziale s'intreccia con l'italianismo *konto* < it. *conto*, perfettamente adattato al pol.) ⟶ [~ Sp. z o.o.; RIO – prod. mobili – 2019 – Białystok-PD].

Lanĉerto (neo ibr IS relativo all'urbonimo *Łańcut* nella versione internazionalizzata senza i segni diacritici della *Ł* e della *ń*: *Lancut*; quindi la comp. costruita di un {cdp} *Lanc-* + formante suffissoidale {cx} *-erto*; l'accento circonflesso sulla *c* crea insieme a questa lettera un segno estraneo all'ortografia pol., ma originale dal punto di vista logonimico; *ĉ* potrebbe suggerire la pronuncia della sillaba *-ce-* perché appartiene ai simboli di uno dei sistemi di trascrizione fonetica internaz.) ⟶ [~ Sp.a.; Aleo/KRSO – prod. abbigliamento accessori – 2007 – Łańcut-PK]. Cfr. Sez. 2.3.5.

Laolla (neo ibr IS; pare una fusione dell'elem. {csl} *La-* che corrisponde all'art.det. it. + {cdp} *-olla* < n.f. pol. *Ola* con la *l* raddoppiata che crea un effetto di italianizzazione nell'ipotetico *Olla > Laolla; Ola è un ipocoristico del n.f. pol. Aleksandra 'Alessandra') ⟶ [~ Sp. z o.o.; Aleo/KRSO – agenzia pubblicitaria – 2019 – Warszawa-MZ].

L'Ola Bianka (neo IS; nella comp. *L'Ola* si legge l'ipocoristico del n.pra pol. *Aleksandra > Ola*, preceduto da un {cx} *L'-* che può corrispondere all'art.det. it. eliso *l'* in it. o altre lingue; l'altro n. accostato a *L'Ola*, *Bianka*, è senz'altro d'origine it.; tutta la comp. ricorda l'espressione it. *l'oca bianca* che si usa per indicare una persona privilegiata: *mica sei l'oca bianca!*) ⟶ [~ // C/N; WUP – prod. varia, p.es. abbigliamento 2020 – Myszków-SL].

Fig. 146. Fonte: WUP, 35, 2021, p. 42.

Marinello /S/ (neo PIF; nella struttura si sono combinati un {cdp} *Mari-* < n.f. pol. *Maria*, n.pra + un {civ} *-nello*; l'ispirazione viene pure dall'it. *marino*; è anche possibile l'influenza slavo-yiddish: uno dei vari ipocoristici del n. *Maria* era *Marina* אַניראַמ; cfr. anche *Capello*) ⟶ [~ Fa N/C Laboratorium perfumeryjno-kosmetyczne i rozlewnia wód kolońskich i perfum; WUP – #laboratorio di profumeria e cosmetica e impianto di imbottigliamento per colonie e profumi prodotti cosmetici in polvere e acque di Colonia – 1948 – Warszawa-MZ].

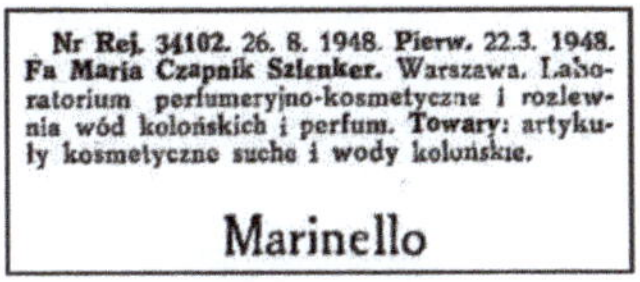
Nr Rej. 34102. 26. 8. 1948. **Pierw.** 22.3. 1948. **Fa Maria Czapnik Szlenker.** Warszawa. Laboratorium perfumeryjno-kosmetyczne i rozlewnia wód kolońskich i perfum. **Towary:** artykuły kosmetyczne suche i wody kolońskie.

Marinello

Fig. 147. Fonte: WUP, XXIV(9), 1948, p. 186.

MarioEmilio (risulta un n.m. doppio d'origine it. *Mario Emilio*; *Mario* s'associa al n.pro *Mariusz* che equivale all'it. *Mario* e può essere anche un suo ipocoristico in pol., creato appunto sotto l'influenza it.; nel logonimo i due n. vengono scritti come univerbati) ⟶ [prodotti in pelle sintetica – Wrocław-DS].

Fig. 148. Fonte: WUP, 28, 2021, p. 93.

Markuzzo (neo ibr IS; ottenuto come comp. di un {cdp} *Marku-* < c.pro *Markus* e + suff. {civ} *-uzzo*) ⟶ [N/C F.H.U. ~; CEiDG – trasporto merci su strade – 2009 – Kraków-MZ].

Milana (neo PIF; ispirato all'urbonimo it. *Milano*; la *o* finale di *Milano* è stata cambiata nella *a*, creando una struttura progettata come italianeggiante e femminilizzata) ⟶ [#Wytwórnia Ciast i Lodów „~" N/C; PKT/GUS – #prod. dolci e gelato – 2011 – Korczyna-PK].

Milanesa (neo IS; un riferimento chiaro ad un {cid} *Milan-* < it. *Milano* / ingl. *Milan* collegato con il formante suffissoidale {civ} *-esa*; nel caso studiato può essere anche una trasformazione semplice dell'it. *milanese*) ⟶ [Pizzeria ~ Sp.c. N/C, N/C; PKT – 2005 – Opalenica-WP].

Millano (neo IS; ispirato all'urbonimo *Milano*; la *l* è stata raddoppiata volontariamente o per errore) ⟶ [~ Sp. z o.o.; PKT/GUS – prod. cioccolato – 1994 – Przeźmierowo-WP].

Mr. Ziggi (neo IS; *Ziggi* considerato dal punto di vista morfo-grafico potrebbe essere qualificato come italianeggiante: per la presenza della doppia *gg*; foneticamente, in pol., è una specie di allargamento incidentale dell'ipocoristico pseudonimizzato del n.m. pol. *Zygmunt* 'Sigismondo' < *Zigi*; nella pronuncia *Ziggi* risulta ['ziggi]; l'interferenza mista: ingl. *Mr.* + *Ziggi* con un'impronta it. crea un effetto interessante dal punto di vista della comunicazione commerciale; la *Z* che inizia la voce ~ *Ziggi* pare simbolica e ricorrente nel settore rappresentato: detersivi chimici per il bucato) ⟶ [~ // C/N; WUP – detersivi – 2019 – Warszawa-MZ].

Fig. 149. Fonte: WUP, 1, 2020, p. 173.

Murrano (< nesonimo *Murano*) ⟶ [murano.pl; https://www.murrano.pl, u.a. 24.02.2020 – neg. in Rete / vend. gioielli // IMPEST Sp.c. – 2012 – Piotrowice-WP].

Neapoli (neo perfettamente IS; ma in sé una contaminazione formale di due versioni linguistiche per designare Napoli: pol. *Neapol* e it. *Napoli* che fungono da un {cdp} e da un {cid} nel M creato con una motivazione molto caratteristica per la cultura della pizza; cfr. Sez. 3.5.4) ⟶ [~ Pizzeria; PKT – 2002 – Złotów-WP].

Opalenizza (neo IS di fantasia che risulta una divertente contaminazione dell'urbonimo pol. *Opalenica* combinato con il s.sg.f. pol./it. *pizza*, d'altronde messo in una sequenza rimata: *Pizza Opalenizza*) ⟶ [Pizza ~ N/C1 N/C2 Sp.c.; PKT – 2016 – Opalenica-WP].

Pietromi (neo IS in cui si collegano due {cdp} che costituiscono frammenti del c.pro e del n.pro *Pietro-* < *Pietrowski* + *-mi* < *Michał*; nel costrutto ottenuto si delinea anche l'elem. attivo in altre strutture italianeggianti: *-omi*) ⟶ [„~"; Aleo/GUS – vend. ricambi automobili – 2010 – Ruda Śląska-SL].

Pinola (neo PIF in cui vengono messi insieme i prenomi utilizzati per denominare la società economica che gestisce il ristorante *Pinola* < *Pino* e *Ola*, gli ipocoristici dei nomi it. *Giuseppe* e pol. *Aleksandra* 'Alessandra'; la struttura viene accompagnata da con uno *slogan* pol. *kuchnia na widoku* [interpretazione: 'la cucina che non sfugge dalla vista']) ⟶ [~ KUCHNIA NA WIDOKU // PINO I OLA Sp. z o.o.; WUP – 2021 – Wrocław-DS].

Fig. 150. Fonte: WUP, 39, 2021, p. 59.

Polmarco (neo ibr IS; si compone di un {csd} *Pol-* < p.es. pol. *Polska* 'Polonia' + un {cid} *-marco* < it. *Marco*) ⟶ [~ Sp. z o.o.; RIO – prod. mobili – 2001 – Nowa Wieś Lęborska-PM].

Rafaell (neo italianeggiante d'aspetto grafico; all'orale corrisponde, tra l'altro, al n.m. pol. *Rafael*; il M risulta una variante abbreviata del n.m. *Raffaello*[451] o un riferimento al n.m. it. *Raffaele*, quindi un nome-garanzia d'italianità di un pittore famoso; sembra una contaminazione ibrida con effetti di epitesi) ⟶ [~; https://www.pkt.pl/firma/rafaell-pizzeria-1113856, u.a. 13.03.2021 – pizz. – s/d – Bolesławiec-DS].

Robertto (neo IS; basato sul n.m. it. *Roberto* in cui, per rendere la voce apparentemente "più italianeggiante", è stata raddoppiata la *t*, creando un refuso ortografico, ma garantendo al M più marcatezza) ⟶ [~ Pizzeria; PKT – 2017 – Chojnice-PM].

Saviola (neo ibr IS; riprende nella sua struttura un {cpd} *Sa/v/-* < c.pri *Sawiccy*, un cogn. pol. che al sg.m. risulta *Sawicki* + un {cid} *-/v/iola* < n.f. it. *Viola*; cfr. il n. dell'azienda stessa ***Sabia*** è un altro marchio registrato dall'azienda: ***Lasavia***) ⟶ [~ // Fa. Wytwórnia Chemiczna „Sabia" #Bracia Sawiccy; WUP – #impianto chimico / #fratelli – 1943 – Lublin-LU].

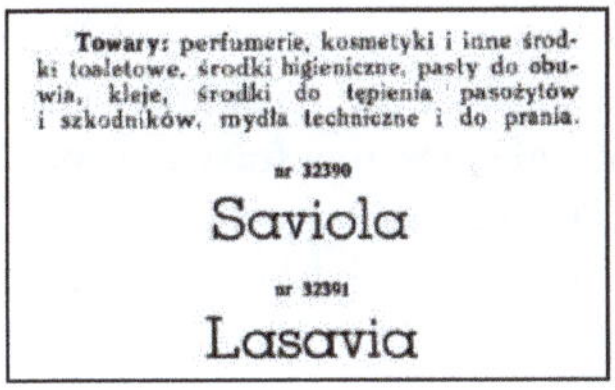
Towary: perfumerie, kosmetyki i inne środki toaletowe, środki higieniczne, pasty do obuwia, kleje, środki do tępienia pasożytów i szkodników, mydła techniczne i do prania.

nr 32390

Saviola

nr 32391

Lasavia

Fig. 151. Fonte: WUP, XXI(2), 1939, p. 61.

Siciliamo (neo fortemente marcato dall'italianità in cui compare un {cid} *Sicilia-* < it. *Sicilia* in contaminazione con una para-desinenza {cil} */-ia/mo*, usata anche in altre formazioni neologiche, aggreganti i significati particolari espressi in modo

451 Il repertorio italiano è ricco di varianti (nomi e soprattutto cognomi) con una *f* sola e con una o due *l*, derivanti dalla diversa epitesi della laterale a partire dall'originale ebraico in *-el* (cfr. anche *Gabriele/Gabriello*; *Emanuele/Emanuello*; *Daniele/Daniello*; ecc.). Ringrazio Enzo Caffarelli per quest'osservazione antroponomastica.

personale: [*noi*] *siciliamo* < v. ipotetico **siciliare* ‘fare i siciliani / mangiare come i siciliani / vivere alla siciliana’[452]) ⟶ [~ N/C; Aleo/GUS – neg. alimentari – 2016 – Zdzięsławice-MP]. Cfr. *Italiamo*.

Sportofino (neo PIF; un gioco tra diversi elementi, p.es. un {csl} *sport-* < internaz. *sport* e un {cid} *-portofino-* < urbonimo *Portofino*) ⟶ [sportofino.com // SAT TS Sp. z o. o.; KRS – neg. in Rete; scarpe vestiti sportivi – 2018 – Poznań-WP].

Teormina (neo IS; ispirato all’urbonimo *Taormina* in cui, involontariamente, la *a* nella prima sillaba è stata cambiata in una *e*; si è ottenuta in questo modo una forma ortograficamente erronea, non esistente né in it. né in pol., ma in sé originale come M; cfr. anche l’influsso delle voci che cominciano con la sillaba *teo-*, p.es. i n. pol. *Teofil, Teodora*) ⟶ [~ C/N; PKT/GUS – pizz. – 2008 □ 2011 – Radomsko-LD].

Tereza (neo ibr IS; una contaminazione ortografica tra la versione it. del n.f. *Teresa* [tɛ’rɛza] o [tɛ’rɛsa] e del suo equiv. pol. *Teresa* [tɛ’rɛsa]; la *z* [z] nella grafia di *Tereza* è l’esito dell’influenza della solita pronuncia it. del n. *Teresa*) ⟶ [~ Pizzeria; https://www.pkt.pl/firma/tereza-pizzeria-3972842, u.a. 13.03.2021 – Elbląg-WM].

Torrino (neo IS; ispirato direttamente all’urbonimo *Torino* con la *r* raddoppiata; come nel caso di *Verrona, Millano* e simili, potrebbe essersi trattato di uno sbaglio, ma conferma anche una tendenza di ipercorrezione che può essere un fattore che fa comparire nell’uso interlinguistico le forme del genere) ⟶ [~ Pizzeria // „APPRINT” Sp.c. N/C1, N/C2; PKT/GUS – 1999 – Poznań-WP].

Tresori (neo IS che assomiglia all’it. *tesori*, ma sotto l’influenza del fr. *trésor* o dell’ingl. *treasure* accoglie una *r* dopo la *t*; nella forma pseudoitaliana **tresori* la voce sembra più “chiara” all’utente che conosce altre lingue, ma non si vede relazione tra il presunto concetto di **tresori* e l’area economica dell’azienda così denominata: la produzione di bevande e acque minerali; a meno che non si tratti di un’associazione tra l’acqua e il “tesoro naturale”; cfr. una frase dal sito della marca *Tresori*: pol. *Z bogactwa ziemi – Woda* [‘Dalla ricchezza della terra – l’Acqua’], http://tresori.pl/; è una marca che “fa finta” di esistere dal 1956; vd. Fig. 152) ⟶ [~ Sp. z o.o. – prod. bevande – 2019 – Kęty-MP].

Fig. 152. Fonte: http://tresori.pl/, u.a. 9.05.2023.

452 Ringrazio Enzo Caffarelli per questa spiegazione.

Tuzzo (neo IS; ottenuto per mezzo della fusione dell'elem. *-zo*, integrato al potenziale suff. *-uzzo* con la funzione di un {civ}; in realtà è una combinazione di un {cdp} *Tuz-* < c.pra *Tuz* con un {cx} *-zo*) ⟶ [~ N/C; CEiDG – neg. alimentari tabacchi – Piskórka-MZ].

Valenta (neo IS che viene stilizzato e, soprattutto, percepito come un antroponimo it.; costruito da un {csv} *Valent-* < p.es. it. *Valentino* + morfema nominale f. *-a*) ⟶ [~ Sp. z o.o.; RIO – prod. abbigliamento – 2020 – Poznań-WP].

Veronice (neo che può essere interpretato come italianeggiante, quindi quasi IS; ispirato all'urbonimo it. *Verona* con la funzione di un {cid} *Veron-* cui viene connessa la parte *-ice* come un {civ}, a sua volta ispirato, p.es., al n. it. *Beatrice*; letto secondo le regole della fonetica pol. darebbe una strana realizzazione corrispondente ad una forma declinata del n.f. pol. *Weronika* > dat. *Weronice*) ⟶ [„~" N/C; Aleo/GUS – neg. alimentari tabacchi bevande alcoliche – 2013 – Warszawa-MZ].

Verono (neo IS; ispirato all'urbonimo *Verona*: la *a* finale è stata sostituita dalla *o* producendo una struttura individualizzata, ma sofisticata e strana vista la diffusione del n. della città it. nella forma originale it. *Verona* o pol. *Werona*) ⟶ [~ Sp. z o.o.; Aleo/GUS – consulenza economica / gestione aziendale – 2018 – Wólka Kosowska-MZ].

Verrona (neo IS; ispirato direttamente all'urbonimo *Verona* con la *r* raddoppiata; crea una struttura diversa dalle "solite" *Verona*, molto frequenti nella MPL) ⟶ [#Odzież damska „~" N/C; Aleo/GUS – neg. #abbigliamento per donne – 2016 □ 2017 – Czeladź-SL].

4.4.2. Neoformazioni ibridizzanti intergeneriche

Nella formazione neologica della MPLI compaiono varie forme univerbate di tipo MON e MNO che integrano componenti che sono motivati prima di tutto formalmente sul piano dell'espressione e permettono di creare strutture originali *Italian Sounding* (IS) per distinguere gli oggetti denominati. L'effetto strutturale ottenuto è quello dell'italianizzazione volontaria o involontaria e dipendente dall'interpretazione (percezione) ulteriore.

In questa classe si possono indicare:

- formazioni con componenti concettualmente precisi o non precisi, cioè caratterizzati da legami superficiali pertinenti o non pertinenti tra i significati lessicali delle loro basi e l'oggetto denominato con un potenziale strutturale ibrido (Sez. 4.4.2.1);
- formazioni ibride vere e proprie italo-polacche con altrettanti legami concettuali esplicitati o inesistenti (Sez. 4.4.2.2).

Raggruppate come neoformazioni ibridizzanti e intergeneriche[453], queste voci compongono un ricco e variegato *marchionomasticon* di natura fortemente italianeggiante (pseudoitaliana o irreversibilmente italiana), con la capacità (propria per quasi tutti i lemmi) di funzionare anche nell'italiano come potenziali neologismi. Sta di fatto che gli onimi del genere nella MPL, essendo neoformazioni di natura para-lessicale, sono ai margini della norma, ovvero periferici al sistema della lingua italiana; vengono categorizzati come i suoi presunti rappresentanti, attivamente introdotti in vari contesti della comunicazione (primariamente, in polacco, ma, potenzialmente, anche in altre lingue, p.es. nell'aperta comunicazione internazionale in Rete).

Siamo persuasi che i marchionimi delle sezioni successive creino una sorta di *interlingua* nell'area fuori dallo spazio linguistico italiano, ma, in realtà, riflessa direttamente nell'italiano, costituita da voci intenzionalmente o casualmente italianeggianti (dal punto di vista del mittente e destinatario, ma anche e solo dal punto di vista del secondo, quindi di chi le percepisce e cerca di usarle).

Le forme ibridizzanti della MPLI sono *astanti* rispetto al sistema della lingua italiana e "ospiti" (a breve o a più lungo tempo, fino a diventare "residenti") rispetto al sistema della lingua polacca, nonché alla comunicazione in polacco, considerata, p.es., la prospettiva gumperziana di *code-switching* o *code-mixing*[454].

4.4.2.1. *Trasparenza e opacità nell'interpretazione neologica*

Qui di seguito si espongono i casi di neoformazioni italianeggianti di diverse motivazioni formali e culturali trasparenti (interpretabili) od opache (difficilmente interpretabili). I vari neologismi creati in questa maniera vertono su valori del piano dell'espressione ibridizzata. I concetti "nascosti" nelle loro basi sono meno pertinenti del puro aspetto formale che presentano come elementi della lingua (nei suoi due strati: appellativo e propriale).

I componenti di questi marchionimi con lo statuto di neologismi italianeggianti ibridizzanti si comportano come strutture simili alle categorie plastiche con una funzione para-eidetica: demarcano forme linguistiche di diverse dimensioni che assomigliano o addirittura potrebbero rientrare nel lessico italiano, se

453 Occorre dire che si prospettano in modo simile praticamente tutte le unità marchionimiche delle Sezz. 4.4.1 e 4.4.2, nonché la maggioranza in Par. 4.7, e altre numerose in Par. 4.6. Il concetto di ibridazione osservato in queste formazioni lo intendiamo più largamente del solito: non sono solo le evidenti composizioni di componenti di due lingue, ma costrutti immersi a vari piani strutturali nei sistemi linguistici stranieri: morfologico, fonetico, sintattico, semantico e pragmatico. In questa prospettiva, le lingue di riferimento (particolarmente, l'italiano e il polacco; anche altre, come l'inglese, ma necessariamente nel contesto polacco), costituiscono lo sfondo intrinseco della marchionimia immersa nella *Gestalt* dell'italianità, quindi associata alla lingua-cultura italiana.

454 Cfr. Gumperz 1982: 59.

immaginiamo la loro appellativizzazione (cfr. p.es. *Aromatella*; *Ballandia*; *Bebino*; *Tappeletto*; ecc.).

Si ricordi, comunque, l'osservazione costante: l'utente polacco comune, al massimo, è capace di percepire l'aspetto esteriore italianeggiante di queste forme, a meno che, intuitivamente, non intraveda, da una parte, certe ispirazioni di base che rinviano a vocaboli conosciuti da qualche altra lingua, quindi una base internazionale, dall'altra, i collegamenti concettuali tra i significati delle basi linguistiche e il settore imprenditoriale o la natura dell'oggetto denominato.

Si vedano i seguenti esempi illustrativi di questo tipo di onomaturgia prettamente neologica e in fondo ibridizzata.

Acquatalla (neo PIF composto da un {cil} *Acqua-* < it. *acqua* + un {civ} *-/t/alla*, un formante suffissoidale italianeggiante) ⟶ [~ Sp. z o.o.; Aleo/KRSO – vend. in Rete – 2014 – Warszawa-MZ].

Aggi (neo IS formato come struttura chiusa in sé: *V-CC-V*) ⟶ [AGGI Sp. z o.o. Sp.k.; RIO – prod. abbigliamento – 2016 – Kraków-MP].

Allagra (neo PIF; comp. di un {cx} *Allagr-*, che può essere ispirato all'it. *allegro* + un {csl} *-[agr]a*, proprio per varie voci costruite con il morfema *-agr* riferito all'agricoltura) ⟶ [~ Sp. z o.o.; Aleo/KRSO – azienda agricola – 2015 □ 2020 – Warszawa-MZ].

Allando (neo PIF; fusione del formantoide che funge da un {cx} *All-* con il caratteristico raddoppiamento della cons. *l* + un {cil} costituito dalla desinenza deverbale gerundiva *-ando*) ⟶ [~ Sp. z o.o.; Aleo/KRSO – vend. mobili / arredamento casa – 2011 – Tuszyn-LD].

Almavera (neo IS che collega un {cx} *Alma-* < p.es. spagn. *alma* 'anima' oppure lat. *alma* 'vergine, nubile' con un {cil} *-vera* < it. *vera*; altre influenze romanze sono anche possibili: cfr. nell'it. aulico *alma* 'anima'; anche n.f. it. *Alma*; lo stesso *alma* può sempre far pensare al M che designa una rete di supermercati alimentari di lusso in Polonia *Alma Delikatesy*; lo slogan di *Almavera* pol. *żyj naprawdę zdrowo* ['vivi veramente in modo sano'] è una estesa versione della frase *żyj zdrowo* ['vivi sano'], diffusa come fraseologia nel settore del benessere, sportivo, farmaceutico, paramedico, ecc., fino al punto di diventare un *cliché* linguistico, qui ripreso in maniera superlativizzante, ma per questo anche capace di suscitare sospetti) ⟶ [almavera żyj naprawdę zdrowo (sic!) // C/N ~; WUP – prod. / vend. di supplementi alimentari, prodotti per bambini, animali, ecc. – 2018 – Racibórz-SL][455].

455 Anche in Italia questo nome designa alcune realtà commerciali, p.es. i gioielli *Almavera*.

Fig. 153. Fonte: WUP, 2, 2020, p. 148.

Altomi (neo IS; comp. di vari componenti fra cui è possibile individuare un {cil} *Alto-* < it. *alto*, che, ipoteticamente, s'assocerebbe ai servizi di spazzacamino designati da *Altomi*, realizzati sui posti situati in "alto"; anche la desinenza *-mi* può essere ricondotta alla morfologia it., ma in realtà fa parte dell'abbreviazione del n.pro *Tomi* < *Tomasz*; nel campo perionimico compare un altro n. ibrido: *Kominex*, comp. ibrida costruita dal s.sg.m. pol. *komin* 'camino' e dalla desinenza "moderna" *-ex*, dagli anni '90 del XX sec. abusata nella creazione dei MM in pol.) ⟶ [~ N/C // #USŁUGI KOMINIARSKIE KOMINEX; Aleo/CEiDG – #serv. di spazzacamino / altri impianti di edilizia – 2009 – Choszczno-ZP].

Altomijo (neo IS; comp. di due {cil} fra cui *Alto-* < agg. it. *alto* e *-mijo*, che, probabilmente, viene dal pron.poss. *mio* adattato *ad hoc* all'ortografia pol.) ⟶ [~ Sp. z o.o.; Aleo/KRSO – agenzia di lavoro temporaneo – 2013 – Chorzów-SL].

Alverdi (neo IS che risulta una trasformazione del n. *Alva* usato per designare la stessa ditta; nella costruzione si intravede l'it. *verdi* che potrebbe motivare la creazione del M, segnando il riferimento all'it.; cfr. anche il cogn. it. *Alverdi*) ⟶ [~ Sp. z o.o. – prod. bevande – 2006 – Lublin-LU].

Amilado (neo IS di fantasia, ma la sua italianità è ambigua; dipende da impressioni individuali che produce nel processo di percezione linguistica; tuttavia, l'ispirazione, sicuramente, non è slava; si direbbe che sia italiana, spagnola, o, in generale, neolatina) ⟶ [~ Sp. z o.o.; RIO – prod. articoli di pelle – 2017 – Bedoń Przykościelny-LD].

Andro (neo IS; M. di fantasia basato su un {cx} *Andr-* che sembra derivare dal n.m. *Andrea* o da un suo equiv. in altre lingue; il {cx} è stato collegato con la desinenza {civ} *-o* procurando alla voce aspetto italianeggiante; una certa associazione formale con il fut.sempl. del v. *andare*: *andrò*, è casuale, ma non sarebbe sfuggita all'attenzione degli italofoni) ⟶ [~ // GEOCOVER Sp. z o.o.; WUP – prod. materiali tessili vari – 2021 – Łódź-LD].

Fig. 154. Fonte: WUP, 31, 2021, p. 54.g

Animallandia (neo ibr IS composto da due {csl}: *Animal* < p.es. ingl. *animal* / it. *animale* + *-landia* usato come componente internazionalizzato di vari toponimi e neocomposizioni per cui si vuole far capire che è l'argomento di un'area relativa a un territorio, a un gruppo sociale, a un oggetto o a un'idea; l'aspetto italianeggiante del M è marcato dall'introduzione della doppia *l*, ricevuta come esito dell'incontro della *l* finale di *Animal-* e della *l* iniziale di *-landia*) ⟶ [#CENTRUM DLA ZWIERZĄT „~" N/C; CEiDG – #centro di cura per animali – 2015 – Inowrocław-KP]. Cfr. *Ballandia.*

Aromatella (neo PIF; creato in seguito alla fusione di un {csl} *Aromat-* < p.es. pol. *aromat* 'aroma' + un {civ} rappresentato dal suff. *-ella*) ⟶ [~ Sp.c.; Aleo/CEiDG – vend. in Rete – 2009 – Warszawa-MZ].

Aserto (neo IS; può alludere ad un {csl} *Asert-* < p.es. agg.sg.m. pol. *asertywny* 'assertivo', ma è piuttosto una coincidenza; l'italianità emerge da un possibile {cil}: *-erto*, come p.es. nel n. *Roberto*) ⟶ [~ Sp. z o.o. Sp.k.; WUP – prodotti chimici specialistici – 2016 – Rzeszów-PK].

Fig. 155. Fonte: WUP, 10, 2017, p. 3705.

Averena (neo IS; progettato come una struttura femminilizzata per la presenza della finale *-a* nel segmento {csv} *-ena*) ⟶ [~ Sp. z o.o.; Aleo/KRSO – serv. *consulting* – 2019 – Warszawa-MZ].

Balamonte (neo PIF composto da un {cx} *Bala-* + un {cil} *-monte* < it. *monte*; un M di fantasia che si riflette nel settore e nell'idea promossa dalla marca di una rete di negozi di abbigliamento, presuntuosamente qualificata in pol.: *salon mody włoskiej* 'salone della moda italiana'[456]) ⟶ [~; https://www.balamonte.com/, u.a. 13.05.2023 – rete neg. abbigliamento *Made in Measure* – p.es. Warszawa-MZ].

456 Pol. *salon mody włoskiej* funziona come un termine commerciale con l'intento di trasmettere un messaggio ben chiaro ai clienti. Si cerca di convincerli della qualità e del carattere quasi "leggendario" dell'abbigliamento prodotto in Italia, anche riguardo ai modelli, ai tessuti, ai colori, al *design* all'italiana e, in generale e non senza ragione, alla rinomata industria tessile *Made in Italy.* Si possono trovare tanti marchi di produttori e negozi che pretendono di fabbricare o vendere la *moda włoska* 'moda italiana', che, in realtà è solo un'etichetta denominativa per l'uso della quale non esistono restrizioni formali. Una etichetta del genere attrae clienti di ogni statuto, ma è particolarmente presente in centri provinciali (cfr. Figg. 434–439).

Balduno (neo ibr IS; comp. di un {cx} *Bald-* e di un {cil} *-uno* < it./internaz. *uno*; non si vedrebbe l'influenza dell'ingl *bald* 'calvo', ma non è da escludere) ⟶ [~ #Manufaktura N/C1 N/C2 Sp.c.; PKT/KRSW – #manifattura / prod. gelato – 2017 – Wrocław-DS].

Ballandia (neo ibr PIF; comp. di un {cpl} *Bal-* < pol./internaz. *bal* 'ballo' + un {csl} *-landia* come formante sistemato in diverse lingue, che nel caso analizzato indica proprio l'area di divertimento e ricreazione per bambini; il M funziona come una voce adatta al linguaggio infantile; è utilizzato, d'altronde, per designare alcuni altri posti dove i bambini e gli adolescenti possono divertirsi) ⟶ [N/C „~"; CEiDG – serv. di ricreazione – 2010 – Piła-WP]. Cfr. *Animallandia.*

Barbastella (neo PIF; ipoteticamente composto di due {cil}: *Barba-* < it. *barba* + *-stella* < it. *stella*; i *quiproquò* possono essere casuali e non previsti dagli autori del M; l'effetto italianeggiante è, tuttavia, garantito anche dalla presenza di un {civ} *-ella*) ⟶ [~ N/C.; CEiDG – serv. amministrativi per uffici – 2015 □ 2018 – Poznań-WP].

Bebino (neo ibr IS; comp. di un {csl} *beb-* < p.es. fr. *bébé* 'bambino', it. *bebè* + suff. {civ} *-ino*; il costrutto *bebino* funziona come un vocabolo del linguaggio infantile; il M entra in collisione con altre sue occorrenze fuori dalla Polonia) ⟶ [bebino.pl; http://www.katalog-sklepow.net/s/2952/bebino.html, u.a. 12.03.2021 – neg. in Rete / articoli per bambini – s/d – Zduny-LD].

Bellako (neo ibr IS; si fonda su una comp. in cui è possibile tracciare un {cil} *Bella-* < it. *bella* collegato con un {cx} *-ko*; la comparsa dell'it. *bella* è piuttosto un'interpretazione relativa, ma pertinente; il formante *-ko* permette di mantenere un legame con l'area dell'ortografia pol.: l'uso della *k*; allo stesso tempo *-ko* viene pronunciato come un formante universale {civ} *-co*) ⟶ [~ Sp. z o.o.; Aleo/KRSO – prod. spezie – 2001 – Warszawa-MZ].

Bellana (neo IS; comp. di un {cil} *Bella* + formante suffissale *-/a/na* con la funzione di un {civ}) ⟶ [~ Sp. z o.o. Sp.k.; RIO – prod. abbigliamento – 2020 – Staszów-SW]. Cfr. *Rogana.*

Bellasti (neo IS formato da un {cil} *Bell/a/-* + formante suffissale *-/a/sti* {civ}) ⟶ [~ Sp. z o.o., KRSO – serv. di commercio – 2012 – Kraków-MP].

Bellugio (neo PIF; composto da un {cil} *Bell-* < it. *bello* + suff. {cil} *-ugio*) ⟶ [#Sklep Bellugio // ZBROJA International Trade N/C; https://bellugio.pl/, u.a. 07.03.2021 – #neg. vend. in Rete / prodotti in pelle – 2010 – Wrocław-DS].

Bevena (neo PIF; collega, senza una particolare motivazione, un {cil} *Bev/e/-* < it. *bevanda* / *beve* [?] con il formante suffissoidale *-/e/na* {cil}; una connotazione speciale può essere prodotta dalla parte *-vena* che nell'orale è omofona del s.sg.f. pol. *wena* 'ispirazione'; per un marchio legato al settore della moda è un fattore di valore) ⟶ [~ Sp. z o.o. Sp.k.; RIO – prod. abbigliamento – 2018 – Warszawa-MZ].

Bicotone (neo PIF; composto da un {cx} *Bi-* + un {cil} *-cotone* < it. *cotone*, concettualmente motivato nel settore designato) ⟶ [~ Sp. z o.o.; RIO – prod. abbigliamento – 2014 – Łódź-LD].

Brendi (neo PIF; composto da un {cx} *Br-* + un {csl} *-endi* che fa pensare anche alla voce it. *Fendi*, cogn. e marca di una nota casa di mode; il M assomiglia al marchio *Brandy*) ⟶ [~ // RBC N/C; https://brendi.pl/, u.a. 07.03.2021 – neg. in Rete / vend. giacche scarpe – 2013 – Zbuczyn-MZ].

Colorimo (neo PIF; costruito sulla base di un {csl} *Color-* assegnabile, tra l'altro, all'it. *colore* = pol. *kolor*, facilmente interpretato da un utente pol.; nella comp. compare anche un {civ} *-imo* in qualità di un elem. suffiss/oid/ale) ⟶ [~ #Szkło lakierowane < „MOCHNIK" Sp. z o.o. Sp. k.; PKT/GUS – #vetro verniciato / prod. vetro da costruzione – 2014 – Opole-OP].

Cravvi (neo IS; comp. di fantasia che collega un {cx} *Cravv-* con le caratteristiche due *vv* e una para-desinenza {civ} *-i*) ⟶ [~ Sp. z o.o.; https://cravvi.pl/, u.a. 07.03.2021 – neg. in Rete / prodotti di bellezza – 2019 – Katowice-SL].

Cupro (neo PIF; tuttavia, può essere ricondotto ad una base appellativa possibile, ma piuttosto sofisticata che a che fare con cuoio, rame, cipria, Afrodita, ecc.; sotto un certo angolo, risulta il falso amico del s.sg.m. pol. *kuper* 'base della coda negli uccelli', colloq. 'natiche') ⟶ [~ Sp. z o.o.; RIO – prod. abbigliamento – 2018 – Warszawa-MZ].

Danzarte / DANZArte (neo IS; costruito per mezzo di una comp. per crasi di due {cil} *DANZA-* < it. *danza*, ritrovabile anche nello spagnolo + l'it./internaz. *arte*; è interessante l'aspetto grafico del M, se mantenuta l'ortografia originale, che permette di intravederci più facilmente i vocaboli motivanti *danza* e *arte* incrociati) ⟶ [N/C #Studio Tańca *DANZArte*; CEIDG – #studio della danza / educazione extrascolastica – 2016 ◊ 2019 – Wejherowo-PM].

Dar-La / Darla (neo ibr IS; composto da due {cpd} che riproducono elementi dei n.pri: *Dar-* < n.m. pol. *Dariusz* 'Dario' + *-La* < n.f. pol./internaz. *Laura*; notato anche come *Darla*) ⟶ [P.P.H.U. „DAR-LA" Sp. z o.o. N/C1, N/C2; Aleo/GUS – serv. di estrazione ghiaia e sabbia – 2009 – Żory-SL].

Diabollo (neo ibr IS; perfettamente italianeggiante, ma costruito sulla base di un {csl} *Diab-* < p.es. s.sg.m. spagn. *diablo*, ma anche s.sg.m. pol. *diabeł* 'diavolo', combinato in una contaminazione interlinguistica con il formante suffissoidale italianeggiante {cil} *-ollo*; la voce ottenuta è particolarmente connotativa) ⟶ [~ MOTO SERWIS N/C; CEiDG – salone motociclette – 2019 – Brodnica-KP].

Dissanna (neo IS; non scomponibile, anche se si intravede un {csd} *-anna* < il n.f. internaz. *Anna*, che può essere una voce di riferimento nell'ispirazione primaria; il carattere italianeggiante lo garantiscono due nessi di cons. doppie: *ss* e *nn*) ⟶ [~ Sp. z o.o.; RIO – prod. abbigliamento – 2011 – Przemyśl-PK].

Domaggio (neo IS; probabilmente motivato dalla prima sillaba del c.pro *Domian* in funzione di un {cpd} + suff. *-aggio*; senza la conoscenza delle regole fonetiche o ortografiche it., il vocabolo è impronunciabile da un utente pol.; la pronuncia alla polacca produce una forma cacofonica e non naturale per l'articolazione pol.: [dɔ'maggjɔ][457]) ⟶ [„~" N/C; CEiDG – lavori di costruzione case – 2010 – Gorzów Wielkopolski-LB].

Elmorii (neo IS; basato su un {cx} *Elmor-* al quale sono state aggiunte due *ii* senza una motivazione linguistica ammissibile in it., ma che non intacca il generale aspetto italianeggiante della voce ottenuta) ⟶ [~ N/C; CEiDG – vend. in Rete / scarpe – 2015 – Gryfice-ZP]. Cfr. *Merconii.*

Entelo (neo di fantasia IS; l'italianità linguistica viene segnalata dal formante morfologico-*o* o da un intero {civ} *-elo*) ⟶ [~ Sp. z o.o.; RIO – prod. mobili – 2015 – Płock-MZ].

Erosso (neo di fantasia IS; può essere interpretato in diversi modi; rappresentando una denominazione nel senso erotico, fa riferimento all'internaz. *Eros* e agli aggettivi che derivano da questo mitonimo: it. *erotico*, pol. *erotyczny*; il gioco consiste anche nella codificazione dell'agg. *rosso* in *Erosso*, il colore dell'amore, anche fisico; nel logonimo, è caratteristico l'inserimento del disegno che rappresenta un cuore al posto della *o* mediana della voce) ⟶ [~ // DREAM MANAGER Sp. z o.o.; WUP – prodotti erotici in negozi qualificati come *sexshop* – 2017 – Katowice-SL].

Fig. 156. Fonte: WUP, 4, 2018, p. 1453.

Exploro (neo IS; sembra imitare una forma verbale pseudoitaliana; invece, può essere una formazione basata su un {csv} *Explor-* < p.es. v. pol. *eksplorować* 'esplorare' o v. ingl. *explore*, combinato con un {cx} *-o*; l'uso della *x* assegna alla voce una sfumatura internazionale) ⟶ [~ Sp. z o.o. // MINI MELTS Sp. z o.o.; PKT/CEiDG – prod. gelato – 2016 – Kraków-MP].

Ferrima (neo PIF; una voce modellata su vari {csv} con l'aggiunta di una doppia *r* che crea l'effetto di italianizzazione nella struttura prodotta) ⟶ [~ Sp. z o.o.; Aleo/GUS – commercio ingrosso legno, materiali da costruzione e attrezzature sanitarie – 2014 – Bogucin-WP].

457 Solo chi conosce l'italiano riesce a realizzare questo lemma come [dɔ'madʤ:o].

Fig. 157. Fonte: https://ewyszukiwarka.pue.uprp.gov.pl/search/pwp-details/Z.434319, u.a. 24.02.2021

Ferristo (neo PIF; il formantoide *-isto* funziona come un {civ}; è possibile individualizzare la motivazione creata dall'it. *ferro*; cfr. *Ferrima*) ⟶ [~ Sp. z o. o.; Aleo/KRSO – rifinitura di edifici – 2018 – Warszawa-MZ].

Frozco (neo IS, anche se il nesso *-zc-* non si incontra nell'ortografia it.; composto da un {csl} *Froz-* < p.es. ingl. *frozen* 'congelato' + un {civ} *-co*) ⟶ [~ Sp. z o.o.; PKT/KRSO – prodotti surgelati – 2004 □ 2020 – Gdynia-PM].

Fruttisecco (neo PIF; risulta un collegamento di due {cil}: *Frutti-* < it. *frutti* + *-secco* < it. *secco*; apparentemente, si tratta di una base di carattere sintagmatico senza l'accordo grammaticale tra il sostantivo al pl. e l'aggettivo al sing. *frutti secco*; da ricordare che l'espressione *frutta secca* indica frutti come mandorle, noci, arachidi, ecc.; il M è stato registrato come marchio brevettato di bevande alcoliche, specialmente di vini) ⟶ [~ // JANTOŃ Sp.a. Sp.k.; WUP – 2017 – Dobroń-LD].

Fig. 158. Fonte: WUP, 11, 2018, p. 4291.

Gastroma (neo IS; può essere interpretato come la fusione di un {civ} *Gastro-* < p.es. s.sg.f. pol. *gastronomia* 'gastronomia' + suffissoide *-/o/ma*; s'associa anche all'it. *aroma* che può essere un'altra ispirazione codificata in questo M) ⟶ [~ N/C; PKT/GUS – prod. gelato – 2017 – Jaroty-WM].

Grandozo (neo IS; motivato da un {cil} *Grand-* < *grande*, che viene collegato con il formantoide {cx} *-ozo* < p.es. it. *-oso*; ricorda la parola *grandioso*) ⟶ [~ N/C; CEiDG – neg. macchinari e attrezzature – 2015 – Katowice-SL].

Iggo (neo IS; formato secondo il modello *V-CC-V*) ⟶ [~ Sp. z o.o. Sp.k.; RIO – prod. abbigliamento – 2016 – Gałków Mały-LD].

Instanco (neo IS; può essere una contaminazione libera di un {csl} *Inst-* internazionalizzato < p.es. it. *installare*, pol. *instalować* + un {civ} *-anco*) ⟶ [~ Sp. z o.o.; WUP – prod. mobili specialistici per la gastronomia – 2017 – Poznań-WP].

INSTANCO

Fig. 159. Fonte: WUP, 5, 2018, p. 1885.

Kazzo (neo IS; applicazione del modello *V-CC-V,* la struttura ottenuta per mezzo dell'aggiunta di una *k* al formantoide *-azzo* corrisponde nella pronuncia all'it. *cazzo*[458]; l'associazione è casuale o volontaria, poiché la vera motivazione del M può essere molto più banale: ragioni estetico-grafiche, ma non quelle fonematiche: la pronuncia di *Kazzo* ['kazzɔ] alla polacca è cacofonica; all'origine della formazione possono esistere ragioni para-etimologiche, pertinenti nella percezione pubblica: l'associazione di *Kazzo* al n.m. *Kazimierz* 'Casimiro' formante vari nomignoli, come *Kazik*, *Kaziu*, *Kaz*, ecc.; ad ogni modo, l'idea connotata all'it. *cazzo*, un termine del linguaggio popolare ed erotizzato, è anche possibile: per gioco di parole, che poteva sembrare "segreto" nel momento della creazione del M, *Kazzo* designa una rete di negozi con la moda maschile ed è diventato la marca di abiti da uomo) ⟶ [men's fashion KAZZO // KAZZO GROUP #MODA MĘSKA N/C; CEiDG – #moda maschile / neg. abbigliamento – 2010 – Olsztyn-WM]. Vd. Fig. 160. Cfr. *Cazzo*, *Pikazzo*.

Fig. 160. Fonte: https://kazzo-garnitury.garnitury-weselne.pl/, u.a. 05.05.2023.

Koppito (neo IS; M di fantasia ispirato al s.sg.m. pol. *kokpit* 'cabina di pilotaggio', nel quale il nesso *kp* è stato sostituito da due *pp*; una "manipolazione" con l'effetto italianeggiante, dovuta alla creatività dei proprietari del ristorante ~, fra i quali ci sono anche persone con un cogn. it.; il ristorante si trova in una città al mare, per questo il riferimento al pol. *kokpit*) ⟶ [~; CEiDG – ristor. – 2017 – Świnoujście-ZP].

LaDalla / Ladalla (due elem. italianeggianti di cui il primo, *La-*, come un {cil} può corrispondere all'art.det. it. *la*; il secondo, *-Dalla*, invece, anche in it. sarebbe un neologismo senza un particolare valore semantico) ⟶ [LaDalla N/C; CEIDG – prod. tessile – 2020 – Włocławek-KP].

458 Il termine con lo statuto di italianismo, cfr. IVLW: s.v.

Lagarro (neo IS; una possibile fusione di un {cx} *La-* < p.es. l'art.det. it. *la* + un altro {cx} *-garro*) ⟶ [Z.P.U.H. „LAGARRO" N/C; Aleo/GUS – prod. scarpe – 1988 □ 2020 – Kalwaria Zebrzydowska-MP].

Lapio (neo IS, ma con lo statuto ambiguo; è la connessione di un {cx} *La-*, che può rievocare l'art.det. it. *la*; l'elem. *-pio* è un {cpd} < n.m. *Piotr*, n.pro) ⟶ [lapio.pl; https://www.lapio.pl/, u.a. 07.03.2021 // N/C „LAPIO" – neg. in Rete / vend. mobili attrezzature – 2020 – Stalowa Wola-PK].

Fig. 161. Fonte, https://www.lapio.pl/, u.a. 6.07.2023.

Laverto (neo IS; sembra collegare l'elem. allo statuto di un {csl} *La-* corrispondente, p.es., all'art.det. it. *la* + un {csl} *-verto*, il quale, a sua volta, potrebbe essere ispirato al lat. *verte*; la *-o* finale come desinenza {civ} *-o* rende il costrutto italianeggiante) ⟶ [~ N/C; CEiDG – prod. mobili – 2007 – Kępno-WP].

Loriini (neo IS; comp. originale di un {cx} *Lori-* + suff. *-ini* con la funzione di un {civ}; la forma con una doppia *i* mediana è estranea sia per l'ortografia it. che per quella pol.) ⟶ [~ Sp. z o.o.; RIO – prod. abbigliamento – 2020 – Warszawa-MZ].

Lucafe (neo IS costruito da un {cx} *Lu-* che può imitare un articolo determinativo in una parlata romanza, p.es. in un dialetto it., e di un {csl} *-cafe* < p.es. it. *caffè*; l'ispirazione possibile può anche essere il fr. *le café* con la ripresa della pronuncia dell'*e muet* che agli orecchi dei polacchi suona pressappoco come [u]) ⟶ [~ Sp. z o.o.; Aleo/KRSO – ristor. – 2020 – Ruszków-LD].

Maccolino (neo PIF; comp. originale che collega un formante suffissale {civ} *-/l/ino* alla parte iniziale {cx} *Macco/l/-* poco identificabile nell'ispirazione, ma interpretabile come italianeggiante; può essere motivato da forme come *Coccolino*) ⟶ [~ Pizzeria; PKT – 1990 – Katowice-SL].

Malladi (neo PIF non scomponibile; motivato, eventualmente, dall'attrattività formale del suffissoide {cx}/{civ} *-/a/di* composto con un {cx} *Mall-*; la presenza della doppia *l* contribuisce al carattere italianeggiante del costrutto) ⟶ [~ N/C; CEiDG – serv. fotografici – 2018 □ 2019 – Kurcew-WP].

Mallano (neo PIF; composto da un {cx} *Mall-* + suff. {cil} *-ano*; l'italianità linguistica viene sottolineata dalla doppia *l* mediana; solo per caso corrisponde ad una rara struttura cognominale it., quindi non si può escludere l'influenza diretta dall'area antroponimica it.; ma è piuttosto una libera invenzione, motivata, potenzialmente, nella parte inziale del n.pra; si noti inoltre una relativa associazione paronimica rispetto al toponimo it. *Milano*) ⟶ [~ N/C; CEiDG – neg. in Rete / vend. abbigliamento – 2019 □ 2020 – Ostrzeszów-WP].

Mareto (neo IS; collega un {cx} *Mar-* + un {cil} *-eto*, creando un effetto italianeggiante) ⟶ [~ P.P.H. #Wyrób i sprzedaż lodów; PKT/GUS – #prod. vend. gelato – 1991 – Brzoza-KP].

Merconii (neo IS; potrebbe essere ricondotto verso una linea interpretativa decognominale, ma sviante è la presenza della doppia *i* nella parte finale, la quale non rovina l'aspetto italianeggiante del M e s'associa ad un morfo flessivo caratteristico in pol., che provoca importanti problemi ortografici: usato per indicare i genitivi di vari nomi d'origine straniera al sg.f. in *-ia*, p.es. gen. *Marii*: n.f. *Maria*; gen. *Italii*: n.f. *Italia*; gen. *awarii*: s.sg.f. *awaria* 'guasto'; la doppia *i* permette di distinguere il marchio registrato per designare l'attività nel settore di illuminazione e mobili; cfr. *Elmorii*) ⟶ [art line ~ // C/N; WUP – lampade, lampadine, mobili di metallo, portacandele, ecc. – 2017 – Piotrków Trybunalski-LD].

Fig. 162. Fonte: WUP, 8, 2017, p. 2802.

Micolo (neo ibr IS; sembra una voce non scomponibile; assomiglia e probabilmente s'ispira al n.m. it. *Nicolò*) ⟶ [~ Pizzeria; PKT – 1997 – Wągrowiec-WP].

Milomi (neo IS; allo stesso tempo può essere un travestimento dell'espressione pol. *miło mi* ['mi fa piacere'], resa in modo attaccato e senza il segno diacritico della *ł*) ⟶ [~ N/C; PKT/GUS – commercio ingrosso gelato – 2015 – Gdynia-PM].

Mimarto (neo IS; comp. che va trattata come una struttura non scomponibile, anche se si potrebbe individuare un {cx} *Mim-* collegato con un formantoide {civ} *-arto*) ⟶ [~ Sp. z o.o.; RIO – prod. mobili – 2019 – Warszawa-MZ].

Modarta (neo IS; può passare per una neoformazione IS; comp. originale di un {csl} *Mod/a/-* < internaz. *moda* + suffissoide {cx} *-/a/rta*; nella struttura linguistica è possibile leggere anche il segmento *-arta* che s'associa alla voce *art*, p.es. in ingl./fr. *art* o it. *arte*; la motivazione degli elem. composivi è interpretabile alla luce del settore rappresentato: produzione di abiti; il M entra in collisione con il n. della marca svizzera *Modarta*) ⟶ [~ Sp. z o.o. Sp.k.; RIO – prod. abbigliamento – 2017 – Przemyśl-PK].

Modema (neo IS; composto da un {csl} *Mod/e/-* + formante suffissoidale {civ} *-ema*; può essere ispirato all'urbonimo it. *Modena*) ⟶ [N/C #Centrum Handlowe „~" Nowe Turbo, https://www.modema.pl/, u.a. 07.03.2021 – lett. #centro commerciale / neg. in Rete / vend. abbigliamento scarpe borse – 2014 – Nowa Wieś-MP].

Modesa (neo IS; comp. originale di un {csl} *Mod-* < internaz. *moda* + formante suffissoidale *-esa* con la funzione di un {civ}) ⟶ [~ Sp. z o.o. Sp.k.; RIO – prod. abbigliamento – 2017 – Piotrków Trybunalski-LD].

Modevo (neo PIF; comp. originale di un {csl} *Mod-* < internaz. *moda* + formante suffissoidale *-evo* con la funzione di un {civ}) ⟶ [~ Sp. z o.o.; RIO – prod. abbigliamento – 2020 – Aleksandrów Łódzki-LD].

Mortero (neo IS, ma allo stesso tempo *Spanish Sounding*; il segmento {cx} *Morter-* assomiglia al s.sg.m. pol. *monter* 'montatore') ⟶ [~ N/C; Aleo/CEiDG – serv. edilizia – 2020 – Zabrze-SL].

Novana (neo ibr PIF; comp. originale: un {csl} *Nov-* o *Nova-* + formante suffissoidale {civ} *-/a/na)* ⟶ [~ Sp. z o.o.; RIO – prod. mobili – 2019 – Świdnica-DS].

Novanano (neo ibr IS; comp. originale costruita di vari elementi possibili, p.es. un {csl} *Nova-* o {cx} *Nov/an/a/-* + formantoide suffissoidale {cil} *-/na/no)* ⟶ [~ Sp. z o.o.; RIO – prod. e vend. articoli elettronici – 2013 – Kraków-MP].

Noverra (neo IS; collega un {csl} *Nov-* radicato nelle lingue romanze, anche in it., p.es. *nuovo*, ant. *novo*, con un {civ} *-erra*; l'aspetto italianeggiante è stato firmato dall'uso della doppia *r*, molto "forte" come nesso consonantico, quasi simbolico per l'italianità, ma anche per l'ispanicità; per paronimia, il M s'associa all'it. *novero*, ma questo caso è piuttosto impercettibile; invece, l'urbonimo it. *Novara* può suonare nel suo ambito espressivo; d'altro verso, lo stesso suggerimento andrebbe detto nei confronti del coronimo spagn./fr. *Navarra/Navarre)* ⟶ [~ // C/N MAX-MODERN – commercio ingrosso e dettaglio / arredamento casa – 2019 – Głogów Małopolski-PK].

Fig. 163. Fonte: WUP, 2, 2020, p. 261.

Pienio (neo IS; in quanto neoformazione, la voce non esiste nella lingua pol.; si può ipotizzare che venga dal s.sg.m. pol. *pień* 'tronco': a questa spiegazione si giunge, tra l'altro, considerando che il settore rappresentato dal M è la produzione dei mobili associata ai materiali in legno; un'altra traccia dell'italianità è la pronuncia pol. di *Pienio*, che risulta molto simile a una voce. di fantasia che si realizza come ['pjɛnjɔ] / ['pjɛɲɔ]) ⟶ [~ Sp. z o.o.; RIO – prod. mobili – 2001 – Prusice-DS].

Pikazzo (neo IS che si potrebbe scomporre in due elementi: un {cx} *Pik-* + un {civ} *-azzo*; gli italofoni intravedono un componente che nell'ambito it. sarebbe da evitare: un {cil} *-kazzo* omofono dell'it. *cazzo*; nell'ambito pol. la forma *Pikazzo* è neutra e contano in essa i valori estetico-grafici; tuttavia, prima di tutto, si vede la sua ispirazione nell'associazione paronimica a *Picasso*, il cogn. del famoso artista spagnolo, considerata anche l'attività dell'azienda) ⟶ [~ N/C; CEiDG – serv. di intonacatura – 2016 – Częstochowa-SL].

Piubiu (neo IS; comp. per assonanza di due sillabe paronimiche: *piu-* e *-biu*; soprattutto la prima s'associa all'it. *più* in quanto un {cil}; esso compare perfino con il regolare accento nel logonimo del negozio in Rete registrato come *più-biu*; in *-biu* si potrebbe vedere un {cin} che risulta più o meno l'omofono della prima sillaba dell'ingl. *beauty* or *beautiful* 'bellezza/bello'; fa anche pensare ad una voce pol. senza significato particolare *psiubdziu* 'niente di speciale') ⟶ [piubiu.pl // più-biu (sic!) // AMYWEAR N/C – neg. in Rete / vend. biancheria intima – 2011 – Otrębusy-MZ].

Fig. 164. Fonte: https://piubiu.pl/, u.a. 5.05.2023.

Pizzameni (neo ibr IS; comp. originale di un {cil} *Pizza-* < it./internaz. *pizza* + un {cx} *-meni*; è possibile che *-meni* sia stato associato a *menu* oppure si tratta di una contaminazione interlinguistica tra l'ingl. *men* 'uomini' e il s.pl.m. pol. *meni* 'maschi' usato nel linguaggio colloquiale[459]) ⟶ [~ Pizzeria; PKT – s/d – 2006 – Zielonka-MZ].

Pollardi (neo IS; una neoformazione che collega, senza una particolare motivazione, un {cx} *Poll-*, *Polla-* o *Pollar-* con il suffissoide *-/a/r/di* in funzione di un {cil}; possono essere considerati anche i fattori estetico-grafici e fonematici, p.es. l'uso della doppia *l* o un'associazione ai nomi di marchio famosi in *-rdi*, come p.es. *Bacardì*, malgrado si tratti di un tutt'altro settore; un valore associativo presenta inoltre la prima parte: *Pol/l/ar/-* che fa venire in mente diverse associazioni lessicali e culturali: l'urbonimo *Polska* 'Polonia'; il marchio *Pollena* (cfr. Sez. 3.1.4); il s.sg.m. pol. *polar* 'felpa di pile': ogni fattore formale che attira l'attenzione dei clienti è favorevole per una marca "ambiziosa" che sta elaborando la sua reputazione sul mercato; *Pollardi* si occupa di produzione e vendita di abiti da sposa di varie marche, tra l'altro di ***Liretta*** o ***Daria Karlozi***, altri MM italianeggianti) ⟶ [~ FASHION GROUP Sp. z o.o. Sp.k.; RIO – prod. abbigliamento – 2017 – Lublin-LU].

Prespo (neo IS piuttosto non scomponibile; imita i sostantivi maschili in *-o*; paronimo dell'avv. it. *presto*) ⟶ [„~" Sp. z o.o.; RIO – prod. abbigliamento – 2012 – Słubice-LU].

459 L'italianismo *pizza* ispira la formazione di altri termini insoliti nell'ambito della sua famiglia lessicale, p.es. pol. *pizzer*; *pizzerz*; *pizzerman*; *pizzernik* (tutti sono equivalenti di *pizzaiolo*). Cfr. IVLW: s.vv.

Prevo (neo PIF; M di fantasia composto da un {cx} *Pr-* + un {cil}/{cx} *-evo*, una para-desinenza, che, anche per la presenza della *v*, può far pensare alle forme italiane in *-/e/vo*) ⟶ [~ N/C; PKT/GUS – prod. gelato – 2018 – Świecie-KP].

Salvatano (neo PIF; M di fantasia: un {csl} *Salv/a/-* combinato con un {civ} suffissoidale *-/a/no*) ⟶ [~ Butik N/C; CEiDG – vend. in Rete – 2020 – Kielce-SW].

Scarpo (neo ibr IS; una pseudo-mascolinizzazione dell'it. *scarpa*; è possibile anche l'associazione al s.sg.f. pol. *skarpa* 'scarpata', il falso amico dell'it. *scarpa*) ⟶ [~ N/C; CEiDG – serv. di edilizia – 2013 – Warszawa-MZ].

Superqlo (neo originale che potrebbe passare per IS, soprattutto quando la *q* viene pronunciata come [ku]; in questo modo risulta che il costrutto si compone di un {csl} *Super-* e di un {cx} *qlo-*, il quale pronunciato con [ku] diventa omofono dell'it. *culo* ['kulo]; sembra un effetto di oscenità all'insaputa dei creatori del M; ma si presume, piuttosto, che sia stata un'operazione connotativa nascosta; è ancora più probabile una certa motivazione positiva associata alla relazione paronimica tra *-qlo*[460] e l'ingl. *cool* nel linguaggio giovanile di libera invenzione e creatività) ⟶ [*SUPERQLO* Sp. z o.o.; RIO – prod. abbigliamento – 2014 – Wrocław-DS].

Taavetti (neo IS; collega un {cx} *Taav-* e un {cil} *-etti*; può essere una versione dell'ipotetico *Tavetti* come base di motivazione sottintesa, modificata dall'uso del nesso *-aa-*, comunque insolito per l'ortografia it.) ⟶ [N/C „~"; CEiDG – vend. abbigliamento scarpe mercati – 2020 – Katowice-SL].

Tappeletto (neo PIF; fusione di elementi motivati dal settore produttivo: due {cil} riferiti a concetti particolari, il primo costituito da *Tappe-* < ipoteticamente dall'it. *tappeto* + *-letto* < it. *letto*) ⟶ [~ Sp. z o.o.; RIO – prod. mobili – 2019 – Zduńska Wola-LD].

Tazzo (neo PIF; l'intera voce *Tazzo* può essere sistemata come un {cil} neologico con la caratteristica doppia *zz*; non si esclude l'influenza dell'it. *tazza*; la doppia *zz*, praticamente, deve essere pronunciata all'italiana, altrimenti è quasi impronunciabile: ['tazzɔ] sarebbe cacofonico, invece ['tatstsɔ] è molto più "leggero" e non pone problemi di pronuncia agli utenti pol.) ⟶ [~ N/C; CEiDG – consulenze aziendali e di gestione – 2014 – Warszawa-MZ].

Tekko (neo ibr IS; la traccia dell'italianità è stata ottenuta per mezzo della doppia *k* che nell'orale si realizza come [kk]) ⟶ [~ Sp. z o.o.; RIO – prod. articoli pelle – 2016 – Poznań-WP].

Tellepizza (è il riferimento al marchio di pizzerie *Telepizza* molto popolare in Polonia; anzi, *Tellepizza* entra in collisione legale con *Telepizza*; formalmente differisce

460 Questo nesso non è presente nella scrittura polacca, ma per la conoscenza della lettera latina *q* "ku" è, infatti, realizzato nell'orale come ['kulɔ].

dal suo modello per la presenza della doppia *l*; la denominazione si compone di un prefissoide {cx} *Telle-* < internaz. *tel/e/*, abbreviazione di *telefono* / *telefon* / *telephon* e del sostantivo *pizza*, usato come un italianismo adattato) ⟶ [~; PKT – pizzeria – s/d – Zamość-LU].

Tippo (neo IS; ispirato all'it. *tipo*; lo stesso *tipo* è un appellativo it. conosciuto per il suo uso come designazione marchionimica di uno dei modelli della Fiat; *Tippo* non è *Tipo*, ma la notorietà di *Tipo* poteva essere mobilizzante per la sua ricreazione con una doppia *p* in *Tippo*) ⟶ [~ Sp. z o.o.; Aleo/KRSO – ricerca di mercato / analisi dell'opinione pubblica – 2012 – Wrocław-DS]. Almeno 2 a.o.

Tituto (neo IS; codifica un'informazione pertinente per il settore rappresentato; integra un {cin}, e cioè la sigla ingl. *IT* stante per *Information Technology*, globalmente usato per indicare l'industria creativa di computer, oggi anche di Internet; fa venire in mente, tra l'altro, l'it. *tutto*, suggerendo un ampio potenziale dell'attività svolta da *Tituto*) ⟶ [~ Sp. z o.o.; WUP – programmi informatici – 2020 – Rzeszów-PK].

Fig. 165. Fonte: WUP, 1, 2020, p. 185.

Toniko (neo IS; tuttavia, per lo scritto, la sua italianità viene offuscata dall'uso della *k*; nel suo aspetto generale potrebbe essere associato anche ad una voce ispirata dal giapponese; è anche possibile l'onimizzazione dell'it. *tonico*; *cfr.* anche *Konica*) ⟶ [toniko.pl; https://toniko.com/, u.a. 07.03.2021 // TONIKO N/C – neg. in Rete / abiti professionali – 2020 (l'attivazione 1989) – Warszawa-MZ].

Veva (neo PIF; di statuto italianeggiante ambiguo, comunque piuttosto non motivato dal pol., nonostante venga pronunciato come *wewa*, anche questo un neologismo ritrovabile nella MPL; l'ipotetica italianità di *Veva* è segnalata dall'uso della *v* inesistente nell'alfabeto pol.) ⟶ [veva.com.pl // VEVA Sp. z o.o. – neg. in Rete / abbigliamento – 2019 – Warszawa-MZ].

Visio (neo IS; può essere motivato dal riferimento all'it./internaz. *visione* o all'ingl. *vision*, ma anche al lat. *visio, -onis*) ⟶ [~ Sp. z o.o.; PKT/GUS – prod. gelato – 2016 – Rzeszów-PK].

Vobro (neo IS apparentemente non scomponibile; la parte *-bro* può essere associata a un {cpd}, visto che la sede dell'azienda si trova a Brodnica) ⟶ [~ Sp. z o.o. Sp.k.; RIO – articoli alimentari – 2018 – Brodnica-KP].

Vulferi (neo IS; comp. di un {cx} *Vulf-*, senza un particolare riferimento etimologico + formante suffissoidale *-eri* che potrebbe essere interpretato come un {civ}) ⟶ [~ Sp. z o.o. Sp.k.; RIO – prod. abbigliamento – 2019 – Gdynia-PM].

Zazzo (neo IS, soprattutto quando l'intero *Zazzo* venga pronunciato all'italiana; anche la grafia manifesta una "personalità" influenzata fortemente dall'italianità linguistica: specialmente grazie alla doppia *z*; si noti che il M ~ pronunciato conformemente alla fonetica pol. suona in modo "brutto", ma originale: ['zazzɔ]; è anche importante il fatto che la struttura *Zazzo* paia attraente e molto originale dal lato visuale per la combinazione di tre segni *z*) ⟶ [N/C F.U. ZAZZO.PL; CEiDG – serv. finanziari – 2009 – Zielona Góra-LB]. Cfr. anche *Tazzo* e *Kazzo*.

4.4.2.2. *Stilizzazioni su italianismi in polacco o polonismi in italiano*

Nell'illustrazione delle classi ibridizzate delle unità MPLI si possono individuare ibridi palesi, cui attribuiamo sia lo statuto di *italianismi in polacco*, sia quello di *polonismi in italiano*. Per quel che riguarda i secondi, si ricordi che tali forme in italiano non compaiono realmente, trattandosi piuttosto di formazioni con un potenziale marcato dall'italianità stimolata e performata in un'altra lingua. I marchionimi di questa classe illustrano un campo intermedio tra MNO e MNM, da suddividere in due gruppi principali.

4.4.2.2.1. *Fantasia ibridizzante*

Il primo gruppo è quello delle neoformazioni stilizzate come adattamenti oppure come trasformazioni strutturali. Si tratta di modelli come i seguenti:

- polonismi italianizzati con sfumature espressive particolari, spesso umoristiche (p.es. *Dollina*; *Dorotta*; *Makkaron*);
- italianismi apparentemente funzionanti, di per sé inaccettabili in polacco (prove di adattamenti formali ibridi, p.es. *Bondziorno*);
- ibridi codificanti messaggi particolari: i contenuti sono suggeriti dagli elementi che stanno alla base della neoformazione (p.es. *Dowozorro*).

La neoformazione onimica del genere si serve largamente dei meccanismi di lessicologia creativa che si fonda su contaminazioni interlinguistiche e fa sorgere delle unità linguistiche cariche di determinati valori e scopi pragmatici. I marchionimi formati come puri ibridi italo-polacchi svolgono un ruolo comunicativo. L'espressione delle sfumature dei loro significati para-lessicali è affidata a tratti morfologici, ortografici e fonetici d'origine italiana, tra cui i particolari segmenti suffiss/oid/ali in chiusura delle forme (l'argomento viene approfondito più dettagliatamente nella Sez. 4.8.2), l'uso del marchio del genere maschile *-o*, l'imposizione delle consonanti doppie, gli effetti dell'equivalenza articolatoria.

Alpakino (neo IS; collega un {cpl} *Alpak-* < s.sg.f. pol./internaz. *alpaka* 'alpaca' e un {civ} *-ino*; la voce ottenuta sembra un dim. vezzegg. it. indicante appunto un alpaca rappresentato nel logo della marca; la comp. può voler ricordare anche il n. *Al Pacino*; cfr. inoltre il toponimo siciliano *Pachino* < *al pachino*) ⟶ [C/N ~; WUP – prod. piumini, lenzuola di materiali morbidi, ecc. – 2021 – Skopanie-PK].

Fig. 166. Fonte: WUP, 39, 2021, p. 94.

Bambiboo (neo IS; M di fantasia ispirato, senz'altro, all'it. *bambino*, così ampiamente sfruttato nella MPL; cfr. vari MM che iniziano con *Bamb-*, *Bimb-*, *Bomb-* e sim.; il M raggiunge un alto grado di espressività per l'uso di una finale fantasiosa, che oltre a essere influenzata da un'altra voce pseudoitaliana *bibo*, riprende dall'inglese il nesso *oo* nella finale, che viene pronunciato come [u]; il costrutto sembra preso dal linguaggio infantile e potrebbe essere considerato in questa maniera, visto il settore rappresentato: produzione di pannolini monouso per bambini) ⟶ [~ // SINCO Sp. z o.o.; WUP – 2017 – Łódź-LD].

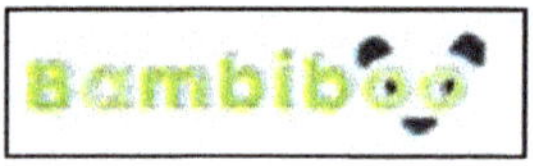

Fig. 167. Fonte: WUP, 7, 2018, p. 2611.

Biuronimo (neo IS che assomiglia ai termini metaonomastici, ma certamente non lo è; è la comp. di un {cpl} *Biuro-* < s.sg.m. pol. *biuro* 'ufficio' + formante suffissoidale {civ} *-imo*; l'uso delle penne nel logo, oltre a far pensare alla polisemia di penna: materiali per ufficio, fa riferimento anche al capo indiano Geronimo, il cui nome può essere il modello per *Biuronimo*) ⟶ [~ biuronimo.pl // BIURO PLUS N/C Sp.j.; WUP – materiali per ufficio – 2021 – Zielona Góra-LB].

Fig. 168. Fonte: WUP, 28, 2021, p. 95.

Bondziorno (pseudoadattamento pol. dell'it. *buongiorno*; cfr. Fig. 20) ⟶ [~ Pizzeria, https://www.pkt.pl/firma/bondziorno-pizzeria-4413780, u.a. 12.03.2021 – s/d – Wrocław-DS].

Condenssa (neo IS che si vorrebbe associare ad un ipotetico italianismo *condensa*[461]; per rafforzare la falsa italianità di questo M, è stata introdotta nella sua grafia una doppia *s* postconsonantica, che non viene giustificata da nessuna ragione normativa neanche in pol.; con la *s* raddoppiata in *Condenssa* il destinante è riuscito a suggerire un alto grado dell'intensità ed efficacia dei prodotti denominati con questo M: sostanze chimiche per la pulizia dei vetri, soprattutto per le automobili; cfr. *Gussto*) ⟶ [~ // C/N; WUP – 2012 – Brzozów-PK].

Fig. 169. Fonte: WUP, 5, 2018, p. 1788.

Czekolateria (neo ibr IS; formato sul modello dei nomi generici di locali in *-eria* come *pizzeria*, partendo dalla base {cpl} *Czekolat-* < s.sg.f. pol. *czekolada* 'cioccolato'; lo *slogan* pol. *sama słodycz* significa lett. 'pura dolcezza') ⟶ [il marchio registrato da Lidl per il mercato]. Il marchio entra in collisione legale, p.es., con *Czekolateria,* un negozio di cioccolatini funzionante in Rete ⟶ [~ // Lidl Stiftung & Co.; WUP; https://czekolateria.pl/, u.a. 18.08.2023 – 2016 – Poznań-WP].

Fig. 170. Fonte: WUP, 10, 2017, p. 3663.

Deccorino (neo IS che si presenta come un finto dim. it. basato su un {cx} *Deccor-* < p.es. it. *decoro*, pol. *dekor* e un {viv} *-ino*; il raddoppiamento della *c*, che non corrisponde, comunque, all'ortografia it. di *decoro*, rende la voce fortemente italianeggiante) ⟶ [~ // EM & EM Sp.j.; UP – accessori decorazione varia – 2018 – Warszawa-MZ].

461 La "condensa" si forma, p.es., sui vetri freddi esposti al caldo (cfr. Treccani: s.v.).

Fig. 171. Fonte: https://ewyszukiwarka.pue.uprp.gov.pl/search/pwp-details/Z.481928, u.a. 8.11.2023.

Dollina (neo ibr IS che consta di una base {cpl} *Dollina* < s.sg.f. pol. *dolina* 'valle'; l'introduzione della doppia *l* trasforma *dolina* in una voce che, volontariamente, riceve aspetto italianeggiante, anche nella pronuncia che provoca un'enfasi posta proprio sul nesso *ll*) ⟶ [~ Sp. z o.o. Sp.k.; RIO – prod. abbigliamento – 2019 – Warszawa-MZ].

Dominikano (neo ibr IS; formalmente è la comp. di un {cpd} *Dominik-* < n.m. pol. *Dominik* 'Domenico' + suff. {civ} *-ano*; cfr. anche it. *dominicano* 'di nazionalità dominicana') ⟶ [~ Sp. z o.o.; RIO – prod. mobili – 2018 – Lublin-LU].

Dooperelle (neo ibr IS; una formazione in cui s'incrociano elementi e riferimenti a più lingue e registri; l'intera struttura è basata sul s.pl.m. colloq. pol. *duperele* 'un ammassamento di varie e piccole cose poco importanti'; il termine pol. *duperele* ha una leggera sfumatura volgare e spregiativa, coinvolgendo nella sua costruzione la radice del s.sg.f. pol. *dupa* 'culo'; per non visualizzare la voce nella sua forma originale si ricorre allo scambio della *u* nel nesso *oo* che, all'inglese, viene pronunciato come [u]; in aggiunta, la *l* viene raddoppiata formando nella parte finale della struttura un formante suffissale fortemente italianeggiante: *-elle* con la funzione di un {civ}) ⟶ [dooperelle.pl; http://www.dooperelle.pl, u.a. 12.03.2021 – neg. in Rete / vend. gioielli – SDA – Warszawa-MZ].

Dorotta (< n.f. pol. *Dorota* 'Dorotea' che è stato stilizzato come italianeggiante per mezzo del raddoppiamento della *t* mediana su cui si pone anche un'enfasi nella pronuncia) ⟶ [dorotta.pl; http://dorotta.pl, u.a. 12.03.2021 – neg. in Rete / vend. gioielli – s/d – Siemianice-PM].

Dowozorro / DowoZorro (neo ibr IS; una contaminazione interlinguistica in cui vengono coinvolti un {cpl} *Dowo/z/-* < pol. *dowozić* 'consegnare/portare' e un {csv} *-/z/orro* < p.es. spagn. *zorro* 'volpe' / *Zorro*; il gioco di parole nasconde un messaggio che è quello di "consegna di pizza a domicilio"; la grafia alternativa del M richiama esplicitamente il n. *Zorro*: *DowoZorro*) ⟶ [~ N/C; PKT – pizz. – 2018 – Płock-MZ].

Dresso (neo IS; creato come un'italianizzazione *ad hoc* del s.sg.m. pol. *dres* lett. 'tuta': l'aggiunta dell'elem. *-so* fa raddoppiare la *s* e sistematizza la voce tra le semplici neoformazioni italianeggianti uscenti in *-o*) ⟶ [#Zakłady Przemysłu Dziewiarskiego ~; WUP – #lett. impianto per l'industria della maglieria / prod. abbigliamento – 1988 – Łódź-LD].

Fig. 172. Fonte: WUP, 5, 1990, p. 253.

Elemeno (neo IS; M di fantasia che risulta un paronimo dell'it. *elemento*; la sua italianità è firmata dal marchio *-o* nella finale, malgrado faccia pensare anche a certi vocaboli o frasi fantasiosi del linguaggio infantile pol., p.es. *elemele* / *ele mele*, una voce senza significato particolare che fa parte di una filastrocca: *ele mele dudki...*; cfr. anche it. colloq. *e le meno* 'e le picchio') ⟶ [C/N ~; WUP – prod. abbigliamento, biancheria intima, cappelli, ecc. – 2019 – Spytkowice-MP].

Fig. 173. Fonte: WUP, 3, 2020, p. 243.

Franczescco (uno strano adattamento del n.m. *Francesco* al pol.; la prima *c* messa insieme ad una *z* forma il digramma *cz* che segna in pol. quasi la stessa pronuncia: [ʧ][462]; meno spiegabile è l'uso della doppia *c* nella parte finale del M: è una trasformazione ibrida del n.m. it., la quale è parsa interessante al suo autore[463]; non vi è nessun motivo specifico per l'ortografia di questo M: può essere l'effetto di una invenzione del tutto fantasmagorica e stravagante o per evitare di leggere la *c* come [ts]; cfr. *Franczesko*) ⟶ [~ N/C; Aleo/GUS – serv. catering – 2019 □ 2020 – Warszawa-MZ].

Franczesko (un adattamento incidentale del n.m. *Francesco*: la prima *c* realizzata dal nesso ortografico *cz*, la seconda da una *k* corrispondente alla pronuncia it. della *c* nella stessa posizione) ⟶ [~ N/C; Aleo/GUS – vend. automobili e furgoni di seconda mano – 2020 – Zduńska Wola-LD]. Cfr. *Franczescco*

---

462 In polacco è un'affricata retroflessa indicata nell'IPA per mezzo del simbolo [ʈʂ].

463 Forse dovuta a qualche influsso della scrittura inglese in cui capitano voci con una doppia consonante che si mette nella posizione intervocalica: precede un'altra consonante singola o termina la parola (p.es. ingl. *assessment, shuttle, address, beautifull*).

Freskovita (neo IS; ottenuto in seguito alla fusione di due {cil} *Fresko-* < it. *fresco* + *-vita*; teoricamente, una formazione alla base della quale starebbe il sint. **fresco vita* < recte it. *fresca vita* o *vita fresca*) ⟶ [~ Sp. z o.o.; Aleo/KRSO – prod. latte – 2009 ◊ 2020 – Wysokie Mazowieckie-PD].

Gallanteria (una trasformazione della base radicata nel vocabolario pol.: il s.sg.f. pol. *galanteria*[464] è il termine designante 'accessori vari', p.es. prodotti di pelle, come borse, borsette, guanti, ecc.; il raddoppiamento della *l* crea un alone di italianità, particolarmente favorevole, quando si tratta di prodotti di qualità dalla tipologia indicata e commercializzata nel negozio ~) ⟶ [~ #WYROBY ZE SKÓRY N/C; CEiDG – neg. #prodotti pelle / vend. in Rete – 2019 – Radom-MZ].

Intenssima (neo IS; la voce collega un {csl} *Intens-* < p.es. agg.sg.m. *intensywny* e il suo equiv. in it.: *intenso*, e un {civ} *-ssima*; la ragione dell'ortografia con una doppia *s*, teoricamente, non esiste, ma è, in fondo, un gioco interlinguistico in cui con il raddoppiamento della *s* si esprime un alto grado di "intensità" del prodotto designato dal M ~, ossia di una miscela di caffè; si noti che l'intensità fa parte di uno dei gradi di qualità di un caffè, insieme a: gusto, aroma, acidità, corpo, ecc.; cfr. *Condenssa*, *Gussto*) ⟶ [~ Cafe #KAWA MIELONA // CENOS Sp. z o.o.; WUP – # caffè macinato – 2015 – Września-WP].

Fig. 174. Fonte: WUP, 7, 2016, p. 1989.

Jubileria (neo ibr IS; qualificato come tale per l'uso del caratteristico suff. *-eria*, stilizzato su altri nomi di locali formati *ad hoc* e sul modello dell'it. *pizzeria*, ma

464 È vero che il s.sg.f. pol. *galanteria* può venire dal fr. *galanterie*, ma è anche vero che il suff. *-eria* ha più a che vedere con l'it. *galanteria*, ma questo non viene rilevato sui dizionari riguardo l'etimologia di questo vocabolo in polacco. Occorre qui sottolineare che in francese la voce *galanterie* è un italianismo attestato nella prima metà del XVI sec. (un dato confermato dalla storia della cultura "galante" in Francia e da varie fonti lessicografiche, cfr. p.es. CNRTL-TLFi: s.v.).

anche altri esistenti da tempo in pol., p.es. *galanteria*; cfr. *Gallanteria*, *Czekolateria*; la parte *Jubil/er/-* è un {cpl} e viene dal s.sg.m. *jubiler* 'gioielliere/gioielleria') ⟶ [~ // C/N #FIRMA JUBILERSKA; WUP – #azienda di gioielleria – 2014 – Kamień Pomorski-ZP].

Fig. 175. Fonte: WUP, 8, 2017, p. 2729.

Makkaron (la base del neologismo è il s.sg.m. pol. *makaron* 'pasta', nel quale la *k* è stata raddoppiata dando alla voce una stilizzazione italianeggiante; la forma è conseguentemente usata nel discorso pubblicitario dell'azienda che è un ristorante: cfr. la frase pol. *Zapraszamy na pyszne makkarony* [sic!]; interpretazione: 'Venite ad assaggiare una pasta deliziosa'], http://www.makkaron.pl/, u.a. 12.03.2021) ⟶ [~ Restauracja; PKT – Warszawa-MZ].

Fig. 176. Fonte: https://www.facebook.com/makkaron.pastabar.5/?locale=pl_PL, u.a. 6.05.2023.

Mamamija (neo ibr IS; comp. di due {cpl}: *Mama-* < pol. *mama* 'mamma' + un {cil} *-mija* < it. *mia*; uno pseudoadattamento dell'espr. largamente impiegata nella MPLI: *mamma mia*; cfr. infra) ⟶ [~ Pizzeria // #ZACHODNIOPOMORSKA GRUPA GASTRONOMICZNA Sp.c. N/C1, N/C2; PKT/GUS – #gruppo gastronomico della Pomerania Occidentale – 2002 – Gryfino-ZP]. Cfr. *Mamma mia*; *Mammamia*; *Mamija* e sim.

Mamija (il M ~ assume aspetto neo IS appena s'associa all'espressione sulla quale è basato: **mamma mija* e di cui risulta una specie di riduzione; si compone, quindi, di due {cil}: *Ma-* < it. *mamma* + *-mija* < pron.poss. it. *mia*) ⟶ [~ Pizzeria N/C; PKT – 2006 – Bochnia-MP].

Mappi (neo PIF non scomponibile; basato su un {cpl} *Map/p/-* < s.sg.f. *mapa* 'mappa'; il raddoppiamento della *p* e l'aggiunta della desinenza *-i* rendono la voce italianeggiante; cfr. anche il n.pl.f. pol. *mapy* 'mappe'; *Mappi* è anche un rarissimo cognome in Italia) ⟶ [~ C/N #WYDAWNICTWO KARTOGRAFICZNE MAPY ŚCIENNE; WUP – #editoria cartografica, mappe / prod. mappe cartografiche, affissi, brossure, ecc. – 2018 – Warszawa-MZ].

Fig. 177. Fonte: WUP, 11, 2018, p. 4224.

Materaco (pseudoadattamento in it. del s.sg.m. pol. *materac* 'materasso', d'altronde un italianismo vero e proprio in pol.; la *c* della finale viene resa come [ts], ma gli utenti non sono sicuramente certi come pronunciarla per essere conformi all'intenzione dei creatori di questo M) ⟶ [~ Sp. z o.o.; RIO – prod. materassi specialistici – 2018 – Kalisz-WP].

Mebledo (neo ibr IS; collega un {cpl} *Meble-* < s.pl.m. pol. *meble* 'mobili' con un {civ} *-/e/do-*, un suffissoide che può essere riferito anche alla lingua it.) ⟶ [~ #MEBLE NA WYMIAR N/C; Aleo/CEiDG – #mobili su misura / cucina – 2020 – Konin-WP].

Meblovi (ci sono diverse possibilità di interpretazione linguistica nel caso di questo neo ibr che consideriamo, tra l'altro, IS; la base della neoformazione è un {cpl} *Meb/lov/-* < s.pl.m. pol. *meble* 'mobili' + suffissoide {cx} *-/ov/i*; la denominazione è inoltre l'omofono dell'ipotetico n./agg.pl.m. pol. **meblowi* 'relativo ai mobili', che, per una certa estensione, potrebbe designare, in modo non ufficiale, le persone che si occupano di mobili; può essere considerato anche un riferimento volontario o involontario all'ingl. *love* 'amore' nella parte *-lovi*) ⟶ [~ // N/C SH-ONLINE; - https://meblovi.pl/, u.a. 07.03.2021 – neg. in Rete / vend. mobili arredamento – 2012 – Warszawa-MZ].

Menstruella (neo ibr IS; formato con l'uso del popolarissimo {civ} *-ella* nella finale, che viene aggiunto ad un {cpl} *Menstru-* < s.sg.f. pol. *menstruacja* 'mestruazione'; il M designa vari prodotti paramedici e farmaceutici, anche cosmetici, che possono essere usati da donne durante le mestruazioni; la voce è originale, esplicitamente italianeggiante, e per questo forse "alleggerita", tuttavia è calibrata da suscitare sensazioni che toccano la sfera del tabù; è anche rilevante che un potenziale paronimo di *Menstruella* potrebbe essere un ipotetico *Monstruella*, associandosi con l'idea del mostro) ⟶ [~ // OLOFARM Sp. z o.o.; WUP – 2009 – Wrocław-DS].

Fig. 178. Fonte: WUP, 8, 2015, p. 1944.

Moblo (neo ibr IS; una contaminazione di più voci interlinguistiche, p.es. l'it. *mobile* e il s.pl.m. pol. *meble* 'mobili') ⟶ [~ Sp. z o.o.; RIO – prod. mobili – 2015 – Rybnik-SL].

Oldilla (neo IS; stilizzato su un n.f. it. ipotetico, caratteristico per l'uso di una serie delle tre *l*: *l-ll* di cui la doppia fa parte di un {civ} *-illa* aggiunto ad un {cx} *Old-*; il M è originale, ma non ispira associazioni euforiche, facendo pensare, p.es., a *Godzilla* o all'ingl. *old* 'vecchio') ⟶ [~ // C/N; WUP – vari serv. di *marketing* e di ricerca economica – 2015 – Warszawa-MZ].

Fig. 179. Fonte: WUP, 11, 2016, p. 3242.

Piratto (neo ibr IS ben chiaro per quanto riguarda l'ispirazione che sarebbe il s.sg.m. pol. *pirat* 'pirata'; è, quindi, la comp. di un {cpl} *Piratt-* < pol. *pirat* con la *t* raddoppiata + morfema grammaticale del genere maschile *-o* usato come un {civ}) ⟶ [~; http://www.piratto.pl/, u.a. 12.03.2021 – pizz. – s/d – Bydgoszcz-KP].

Piwnizza (neo ibr IS; una contaminazione interlinguistica in cui si incontrano un {cpl} *Piwn/izza/* < pol. *piwnica* 'seminterrato/cantina' e un {cil} *-/izza/* < it./internaz. *pizza*; un gioco di parole molto chiaro e genuino; con il riferimento al concetto di *piwnica* si segnala che la pizzeria è situata in un locale a seminterrato) ⟶ [~ N/C; PKT – pizz. – 2018 – Chełmno-KP]. Cfr. *Pizza Opalenizza.*

Pizzerka (neo costruito secondo un modello produttivo nella lingua pol. basato sul suffissoide *-erka*[465] aggiunto alla radice {cil} *Pizz-* < it./pol. *pizza*; simile al termine pol. *kajzerka*, un ibrido ben accolto nel lessico che indica un tipo di panino) ⟶ [~ N/C; PKT/GUS – pizz. – 2019 – Ostróda-WM].

Plombino (neo ibr IS; comp. di un {cpl} *Plomb-* < s.sg.f. pol. *plomba* 'otturazione' + un {civ} *-ino*; si presenta come un dim. it.; designa uno studio dentistico per bambini; agli italofoni ricorda l'urbonimo it. *Piombino*) ⟶ [~ #SPECJALISTYCZNY GABINET STOMATOLOGII DZIECIĘCEJ N/C1 N/C2 Sp.p.; WUP – #odontoiatria pediatrica specialistica – 2018 – Warszawa-MZ].

---

465 Il formante *-erka* contiene il suff. *-ka* che crea vari derivati nominali al singolare femminile. Sono suffissati che possono designare, fra l'altro, nomi di professioni al femminile (cfr. Jadacka 2001: 47). Per questo, l'ipotetico *pizzerka* può essere interpretato come la forma femminile del neologismo *pizzer* o *pizzerz* 'pizzaiolo'. I suffissi *-er//-erz* paiono varianti moderne dei tradizionali *-ar//-arz* come portatori di funzioni che definiscono il significato dei derivati (Brodowska-Honowska 1967: 69). Cfr. nota 467.

Fig. 180. Fonte: WUP, 10, 2018, p. 3931.

Polopolo (è la ripetizione di due strutture identiche *polo polo* formanti un neo IS; la sua morfologia, comunque, può essere considerata polivalente e interlinguistica; la voce si presenta, inoltre, come un paronimo dell'it. *popolo*; il prefissoide *pol-/polo-* < pol. *polski / Polska* viene utilizzato da molti MM in Polonia per indicare il legame con la nazionalità: p.es. *Polomarket*; *Polbud*; *Polfarma*; ecc.) ⟶ [polopolo.pl // ~ N/C; KRS – neg. in Rete / vend. scarpe abbigliamento – 2016 – Konin-WP].

Psotto (neo ibr IS; contaminazione di un {cpl} *Psot-* < s.sg.f. pol. *psota* 'scherzo' e del suffissoide *-otto* con la funzione di un {civ}; *Psotto* ha l'apparenza di un marchio "simpatico", che può sembrare "poco serio", ma è anche originale ed evocativo) ⟶ [~ N/C; CEiDG – attività paramedica – 2009 – Bobrowiec-MZ].

Pupilo (neo ibr IS; si riferisce al s.sg.m. pol. *pupil* che designa in modo colloq. un animale domestico; nondimeno, l'ispirazione può venire direttamente dall'it. *pupillo*) ⟶ [pupilo.pl; http://www.pupilo.pl, u.a. 12.03.2021 – neg. zoologico in Rete – s/d – Kraków-MP].

Refresko (neo IS; coniazione di un {cx} *Re-* + un {cil} *-fresko* < it. *fresco*; l'idea di "fresco" corrisponde al settore rappresentato; ricorda l'it. *rinfresco*) ⟶ [~ Sp.j. N/C1, N/C2, N/C3. #Hurtownia lodów, mrożonek i ryb; PKT/GUS – # vend. all'ingrosso di gelato surgelati pesce – 1992 – Glina-MZ].

Rogallino (neo PIF; basato sul s.sg.m. pol. *rogal / rogalik* 'cornetto' > un {cpl} *Rogal/l/-* composto con il suffissoide *-/l/ino*; la voce ottenuta ha la natura formale di un diminutivo it. in *-ino*; è la marca dei prodotti di pasticceria; ricorda il toponimo *Rogalin* che designa un villaggio conosciuto per un parco botanico con una bella residenza nobile pol.) ⟶ [~ // RC FOODS POLSKA Sp. z o.o.; WUP – torte, pasticcini e dolciumi – 2015 –Warszawa-MZ].

Fig. 181. Fonte: WUP, 2, 2017, p. 379.

Stollido (neo IS; pare un n. di fantasia; tuttavia, nella parte *Stolli-* si può identificare un {cpl} < s.sg.m. pol. *stół* 'tavola'; il riferimento corrisponde al settore: la produzione dei mobili; la doppia *l* e il suffissoide *-/i/do* utilizzato come un {civ} rendono la voce italianeggiante; si può ipotizzare anche un'associazione paronimica all'agg.

sg.m. pol. *solidny* e, allo stesso tempo, al suo equiv. it. *solido*; ricorda l'it. *stolido*, tuttavia, gli autori del M probabilmente non conoscevano il significato di questo termine: 'stupido e tardo di mente', senza un impatto importante nel funzionamento di *Stollido* nell'ambito pol.) ⟶ [~ GALERIA MEBLI // P.P.U.-H STOLLIDO N/C Sp.j.; WUP – lett. #galleria dei mobili – 2021 – Panki-SL].

Fig. 182. Fonte: WUP, 34, 2021, p. 71.

Titulo (neo ibr IS; associazione paronimica all'it. *titolo*; anche un ipotetico legame con lo spagn. *tìtulo*; potrebbe essere, inoltre, un gioco para-sintattico interlinguistico ottenuto in seguito alla disintegrazione della voce **titulo* in **ti tulo*: un {cil} *Ti-* < pron. it. *ti* + un {cpl} *-tulo* che ricorda il v. pol. *tulić* 'coccolare/abbracciare/accarezzare', quindi da interpretare come pol. *tulę cię* 'ti abbraccio'; l'interpretazione polivalente che coinvolge i concetti di pol. *tulić* si spiega dal campo di attività dell'esercizio: vendita di articoli per bambini) ⟶ [titulo.pl; http://titulo.pl, u.a. 12.03.2021 – neg. in Rete – s/d – Łódź-LD].

Travero (neo IS, ma allo stesso tempo, internazionalizzato; come suggerisce il logonimo, è scomponibile in un {csl} *Tra/ve/-* < p.es. ingl. *travel* 'viaggio' e un {cil} *-vero* < it. *vero*; *Vero* è il n. della società che gestisce il marchio dell'agenzia di viaggi *Travero*) ⟶ [~ // VERO GROUP Sp. z o.o.; WUP – serv. trasporto – 2017 – Kraków-MP].

Fig. 183. Fonte: WUP, 5, 2018, p. 1741.

Vendoria (può essere riferito ad un {cil} *Vend(o)-* < v. it. *vendere*; cfr. anche il marchio ted. *Vendoria* motivato dallo spagn./internaz. *vendor*) ⟶ [vendoria.pl // C/N SOFTWIZARD; WUP – serv. informatici, pubblicità organizzazione della vendita in Rete[466] – 2018 – Wrocław-DS].

466 Le forme in *-oria* rivelano allo stesso tempo una forte influenza latineggiante o ellenizzante, visto l'uso del suff. *-oria* come morfema grammaticale che indica il genere neutro al plurale (cfr. p.es. s.pl.nt. pol. *laboratoria* 'laboratori') o il genere femminile al singolare (p.es. pol. *historia, wiktoria, teoria*). Cfr. anche il crematonimo *Astoria*, usato da tempo per la denominazione di alberghi, club sportivi e vari locali in Polonia.

vendoria.pl

Fig. 184. WUP, 8, 2019, p. 2440.

Venezianka (pare un "polonismo italianizzato"; neo grafico che si sovrappone al pol. *wenecjanka* 'veneziana / una abitante di Venezia'; è quindi una contaminazione di un {cid} *Venezia-* < it. *Venezia* con il suff. pol. *-anka* in funzione di un {cpl}[467]; se pronunciato all'italiana, l'incrocio *Venezianka* corrisponde nell'orale al pol. *wenecjanka* [vɛnɛ'tsjanka]) ⟶ [~ N/C; Aleo/GUS – neg. abbigliamento – 2014 – Suwałki-WM].

Versaczek (la voce è un costrutto neologico fondato sull'uso del cogn. e marchio *Versace* > un {cid} *Versacze-* con l'ortografia polonizzata nella parte finale del M: *-cze* al posto di *-ce*; *-czek* in pol. è un popolare suff. dei sost. dim. al sg.m.) ⟶ [~ N/C; Aleo/GUS – neg. abbigliamento – 2019 – Warszawa-MZ]. Per altre informazioni sulla neocomposizione *Versaczek* vd. Sez. 2.3.4.

Veterinaro (pur ricordare l'it. *veterinario* e il s.sg.m. pol. *weterynarz*, la voce proposta non è né l'uno né l'altro, ma tende piuttosto verso un neo IS e ciò grazie all'uso dell'iniziale *V* e della desinenza para-morfologica *-o* nella parte finale; è discutibile la pertinenza ma sembra imiti le voci maschili di professione in dialetto romanesco, p.es. *tassinaro, cassamortaro, macellaro*) ⟶ [~ Sp. z o.o.; WUP – serv. di veterinario – 2016 – Warszawa-MZ].

Veterinaro

Fig. 185. Fonte: WUP, 11, 2018, p. 4322.

Yogurto (pare che la forma sia stata stilizzata come una specie di italianismo, per l'uso del semplice strumento che è l'aggiunta del marchio dei sostantivi maschili it.: *-o*; la voce è "simpatica" e "convincente" nella comunicazione commerciale; si noti anche il punto esclamativo che accompagna la versione brevettata; è possibile che il mittente del M abbia voluto rilevare la particella *TO* nella finale di questo

---

467 Il suff. *-anka* contenente l'espediente *-ka* (cfr. nota 465) serve, tra l'altro, per la formazione degli etnonimi relativi ai nomi delle abitanti di una località o regione (p.es. pol. *warszawianka* 'un'abitante di Varsavia', *Mazowszanka* 'un'abitante della regione di *Mazowsze* it. 'Masovia'). Il morfo comporta una sfumatura di colloquialità (cfr. Wieremiejewicz 2013: 413), ma anche di familiarità, che si trasmettono alle forme apparentemente ibride dei marchionimi come *Venezianka* (< **wenecjanka*). Cfr. *Rzymianka Moda Italiana*, Fig. 437.

costrutto, la quale vale per il pron.indef. pol. *to* 'questo', come se si volesse dire in pol., p.es., *to jest to!* 'è proprio ciò!'; *weź to!* 'prendi questo', o altro simile, carico di un particolare messaggio pragmatico) ⟶ [~ // KABAKO MILK Sp. z o.o.; WUP – prodotti di latte – 2019 – Opole Lubelskie-LU].

Fig. 186. Fonte: WUP 2, 2020, p. 141.

Zukero (neo ibr IS in cui si scontrano per contaminazione i termini che in diverse lingue indicano la stessa cosa: it. *zucchero*, pol. *cukier*, ted. *Zucker*, presentando anche interconnessioni linguistiche di prestiti e adattamenti; il M corrisponde concettualmente al settore economico dell'azienda: la produzione di dolci particolari che servono da *gadget* pubblicitari, p.es., durante eventi promozionali di una marca; l'it. *zucchero* è conosciuto come base del n. del famoso gruppo mus. it. *Zucchero*) ⟶ [~ #Słodycze reklamowe; https://polskiproducent.pl/zukero, u.a. 21.03.2021 – #lett. dolciumi per pubblicità / promozione – s/d – Warszawa-MZ].

4.4.2.2.2. Pseudoadattamenti con refusi

Chiudendo questa parte dell'analisi vanno considerati i neologismi che presentano nelle loro strutture un teorico refuso rispetto alla forma italiana originale nella loro base lessicale: un errore ortografico o grammaticale, registrato piuttosto non intenzionalmente che, comunque, rende la voce diversa dalla sua ispirazione formale, senza per questo privare la nuova formazione del suo aspetto italianeggiante nell'ambito marchionimico e comunicativo.

Prevalgono errori che consistono nel raddoppiamento superfluo delle consonanti singole o nella riduzione delle doppie ad una sola (p.es. *Capitto*; *Gussto*; *Cappucino*). In altri casi, si hanno sostituzioni delle vocali, soprattutto di quelle finali, con altre non giustificabili nella forma d'ispirazione originale (p.es. *Amoro*; *Grando*; *Verdo*). Sono caratteristiche anche sostituzioni delle consonanti (p.es. una *k* al posto della *c* in *Ankora* o *Fresko*).

Anche in questa classe, gli esempi non mancano e possono rappresentare una nuova classe di formazioni MNO.

Adio (neo IS; molto probabilmente ispirato all'it. *addio*; in realtà, la voce può essere una variante sbagliata di *addio*; *adio* non è per nessun modo un adattamento dell'it. *addio* in pol.; da utenti comuni la voce può essere anche interpretata come una forma deantroponimica it., anche se nell'antroponimia it. non esiste) ⟶ [#Meble ~ N/C; PKT/GUS – prod. vend. #mobili – 2019 – Gliny Wielkie-PK].

Amaresti (neo IS; sembra una forma ortograficamente sbagliata della forma verbale *ameresti* al condiz.sempl. del v. *amare*; può ispirarsi al termine *amaretti*, anche perché si tratta di un marchio di pasticceria) ⟶ [~ // EUROHANSA Sp. z o.o.; WUP – dolci, torte, pasticcini, ecc. – 2019 – Toruń-KP].,

Fig. 187. Fonte: WUP, 2, 2020, p. 125.

Ankora (la base {cil} *Ankora* < it. *ancora* sembra un adattamento; tuttavia, *ancora* o **ankora*, malgrado sia riconosciuto come una voce it., non è un italianismo nel vocabolario pol.) ⟶ [~ N/C; PKT/GUS – vend. abbigliamento seconda mano – 1999 – Kielce-SW]. Almeno 6 a.o.

Amoro (neo IS; ispirato all'it. *amore* / internaz. *Amor* con la funzione di un {cil} + desinenza {civ} *-o*, la quale rende la voce esplicitamente italianeggiante) ⟶ [F.U.H.P „~" N/C; Aleo/CEiDG – neg. abbigliamento – 2018 – Brodnica-KP].

Belissima (< it. *bellissima*; si noti che malgrado altre occorrenze, anche al di là dell'area marchionimica, la voce *belissima* non può essere trattata come un eventuale adattamento dell'italianismo *bellissima* in pol.) ⟶ [~ N/C – parrucchiere – 2012 – Rybnik-SL]. Almeno 3 a.o.

Bellisima (< it. *bellissima*; neanche *bellisima* è un adattamento dell'italianismo *bellissima* in pol.; cfr. *Belissima* supra) ⟶ [~ #MODA DZIECIĘCA I MŁODZIEŻOWA – N/C; CEiDG – #moda per bambini e giovani / neg. abbigliamento – 2013 – Zaklików-PK]. Almeno 12 a.o.

Bellisimo (< it. *bellissimo*; cfr. *Bellisima*) ⟶ [N/C Salon ~; CEiDG – parrucchiere / serv. cosmetici – 1995 – Jemielnica-OP]. Almeno 3 a.o.

Cancellaria (neo ibr IS; contaminazione di un {cil}: *cancelleria* e di un {cpl}: s.sg.f. *kancelaria* 'cancelleria') ⟶ [~ N/C; CEiDG – serv. legali – 2017 – Bobowicko-LB].

Capitto (neo IS; basato sull'it. *capito*[468]; la doppia *t* è sembrata "più convincente" come segno d'italianità per gli onomaturghi di questo M) ⟶ [~ Pizzeria. C/N; PKT/GUS – 1995 – Kostrzyn nad Odrą-LB].

Cappucino (< it. *cappuccino*; una delle forme teoricamente adattate dell'it. *cappuccino* in pol.[469]; peraltro, crediamo che il termine *cappuccino* debba rimanere intatto

468 Come altre forme del v. *capire* (p.es. *capisco* / *non capisco...*; *capito*) assume statuto di italianismo adattato in polacco. Cfr. IVLW: s.v. *capisco*.

469 Cfr. IVLW: s.v.

nella sua forma originale che è diventata un internazionalismo) ⟶ [BISTRO ~ N/C; Aleo/CEiDG – ristor. – 1997 – Szczuczyn-PD]. Almeno 3 a.o. Cfr. Tab. 5.

Capuccino (< it. *cappuccino*; un'altra delle forme teoricamente adattate dell'it. *cappuccino* in pol.; cfr. *Cappucino*) ⟶ [F.H.U. ~ N/C; Aleo/CEiDG – serv. specializzati – 2018 – Borzęcin-MP].

Coloratta (neo IS; basato sull'it. *colorata*; la terminazione *-atta* è più "attraente" come segno linguistico italianeggiante) ⟶ [~ Pizzeria; PKT/GUS – 2004 – Wisła-SL].

Dellsole (neo IS; basato sul sint. preposizionale *del sole*; la doppia *l* crea una forma ipercorretta **dell*; in alcuni contesti gli elementi compositivi del M sono anche separati graficamente: *Dell Sole*; cfr. Fig. 188) ⟶ [~ C/N; PKT – pizz. – 2005 – Oleśnica-DS].

Fig. 188. Fonte: http://dellsole.pl/, u.a. 6.05.2023. Pol. *najlepsza pizza* 'la migliore pizza'; pol. *znajdziesz* 'troverai'.

Diabolo /S/ (< it. *diavolo*; la *b* al posto della *v* compare per l'influenza degli equivalenti di *diavolo* in alcune altre lingue, p.es. fr. *diable*, spagn. *diablo*; cfr. anche il s.sg.m. pol. *diabeł* 'diavolo' e il gr. διάβολος *diabolos*; il M ~ è storico, ma se ne trovano nuove occorrenze anche oggi; cfr. *Diabollo*) ⟶ [„~" // Fa Tow. Alfa-Laval Sp. z o.o.; WUP – lett. 'zangole per il burro, contenitori per il latte, vaporiere, macchine da cucire' – 1948 – Warszawa-MZ].

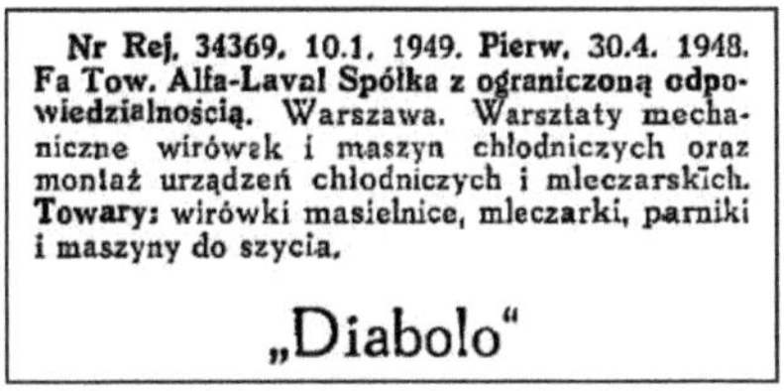

Nr Rej. 34369. 10.1. 1949. Pierw. 30.4. 1948. Fa Tow. Alfa-Laval Spółka z ograniczoną odpowiedzialnością. Warszawa. Warsztaty mechaniczne wirówek i maszyn chłodniczych oraz montaż urządzeń chłodniczych i mleczarskich. **Towary:** wirówki masielnice, mleczarki, parniki i maszyny do szycia.

„Diabolo"

Fig. 189. Fonte: WUP, XXV(2), 1949, p. 49.

Fresko (neo IS < it. *fresco*; **fresko* sembra più adatto alla lingua pol., ma in questa ortografia non si usa, malgrado *fresco* sia un italianismo diffuso, tra l'altro nel linguaggio commerciale e tecnico o artistico; la *k* può risultare dall'associazione formale al s.sg.m. pol. *fresk* < it. *affresco*; cfr. anche *Refresko*; conta inoltre il valore semantico: nel caso cit. si ha a che vedere con una specie di "ri-italianizzazione" del pol. *fresk*[470]; può essere anche l'influsso diretto del ted. *Fresko* ripreso dall'it. *fresco*: la città dove è ubicata la ditta si trova in una regione che confina con la Germania) ⟶ [„~" Sp. z o.o.; Aleo/GUS – neg. articoli di metallo vetro vernici – 2001 – Zielona Góra-LB]. Almeno 7 a.o.

Gallanti (neo PIF; basato sull'agg. it. *galante*; uscendo in *-i* e con l'uso della doppia *l*, la forma ottenuta può essere interpretata anche come un ipotetico cognome con un forte potenziale italianeggiante) ⟶ [gallanti.pl N/C; CEiDG – vend. in Rete / vestiti accessori – 2013 ◊ 2020 – Pyskowice-SL].

Gastello (neo IS; basato sull'it. *castello*; l'elem. *Gast-* può anche riferirsi al termine internaz. *gastronomia*[471]; va considerata inoltre l'eco del ted. *Gasthaus / Gasthof / Gaststätte* [ted. *Gast* 'ospite'], che indica una pensione / un albergo o una trattoria con cortile: la forma tedesca si avvicina a *castello* anche in senso culturale) ⟶ [~ Pizzeria; PKT – 1999 – Łuków-LU].

Grando (neo IS; motivato dall'agg. it. *grande*; la *o* al posto della *e* finale può essere l'effetto di "italianizzazione" artificiale dell'it. *grande*[472]; l'ispirazione può venire anche da altre lingue romanze; cfr. alcune forme dial., p.es. veneto *grando*) ⟶ [„~" N/C; CEiDG – confezioni tessili – 2013 – Wojnowice-LD]. Cfr. *Amoro*.

Gussto (neo IS; ispirato all'it. *gusto*, ortograficamente alterato: la doppia *s* crea l'effetto di "più gusto nel gusto"; il refuso è facilmente rimarcabile da utenti, giacché in pol. si usa il lessema *gust*, d'altronde un latinismo tardo adattato come un s.sg.m. < lat. *gustus*; cfr. *Condenssa*) ⟶ [~ // PETRO INTERNATIONAL Sp. z o.o.; WUP – cibo per animali domestici – 2017 – Wrocław-DS].

---

470 *Cfr.* IVLW: s.vv. *fresk* e *fresco*.

471 Come molti neologismi nell'ambito gastronomico, è un'invenzione con connotazioni originali nella base motivante: "castello della gastronomia". Gli incroci lessicali italianeggianti motivati semanticamente sono tipici per questo settore e si incontrano anche in altri paesi europei (p.es. *Vinanza* < *vino* + *-anza* come in *speranza*, *finanza*, ecc., una vinoteca a Bratislava, Slovacchia).

472 Gli apprendenti d'italiano L2 si trovano spesso perplessi dinanzi agli aggettivi italiani con la desinenza *-e* in ambo i generi al singolare, confusa inoltre con la *-e* delle forme al plurale femminile.

Fig. 190. Fonte: WUP, 7, 2018, p. 2789.

Mafiosso / MaFioSSo (camuffamento dell'it. *mafioso* che si è adattato in pol. come *mafiozo*[473]; la versione con una doppia *s* è un'invenzione degli onomaturghi: la doppia *s* sembra più espressiva e firma l'italianità dello pseudoitalianismo brevettato nella grafia *MaFioSSo* la quale può nascondere motivazioni personali) ⟶ [MaFioSSo (sic!) // C/N JKGATRO; WUP – serv. gastronomia / bar – 2019 – Łódź-LD].

Fig. 191. Fonte: WUP, 1, 2020, p. 156.

Malfato (neo IS; gli italofoni possono associarlo all'agg. *malfatto*; la scelta dell'ispirazione deappellativa sarebbe allora sorprendente vista la connotazione negativa della voce di base ipotetica; da notare anche che il M sembra ricordare la pronuncia veneta, che non ha le consonanti lunghe) ⟶ [*Malfato* Sp.c. N/C1, N/C2; PKT/GUS – gelateria caffetteria bar – 2010 – Warszawa-MZ].

Margeritta (neo esplicitamente IS, soprattutto nel campo gastronomico che rappresenta; basato sul n.f. *Margherita*, usato per designare un tipo di pizza popolare; la cancellazione della *h* ortografica e il raddoppiamento della *t* rendono la voce "più italiana" rispetto al vocabolo d'ispirazione *Margherita*[474]) ⟶ [~ Pizzeria. N/C; PKT – 2012 – Bircza-MZ].

473 Cfr. IVLW: s.v. Fra gli adattamenti si incontra anche la versione pol. *mafios*, vd. SJP-PWN: s.v.

474 L'ortografia originale *Margherita*/*margherita* crea perplessità; il grafema *gh* che indica la palatale [g] prima delle vocali anteriori [e] / [i] è sconosciuto e non decodificabile da chi non conosce l'italiano.

Picollo (neo IS < it. *piccolo*: la doppia *l* non risulta da adattamenti ammessi in pol.; se *piccolo* fosse considerato come italianismo in pol., ci rimarrebbe nella sua versione originale, ma come si vede dall'elenco di quattro versioni diverse: *Picollo, Picolo, Pikollo, Pikolo*, i tentativi di rendere *piccolo* "adattato", variano, garantendo, comunque, la distinzione dei MM coniati ogniqualvolta diversamente) ⟶ [~ Barber N/C; PKT/GUS – parrucchiere barbiere – 2018 – Kielce-SW] ⟶ [~ N/C, N/C Sp.c.; Aleo/GUS – ristor. – 2020 – Bielsko-Biała-SL]. Almeno 6 a.o.

Picolo (neo IS < it. *piccolo*: la riduzione della doppia *c* non risulta da adattamenti ammessi in pol.; cfr. *Picollo*) ⟶ [N/C Firma ~; PKT/CEiDG – distribuzione merce varia / bancarelle o mercati – 2001 – Kolbuszowa Góra-PK]. Almeno 10 a.o.

Pikollo (neo IS < it. *piccolo*: il passaggio della *c* alla *k* sembra un adattamento alla grafia polacca allo scopo di mantenere la pronuncia it.; la doppia *l* lo rende più "attraente" come pseudoitalianismo) ⟶ [„~" N/C; Aleo/CEiDG – neg. abbigliamento e calzature in bancarelle e mercati – 2014 – Katowice-SL].

Pikolo (neo IS < it. *piccolo*: il passaggio della *c* alla *k* è un tentativo di adattamento fonetico *ad hoc*, come pure la riduzione della doppia *l* in una sola; in questa versione compare spesso in pol. e deve essere trattato come italianismo[475]; cfr. *Pikkolo*) ⟶ [#BRUKARSTWO „~"; Aleo/GUS – #pavimentazione – 2011 – Sarbicko-WP]. Almeno 22 a.o.

Presco (neo IS < it. *fresco*; può essere un palinsesto intenzionale ottenuto per contaminazione dell'it. *fresco* e dell'it. *presto*, entrambi conosciuti come italianismi nell'ambito pol.) ⟶ [~ N/C; CEiDG – serv. demolizione edifici – 1998 – Słupsk-PM].

Primma (neo IS < it. *prima*: la *m* è stata raddoppiata rendendo la voce "più italiana" agli occhi dei suoi autori) ⟶ [#Salon Fryzjerski „~" N/C; CEiDG – #salone del parrucchiere – 1992 – Wadowice-MP].

Quatro (neo IS < it. *quattro*; in fondo una variante erronea frequente di questo numerale it.; **quatro* funziona come un adattamento fonetico di *quattro* in pol., ma non è approvato ufficialmente) ⟶ [„~" Sp.c.; Aleo/CEiDG – agenti mediatori / settore di assicurazioni – 2008 – Nowy Sącz-MP]. Almeno 150 a.o.

Rozmarino (neo IS; basato su un italianismo di cui la lingua pol. non ha bisogno, poiché dispone già dell'adattamento dell'it. *rosmarino* > s.sg.m. pol. *rozmaryn*; in sé, il M è una contaminazione della versione it. e di quella pol. di *rosmarino* con la sostituzione della *s* in una *z*, ciò, comunque, non impedisce di pronunciare *Rozmarino* all'italiana: pol. [rɔzma'rinɔ]) ⟶ [N/C PIZZERIA-GALERIA ~; GUS – 1995 – Suwałki-PD]. Almeno 2 a.o.

Topollino (neo PIF; basato sull'it. *topolino*; il M designa un ristorante-bar molto elegante; nell'ambiente it. autentico il marchio potrebbe passare per "poco appetitoso"

475 Cfr. IVLW: s.vv. *piccolo, pikolo*.

visti i concetti e le connotazioni che comporta il termine *topolino*, anche se può essere anche "simpatico" come ripresa del *Topolino* equiv. del disneyano *Mickey Mouse*; nell'ambito pol., la base it. ipotetica è sconosciuta come italianismo; vale la pena segnalare che il M ~ ricorda per paronimia e come effetto di scontro di *false friends* il s.sg.m. pol. *topola* 'pioppo') ⟶ [~; PKT; https://www.topollino.pl, u.a. 25.06.2023 – pizz. – 2004 – Częstochowa-SL].

Tratoria (neo IS; si vorrebbe un adattamento dell'it. *trattoria* in pol., ma, ufficialmente, non lo è; la riduzione della doppia *t* va trattata come refuso e una decisione arbitraria; non è l'unico caso di "adattamento" del genere di *trattoria* in pol.[476]) ⟶ [C/N ~ #USŁUGI MARKETINGOWE; WUP – #serv. di marketing / prod. e vend. bevande alcoliche – 2019 – Warszawa-MZ]. Almeno 12 a.o.

Fig. 192. Fonte: WUP, 1, 2020, p. 161.

Verdo (l'ispirazione formale è probabilmente dovuta all'agg. it. *verde*; la *e* finale è stata sostituita da una *o* creando una voce sempre italianeggiante, perfino più segnata dall'italianità che *verde*; tuttavia, *verdo* funziona in dialetti, p.es. in veneto) ⟶ [~ N/C; Aleo/CEiDG – vend. spazi per la pubblicità – 2019 □ 2020 – Knurów-SL]. Almeno 5 a.o. Cfr. *Grando*.

4.4.3. Valori onomaturgico-pragmatici della MPLI neologica

Chiudendo questa parte della nostra analisi con le sezioni dedicate specificamente alla neologia come strumento ed effetto formativo all'interno della MPLI, vediamo riassuntivamente quali proprietà o caratteristiche comunicativo-formali si raggiungono con questo tipo di onomaturgia nel *branding*.

---

476 Come italianismo è approvato nella sua versione originale, cfr. SJP-PWN: s.v.; IVLW: s.v. Con la diffusione della cultura gastronomica italiana, il termine *trattoria* compare sempre più spesso come elemento autonomo o perionimico delle denominazioni di locali di ristoro polacchi, ma gli utenti comuni non riescono a percepire il suo significato peculiare all'interno della tipologia italiana originale (*ristorante*, *osteria*, *trattoria*, *tavola calda*, ecc.).

L'estro onomaturgico porta all'attribuzione di tratti speciali che si possono percepire a vari livelli del funzionamento linguistico e crematonomastico dei marchionimi introdotti nella comunicazione di *marketing* e quotidiana, nonché in diversi discorsi particolari.

Per avere una visione rappresentativa globale, in TAB. 8 si riprendono le singole unità neologiche scelte dal campione analizzato in SEZ. 4.3.2. I valori onomaturgico-pragmatici, intesi come proprietà formali (strutturali) e comunicative (persuasive), possono determinare il carattere di *branding* dei marchionimi neologici. Vengono giudicati su una scala da 0 a 3 gradi di pertinenza (intensità), segnalati, rispettivamente da: #; z; zz; zzz. Il segno "#" significa che la proprietà è assente; "z" vale per una proprietà debolmente presente; "zz" – una proprietà raggiunta parzialmente; "zzz" – una forte presenza della proprietà all'interno di un dato parametro complessivo.

Si distinguono XII proprietà (P) specifiche con le descrizioni seguenti:

P.I: *vantaggi formali della verbalizzazione* sul piano dell'espressione scritta e, potenzialmente, anche orale: semplicità strutturale; sostenibilità, soprattutto dal punto di vista grafico e pro-logonimico; adattamento alla flessione polacca e/o invariabilità grammaticale;

P.II: *originalità*: indica gli aspetti di natura espressiva superficiale che permettono di distinguere il marchionimo che rispetto agli altri è riconoscibile immediatamente come una formazione di provenienza associata all'ambito italiano / ispirata all'italiano, e che conferma la consapevolezza dei pregi dell'italianità (cfr. anche P.X e P.XI);

P.III: possibilità di una *facile memorizzazione e di riproduzione* nel registro scritto e parlato (il nome rimane "impresso" nell'uso, ma si escludono le sue modificazioni, che, in fin dei conti, portano all'identificazione dell'oggetto marchionimico[477]);

P.IV: lo statuto dei *costrutti mentali* (Danesi 2009: 33; cfr. id. 2008: 21): suggerimenti di significato; motivazioni sincroniche (cfr. Gobber 2018: 86–91); connotazioni; stereotipizzazioni; relazione concettuale tra marchionimo e oggetto marchionimico da interpretare;

477 A questo punto, esprimiamo un'altra opinione di quella sostenuta da Giovanni Sodano (2019: 90): "il nome [...] non dovrebbe essere facile da modificare, da storpiare e da tramutare in qualche parola dal doppio senso". Non vi è alcunché di controproducente, se l'utente destinatario, considerando un nome che gli sembra attraente, ma troppo diffuso, ne inventa un altro o simile, associato formalmente all'originale. Importante è che trovi una "strada" verso l'identificazione dell'oggetto denominato. Una specie di deduzione o un atto di storpiamento involontario o, perfino, volontario (creativo, divertente, umoristico, espressivo di qualsiasi natura) possono aiutare a raggiungere lo scopo d'identificazione, provando quella dose di interessamento che soddisfi i gestori del marchio e del suo oggetto.

P.V: *valori pragmatici socio-tecnici*: trasmissione di un messaggio pubblicitario e sociale (nome *slogan*, nome *trendy*, nome che risveglia l'attenzione dei clienti/utenti); targetizzazione (previsione di un *target* preciso con il quale il nome entri in sintona, p.es. giovani, donne, uomini, gente comune); operatività comunicativa: suggestiva e persuasiva, perfino seduttiva (cfr. *suggestive naming*, Danesi 2011: 62–66), ecc.;

P.VI: *valori emotivi, sensitivi e psicologici*: capacità di suscitare impressioni e sentimenti positivi, emozioni di piacere, reazioni di natura sensuale (riferiti ai sensi, ma anche alla sfera intima e perfino erotica); stimolazione verso la credibilità, la fiducia, l'autenticità, la simpatia, l'energia o un'altra sensazione particolare, anche incertezza e ambiguità;

P.VII: *valori discorsivo-informativi*: capacità di creare discorsi ("idee" o "storie" nei termini dello slovacco *príbeh*[478]) intorno al marchionimo portante un'informazione, ossia un messaggio; che si decifrano nel contesto comunicativo e riguardo il settore rappresentato o il riferimento concreto nella realtà extra-linguistica;

P.VIII: *visione iconico-cognitiva trasmessa*: identificazione del marchionimo come segno iconico di tipo cognitivo (anche ipoiconico, cfr. Eco 1997); combinazione di componenti (nei termini di fono- e grafosimbolismo: sequenze di suoni, sillabe, singoli suoni e lettere, anche elementi diacritici, oggi, preferibilmente, evitati; assonanze; scelta dei suoni marcati da associazioni particolari; il gioco di maiuscole e minuscole per lo scritto; l'uso dei *font* specifici nel logonimo); capacità di far immaginare una realtà o impressione che si possono rappresentare per mezzo di forme visive non astratte;

P.IX: *prospettiva di lessicalizzazione*: possibilità di diventare un italianismo demarchionimico in polacco (un lessema decodificato come un prestito di necessità o di lusso, oppure una citazione fissa diffusa nella comunicazione commerciale);

P.X: *l'italianità al livello linguistico* (qualità formali: strutturali e funzionali);

P.XI: *l'italianità al livello culturale* (riferimenti alla cultura italiana; natura "culturemica"; opzionalmente, carico interculturale che permette di dire qualcosa sulle lingue-culture a contatto: italiana e polacca);

P.XII: *aspirazione e capacità di internazionalizzazione* (possibilità e reali motivazioni di incrocio internazionale ed esportabilità; trasferibilità in altre lingue, anche nella lingua italiana con la quale la forma resta in contatto imposto, talvolta molto forte e sostanziale, comunque fuori dai suoi confini naturali; elasticità interlinguistica; uso non ostacolato nell'ambito mediatico-elettronico, tra l'altro sui *social*).

---

478 Cfr. nota 416.

Tab. 8. L'intensità delle proprietà (P) nel *branding* del campione neologico scelto.

Marchionimo	P.I	P.II	P.III	P.IV	P.V	P.VI	P.VII	P.VIII	P.IX	P.X	P.XI	P.XII
Acquatalla	z	zzz	z	zz	zz	z	zzz	z	#	zzz	#	zzz
Adio	zz	z	zz	z	#	#	zz	#	#	z	zzz	zzz
Aggi	zz	zz	zz	z	#	#	zz	z	#	zz	#	zzz
Allagra	zz	zzz	zz	zz	zz	zzz	zz	zzz	z	zzz	zzz	zzz
Allando	zzz	zzz	zz	#	#	z	zz	z	z	zzz	#	zzz
Almavera	zzz	zzz	zzz	zz	z	zz	zzz	z	zz	zzz	zzz	zzz
Alpakino	zz	zz	zzz	zzz	zzz	zzz	zzz	z	zz	zzz	z	zzz
Altomijo	z	zz	zz	#	#	zzz	zzz	#	#	zz	#	zz
Alverdi	z	zzz	zzz	z	z	zz	z	zz	z	zzz	zz	zzz
Amaresti	zz	zzz	z	z	z	zz	z	z	#	zz	z	zz
Amilado	zz	z	zz	#	#	#	z	#	#	z	#	zzz
Amoro	zzz	zzz	zzz	zzz	zz	zzz	zz	zz	z	zzz	zzz	zzz
Andro	zzz	zz	z	#	#	#	z	#	#	zz	#	zzz
Animallandia	zz	zz	zzz	zzz	zzz	zzz	zzz	zzz	zzz	zz	zzz	zzz
Ankora	zz	zz	zz	#	z	zzz	zzz	zz	z	zz	z	zzz
Aromatella	zzz	zzz	zzzz	zzz	zzz	zzz	zzz	zz	zzz	zzz	zzz	zzz
Aserto	z	zz	zz	z	z	z	z	#	z	zz	#	zzz
Averena	z	zz	zz	#	#	z	z	#	z	zz	#	zzz
Balamonte	zz	zzz	zzz	z	z	zzz	zzz	z	zz	zzz	zz	zzz
Balduno	zz	zzz	zzz	#	z	z	zzz	#	zz	zzz	#	zzz
Ballandia	zzz	zz	zzz	zzz	zzz	zzz	zzz	zzz	zzz	zzz	zzz	zzz
Bambiboo	z	z	zz	zzz	zzz	zzz	zzz	zz	zz	zz	zzz	zzz
Barbastella	z	zzz	zz	z	z	zz	zzz	z	zz	zzz	z	zzz
Bebino	zz	zzz	zzz	zz	zz	zzz	zzz	zz	zz	zzz	z	zzz
Belissima	zz	zzz	zz	zzz	zzz	zz	zzz	zz	z	zzz	zzz	zzz
Bellako	z	z	zz	#	#	z	zz	#	z	z	#	zzz
Bellana	zzz	zz	zzz	#	z	zz	zzz	z	zz	zzz	z	zzz
Bellasti	z	zz	z	#	#	#	z	z	z	zzz	#	zzz
Bellisima	zz	zzz	zz	zzz	zzz	zz	zzz	zz	zz	zzz	zzz	zzz
Bellisimo	zz	zzz	zz	zz	zzz	zz	zzz	zz	zz	zzz	zzz	zzz
Bellugio	z	zz	zz	#	z	#	zz	z	#	zzz	#	zzz
Bevena	zz	zz	z	#	z	#	zz	#	z	zz	#	zzz
Bicotone	zz	z	zzz	zz	zz	zz	zz	z	#	zz	z	zzz
Biuronimo	zz	zzz	zz	zz	zzz	zzz	zzz	zz	zz	zz	zzz	zz
Bondziorno	zz	zzz	zzz	zzz	z	zzz	zzz	zzz	z	z	zzz	#

Tab. 8. L'intensità delle proprietà (P) nel *branding* del campione neologico scelto.

Marchionimo	P.I	P.II	P.III	P.IV	P.V	P.VI	P.VII	P.VIII	P.IX	P.X	P.XI	P.XII
Brendi	zz	zz	zz	z	z	zzz	z	z	z	z	z	zz
Cancellaria	z	zzz	z	zzz	zzz	zzz	zzz	zz	#	zzz	zz	zzz
Cappucino	zz	zzz	zzz	zzz	zz	zzz	zz	zzz	zzz	zzz	zzz	zzz
Capuccino	zz	zzz	zz	zzz	zz	z	zz	zzz	zzz	zzz	zzz	zzz
Colorimo	zzz	zzz	zzz	zzz	zzz	z	zzz	zzz	z	zzz	zz	zzz
Condensa	zzz	zz	zzz	zz	zzz	zzz	zzz	zz	z	zz	z	zzz
Cravvi	z	zz	z	#	#	#	z	z	#	zz	#	zzz
Cupro	zz	zz	z	z	#	#	z	#	#	zz	#	zz
Czekolateria	zzz	zz	zzz	zzz	zzz	zzz	zzz	zzz	zzz	zz	zzz	#
Danzarte	zzz	zz	zzz	z	z	z	zzz	zz	zz	zz	zzz	zzz
Darla	zz	z	zz	#	#	#	z	#	#	zzz	#	zzz
Dellsole	z	zzz	z	z	z	zz	z	zzz	z	zzz	zz	zzz
Diabollo	zzz	zzz	zzz	zzz	zz	zzz	zz	zzz	zz	zzz	zzz	zzz
Diabolo	zz	zzz	zzz	zzz	zz	zzz	zz	zzz	zz	zzz	zzz	zzz
Dissanna	z	zzz	z	#	#	z	z	z	zz	zzz	#	zzz
Dollina	zz	zz	zz	zzz	zz	zz	zz	zz	z	zz	zzz	zzz
Domaggio	z	zz	z	#	#	#	z	#	#	zzz	#	zzz
Dominikano	zz	zzz	zz	zz	z	zzz	z	z	#	zzz	zzz	zz
Dooperelle	z	zz	zzz	zzz	zzz	zzz	zzz	zz	zzz	zzz	zzz	z
Dorotta	zz	zzz	zzz	zzz	#	z	z	zz	zz	zzz	zzz	zzz
Dowozorro	zz	zzz	zzz	zzz	zzz	zzz	zzz	zzz	zz	zz	zzz	zz
Dresso	zzz	zzz	zzz	zzz	zzz	zzz	zzz	zzz	zzz	zzz	zzz	zzz
Elemeno	zz	zz	zz	z	z	zz	zz	z	z	zz	z	zzz
Elmorii	z	zz	z	#	#	#	z	z	#	zz	#	zz
Entelo	zz	zz	z	#	z	zz	zz	#	z	zz	#	zzz
Erosso	zzz	zz	zz	zz	zz	zzz	zzz	zzz	zz	zzz	zzz	zzz
Ezploro	zzz	zz	zz	zzz	zzz	zzz	zzz	zzz	z	zz	zz	zzz
Ferrima	zzz	zzz	zzz	#	z	z	zz	z	zz	zzz	#	zzz
Ferristo	zzz	zzz	zz	#	z	z	zz	z	zz	zzz	#	zzz
Franczescco	z	zzz	z	zzz	#	zz	zz	zz	#	zzz	zzz	#
Franczesko	z	zzz	zz	zzz	z	zzz	zz	zz	z	zzz	zzz	#
Fresko	zz	zzz	zzz	z	zz	z	zzz	zz	z	zzz	zz	z
Freskovita	zzz	zzz	zzz	zz	zz	zz	zzz	zzz	zz	zzz	zz	zz
Frozco	zz	zz	z	#	z	z	zzz	zz	#	zz	z	zz

Tab. 8. L'intensità delle proprietà (P) nel *branding* del campione neologico scelto.

Marchionimo	P.I	P.II	P.III	P.IV	P.V	P.VI	P.VII	P.VIII	P.IX	P.X	P.XI	P.XII
Fruttisecco	z	zzz	z	z	zz	zz	zzz	zzz	z	zzz	zzz	zzz
Gallanteria	zzz	z	zz	zzz	zzz	zzz	zzz	zzz	z	zzz	zzz	zzz
Gallanti	zzz	zz	zzz	z	zzz	zzz	zzz	zz	z	zzz	zzz	zzz
Gastello	zzz	zz	zz	z	z	z	z	z	z	zzz	z	zzz
Gastroma	zzz	zz	zzz	zzz	zzz	zzz	zzz	zz	z	zz	zzz	zzz
Grando	zzz	zzz	zzz	zz	z	zzz	z	zzz	z	zzz	zzz	zzz
Grandozo	z	zz	zz	#	z	z	zz	#	#	zzz	z	zzz
Gussto	z	zz	zz	zzz	zzz	zz	zzz	z	#	zzz	zzz	zzz
Iggo	zz	zz	zz	#	#	z	z	z	#	zz	#	zzz
Instanco	z	z	zz	z	z	z	zz	zz	z	zz	z	zzz
Intenssima	z	zz	zzz	zzz	zzz	zzz	zzz	zz	zz	zzz	zzz	zzz
Jubileria	zzz	zzz	zzz	zzz	zzz	zzz	zzz	zzz	zzz	z	zzz	z
Kazzo	zz	zzz	zzz	#	zzz	z	zzz	z	zzz	zzz	z	zzz
Koppito	z	zz	z	z	zz	z	zzz	zz	#	zzz	z	zzz
Ladalla	z	zz	z	z	zz	z	z	#	#	zzz	#	zzz
Lagarro	zz	zzz	zz	z	z	z	z	#	#	zzz	#	zzz
Laverto	zz	zzz	zz	#	#	z	zz	#	zz	zzz	#	zzz
Loriini	z	zz	z	#	#	#	z	z	#	zzz	#	zzz
Maccolino	zzz	zzz	zz	z	zz	z	zz	z	zz	zzz	#	zzz
Makkaron	zz	zz	zzz	zzz	zzz	zzz	zzz	zzz	zz	zz	zzz	zz
Malfato	zz	zz	zz	#	#	#	z	#	z	zz	#	zzz
Malladi	zz	zzz	zz	#	#	#	z	#	z	zzz	#	zzz
Mallano	zzz	zzz	zzz	#	#	z	z	z	z	zzz	#	zzz
Mamamija	z	zzz	zzz	zzz	zzz	zzz	zzz	zzz	#	zz	zzz	z
Mappi	zzz	zzz	zzz	zz	zzz	zz	zzz	zzz	zz	zzz	z	zzz
Mareno	zzz	zz	zz	#	z	z	z	#	z	zzz	#	zzz
Margeritta	zz	zz	zzz	zzz	zz	zz	zzz	zzz	zz	zzz	zzz	zzz
Materaco	zz	zz	zzz	zzz	zzz	zzz	zzz	zzz	#	z	zzz	zz
Mebledo	zz	zz	zzz	zzz	zzz	zzz	zzz	zz	z	zz	zzz	zzz
Meblovi	zz	zz	zz	zzz	zzz	zzz	zzz	zzz	z	zz	zzz	zzz
Menstruella	zz	zzz	zzz	zzz	zzz	zzz	zzz	zzz	z	zzz	zzz	zzz
Merconii	z	zz	zz	#	#	#	zz	z	z	zzz	z	zzz
Micolo	zz	zz	zz	z	z	#	z	z	zz	zzz	z	zzz
Milomi	zz	zzz	zzz	z	zz	z	zz	zz	#	zz	zz	zzz
Mimarto	zz	zz	zz	z	#	z	zz	#	z	zz	#	zzz

Tab. 8. L'intensità delle proprietà (P) nel *branding* del campione neologico scelto.

Marchionimo	P.I	P.II	P.III	P.IV	P.V	P.VI	P.VII	P.VIII	P.IX	P.X	P.XI	P.XII
Moblo	zzz	zz	zzz	z	z	zz	zzz	zz	z	zz	z	zzz
Modarta	zzz	zzz	zzz	zz	z	z	zzz	zzz	zz	zz	zzz	zzz
Modema	zzz	zzz	zzz	zz	zz	zz	zzz	zz	zzz	zz	zzz	zzz
Modesa	zzz	zz	zzz	zz	zz	z	zzz	zz	zzz	zz	zzz	zzz
Modevo	zz	zzz	zzz	zz	zz	zz	zzz	zz	z	zz	zzz	zzz
Mortero	zz	zz	z	#	#	#	z	z	#	z	#	zzz
Novana	zzz	zz	zz	z	z	z	zz	z	zz	zz	z	zzz
Novanano	z	zzz	z	z	#	z	z	z	#	zzz	#	zzz
Noverra	zz	zzz	z	z	z	z	zzz	zz	zz	zz	z	zzz
Oldilla	zz	zzz	zz	z	z	zz	zzz	z	zz	zzz	z	zzz
Picollo	zz	zz	zzz	zzz	z	zz	zzz	z	zzz	zzz	zzz	zzz
Picolo	zz	zz	zzz	zzz	z	zz	z	z	zz	zzz	zzz	zzz
Pienio	zz	zz	z	z	z	z	zz	z	z	z	#	zzz
Pikazzo	zz	zzz	z	z	z	z	zz	z	z	zzz	z	zzz
Pikollo	zz	zzz	z	zzz	z	zz	zzz	zz	zz	zzz	zzz	zzz
Pikolo	zz	z	zz	zzz	z	zz	zzz	z	zz	zzz	zzz	zzz
Piratto	zzz	zzz	zzz	zzz	zz	zzz	zzz	zzz	zz	zzz	zzz	zzz
Piubiu	zz	zzz	zz	z	zz	zz	zz	zz	#	zz	#	zzz
Piwinizza	zzz	zzz	zzz	zzz	zzz	zzz	zzz	zzz	zz	zz	zzz	#
Pizzameni	zzz	zzz	zzz	zzz	zzz	zzz	zzz	zzz	zzz	zzz	zzz	zzz
Pizzerka	zzz	z	zzz	zzz	zzz	zzz	zzz	zzz	zzz	zz	zzz	#
Plombino	zzz	zzz	zz	zzz	z	zz	zzz	zzz	z	zzz	zz	zzz
Pollardi	zz	zz	z	z	#	z	zz	z	zz	zzz	#	zzz
Polopolo	zz	zzz	zz	z	z	zz	zzz	zzz	zz	zz	#	zzz
Presco	zz	zzz	z	z	z	z	zz	#	z	zzz	#	zzz
Prespo	zz	zzz	z	#	#	#	z	#	#	zzz	#	zzz
Prevo	zz	z	z	#	#	#	z	#	#	zzz	#	zzz
Primma	zz	z	zz	zzz	z	z	zz	z	zz	zzz	zz	zzz
Psotto	zz	zzz	zz	zz	zz	zzz	zzz	zz	z	zzz	z	zz
Pupilo	zzz	zz	zz	zzz	zzz	zzz	zzz	zz	z	zzz	zzz	zzz
Quatro	zz	z	zzz	zzz	z	z	zzz	zz	zz	zzz	zzz	zzz
Refresko	zz	z	zz	z	z	zz	zzz	z	z	zzz	zzz	zzz
Rogallino	zzz	zzz	zzz	zzz	zzz	zzz	zzz	zzz	zz	zzz	zzz	zzz
Rozmarino	zzz	zz	zzz	zzz	zzz	zzz	zzz	zzz	zz	zzz	zzz	zzz
Salvatano	zz	zz	zz	#	#	z	z	#	z	zzz	zzz	zzz

Tab. 8. L'intensità delle proprietà (P) nel *branding* del campione neologico scelto.

Marchionimo	P.I	P.II	P.III	P.IV	P.V	P.VI	P.VII	P.VIII	P.IX	P.X	P.XI	P.XII
Scarpo	zz	zz	z	#	z	zz	zz	z	zz	zzz	zzz	zzz
Stollido	zz	zz	z	z	zz	zzz	zz	z	zz	zz	zz	zzz
Superqlo	zz	zzz	z	zz	zzz	zzz	zzz	zz	zz	z	zz	zzz
Taavetti	z	zz	z	#	#	#	z	z	#	z	zzz	zzz
Tappeletto	z	zzz	z	#	#	#	zz	z	#	zzz	zzz	zzz
Tazzo	z	zz	z	#	#	#	z	z	zz	zzz	zzz	zzz
Tekko	z	z	z	#	#	#	z	z	zz	z	z	zzz
Tellepizza	zz	zz	zz	zzz	zzz	zzz	zz	zz	zzz	zzz	zzz	zzz
Tippo	zz	zz	zz	zz	zz	z	zzz	z	zz	zzz	zzz	zzz
Titulo	zz	zzz	zzz	z	zz	zz	zzz	zz	zz	zz	zz	zzz
Tituto	zz	zzz	zzz	z	zz	z	zzz	zz	zz	zz	zz	zzz
Toniko	zz	z	zz	z	#	#	zz	zz	zz	z	z	zzz
Topollino	zz	zz	zz	z	#	#	zz	zz	zz	zzz	zzz	zzz
Tratoria	zz	z	zz	z	zzz	zz	zzz	z	zzz	zzz	zzz	zzz
Vendoria	zz	z	z	z	zz	zz	zz	z	zz	zz	zz	zzz
Venezianka	zz	zz	zzz	zzz	zzz	zzz	zzz	zzz	zzz	z	zzz	#
Versaczek	zzz	zzz	zzz	zzz	zzz	zzz	zzz	zzz	zzz	z	zzz	#
Veterinaro	zz	zz	zz	zzz	zzz	zzz	zzz	zzz	z	zz	zzz	zzz
Veva	zz	z	z	#	#	z	z	#	z	zz	z	zzz
Visio	zz	z	zz	zz	zz	zz	z	z	zz	z	z	zzz
Vobro	zz	zz	zz	#	#	z	zz	#	zz	zz	zz	zzz
Vulferi	z	zz	z	#	#	z	z	#	z	zzz	zzz	zzz
Yogurto	zz	zzz	zzz	zzz	zzz	zzz	zzz	zzz	zzz	zzz	zz	zzz
Zazzo	zz	zzz	zzz	#	zz	zzz	zzz	zzz	zzz	zzz	zzz	zzz
Zukero	zz	zzz	zz	zz	zzz	zzz	zzz	zzz	zzz	zzz	zzz	zzz

La distribuzione presentata in Tab. 8 evidenzia le varie osservazioni che si possono riferire ad un dato marchionimo di natura neologica ibridizzante nella MPLI. La rassegna in sé costituisce una proposta metodologica da applicare in analisi comparabili per quanto riguarda la materia onomastica e gli ambiti linguistici. Le proprietà comunicativo-formali P.I–P.XII vanno considerate come descrittori dei modelli onomaturgici che portano alla proliferazione di neoformazioni italianeggianti nella MPL.

Le conclusioni che si possono trarre da quest'analisi interessano i gruppi specifici di più unità che s'incontrano ad uno stesso livello dell'intensità dei valori in verticale, ma anche i singoli marchionimi che comportano caratteristiche determinanti in orizzontale.

Rispetto al verticale, in modo particolare, si distinguono le proprietà P.X, P.XI e P.XII. La P.X conferma il criterio linguistico chiave della specificità formale dei marchionimi neologici ibridizzanti nella MPLI che è valido per tutte le unità sistemate, nella maggioranza dei casi al grado massimo dell'intensità, indipendentemente dalla qualità superficiale della struttura (da voci interpretate come pienamente italianeggianti, p.es. *Allando*; *Laverto*; *Mallano*; fino a quelle sofisticate come MNM e para-italianeggianti, p.es. *Dooperelle*; *Taavetti* o *Titulo*, oppure distorte rispetto alle basi d'origine, p.es. *Rozmarino*; *Yogurto*; *Zukero*), ma con valore decrescente per le occorrenze che presentano un forte legame con il polacco, distinguendosi, comunque, come marchionimi italianeggianti per una sottile differenza grafica e/o fonetica sorta sotto l'influsso dell'italiano (p.es. *Makkaron*; *Venezianka*; *Pizzerka*), a volte incerto ma sempre intrigante (p.es. *Dollina*; *Dorotta*; *Meblovi*).

Malgrado si tratti di forme strutturalmente italianeggianti, non tutte, risulta dalla P.XI, possono essere qualificate univocamente come rappresentanti l'italianità culturale (piuttosto ne sono privi *Polopolo; Presco; Prespo; Prevo* e quant'altri, a meno che il nostro giudizio non sia stato troppo categorico per l'ignoranza di certe associazioni più profonde o individualizzate, come p.es. i radicamenti deantroponimici, detoponimici o decrematonimici nell'ambito italiano).

La P.XII, invece, mette in luce un'universale capacità di quasi tutte le unità esaminate (tranne i caratteristici polonismi "contaminati" dall'italianità strutturale) per assumere lo statuto internazionalizzato. Si permettono di esportare in altre lingue, svolgendo funzioni simili, non confondendosi con lo sfondo sistemico della lingua accogliente (riguarda, particolarmente, altre lingue slave che usano l'alfabeto latino, ma anche il tedesco, nel quale il ruolo dei marchionimi italianeggianti è paragonabile a quello in polacco e ben studiato[479]).

La P.IX conduce all'osservazione che solo pochi dei marchionimi sistemati hanno la *chance* di lessicalizzarsi nella lingua polacca. Per alcuni questo processo non sarebbe accettabile dalla norma (p.es. *Venezianka vs.* s.sg.f. pol. *wenecjanka*; *Dollina* vs. s.sg.f. pol. *dolina*; *Makkaron vs.* s.sg.m. pol. *makaron*).

D'altro verso, i polonismi italianeggianti come *Pizzerka* o le formazioni che, pur nascondendo un forte legame con il polacco, si rivelano neologismi interpretati come ipotetici anche in italiano (p.es. *Rogallino*; *Mappi*; *Erosso*); possono lessicalizzarsi, a patto che si generalizzi il loro uso in seguito alla loro appellativizzazione e alla creazione di una classe semantica (cfr. i casi dei termini culinari in *-otto*, come *kaszotto*; *pęczotto*; *ryżotto*; ecc.).

---

479 Vd. Gannuscio 2009; Rieger 2008; ead. 2009a; ead. 2009b; ead. 2012a; ead. 2012b; ead. 2013; Ronneberger-Sibold 2005; Stegu 1997; Zilg 2006b; id. 2008. *Cfr.* anche Rovere 2009.

Le proprietà dal IV all'VIII contribuiscono alla costruzione di una prospettiva più estesa in cui i singoli marchionimi si possono ritrovare e definire, considerata la loro relazione con l'oggetto da essi denominato. Di speciale importanza si rivelano le connotazioni e i valori pragmatici che procurano ad essi lo statuto di unità "significative" e "comunicative".

Ammettendo che nessuna distorsione distrugga la loro apparenza italianeggiante, si prestano alla memorizzazione più di altre formazioni neologiche che coinvolgono il polacco e altre lingue (p.es. l'inglese). Lo confermerebbe la proprietà P.III.

Infine, nella P.I e nella P.II si svelano i loro pregi formali, che, da una parte, procurano e garantiscono ad essi originalità (P.II), dall'altra, li verbalizzano come elementi di lingua demarcati e adattabili alle opportunità d'uso nell'espressione polacca (P.I).

Per quel che concerne, invece, le caratteristiche in linea orizzontale, attraggono l'attenzione i lemmi che raccolgono i più alti livelli delle proprietà studiate, p.es. il marchionimo *Dresso* che guadagna in ogni campo la quota "zzz". È una formazione molto interessante da più punti di vista: un sottile ibrido polacco-italiano, ma anche un neologismo che si ritroverebbe perfettamente e direttamente in italiano. Ci fa venire in mente un altro marchionimo: *Destresso* (vd. Fig. 193), che è il nome di un complesso di saune e spa a Łódź. La formazione coinvolge l'internaz. *stress* che, per l'aggiunta del marcatore *-o*, è stato italianizzato con successo. Combinato con un {csl} *De* < p.es. lat./it. *de-*, utilizzato come prefisso di privazione o sottrazione, fa sì che si crei un ipotetico deverbale, come se esistesse il v. **destressare* in italiano o, magari, **destresować*, con lo stesso "significato" di 'togliere lo stress', in polacco (cfr. v. pol. *odstresować się* 'rilassarsi').

Fig. 193. Fonte: http://www.destresso.pl/, u.a. 8.11.2023. Pol. *studio redukcji stresu* ['centro per la riduzione dello stress'].

Dresso e *Destresso*, nella nostra opinione, sono marchionimi italianeggianti molto riusciti, ovvero "perfetti", nell'intero spettro della MPLI osservata.

Una valutazione alquanto positiva si potrebbe formulare a proposito di lemmi *Allagra*; *Aromatella*; *Ballandia*; *Gallanti*; *Piwnizza*; *Tituto*; *Zazzo*; *Zukero*, ma anche *Kazzo*; *Superqlo*; *Dooperelle*; *Bambiboo* o *Psotto* sembrano raggiungere i loro scopi di persuasione nella comunicazione di *marketing*. Efficaci da questo punto di vista, risultano infine, le neoformazioni ibride "dedicate" che si fondano su un concetto determinato dalla base polacca o internazionale, p.es. pol. *meble* 'mobili' codificato in *Mebledo*; *Meblovi* o *Moblo*, oppure internaz. *moda* in *Modarta*; *Modema*; *Modesa*; *Modevo* (cfr. Sez. 4.4.2.2.1 e Par. 4.7).

4.5. La marchionimizzazione delle strutture monorematiche delessicali

Un importante gruppo di marchionimi monitorati sono unità qualificate soprattutto come MOA, quindi modelli che consistono nell'onimizzazione di voci lessicali semplici ovvero monorematiche: parole italiane pronte e non alterate, utilizzate al singolare o al plurale. Il materiale linguistico così utilizzato si rispecchia direttamente nel vocabolario della lingua italiana, quindi nella risorsa di singoli lessemi, originariamente provvisti di significati concettuali, talvolta in relazione semantica con l'oggetto della denominazione marchionimica.

Dal punto di vista strutturale costituiscono dei {cil} che potrebbero essere analizzati come forme nuove nell'ambito polacco, a meno che, in quanto basi dei marchionimi creati in seguito alla loro onimizzazione (marchionimizzazione), non siano italianismi inseriti nella lingua polacca o accolti non ufficialmente per il loro uso rimarcabile (p.es. nelle terminologie specializzate o nel linguaggio quotidiano aperto ad elementi lessicali d'origine italiana, soprattutto culturemi linguistici italiani).

Nelle sezioni successive di questo paragrafo si discute una scelta rappresentativa del materiale lessicale italiano riscontrato nella MPL. Si affronta un campione di esempi in un continuo sviluppo e arricchimento che attesta una moltitudine di forme deappellative italiane a disposizione degli onomaturghi nell'area polacca (ma anche internazionale).

Effettivamente, si può solo ricordare che tutto il repertorio di strutture italiane pronte e categorizzate come vocaboli grammaticalmente determinati (parti del discorso variabili o invariabili), utilizzati come base diretta dei marchionimi polacchi italianeggianti per eccellenza, costituisce una straordinaria e cospicua fonte d'ispirazione onomaturgica.

La ricerca ci ha permesso di tracciare testimonianze lessicali monoverbali (in un secondo tempo utilizzate anche in composizioni), che, nella maggior parte dei casi, alimentano un campo abbastanza internazionalizzato del vocabolario italiano. Un numero imponente di strutture lessicali appartenenti all'italiano di base trova conferme di riciclaggio nella MPL.

Come menzionato sopra, il significato di queste strutture ovvero le loro connotazioni possono guidare una scelta motivante, creando un legame semantico tra la voce d'ispirazione e l'oggetto della denominazione. Ma il legame, così instaurato, può rimanere tuttavia enigmatico per gli utenti, che si accontentano dell'aspetto superficiale italiano ascritto per forza di cose a un dato marchionimo.

Pensando proprio a tale ispirazione e motivazione primaria, ci siamo interessati dell'effettiva comprensione delle basi lessicali onimizzate. Non era un vettore di ricerca decisivo per la scelta, ma è servito solo per misurare il grado di comprensione delle basi utilizzate: abbiamo fatto un'inchiesta[480] in cui si chiedeva agli utenti della lingua polacca che, teoricamente, non conoscevano l'italiano, di constatare se una data voce proviene o meno dall'italiano (1) e dire qualcosa sul significato di un dato lessema italiano utilizzato come base MOA di un marchionimo esistente o potenziale (2).

Il riconoscimento dell'italianità linguistica in (1), nella maggioranza dei casi, non ha posto particolari difficoltà, anche se alcune voci sono state qualificate come latine, spagnole, francesi o provenienti da altre lingue.

Per un rilevante numero di lessemi le risposte in (2) erano adeguate ai valori semantici sottostanti (ca. il 30 % dei vocaboli utilizzati, p.es. *principessa*; *castello*; *brillante*; *ciao*; *bella*; *presto,* vale a dire i lessemi dell'italiano "internazionalizzato" o riferiti ad un uso culturale specializzato). Per un altro gruppo (ca. il 20 %, p.es. *albergo*; *farfalla*; *uomo*; *gelati*; *volare*) si sono verificate delle risposte con suggerimenti che sfioravano i campi concettuali di un dato lessema, provando una certa intuizione nell'uso passivo della lingua italiana in situazioni comunicative specifiche, anche intersemiotiche (p.es. tramite l'associazione del nome all'immagine rappresentata sul logo di un dato oggetto economico). Per il resto (ca. il 52 %, p.es. *pergolato*; *martedì*; *fragola*; *albero*), i significati dei vocaboli di base erano sconosciuti, ma di solito si indicava la provenienza italiana della struttura.

Le stime ottenute sono molto mobili e, a dire il vero, difficili da generalizzare in modo coerente: esse cambiano da un individuo all'altro e ciò dipende proprio da conoscenze individuali nonché dall'intuizione linguistica degli utenti. È naturale e non raro nella realtà comunicativa che molti utenti si interessino della spiegazione semantica della struttura che vedono e devono utilizzare; per questo riescono a trovare, per la propria soddisfazione, i significati delle basi lessicali utilizzate. Presto o tardi, il contatto comunicativo con una forma lessicale straniera che si deve utilizzare come marchionimo, finisce con la comprensione del suo senso e attiva un processo di associazioni con l'oggetto o la sua area culturale.

480 Sono state indagate ca. 45 persone di nazionalità polacca, di ambo i sessi e di diversa età, dai 18 ai 74 anni. Il criterio per la scelta degli intervistati era la dichiarata ignoranza della lingua italiana da parte delle persone interrogate. Solo alcuni di questo gruppo erano stati in Italia. La loro formazione scolastica non era assolutamente legata ad una conoscenza approfondita della cultura italiana, anzi, si sono riferiti ad essa, nelle loro risposte, soprattutto facendo ricorso a vari stereotipi con i quali si erano creati un'immagine sull'Italia, gli italiani e la lingua italiana mediante le sue testimonianze nell'uso interlinguistico (prestiti lessicali, onimi, forme create come conseguenza di contatti linguistico-culturali italo-polacchi).

4.5.1. Formazioni desostantivali o deaggettivali

I più popolari, nell'onomaturgia deappellativa che consiste nell'onimizzazione di singoli lessemi, sono i sostantivi e aggettivi italiani, quindi la categoria dei nomi che si adattano facilmente a trasposizione di carattere strutturale. Sono forme per cui è difficile stabilire regole precise di scelta, ma, dalla nostra ricerca, risulta che prevalgono, in questo ambito del campione delessicale analizzato, i sostantivi al singolare; sporadici sono invece gli aggettivi, che possono, comunque, essere considerati come voci nominali, riprese in una delle forme del loro paradigma (maschile, femminile, singolare, plurale).

Per quanto riguarda i sostantivi nella formazione dei MOA, vista la specificità della lingua italiana, possono essere onimizzati con o senza articoli. Nelle tre sezioni seguenti, citiamo i marchionimi ottenuti per onimizzazione di sostantivi senza articoli. Quelli provvisti di articoli li discutiamo in un'altra parte di questo capitolo (Sezz. 4.8.1.1 e 4.8.1.2), considerando gli articoli come elementi morfologici distintivi dell'italianità linguistica.

La consapevolezza dell'articolo, come parte essenziale di una struttura italiana nominale, è abbastanza alta, addirittura può essere (come provato anche da vari neologismi nella MPLI studiati precedentemente) un segno riconoscitivo dell'italianità[481], perfino quando viene inserito in un costrutto univerbato neologico. Ma è un fenomeno che concerne quasi unicamente l'articolo determinativo *la*[482].

Le proposte di sistemazione classificante le basi delessicali sostantivali e aggettivali, che si illustrano nelle tre sezioni successive (e oltre), potrebbero interessare anche le strutture sintagmatiche costruite con gli articoli, soprattutto quando si ha a che vedere con uno stesso sostantivo, marchionimizzato con o senza articolo (cfr. p.es. *Mamma* vs. *La Mamma*; *Mafia* vs. *La Mafia*).

4.5.1.1. Lessemi semanticamente motivati

Il materiale marchionimico sottostante illustra la parte del campione delessicale che consideriamo concettualmente "implicato" e semanticamente motivato, se guardiamo la nuova formazione come l'effetto dell'onomaturgia marchionimica per ispirazione proveniente dalla lingua italiana[483]. Con questo intendiamo

---

481 Ad ogni modo, anche questa forma dell'articolo italiano viene usata raramente come elemento di un prestito italiano inserito nella lingua polacca. Le eccezioni concernono le citazioni fraseologiche come *la divina commedia* o *la donna è mobile* (vd. SWOiZO: s.vv.). In altre situazioni, l'articolo posto davanti ad un italianismo sarebbe "ingombrante" e non usuale nella prassi adattativa al polacco: *pizza* e non *la pizza*; *spaghetti* (o *spagetti* [sic!]) o non *gli spaghetti* (o **gli spagetti*); *risotto* (o *rizotto*) e non *il risotto* (o **il rizotto*).

482 Nell'indice delle forme marchionimiche citate e studiate in questo volume sistemiamo le forme con gli articoli ai loro posti in ordine alfabetico.

483 Cfr. Jadacka 2001: 25.

qualsiasi tipo di relazione tra la base linguistica espressa dal vocabolo (sostantivo o aggettivo) italiano utilizzato per la formazione del marchionimo italianeggiante e l'oggetto o l'area economica in cui funziona il designante onimico.

A stento è possibile togliere a questi esempi lo statuto di culturemi o para-culturemi[484], poiché tutti rimangono originali rispetto alla loro provenienza e alla loro collocazione nella lingua-cultura italiana come fonte trasparente della forma italiana adottata dagli autori del marchionimo, almeno in una delle accezioni principali di un dato vocabolo prestato (p.es. *Arcobaleno*; *Alto*; *Basso*; *Frutti*; *Pomodorini*).

Le relazioni di "implicazione" semantica (e pragmatica) particolare emergono dalla presentazione dei lemmi successivi. La relazione può essere letteralmente illustrata dall'immagine contenuta nel logo del marchio (vd. p.es. *Albero*) oppure offuscata dal disegno utilizzato nel logo (vd. p.es. *Alta*; *Alto*).

Particolare interesse rivestono i casi che codificano certe connotazioni culturali tra la portata semantica della base e l'area marchionimica in cui l'italianismo viene utilizzato (vd. p.es. *Pettegolezzo* nella designazione di un salone di parrucchiere) oppure i desideri di suggestione pragmatica (vd. p.es. *Buono* che designa il vino: tutto quello che vorrebbe dire a proposito è che sia "buono", anche se la qualità del prodotto enologico in questione è relativa; oppure *Arte*, con la pretesa di fabbricare oggetti di arredamento di qualità "artistica").

L'interpretazione dell'intenzione dell'autore del marchionimo nella relazione nome – oggetto può essere anche speculativa e interculturale. Ad esempio, *Civetta* fondato sull'it. *civetta*, e designante il marchio di occhiali e altri prodotti di oculistica, si può rifare ai grandi occhi che sembrano incorniciati come se ci fossero degli occhiali, nonché alla buona vista del volatile predatore, cui si riferisce la base lessicale italiana.

Un caso molto speciale, infine, è la traduzione letterale della base lessicale polacca del cognome dell'intestatario (fenomeno osservato anche prima), che crea una relazione di tripla o quadrupla gradazione funzionale e concettuale (p.es. *Venerdi* [sic!] < it. *venerdì* > s.sg.m. pol. *piątek* 'venerdì' > cogn. pol. *Piątek*; cfr. anche *Maggiore*).

Si osservino gli esempi particolari.

Abbellito (< agg.s.m. ~) ⟶ [~ N/C; CEiDG – prod. mobili – 2015 ◊ 2016 – Warszawa-MZ].

Albero (< s.sg.m. ~) ⟶ [~ Sp. z o.o.; Aleo/GUS – attività serv. paesaggistici – 2018 – Olsztyn-WM]. Almeno 2 a.o.

---

484 Cfr. Sez. 4.5.1.3.

Fig. 194. Fonte: https://ewyszukiwarka.pue.uprp.gov.pl/search/pwp-details/Z.505 214. u.a. 24.02.2021.

Arcobaleno (< s.sg.m. ~) ⟶ [~ #Lodziarnia, kawiarnia; PKT/GUS – #gelateria, caffetteria – 2000 □ 2013 – Sosnowiec-SL].

Armadio (< s.sg.m. ~) ⟶ [F.H. „~"; Aleo/CEiDG – neg. abbigliamento, accessori – 2010 – Szydłowiec-SW] ⟶ [~ Sp. z o.o.; Aleo/KRS – serv. ristrutturazione – 2013 – Kraków-MP]. Almeno 3 a.o.

Arte (< s.sg.f. it.~; si intende proporre merce di alta qualità, che si può qualificare secondo i criteri dell'"arte") ⟶ [~ Sp. z o.o.; WUP – prod. tappeti, tappezzerie, ecc. – 2021 – Częstochowa-SL].

Fig. 195. Fonte: WUP, 34, 2001, p. 64.

Bambola (< s.sg.f. ~; il concetto codificato dal termine *bambola* può essere motivante per la denominazione marchionimica particolare, p.es. nel settore riferito alla clientela femminile, ma conta di più la caratteristica forma italiana, quasi divertente nella pronuncia, soprattutto quando gli utenti pol. spostano l'accento regolare del vocabolo di base sulla sua penultima sillaba) ⟶ [N/C1, N/C2 ~ – prodotti alimentari pronti / pizzeria – 2015 – Warszawa-MZ[485]]. Almeno 6 a.o.

485 In realtà, il marchio *Bambola* esiste da alcuni decenni. La pizzeria Bambola con il suo logo è una marca molto conosciuta a Varsavia e non solo. Negli anni '80–'90 del XX sec. una sua filiale funzionava a Jurata, una delle mete balneari prestigiose al Mar Baltico sulla Penisola di Hel. La Bambola di Jurata fu frequentata da vari personaggi famosi dell'ambiente artistico e politico polacco dell'epoca (vd. Tomiak 2019: 231). L'ispirazione per la scelta della voce *bambola* come base lessicale di questo marchionimo potrebbe essere la canzone di Patty Pravo *La bambola* (1970).

Fig. 196. Fonte: WUP, 11, 2016, p. 3212.

Basso (< agg.sg.m. ~; il lessema motivante *basso* viene associato, tra l'altro, all'italianismo della terminologia mus. pol. *bas*, s.sg.m.; in alcune altre occorrenze viene ricondotto al cogn. pol. *Bassa*) ⟶ [N/C „~" #INSTRUMENTY; Aleo/CEiDG – riparazione #strumenti mus. – 2014 – Końskie-SW]. Almeno 24 a.o. in d.c.

Bevande (< s.pl.f. ~) ⟶ [~ Sp. z o.o. – prod. bevande – 2017 – Warszawa-MZ].

Bottoni (< s.pl.m. ~ ; la coincidenza tra il concetto del termine base e il settore economico può essere casuale) ⟶ [N/C ~ ; CEiDG – vend. non specializzata, tra l'altro bottoni – 2014 ◊ 2016 – Gniezno-WP]. Almeno 2 a.o.

Buono (< agg.sg.m. ~; utilizzato per esprimere il desiderio di produrre qualcosa di "buono": saporito e di qualità, che piace al palato; si noti l'integrazione della *u* nel disegnino di un bicchiere di vino nel logonimo) ⟶ [N/C ~; WUP – 2021 – produzione di vino, bevande alcoliche – Gliwice-SL].

Fig. 197. WUP, 34, 2021, p. 47.

Castellana (< s.sg.f. ~; letto anche tramite l'equiv. pol. *kasztelanka*, s.sg.f.; la versione italiana dell'idea di *noblesse* racchiusa nel termine *castellana* è adatta all'oggetto dell'attività) ⟶ [„~" N/C #SALON SUKIEN ŚLUBNYCH; CEiDG – #salone abiti sposa – 2003 – Skierniewice-LD]. Cfr. *Castellani.*

Castello (< s.sg.m. ~; in pol. è la base del s.sg.m. *kasztel* 'castello/una piccola fortezza') ⟶ [~ #Biuro Obrotu Nieruchomościami N/C; Aleo/CEiDG – #agenzia immobiliare – 2013 – Gdynia-PM]. Almeno 7 a.o.

Cavalcatore (< s.sg.m. ~; esiste un legame concettuale tra il M ~ usato in buona fede come un italianismo non adattato alla lingua pol. e il settore della marca: produzione di calzature da equitazione; cfr. s.sg.f. pol. *kawalkada* < it. *cavalcata*) ⟶ [~ Sp. z o.o.; RIO – prod. articoli in pelle – 2016 – Warszawa-MZ].

Cavalla (< s.sg.f. ~) ⟶ [#STAJNIA ~ N/C; CEiDG – #scuderie/serv. educativi equitazione – 2015 – Chorzenice-SL].

Civetta (< s.sg.f. ~; vd. il commento nella parte introduttiva a questa sezione; cfr. *Zanzara*: la marca dell'impresa DG Group propone una serie di MM che si basano su vocaboli zoologici it.) ⟶ [N/C ~; WUP – occhiali da vista e da sole, lenti, montature di occhiali, ecc. – 2015 – Ząbki-MZ].

Fig. 198. Fonte: WUP, 7, 2018, p. 2641.

Colori (< s.pl.m. ~; vale lo stereotipo dei vestiti it. in vari colori vivaci, d'altronde confermato nella realtà e da alcune marche tessili italiane, come p.es. *Benetton*; cfr. s.pl.m. pol. *kolory* 'colori') ⟶ [N/C ~; WUP – prod. vestiti – 2021 – Brójce-LD].

Fig. 199. Fonte: WUP, 34, 2021, p. 53.

Consigliere (< s.sg.m. ~; cfr. s.sg.m. pol. *konsylium* 'consiglio') ⟶ [N/C ~ – consulenze assicurazioni – 2013 – Kraków-MP]. Almeno 15 a.o.

Consiglieri (< s.pl.m. ~; cfr. *Consigliere*) ⟶ [~ N/C; CEiDG – consulenze economiche / gestione imprese – Toruń-KP]. Almeno 4 a.o.

Energico (< agg.s.m. ~; il riferimento all'"energia" corrisponde concettualmente al settore; cfr. s.sg.f. pol. *energia* 'energia') ⟶ [„~" N/C; CEiDG – fabbricazione di attrezzature industriali di raffreddamento e ventilazione – 1992 – Gdańsk-PM].

Filati (< s.pl.m. ~; cfr. s.sg.f. tecn. pol. *filiera/filierka* 'filiera') ⟶ [~ N/C Sp.j.; RIO – prod. abbigliamento – 2009 – Zduńska Wola-LD].

Fontana /S/ (< s.sg.f. ~; un marchio registrato nel 1947; è interessante osservare che, malgrado esistesse già all'epoca l'adattamento pol. *fontanna* dell'it. *fontana*, si usa questo caratteristico italianismo nella sua versione originale; il concetto della base lessicale è conforme all'oggetto della denominazione: produzione di acque minerali, bevande analcoliche, succhi di frutta, ecc.) ⟶ [~ // Fa N/C – #Fabryka Wód Mineralnych i Rozlewnia Piwa ~; WUP – # fabbrica di acqua minerale e impianto di imbottigliamento di birra – 1947 – Poznań-WP].

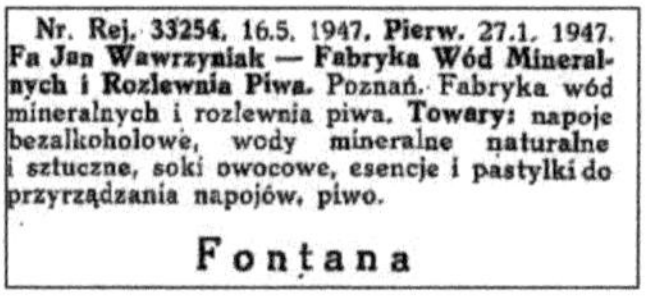
Nr. Rej. 33254. 16.5. 1947. **Pierw. 27.1. 1947. Fa Jan Wawrzyniak — Fabryka Wód Mineralnych i Rozlewnia Piwa.** Poznań. Fabryka wód mineralnych i rozlewnia piwa. **Towary:** napoje bezalkoholowe, wody mineralne naturalne i sztuczne, soki owocowe, esencje i pastylki do przyrządzania napojów, piwo.

Fontana

Fig. 200. Fonte: WUP, XXIII(6), 1947, p. 107.

cfr. ⟶ [#Apteka „FONTANA" Sp.j.; Aleo/KRS – #farmacia – 2006 – Poznań-WP]. Almeno 5 a.o.

Frutti (< s.pl.m. ~) ⟶ [#Hurtownia Owoców i Warzyw ~ N/C; PKT/GUS – # vend. all'ingrosso: frutta e verdura – 2021 – Olsztyn-WM]. Almeno 10 a.o.

Frutto (< s.sg.m. ~[486]) ⟶ [~ N/C; PKT/GUS – vend. all'ingrosso: frutta verdura – 2019 – Ciechlin-MZ]. Almeno 3 a.o.

Ghiacci (< s.pl.m. ~) ⟶ [~. #Lodziarnia // STAR Sp.c.; PKT/CEiDG – #gelateria – 2006 □ 2013 – Poznań-WP].

Giardino (< s.sg.m. ~) ⟶ [~ Sp. z o.o., PKT/GUS – serv. paesaggistici – 2014 – Mierzyn-ZP]. Almeno 4 a.o.

Lacrima (< s.sg.f. ~; nel secondo degli ess. cit. si tratta di un'agenzia di pompe funebri) ⟶ [~ Sp. z o.o.; Aleo/GUS – attività artistica – 2020 – Radom-MZ] ⟶ [#Firma Pogrzebowa „~" N/C; Aleo/GUS – #pompe funebri – 2005 – Świętochłowice-SL]. Almeno 5 a.o.

Lampone (< s.sg.m. ~) ⟶ [~ N/C; PKT/CEiDG – gelateria – 2018 – Głuchołazy-OP].

Maggiore (< agg.s.m./f. ~; si può intravedere in questa forma it. una codificazione di elementi provenienti dal n. e cogn. dell'intestataria; da notare anche una possibile tendenza all'individuazione del sost. *maggio* che, originariamente, non ha alcun nesso etimologico con *maggiore*, ma permette di instaurare un rapporto di equivalenza con la base etimologica del cogn. *Majek* < s.sg.m. pol. *maj* 'maggio'; cfr. anche pol. *Magdalena*, n.pra) ⟶ [N/C „~"; CEiDG – serv. traduzione – 2006 ◊ 2020 – Poznań-WP].

486 Cfr. espr. *tutti frutti*, SJP-PWN: s.v. Cfr. anche nota 4.

Mangiata (< v. *mangiare*, forma deverbale) ⟶ [~ N/C; Aleo/GUS – ristor. – 2021 – Łomża-PD].

Mercato (< s.sg.m. ~; cfr. s.sg.m. pol. *markantylizm* 'mercantilismo') ⟶ [~ N/C; PKT/GUS – prod. gelato – 2019 – Kuźnia Raciborska-SL] ⟶ [~ N/C; PKT/GUS – *consulting* – 2012 – Warszawa-MZ]. Almeno 7 a.o.

Pastificio (< s.sg.m. ~) ⟶ [~ // TIM Sp. z o.o.; WUP – 2016 – una fabbrica di pasta e prodotti a base di farina e altri alimentari – Szczecin-ZP].

PASTIFICIO

Fig. 201. Fonte: WUP, 10, 2017, p. 3819.

Peperoni (< s.pl.m. ~ ; cfr. l'italianismo *peperonata*) ⟶ [Pizzeria ~ N/C; PKT/GUS – pizz. – 2015 – Sokółka-PD]. Almeno 4 a.o.

Pettegolezzo (< s.sg.m. ~; è possibile che la voce sia stata utilizzata in riferimento ad uno stereotipo secondo il quale dal parrucchiere si fanno pettegolezzi) ⟶ [#PRACOWNIA FRYZJERSKA „~" N/C; CEiDG – #laboratorio di parrucchieri / trattamenti estetici – 2011 – Malbork-PM].

Piccolo /S/ (< agg.sg.m. ~; uno degli italianismi più riconosciuti e riprodotti, come si è visto anche prima, in diverse versioni ortografiche, che potrebbero essere considerate adattamenti non ufficiali di questo epiteto it.: *picollo*; *picolo*; *pikolo*; *pikollo*; ecc.; nel presente caso storico designa l'organetto per bambini prodotto da una fabbrica di giocattoli; un marchio registrato nel 1947) ⟶ [~ // #Fabryka Organków i Zabawek N/C i S-ka[487]; WUP – #fabbrica di armoniche a bocca e giocattoli – 1947 – Częstochowa-SL]. Oggi, almeno 35 a.o.

Nr Rej. 33789. 26.2. 1948. Pierw. 28.6. 1947. Fa Fabryka Organków i Zabawek W. Grajwodzki i S-ka. Częstochowa. Fabryka organków i zabawek. **Towary:** organki.

Piccolo - W. Grajwodzki

Fig. 202. Fonte: WUP, XXIV(3), 1948, p. 57.

Pomodorini (< s.pl.m. ~) ⟶ [~ Sp. z o.o.; PKT/GUS – ristor. – 2020 – Kraków-MP].

---

487 *S-ka* = pol. *spółka* 'società' (ingl. *company*).

Ponte (< s.sg.m. ~) ⟶ [~ Sp. z o.o.; PKT/KRS – macchine per la manutenzione stradale – 2001 –WP]. Almeno 7 a.o.

Principessa (< s.sg.f. ~; cfr. s.sg.f. pol. *princeska* 'vestito da donna' < fr. *princesse*) ⟶ [N/C ~; PKT/GUS – gioielleria – 2020 – Łódź-LD]. Almeno 2 a.o.

Ricamo (< s.sg.m. ~) ⟶ [#Fabryka Mebli ~ N/C Sp.j.; WUP – 2017 – #fabbrica di mobili / cuscini, tovaglie, ecc. della marca Bodzio – Goszcz-DS][488].

Fig. 203. Fonte: WUP, 7, 2018, p. 2679.

Razza (< s.sg.f. ~; il lessema it. si riferisce in qualche senso all'ambito animale) ⟶ [razza.pl; http://www.katalog-sklepow.net/s/1091/razza-najtanszy-sklep-zoologiczny.html, u.a. 12.03.2021 – neg. in Rete zoologico – s/d – Warszawa-MZ].

Salamino (< s.sg.m. ~; ipocoristico dim. di *salame*; è anche possibile che sia il riferimento ad uno dei vitigni di Lambrusco chiamato appunto *Salamino*; cfr. s.sg.m. pol. *salami* 'salsiccia all'ungherese o italiana') ⟶ [~ Pizzeria. C/N; PKT – 1995 – Kamienna Góra-DS].

Sapori (< s.pl.m. ~) ⟶ [Pizzeria ~ N/C; PKT/GUS – 2019 – Biłgoraj-LU].

Sartina (< s.sg.f. ~; dim. di *sarta*) ⟶ [~ Sp. z o.o.; RIO – prod. abbigliamento – 2017 – Zamość-LU].

Sarto (< s.sg.m. ~) ⟶ [~ Sp. z o.o.; RIO – prod. abbigliamento – 2011 – Sosnowiec-SL].

Sorbetto (< s.sg.m. ~; cfr. s.sg.m. pol. *sorbet* 'sorbetto' < fr. *sorbet*) ⟶ [~ // Optimum Sp. z o.o.; WUP – prodotti di latte, frutta, ecc. – 2016 – Warszawa-MZ].

Fig. 204. Fonte: WUP, 8, 2017, p. 2751.

488 La marca *Bodzio* propone diversi marchionimi creati su modelli italianeggianti (vd. infra), che alimentano una famiglia di *marchi interni* (cfr. Caffarelli 2018 f), deliberatamente ispirati dall'italianità.

Uomo (< s.sg.m. ~; termine generico, ma conosciuto soprattutto dal linguaggio della moda) ⟶ [„~" N/C; Aleo/CEiDG – attività scientifica tecnica – 2000 – Warszawa-MZ].

Venerdi [sic!] (< s.sg.m. it. *venerdì*; nei due ess. trovati l'ispirazione viene dalla traduzione del s.sg.m. pol. *piątek* 'venerdì'; *piątek* è un appellativo che sta alla base del cogn. *Piątek*[489], c.pri) ⟶ [N/C ~; Aleo/GUS – installazioni elettriche – 2013 – Piekary Śląskie-SL].

Verdura (< s.sg.f. ~; settore alimentare: trasporto frutta e verdura) ⟶ [~ Sp. z o.o.; Aleo/KRS – noleggio e leasing di autovetture e furgoni – 2012 – Warszawa-MZ].

Viaggio (< s.sg.m. ~) ⟶ [~ N/C; CEiDG – noleggio auto e altri veicoli – 2021 – Wola Krzysztoporska-LD]. Almeno 5 a.o.

4.5.1.2. Lessemi senza motivazione concettuale evidente

Si tratta di lessemi sostantivali o aggettivali che in riferimento ad una data tipologia di attività o prodotto paiono piuttosto casuali e concettualmente "compromessi" ovvero "indipendenti", cioè privi di legame semantico per quanto riguarda il significato della base lessicale utilizzata e l'oggetto della denominazione del marchionimo.

Anche questi tendono verso i culturemi italiani, vista la loro specificità d'uso nella realtà linguistico-culturale italiana e internazionale, p.es. *albergo, biscotto, allegro, capricci,* ecc. Al di là della ricerca marchionomastica che esponiamo in queste pagine, si potrebbero trovare vari argomenti per confermare questa tesi, p.es. sui *corpora* della lingua polacca, come il NKJP.

Ecco alcune citazioni trovate sul NKJP in cui compaiono voci italiane senza un netto statuto di italianismi nella lingua polacca, comunque non rare nell'uso occasionale o specifico per certe terminologie o discorsi, nonché come elementi di denominazioni proprie, p.es. (1): *albergo* – settore alberghiero, turismo; (2): *biscotto* – gastronomia; (3): *lavoro* – elemento di onimi che si riprendono all'originale; (4): *capricci* – elemento di titoli di opere d'arte[490]:

(1) *W książce „Ballada hotelowa" sformułował zasady albergologii (od włoskiego* ***albergo*** *- zajazd, oberża) - nauki o korzystaniu z hoteli.* [Nel suo libro, "La ballata degli alberghi", ha formulato i principi dell'albergologia (dall'it. albergo, locanda), la scienza dell'uso dell'albergo; trad. AG; il neretto è nostro]. NKJP: nkjp.uni.lodz.pl/ParagraphMetadata?pid=c966125edd51033487cd3dd1a9f6862d&match_start=157&match_end=164&wynik=12#the_match, u.a. 14.09.2023.

(2) *Ostrzygłem się w „Super Cuts", w aptece zmierzyłem ciśnienie, w Starbucks wypiłem irish coffee i zjadłem* ***biscotti*** *almandi, w drodze do domu odkryłem „Mother's*

489 A proposito del cognome pol. *Piątek* vd. Gałkowski 2019c.
490 Cfr. anche gli enunciati provenienti dai *social* citati in Sez. 2.2.4.

Kitchen", pod którą kryje się rumuńsko-żydowska garkuchnia reklamująca european cuisine. [Mi sono fatto la barba da "Super Cuts", mi sono fatto misurare la pressione in farmacia, ho bevuto *Irish coffee* e mangiato biscotti almandi [sic!] da Starbucks e, tornando a casa, ho scoperto "Mother's Kitchen", sotto il quale si trova un *gastropub* rumeno-ebraico che pubblicizza la cucina europea; trad. AG; il neretto è nostro]. NKJP: nkjp.uni.lodz.pl/ParagraphMetadata?pid=9e8f6a61b-0330c7ed17e8ef859827cf5&match_start=105&match_end=113&wynik=1#the_match, u.a. 14.09.2023.

(3) *W 1902 r. utworzono przy ministerstwie handlu i przemysłu Urząd Pracy (Ufficio del **Lavoro**).* [Nel 1902 fu creato l'Ufficio del Lavoro (~) all'interno del Ministero del Commercio e dell'Industria; trad. AG; il neretto è nostro]. NKJP: nkjp.uni.lodz.pl/ParagraphMetadata?pid=d4d6952e53951e7a576a039267237cae&match_start=1275&match_end=1281&wynik=1#the_match, u.a. 14.09.2023.

(4) *Giovanni Battista Tiepolo (1696-1770) tworzy dwa cykle ze scenami symbolicznymi: „**Capricci**" (Kaprysy) i „Scherzi di Fantasia" (Skerca fantastyczne).* [Giovanni Battista Tiepolo (1696-1770) crea due cicli con scene simboliche: "Capricci" e "Scherzi di Fantasia"; trad. AG; il neretto è nostro]. NKJP: nkjp.uni.lodz.pl/ParagraphMetadata?pid=6fbba9f29b30a80d4ac8f29000ea1a05&match_start=871&match_end=879&wynik=2#the_match, u.a. 14.09.2023.

Il mancato legame al livello dei potenziali contenuti semantici di sfondo tra la base lessicale del marchionimo e l'oggetto della denominazione si può verificare nei singoli casi cui si contrappongono altri che illustrano i processi contrari. Per questo, la provvisoria distinzione tra i lessemi concettualmente "implicati" e "compromessi" non è categorica (vd. p.es. *Fragola*; cfr. *Favola*; *Gatta*; *Vigoroso* e altri). Anzi, diremmo che tutti tendono verso un "impegno comunicativo" almeno sul piano funzionale, costituendo strutture che sfiorano lo statuto di quasi-italianismi e culturemi, assicurando nette e rilevanti connotazioni di italianità, così ricercate nel campo del *marketing*[491].

Albergo (< s.sg.m. ~) ⟶ [~ Sp. z o.o.; Aleo/KRS – vend. in Rete / articoli vari – 2016 – Zielona Góra-LB]. Almeno 2 a.o.

Alta (< agg.s.f. ~) ⟶ [~ Sp. z o.o.; Aleo/KRS – commercio all'ingrosso di zucchero, cioccolato, dolciumi e prodotti da forno – 2019 – Warszawa-MZ]. Almeno 74 a.o.

Alto (< agg.s.m. ~) ⟶ [~ Sp. z o.o.; Aleo/KRS – studio medico specializzato – 2017 – Osielsko-KP]. Almeno 27 a.o. in d.c.

⟶ [~ // #Podolog 24 Group Sp. z o.o.; WUP – #podologo / solette ortopediche – 2018 – Zielona Góra-WP].

---

491 A volte il referente (settore) attribuito a un dato marchionimo non è quello originario che poteva dimostrare qualche legame semantico con la base italiana motivante del nome commerciale. Sono casi discutibili, ma capitano e devono essere tollerati nel sistema denominativo sul mercato.

Fig. 205. Fonte: WUP, 8, 2019, p. 2431.

Amici (< s.pl.m. ~; una possibile ispirazione è anche il lat. *amici*[492]; nella zona perionimica lo *slogan* pol. *Sztuka terapii* ['Arte della terapia']; in questo contesto il termine it. *amici* potrebbe suggerire un'attitudine amichevole, umana, la volontà di aiutare, ecc.; può anche darsi che il M sia una pura invenzione, una scelta di combinazione di lettere che coincidono con un vocabolo it. popolare) ⟶ [~ Instytut Sp. z o.o.; WUP; integratori alimentari – 2015 – Warszawa-MZ]. Almeno 5 a.o.

Fig. 206. Fonte: WUP, 8, 2017, p. 2569.

Amato (< agg.s.m./part.pass. ~; da considerare anche un'eventuale ispirazione deantroponimica, visto che *Amato* è un n.m. in it.) ⟶ [~ Sp. z o.o.; Aleo/KSRW – affitto e gestione di beni immobili propri o in leasing – 2017 – Warszawa-MZ]. Almeno 2 a.o.

Amicone (< s.sg.m. ~; forma accrescitiva da *amico*, usata in modo scherzoso; qui si tratta di una scelta consapevole e marcata dalla conoscenza del valore pragmatico, forse suggerito da un contraente it.) ⟶ [~ Pizzeria. C/N; PKT/GUS – 2002 – Śrem-WP].

Amori (< s.pl.m. ~; malgrado si presenti come la forma plurale di *amore*, può esser percepito come un n. singolare decognominale in *-i*, come se si parlasse di qualcuno che si chiama *Amori*[493]) ⟶ [~ N/C; Aleo/CEiDG – neg. specializzato – 2019 – Kraków-MP].

Bambino /S/ (< s.sg.m. ~; uno dei primi MM pol. italianeggianti, registrato nel 1939; poteva essere motivante per l'uso dello stesso vocabolo it. designante prodotti cosmetici per bambini, oggi prodotti da Nivea a Poznań-WP; cfr. anche Sez. 3.1.3; protoplasto dei numerosi MM italianeggianti in *-ino*) ⟶ [~ // Fa. „Perfection" Sp. z o.o.; WUP – 1939 – borotalco per bambini – Warszawa-MZ].

492 Cfr. anche s.sg.m. pol. *amikus* < lat. *amicus*, SJP-PWN: s.v.
493 Cfr. s.sg.m. pol. *amor* < lat. *amor*, SJP-PWN: s.v.

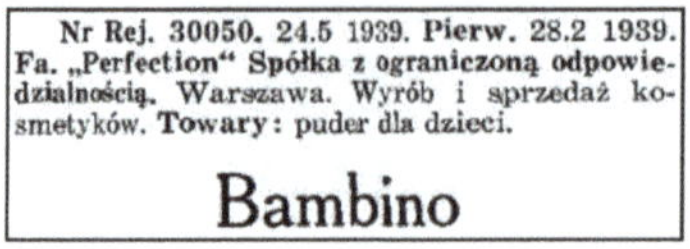
Nr Rej. 30050. 24.5 1939. Pierw. 28.2 1939. Fa. „Perfection" Spółka z ograniczoną odpowiedzialnością. Warszawa. Wyrób i sprzedaż kosmetyków. Towary: puder dla dzieci.

Bambino

Fig. 207. Fonte: WUP, XVI(7/8), 1939, p. 308.

⟶ [Bar Bambino / #Bar Mleczny; https://barbambino.pl/, u.a. 13.07.2023 – #lett. bar del latte[494] –1959 – Warszawa-MZ].

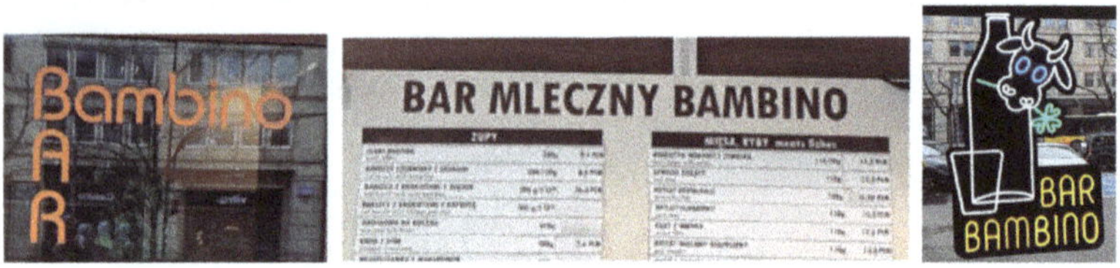

Fig. 208. Foto: AG, Warszawa 2024.

⟶ [*Bambino* Sp.c. #Hurtownia lodów i mrożonek; PKT/KRS – #vend. all'ingrosso: gelato e surgelati – 1992 – Kołobrzeg-ZP] ⟶ [~ #Hurtownia lodów, mrożonek // FINTIME N/C; PKT/CEiDG – # vend. all'ingrosso: gelato e surgelati – 2006 – Rypin-KP]. Oggi, almeno 33 a.o.

Carina /S/ (< agg.sg.f. ~; usatissimo nella MPL; un primo caso brevettato nel 1947; cfr. n.f. pol. *Karina*) ⟶ [~ // Fa Piotrkowskie Zakłady Chemiczne; WUP – #stabilimento chimico di Piotrków / profumi, acqua di Colonia – 1947 – Łódź-LD]. Oggi, almeno 19 a.o.

494 Il "leggendario" termine speciale pol. *bar mleczny* lett. 'bar latteria' designa una categoria di mense sociali con cibo a buon mercato (durante l'epoca del comunismo accessibili ad un cittadino comune che non poteva frequentare i ristoranti di lusso). La categoria si rifà al latte perché al mattino vi è possibile fare colazione con un bicchiere di latte caldo o una "zuppa" con cereali, riso o pasta e latte. Alcuni di questi bar sono sopravvissuti fino ai nostri tempi. Ci sono anche locali gastronomici che si stilizzano sul *bar mleczny*. Lo storico *Bar Bambino* a Varsavia è diventato una marca popolare tra abitanti e turisti. Cfr. le "latterie" di Milano, che vendevano il latte, ma una volta servivano anche qualche piatto da mangiare (vd. https://www.milanocittastato.it/food/tre-latterie-storiche-di-milano-dove-mangiare-come-una-volta/, u.a. 25.04.2024).

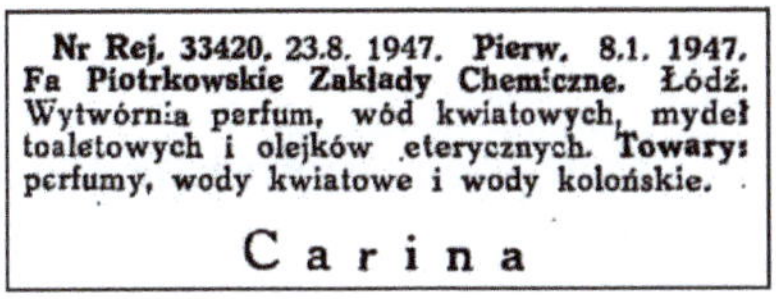
Nr Rej. 33420. 23.8. 1947. Pierw. 8.1. 1947. Fa Piotrkowskie Zakłady Chemiczne. Łódź. Wytwórnia perfum, wód kwiatowych, mydeł toaletowych i olejków eterycznych. Towary: perfumy, wody kwiatowe i wody kolońskie.

Carina

Fig. 209. Fonte: WUP, XXIII(9), 1947, p. 164.

Bassotto (< s.sg.m. ~) ⟶ [~ N/C; Aleo/CEiDG – attività relative al *software* – 2021 – Warszawa-MZ].

Biscotto (< s.sg.m. ~) ⟶ [~ N/C; CEiDG – vend. merci varie mercati bancarelle – 2015 – Płock-MZ].

Boscata (< s.sg.f. ~) ⟶ [~ N/C; CEiDG – attività di divertimento e ricreazione – 2009 – Warszawa-MZ].

Bravo (< agg./avv. ~; uno degli italianismi più diffusi che funziona soprattutto nella versione adattata: espr. interiettiva pol. *brawo*) ⟶ [~; PKT/UP – ristor. – 2017]. Almeno 8 a.o.

Fig. 210. Fonte: https://ewyszukiwarka.pue.uprp.gov.pl/search/pwp-details/Z.480 362, u.a. 24.02.2021.

Brillante (< agg./s.sg.m./p.pr. ~; l'equiv. pol. dell'it. *brillante* è *brylant*, s.sg.m.; si tratta quindi di una forma che d'aspetto *signifiant* viene intuitivamente riconosciuta e categorizzata) ⟶ [~ N/C; Aleo/CEiDG – vend. merce varia – 2016 – Gliwice-SL]. Almeno 5 a.o.

Calvo (< agg./s.sg.m. ~; marchio delle lampade nella famosa e multimerceologica fabbrica di mobili *Bodzio*; cfr. altri MM ascritti alla marca) ⟶ [~ // Bodzio N/C Sp.j.; WUP –2016 – Goszcz-DS].

Fig. 211. Fonte: WUP, 2, 2017, p. 365.

Capolavoro (< s.sg.m. ~) ⟶ [N/C ~; Aleo/CEiDG – serv. amministrativi per ufficio – 2015 – Jelenia Góra-DS].

Capricci (< s.pl.m. ~[495]) → [N/C „~"; Aleo/CEiDG – serv. ingegneria e consulenze tecniche – 2003 – Poznań-WP].

Coccola (< s.sg.f. ~) → [~ Jewellery // N/C NOVA IMPEX1; WUP – prod. gioielli – 2018 – Ostrów Wielkopolski-WP].

Fig. 212. Fonte: WUP, 8, 2019, p. 2571.

Corallo (< s.sg.m. ~[496]) → [~ Italia N/C; WUP – prod. accessori, vestiti specifici, biancheria intima – 2016 – Warszawa-MZ].

Fig. 213. Fonte: WUP, 10, 2017, p. 3801.

Danza (< s.sg.f. ~) → [„~" N/C; CEiDG – neg. non specializzato – 2001 – Białystok-PD] → [~ #CENTRUM DACHOWE N/C; CEiDG – #centro tetti / lavori di costruzione e di copertura tetti – 2018 – Wojszki-PD]. Almeno 5 a.o.

Diamante (< s.sg.m. ~; cfr. s.sg.m. pol. *diament* 'diamante') → [~ Sp. z o.o.; WUP – prod. abbigliamento, scarpe, cappelli, tessuti – 2017 – Gdynia-PM].

Fig. 214. Fonte: WUP, 4, 2018, p. 1321.

495 Cfr. s.sg.m. pol. *kaprys* 'capriccio' < fr. *caprice*.
496 Cfr. s.sg.m. pol. *koral* 'corallo', SJP-PWN: s.v.

Diretta (< n./agg.s.f. ~) ⟶ [~ IT N/C; Aleo/CEiDG – serv. informatici – 2016 – Gdańsk-PM].

Diretto (< n./agg.s.m. ~) ⟶ [~ Sp. z o.o.; Aleo/CEiDG – serv. stamperia – 2010 – Kraków-MP].

Farfalla (< s.sg.f. ~) ⟶ [~ #MOBILNY SALON FRYZJERSKO-KOSMETYCZNY N/C; Aleo/CEiDG – #salone ambulante del parrucchiere / trattamenti estetici – 2020 – Jeziorowice-SL]. Almeno 7 a.o.

Favola (s.sg.f. ~; la stereotipata idea della favola la si vuole attribuire con questo marchio ai prodotti "favolosi" e "fantasiosi" come gelati, succhi e bevande di frutta) ⟶ [~ // N/C A.K.A.; WUP – prod. gelato, dolci – 2017 – Łódź-LD].

Fig. 215. Fonte: WUP, 7, 2018, p. 2651.

Forte /S/ (< agg.sg.m./f. ~; marchio registrato nel 1939; l'idea di "forza" e "solidità" poteva essere preponderante nella scelta del vocabolo it. conosciuto dalla terminologia mus.) ⟶ [~ // Fa. Sp.a. Stryj #Fabryka Celulozy i Papieru; WUP – #fabbrica di cellulosa e carta / carta, cellulosa, prodotti in cartone – 1939 – Warszawa-MZ].

Nr Rej. 30064—30065. 30.5 1939. **Pierw.** 10.1 1939. **Fa. Spółka Akcyjna Stryj Fabryka Celulozy i Papieru.** Warszawa. Fabryka celulozy i papieru. **Towary:** papier, celuloza i tektura oraz wszelkie wyroby z papieru i tektury.

nr 30064.

Forte

Zastrzeżona ochrona nieistotnych odmian znaku, jako to: „Fo-rte, For-te".

Fig. 216. Fonte: WUP, XVI(7/8), 1939, p. 311.

Forza (< s.sg.f. ~) ⟶ [~ N/C; Aleo/CEiDG – serv. informatici – 2007 – Tczew-PM]. Almeno 30 a.o.

Fragola (< s.sg.f. ~) ⟶ [~ Apartments N/C; PKT/GUS – affitto appartamenti – 2015 – Kraków-MP]. Almeno 17 a.o.

⟶ [N/C1, N/C2 ~ Sp.c.; WUP – prodotti confezionati di frutta – 2017 – Jankowice-SL].

Fig. 217. Fonte: WUP, 7, 2018, p. 2526.

Furioso (< agg.s.m. ~; usato come italianismo nel linguaggio mus.) ⟶ [~ Sp. z o.o.; PKT/GUS – serv. amministrazione immobiliare – 2016 – Lubliniec-SL].

Gatta (< s.sg.f. ~; apparentemente il sost. it. *gatta* come base del M non ha niente a che vedere con la produzione di calze, calzetti, biancheria, ma certe sottili associazioni che si instaurano tra un gatto fisicamente grazioso e una bella donna [vd. il logonimo, Fig. 218], p.es. vestita di calze originali, come lo evidenziano le confezioni e le pubblicità della marca *Gatta*, possono spiegare la scelta di questa base lessicale it.; un'aura di qualcosa di individuale, speciale e intimo viene espressa dal termine ingl. *intimate* che funziona da *tagline* del M, diventato oggi quasi lessicalizzato come l'indicatore di calze femminili di buona qualità) ⟶ [~ intimate // FERAX Sp. z o.o.; WUP – prod. calze, biancheria – 2015 – Zduńska Wola-LD].

Fig. 218. Fonte: WUP, 7, 2018, p. 2800.

Giovani (< agg.pl.m./f. ~; la scelta della base sembra molto arbitraria, ma l'uso della forma plurale potrebbe provare una certa consapevolezza grammaticale degli autori di questo M: la voce uscente in *-i* è sempre più marcata dall'italianità dalla versione sing. dell'aggettivo *giovane*, teoricamente arruolato in questo caso; tuttavia, può darsi che la base *giovani* sia stata confusa con il n.m. *Giovanni*; la *V* mediana messa in rilievo nel logonimo lo rende caratteristico e apparentemente sofisticato) ⟶ [~ #ZAKŁAD GALANETRII SKÓRZANEJ STEFANIA Sp. z o.o.; WUP – #fabbrica di pelletteria – 2020 – Kalisz-WP].

Fig. 219. Fonte: WUP, 32, 2021, p. 79.

Grosso (< agg.s.m. ~) ⟶ [„~" N/C; Aleo/GUS – serv. costruzioni case – 1997 – Kuźnica-PD]. Almeno 11 a.o.

Larga (< agg.sg.f. ~; usato come italianismo nel linguaggio mus.; è probabile che, malgrado la mancata relazione tra il concetto della voce utilizzata come base deaggettivale del M e il settore rappresentato, gli autori della denominazione debbano essere consapevoli del significato lessicale dell'agg. *larga*, ciò suggerisce la grafia marcata da un "prolungamento" della *R* nel logonimo) ⟶ [~ by cersanit // CERSANIT Sp.a.; WUP – prodotti sanitari, ceramica da bagno – 2010 – Kielce-SW].

Fig. 220. Fonte: WUP, 28, 2021, p. 91.

Latte (< s.sg.m. ~) ⟶ [~ Sp. z o.o.; PKT/GUS – costruzione residenze – 2005 – Wierzbica-LU]. Almeno 5 a.o.

Lavoro (< s.sg.m. ~) ⟶ [N/C ~; Aleo/CEiDG – vend. tappeti – 2015 – Olimpin-KP]. Almeno 20 a.o. in d.c.

Lumaca (< s.sg.f. ~) ⟶ [C/N ~ Studio; PKT/GUS – serv. film video fotografo – 2009 – Cielcza-WP].

Magro (< agg.sg.m. ~; il M designa la produzione di vari prodotti alimentari a base di verdure, frutta e funghi conservati; la forma come tale è visualmente attraente per la sua semplicità e "forza" grafico-fonetica, facile da riprodurre, assolutamente non associabile a nessun vocabolo pol.; riconosciuta come italiana, ma ignota per al livello semantico; sembra strana l'eventuale relazione instaurata tra la base lessicale del M e l'oggetto della denominazione) ⟶ [~ GROLIK Sp.j.; WUP – 2015 – Pszczyna-SL].

Fig. 221. Fonte: WUP, 11, 2016, p. 3283.

Maglia (< s.sg.f. ~) ⟶ [~ N/C; CEiDG – vend. in Rete articoli vari – 2014 – Gdynia-PM].

Martedi [sic!] (< s.sg.m. *martedì*) ⟶ [N/C Martedi; Aleo/CEiDG – serv. informatici *software* – 2018 –Smolec-DS].

Mastro (< s.sg.m. ~) ⟶ [„~" N/C; CEiDG – pulizia non specializzata di edifici e locali individuali – 2016 – Konary-SL]. Almeno 10 a.o.

Modesto (< agg.sg.m. ~; una certa distinzione della sillaba *mod-* nel logonimo, differenziata dal resto della denominazione dal colore rosso, potrebbe suggerire un riferimento alla moda, ma l'attuale area produttiva dell'impresa non si riferisce all'industria leggera ovvero alla fabbricazione di vestiti o altri oggetti commercializzati nell'ambito della moda) ⟶ [N/C1, N/C2 ~ Sp.c.; WUP – prod. rastrelliere su automobili – 2020 – Góra Kalwaria-MZ].

MODESTO

Fig. 222. Fonte: WUP, 22, 2021, p. 25.

Momento /S/ (< s.sg.m. ~[497]; un M italianeggiante brevettato in Polonia nel 1938; riprende un italianismo che è passato nella lingua quotidiana, allora spesso accompagnato dall'indicatore non tronco del numero *uno*: *uno momento* [sic!] e non *un momento*; in questo caso può riferirsi a processi che fanno vedere un'immagine fotografica "in un momento") ⟶ [~ // Fa. Agfa-Foto Sp. z o.o.; WUP – carta fotografica – 1939 – Warszawa-MZ]. Oggi, almeno 10 a.o.

Nr Rej. 29618. 13.2 1939. **Pierw.** 23.7 1938. **Fa. Agfa-Foto Spółka z ograniczoną odpowiedzialnością.** Warszawa. Kupno i sprzedaż artykułów fotograficznych. **Towary:** papier fotograficzny.

Momento

Fig. 223. Fonte: WUP, XVI(3), 1939, p. 152

Numerato (< agg.s.m. ~[498]) ⟶ [~ Pizzeria; http://www.numerato.pl/, u.a. 12.03.2021 – 2002 – s/d – Stalowa Wola-PK].

Padre (< s.sg.m. ~; l'influenza può essere anche spagnola) ⟶ [~ Sp. z o.o.; PKT/KRS – acquisto, vendita e affitto di immobili – 2002 – Poznań-WP]. Almeno 4 a.o.

Passione (< s.sg.f. ~[499]) ⟶ [~N/C; PKT/GUS – prod. gelato / gelateria – 2018 – Nieporęt-MZ].

Pergolato (< s.sg.m. ~[500]) ⟶ [~ Sp. z o.o. Sp.k.; PKT/GUS – prod. gelato / gelateria – 2017 – Gdańsk-PM].

497 Cfr. s.sg.m. pol. *moment* 'momento', SJP-PWN: s.v.
498 Cfr. s.sg.m. pol. *numer* 'numero', SJP-PWN: s.v.
499 Cfr. s.sg.f. pol. *pasja* 'passione', SJP-PWN: s.v.
500 Cfr. s.sg.f. pol. *pergola* 'pergolato', SJP-PWN: s.v.

Popolo (< s.sg.m. ~) ⟶ [N/C „~"; CEiDG – prod. gelato – 2014 – Kielce-SW].

Ragazze (< s.pl.f. ~; nell'accompagnamento dell'elem. perionimico: *Pizzeria Ragazze*, il costrutto ottenuto si fa notare per l'assonanza di alcune cons. e voc. che si ripetono e "suonano" in entrambi i lessemi it.: *zz*, *r*, *a* ed *e*; le forme plurali usate come base nella MPLI sono rarissime; cfr. *Ragazzi*) ⟶ [PIZZERIA ~ N/C1 N/C2 Sp.c. – 2020 – Gdańsk-PM].

Ragazzi (< s.sg.m. ~; cfr. *Ragazze*) ⟶ [~ N/C; Aleo/GUS – ristor. / bar – 2013 – Kościan-WP].

Ragazzino (< s.sg.m. ~) ⟶ [~ N/C; Aleo/GUS – riparazione e manutenzione di impianti elettronici – 2019 □ 2021 – Warszawa-MZ].

Saluti (< s.sg.m. ~; cfr. v. pol. *salutować* 'salutare') ⟶ [„~" Sp. z o.o.; Aleo/KRS – ristor. *catering* – 2014 – Warszawa-MZ].

Santo (< agg.sg.m. ~) ⟶ [~ N/C; Aleo/CEiDG – serv. impianti idraulici riscaldamento gas aria condizionata – 2020 – Rybnik-SL] ⟶ [*SanTo* (sic!) N/C; n.pra pol. *Sandra*; Aleo/CEiDG – agenti e mediatori di assicurazioni – 2020 ◇ 2020 – Ludwina-WP]. Almeno 70 a.o.

Speranza (< s.sg.f. ~[501]) ⟶ [„~" N/C; CEiDG – alloggio vacanza di breve durata– 2014 – Muszyna-MP]. Almeno 10 a.o. in d.c.

Tavolo (< s.sg.m. ~) ⟶ [~ Sp. z o.o.; PKT/KRS – agenzia immobiliare – 2018 – Kraków-MP].

Tinta (< s.sg.f. ~[502]) ⟶ [~ #DLA PLASTYKÓW sp. z o.o. – materiali #per artisti, pittori, scultori, ecc. – 2020 –Warszawa-MZ].

Fig. 224. Fonte: WUP, 33, 2021, p. 76.

Topolino (< s.sg.m. ~) ⟶ [~ Sp. z o.o.; PKT/KRS – parrucchiere / salone di bellezza – 2016 – Warszawa-MZ] ⟶ [~ #Klub Dziecięcy Mini Przedszkole N/C; PKT/GUS – #club di bambini mini asilo scuola materna – 2015 – Nakło Śląskie-SL]. Almeno 5 a.o.

501 Negli ambienti colti *speranza* è conosciuto come italianismo estratto dalla citazione della *Comedia* (Inferno, canto III, v. 9) *lasciate ogni speranza voi, ch'entrate* (Zaręba 1947: 16; cfr. *Encyklopedia PWN*: s.v.; recte *lasciate speranza, voi ch'intrate*).

502 Cfr. s.sg.f. pol. *tinta*, SJP-PWN: s.v.

Tutori (coincide con il s.sg.m. ~; cfr. s.sg.m. pol. *tutor* 'tutore') ⟶ [~ Sp. z o.o.; RIO – prod. abbigliamento – 2019 – Łódź-LD].

Vero (< agg.sg.m. ~; il marchio è stato registrato insieme allo *slogan* pol. *Owoce górą!* ['La frutta vince!']; utilizzando l'agg. *vero* si voleva forse sottolineare che i prodotti sono "veri", autentici e genuini come la natura, rappresentata dal colore verde e dal disegnino di due foglie nel logonimo; il disegnino delle foglie sembra una specie di segno diacritico sulla *o*, ma la spiegazione non è subito evidente; è un elemento visuale di fantasia, ma semioticamente motivato) ⟶ [N/C #TŁOCZNIA SOKÓW OWOCOWYCH ~ owoce górą!; WUP – prodotti a base di frutta e verdura / #lett. pressa per succhi di frutta – 2020 – Dmosin-LD]. Almeno 30 a.o.

Fig. 225. Fonte: WUP, 2, 2020, p. 80.

Via (< s.sg.f. ~) ⟶ [~ Sp. z o.o.; PKT/GUS – serv. informatici programmazione – 2020 – Toruń-KP]. Almeno 4 a.o.

Vigoroso (< agg.sg.m. ~[503]) ⟶ [N/C ~; WUP – portafogli, borse da caccia, cartelle in pelle – 2016 –Częstochowa-SL].

Fig. 226. Fonte: WUP, 11, 2018, p. 4089.

Zanzara (< s.sg.f. ~) ⟶ [~ Butik N/C; CEiDG – vend. in Rete – 2020 – Suwałki-PD].

(marchio di occhiali e prodotti di oculistica vari; nella veste logonimica si riprendono nel segno brevettato due *ZZ* che, infatti, sono impressionanti come elemento grafico e visuale allo stesso tempo[504]; può essere una pura coincidenza, ma la

503 Cfr. s.sg.m. pol. *wigor* 'vigore', SJP-PWN: s.v.

504 Va aggiunta qui un'osservazione che non era pensabile al momento della raccolta del materiale per il *corpus* di analisi e per il tempo iniziale della ricerca, e cioè la ragion d'essere dei valori inquietanti del segno *Z* che sono apparsi nel discorso dopo lo scoppio della guerra in Ucraina il 24 febbraio 2022. La *Z* è da allora interpretata come un segnale militare e sociale condiviso da vari settori della vita

dominante *z* nel nesso *ZZ ZANZARA* compare anche come l'iniziale della località in cui è ubicata la produzione della marca: *Ząbki*; il lessema *zanzara* è completamente sconosciuto come italianismo; a sorpresa, nell'inchiesta in cui chiedevamo il significato "ipotetico" dei vocaboli it. comparsi nella MPLI, qualcuno suggeriva che *zanzara* fosse una parola spagnola, probabilmente per l'associazione delle due sillabe finali di *ZANZARA* al marchio di moda spagnolo *ZARA*) ⟶ [ZZ ZANZARA // N/C DG GROUP; WUP – 2017 – Ząbki-MZ]. Almeno 2 a.o.

Fig. 227. Fonte: WUP, 7, 2018, p. 2636.

4.5.1.3. Lessemi con lo statuto di culturemi

Particolarmente caratteristici in questa parte del *corpus* dei marchionimi italianeggianti MOA sono lemmi che alle loro basi delessicali (e a volte deonimiche, ma ritenute lessicalizzate, come p.es. *la befana*) possono assumere statuto di veri e propri culturemi. Nella maggior parte dei casi li costituiscono gli italianismi ormai accolti e sistemati nella lingua polacca, conosciuti anche in altre aree linguistiche (p.es. voci della terminologia gastronomica, musicale, delle belle arti o della mafia).

Tuttavia, vi spuntano anche voci nuove concettualizzanti realtà caratteristiche per la cultura italiana, che affluiscono in polacco in misura proporzionale alla penetrazione e all'assorbimento dei loro referenti nella cultura polacca. Questo processo è molto vitale e non è disturbato da particolari ostacoli di natura sociale,

---

pubblica e dallo spirito dell'aggressività in Russia. La lettera compare su armi, missili, mezzi di trasporto armati russi, ma anche su altri oggetti, quasi come un "marchio" su vestiti, bandiere, insegne, documenti, materiali di propaganda, ecc. L'origine di questo simbolo è incerta. Lo si associa, p.es., con l'iniziale della parola russa *запад* ['zapad] che significa 'ovest' e indicherebbe l'"odiato occidente", oppure con l'espressione *за победу* [zapa'bjɛdu] 'per la vittoria' (cfr. Wolny 2023). Le nuove connotazioni di questa lettera sono del tutto negative e non vantaggiose dal punto di vista di *marketing* nazionale e internazionale. Sfiorano l'ambito dei segni proibiti, manifestanti la violenza e lo sterminio, come p.es. la svastica utilizzata dai nazisti tedeschi.

politica o economica, piuttosto è aperto alle novità che piacciono ai polacchi, arricchendo la cultura di vari settori della vita pubblica e privata.

L'attribuzione dello statuto di culturemi non è motivata dal riferimento a una fonte autorevole, anche se, collocandosi nei dizionari o nei glossari dedicati a un'area tematica specifica, possono essere qualificati come nomi carichi di significati specifici, ma spesso intraducibili e senza equivalente nella lingua ricevente, in questo caso, nella lingua polacca[505].

Ed è ancora più rilevante il fatto che non abbiano referenti oggettuali o processuali nella realtà extralinguistica della lingua che accoglie le loro denominazioni lessicali od onimiche. Peraltro, cominciano ad esistere in un'altra area linguistica fin dal momento della loro manifestazione nella cultura legata a tale area, e vi sono importati, imposti o trasposti dalla lingua-cultura italiana.

La decisione di considerarli come culturemi classificati in questa sezione è quindi non priva di una convinzione sostanziale che ci permette di parlare dei marchionimi elencati qui sotto come di termini con concetti e/o forme linguistiche radicate nella realtà terminologico-culturale italiana rappresentata nella cultura polacca con elementi accolti per varie ragioni della società coinvolta in un movimento continuo della cosiddetta "modernità liquida" (Bauman 2010).

È forse consentito attribuire ad essi un doppio ruolo, ossia come *prestiti di lusso* e come *culturemi* o *para-culturemi*[506], poiché sono sostituibili con equivalenti riferiti a concetti ad essi vicini (p.es. it. *aceto* vs. s.sg.m. pol. *ocet*) oppure con formule interpretanti il significato pragmatico del termine italiano internazionale (p.es. *allegro* pol. *na wesoło / żwawo* 'in modo allegro / vivace', utilizzato nell'ambito della terminologia musicale).

Si noti, infine, che i culturemi si mantengono nella loro versione ortografica originale oppure si adattano al fonetismo e/o alla morfologia flessiva polacca con un minimo cambiamento formale per agevolare il loro funzionamento linguistico (vd. p.es. s.sg.f. pol. *batuta* < it. *battuta*).

Gli esempi citati e discussi in questa sezione potrebbero essere completati da tanti altri, inseriti in varie parti dell'analisi del *corpus* e simboleggianti la lingua-cultura italiana come termini italiani specifici, e quindi culturemi o para-culturemi che sono riusciti a penetrare nella MPL (p.es. i marchionimi *Buono* o *Piccolo*, provenienti da voci aggettivali italiane non sistemate come italianismi nella lingua polacca ufficiale, ma infallibilmente riconosciute e intese come italiane "D.O.C"). In questo modo, attraverso la comunicazione commerciale, sono penetrati anche nella lingua polacca occupandoci come lemmi il posto di italianismi approvati od occasionalismi o "incidentalismi" (lessemi incidentali), ma allo stesso tempo voci e concetti con un potenziale culturogenico particolare.

505 Nella teoria semiotica sono unità linguistiche di varia natura (lessicale od onimica) che accumulano valori enciclopedici, cognitivi ed emotivi (vd. Rak 2015: 306).

506 Cfr. Cyran 1974.

Si vedano gli esempi seguenti.

Aceto (< s.sg.m. ~; il vocabolo è conosciuto come italianismo soprattutto dai termini gastronomici come *aceto balsamico* o *aceto di vino*) ⟶ [„~" sp. z o.o., Aleo/GUS – agenzia immobiliare – 2012 – Gorzów Wielkopolski-LB].

Adagio (< avv. ~; un italianismo usato nella terminologia mus.; come M appartenente alla marca *Pollena-Ewa*, è anche legalmente protetto, quindi la sua diffusione è un po' frenata) ⟶ [„~" Sp. z o.o. Sp.k.; Aleo/KRS – assistenza sociale con alloggio per anziani e disabili – 2009 – Nowiny-MZ] ⟶ [~ // #Fabryka Kosmetyków Pollena-Ewa S.A; UP – CLN 3 – #fabbrica di cosmetici e preparati per la toeletta – 1999 – Łódź -LD]. Almeno 13 a.o.

Affogato (< s.sg.m. ~; un italianismo conosciuto come termine della cultura del caffè; cfr. Sez. 3.5.1) ⟶ [~ Sp. z o.o.; Aleo/KRS – attività strutture culturali – 2012 – Warszawa-MZ].

Allegro (< agg.sg.m. ~; un termine di provenienza terminologico-mus., utilizzato largamente come base di varie unità nella MPL; particolarmente conosciuto come M che identifica una popolare piattaforma commerciale *allegro.pl*; vd. Fig. 228) ⟶ [~ Sp. z o.o.; KRS – gestione delle piattaforme *allegro.pl* e *allegrolokalnie.pl* – 2016 – Poznań-WP]. Almeno 37 a.o.

allegro

Fig. 228. Fonte: https://allegro.pl/, u.a. 13.09.2023.

Battuta (< s.sg.f. ~; termine mus., che in pol. ha dato *batuta*, s.sg.m.; la segnalazione della forma originale nel M non pone dubbi sui suoi valori di italianità intenzionati) ⟶ [~ N/C; CEiDG – organizzazione eventi artistici – 2015 – Metów-LU].

Befana /S/ (< s.sg.f. /crematonimo ~; il n. della Befana è poco conosciuto come italianismo e culturema legato strettamente all'area italiana[507]; la sua relativa diffusione

507 La voce originariamente sorta dall'eortonimo *Epifania*, in quanto una sua versione popolare, è diventata la base di un antroponimo fantasioso di una altrettanto fantasiosa figura femminile della Befana. Solo nell'ulteriore e abbastanza recente uso dovuto ad una tradizione popolare di dare ai bambini regali in occasione della Befana, il termine si è metonimizzato indicando diverse realtà caratteristiche per questa festa desacralizzata, banalizzata e commercializzata. Non è nemmeno chiara l'ortografia di questo vocabolo, sia usato con l'iniziale maiuscola, che (e probabilmente più spesso) con la minuscola (cfr. Treccani: s.v. e PRDMC: s.v.). È curioso che la figura della Befana abbia potuto interessare gli autori di una

è dovuta proprio al M ~ che esiste sul mercato pol. da oltre 40'anni; può essere considerato un M italianeggiante storico che continua la sua "missione" denominativa di *marketing*) ⟶ [~ Sp. z o.o. #Bydgoska fabryka narzędzi; PKT/KRS – #fabbrica strumenti specialistici di Bydgoszcz – 1989 – Bydgoszcz-KP]. Almeno 5 a.o.

Fig. 229. Fonte: https://www.befana.com.pl/, u.a. 17.05.2023.

Belcanto (< s.sg.m. ~; termine mus.) ⟶ [N/C – ~; PKT/CEiDG – scuola danza – 2015 – Ziębice-SL]. Almeno 5 a.o.

Bruschetta (< s.sg.f. ~; termine gastronomico) ⟶ [~ N/C; CEiDG – ristor. – 2017 ◊ 2018 – Bielawa-DS].

Capo (< s.sg.m. ~; termine associato al linguaggio della mafia) ⟶ [„~" Sp. z o.o.; Aleo/CEiDG – magazzinaggio e stoccaggio di merci – 2002 – Warszawa-MZ]. Almeno 15 a.o.

Capone (< s.sg.m. ~; cfr. *Al Capone*) ⟶ [~ N/C; Aleo/CEiDG – ristor. – 2018 – Proboszczewice-MZ]. Almeno 8 a.o.

Capricciosa (< s.sg.f. ~; termine utilizzato nel linguaggio della pizza) ⟶ [Pizzeria ~ N/C; CEiDG – 2006 – Przecław-PK].

Commedia (< s.sg.f. ~; linguaggio della cultura letteraria[508]) ⟶ [~ N/C; Aleo/CEiDG – agenzia pubblicitaria – 2016 – Warszawa-MZ].

Confetti (< s.pl.m. ~; italianismo e internazionalismo comunemente conosciuto[509]) ⟶ [N/C STUDIO ~; Aleo/CEiDG – serv. video fotografo – 2011 ◊ 2020 – Swarzędz-WP].

---

fabbrica di strumenti specialistici in Polonia. L'azienda è stata fondata negli anni '20 del XX sec. come *Bydgoska Fabryka Pilników i Narzędzi* 'Fabbrica di File e Strumenti di Bydgoszcz'. Il suo nome simbolico conteneva all'epoca un elemento latino: *Befana-Vis* (< lat. *vis* 'forza'). È possibile che *Befana* sia, all'origine, un nome neologico composto da un {cx} *Bef-* e dalla terminazione *-ana* utilizzata per la formazione di alcuni nomi di imprese polacche prima e anche dopo la Seconda guerra mondiale (cfr. p.es. *Rogana*).

508 Cfr. s.sg.f. pol. *komedia* 'commedia', SJP-PWM: s.v.

509 Cfr. s.sg.m. pol. *konfetti* 'confetti', SJP-PWN: s.v. La voce è stata adattata come singolare, ma capita che la percezione del suo valore grammaticale sia plurale, corrispondente al termine italiano originale (vd. l'enunciato pol. *To są konfetti*

Confetto (< s.sg.m. ~; l'ispirazione viene dall'italianismo ben radicato in pol., cfr. *Confetti*; al sing. si usa in it come un termine culinario specifico, ma non è questo ambito concettuale che ha motivato l'onomaturgia del M ~) ⟶ [~ N/C; Aleo/CEiDG – progettazione decori speciali – 2015 – Bytom-SL].

Cornetto (< s.sg.m. ~; termine gastronomico) ⟶ [#PIEKARNIA „~" Sp.c. N/C1, N/C2; Aleo/KRS – #panetteria – 1991 – Bochnia-MP].

Felicita [sic!] (< s.sg.f. *felicità*) ⟶ [*FELICITA* – #Dekoracje ślubne i okolicznościowe N/C; Aleo/CEiDG – #decorazioni cerimonie nuziali e occasionali – 2019 ◇ 2020 – Piasek-SL]. Almeno 4 a.o.

Focaccia (< s.sg.f. ~; termine gastronomico; nell'es. cit. la focaccia non rientra più nell'area dell'attività denotata) ⟶ [~ Sp. z o.o.; Aleo/KRS – lavori di ingegneria acqua terra – 2020 – Toruń-KP].

Granola (< n.s.f. ~; termine utilizzato nel nel settore alimentare e gastronomico) ⟶ [#Gabinet Dietetyczny ~ N/C; PKT/GUS – #clinica dietologica – 2020 – Łańcut-PK]. Almeno 2 a.o.

Mafia (< s.sg.f. ~; linguaggio della mafia[510]) ⟶ [~ Sp.c. Pizzeria. C/N1, C/N2; PKT/GUS – pizz. – https://www.mafiaszpr.pl/, u.a. 28.05.2023]. Vd. Fig. XX (il logonimo stilizzato su un'immagine carica di riferimenti a una realtà buia e di color sangue). Almeno 3 a.o.

Fig. 230. Fonte: https://www.mafiaszpr.pl/galeria, u.a. 28.05.2023.

Merenda (< s.sg.f. ~; un termine specifico nella cultura di mangiare in Italia) ⟶ [~ #Agencja opiekunek; PKT/GUS – #agenzia *baby sitter* – s/d]. Almeno 2 a.o.

Moderato (< agg.s.m. ~; linguaggio internaz. mus.[511]) ⟶ [N/C #Usługi Muzyczne ~; PKT/GUS – #serv. educazione mus. – 2020 – Węgorzewo-WM]. Almeno 6 a.o.

---

sypane przez Boga! [Sono confetti versati da Dio!; trad. AG], NKJP: https://nkjp.pl/poliqarp/nkjp300/query/8/, u.a. 15.05.2023).

510 Cfr. s.sg.f. pol. *mafia* 'mafia', SJP-PWN: s.v. Si tratta di un italianismo che ha fatto "un'enorme carriera" nel mondo contemporaneo (Ostrowski 2009: 80).

511 Cfr. SJP-PWN: s.v.

Mozzarella (< s.sg.f. ~[512]; termine gastronomico; perfettamente adattato nel settore alimentare pol.) ⟶ [„~" N/C; CEiDG – ristor. – 2021 – Przecław-WP].

Omerta [sic!] (< s.sg.f. *omertà*; linguaggio della mafia[513]) ⟶ [~ Sp. z o.o. // Cztery Koła Sp. z o.o.; PKT/KRS – vend. serv. pneumatici – 2004 – Będzin-SL] ⟶ [~ C/N; PKT/CEiDG – serv. finanziari mutui risparmi – 2006 – Otwock-MZ]. Almeno 12 a.o.

Osteria (< s.sg.f. ~[514]; un termine che nell'ambito it. potrebbe funzionare come elem. perionimico di un altro M designante appunto un'"osteria"; nell'ambito pol. funziona autonomamente come struttura occasionalmente prestata dall'it.) ⟶ [~ #Kuchnia włoska; http://osteria.com.pl/, u.a. 12.03.2021 – #cucina italiana / pizz. – 2005 – Wysokie Mazowieckie-PD].

Pancetta (< s.sg.f. ~; termine gastronomico) ⟶ [~ N/C; PKT/GUS – *catering* – 2018 – Warszawa-MZ].

Panini (< s.pl.m. ~; termine gastronomico) ⟶ [~ Bar Sp. z o.o.; PKT/KRS – ristor. – 2018 – Warszawa-MZ]. Almeno 3 a.o.

Paparazzi (< s.pl./sg.m. / voce para-onimica ~; la base, interpretata come termine lessicalizzato con un significato comunemente accolto da diverse aree linguistiche, oltre ad essere un italianismo molto caratteristico[515], si caratterizza come culturema per eccellenza che funge da ambasciatore moderno dell'italianità nel mondo; la struttura e il suo concetto sono attraenti dal punto di vista del *marketing*, ma non si coglie alcuna relazione semantica tra il M e l'oggetto dell'attività nell'es. cit.) ⟶ [~ // C/N TROPIC; WUP – occhiali da sole, accessori per occhiali, prodotti specialistici come microscopi, lenti d'ingrandimento, ecc – 2019 – Gdynia-PM]. Vd. Fig. 231. Almeno 8 a.o.

PAPARAZZI

Fig. 231. Fonte: WUP, 1, 2020, p. 137.

Parrucchiere (< s.sg.m. ~[516]; pol. *salon fryzjerski* 'salone del parrucchiere' si è fatto chiamare col termine it. equivalente creando l'effetto di una tautologia

512 Cfr. ibid.: s.v.
513 Cfr. s.sg.f. pol. *omerta* 'omertà', SJP-PWN: s.v.
514 Cfr. SJP-PWN: s.v.
515 Cfr. PRDMC: s.v.
516 Cfr. s.sg.f. pol. *peruka* < fr. *perruque*, SJP-PWN: s.v.

interlinguistica) ⟶ [Salon Fryzjerski ~ – N/C; PKT/CEiDG – 2018 – Wrocław-DS]. Cfr. *Pasticceria*.

Pasticceria (< s.sg.f. ~; usato nella zona perionimica come equiv. del s.sg.f. pol. *ciastkarnia*; funzione tecnica) ⟶ [Ciastkarnia ~ // Mignon N/C Sp.c.; PKT/GUS – 2017 – Warszawa-MZ].

Peperoncino (< s.sg.m. ~; termine gastronomico; linguaggio della pizza) ⟶ [~ Pizza Catering #Imprezy okolicznościowe; PKT/GUS – #cerimonie – 2007 – Mosina-WP]. Almeno 4 a.o.

Risotto (< s.sg.m. ~[517]; termine gastronomico) ⟶ [RESTAURACJA ~ N/C; CEiDG – ristor. – 2010 – Bolesławiec-LD].

Tarantella (< s.sg.f. ~; adattato in pol. come s.sg.f. *tarantela*[518]) ⟶ [~ N/C; PKT/GUS – neg. vestiti – 2015 – Poznań-WP].

Tiramisu [sic!] (< s.sg.m. *tiramisù*[519]; il vocabolo è spesso usato come base dei MM nel settore gastronomico e in altri ambiti, anche nel suo significato etimologico di *tirare su*, cfr. il secondo degli ess. cit.) ⟶ [N/C ~ Studio; PKT/GUS – progettazione siti Internet / serv. fotografici – 2014 – Kraków-MP] ⟶ [~ Fitness N/C; PKT/GUS – centro sportivo – 2011 – Warszawa-MZ]. Almeno 12 a.o.

Toccata (< s.sg.f. ~; termine mus.) ⟶ [#Prywatne Ognisko Muzyczne „~" N/C: CEiDG – #focolaio privato / educazione mus. – 2021 – Cekcyn-KP] ⟶ [~. #Zakład organowy; PKT/GUS – #laboratorio di organo / prod. strumenti mus. – 1996 – Kowalewo Pomorskie-KP]. Almeno 3 a.o.

Zabaione (< s.sg.m. ~[520]; termine gastronomico; non vi è alcun legame semantico o culturale con il settore denominato) ⟶ [~ N/C; CEiDG – affitto e *leasing* di altri beni personali e domestici – 2019 – Debrzno-Wieś-WP].

4.5.2. Formazioni deverbali

Le forme interpretate come deverbali MOA sono molto singolari nella MPLI. Si tratta di modelli che paiono come strutture verbali personali, prevalentemente all'indicativo presente, ma anche quelle impersonali, illustrate soprattutto da infiniti. Non si pretende che tutti gli esempi in questa sezione siano una consapevole ripresa dei verbi italiani in una data forma personale o impersonale. Tuttavia, non possono essere qualificate in un altro modo da un italofono.

Non pongono dubbi i nomi che esibiscono relazioni concettuali tra il significato della base deverbale italiana e l'oggetto della denominazione. Invece, devono

517 Cfr. ibid.: s.v.
518 Cfr. PRDMC: s.v.
519 Cfr. SJP-PWN: s.v.; IVLW: s.v.
520 Ibid.: s.v.

essere considerate come ambigue le creazioni che coincidono con forme verbali brevi, bisillabiche, che si potrebbero riferire anche ad altre lingue o funzionare come nomi di fantasia del tutto neologici (p.es. *Dico*, ritrovabile ugualmente nel latino, o *Creo* e *Mando*, appartenenti anche al sistema verbale spagnolo).

La coincidenza di carattere omonimico può risultare anche dalla combinazione di sillabe, suoni e lettere, la quale non si fonda sulla lingua italiana, ma ad essa è riconducibile nell'interpretazione in cui si considera la forma italiana di base. Ad esempio, *Devo* poteva parere un puro neologismo agli occhi dei suoi autori, costituendo una composizione di *De-* e *-vo* oppure il collegamento della iniziale *D-* con il resto italianeggiante *-evo*, in sé creando un anagramma di *Dove*, un nome di marchio internazionale molto popolare. Una simile interpretazione strutturale può essere attribuita a *Bevo* o *Vedo*.

In certe situazioni, va anche ammessa una possibile corrispondenza strutturale non prevista nell'atto della creazione del marchionimo. Non è da escludere, p.es., nella marchionimizzazione delle voci *Apriva*, *Presenta* o *Vinca*, che possono essere interpretate altresì come potenziali strutture italiane deverbali. Tutte e tre, finendo in *-a*, vengono percepite come nomi femminili e come tali si comportano nell'uso polacco. Declinandole, si otterranno in polacco forme alterate, che sono diverse dalle loro versioni al nominativo, sia nello scritto sia nell'orale, p.es. allo strumentale: *Aprivie* o *Apriwie* [apˈrivjɛ]; *Presencie* [prɛˈzɛnʨɛ]; *Vince* [ˈvintsɛ]. La scelta migliore sarebbe il mantenimento della voce invariata (e cioè il mantenimento della forma principale, ufficialmente registrata al nominativo), ma questa si porrebbe in contrasto con la norma del polacco, la quale prescrive la declinazione di ogni parola che può (e deve) essere flessa (cfr. Sez. 1.4.1). La regola concerne anche voci straniere e neologiche come i tre esempi citati. Declinate, esse si allontanano considerevolmente dai valori grammaticali delle loro basi. Anzi, la loro provenienza deverbale rimane solo un dato secondario, casuale o reale, notato o meno dai loro autori e da alcuni utenti che ci scoprono una relazione con il sistema verbale italiano.

Si deve, comunque, dire che è uno spazio trasparente e intuibile per un italofono che non può ignorare la sua consapevolezza linguistica e interlinguistica da quello che vede o sente (p.es. il marchionimo *Passiamo* gli farà venire in mente il v. *passare* che, nel campo lessicale vinicolo, s'associa al vino "passito", creando una fine motivazione semantica della base italiana utilizzata).

Ancora una volta si conferma l'osservazione che lo *charme* dell'italianità linguistica, creata anche ulteriormente per caso o in modo neologico, conta più del potenziale legame semantico che potrebbe esistere tra il significato della base lessicale e la descrizione dell'oggetto della denominazione commerciale. Ciò sarà confermato anche per altre categorie grammaticali e sintagmatiche che analizzeremo in questo paragrafo.

Ecco esempi che qualifichiamo come "deverbali".

Abitare (< inf. ~; la corrispondenza tra la denominazione e il v. *abitare* è evidente; l'azienda si occupa della produzione di mobili per casa) ⟶ [collezione ~ // N/C1, N/C2 P.P.H.U. RAMARO Sp.c.; WUP/RIO – prod. mobili – 2018 – Paczkowo-WP].

Fig. 232. Fonte: WUP, 2, 2020, p. 174.

Amiamo (< ind.pres. 1 pers.pl. del v. *amare*) ⟶ [AMIAMO.PL[521] N/C; CEiDG – attività sanitarie non classificate altrove – 2015 – Gdańsk-PM].

Andiamo (< ind.pres. 1 pers.pl. del v. *andare*) ⟶ [~ N/C; CEiDG – produzione di film, video e programmi televisivi – 2012 – Bydgoszcz-KP]. Almeno 3 a.o.

Apriva (< imperf. 3 pers.sg. del v. *aprire*) ⟶ [~ Sp. z o.o.; WUP – attrezzature per la pulizia e la disinfezione – 2016 – Poznań-WP].

Fig. 233. Fonte: WUP, 10, 2017, p. 3526.

Attraversiamo (< ind.pres. 1 pers.pl. del v. *attraversare*) ⟶ [~ N/C; CEiDG – altre forme di educazione non scolastica – 2017 ◊ 2018 – Najmowo-KP].

Avere (< inf. ~) ⟶ [~ N/C; Aleo/CEiDG – serv. *consulting* finanziario – 2015 – Łódź-LD].

Basta (< ind.pres. 3 pers.sg. del v. *bastare*; uno degli italianismi espressivi più conosciuti; tra l'altro grazie alla serie televisiva *Królowa Bona*, cfr. Sez. 3.2.2.5; in alcune occorrenze può anche derivare dal cogn. pol. *Basta*, ma questo non cancella l'interferenza linguistica di cui è probabilmente consapevole anche l'autore del M omonimo[522]) ⟶ [~ Sp. z o.o.; PKT/KRS – accessori mobili – 2003 – Świecie-KP] ⟶ [N/C FU ~; c.pro: ~; PKT/GUS – meccanico – 2007 – Kraków-MP]. Almeno 46 a.o.

Bevo (< ind.pres. 1 pers.sg. del v. *bere*) ⟶ [~ WHATERTECHNICS Sp. z o.o.; WUP – prodotti specialistici dell'industria chimica e precisa – 2013 – Wysogotowo-WP].

---

521 Anche qui consideriamo i codici che indicano i Paesi (*.pl*, *.it*, ecc.) o un altro tipo di dominio come elementi perionimici rispetto alla forma principale che designa in modo individuale l'oggetto. D'altro verso, nella quasi totalità dei casi del genere, si ha a che vedere con forme univerbate, in cui, per il desiderio degli intestatari, i codici di dominio vengono regolarmente riprodotti insieme al nome distintivo, creando forme visualmente composte, collegate per mezzo di un punto fermo che svolge la funzione di uno spazio tra le parole scritte. Cfr. nota 402 e Sez. 4.9.4.

522 Cfr. SJP-PWN: s.v.

Fig. 234. Fonte: WUP, 4, 2017, p. 1024.

Capisco (< ind.pres. 1 pers.sg. del v. *capire*) ⟶ [N/C ~; PKT/CEiDG – organizzazione corsi aggiornamento – Szczecin-ZP]. Almeno 2 a.o.

Consiglia (è possibile associarlo all'ind.pres. 3 pers.sg. del v. *consigliare*) ⟶ [~ N/C; CEiDG – consulenze tecniche – 2016 – Nowa Wieś Tworowska-SL].

Creo (< ind.pres. 1 pers.sg. del v. *creare*; l'ispirazione può anche provenire dalla forma verbale spagnola *creo* 'penso'; attraenti risultano il riferimento al concetto di "creare" e il nesso percepito come italianeggiante *en vogue -eo*; cfr. v. pol. *kreować* 'creare') ⟶ [N/C CLIP; WUP – prod. di materiali isolanti, pellicole, ecc. – 2019 – Sopot-PM].

Fig. 235. Fonte: WUP, 4, 2020, p. 234.

Cucinare (< inf. ~) ⟶ [~ N/C; Aleo/CEiDG – neg. alimentari – 2012 – Oleśnica-DS].

Devo (la forma corrisponde all'ind.pres. 1 pers.sg. del v. *dovere*; in realtà, può essere una pura coincidenza strutturale) ⟶ [~; PKT/GUS – prod. mobili cucina – 1982 – Łomża-PD]. Almeno 6 a.o.

Dico (la forma coincide con l'ind.pres. 1 pers.sg. del v. *dire*) ⟶ [N/C Firma „~"; Aleo/CEiDG – organizzazione viaggi professionali – 1992 – Kęty-MP].

Dovesti (probabilmente, solo per caso, è un neo PIF che coincide formalmente con il pass.rem. 2 pers.sg. del v. *dovere*, ma è anche possibile che sia stato scelto deliberatamente dal repertorio delle strutture verbali it.) ⟶ [~ N/C; CEiDG – agenzia pubblicitaria – 2012 – Szczecin-ZP].

Esco (neo PIF; può essere una "pura" invenzione da parte dei suoi autori, ma sembra corrisponda alla forma verbale dell'ind.pres. della 1 pers.sg. del v. *uscire*; d'altra parte, l'ispirazione it. può essere anche del tutto consapevole; è inoltre possibile interpretare il M come abbreviazione di *Escott*, un altro n. di marchio utilizzato dalla ditta) ⟶ [~ Sp. z o.o.; RIO – prod. articoli in pelle – 2006 – Warszawa-MZ].

Esisto (la forma corrispondente all'ind.pres. 1 pers.sg. del v. *esistere*) ⟶ [N/C ~; CEiDG – vend. all'ingrosso di prodotti farmaceutici e medici – 2007 ◊ 2019 – Warszawa-MZ].

Guardo (< ind.pres. 1 pers.sg. del v. *guardare*) ⟶ [~ Sp. z o.o.; PKT/KRS – serv. orologiaio – 2016 – Warszawa-MZ].

Lavora (per coincidenza formale o intento consapevole, la denominazione corrisponde alla forma dell'indic.pres. 3 pers.sg. del v. *lavorare*) ⟶ [~ Sp. z o.o.; RIO – prod. mobili – 2020 – Wrocław-DS].

Lavorate (< ind.pres. 2 pers.pl. del v. *lavorare*; è difficile stabilire un legame concettuale con l'oggetto della denominazione) ⟶ [~ Sp. z o.o. – serv. informatici gestione piattaforme – 2008 – Nadarzyn-MZ].

Mando (neo PIF; omonimo della forma personale dell'ind.pres. 1 pers.sg. del v. *mandare*; è una pura coincidenza, ma non si esclude un'influenza it.) ⟶ [N/C #PAWILON MEBLOWY „~"; CEiDG – #salone di mobili – 1993 – Parczew-LU]. Almeno 4 a.o.

Mangia (< ind.pres. 1 pers.sg. / imperat. 2 pers.sg. del v. *mangiare*; il verbo è poco conosciuto come italianismo; una delle associazioni automatiche che possono venire in mente ad un utente pol. che non conosce la lingua it., è, invece, il lessema paronimico pol. e internaz. *magia* 'magia', senza legame concettuale con l'oggetto della denominazione, ma, allo stesso tempo, senza ripercussioni sfavorevoli per il funzionamento comunicativo di *Mangia*; la voce viene categorizzata come s.sg.f.: la prova è la frase dal sito del ristorante: pol. *Witaj w Mangi!* ['Benvenuto a Mangia'], http://mangia.pl/, u.a. 24.05.2023; pol. *Mangi* è un'evidente forma flessiva di *Mangia* declinato allo strum.; cfr. anche il cogn. *Mangia*[523]) ⟶ [N/C Restauracja - Bar „~" – ristor. – 2020 – Kraków-MP].

Passiamo (ipoteticamente < ind.pres. / imperf.dir. 1 pers.pl. del v. *passare*, ma senza un chiaro riferimento concettuale; è più probabile che l'ispirazione venga dal vocabolo it. *passione*, nella sua base lessicale internazionalizzato; cfr. p.es. il suo equiv. pol. *pasja* che si sente nella pronuncia di *Passiamo*; non senza significato pragmatico si presenta la terminazione *-/i/amo* discussa in Sez. 4.8.2.1.8; il marchio italianeggiante è sembrato convincente per la produzione dei vini e altri alcolici della società TIM; cfr. it. *passito*) ⟶ [~ // TIM Sp.a.; WUP – prod. bevande alcoliche, vini – 2019 – Bielsko-Biała-SL].

523 Cfr. Caffarelli, Marcato 2008: s.v.

PASSIAMO

Fig. 236. Fonte: WUP, 5, 2020, p. 98.

Penso (< ind.pres. 1 pers.sg. del v. *pensare*) → [~. #Ubezpieczenia; PKT/CEiDG – #assicurazioni – 1992 – Tychy-SL].

Posso (la forma coincide con l'ind.pres. 1 pers.sg. del v. *potere*; ma la motivazione del neo PIF può essere tutt'altra; cfr. vari MM creati sul modello *C+V+CC+V*, p.es. *Tazzo*; *Tippo*; *Malla*; ecc.) → [~ Sp. z o.o.; PKT/KRS – serv. di oculistica – 2017 – Warszawa-MZ]. Almeno 5 a.o.

Prendo (< ind.pres. 1 pers.sg. del v. *prendere*; un v. teoricamente usato nel settore finanziario rappresentato dall'esercizio) → [~ Sp. z o.o.; PKT/KRS – serv. finanziari prestiti mutui – 2016 – Łódź-LD].

Presenta (< ind.pres. 3 pers.sg. oppure imper.dir. 2 pers.sg. del v. *presentare*; cfr. s.sg.m. pol. *prezent* 'regalo' e il v. pol. *prezentować* 'presentare') → [~ // CONVATEC Sp. z o.o.; WUP – articoli medici e igienici – 2020 – Warszawa-MZ].

PRESENTA

Fig. 237. Fonte: WUP, 29, 2021, p. 89.

Ripasso (la forma coincide con l'ind.pres. 1 pers.sg. del v. *ripassare* utilizzato nel linguaggio dell'industria tessile[524]) → [~ Sp. z o.o.; RIO – prod. abbigliamento – 2014 – Bydgoszcz-KP].

Sentiamo (< ind.pres. 1 pers.pl. del v. *sentire*) → [N/C ~; CEiDG – insegnamento lingue straniere – 2013 ◊ 2017 – Warszawa-MZ].

Siamo (omofono dell'ind.pres. 1 pers.pl. del v. *essere*) → [~ N/C; CEiDG – prod. gioielli e articoli correlati – 2014 – Iława-WM].

Spero (< ind.pres. 1 pers.sg. del v. *sperare*) → [~ N/C1 N/C2, Sp.j.; PKT/GUS – prod. gelato – 2019 – Zielona Góra-LB].

---

524 Cfr. il v. pol. *repasować* 'ripassare/stirare' < fr. *repasser*, SJP-PWN: s.v.

Sposiamo (< ind.pres. 1 pers.pl. del v. *sposare*; esiste un chiaro legame concettuale tra il significato it. della forma deverbale e il settore: progetti di abito da sposa) ⟶ [~ N/C; CEiDG – progettazione specializzata – 2012 – Radymno-PK].

Tornero [sic!] (neo IS; la base di riferimento sembra un'intera voce verbale: *tornerò*, la forma del fut.sempl. della 1 pers.sg., conosciuta dal titolo della canzone del gruppo I Santo California *Tornerò*; cfr. Tab. 4) ⟶ [C/N #ZAKŁAD PRODUKCJI OBUWIA „~" – #azienda prod. scarpe – 2001 – Radom-MZ]. Almeno 3 a.o.

Tradotto (si tratta tanto della forma deverbale quanto di quella aggettivata *tradotto* < v. *tradurre*; corrisponde al settore dell'esercizio: traduzioni) ⟶ [Tradotto.pl N/C; CEiDG – serv. traduzione – 2014 ◊ 2016 – Kraków-MZ].

Vedo (< ind.pres. 1 pers.sg. del v. *vedere*) ⟶ [~ // C/N; WUP – apparecchi sanitari – 2018 – Kęty-MP].

Fig. 238. Fonte: WUP, 8, 2019, p. 2428.

Vinca (il M può essere ispirato a una forma verbale it.; ma sembra che solo per caso sia omonimo del congt.pres. sg. del v. *vincere*; nella pronuncia risulta, inoltre, omofono e, quindi, falso amico, del s.pl.n. dim. pol. *winka* colloq. 'vini'; in fin dei conti, è un neo di fantasia, percepito come italianeggiante e sottoposto al trattamento nominale, quindi declinabile) ⟶ [~ Sp. z o.o.; PKT/GUS – prod. gelato / gelateria – 1991 – Warszawa-MZ].

Vivi (< ind.pres. / imper.dir. 2 pers.sg. del v. *vivere*; potrebbe essere anche interpretato come deaggettivale e sostantivizzato; non sono esclusi riferimenti ad altre lingue, ma sembra che prevalga l'ispirazione it. si noti la grafia *ViVi* nel logonimo che suggerisce un'ipotetica comp. di due {csl} *-Vi-*, ma in sé è un semplice gioco transortografico nella forma deverbale di base che consiste nella ripetizione eufonica di due caratteristiche sillabe; il settore alimentare può spiegare la scelta lessicale; cfr. il termine mus. *vivo*) ⟶ [~ // DUO-TES Sp.j.; WUP – prodotti alimentari – 2016 – Teresin-MZ].

Fig. 239. Fonte: WUP, 11, 2016, p. 3221.

Viviamo (< ind.pres. / imperf.dir. 1 pers.pl. del v. *vivere*) ⟶ [V VIVIAMO #UBEZPIECZAMY // ~ Sp. o.o. ; WUP – #lett. assicuriamo / agenzia di assicurazioni – 2016 – Gorzów Wielkopolski-LS].

Fig. 240. Fonte: WUP, 10, 2017, p. 3504.

Volare (< inf. ~; conosciuto molto bene dal titolo non ufficiale della canzone di Domenico Modugno *Volare nel blu, dipinto di blu*, e soprattutto dal suo ritornello *volare oh oh*; funziona come un caratteristico italianismo, molto spesso riprodotto come semanticamente "vuoto", ma carico culturalmente di associazioni, emozioni, impressioni e legami che rinviano direttamente all'Italia; la voce è utilizzata, tra l'altro, per designare le agenzie di viaggi; cfr. Tab. 4) ⟶ [~ N/C; CEiDG – organizzazione dei viaggi di lavoro – 2019 □ 2020 – Lewin Brzeski-OP] ⟶ [Volare.pl // Pydych Sp.j.; Aleo/GUS – agenti turismo – 2004 – Kraków-MP]. Vd. Fig. 241. Almeno 13 a.o. in d.c.

Fig. 241. Fonte: https://volare.pl/, u.a. 23.05.2023.

4.5.3. Altre categorie grammaticali

Inoltre, possono essere onimizzati lessemi rappresentanti altre categorie grammaticali, che non sono sostantivi, aggettivi o verbi. Anche questi diventano originali marchionimi italianeggianti MOA nell'area polacca e, come tali, riproducono strutture non alterate di pronomi, avverbi, preposizioni italiane.

Si applicano lo stesso alcune congiunzioni e vari connettivi o particelle che consistono di almeno due sillabe. Qui peraltro non si pretende che i marchionimi come *Ma*, *Da*, *Di*, *Su*, *Per*, che esistono tra i nomi commerciali polacchi, debbano essere considerati di origine italiana, anche se l'ispirazione italiana possa essere immaginabile. Per questo, i lemmi come *Mia* o *Piu*, qualificati come italianeggianti, potrebbero avere una provenienza fantasiosa, del tutto neologica e imprecisa (ad eccezione dell'ipotetica motivazione deantroponimica di *Mia*). A questi concediamo lo statuto di *italianismi marchionimici*, perché ce lo permette la ricerca effettuata, che conferma la ripresa dall'italiano del pronome *mia* e dell'avverbio *più* in una delle istanze nell'uso di queste particelle come base marchionimica attestata nelle fonti consultate.

Prevalentemente, sono costrutti scelti per la formazione marchionimica a piacere, senza un particolare legame semantico con l'oggetto della denominazione, invece marcate dalla loro attribuzione linguistica. Questo risulta anche dalla nostra ricerca tramite inchieste sulla provenienza e il significato dei vocaboli italiani ritrovati nella MPL.

Tra le voci prestate per questa formazione, nel gruppo analizzato qui sotto, meno dubbi di attribuzione all'area italiana ponevano *Allora*; *Ancora*; *Questo/Questa*; *Altro*; *Avanti*; *Subito*. Anche riguardo altri marchionimi in questa classe sono state trasmesse delle opinioni particolari di alcuni utenti che supponevano intuitivamente l'origine italiana delle voci indicate. Nel caso dei marchionimi come *Adesso*; *Troppi*; *Sottosopra*; *Quello*, un indicatore chiave per qualificarli come italiani / italianeggianti è stata l'ortografia con una geminata.

Si vedano gli esempi.

Adesso (< avv. ~) ⟶ [~ Sp. z o.o.; PKT/KRS – prod. scarpe – 2004 – Andrychów-MP]. Almeno 7 a.o.

Allora (< avv./cong. ~) ⟶ [~ #Krawiectwo; PKT/CEiDG – #serv. sartoria – 1995 – Poznań-WP]. Almeno 6 a.o.

Altro (< agg./pron.indef. ~) ⟶ [~ // N/C; WUP – prod. vestiti, scarpe, cappelli – 2017 – Gdańsk-PM].

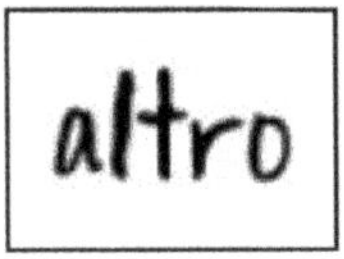

Fig. 242. Fonte: WUP, 7, 2018, p. 2641.

Ancora (< avv. / s.sg.f. ~; la motivazione di *Ancora* è piuttosto deavverbiale, ma in casi particolari può essere anche desostantivale [evidente nel primo degli ess. cit.], vista l'omonimia della voce *ancora* in it.; l'accento dei MM pol. basati su *ancora* è regolarmente parossitono) ⟶ [~ Sp. z o.o. // Ancora Corporation LTD; PKT/KRS – fabbricazione metalli per navi – 1994 – Gdańsk-PM; Fig. 243] ⟶ [~ #Biuro Rachunkowe N/C; PKT/CEiDG – #serv. contabilità – 2018 – Zielona Góra-LB]. Almeno 30 a.o. in d.c. Cfr. *Ankora*.

Fig. 243. Fonte: https://ancoracorp.com/, u.a. 13.05.2023.

Avanti (< avv. ~; nel periodo 2004–2020 la voce si usava come il titolo di una rivista polacca nel settore della moda: *Avanti*) ⟶ [~ Sp. z o.o.; Aleo/KROS – vend. all'ingrosso: legno / materiali da costruzione e attrezzature sanitarie – 2012 – Zgierz-LD].

Insieme (< avv. ~) ⟶ [~ N/C; PKT/CEiDG – serv. fotografici – 2013 – Łódź-LD]. Almeno 6 a.o. in d.c.

Loro (< pron.pers. ~; la motivazione italiana è solo ipotetica, anche perché la voce nel logonimo cit. in Fig. 244, è graficamente scomponibile in due elementi di tipo {cx}: *Lor* + *O*; comunque, tutta la struttura viene riprodotta nella scrittura come *Loro* e come tale è associabile al pron.pers. it. *loro*) ⟶ [~ // ABAKUS Sp. z o.o.; WUP – radiatori per motori – 2017 – Warszawa-MZ].

Fig. 244. Fonte: WUP, 4, 2018, p. 1277.

Magari (< avv. ~) ⟶ [~ Sp.c. N/C1, N/C2; PKT/GUS – vend. all'ingrosso: merci varie – 2011 – Łódź-LD]. Almeno 7 a.o.

Mia (< pron.poss. senza art. ~; la motivazione formale può venire dal pron.poss. *mia*; ma è anche possibile il riferimento al n.f. internaz. *Mia*) ⟶ [~ Sp. z o.o. #Produkcja mebli sklepowych; PKT/GUS – #prod. mobili per negozi – 1999 – Kraków-MP]. Almeno 30 a.o.

Nostra (< pron.poss. senza art. ~) ⟶ [#Apteka „~" N/C; CEiDG – #farmacia – 2003 – Łękawica-SL]. Almeno 1 a.o.

Piu [sic!] (< particella avv. *più*; l'omissione dell'accento sulla *u* testimonia un adattamento grafico oppure un semplice refuso che si mantiene nella riproduzione del M) ⟶ [~ Pizzeria & Spaghetteria; PKT – Warszawa-MZ].

Quanto (< avv./pron./agg.interrog., ecc. ~) ⟶ [~ N/C; CEiDG – meccanico – 2013 – Legnica-DS]. Almeno 2 a.o.

Quello (< pron.dimostr. ~) ⟶ [#Wydawnictwo ~ Sp. z o.o.; PKT/GUS – #casa editrice – 2018 – Wieliczka-MP]. Almeno 2 a.o.

Questa (< pron.dimostr. ~) ⟶ [~ Sp. z o. o.; PKT/KRS – analisi economiche – 2008 – Warszawa-MZ]. Almeno 4 a.o.

Questo (< pron.dimostr. ~) ⟶ [~ N/C; PKT/CEiDG – consulenze economiche / gestione impresa – 2017 – Piotrków Trybunalski-LD]. Almeno 4 a.o.

Sottosopra (< avv.prep. ~) ⟶ [~ N/C; CEiDG – neg. abbigliamento – 2014 – Szczecin-ZP].

Subito (< avv. ~; l'ispirazione garantita dall'espr. *santo subito* è molto probabile[525]) ⟶ [~ #Dotacje Sp. z o.o.; Aleo/KRS – #sussidi / consulenze investimenti sovvenzioni – 2020 – Warszawa-MZ] ⟶ [~ #Tłumaczenia N/C; Aleo/CEiDG – #serv. traduzione – 2020 – Golasowice-SL]. Almeno 10 a.o.

Troppi (< pron.indef. ~; la forma pare ispirata al pron./agg. di quantità *troppo*, ma può essere anche un'invenzione di fantasia; l'ispirazione decrematonimica internaz. è probabile: cfr. la marca *Troppi*) ⟶ [~ N/C; Aleo/GUS – vend. pesce crostacei – 2014 – Wrocław-DS].

4.5.4. Espressioni di cortesia e segnali discorsivi

Un'importante fonte di lessemi ambasciatori di italianità MOA tra i marchionimi italianeggianti polacchi, ma anche internazionali, è costituita da varie espressioni di cortesia, segnali discorsivi, risposte conversazionali brevi e convenzionalizzate.

Assumono il rango di italianismi inconfondibili le forme allocutive del tipo di *buongiorno* o *ciao*. Soprattutto *ciao* raggiunge l'apice nell'uso internazionalizzato, paragonabile alla diffusione di *pizza* nelle lingue parlate in Europa, ma anche nel resto del mondo.

È rilevante che nella comunicazione polacca, *ciao*, non sia così popolare e naturale per il linguaggio quotidiano come in altre aree linguistiche (p.es. in Germania), intromettendosi nelle situazioni comunicative marcate da valori pragmatici e cross-culturali specifici[526]. Può essere usato, p.es., come segnale sentimentale e quasi sensuale nella presa di contatto o nel congedo[527], oppure per sottolineare un

525 Cfr. IVLW: s.v.

526 Vd. Colombo 2017.

527 Una certa prova sono le parole della canzone di Zbigniew Wodecki *Ciao ciao bambino* (1999). La canzone s'ispira ad un'altra, intitolata *Piove* e rinominata *Ciao ciao bambina* di Domenico Modugno, presentata a San Remo nel 1959 (riciclata anche da Marino Marini invitato più volte in Polonia, un preteso "amico" del cantante polacco Wodecki). Nel verso iniziale della canazone si osserva la codificazione di una molto strana operazione grammaticale che consiste nella declinazione del sost. it. *bambina*: pol. *bambino* risulta il suo vocativo (cfr. Sez. 1.4.1, spec. nota 93). Nondimeno, la citazione è ambigua, giacché *Bambino* viene spesso trascritto tra virgolette e può essere interpretato in diversi modi. Nei versi successivi della canzone compaiono altre confusioni e tentativi di collegare l'espressione polacca con alcuni incisi in italiano (cfr. *Ciao, ciao, "Bambino", twój czas już minął / [...] /*

rapporto di intimità tra amici e una reazione non neutra, e perfino come segno per lasciare qualcuno in modo irrevocabile.

Nella stessa maniera viene utilizzato *buongiorno* (spesso nella versione adattata *bongiorno*, senza la riproduzione del dittongo *uo*): lo si può sentire in situazioni marcate da una certa enfasi e da riferimenti espliciti all'area italiana[528].

Come *ciao* e *buongiorno*, anche altre espressioni di saluto/cortesia e alcuni segnali discorsivi caratteristici adoperate in veste di marchionimi, sono prove di una diffusione espansiva di vari italianismi di questa categoria comunicativa: giunti al polacco tramite testi di cultura, canzoni, produzioni cinematografiche e televisive, riproduzioni di cabaret, contatti con l'italiano in Polonia, in Italia e, in generale, all'estero, talvolta come marchionimi ormai esistenti in altre aree linguistiche (cfr. Tabb. 2 e 3).

Osserviamo gli esempi.

Buongiorno (< espr. di saluto ~) ⟶ [N/C ~; PKT/GUS – vend. serv. tappezziere – 2010 – Skawina-MP]. Almeno 5 a.o.

Ciao (< espr. di saluto ~[529]) ⟶ [Ciao.pl; https://ciao.pl/, u.a. 25.06.2023 // Trade Lux – prodotti cosmetici / vend. in Rete – Lubliniec-SL]. Almeno 29 a.o. in d.c.

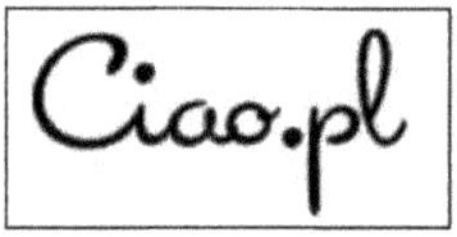

Fig. 245. Fonte: https://ciao.pl/, u.a. 25.06.2023.

Prego (< ind.pres. 1 pers.sg. del v. *pregare*; una delle più importanti forme di cortesia italiane) ⟶ [#Doradztwo ~ N/C; PKT/GUS – serv. #consulenze finanziarie – 2020 – Młyniec Drugi-KP] ⟶ [~ N/C; PKT/GUS – gelateria – 2015 – Ropczyce-PK]. Almeno 12 a.o. Cfr. nota 527.

Amore mia [sic!] – *mijasz i ty / Ciao, ciao, "Bambino" – milczy Marino / [...] / Włoski kolego, ja ciebie prego...* [Ciao, ciao, "Bambino", il tuo tempo è passato / (...) / Amore mia – te ne stai andando anche tu / Ciao, ciao, "Bambino" – tace Marino / (...) / Amico italiano, io ti prego...; trad. AG], https://ising.pl, u.a. 8.11.2023).

528 Un molto ipotetico influsso potrebbe essere il cognome del presentatore Mike Bongiorno, conosciuto negli ambiti italofoni.

529 Cfr. SJP-PWN: s.v.; IVLW: s.v.

Fig. 246. Fonte: http://www.lodyprego.pl/, u.a. 27.05.2023.

Presto / Presto! (< avv. ~; italianismo conosciuto molto bene dal vocabolario utilizzato dal personaggio della regina Bona nel serial televisivo *Królowa Bona*; anche termine mus.) ⟶ [~ // PRESTO Sp. z o.o; UP – ristor. pizz. –2016 – Łódź-LD].

Fig. 247. Fonte: https://ewyszukiwarka.pue.uprp.gov.pl/search/pwp-details/Z.458457, u.a. 24.02.2021.

Pronto (< segn.disc. ~; l'equiv. it. dell'internaz. *halo!* in una comunicazione per telefono[530]) ⟶ [~ Sp. z o.o.; PKT/KRS – agenzia immobiliare – 2003 – Dębica-PK]. Almeno 12 a.o.

4.6. La marchionimizzazione delle strutture sintagmatiche

Oltre all'utilizzo dei singoli lessemi marchionimizzati, l'onomaturgia marchionimica porta a inserire vocaboli del lessico italiano nelle composizioni di natura sintattica o vere e proprie configurazioni sintagmatiche e testuali onimizzate. Le costruzioni così ottenute si possono qualificare come sequenziali (sequenze) o frasali/fraseologico-testuali (frasi).

In questo tipo di sequenze o frasi, i vocaboli scelti si combinano e si connettono grammaticalmente e logicamente con altre voci di provenienza appellativa od onimica della lingua prestata, oppure con elementi di altre lingue, formando strutture riscontrabili anche nella lingua d'origine o strutture ibride. Con questa caratteristica si rispecchiano nella marchionimia che abbiamo sottoposto all'analisi successiva.

530 Ivi.

Le strutture sequenziali o frasali funzionanti fra i marchionimi fanno parte di un linguaggio che è aperto all'acquisizione di ogni composizione sintagmatica possibile (polirematica, formata mediamente da due a tre parole messe in una certa relazione paradigmatica ovvero concettuale).

Le unità polirematiche marchionimizzate sono combinazioni sintagmatiche di vari tipi, create secondo liberi stratagemmi onomaturgici, spesso motivate semanticamente e ottenute per trasposizione (onimizzazione) delle strutture fraseologiche o testuali ormai fissate nel patrimonio discorsivo dell'italiano.

In questo paragrafo verranno sistemate varie configurazioni di marchionimi italianeggianti sequenziali o frasali, cominciando da forme sintagmatiche univerbate (tipo MON), passando per sintagmi preposizionali, nominali, aggettivali e altri costruiti solitamente da due elementi, e chiudendo con strutture frasali/fraseologiche che possono svolgere un ruolo comunicativo e pragmatico particolare e comportare un determinato messaggio culturale.

4.6.1. Univerbazioni

Come prima categoria sequenziale si studiano strutture di tipo MON che si sono ottenute in seguito al collegamento di due o tre elementi lessicali. Formano nuove unità testuali, percepite così soprattutto tramite la versione scritta del marchionimo. La fusione diretta di due o tre lessemi che componevano un sintagma di base permette di mantenere le loro strutture non ridotte e corrispondenti ai componenti di una forma paratetica originaria[531].

Le univerbazioni neologiche di questo tipo si caratterizzano da una insolita lunghezza e da una complicatezza grafica (p.es. *Dolceamaro*; *Mammamia*; *Mobilipercasa*[532]). In alcuni casi si possono osservare i tentativi di distinguere gli elementi compositivi, scritti tutto attaccato, ma con le maiuscole iniziali degli elementi composostivi, le quali, tuttavia, all'interno della struttura, non si mantegono nell'uso (cfr. *QuattroPerro* vs. *Quattroperro*).

Le univerbazioni ovvero i *composita* formati da collegamenti grafici, che si realizzano come unità anche nel linguaggio orale, rappresentano fusioni di sintagmi nominali (due sostantivi o un solo sostantivo preceduto dall'articolo, p.es. *Artepizza* < giustapposizione *arte pizza*; *Lafontanella* < *la fontanella*); sintagmi

531 Ci riferiamo all'effetto di "paratesi" che avviene quando un gruppo di parole è ancora sciolto prima di diventare un'univerbazione (un *compositum*, Handke 1976: 19). Da un confronto con l'italiano, emerge che in polacco i *composita* sono più rari nel lessico (questo fenomeno è riscontrabile, p.es., nel campo dell'equivalenza delle costruzioni composte italiane tradotte in polacco, cfr. Putka 2018).

532 Possono funzionare anche come alternative alle forme polirematiche, soprattutto quando diventano univerbazioni tecniche, registrate nei nomi dei siti ufficiali delle marche (cfr. *Mobili Per Casa* vs. *mobilipercasa.pl*). Si tratta di un effetto di creatività ambigua che produce confusioni in molte situazioni simili del funzionamento dell'odierna marchionimia internazionale.

preposizionali (p.es. *Altoro* < *al toro*; *Dicolore* < *di colore*; *Connoi* < *con noi*); frasi o fraseologie (p.es. *Fallabella* < *falla bella*; *Sigelato* < *sì, gelato*).

Occorre aggiungere che si avvicinano a questa categoria le formazioni che constano di un sintagma italiano in cui due elementi compositivi sono uniti nella scrittura da un trattino (vd. p.es. *A-Vista* o *Al-Secco* nella sezione successiva). L'uso del trattino come segno grafico, apparentemente superfluo e non fissato da una norma, permette, comunque, di non dover omettere elementi minimi che si trovano nel sintagma di base.

Gli esempi illustrativi sono i seguenti marchionimi.

Altoro (neo IS; possibile interpretazione della comp.: sint.prep. *al toro* con la funzione di un {cil}) ⟶ [F.H.U. „~" N/C; Aleo/CEiDG – commercio al dettaglio / merce varia – 1994 – Świnoujście-ZP].

Artepizza (< due {cil} giustapposti: *Arte-* < it. *arte* + *-pizza* < it./internaz. *pizza*) ⟶ [~ Sp. z o.o.; PKT/GUS – prod. pizze – 2016 – Gdańsk-PM].

Connoi (neo IS in cui si può intravedere il sint.prep. it. *con noi* come base strutturale originaria) ⟶ [~ Sp. z o.o.; RIO – prod. mobili – 2017 – Olsztyn-WM].

Dicolore (< sint.prep. *di colore*) ⟶ [~ Sp. z o.o.; Aleo/CEiDG – progetti architettonici – 2012 – Warszawa-MZ].

Fallabella (è molto probabile che la formazione venga dalla frase *falla bella*) ⟶ [~ // JANTAR N/C – vend. merci varie – 2004 – Kołobrzeg-ZP].

Lafontanella (< s.sg.f. *la fontanella*) ⟶ [~ Sp. z o.o.; RIO – prodotti tessili – 2017 – Warszawa-MZ].

Mammamia (< sint.nom. *mamma mia*) ⟶ [~. Pizzeria. C/N; PKT – 2006 – Pułtusk-MZ]. Cfr. *Mamma Mia.*

QuattroPerro / Quattroperro (neo IS; motivato da un ipotetico costrutto sintagmatico: **quattro perro*; una fusione di un {cil} costituito dal numerale *quattro* + un {cx} italianeggiante di fantasia *perro*, che può essere ispirato anche allo spagn. *perro* 'cane', senza un evidente legame concettuale con l'oggetto della denominazione) ⟶ [N/C *QuattroPerro*; Aleo/CEiDG – serv. amministrativi per uffici – 2012 – Kraków-MP].

Bellastoria (struttura sorta dalla fusione del sint.nom. *bella storia*) ⟶ [bellastoria.pl // Best Decor N/C; KRS – neg. in Rete / mobili elettrodomestici – 2017 – Chorzów-SL].

Mobilipercasa (struttura sorta dalla fusione del sint.nom. *mobili per casa*; la fusione è dovuta all'ortografia attaccata nell'indirizzo dell'ipotetico dominio in Rete del marchio; cfr. infra) ⟶ [mobilipercasa.pl // MOBILI PER CASA // BMTL Sp. z o.o. – neg. mobili – 2020 – Toruń-KP].

Diseta (alla base della struttura si ritrova il sint.prep. *di seta*; il M designa un negozio di biancheria intima per donne) ⟶ [diseta.pl; http://www.katalog-sklepow.net/s/965/damska-bielizna-sklep-internetowy.html, u.a. 12.03.2021 – neg. in Rete – s/d – Warszawa-MZ].

Sigelato (< espr. fraseologica *sì, gelato*) ⟶ [~ Sp. z o.o.; PKT – gelateria – 2020 – Warszawa-MZ].

Fig. 248. Fonte: https://sigelato.pl/, 9.08.2023. Pol. *sí jak Sycylia* ['sì come Sicilia'].

Viapasta (formalmente stilizzato sull'odonimo ipotetico *via Pasta*, quindi un {cil} *Via-* < it. *via* + un possibile {cid} *-pasta* < it. *pasta/Pasta*) ⟶ [~ Restauracja // FOODCONCEPTGROUP Sp. z o.o.; PKT/CEiDG – ristor. – 2005 □ 2019 – Gdańsk-PM]. Cfr. l'uso del lessema *via*, Sez. 4.8.1.5.

Vistamare (nella prospettiva pol., risulta un neo, anche se si vede perfettamente che è un'agglutinazione di due {cil} *vista-* + *-mare*, combinati nel sintagma *vista mare*, caratteristico per un discorso specifico, p.es. quello riferito ai luoghi situati proprio al mare) ⟶ [~ Sp. z o.o.; Aleo/GUS – serv. edilizia – 2013 – Warszawa-MZ].

4.6.2. Sintagmi preposizionali

Passiamo ad alcuni campioni di marchionimizzazioni di sintagmi i cui elementi lessicali sono graficamente staccati; a volte vengono legati per mezzo di un trattino o di un altro segno grafico, evidenziando ancora di più l'origine sintagmatica del lemma (cfr. *A-Vista* e *A'Vista*).

Come primi in questa classe si considerino i marchionimi sequenziali identificati come sintagmi preposizionali in italiano. Conformemente alle regole grammaticali, le preposizioni precedono altri elementi di questo tipo di costrutti sintattici. Tra i modelli estratti vi sono strutture caratteristiche per la formazione marchionimica italiana, p.es. il sintagma con la preposizione *Da + nome personale*, matrice utilizzata sulle insegne di locali di ristoro, negozi e altre aziende.

Come in altri casi, i costrutti di questo tipo sottoposti alla marchionimizzazione svelano un'ispirazione lessicale, riproducendo le espressioni o le forme fraseologiche fissate nell'uso italiano, provviste anche di significati precisi che non raramente hanno attirato l'attenzione degli onomaturghi di questi marchionimi in Polonia (p.es. *Al Dente*; *Alla Salute*; *Alla Breve*; *Da Capo*).

Gli esempi che illustrano questa classe sono numerosi.

A Vista / A-Vista (italianismo ben radicato nella lingua pol.; utilizzato in varie terminologie, p.es. nel linguaggio amministrativo della posta) ⟶ [A Vista Sp. z o.o.; KRS – vend. macchinari attrezzature industriali – 2018 – Wrocław-DS] ⟶ [a-vista (sic!) N/C; Aleo/CEiDG – agenzia immobiliare – 2015 – Siemianice-PM].

A'Vista [sic!] (l'uso dell'apostrofo non è giustificato; d'altronde riprende una delle tendenze ortografiche erronee che concerne l'uso scritto di questa locuzione in pol.) ⟶ [A'VISTA N/C; Aleo/GUS – *consulting* – 1996 – Szczecin-ZP].

Al Caminetto (< sint.prep. ~) ⟶ [~ N/C; CEiDG – albergo – 2005 – Bielsko-Biała-SL].

Al Dente (locuz. ~[533]; adoperata nel linguaggio culinario, ma per una certa estensione e l'uso comune di questo italianismo, essa è applicta come base lessicale per denominare anche esercizi in altri settori, p.es. studi dentistici; in tal caso il M può essere considerato come un gioco linguistico interculturale) ⟶ [~ STOMATOLOGIA N/C; Aleo/CEiDG – studio dentistico – 2014 – Zabrze-SL] ⟶ [„al dente" (sic!) N/C; Aleo/CEiDG – serv. gastronomici – 2018 – Brzesko-MP]. Almeno 10 a.o.

Al Momento (< sint.prep. ~) ⟶ [~ Sp. z o.o.; Aleo/KRS – ristor. – 2014 – Warszawa-MZ]. Almeno 2 a.o.

Al Passo (< sint.prep. ~) ⟶ [~ N/C; CEiDG – gelateria / ristor. – 2017 – Warszawa-MZ].

Al Ponte (< sint.prep. ~) ⟶ [~ Sp. z o.o. Sp.k.; PKT/KRS – ristor. – 2017 – Gdańsk-PM]. Almeno 5 a.o.

Alla Breve (< sint.prep. ~; locuz. conosciuta dal linguaggio mus. internaz.) ⟶ [#Agencja Muzyczna „~" N/C; Aleo/CEiDG – #agenzia educazione mus. – 1997 – Kazimierz-WP].

Alla Prima (< sint.prep. ~) ⟶ [~ #Rehabilitacja N/C; Aleo/CEiDG – #fisioterapista – 2001 – Grudziądz-KP].

Alla Salute (< sint.prep. ~) ⟶ [~ N/C; Aleo/CEiDG – prodotti metallurgici – 2017 – Blachownia-SL].

Al-Secco [sic!] (< sint./locuz. *al secco*[534]) ⟶ [„~" N/C; Aleo/CEiDG – costruzioni, servizi e materiali per edilizia – 2013 – Piła-WP].

533 Cfr. SJP-PWN: s.v.; IVLW: s.v.
534 Cfr. ibid.: s.v.

Con Forza (< sint.prep. ~; locuz. del linguaggio mus.) ⟶ [~ N/C; Aleo/GUS – lavori metallurgici – 2020 – Świebodzice-DS].

Con Piacere (< sint.prep. ~; espr. di cortesia) ⟶ [~ Sp. z o.o.; Aleo/KRS – serv. per altre ditte – 2019 – Warszawa-MZ].

Da Arturo (< sint.prep. ~; con la funzione di un caratteristico complemento di luogo che indica un esercizio di commercio 'da qualcuno'; n.pro pol. *Artur*) ⟶ [P.P.H. N/C „~"; Aleo/GUS – ristor. – 2016 ◊ 2017 – Książnica-DS].

Da Capo (< sint.prep. ~; locuz. del linguaggio mus.[535]) ⟶ [N/C „~"; Aleo/CEiDG – neg. spec. – 1998 – Warszawa-MZ]. Almeno 8 a.o.

Da Cucina (< sint.prep. ~) ⟶ [~ N/C1, N/C2 Sp.c.; Aleo/KRS – prod. / vend. mobili – 2017 – Gorzów Wielkopolski-LB].

Dall'Acqua (< sint.prep. ~) ⟶ [~ // C/N P.H.U. AMEX; WUP – prodotti di gioielleria – 2017 – Katowice-SL].

DALL'ACQUA

Fig. 249. Fonte: WUP, 5, 2018, p. 1778.

Da Noi (< sint.prep. ~) ⟶ [~. Pizzeria; PKT/GUS – ristor. – 2013 – Kowalewo Pomorskie-KP].

Da Vella (< sint.prep. ~; *Vella* può essere un cogn. it.; cfr. *Divella*, marca di pasta e pastificio it.) ⟶ [„~" N/C; GUS – ristor. – Łódź-LD].

Del Fiori (< recte sint.prep. *dei fiori*; la *l* usata al posto della *i* può presentare il risultato di una erronea copia dell'espr. it.; d'altra parte *Del Fiori* è una denominazione originale che si interpreta lo stesso come "italiana"; anche per la comune conoscenza dell'odonimo romano *Campo de' Fiori*; cfr. il titolo della poesia di Czesław Miłosz *Campo di fiori*) ⟶ [~ Collection; https://polskiproducent.pl/del-fiori, u.a. 7.05.2023 – prodotti in pelle, borse borsette – s/d – Krosno-PK].

Dell'Arte (< sint.prep. ~; cfr. il termine *commedia dell'arte*[536]) ⟶ [~ N/C; CEiDG – attività educativa – 2012 – Skórzewo-WP].

Della Natalia (< sint.prep. ~) ⟶ [~ Sp. z o.o.; RIO – prod. abbigliamento – 2019 – Warszawa-MZ].

---

535 Cfr. ibid.: s.v.
536 Cfr. SJP-PWN: s.v.

Della Natura (< sint.prep. ~) ⟶ [~ N/C; CEiDG – attività paramedica – 2018 – Piaseczno-MZ].

Della Rossa (si tratta piuttosto di una pura invenzione di fantasia che viene interpretata come un sint.prep. ~) ⟶ [#PRALNIA TAPICEREK „~" N/C; CEiDG – #lavanderia tappezzerie – 2006 – Wałbrzych-DS].

Per Voi (< sint.prep. ~) ⟶ [~ N/C; PKT/GUS – vend. all'ingrosso di scarpe – 2016 – Huta Stara B-SL]. Almeno 2 a.o.

Sotto I Denti (si riferisce al fraseologismo *mettere sotto i denti*, indicando l'azione di mangiare; si tratta di un uso consapevole dell'italiano; nella zona perionimica la sigla *SID* creata *ad hoc* che rende la denominazione "più formale" e "meno impegnata" nell'italianità) ⟶ [PIZZERIA SOTTO I DENTI „SID" N/C; CEiDG – 2005 – Lublin-LU].

4.6.3. Sintagmi nominali con aggettivi possessivi

Tra i determinanti che permettono, almeno teoricamente, di indicare qualche relazione personale codificata nel marchionimo, ci sono aggettivi possessivi. Fanno parte di sintagmi nominali composti, di solito, da due elementi (un possessivo con la riduzione dell'articolo e un sostantivo in ordine tradizionale o inverso). Nella composizione sintagmatica, come in altri casi, possono comparire gli articoli allargando la struttura adoperata di un componente linguistico specifico (cfr. l'uso dell'articolo nella marchionimizzazione italianeggiante, Sezz. 4.8.1.1 e 4.8.1.2).

Amore Mio (< sint.nom. ~) ⟶ [~ N/C; Aleo/CEiDG – ristor. pizz. – 2021 – Górzno-KP].

Dio Mio (l'espr. *Dio mio* in un contesto naturale della lingua it. sarebbe poco ammissibile come base di un marchionimo; bisogna, comunque ricordare che nella crematonimia quasi tutto è possibile, e specialmente quando la base straniera è staccata dall'area linguistica d'ispirazione diretta; non vi è quindi nessun freno formale al momento della registrazione del M nell'area della lingua ricevente) ⟶ [~ N/C; PKT/GUS – ristor. – 2013 – Łódź-LD]. Cfr. *Dio Con Noi.*

La Mia Design (< sint.nom. ~; una combinazione con l'anglicismo *design*; non è chiaro l'uso del femminile; d'altro verso, *Design* può far parte della zona perionimica e il vero firmonimo è *La Mia*) ⟶ [~ N/C – vend. in Rete – 2015 ◇ 2017 – Trzebiatów-ZP].

La Mia Media (< sint.nom. ~) ⟶ [C/N ~; PKT/GUS – vend. biancheria da letto – 2011 – Chorzów-SL].

La Nostra Casa (< sint.nom. ~) ⟶ [N/C ~ ; CEiDG – agenzia immobiliare – 2019 ◇ 2019 – Olsztyn-WM].

Lingua Tua (< sint.nom. ~) ⟶ [~ N/C; CEiDG – consulenze tecniche – 2010 – Warszawa-MZ].

Mamma Mia (< sint.nom. ~; una delle espressioni it. esclamative più conosciuta come italianismo "espressivo": a volte riprodotto con il punto esclamativo; vd. Fig. 250) ⟶ [~ Sp. z o.o.; PKT/GUS – prod. gelato – 2017 – Cierpice-KP] ⟶ [~ CLOTHES BY BEATA BALEWSKA; CEiDG – vend. neg. abbigliamento – 2020 – Iława-WM]. Almeno 52 a.o.

Fig. 250. Fonte: https://ewyszukiwarka.pue.uprp.gov.pl/search/pwp-details/Z.415709, u.a. 21.02.2021.

Mia Casa (< sint.nom. ~; più naturale sarebbe *la mia casa*; l'articolo mancherebbe anche ad altri costrutti simili che si citano successivamente) ⟶ [~ #Nieruchomości N/C; PKT/GUS – #agenzia immobiliare – 2019 – Milanówek-MZ].Almeno 4 a.o. Cfr. *Mio Sasso.*

Fig. 251. https://www.miacasanieruchomosci.pl/, u.a. 14.05.2023.

Mia Ditta (< sint.nom. ~) ⟶ [~ N/C; GUS – serv. pulizia – 2012 – Brwinów-MZ].

Mia Maria (< sint.nom. ~) ⟶ [C/N PROJEKTY Z SERCEM; WUP – #lett. progetti (fatti) con cuore / gioielli di materiali alternativi, come legno, metalli non preziosi, ecc. – 2018 – Koszalin-ZP].

Fig. 252. Fonte: WUP, 11, 2018, p. 4267.

Mia Roma (< sint.nom. ~; affiliato a *Lody Roma* /S/, una marca esistente dal 1946 con la sede storica a Wrocław) ⟶ [~. #Wyrób i sprzedaż lodów gałkowych; PKT/GUS – #prod. e vend. gelato a palline – 1989 – Wrocław-DS].

Mio Sasso / MiO Sasso (< sint.nom. ~; nel logonimo e in altri contesti l'elemento *Mio* si presenta anche sotto la forma *MiO*: *M* e *O* sono le iniziali dei nomi delle persone responsabili nella gestione dell'esercizio) ⟶ [MiO Sasso (sic!) N/C; GUS – gioielleria – 2019 – Warszawa-MZ].

Fig. 253. Fonte: https://miosasso.pl/, u.a. 14.05.2023.

Nostri Bimbi (< sint.nom. ~) ⟶ [N/C „~"; CEiDG – asilo nido scuola materna – 2011 – Poznań-WP].

Pasta Mia (< sint.nom. ~) ⟶ [~; PKT – ristor. – s/d – Warszawa-MZ].

Terra Tua (< sint.nom. ~) ⟶ [~ #BIURO PROJEKTÓW I NADZORU N/C; CEiDG – #studio progettazione e supervisione / progetti architettonici – 2006 – Otmuchów-OP].

Tutta Mia (< sint.nom. ~) ⟶ [~ Restauracja. N/C1, N/C2; PKT/GUS – ristor. – 2006 – Gdynia-PM].

Vostro Broker (< sint.nom. ~) ⟶ [~ N/C; CEiDG – serv. assicurazioni broker – 2015 – Warszawa-MZ].

4.6.4. Sintagmi nominali con aggettivi epiteto

Un gruppo assai numeroso è costituito da marchionimi sequenziali prodotti per onimizzazione di sintagmi nominali in cui il nome è accompagnato da un epiteto, quindi da un aggettivo qualificativo preposto o posposto al sostantivo da esso specificato. Capita che l'ordine di questi due elementi sia scorretto o discutibile (p.es. *Rigoroso Lavoro* o *Pazzi Pezzi*); come pure l'accordo formale tra aggettivo e sostantivo (p.es. *Carino Vista* o *Farina Bianco*).

Le forme di base possono essere delle fraseologie o nuove composizioni sintagmatiche che trasmettono un'idea, un'immagine, un particolare messaggio, a volte in funzione di termini (p.es. *Acqua Pura*; *Buon Consiglio*; *Mercato Immobiliare*; *Concerto Grosso*; *Orso Grosso*).

Anche in questo gruppo si trovano formazioni fraseologiche fisse le quali codificano significati denotativi e connotativi e sono usate come culturemi o para-culturemi, interpretati alla luce dell'area denominativa dell'oggetto (p.es. *Bel Paese*; *Buon Viaggio*; *Panna Cotta*; *Sesto Senso*).

L'uso di sintagmi del genere è paragonabile alla marchionimizzazione dei nessi composti da nomi e cognomi italiani. Qui la scelta dell'italiano come fonte delle strutture trasposte è un po' enigmatica e ambigua, ma possono risultare anche da ispirazioni momentanee che non esigono una ulteriore spiegazione.

Molti di questi costrutti funzionano come *slogan* o pubblicità minime che trasmettono un messaggio particolare sull'oggetto designato o un'altra informazione codificata dal significato dell'espressione italiana (p.es. *Cucina Aperta*; *Passaggio Sicuro*; *Buon Lavoro*; *Buon Viaggio*).

Acqua Chiara (< sint.nom. ~) ⟶ [~ Sp. z o.o.; Aleo/CEiDG – raccolta e trattamento delle acque reflue – 2020 – Bydgoszcz-KP].

Acqua Pura (< sint.nom. ~) ⟶ [„~" Sp. z o.o.; Aleo/KRS – distributore benzina / stazione di servizio – 2014 □ 2019 – Rzeszów-PK].

Assai Vivo (< sint.agg. ~; il significato del M trasmetterebbe un messaggio "controverso" rispetto all'oggetto dell'attività della struttura associativa precisata nella sentenza pol. *Niewidomi – Niepełnosprawnym* ['i ciechi – ai disabilitati']) ⟶ [~ Niewidomi – Niepełnosprawnym; CEiDG – organizzazioni associative – 2018 – Kraków-MP].

Bel Momento (< sint.nom. ~) ⟶ [~ N/C; Aleo/CEiDG – neg. alimentari bevande sigarette – 2019 – Wrocław-DS]. Almeno 2 a.o. Cfr. *Un Bel Momento.*

Bel Paese (< sint.nom. ~; espr. fissa; uno degli italianismi più caratteristici nell'uso internazionale come antonomasia d'Italia[537]; ne doveva essere consapevole l'autore del M, codificando l'idea rivolta all'Italia) ⟶ [P.P.H.U. Gastronomia „~" N/C; Aleo/CEiDG – ristor. – 2007 – Dąbie-WP].

Buon Consiglio (< sint.nom. ~; in it. la locuz. ~ avrebbe anche un significato religioso) ⟶ [N/C ~; PKT/CEiDG – serv. arredamento progettazione specializzata – 1997 – Warszawa-MZ].

Buon Gusto (< sint.nom. ~) ⟶ [N/C „~"; PKT/CEiDG – ristor. – 2009 – Marki-MZ]. Almeno 5 a.o.

Buon Lavoro (< sint.nom. ~) ⟶ [~ N/C; Aleo/CEiDG – lavori completamento e finitura degli edifici – 2018 ◊ 2020 – Szczecin-ZP].

Buon Viaggio (< sint.nom. ~; anche l'espr. di cortesia) ⟶ [N/C ~; CEiDG – attività educazione sportiva ricreativa extrascolastica – 2019 ◊ 2019 – Bydgoszcz-KP].

Carino Vista (il M è stato probabilmente ispirato alla versione corretta del sint.nom. *carina vista* o *vista carina*) ⟶ [„~" #Studio dekoracji wnętrz – salonik krawiecki N/C – #studio di decorazione degli interni – sartoria – 2020 – Cieszyn-SL].

Casa-Carina (nella base si nota il sint.nom. *casa carina*; il collegamento per mezzo di un trattino è dovuto all'applicazione ortografica sull'indirizzo in Rete) ⟶

537 Cfr. PRDMC: s.v.

[casa-carina.com.pl (sic!) // *Casa Carina* // BULDI N/C; KRS – neg. in Rete / articoli casa – 2020 – Szczecin-ZP].

Concerto Grosso (< sint.nom. ~; termine mus.) ⟶ [#Agencja Artystyczna ~ N/C; Aleo/GUS – #agenzia artistica / organizzazione eventi – 2006 – Bielsko-Biała-SL].

Cucina Aperta (< sint.nom. ~; messaggio trasmesso: l'idea di cucina "aperta" alle novità, alla diversità gastronomica) ⟶ [~ // BB ACTIVE Sp. z o.o.; WUP – serv. di gastronomia – 2018 – Kraków-MP].

Fig. 254. Fonte: WUP, 7, 2018, p. 2701.

Gelato Fantastico! (< sint.nom. ~; la consapevolezza dell'uso di un'espr. it. adeguata all'oggetto dell'attività è anche sottolineata dal punto esclamativo che fa parte della denominazione ufficiale) ⟶ [~ Sp. z o.o.; WUP – gelati, dolci, serv. gastronomici – 1995 – Pasłęk-WM].

Fig. 255. Fonte: WUP, 1998, 9, p. 1158.

Mercato Immobiliare (< sint.nom. ~) ⟶ [~ Sp. z o.o.; PKT/GUS – serv. *consulting* immobili – 2016 – Warszawa-MZ].

Orso Grosso (< sint.nom. ~) ⟶ [~ Sp. z o.o.; Aleo/GUS – vend. articoli casa – 2017 – Warszawa-MZ].

Panna Cotta (< sint.nom. ~; un termine culinario utilizzato come adattamento recente nella lingua pol.) ⟶ [~ N/C; Aleo/CEiDG – vend. a distanza – 2020 ◊ 2020 – Puławy-LU].

Passaggio Sicuro (< sint.nom. ~; funziona come un marchio-*slogan*) ⟶ [~ N/C; CEiDG – noleggio auto e altri veicoli – 2019 – Warszawa-MZ].

Pasta Sana (< sint.nom. ~; il concetto della base it. corrisponde perfettamente all'oggetto della produzione e contribuisce alla sua percezione "italianizzata") ⟶ [~ // C/N; WUP – prod. della pasta – 2016 – Śledziejowice-MP].

Fig. 256. Fonte: WUP, 12, 2017, p. 4420.

Pazzi Pezzi (< sint.nom. ~; un gioco di parole in allitterazione, specialmente quando viene aggiunto un terzo elemento nella comp.: *Pizza Pazzi Pezzi* [sic!][538]) ⟶ [~; PKT – pizz. – s/d – Kraków-MP].

Fig. 257. Fonte: https://pl-pl.facebook.com/people/Pazzi-Pezzi/100067922600167/, u.a. 7.05.2023.

Polo Pazzo (< sint.nom. ~) ⟶ [N/C ~; CEiDG – serv. *catering* – 2017 ◊ 2019 – Warszawa-MZ].

Retro-Rocco [sic!] (M di fantasia PIF composto da un {csl} *Retro-* + un {cil} *-Rocco* // n.m. it. *Rocco*) ⟶ [~ N/C; Aleo/GUS – serv. costruzione falegnameria – 2017 – Kraśnik-LU].

Rigoroso Lavoro (< sint.nom. ~) ⟶ [~ Sp. z o.o.; Aleo/KRS – serv. ricerca lavoro – 2017 – Warszawa-MZ].

Sesto Senso (< sint.nom. ~; espr. fissa in it.) ⟶ [„~" N/C Sp.j.; RIO – prod. abbigliamento – 2002 – Czastary-LD].

Stile Brillante (< sint.nom. ~; i due lessemi sono associati ai termini pol. che assomigliano ad essi formalmente e portano significati uguali o inclusivi: cfr. s.sg.m. pol. *styl* 'stile' e s.sg.m. pol. *brylant* o agg.sg.m. pol. *brylantowy* 'brillante') – [#SALON

538 Vale la pena ricordare che in italiano si usa – specialmente nelle svendite – l'espr. *prezzi pazzi* per dire che sono molto bassi. Si trova scritta nei volantini promozionali e sulle vetrine dei negozi.

FRYZJERSKI „~" N/C; Aleo/CEiDG – #parrucchiere / salone di bellezza – 2010 – Michałowo-PD].

Vera Agnese (< sint.nom. ~; n.pra pol. *Agnieszka* 'Agnese') ⟶ [~ N/C; Aleo/GUS – vend. alcol – 2016 ◊ 2017 – Warszawa-MZ].

Veroni Cafe (comp. PIF; *Veroni* risulta un {cpd} italianizzato < n.f. pol. *Weronika*; *Cafe* nella zona perionimica, come pure il termine *Galeria* che segnala anche altri usi possibili del locale; cfr. *Mani Veroni*; si nota un conflitto con il marchio di acque minerali *Veroni* che in questo caso è forse la fonte che ha motivato la formazione) ⟶ [Galeria ~ ; n.pra pol. *Weronika*; Aleo/GUS – bar caffetteria – 2012 ◊ 2020 – Opole-OP].

4.6.5. Giustapposizioni, apposizioni, coordinazioni

Continuiamo l'esemplificazione con sintagmi formati sulla matrice che consiste nella giustapposizione, apposizione o coordinazione di due elementi lessicali o combinazioni onimico-lessicali.

Caratteristici in questa categoria sono i nessi che si fondano su un nome proprio preceduto da un identificativo determinante (p.es. *Dr Verona*; *Famiglia Amati*; *Pizzaiolo Cesare*) o accompagnato da un altro elemento "parlante" che si vuole decodificare come complementare o del tutto indipendente oppure perionimico (p.es. *Gentiluomo Milano*; *Arte'Milano*; *Verona Scarpa*; *Marco Pelle*; *Vinci Divano*; *Pollena Eva*; anche *Raffe Caffe*). Alcuni dei costrutti si modellizzano imitando i nessi determinativi para-antroponimici (p.es. *Maestro Decoratore* o *Maestro Espresso*).

Originali risultano le creazioni che suggeriscono un messaggio o un'associazione culturale particolari (p.es. *Padre Direttore*; *Viaggio Vita*; *Villaggio Pasta*) oppure riproducono formule del linguaggio commerciale e di *marketing* italiano (p.es. *Livello Sofa*; *Linea Secco*; *Mondo Promo*; *Villa Vacanza*).

Anche in questa classe possono capitare strutture provviste di segni di raccordo, come un apostrofo superfluo (p.es. *Arte'Milano*) o trattini (p.es. *Fra-Mare*), accanto al segno convenzionale coordinativo costituito dalla "e commerciale" *&* (p.es. *Olio & Pomodoro*).

Oltre le giustapposizioni coordinative, sarà presentata una serie di esempi di classiche coordinazioni di due elementi in sequenza con la congiunzione *e* che ha una maggiore carica estetica quando è riprodotta in minuscolo (cfr. *Cotto E Crudo* vs. *Cotto e Crudo / Cotto e crudo*; *Sardegna E Compagnia* vs. *Sardegna e Compagnia / Sardegna e compagnia*), ma non è una regola vigente nel caso delle occorrenze scritte consultate.

Arte'Milano [sic!] (< sint.giustapposiz. *arte Milano*; la struttura può essere letta come *arte di Milano*; l'apostrofo tra le due voci compositive senza giustificazione linguistica, ma gli procura un aspetto originale) ⟶ [*ARTE'MILANO* N/C; CEiDG – consulenze aziendali e di gestione – 2016 ◊ 2018 – Gdańsk-PM].

Cotto E Crudo (< sint.coordinaz. ~; s'abbina concettualmente con l'attività: un ristorante; tuttavia, in it., di solito si dice *crudo e cotto* e non all'inverso) ⟶ [*COTTO E CRUDO* N/C; CEiDG – ristor. – 2021 – Poznań-WP].

Dr Verona (< sint.apposiz. ~; l'urbonimo *Verona* con la funzione di un cogn. preceduto dal titolo *Dr* come se si parlasse di una persona: un dottore) ⟶ [~ Sp.c. N/C1, N/C2; Aleo/GUS – ristor. – 1998 – Zamość-LU].

Famiglia Amati (< sint.apposiz. ~; c.pra *Amati*) ⟶ [~ N/C; CEiDG – ristor. – 2019 – Zduńska Wola-LD].

Ferro Via ⟶ (< il termine *ferrovia* che è stato diviso creando una struttura in giustapposiz. "più interpretabile" per un utente che, non conoscendo l'it., può attribuire almeno ad uno degli elem. compositivi il carattere di italianità) ⟶ [~ N/C; PKT/GUS – serv. ingegneria costruzioni – 2017 – Ożarów Mazowiecki-MZ].

Foto Affetto (< sint.giustapposiz. ~; tra *Foto* e *Affetto* si crea un effetto di paronomasia; *Foto* può far parte della zona perionimica) ⟶ [~ N/C; CEiDG – fotogr. – 2011 ◊ 2020 – Bytom-SL].

Fra-Mare [sic!] (ipoteticamente una formazione costituita da un sint.apposiz.; sembra ispirato all'it. *fra'*: *fra' mare/Mare*; ma può essere anche una semplice giustapposiz. creata degli elem. *fra* e *mare*) ⟶ [~ Sp. z o.o. #Producent lodów; PKT/KRS – #prod. gelato – 1999 – Brzesko-MP].

Gentiluomo Milano (un libero sint.giustapposiz. composto di. di un {cil} + un {cid}; il sint. potrebbe essere inteso come *gentiluomo di Milano*) ⟶ [~ Sp. z o.o.; PKT/GUS – neg. scarpe – 2020 – Warszawa-MZ].

Linea Secco (< sint.giustapposiz./apposiz. ~) ⟶ [~ Sp. z o.o.; Aleo/KRS – prod. mobili – 2019 – Olsztyn-WM]

Livello Sofa (< sint.giustapposiz./apposiz. ~) ⟶ [~ Sp. z o.o.; RIO – prod. mobili – 2016 – Baranów-WP].

Maestro Decoratore (< sint.apposiz. ~[539]) ⟶ [~ N/C; PKT/GUS – serv. costruzioni finitura – 2017 – Rzeszów-PK].

Maestro Espresso (< sint.apposiz. ~; il termine *maestro* è frequente tra i nomi di caffetterie in Polonia) ⟶ [~ N/C; PKT/GUS – vend. tè caffè – 2002 – Głuchowo-WP]. Cfr. *Maestro Decoratore.*

Mani Veroni (< sint.giustapposiz. ~; una comp. para-sintagmatica con cui si vorrebbe trasmettere un messaggio che può riferirsi ai servizi, come la cura delle mani; d'altro canto, *Veroni* è un neo PIF con la terminazione *-oni*, associandosi

539 Il termine *maestro*, conosciuto dall'ambito musicale, è un popolarissimo italianismo in polacco; cfr. SJP-PWN: s.v.; IVLW: s.v.

ipoteticamente all'urbonimo *Verona*; il M è un *mixtum compositum* di "piena" fantasia che si può interpretare anche adottando un modello sintattico pol. per cui *mani* costituisce un ipotetico sost. al nominativo, invece, *Veroni* sta per il genitivo della forma antroponimica *Weronia/Veronia*, un diminutivo vezzeggiativo di *Weronika*; il suggerimento sembra azzardato, ma è proprio reale nel caso studiato) ⟶ [~ N/C; Aleo/GUS – parrucchiere / trattamenti estetici – 2017 ◊ 2019 – Łódź-LD].

Marco Pelle (< sint.giustapposiz. ~ che collega un {cid} *Marco* e un {cil} *Pelle* < it. *pelle*, motivato direttamente dal settore; la forma ~ può passare per un nesso *nome e cognome* it.) ⟶ [N/C ~; Aleo/GUS – vend. ingrosso prodotti in cuoio, pelle – 2012 – Kalwaria Zebrzydowska-MZ].

Marmo-Davanzale [sic!] (comp. costituita da un sint.giustapposiz. libero che informa direttamente dell'oggetto) ⟶ [~ N/C; CEiDG – taglio, sagomatura e finitura della pietra – 2017 – Lisów-MZ].

Mondo Promo (< sint.apposiz. ibr. ~; il secondo elem. può essere l'abbreviazione del s.sg.f. pol. *promocja* 'promozione' che segnala offerte speciali nella comunicazione commerciale; il messaggio possibile: "il mondo delle promozioni"[540]) ⟶ [„~" Sp. z o.o.; RIO – prod. abbigliamento – 2001 – Warszawa-MZ].

Natura Elementi (< sint.apposiz. ~; non è chiara l'argomentazione strutturale che sta alla base di questa costruzione: è possibile che l'autore si sia influenzato inconsapevolmente alla sintassi inglese e, in realtà, voleva esprimere l'idea di "elementi della natura") ⟶ [~ Sp. z o.o. – prod. bevande – 2016 – Warszawa-MZ].

Noto-Pronto [sic!] (apparentemente due elementi di provenienza it. in un sint.giustapposiz., collegati per mezzo di un trattino; nel caso della forma *Noto-*, può entrare in gioco il riferimento all'espr. colloq. pol. *no to*, un segnale discorsivo che esprime l'idea di cominciare un'azione; l'ipotetico ibrido *no to pronto* significherebbe: 'allora, pronti') ⟶ [~ N/C; PKT/GUS – catering – 2018 – Wrocław-DS].

Olio & Pomodoro (< sint.coordinaz. ~) ⟶ [~ Sp. z o.o.; PKT/GUS – consulenze economiche – 2019 – Warszawa-MZ].

Padre Direttore (< sint.apposiz. ~; non è escluso un gioco interculturale in cui l'espr. *padre direttore* si mette in interazione con la sua traduzione pol. *ojciec dyrektor*, ma non senza ragione, perché può riferirsi a un sacerdote concreto, simbolo dell'imprenditorialità efficacissima, ma molto discutibile, ossia il direttore della radio Maryja di Toruń; tale personaggio è oggetto di opinioni controverse nel pubblico pol.; la denominazione avrebbe, quindi, una sfumatura suggestiva e leggermente umoristica) ⟶ [~ N/C; Aleo/CEiDG – serv. *consulting* finanziario – 2017 – Warszawa-MZ].

540 Cfr. il marchio it. *Mondo Convenienza*, una rete di negozi in cui si vendono cucine, mobili e altri prodotti che costano poco e sono piuttosto di bassa qualità.

Pasta & Basta (< sint.coordinaz. ~; è una ripresa dell'omonima costruzione marchionimia usata in Italia e in Germania) ⟶ [~ Sp. z o.o.; PKT/KRS – ristor. – 2012 – Wrocław-DS].

Pasta E Basta (< sint.coordinaz. ~; una formazione rimata modellata sul sint. conosciuto anche nella marchionimia di altre aree linguistiche; cfr. *Pasta & Basta*) ⟶ [~ N/C; PKT/GUS – catering – 2017 – Częstochowa-SL].

Pizzaiolo Antonio (< sint.apposiz. ~ con cui si precisano: la professione e il n. della persona determinata) ⟶ [N/C Pizzeria ~; CEiDG – 2012 ◊ 2016 – Warszawa-MZ].

Pizzaiolo Cesare (< sint.apposiz. ~; n.pro pol. *Cezary* 'Cesare'; cfr. *Pizzaiolo Antonio*) ⟶ [~ N/C; CEiDG – ristor. pizz. – 2016 ◊ 2018 – Warszawa-MZ].

Pollena Eva / Pollena Ewa (la denominazione si prospetta come un sint.giustapposiz. che collega il neo ibr IS *Pollena* e il n.f. pol. *Ewa* 'Eva'; è il marchio ufficiale che viene anche modificato nei materiali pubblicitari, sulle insegne e le etichette di prodotti, adottando al posto di *Ewa* la versione più internazionalizzata: *Eva*; in questo modo questo famoso marchio ha il potenziale di farsi percepire all'estero come un nesso *cognome e nome* all'italiana; oggi, questo centenario M sul mercato pol. e internazionale punta piuttosto sull'uso dell'unico elem.: *Eva*; vd. Fig. 258; cfr. Sez. 3.1.4) ⟶ [#FABRYKA KOSMETYKÓW ~ S.A.; KRS – #fabbrica di cosmetici – 2001 – Zelow-LD].

Fig. 258. Fonte: https://sklep.pollenaewa.com.pl/, u.a. 7.05.2023.

Prodotti Stella (< sint.apposiz. ~; da interpretare come "prodotti di Stella"; nella zona perionimica compare il coronimo *Polska* 'Polonia') ⟶ [~ Polska Sp. z o.o.; PKT/GUS – prod. gelato – 2020 – Warszawa-MZ].

Raffe Caffe (il neo IS *Raffe* rima con *Caffe* in un sint.giustapposiz. IS; l'assonanza di *-affe* crea un effetto estetico nella presentazione fisica del marchio; *Raffe* è un {cid} < it. *Raffaele*, n.pro) ⟶ [N/C ~; Aleo/GUS – caffetteria bar – 2012 ◊ 2019 – Wrocław-DS].

Ricci E Capricci (< sint.coordinaz. ~; l'idea con allusioni all'attività esercitata; ripresa di una locuz. it. usata nello stesso contesto concettuale-marchionimico in Italia) ⟶ [N/C „~"; CEiDG – parrucchiere / trattamenti estetici – Rzgów-LD].

Sole. Mare. Vacanze (i tre lessemi sono messi in giustapposiz., ma separati da punti, come se fossero elem. autonomi in un testo e allo stesso, tempo legati da una logica semantica interna; l'idea nascosta è sorprendente, se si tiene conto dell'area denominata: l'abbigliamento) ⟶ [~ // SHOELOVE Sp. z o.o.; WUP – vestiti per donne, uomini, bambini – 2020 – Warszawa-MZ].

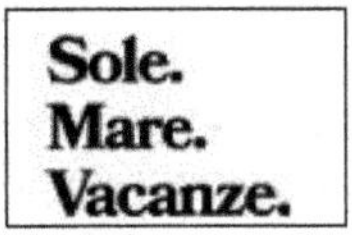

Fig. 259. Fonte: WUP, 24, 2021, p. 19.

Salsa Pomodoro (< sint.giustapposiz. o apposiz. ~; si riferisce all'espr. *salsa al pomodoro*) ⟶ [N/C #Restauracja Włoska ~; PKT/GUS – #ristor. it. – 2013 – Inowrocław-KP].

Sardegna E Compagnia (< sint.coordinaz. ~; il M può suggerire la provenienza sarda dei co-proprietari; il lessema *compagnia* codifica altri soci dell'esercizio che funziona come un ristorante specializzato) ⟶ [~ N/C; Aleo/GUS – vend. prodotti alimentari pesce crostacei, ecc. – 2006 – Szczecin-ZP].

Vespa Stazione (< sint.giustapposiz. ~; *Vespa* riferito al marchio it. di motociclette) ⟶ [~ N/C; CEiDG – vend. in Rete – 2018 – Konopnica-LU].

Viaggio Vita (< sint.giustapposiz. ~; da leggere come *viaggio della vita*) ⟶ [N/C „~"; CEiDG – agenti di viaggio – 2012 – Poznań-WP].

Villa Madre (< sint.apposiz. ~) ⟶ [~ Sp. z o.o.; PKT/KRS – albergo – 2013 □ 2016 – Wisełka-ZP].

Villa Vacanza (< sint.apposiz. ~) ⟶ [N/C „~" – #Wynajem Pokoi; CEiDG – #alloggi stanze di vacanza breve durata – 2011 – Gdańsk-PM].

Villaggio Pasta (< sint.giustapposiz./ ~; per dire *villaggio della pasta*; ma può essere anche una relazione di apposizione: *Pasta* che completa il suo antecedente: *Villaggio*) ⟶ [N/C ~; CEiDG – ristor. – 2016 ◊ 2018 – Kielce-SW].

Vinci Divano (< sint.giustapposiz./apposiz. ~; un sint. da interpretare in diversi modi formali e pragmatici; il primo elem. può essere riferito al cogn. *Vinci* < Leonardo da Vinci; ma potrebbe essere anche una forma verbale: indic.pres. o imperat. dir. 2 pers.sg. del v. *vincere*; il secondo elem. è senz'altro l'it. *divano* con il concetto adatto al settore: produzione di mobili, tra l'altro, di divani; it. *divano* è un falso amico del s.sg.m. pol. *dywan* 'tappeto': genera una confusione nel messaggio che viene trasmesso) ⟶ [~ Sp. z o.o.; RIO – prod. mobili – 2021 – Łowęcin-WP].

4.6.6. Sequenze con un complemento preposizionale

Si discutono in questa sezione i marchionimi sequenziali basati su sintagmi italiani composti di tre elementi, due dei quali costituiscono spesso un complemento introdotto dalla preposizione *di* semplice o articolata, ma anche da altre preposizioni (p.es. *da*, *a*).

Sono composizioni sintagmatiche di varie unità lessicali o propriali e parole grammaticali correlate (p.es. il suddetto *di*). Anche queste ultime vanno considerate come elementi salienti alla pari degli altri finora analizzati. Le preposizioni semplici, le congiunzioni, gli articoli e altri brevi lessemi e parole grammaticali si rivelano come costitutivi nel sintagma cui appartengono.

Nondimeno, si constata l'alto grado di problematicità nell'uso di queste strutture complesse. Sono in sé astruse e difficili da riprodurre da un utente che non conosca la lingua italiana e sia obbligato a copiare ogni elemento senza misurare il suo ruolo funzionale o semantico nella struttura.

Praticamente tutte trasmettono messaggi che si riferiscono in qualche modo alla natura dell'oggetto denominato. In questo tipo di denominazioni, il coinvolgimento semantico e pragmatico delle strutture scelte rispetto alla realtà che designano si contraddistingue per un alto indice di pertinenza. Sono, inoltre, specifici i valori metaforici o iconici suggeriti da varie delle sequenze successive (p.es. *Farfalla D'Oro*; *Grotta Di Ghiaccio*; *Oro Di Napoli*). Nondimeno, ad un utente comune rimangono piuttosto enigmatici, difficili da spiegare e da riprodurre. Devono, tuttavia, soddisfare i loro autori che vogliono trasmettere qualcosa di ambizioso e immerso nell'ambito quasi poetico della lingua-cultura italiana, se si considerano connotazioni individuali codificate nei messaggi pubblicitari delle denominazioni sistemate nell'elenco successivo.

Aroma Di Roma (< sint.nom. ~; sono caratteristici una simpatica assonanza e rima, ma anche un messaggio corrispondente al settore dell'esercizio) ⟶ [N/C ~; CEiDG – ristor. – 2011 – Żywiec-SL].

Arte De Radi (comp. para-sintagmatica IS: it. *arte* + una forma stilizzata come deantroponimica *De Radi* che si modellizza su strutture cognominali it. precedute da *de/ de'/dei*; *Radi* può essere un ipocoristico del n.m. pol. *Radosław*) ⟶ [~ Sp. z o.o.; RIO – prod. mobili – 2019 – Warszawa-MZ].

Bacio Di Cane (< sint.nom. ~; il significato del messaggio crea un legame con l'attività esercitata) ⟶ [~ N/C; Aleo/CEiDG – serv. trattamento cura cani – 2018 – Kraków-MP].

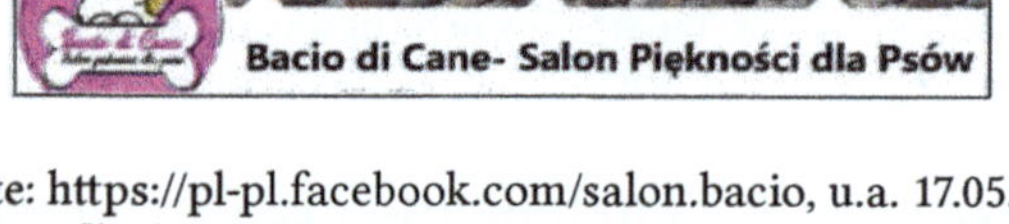

Fig. 260. Fonte: https://pl-pl.facebook.com/salon.bacio, u.a. 17.05.2023. Pol. *salon piękności dla psów* ['salone di bellezza per cani'].

Bottega Del Disegno (< sint.nom. ~; l'uso di una terminologia specifica per il settore rappresentato) ⟶ [~ Sp. z o.o.; PKT/KRS – prod. vend. mobili – 2008 – Poznań-WP].

Colori Di Caffè (< sint.nom. ~; si noti la cura di mantenere nella forma registrata l'accento grafico sulla *e* in *Caffè*, come uno speciale logogramma; la scelta dell'italiano per la denominazione conferma uno degli stereotipi legati alla cultura del caffè it., cfr. Sez. 3.5.1) ⟶ [~ // COFFEE ZONE Sp. z o.o.; WUP – caffettiere elettriche, accessori per la preparazione del caffè – 2017 – Warszawa-MZ].

Fig. 261. Fonte: WUP, 7, 2018, p. 2505.

Creazioni Uomo Piu [sic!] (< sint.apposiz. / giustapposiz. ~: s.pl.f. ~ + espr. *uomo più* in funzione agg. è carica di riferimento qualitativo) ⟶ [N/C ~; Aleo/CEiDG – neg. abbigliamento per uomo – 2006 – Toruń-KP].

Da Capo Al Fine [sic!] (< espr. pseudofraseologica it. ~; l'uso di *al* sembra un refuso, a meno che non si volesse indicare apposta "*il*" *fine*) ⟶ [„~" N/C; Aleo/CEiDG – serv. educazione artistica extrascolastica – 2002 ◇ 2020 – Puck-PM].

Da Mamma Agnese (< sint.prep. ~ con la funzione di compl. di luogo che riprende i modelli caratteristici per le denominazioni di locali di ristoro in Italia: *da + n. personale*; l'influsso può venire anche dalla Germania dove questo modello di denominazione funziona nella promozione di prodotti Lidl) ⟶ [„~" N/C; Aleo/GUS – ristor. – 2018 – Kraków-MP].

De Luca Milano (nella combinazione del M inventato perfettamente all'italiana si usano due elem. apparentemente indipendenti: l'antroponimo *De Luca* in funzione di un possibile cogn., e l'urbonimo *Milano*, che potrebbe essere considerato nella zona perionimica) ⟶ [~ Sp. z o.o.; Aleo/KRS – neg. scarpe / prodotti in pelle – 2018 – Bielsko-Biała-SL].

Di Libro Tuo (sint.prep. pseudoitaliano; la prep. *di* dovrebbe essere articolata; si trasmette un'idea adeguata al settore della denominazione: gestione dei libri di contabilità) ⟶ [~ N/C #Biuro Rachunkowe; CEiDG – #serv. contabilità / consulenze fiscali – 2018 – Radom-MZ].

Farfalla D'Oro (< sint.nom. ~) ⟶ [Farfalla d'oro #Studio Urody N/C; Aleo/CEiDG – #studio / salone di bellezza – 2017 ◇ 2020 – Pabianice-LD].

Frutti Di Marta (< sint.nom. ~; n.pra pol. *Marta*; il M ricorda l'espr. usata nel linguaggio culinario internaz. *frutti di mare*) ⟶ [~ N/C; PKT/GUS – laboratorio artistico – 2020 – Wysogotowo-WP].

GladiatoreDiNapoli (< sint.nom. ~) ⟶ [~Sp.z o.o. – neg. cosmetici – 2020 – Zgierz-LD].

Grotta Di Ghiaccio (< sint.nom. ~) ⟶ [N/C #KAWIARNIA „~"; CEiDG – #caffett. ristor. – 2006 – Jędrzejów-SW].

Guida Di Cracovia (< sint.nom. ~; la designazione letterale della funzione svolta dalla persona che è allo stesso tempo l'intestatario dell'esercizio) ⟶ [N/C ~; PKT/GUS – guida turist. – 2019 – Kraków-MP].

Gusti Di Sicilia (< sint.nom. ~; il significato del sint. suggerisce la provenienza dei prodotti venduti dall'azienda) ⟶ [~ Sp. z o.o.; Aleo/GUS – vend. all'ingrosso: frutta verdura – 2017 – Warszawa-MZ].

Lettino Di Lena (< sint.nom. ~) ⟶ [N/C „~"; CEiDG – prod. mobili – 2018 – Sękowa-MP].

Mare Di Fantasia (< sint.nom. ~) ⟶ [#Agencja Reklamowa „~" N/C; PKT/CEiDG – #agenzia pubblicitaria – 2017 – Mielec-PK].

Oro Di Napoli (< sint.nom. ~) ⟶ [~; PKT/GUS – ristor. – 2009 – Łomianki-MZ].

Palazzo In Fortezza (< sint.nom. ~) ⟶ [~ Sp. z o.o.; PKT/KRS – albergo – 2017 – Czemierniki-LU].

Pizza Del Armando [sic!] (< sint.nom. ~; la prep.artic. *del* davanti ad *Armando* è scorretta; tutto il costrutto è un tentativo di creare un M complesso in it., ma risulta un'operazione infelicissima) ⟶ [BAR „~"; CEiDG – ristor. – 1998 – Ząbkowice Śląskie-DS].

Salone Di Belezza [sic!] (< sint.nom. ~) ⟶ [N/C „~" – parrucchiere salone di bellezza – 2019 – Nekla-KP]. Almeno 3 a.o.

Le formazioni marchionimiche basate su sintagmi complessi, al di là della loro stesura esteriore, non sono particolarmente diverse da altri costrutti sequenziali che si sono analizzati nelle sezioni precedenti. Un utente comune le percepisce come manifestazione dell'italianità, anche se non è – di solito – capace di capire la loro costituzione interiore, cioè il significato della base sintagmatica. Può ipotizzare che le sequenze che vede e/o sente siano provviste di un carico enunciativo, stilizzato o perfino espressivo (p.es. *Aroma Di Roma*; *Bottega Del Disegno*; *Mare Di Fantasia*; *Arte De Radi*), ciò è proprio della maggioranza degli esempi discussi nella sezione successiva.

Bisogna, poi, ammettere che molti sono frutto di un processo di traduzione letterale: sono formule con il senso concreto il cui denotato nell'equivalente polacco corrisponde a un'idea, a una funzione professionale, a un luogo, ecc. (p.es. *Guida Di Cracovia* = pol. *przewodnik po Krakowie*; *Gusti Di Sicilia* = pol. *smaki Sycylii*; *Salone Di Belezza* [recte *Bellezza*] = pol. *salon urody*). Le versioni italiane delle formule così proposte comportano gli stessi significati descrittivi e non sono di ardua comprensione per la maggior parte degli utenti. Coloro che non li comprendono si accontentano dell'aspetto italiano così offerto per designare realtà comuni e probabilmente non si avvedono di usare una designazione che nella versione polacca non sempre si potrebbe registrare come marchionimo (oggi non esistono più "nomi" di imprese indistinti come *Salon Urody*; *Fryzjer* < s.sg.m. pol. *fryzjer* 'parrucchiere'; *Sklep* < s.sg.m. pol. *sklep* 'negozio'; *Bar* e sim.[541]). D'altro canto, il segreto del significato può essere parziale, dato che le voci come *Cracovia*, *gusti*, *Sicilia*, *salone* e, perfino, *bellezza* non si rivelano come oscure.

4.6.7. Sequenze enunciative frasali

La libertà e l'autonomia nella creatività dei marchionimi anche di natura sequenziale consentono agli onomaturghi di scegliere e di onimizzare strutture che presentano un mero carattere frasale o fraseologico nella lingua d'origine, inoltre non sono solo enunciative, ma anche espressive. Ognuna va considerata come una produzione linguistica originale e motivata da una valenza semantico-pragmatica, spesso corrispondente all'oggetto della denominazione, o fantasiosa, applicata per i suoi valori comunicativi, interattivi, a volte anche utilitari, retorici ed "estetici" (l'italiano è considerato una "bella lingua").

Queste formazioni ricevono quindi una doppia funzione (come molti altri costrutti desintagmatici e frasali): servono a denominare e costituiscono un atto di comunicazione, almeno agli occhi dei loro autori, i quali probabilmente sono spesso invitati a spiegare il significato, la motivazione e lo scopo della struttura frasale marchionimizzata nell'ambito polacco. Nella maggioranza dei casi devono essere delle persone che capiscono l'italiano oppure si servono delle formule pronte, suggerite da qualcun altro, tradotte o prestate dal repertorio discorsivo italiano, in seguito a una consulenza linguistico-culturale. Ogni fonte pare probabile.

Tra gli esempi elencati qui sotto vi sono enunciati che si capiscono anche senza padronanza dell'italiano e con un minimo di intuizione linguistica, alimentata da suggerimenti culturali (p.es. *Ciao! Ciao!*; *Ciao Giulia*; *Mamma Mia*; *Grazie Mille*). È possibile ritenere che anche qui gli utenti dispongono della conoscenza di certi elementi costitutivi, come *bene* in *Va Bene* e *Bene Dico*; *anima* in *Anima Danza*; *pizza* in *Mangia Pizza* e *Prego Pizza*; *basta* in *Ora Basta*; ecc.

La scoperta dei significati e l'attuazione comunicativa di molti di questi marchionimi frasali o fraseologici possono incuriosire e incentivare una riflessione

541 Una tale politica di "anonimia" valeva per lo spazio pubblico durante l'epoca del comunismo in Polonia, quando molti locali, denominati semplicemente come *Sklep* 'negozio' o *Bar* 'bar' appartenevano a delle cooperative; invece i proprietari privati non cercavano di attrarre troppa attenzione sulla loro attività individuale. Tuttavia, le stesse cooperative e i clienti trovavano il modo di designare questi tipi di strutture commerciali e di servizi con nomi non ufficiali e in fondo "tecnici", come *Sklep nr 1* = *Jedynka* ('Negozio num. 1 = La uno'), *Sklep u Zosi* = abbreviazione: *U Zosi* ('Negozio da Zosia'; *Zosia* è il dim. del n.f. pol. *Zofia* 'Sofia'), ecc.

o una reazione positiva riguardo gli effetti di *marketing* e il contatto con l'area della denominazione, con i suoi proprietari, con la marca che ci sta dietro. Si considerino, p.es., *Amo La Vita*; *Ancora Imparo*; *Cerco Partner*; *Mi Chiamo*; *Viaggio E Vedo*; ecc. È come se l'autore del marchionimo parlasse con i suoi contraenti, i partecipanti di un atto comunicativo imposto nella situazione pubblica.

Allegro Ma Non Troppo (locuz. utilizzata nella terminologia mus.[542]) → [BSP ~ N/C; Aleo/GUS – attività architettonica – 1991 – Warszawa-MZ].

Amo La Vita (< frase ~) → [~ N/C; Aleo/GUS – vend. merci varie – 2020 – Gniezno-WP].

Ancora Imparo (< frase ~; sembra una traduzione alla lettera dal pol.: *jeszcze się uczę*) → [~ C/N; PKT/CEiDG – serv. architetto – 2010 – Kraków-MP].

Fig. 262. Fonte: http://www.ai-architekci.pl/, 13.05.2023.

Anima Danza (< pseudofrase it. ~; l'ispirazione può essere ricondotta all'enunciato *l'anima danza*, ma è anche possibile un abbinamento suggestivo di due sostantivi giustapposti) → [N/C ~; CEiDG – educazione sportiva e ricreativa – 2014 – Głogów-DS].

Arriva La Diva Della Moda (< frase it. ~; il M, insolitamente, è stato basato su una proposizione sviluppata come una costruzione tetica; sono caratteristiche una rima interna accentuata: *-iva* ... *-iva* e l'assonanza prodotta da suoni e sillabe che si ripetono; il messaggio dell'enunciato corrisponde all'area commerciale rappresentata) → [~ N/C; CEiDG – neg. vestisti vari – 2020 – Błaszki-LD].

Fig. 263. Fonte: https://www.facebook.com/arrivaladiva/, u.a. 24.05.2023.

542 È una delle denominazioni d'origine italiana più lunghe nel nostro *corpus*. Si veda anche *Arriva La Diva Della Moda*.

Avanti Tutta (< enunciato usato nel linguaggio marinaresco; riprende il significato di 'mettere i motori al massimo'[543]; può essere un'applicazione consapevole) ⟶ [~ N/C; PKT/GUS – consulenze economiche – 2018 – Sochaczew-MZ].

Bene Dico (< pseudofrase it. ~; secondo l'intenzione degli autori si tratta di un sint. verb. che risulta una struttura disintegrata della forma verbale it. *benedico* < *benedire*, con la quale ha poco da vedere; è piuttosto una traduzione alla lettera della frase pol. *dobrze mówię* 'parlo bene', pragmaticamente giustificata, se consideriamo l'oggetto dell'attività) ⟶ [N/C #PORADNIA LOGOPEDYCZNA „~"; Aleo/CEiDG – #clinica logopedica – 2016 – Skarbimierz-OP].

Cerco Partner (< frase it. ~; la denominazione sembra più un annuncio su siti per incontri a scopi matrimoniali, ma può essere usata anche in contesti professionali senza connotazioni particolari come i seguenti enunciati simili: *cerco casa*, *cerco lavoro*; una terza ipotesi che cancella le due precedenti: *Cerco* è un nome di fantasia e l'elem. *Partner* compare nella zona perionimica) ⟶ [~ N/C; PKT/CEiDG – agenzia pubblicitaria – 2018 – Warszawa-MZ].

Ciao Giulia (l'espr. di saluto *ciao* che ha raggiunto lo statuto d'internazionalismo, ma inconfondibilmente s'associa all'it.; crea altri modelli marchionimici simili: *ciao* + un antroponimo; cfr. altri MM con *ciao* nel nostro *corpus*) ⟶ [„~" N/C; Aleo/GUS – serv. fisioterapia – 2015 – Rumia-PM].

Ciao! Ciao! (la ripetizione dell'espr. di saluto it. e internaz.; l'uso in epanalessi è caratteristico della comunicazione quotidiana nell'it. parlato) ⟶ [~ N/C; Aleo/GUS – vend. in Rete – 2016 ◊ 2020 – Wola Żytowska-LD].

Ciao-Ciao [sic!] (un altro modo di registrazione dell'espr. *ciao ciao* nell'area marchionimica pol.) ⟶ [„~" N/C; Aleo/GUS – 1997 – Suwałki-WM].

Detto Fatto (< locuz. fissa it. ~) ⟶ [~ N/C; CEiDG – serv. PR comunicazione – 2015 ◊ 2016 – Warszawa-MZ].

Forza Domani (< frase it. ~; un abbinamento libero) ⟶ [~ Sp. z o.o.; Aleo/CEiDG – serv. affitto gestione immobiliare – 2013 – Gdynia-PM].

Grazie Mille (< espr. di cortesia it. ~) ⟶ [~ Sp. z o.o. – rist. – 2021 – Gdańsk-PM].

Mangia Pizza (< frase it. ~) ⟶ [~ ; PKT – pizz. – s/d – Warszawa-MZ].

Mangiami! (< frase it. ~) ⟶ [mangiami! trattoria italiana (sic!); PKT – pizz. – s/d – Warszawa-MZ] ⟶ [~ Sp. z o.o.; Aleo/GUS – strutture mobili di ristorazione – 2017 □ 2021 – Kraków-MP].

543 Cfr. Treccani: https://www.treccani.it/vocabolario/ricerca/avanti-tutta/, u.a. 16.08.2023.

Fig. 264. Fonte: https://www.facebook.com/mangiami.brzeska/, u.a. 12.07.2021.

Mario Presto (< frase it. ~) ⟶ [#Biuro Podróży ~; http://www.mariopresto.pl/, u.a. 21.04.2024 – agenzia di viaggio – s/d – Biała Podlaska-LU].

Fig. 265. Iscrizione su un pullman. Foto: Varsavia, AG, 2024.

Mi Chiamo (< frase it. ~) ⟶ [~ N/C; PKT/GUS – serv. sart. – 2020 – Poznań-WP].

Ora Basta (< frase it. ~) ⟶ [~ Sp. z o.o.; Aleo/KRS – ristor. – 2012 – Warszawa-MZ].

Pizza Si (< frase it. *pizza, sì*) ⟶ [~ // C/N ULTRA TANGO; WUP – pizza, pizzeria – 2020 – Wrocław-DS].

Fig. 266. Fonte: WUP, 26, 2021, p. 33.

Prego Pizza (frase pseudoitaliana che pare una traduzione letterale dell'enunciato pol. *proszę, pizza* 'ecco la pizza' ovvero *poproszę pizzę* 'una pizza, per favore'; né per l'una né per l'altra corrisponde l'enunciato espresso nel M) ⟶ [~ // Zalewa Sp.j.; PKT/GUS – ristor. pizz. – 2014 – Biłgoraj-LU].

Rapido Presto (pseudofrase it. ~) ⟶ [~ Sp. z o.o.; Aleo/KRS – serv. costruzioni edili – 2005 – Warszawa-MZ].

Sempre La Perfezione (< frase it. ~; M molto eleborato e complesso che esprime un messaggio riferito intenzionalmente al settore dell'attività, socialmente trattata come poco pregiata: i servizi di pulizia) ⟶ [~ N/C; Aleo/GUS – serv. pulizia – 2012 ◊ 2019 – Warszawa-MZ].

Va Bene (< frase it. ~) ⟶ [C/N ~; PKT/GUS – serv. trasporto – 2010 – Płock-MZ] ⟶ [~. #Miejsce spotkań. Pizza włoska; PKT/GUS – #luogo di incontri integrativi / pizz. – 2011– Rzeszów-PK]. Almeno 10 a.o.

Il M *Va Bene* è stato anche brevettato (insieme a una specie di *slogan*: *Roma in Varsavia* [sic!]), e si tratta della denominazione di un "semplice ristorante" it. fondato e gestito da un italiano nella capitale polacca (cfr. anche https://m.facebook.com/vabenewarsaw/, u.a. 14.10.2023). Ciò che conta è che l'occorrenza funziona nell'area linguistica pol.:

⟶ [~ // C/N VA BENE; WUP – serv. gastronomia – 2021 – Warszawa-MZ].

Fig. 267. Fonte: WUP, 33, 2021, p. 61.

Viaggio E Vedo (< frase ~; può essere una riproposizione creativa del cesariano *veni, vidi, vici*) ⟶ [~ N/C; CEiDG – attività di agenti turismo – 2014 ◊ 2020 – Warszawa-MZ].

L'originalità illocutiva di alcuni esempi di marchionimi frasali analizzati è davvero impressionante. Offrono l'accesso a messaggi discorsivi che si potrebbero studiare anche in termini testuali come *slogan* pubblicitari o avviamento a un'enunciazione più complessa (p.es. *Arriva La Diva Della Moda*; *Sempre La Perfezione*; *Amo La Vita*; *Mangiami!*; *Mi Chiamo*).

Insieme agli esempi in Sez. 4.6.8. costituiscono nella prassi comunicativa un gruppo di marchionimi sequenziali o frasali che svolgono ruoli con valenze e motivazioni intertestuali: la loro base è tratta dal patrimonio comunicativo-culturale italiano. Per questa ragione assomigliano alle unità della classe che discutiamo nella sezione successiva.

4.6.8. Sequenze enunciative d'ispirazione intertestuale

Una soluzione sofisticata per il riconoscimento dell'italianità inconfondibile è il ricorso ad una fonte di citazioni in italiano o in un linguaggio misto polacco-italiano conosciute da un utente comune o ritrovate dall'autore del marchionimo nel patrimonio della cultura italiana, polacca o internazionale, soprattutto quella artistica, assorbente elementi dell'italiano, p.es., per scopi stilistici. Al primo posto si collocano le canzoni; seguono le produzioni cinematografiche e televisive; vi sono infine altri stilemi provenienti dalla letteratura e da testi di cultura nel senso largo del termine (testi mediatici); ergo varie fonti testuali in cui si è fossilizzata una frase detta in italiano o creata come pseudoitaliana[544].

Parlino gli esempi.

Amore Mioo [sic!] (l'enunciato conosciuto dai testi di alcune canzoni italiane, ma anche quelle polacche in cui si citano queste due parole, p.es. nella canzone intitolata *Amore mio* di Krzysztof Krawczyk, 1997; la doppia *o* in *Mioo* può segnalare la quantità della pronuncia della voc. *o* nella versione cantata di questa voce) → [~ Sp. z o.o.; Aleo/KRS/GUS – serv. per altre ditte – 2015 – Trzebaw-WP].

Amore Pomidory (comp. enunciativa ibrida che fa accostare in una giustapposizione it. *amore* e pol. *pomidory* 'pomodori', suggerendo il messaggio di "amare i pomodori"; la creazione dell'espr. ~ nella base del M può essere rinviata alla parafrasi di un famoso verso della canzone di cabaret del gruppo *Kabaret Starszych Panów* del lontano 1960: *Addio, pomidory, addio, utracone* ['Addio, pomodori, addio, perduti']) → [~ N/C; Aleo/CEiDG – serv. *catering* – 2019 ◇ 2020 – Poznań-WP].

Bella Ciao (fa subito venire in mente l'enunciato *bella, ciao!*, conosciuto come italianismo fraseologico e popolarizzato dalla canzone di Hugel ed El Profesor *Bella ciao* del 2018, prima da Goran Bregović e da molti altri artisti nella storia del canto popolare it., inno antifascista del 1943) → [~; https://pizzeriabellaciao.com.pl/, u.a. 21.04.2024 – pizz. – s/d – Warszawa-MZ; Fig. 268] → [„~" N/C; PKT/GUS – neg. abbigliamento – 2020 – Ostrzeszów-WP] → [„~" #Gabinet Urody N/C; PKT/GUS – #salone di bellezza – 2020 – Lublin-LU]. Almeno 10 a.o. Cfr. *Ciao Bella*.

Fig. 268. L'insegna della pizzeria Bella Ciao[545]. Foto: AG, Varsavia 2024.

L'espressione *bella ciao* è anche una base di giochi interlinguistici (p.es. ***Béla Ciao***: il n. di un bar bistro a Łódź-LD in via Béla Bártok pol. *ul. Beli Bartoka*; vd. Fig. 269; cfr. *Bella Ciacho*).

544 Cfr. anche Parr. 3.2, 3.3 e 3.4.

545 Nel logo è presente l'immagine della caratteristica maschera simbolo della serie televisiva spagnola *La casa di carta* (spagn. *La casa de papel*, ideatore Álex Pina, prod. 2017–2021). La maschera è completata da un cappello da pizzaiolo.

Fig. 269. Bistro Béla Ciao a Łódź. Foto: AG 2023.

Bella Donna (l'espr. it. ~ ben riconosciuta da utenti pol., nota, p.es., dalla canzone degli anni '50 del XX sec. di Janusz Gniatkowski e Jan Danek *Bella, bella donna*[546]; cfr. anche il n. della specie medicinale *belladonna* per l'atropina, oppure come medicina omeopatica) ⟶ [N/C „~"; PKT/CEiDG – parrucchiere – Varsavia-MZ] ⟶ [N/C #Indywidualna Praktyka Lekarska Ginekologia i Położnictwo „~"; PKT/CEiDG – #serv. med. di ginecologia – Cracovia-MP] ⟶ [N/C Gabinet Kosmetyczny „~"; PKT/GUS – #salone di bellezza – Cracovia-MP].

Dolce Vita (la citazione del titolo del film di Federico Fellini del 1962; nel modello originale, il titolo è provvisto dell'art.det. *La*; cfr. *La Dolce Vita*[547]) ⟶ [~ N/C; PKT/GUS – gelateria – 2018 – Częstochowa-SL] ⟶ [~ Ristorante. Pizzeria, catering. C/N; PKT/CEiDG – 2011 – Lubin-DS] ⟶ [~ N/C; Aleo/CEiDG – organizzazione fiere esposizioni congressi – 2018 ◇ 2020 – Warszawa-MZ]. Almeno 58 a.o.

Italiano Vero (ispirato dalla canzone di Toto Cutugno del 1983 *L'italiano: ...sono l'italiano / l'italiano vero...*) ⟶ [~ Sp. z o.o.; Aleo/KRS – ristor. – 2016 – Warszawa-MZ]. Almeno 3 a.o.

La Dolce Vita (la citazione completa del titolo originale del film di Federico Fellini; il titolo è stato tradotto in pol. come *Słodkie życie*, entrando pure nella MPL come base onomaturgica e ispirando anche altre parafrasi; cfr. *Dolce Vita*) ⟶ [N/C ~ PRODUCTION; Aleo/CEiDG – prod. film video programmi TV – 2012 ◇ 2018 – Warszawa-MZ] ⟶ [~ N/C; PKT/CEiDG – ristor. – 2019 – Gniezno-WP]. Almeno 10 a.o.

La Grande Bellezza (l'ispirazione viene dal titolo del film di Paolo Sorrentino *La grande bellezza*, 2013) ⟶ [~ Sp. z o.o.; PKT/KRS – consulenza economica – 2016 – Wrocław-DS].

---

546 La canzone, da allora in vari altri *remake*, è la fonte sempre viva dell'espressione *bella donna*, del raddoppiamento aggettivale *bella bella*, della variante teoricamente adattata al polacco di *bella*: *bela* (cfr. **bela bela donna* nella produzione musicale del gruppo *Tercet Egzotyczny*). Cfr. il testo della canzone: https://www.tekstowo.pl/piosenka,jan_danek__janusz_gniatkowski,bella__bella_donna.html, u.a. 29.05.2023 (la canzone diffonde un altro italianismo caratteristico: *bambino*). Va aggiunto che la sfumatura dell'italianismo storico *donna* / *bella donna* può essere carica di un certo disprezzo (cfr. Zaręba 1947: 19).

547 Cfr. la voce *dolce* in SJP-PWN: s.v. e IVLW: s.v.

Le Quattro Stagioni (l'ispirazione è interculturale; alla base del M sta il titolo di una famosa opera di Antonio Vivaldi; l'espr. è anche ben conosciuta come come denominazione di un tipo di pizza in Polonia; cfr. TAB. 6) ⟶ [„~" Sp. z o.o.; Aleo/KRS – serv. trasporto – 2003 – Tleń-KP].

Mi Amore (nel M si confonde lo spagnolo con l'it.: *Mi* < pron.poss. spagn. *mi* 'mio' + it. *amore*; può essere un ibrido intenzionato, ma si tratta piuttosto di un miscuglio non consapevole riprodotto intertestualmente dalle parole di vari *remake* della canzone intitolata in modo omonimo e conosciuta dal modello eseguito da Velvet durante l'Eurovision nel 2016: l'uso della voce *amore* è conforme alle condizioni di versificazione e ritmo per cui si ha bisogno di tre sillabe anziché di due di *amor*) ⟶ [„~" PPH N/C; Aleo/CEiDG – prod. tessile – 2019 –Brudzew-WP].

O Sole Mio (riferimento evidente alle parole del canto lirico napoletano *'O sole mio*, associato alla leggendaria ed eccezionale esecuzione di Luciano Pavarotti; cfr. SEZ. 3.2.2.4) ⟶ [~ Pizzeria; PKT/GUS – 2001 – Żagań-LB]. Almeno 3 a.o.

Pasta La Vista (la comp. è italianeggiante, ma allo stesso tempo si riferisce all'espr. spagn. *hasta la vista* 'ci vediamo' in cui la *h* è stata sostituita con una *p*, piantando nella collocazione originale l'italianismo internaz. *pasta*; si ottiene in questo modo un caratteristico effetto ritmico e un significato cross-culturale) ⟶ [~ Sp. z o.o.; Aleo/KRS – ristor. – 2013 – Warszawa-MZ].

Pocco Locco (M di fantasia che sfrutta i valori articolatori di un altro costrutto eufonico usato nella marchionimia globale, *Poco Loco*: il raddoppiamento della *c* in entrambi i componenti dell'espressione forma un effetto italianeggiante anziché ispanizzante) ⟶ [~; PKT – pizz. – s/d – Katowice-SL].

Solo Tu (può essere ispirato al titolo di una canzone del gruppo Matia Bazar *Solo tu* [anni '70 del XX sec.] conosciuto anche in Polonia; cfr. Tab. 4) ⟶ [~ Sp. z o.o. – prod. bevande – 2021 – Gorzyce-MP].

Tutti-Frutti / Tutti Frutti (sequenza pseudoitaliana, utilizzata largamente nella marchionimia globale, p.es. in Germania o negli Stati Uniti; è anche un costrutto fraseologico che è passato nella comunicazione della cultura di massa e per questo può essere considerato come intertestuale; cfr. nota 4) ⟶ [F.H.U. ~ N/C; PKT/GUS – neg. alimentari – 2019 – Rybnik-SL] ⟶ [Tutti Frutti Hostel // FLAMINGO Sp. z o.o. Sp.k; PKT/GUS – serv. alloggio – 2005 – Krakow-MP]. Almeno 15 a.o.

Nell'orbita di questa classe può rientrare anche il costrutto *Tutti Santi*. Malgrado sembri così ai suoi autori, non è l'equivalente del sint. pol. *wszyscy święci* collocato nell'eortonimo pol. *Wszyscy Święci* (ovvero pop. *Wszystkich Świętych*[548]) 'Tutti i Santi' / 'Ognissanti'[549]; invece è una versione ridotta della denominazione italiana

548 È un'elisione adoperata sulla denominazione completa *Święto Wszystkich Świętych* 'Festa di Tutti i Santi'.

549 Nell'uso comune si usa *i Santi* (= *festa dei Santi*).

corrispondente, priva dell'articolo determinativo *i* tra *tutti* e *santi*. *Tutti Santi* è evidentemente uno pseudoitalianismo, influenzato da un altro, *tutti frutti*, discusso sopra.

Tutti Santi viene utilizzato come marchionimo designante alcune pizzerie in Polonia, tra cui anche una rete sotto questo marchio. In una delle istanze, è stato registrato come brevettato:

Tutti Santi → [TUTTI SANTI C/N; WUP – pizzeria rete – 2018 – Kalisz-WP].

Fig. 270. Fonte: WUP, 2, -2020, p. 141.

Ad ogni modo, il caso *Tutti Santi* è da noi qualificato come un tentativo di citazione diretta dal discorso socio-religioso italiano in cui la variante corretta *Tutti i Santi* si utilizza per indicare una delle feste caratteristiche della cultura cristiana. Allo stesso tempo, è un deonimico (in particolare, la transonimizzazione di un eortonimo).

4.7. Formazioni paratattiche di statuto ibrido

Almeno due degli esempi nella sezione relativa ai marchionimi sequenziali di una netta ispirazione intertestuale (*Addio Pomidory* e *Mi Amore*) sono in fondo anche interlinguistici, poiché vi sono combinati elementi italiani con elementi di altre lingue (polacco, spagnolo). Costituiscono così forme paratattiche ibride (MNM), per lo più come combinazioni motivate sintagmaticamente.

In questa categoria vogliamo distinguere e discutere i due gruppi maggiori: il primo con elementi inglesi, il secondo con elementi polacchi e internazionalizzati. Ci interessano pure formazioni analitiche, come in un sintagma tipico, e univerbate, che possono essere anche incroci inquadrati nella formazione neologica studiata in Par. 4.4.

Sono unità cui è difficile assegnare uno statuto univoco. In effetti, qualsiasi classificazione comporta difficoltà di metodo perché la realtà dei dati non si lascia incasellare per intero in un quadro descrittivo basato sulla generalizzazione, che è un tipo di astrazione molto semplice, legato ai dati, ma è pur sempre un'astrazione. Peraltro, questa categoria di modelli con esempi reali non possono essere tralasciati.

4.7.1. Costruzioni con componenti inglesi

L'inglese è la prima lingua straniera che penetra nell'ambito polacco in varie sue aree comunicative e creative (neoformative), quindi anche e in modo assai rimarcabile nell'onomaturgia marchionimica. Non deve dunque stupire il fatto che tra le forme italianeggianti incluse nel *corpus* analizzato ci siano delle strutture che consistono nel connubio di un elemento di provenienza inglese e di un altro di provenienza italiana, configurati in vari modi: preposti o posposti l'uno all'altro, separati o legati, creando voci che sono visualmente univerbate o, al contrario, sono messe in giustapposizione, formando sequenze di tipo sintagmatico o para-frastico. Nei casi particolari, le strutture ottenute possono comporsi di più di due elementi, coinvolgendo anche una contribuzione formale polacca. Le trattiamo tutte come forme d'origine sintagmatica.

Questo tipo di onomaturgia nella marchionimia analizzata potrebbe essere considerato anche secondo un altro criterio-guida, diverso da quello che abbiamo adottato in questa ricerca. E cioè, è possibile una sua polarizzazione che individua come area di riferimento maggiore non i fenomeni di formazione italianeggiante o che generalmente manifestano italianità, ma i fenomeni che evidenziano una tendenza anglicizzante nella MPL.

Nelle spiegazioni per ciascuno degli esempi citati sotto, indichiamo la provenienza e i significati necessari riferiti a certi concetti che possono dare luce sulle motivazioni onomaturgiche particolari. Gli elementi inglesi in queste formazioni hanno prevalentemente carattere internazionale, assumendo spesso lo statuto di anglicismi nella lingua italiana e/o nella lingua polacca[550].

Si consideri che, oltre agli esempi che discutiamo in questa sezione, nell'intero *corpus* si sono individuate altre unità cui si potrebbe assegnare il valore di ibridi sintattici con elementi lessicali inglesi; oppure questi loro componenti potrebbero far parte dei campi perionimici delle strutture tracciate e sistemate in altre classi del materiale sottoposto ad analisi.

Activ-Cascata (comp. ibr: un {cin} *Activ* < ingl. *active* + un {cil} *cascata*) ⟶ [N/C „~" #STUDIO REKREACJI; CEiDG – #studio / centro di ricreazione – 2003 – Gdynia-PM].

Agatella Nails (sequenza ibr: un {cpd} ~ + un {cin} ~; l'anglicismo *nails* 'unghie', praticamente nella zona perionimica, è trattato qui come un termine specificante che indica il settore d'interesse; suonerebbe in modo scabroso e quasi osceno una stessa comp. con l'equiv. pol. di *nails*: **Agatella Paznokcie*; gli anglicismi e altri prestiti funzionano in questi contesti come una specie di eufemismi; n.pra pol. *Agata*; cfr. *Amoreschoes*) ⟶ [~ N/C; CEiDG – vend. in Rete – 2016 ◊ 2017 – Oborniki-WP].

Amoreshoes (comp. univerbata ibr: un {cil} *amore* + un {cin} *shoes*; neo IS, ma anche anglicizzante per la comp. ottenuta in seguito alla fusione di un {cil} *amore* + un {cin} *shoes* 'scarpe'; il lessema ingl. *shoes* è diventato un termine universale della comunicazione commerciale come tanti altri anglicismi in questo settore globale: *nails*; *hair*; *fashion*; *car*; *beauty*; *wellness*; *store*; ecc.; cfr. infra) ⟶ [~ N/C; Aleo/CEiDG – prod. scarpe – Białobrzegi-MZ].

550 Cfr. Berezowski, Deckert 2023 e Bombi 2005.

Andrema Tex (sequenza parzialmente IS: un {cx} *Andrema* < pol. *Andrzej* 'Andrea' + un {cin} *Tex* < ingl. *textile* 'tessuto/tessile') ⟶ [~ Sp. z o.o.; RIO – prod. abbigliamento – 2009 – Myślenice-MP].

Anellosilver (comp. univerbata ibr: un {cil} *anello* + un {cin} *silver* 'ambra'; si noti l'uso della *O* maiuscola nel logonimo: idealmente rotonda con una rappresentazione di occhiello scintillante sta appunto per un anello) ⟶ [anellosilver.com, http://www.anellosilver.com/pl/, u.a. 7.05.2023 – neg. in Rete gioielli // F.H.U.P. Anello N/C – 2017 – Częstochowa-SL].

Fig. 271. Fonte: http://www.anelosilver.com/pl/, 7.05.2023.

Arcasoft (comp. univerbata ibr: un {cil} ~ + un {cin} ~) ⟶ [~ Sp. z o.o.; KRS – 2011 – IT *consulting* – Będzin-SL][551].

Art Palazzo (sequenza ibr: un {cil}/{csl} ingl./internaz. ~ + un {cil} ~) ⟶ [~ N/C; CEiDG – ristor. – 2019 – Łowicz-LD].

Babydoro (comp. univerbata ibr: un {cin} *Baby-* < ingl. *baby* + un {cil} *-doro* < it. *d'oro*) ⟶ [babydoro.pl; http://www.katalog-sklepow.net/s/3215/babydoropl.html, u.a. 12.03.2021 – neg. in Rete articoli per bambini – s/d – Warszawa-MZ].

Bella Beauty (sequenza ibr: un {cil} ~ + un {cin} ~; il significato del sint. ottenuto è tautologico) ⟶ [#Salon Urody ~ N/C; PKT/CEiDG – #salone di bellezza parrucchiere – 2017 – Piotrków Trybunalski-LD].

Bella Line (sequenza ibr: un {cil} ~ + un {cin} ~; nella zona perionimica compare un altro anglicismo comune: *wellness* che completa l'internaz. *centrum*, con il significato funzionale di "centro spa"; tuttavia, in realtà, si tratta di un centro solarium che utilizza una denominazione sofisticata) ⟶ [~ Wellness Centrum Sp. z o.o.; PKT/KRS – solarium / spa – 2017 – Warszawa-MZ].

---

551 È uno dei casi relativamente rari che vengono inclusi in questo *corpus*. Rappresenta la categoria dei marchionimi di oggetti fondati e/o gestiti in Polonia da imprenditori italiani. Tuttavia, come è stato già sottolineato, la struttura *Arcasoft* e altre create o sospette di interventi onomaturgici suggeriti da italiani, sono e funzionano, invariabilmente sul territorio polacco (e internazionale), essendo state impiantate nel sistema amministrativo e nel discorso commerciale polacchi. Ringraziamo il prof. Roman Sosnowski dell'Università Jagellonica per una discussione istruttiva sui marchionimi di questa provenienza.

Bella Love (sequenza ibr: un {cil} ~ + un {cin} ~) ⟶ [~ N/C; PKT/GUS – pasticceria – 2019 – Olsztyn-WM].

Bella Nails (sequenza ibr: un {cil} ~ + un {cin} ~; l'uso dell'anglicismo garantisce una resa "più professionale" della denominazione che presenta un alto grado di internazionalizzazione, ma allo stesso tempo non è particolarmente ricercata; cfr. *Agatella Nails*) ⟶ [~ N/C; PKT/GUS – serv. parrucchiere – 2020 – Mysłowice-SL].

Bemini Decor (costr. parzialmente ibr: un {cx} italianeggiante ~ + un {cin} ~; *Bemini* come voce stilizzata sul modello di termini nel linguaggio infantile, designa i mobili per bambini) ⟶ [~ Sp. z o.o.; RIO – prod. mobili – 2018 – Warszawa-MZ].

Boss Presto (costr. ibr: un {cin} ~ + un {cil} ~; l'ingl. *boss* è utilizzato anche nel linguaggio della mafia it.) ⟶ [~ Sp. z o.o., PKT/KRS – vend. all'ingrosso di tabacchi – 2016 – Węgorzewo-WM].

Bottega Concept (costr. ibr: un {cil} ~ + un {cin} ~) ⟶ [~ N/C; PKT/CEiDG – agenzia assicurazioni – 2016 – Smolec-DS].

Bottega Services (costr. ibr: un {cil} ~ + un {cin} ~) ⟶ [~ Sp. z o.o.; PKT/KRS – consulenze economiche – 2018 – Warszawa-MZ]. *Bottega* in. 10 a.o. in d.c.

ByRitaTorino (comp. univerbata ibr: nel costrutto si utilizza la matrice inglese di *by + n. di persona* per l'indicazione dell'autore o gestore, come nelle comunicazioni in riferimento alle grandi marche, p.es. *by Versace*; *Rita Torino* funziona come un finto marchio it.) ⟶ [~ // N/C1 N/C2 Sp.c.; WUP – vend. gioielli – 2017 – Białystok-PD].

Fig. 272. Fonte: WUP, 4, 2018, p. 1483.

Car-Car Marco (costr. ibr: la struttura coinvolgente un {cin} *car* raddoppiato + un {cid} ~; n.pro pol. *Marek* 'Marco') ⟶ [~. N/C; PKT/GUS – vend. all'ingrosso di accessori per macchine – 2006 – Rąbczyn-WP].

Confettishow (comp. univerbata ibr: un {cin} *Confetti-* < it. *confetti* + un {cin} *-show* < ingl. *show*) ⟶ [~ Sp. z o.o.; Aleo/KRS – agenzia pubblicitaria – 2013 – Warszawa-MZ].

Dario Driver (costr. ibr: un {cid} ~ + un {cin} ~) ⟶ [~ N/C; Aleo/GUS – serv. trasporto – 2020 – Dobrzykowice-DS].

Donatella Effect (costr. ibr: un {cid} ~ + un {cin} ~) ⟶ [SALON ~ N/C; Aleo/GUS – parrucchiere salone di bellezza – 2004 – Chełmno-KP].

Eataliano (comp. univerbata ibr: un incrocio di un {cin} *Eat-* < ingl. *eat* 'mangiare' + un {cid} *-aliano* < it. *italiano*; cfr. il marchio internazionale *Eataly*) ⟶ [~ Pizzeria; PKT – 1999 – Warszawa-MZ].

Fitness Latte (costr. ibr: un {cil} ~ + un {cin} ~; cfr. Sez. 3.5.1) ⟶ [~ N/C; PKT/GUS – palestra – 2013 – Wrocław-DS].

Fig. 273. Fonte: http://fitnesslatte.pl/, 16.05.2023. Pol. *poczuj smak dobrej sylwetki* [lett. 'assapora il gusto di una buona silhouette'].

Gepetto Clothing ⟶ (sequenza ibr: un {cid} ~ < it. *Geppetto* + un {cin} ~; cfr. *Dżepetto*) ⟶ [~ N/C; CEiDG – prod. cosmetici – 2016 ◊ 2017 – Łomża-PD].

Labella Fashion (sequenza ibr: un {cil} *Labella* < it. *la bella* + un {cin} ~) ⟶ [~ Sp. z o.o.; RIO – prod. abbigliamento – 2006 – Łódź-LD].

Marcello Store (sequenza ibr: un {cid} ~ + un {cin} ~) ⟶ [~ Sp. z o.o.; KRS – vend. merce varia – 2019 – Szczecin-ZP].

Mercato Football (costr. ibr: un {cil} < it. *mercato* + un {cin} ~) ⟶ [~ #Agencja Menadżerska Sp. z o.o., PKT/KRS – #agenzia manageriale sport – 2019 – Rzeszów-PK].

Mr. Piaggio (costr. para-antroponimico ibr: un {cin} ~ + un {cid} ~) ⟶ [~ N/C; CEiDG – catering – 2017 – Poręba-MP].

Mrs. Giulietta (costr. para-antroponimico ibr: un {cin} ~ + un {cid}; nella zona perionimica un altro anglicismo: *Fashion*; n.pra pol. *Julia* 'Giulia') ⟶ [N/C Fashion ~ – #Moda dla Kobiet; Aleo/GUS – #la moda per donne / vend. abbigliamento – 2019 ◊ 2019 – Grodziec-OP].

My Italia (costr. sint. ibr: un {cin} ~ + un {cid} ~; ma è anche possibile la lettura alla polacca: pron. pol. *my* 'noi') ⟶ [~ Sp. z o.o.; Aleo/CEiDG – vend. alcolici – 2018 – Warszawa-MZ].

My Pupillo (costr. sint. ibr: un {cin} ~ + un {cil} ~; molto probabilmente, come nell'es. precedente, nel costrutto si vuole usare il possessivo ingl. *my* 'mio'; *Pupillo* si riferisce anche al s.sg.m. pol. *pupil* pop. 'animale domestico: cane, gatto, coniglio, ecc.'; cfr. *Pupilo*) ⟶ [~ // EXIM PHARMA Sp. z o.o.; WUP – articoli vari per la cura degli animali domestici – 2016 – Warszawa-MZ].

Fig. 274. Fonte: WUP, 12, 2017, p. 4485.

Pasta Go! (costr. frasale ibr: un {cil} ~ + un {cin} ~ ; una comp. ibr enunciativa esclamativa, utilizzata anche come *slogan*; il connubio dell'italianismo *pasta* e del v. ingl. *go*, teoricamente, all'imperativo, è chiaro soprattutto per la giovane generazione dei polacchi che conoscono bene l'espr. ingl. *Go!*) ⟶ [~ // C/N; WUP – prodotti alimentari / bar, ristor. – 2016 – Łódź-LD].

Fig. 275. Fonte: WUP, 8, 2017, p. 2700.

Pietro-Net (collegamento in giustapposiz. per mezzo di un trattino tra un {cid} *Pietro-* e un {cin} *-Net*; n.pro pol. *Piotr* 'Pietro') ⟶ [~; Aleo/GUS – vend. in Rete – 2012 – Łękawica-MP].

Presto-IT (comp. ibr: un {cil} ~ + un {cin} *-IT* che si riferisce all'informatica ed è infatti il settore dell'azienda) ⟶ [PRESTO-IT N/C; Aleo/CEiDG – serv. informatici – 2009 – Wrocław-DS].

Quattrone Silver (costr. parzialmente IS: un {cid} ~ + un {cin} ~; *Quattrone* può equivalere ad un cogn. it.) ⟶ [~ N/C; Aleo/CEiDG – nol. auto cerimonie – 2010 – Błonie-MZ].

Renato-Outlet (comp. ibr: un {cid} ~ + un {cin} ~; nella denominazione completa *Outlet* e *Butik* sono elemen. perionimici; il n. *Renato* s'associa al n.pra pol. *Renata*) ⟶ [BUTIK ~ N/C; Aleo/GUS – vend. abbigliamento seconda mano – 2019 – Stare Babice-MZ].

Rocco Fashion (sequenza ibr: un {cid} ~ + un {cin} ~) ⟶ [„~" N/C; Aleo/GUS – vend. abbigliamento – 2006 – Gorzów Wielkopolski-LB].

Romeo Popular (costr. ibr: un {cil} ~ + un {cin} ~[552]) ⟶ [~ // C/N PTOVIT; WUP – marchio di occhiali e accessori – 2016 – Warszawa-MZ].

552 Cfr. le connotazioni di *Romeo*, SJP-PWN: s.v.

Fig. 276. Fonte: WUP, 4, 2017, p. 930.

Siciliano Trade (sequenza ibr: un {cid} ~ + un {cin} ~) ⟶ [~ Sp. z o.o.; Aleo/GUS – vend. abbigliamento – 2007 □ 2018 – Ryki-LU].

Speranzainvest (comp. univerbata ibr: un {cil} *Speranza-* < it. *speranza* + un {cin} *-invest* < ingl. *invest*) ⟶ [„~" N/C; CEiDG – serv. di intonacatura – 2015 ◊ 2019 – Chude-ZP].

Taddeo Art (costr. ibr: un {cid} ~ + un {cin}/internaz. ~; *Taddeo* è l'equiv. del n.m. pol. *Tadeusz*, n.pro; anche *Art* potrebbe codificare un n. personale) ⟶ [~ N/C; Aleo/GUS – serv. operatore guida turistica – 2017 – Brzeszcze-MP].

Tutti Beauty (costr. ibr: un {cil} ~ + un {cin} ~; un grossolano gioco di parole per suggerire un messaggio sulla "bellezza di tutti", su "tutti belli" e sim.) ⟶ [#Salon Urody ~ N/C; PKT/GUS – #studio di bellezza / parrucchiere – 2016 – Swarzędz-WP].

Vacanza Dent (sequenza ibr: un {cil} ~ + un {cin} ~) ⟶ [~ N/C; CEiDG – studio stomatologico – 1991 ◊ 2017 – Białobrzegi-MZ].

Vacanza Park (sequenza ibr: un {cil} ~ + un {cin} ~) ⟶ [~ N/C; CEiDG – alloggi di vacanza breve durata – 2013 – Gdańsk-PM]

Ventimiglia Vintage (costr. ibr: un {cid} ~ + un {cin} ~) ⟶ [~ N/C; CEiDG – vend. articoli seconda mano – 2020 – Warszawa-MZ].

Veronii Travel [sic!] (costr. parzialmente IS: un {cid} ~ < *Verona* + un {cin} ~) ⟶ [C/N A.T. „~"; Aleo/GUS – agenzia viaggi – 2010 ◊ 2011 – Świętochłowice-SL]. Cfr. p.es. *Elmorii*.

Vertabelo Academy (costr. parzialmente IS: il primo elem. risulta un neo IS composto da un {csv} *Verta-* e da un ipotetico {cil} *-belo* < *bello* + un {cin} ~; l'ingl. *Academy* collocato nella zona perionimica) ⟶ [~ Sp. z o.o.; WUP – agenzia di pubblicità – 2016 – Warszawa-MZ].

Fig. 277. Fonte: WUP, 4, 2017, p. 990.

Visciola Fashion (costr. ibr: un {cil} ~ + un {cin} ~; l'equiv. pol. della *visciola* indica uno dei frutti popolari in Polonia: s.sg.f. pol. *wiśnia*; l'ingl. *Fashion* collocato nella zona perionimica) ⟶ [~ N/C; https://www.visciolafashion.com/, u.a. 11.05.2023 – neg. in Rete abbigliamento – 2013 – Wołomin-MZ].

4.7.2. Costruzioni con componenti polacchi e internazionalizzati

Un altro gruppo di combinazioni paratattiche ibride sono le formazioni con elementi polacchi, internazionalizzati o imprecisi. Anche queste potrebbero essere interpretate in modo diverso da come è stato qui proposto, ed essere caratterizzate come *pseudopolonismi* (p.es. *Fryzo-Bella*; *Cristoforo-Bruk*; *Budo-Marco*; *Veronapleks*). In particolare, sono giochi linguistici resi nella finta veste polacca (p.es. *Bella Dolina*; *Bella Od Nowa*; *Moje Bambino*) o pseudointernazionalismi (p.es. *ALUmafia*; *MarcoTrans*; *Funghi-Pol*; *Forma Caprichosa*; *Balloonarium*).

Tuttavia, continuiamo a trattare queste strutture come italianeggianti, giacché l'elemento italiano, anche quello implicito e non evidente (come in forme che terminano in una consonante, p.es. *Gallod*; *Dariodach*; *Legnopol*), occupa un posto rilevante a partire dall'ispirazione formale e concettuale o si usa come complementare nel neologismo paratattico.

Nelle composizioni sottoposte all'analisi si combinano unità dello strato appellativo e propriale delle lingue. Talora la loro scoperta esige un'investigazione approfondita (cfr. *AlTo Caro* o *Gallod*).

È qui necessario ripetere che i marchionimi così costruiti sono per lo più illustrazioni dei giochi linguistici, alcuni meno, altri più riusciti, testimoniando un atteggiamento creativo e disinvolto dei loro autori che utilizzano liberamente gli strumenti di espressione mista italo-polacca (o internazionale), in realtà, non naturale né per il polacco, né per l'italiano, ma possibile nella comunicazione di contatto fra le lingue (cfr. *Balanga Italiana*; *Cosa Polska*; *Bella Ciacho*; *Bella Mova*; *Ciao Ciało*; *Dom Bianco*; *Pani Pizza*; *Prosta Pasta*; *Prosto Pizza*; *Tani Armani*; *Zakątek Bellissimy*; *Z Natury Al Dente*).

La classe individuata in questa sezione pone problemi circa l'attribuzione di essi alla MPLI. Nonostante ciò, non vogliamo tralasciarla per via della sua poca chiarezza e discutibilità, malgrado, in molti dei casi citati qui di seguito, l'elemento italiano sia perfettamente integrato nella resa onomaturgica polacca della costruzione e solo secondariamente si possono vedere queste denominazioni come italianeggianti[553]. La questione rimane aperta.

---

553 La creatività di questo genere caratterizza anche la comunicazione dei polacchi residenti in Italia: nella lingua polacca utilizzata fra di loro in riferimento alla realtà italiana è naturale l'introduzione di contaminazioni lessico-sintattiche e fonetico-grafiche polonizzate *ad hoc* (p.es. pol. **Prezydenca* 'Presidenza della Facoltà all'Università'; **komuna* 'il comune'; **dziurisprudenza* 'giurisprudenza', Putka 2014: 120–121).

Adriano-Meble (comp. ibr: un {cid} + un {cpl} *meble* 'mobili') ⟶ [„~" N/C; CEiDG – prod. vend. mobili – 2013 – Brzeźno-WP].

AlTo Karo (costr. ibr IS: la comp. si legge come un ipotetico sint. it. *alto caro*; la motivazione formale è più complessa e apparentemente creativa: un gioco delle sillabe iniziali del n./c.pro: *Karol Kaźmierczak*, e dei nomi dei suoi cari: *Karolina*, la moglie, *Alek*, il figlio, *Tosia*, la figlia[554]; *AlTo* e *Karo* suggeriscono anche altre letture e associazioni: *AlTo* imita la grafia storpiata del s.sg.m. pol. *auto* ['aw̥tɔ], *Karo* codifica l'ingl. *car*, ma è anche il M storico di uno dei modelli della marca FIAT prodotto in Polonia *Polonez Karo*) ⟶ [N/C ~; Aleo/CEiDG – manutenzione e riparazione di autoveicoli / meccanico – 2017 – Daniszyn-WP].

Fig. 278. Fonte: https://alto-karo.business.site/, u.a. 25.05.2023. Pol. *serwis samochodowy / naprawy wypadkowe / mechanika* ['assistenza auto / riparazioni dopo incidenti stradali / officina meccanica'].

ALUmafia / Alumafia (neo ibr IS; comp. di un {cpl} *ALU-* < pol. *aluminium* 'alluminio' + {cil} *-mafia* < it./internaz. *mafia*) ⟶ [ALUmafia (sic!) N/C; CEiDG – vend. parti accessori macchine – 2017 ◊ 2020 – Kędzierzyn-Koźle-OP].

Balanga Italiana (costr. ibr: un {cpl} ~ + un {cil} ~; s.sg.f. pol. *balanga* è un termine colloq. che suggerisce il significato di 'festa con una grande quantità di alcol'[555]; è un gioco interlinguistico di parole) ⟶ [~ N/C; Aleo/CEiDG – organizzazione eventi – 2003 – Warszawa-MZ].

Balloonarium (neo in cui compare l'it. *ballo* utilizzato attraverso un gioco di parole: sovrapposto al s.sg.m. pol. *balon* 'palloncino', per suggerire l'idea del "ballo dei palloncini", simboleggiati nel logonimo dalla doppia *o* e dal "punto" sulla *i*; l'intera voce si fonda su lessemi pol. creati secondo il modello di *akwarium* 'acquario', sostantivi con il suff. d'origine lat. *-arium*; il lemma può essere pronunciato mischiando le fonetiche di tre o, persino, quattro lingue: polacco, italiano, inglese, latino: [ballu'narjum]) ⟶ [~ // C/N; WUP – prod. palloncini per giochi – 2021 – Bielsko-Biała-SL].

554 La citazione dei nomi dei membri della famiglia del proprietario è stata autorizzata.
555 Cfr. SJP-PWN: s.v.

Fig. 279. Fonte: WUP, 35, 2021, p. 44.

Bella Ciacho (costr. ibr: un {cil} ~ + un {cpl} ~; s.sg.m. pol. *ciacho* colloq. 'figo'; una comp. ispirata all'espr. *bella, ciao*) ⟶ [~ N/C; PKT/GUS – catering – 2020 – Czarny Dunajec-MP].

Bella Dolina (costr. ibr: un {cil} ~ + un {cpl} ~; s.sg.f. pol. *dolina* 'valle') ⟶ [DEVELO-PRES ~ I/II Sp. z o.o.; KRS – residenze abitative – 2017 – Rzeszów-PK]. Cfr. *Pandolina.*

Bella Mova (costr. ibr: un {cil} ~ + un {cpl} *Mova* < s.sg.f. pol. *mowa* 'linguaggio') ⟶ [~ N/C #Nauka i tłumaczenia z jęz. włoskiego; PKT/GUS – #insegnamento lingua it. e traduzione dall'it. – 2009 ◊ 2016 – Rzeszów-PK].

Bella Od Nowa (comp. enunciativa ibr; principalmente si tratta di una frase pol. che insieme all'it. *bella* è un gioco di parole doppio: 1. *bella od nowa* 'bella di nuovo/ dal principio'; 2. *bella odnowa* 'bella rinnovazione/trasformazione') ⟶ [N/C #Salon stylizacji paznokci „~"; PKT – #salone cura della unghie – Brenna-SL].

Bon-Bello! (formazione allo stesso tempo pseudofrancese, pseudoitaliana e pseudo-polacca; allude al s.sg.m. pol. *bąbel* lett. 'bolla' pop. 'bimbo' o altri significati infantili imprecisi; la parte *Bon-* potrebbe essere ispirata al fr. *bon,* e più in particolare al fr. *bonbon* 'caramella'; la parte *Bello,* anche questa messa in rilievo, è it.) ⟶ [~ // OPTIMUM Sp. z o.o.; WUP – dolci, caramelle – 2016 – Warszawa-MZ].

Fig. 280. Fonte: WUP, 4, 2017, p. 983.

Budo-Marco (comp. ibr: un {cpl} *Budo-*[556] < s.sg.m. pol. *budynek* 'edificio' / v. pol. *budować* 'costruire' + un {cid} *Marco*) ⟶ [„~" N/C; Aleo/GUS – serv. costruzione edifici – 1998 – Konstantynów Łódzki-LD].

---

556 L'elemento *budo-* (con l'interfisso *-o-*) o *-bud* (vd. *Dario-Bud*) e tanti altri come *-bruk* (vd. *Cristoforo-Bruk*); *fryzo-* (vd. *Fryzo-Bella*); *-spaw* (vd. *Sergio-Spaw*) sono componenti semanticamente motivati. La loro leggibilità è garantita solo agli utenti polacchi, a meno che non si usino morfemi con potenziale comunicativo internazionale, p.es. *-art-*; *-trans-*; *-dent-*; *-med-*; *-foto-*; ecc. (cfr. Rogowska-Cybulska 2011: 402; vd. anche Gałkowski 2011a: Tab. 8).

Ciao Ciało (costr. ibr: un {cil} ~ + un {cpl} ~; una comp. stilizzata sulla sequenza *ciao ciao* in cui il secondo *ciao* è stato sostituito in un gioco di parole da uno pseudo-falso amico dei traduttori, il s.sg.n. pol. *ciało* 'corpo', che si pronuncia similmente all'it. *ciao*: ['ʨ ałɔ]; è un gioco di parole interlinguistico pragmaticamente ed esteticamente "pesante", ma originale, anche perché motivato dalla corrispondenza concettuale tra il messaggio trasmesso dal M e il settore dell'attività: vend. di prodotti per la cura del corpo) ⟶ [~ N/C; Aleo/GUS – vend. in Rete – 2019 ◊ 2020 – Warszawa-MZ].

Cosa Polska (costr. ibr: un {cil} ~ + un {cpd} ~; la denominazione va interpretata primariamente come accostamento dell'it. *cosa* + il coronimo pol. *Polska* 'Polonia' che funziona nella zona perionimica del firmonimo *Cosa*, specificando l'area in cui è attiva l'azienda; secondariamente, si può leggere la struttura come uno pseudo-sintagma in cui si mischiano le due lingue, creando un ibrido *cosa polska*, come se *polska* fosse un agg.sg.f. con il significato di "polacca"; la seconda soluzione non è molto creativa, ma è anche vero che l'it. *cosa* è diventato un italianismo non adattato alla lingua pol., ma riconosciuto come una voce it. caratteristica e un falso amico del s.sg.f. pol. *koza* 'capra'[557]; il M s'associa a Cosa Nostra, quando l'elem. *Polska* s'interpreta come agg.sg.f. pol. *polska* 'polacca') ⟶ [~; Aleo/CEiDG – vend. abbigliamento scarpe ai mercati – 2000 – Kraków-MP].

Cotto Sylwestro (costr. ibr: un {cil} ~ + un {cpd} ~ < n.m. pol. *Sylwester*; la comp. ottenuta ha piuttosto poco senso, se letta "in italiano"; comunque, come M italianeggiante può svolgere molto bene il suo ruolo: il n.m. *Sylwestro* è stilizzato su un antroponimo it., si rifà al n.pro pol. *Sylwester* 'Silvestro') ⟶ [#USŁUGI REMONTOWE „~"; CEiDG – #serv. di restauro – 2020 – Bobrza-SW].

Cristoforo-Bruk (comp. ibr: un {cid} ~ + un {cpl} ~ < s.sg.m. pol. *bruk* 'pavimentazione'; *Cristoforo* è l'equiv. del n.m. pol. *Krzysztof*, n.pro) ⟶ [~ N/C; Aleo/GUS – serv. costruzioni edilizia – 2011 – Bachórz-PK].

557 Il *quiproquò* di *cosa* vs. *koza* è stato l'oggetto di una pubblicità televisiva polacca della rete telefonica Era nel 2010: *Rozmawiaj za grosze w Nowej Firmie* [lett. Parla a poco prezzo nella Nuova Ditta; trad. AG]. Nello svolgimento della scenetta in un ristorante-pizzeria si sente reagire in italiano un cameriere: *Che bella cosa*! A queste parole una cliente ribatte in polacco: *Baran!* (= s.sg.m. pol. *baran* 'ariete' colloq. 'stupido'). La situazione consiste in un malinteso involontario dovuto proprio al valore del falso amico tra l'it. *cosa* e il termie pol. *koza* (cfr. Broniś 2017: 182), il quale in un dato contesto può essere un'espressione oscena e offensiva, se indirizzata a una donna. La donna ha utilizzato il termine *baran* carico di un simile valore pragmatico di un quasi volgarismo offendente, a sua volta, i maschi. La pubblicità ha contribuito alla diffusione di *cosa* come italianismo di cui si sono interessati i telespettatori che volevano proprio capire la scenetta. La pubblicità si può consultare su YT: https://www.youtube.com/watch?v=kJdG1GaKFIE, u.a. 25.05.2023.

Dario-Bud (comp. ibr: un {cid} ~ + un {cpl} *-Bud* < s.sg.m. pol. *budynek* 'edificio' / v. pol. *budować* 'costruire'; *Dario* è l'equiv. di *Dariusz*, n.pro) ⟶ [~ N/C; Aleo/GUS – lav. costruzione case – 2015 – Lechów-SW]. Almeno 6 a.o.

Dariodach (comp. univerbata ibr: un {cid} ~ + un {cpl} *-dach* < s.sg.m. pol. *dach* 'tetto'; in una certa maniera la *-o-* mediana funziona come elem. di raccordo; cfr. *Dario-Bud*; n.pro pol. *Dariusz* 'Dario') ⟶ [~ N/C; Aleo/GUS – serv. costruzione conservazione tetti – 2013 – Bełżyce-LU].

Dolce Wita (costr. enunciativo ibr; un gioco di parole interlinguistico: il riferimento alla locuz. *dolce vita* in cui *vita* è stato sostituito con il pol. *wita* 'saluta', la 3 pers.sg. dell'ind.pres. del v. pol. *witać* 'salutare') ⟶ [N/C ~; Aleo/CEiDG – serv. fotografico – 2020 – Komornica-MZ].

Dom Bianco (costr. ibr; un {cpl} ~ + un {cil} ~; è un miscuglio di lingue: s.sg.m. pol. *dom* 'casa' + it. *bianco*; può essere grossolanamente ispirato al sint. *casa bianca*; è possibile anche l'associazione paronimica tra *dom* e *don*: *don Bianco*) ⟶ [~ Sp. z o.o.; Aleo/KRS – finissaggio tessile – 2003 – Raszyn-MZ].

Ecco Meble (costr. enunciativo ibr: un {cid} ~ + un {cpl} ~ < s.pl.m. pol. *meble* 'mobili') ⟶ [~ Sp. z o.o.; RIO – prod. mobili – 2015 – Biłgoraj-LU].

Eko Bella (costr. ibr: un {cpl} ~ < pol./internaz. *ekologiczny* 'ecologico' + un {cil} ~) ⟶ [N/C ~; PKT/CEiDG – raccolta dei rifiuti e servizi igienico-sanitari – 2005 – Wojnówka-MZ].

Elegancja Italiana (comp. ibr: un {cpl} ~ + un {cid} ~; un semplice gioco di parole, sempre più sublime pol. *elegancja włoska* 'eleganza italiana' agli occhi dell'autore del M ~) ⟶ [~ Sp. z o.o.; Aleo/KRS – neg. abbigliamento – 2009 – Szczecin-ZP].

Euro Calza (costr. ibr: un {csl} ~ + un {cil} ~; la costruzione comprende il caratteristico prefissoide internazionale *euro*, in questo caso utilizzato come graficamente autonomo, staccato dall'it. *calza*) ⟶ [~ < C/N P.H.U. ALEX; WUP – calze, calzini, guanti, altri prodotti tessili – 2016 – Łódź-LD].

Fig. 281. Fonte: WUP, 8, 2017, p. 2768.

Forma Caprichosa (costr. ibr; probabilmente si vorrebbe utilizzare l'espr. it. *forma capricciosa*, senza una particolare motivazione, cfr. Tab. 6; l'elemento *forma* è un internazionalismo, esistente anche nel vocabolario pol.) ⟶ [~ N/C; Aleo/GUS – serv. *marketing* – 2014 – Wrocław-DS].

Frutti-Pol (comp. ibr: un {cil} ~ + un {csl} *-Pol* < p.es. pol. *Polska* 'Polonia') ⟶ [~. P.H.U. N/C; PKT/GUS – serv. trasporto – 2007 – Paproć Mała-PD].

Fryzo-Bella (comp. ibr: un {cpl} *Fryz/o/-* < s.sg.f. pol. *fryzura* 'capigliatura' + un {cil} ~) ⟶ [~ N/C; PKT/GUS – parrucchiere – 2016 – Rydzewo-MZ].

Funghi-Pol (comp. ibr: un {cil} ~ + un {csl} *-Pol* < pol. *polski* 'polacco' / ingl. *Poland* 'Polonia') ⟶ [~ Sp. z o.o.; PKT/GUS – prod. funghi champignon – 2000 – Piasek-SL].

Gallod (comp. ibr; una formazione che si potrebbe definire come "parzialmente italianeggiante": l'effetto dovuto alla presenza della doppia *l*; in sé è il collegamento di un {cpd}/{cx} *Gal-* e di un {cpl} *-lod* < s.pl.m. pol. *lody* 'gelati'; ipoteticamente, i creatori di questo marchio si sono ispirati anche dall'it. *gallo*, senza un riferimento simbolico pertinente, come nel caso di vari loro prodotti, non solo gelati, denominati per mezzo di MM italianeggianti: ***Bell Gusto*** [sic!]; ***Picco Bello***; ***Maximo***; ***Maestro***; ***Lutosa***; ***Prospona***; ***Bona***) ⟶ [~ Sp.j. #Produkcja lodów; PKT/KRS – prod. gelato – 1992 – Leszczyna-MP][558].

Gotujemy Italiano (costr. enunciativo ibr; una frase pol. con il v. pol. *gotujemy* 'cuciniamo / cuociamo', solo che il termine *italiano* non esiste in pol. né è un italianismo; per l'autore del M potrebbe funzionare come un avv. o un compl. oggetto, suggerendo il messaggio: "facciamo la cucina italiana") ⟶ [~ N/C; Aleo/CEiDG – catering – 2020 – Gdańsk-PM].

Instalo Damiano (costr. para-enunciativo ibr; un {cpl} ~ < v. pol. *instalować* 'installare' + un {cid} ~; n.pro pol. *Damian* 'Damiano') ⟶ [*INSTALO Damiano* N/C; Aleo/GUS – serv. installazioni elettriche – 2017 – Łódź-LD].

Ipo-Frutti (comp. ibr: un {cx} *Ipo-* + un {cil} ~) ⟶ [~ N/C; PKT/GUS – vend. all'ingrosso: frutta verdura – 2009 – Warszawa-MZ].

Legnopol (comp. univerbata ibr; un {cil} *Legno-* < it. *legno* + un {csd} *-pol* < p.es. pol. *polski*, it. *polacco*, ecc.) ⟶ [~ Sp. z o.o.; RIO – prod. mobili – 2019 – Sulęcinek-WP].

Marco Bus (costr. ibr: un {cid} ~ + un {cpl}/{csl} ~ < p.es. s.sg.m. pol. *bus* 'autobus'; n.pro pol. *Marek* 'Marco') ⟶ [N/C ~; Aleo/GUS – serv. trasporto – 2012 □ 2017 – Warszawa-MZ].

Marco Fruct (costr. ibr: un {cid} ~ + un {csl} *Fruct* < p.es. pol. latineggiante *frukta* 'frutta'; n.pro pol. *Marek* 'Marco') ⟶ [~ N/C; Aleo/GUS – vend. ingrosso frutta verdura – 2013 – Piaseczno-MZ].

---

558 Alcune neoformazioni che terminano in consonante devono essere considerate come italianeggianti per le evidenti prove della loro composizione, soprattutto ibrida. In certi casi, la loro italianità è nascosta e si scopre in seguito ad una ricerca avanzata. Ad esempio, nulla, nella forma, rivela la provenienza italiana del marchionimo *Solint*: è un collegamento di due {cil} *Sol-* e *-int* < sillabe iniziali dei termini nell'espr. it. *soluzioni intergrate* (si tratta di una ditta informatica i cui fondatori sono italiani: *Solint-Eniac. Software Technology House* Sp. z o.o. – Katowice-SL). Per questo esempio sono grato al prof. Roman Sosnowski.

Marco-Plast (comp. ibr: un {cid} ~ e un {csl} *Plast* < p.es. s.sg.m. pol. *plastyk* 'plastica'; n.pro pol. *Marek* 'Marco') ⟶ [~ N/C; Aleo/GUS – prodotti metallo – 1987 – Elbląg-WM].

Marcotrans (comp. univerbata ibr: un {cid} ~ + un {csl} *-trans* < p.es. s.sg.m. pol. *transport* 'trasporto'; cfr. *Dariodach*) ⟶ [~ Sp. z o.o.; Aleo/KRS – meccanico – 2015 – Stargard-ZP].

Moje Bambino (costr. ibr: un {cpl} *Moje* < agg.poss. sg.m. *moje* 'mio' + un {cil} ~; pol. *moje bambino* 'il mio bambino'; l'italianismo usato nel sintagma non compare ufficialmente sui dizionari pol., ma è un lessema che è capito e usato comunemente, con la piena consapevolezza della sua origine e del significato nella lingua italiana; come è stato segnalato in Sez. 3.1.3, la sua diffusione è dovuta ad altri usi marchionimici attuali e storici in Polonia; è anche interessante che, p.es., nelle risorse del *corpus* della lingua pol. NKJP, compare in 128 contesti, tra l'altro in ambito commerciale: pol. *lody bambino* 'il gelato ~'; *krem "Bambino" dla niemowląt* 'la crema ~ per neonati'; *kredki świecowe "Bambino"* 'pastelli a cera ~') ⟶ [~ Sp. o.o. Sp.k.; WUP – giochi educativi – 2016 – Łódź-LD].

Fig. 282. Fonte: WUP, 11, 2017, p. 4172.

Pani Pizza (teoricamente è una comp. formata sul modello del sint. pol. *pani pizza* 'signora pizza' in cui il vocabolo *pizza* viene usato in apposizione e *pani* svolge la solita funzione della forma di cortesia riferita alle donne; in fondo è un gioco di parole interlinguistico perché la voce *pani* nel contesto gastronomico potrebbe suggerire anche il riferimento all'it. *pane* al plurale[559]) ⟶ [~ Pizzeria; http://panipizza.pl/, u.a. 12.03.2021 – s/d – Lublin-LU].

Parola Cafe (costr. ibr; *Cafe* è utilizzato come un internazionalismo proveniente dal francese; in *Parola* si codifica il n.f. pol. *Ola*, l'ipocoristico del n.f. pol. *Aleksandra* 'Alessandra', n.pra; la *o* di *Parola* nel logonimo viene rappresentata graficamente dal disegno simbolico di un chicco di caffè) ⟶ [~ // C/N; WUP – prod. caffè, tè – 2021 – Warszawa-MZ].

559 Con molta probabilità il pol. *pani* è stato utilizzato consapevolmente come un falso amico nel contesto italiano-polacco (cfr. Broniś 2017: 185, 190).

Fig. 283. Fonte: WUP, 39, 2021, p. 116.

Pasta I Basta (costr. fraseologico ibr modellato sulla locuz. it. *pasta e basta* in cui la cong. *e* è stata sostituita dal suo equiv. pol. *i*; l'effetto è ibrido; cfr. *Pasta Lub Basta*) ⟶ [~ Café Restauracja; PKT/CEiDG – caffetteria ristor. – 1995 – Warszawa-MZ]. Almeno 6 a.o. in d.c.

Pasta Lub Basta (costr. fraseologico ibr modellato sulla locuz. *pasta e basta* in cui la cong. *e* è stata sostituita dalla cong. pol. *lub* 'o'; l'effetto è ibrido e sorprende per un'idea semplice e bizzarra; cfr. *Pasta I Basta*) ⟶ [~ Sp.c.; PKT/KRS – neg. alimentari – 2013 – Koszalin-ZP].

Pietro-Bud (comp. ibr: un {cid} ~ + un {cpl} *-Bud* < s.sg.m. pol. *budynek* 'edificio' / v. pol. *budować* 'costruire'; cfr. *Dario-Dach, Dariodach*; n.pro pol. *Piotr* 'Pietro') ⟶ [~; Aleo/GUS – serv. costruzione edilizia – 2020 – Rybnik-SL].

Pol-La-Strada (comp. ibr: un {cpd} *Pol-* < coronimo *Polska* 'Polonia' o un suo derivato, p.es. agg.sg.m. pol. *polski* 'polacco' + un {cil} *-La-Strada* < it. *la strada*[560]) ⟶ [#STOLARSTWO *POL-LA-STRADA* N/C; Aleo/GUS – #serv. falegname – 2014 □ 2017 – Warszawa-MZ].

Prosta Pasta (costr. ibr: un {cpl} ~ < agg.sg.f. pol. *prosta* semplice + un {cil} ~; il termine *pasta* è un italianismo non ufficiale in pol., cfr. Sez. 3.5.3.; pol. *prosto* è paronimico dell'it. *presto*) ⟶ [~ // MAR DE LAVA Sp. z o.o.; WUP – ristor. – Warszawa-MZ].

Fig. 284. Fonte: WUP, 7, 2018, p. 2849.

Prosto Pizza (costr. ibr: un gioco di parole sim. a *Prosto Pasta*; *pizza* è invece un adattamento confermato nel vocabolario pol.) ⟶ [~; PKT – pizz. – s/d – Sopot-PM].

---

560 È un italianismo conosciuto in Polonia; la sua fama attuale è dovuta all'attività della Fondazione contro la tratta di esseri umani e la schiavitù *La Strada* (http://przeciwkohandlowiludzmi.pl/czlonkowiesieci.html, u.a. 4.09.2023).

Sergio Trans* / *SergioTRANS (costr. ibr: un {cid} *Sergio*, l'equiv. del n.m. pol. *Sergiusz*, n.pro + un {cpl}/{csl} *Trans* < s.sg.m. pol. *transport* 'trasporto') ⟶ [~ N/C; Aleo/GUS – serv. trasporto – 2020 – Rybnik-SL].

Sergio-Spaw (comp. ibr: un {cid} ~ + un {cpl} *-Spaw* < s.sg.m. pol. *spawanie* 'saldatura' / v. pol. *spawać* 'saldare'; n.pro pol. *Sergiusz* 'Sergio') ⟶ [~ N/C; Aleo/GUS – serv. metallurgia – 2019 – Gorzeszów-DS].

Taddeo Transport (costr. ibr: un {cid} ~ + un {cpl}/{csl} ~; n.pro pol. *Tadeusz* 'Taddeo') ⟶ [~ N/C; Aleo/GUS – serv. trasporto – 2004 – Katowice-SL].

Tani Armani (costr. fraseologico ibr: il M si vuole un gioco di parole composto da un {cpl} *Tani* < agg.sg.m. pol. *tani* 'economico/poco costoso' + un {cid} *Armani* < il n. di marca it. *Armani*) ⟶ [~ N/C; Aleo/GUS – neg. abbigliamento – 2020 – Warszawa-MZ] ⟶ [~ #SKLEP Z ODZIEŻĄ UŻYWANĄ N/C; Aleo/GUS – #neg. abbigliamento di seconda mano – 2020 – BuskoZdrój-SW]. Almeno 30 a.o.

Il M funziona come una denominazione tipologica scherzosa nel settore dei negozi con abbigliamento di seconda mano (cfr. nota 193), ma non è una rete:

Fig. 285. Fonte: https://m.facebook.com/p/Tani-Armani-100078264375938/, u.a. 14.10.2023. Pol. *narodowa odzież używana* [lett. 'bbigliamento di seconda mano nazionale']; *codzienne nowy towar* [lett. 'merce nuova ogni giorno'].

Si vedano anche:

Tani Armanii* / *Tani Armaniii (costr. fraseologico ibr cfr. Sez. 2.3.4) ⟶ [N/C „TANI ARMANII"; Aleo/GUS – vend. abbigliamento di seconda mano – 2006 □ 2008 – Działdowo-WM] ⟶ [„TANI ARMANIII" N/C; Aleo/GUS – vend. abbigliamento seconda mano – 2014 ◊ 2019 – Trzciel-WP]. Questi MM si possono interpretare anche come: *Tani Armani I* e *Tani Armani II.*

Tetto Dach (costr. ibr: un {cil} ~ + un {cpl} ~ < s.sg.m. pol. *dach* 'tetto') ⟶ [N/C ~; CEiDG – serv. costruzione tetti – 2019 – Trzciana-MP].

Trans-Gondola (comp. ibr: un {csl} ~ < p.es. pol. *transport* + un {cil} *-Gondola* < it. *gondola*[561]) ⟶ [~ N/C; PKT/GUS – serv. trasporto – 1998 – Mikołów-SL].

561 Un italianismo ben adattato in polacco e utilizzato oggi con varie accezioni, vd. SJP-PWN: s.v. Mantiene, comunque, il suo carattere di culturema italiano molto specifico (p.es. come simbolo di Venezia).

Veronapleks (comp. univerbata ibr: un {cid} *Verona-* < l'urbonimo it. *Verona* + un {csl} *-pleks*) ⟶ [~ C/N; Aleo/GUS – agenzia pubblicitaria – 2009 – Olsztyn-WM].

Zakątek Bellissimy (costr. fraseologico ibr < sint.nom. pol. *zakątek bellissimy* 'angolo della bellissima', ammettendo che *bellissimy* rappresenta la forma declinata al genitivo dell'italianismo *bellissima*, non ammesso nel vocabolario pol. ufficiale, ma diffusissimo e adattato all'uso in contesti sofisticati) ⟶ [N/C #STUDIO URODY „~"; CEiDG – #studio di bellezza / parrucchiere – 2016 – Limanowa-MP].

Z Natury Al Dente (costr. fraseologico ibr; nella base della denominazione sta l'enunciato pol. *z natury al dente* lett. 'di natura, al dente'; non è una fraseologia, ma fa finta di esserlo, e allo stesso tempo è uno *slogan*; la struttura trasmette un messaggio su vari prodotti alimentari di cui si vorrebbe dire che sono "al dente", ma il significato di questo italianismo è qui fantasioso) ⟶ [~ // GREEN FACTORY Sp. z o.o.; WUP – prodotti alimentari, p.es. cetrioli e cavoli sotto sale, frutta secca, polpe di legumi, ecc. – 2017 – Zdunowo-MZ].

Fig. 286. Fonte: WUP, 4, 2018, p. 1281.

4.8. Marcatori d'italianità distintivi

Passiamo ora ad una prospettiva d'analisi in cui ci interessano elementi distintivi dell'italianità: grammaticali, lessicali e morfologici. Sono strutture e componenti che si sono osservate nei vari esempi raggruppati nelle classi precedenti. Nel presente paragrafo vengono esposti per mettere in rilievo la loro importanza e l'attrazione esteriore e/o concettuale. Gli concediamo lo statuto di *marcatori* o *segni d'italianità speciali*, generalmente inconfondibili e garanti del riconoscimento linguistico e culturale previsto con la scelta formale nell'onomaturgia marchionimica italianeggiante attivata nell'area polacca. Costituiscono affidabili "firme" dell'italianità non solo linguistica, ma anche culturale, data la loro funzione interlinguistica e cross-culturale attuale[562]. Si presume che siano dei marcatori propri anche per altre aree linguistiche, in cui l'italiano e la cultura italiana ispirano creatività nella crematonimia di *marketing*.

Va ribadito che nelle sezioni successive si raggruppano e si discutono esempi finora non citati nella nostra analisi. Invece, nelle classi stabilite in questo

562 In molti casi assumono statuto di *internazionalismi* o *xenismi* (cfr. Sablayrolles 2019b).

paragrafo, si potrebbero riproporre vari altri esempi già citati nei Parr. 4.5 e 4.6. Alcuni di essi vengono riportati per evidenziare la portata di un eventuale fenomeno linguistico osservato.

4.8.1. Lessemi garanzia dell'italianità linguistica

Primariamente ci vogliamo concentrare su formazioni contenenti alcuni tipi di particelle (rappresentate da determinanti) e lessemi funzionanti come termini (forme sostantivali o aggettivali). Prendiamo in cosiderazione costruzioni monorematiche e polirematiche.

In questo tipo di stratagemmi onomaturgici, tra i determinanti si possono contrassegnare gli articoli (o para-articoli) e i numerali, ma anche un identificatore antroponimizzante costituito dal titolo *don* utilizzato davanti ai nomi di persona particolari oppure con forme antropologizzate per usi pubblicitari (p.es. *Don Meblo*), nonché un identificatore odonimizzante costituito dal segnalatore linguistico inconfondibile *via* che permette di costruire strutture caratteristiche per il *naming* topografico in una località urbanizzata e viene usato anche in modo traslato (p.es. *Via Moda*)[563].

Un altro campo d'interesse è una serie di vocaboli caratteristici che passano per italianismi emblematici non solo nell'ambito italiano.

Non pretendiamo che la nostra scelta sia completamente rappresentativa per la situazione formatasi nella realtà polacca, ma viste le quantità verificate possiamo sostenere che nell'onomaturgia italianeggiante dei marchionimi in Polonia sono focali i lessemi italiani come: *bella* / *bello* / *bellissima* / *bellezza*; *grande* / *piccolo*; *tutti* / *molto* / *poco* / *troppo*; *fresco*; *amore*; *cucina*; *gelato* / *gelateria*; *moda*; *scarpa*; nomi di colori; *Italia* / *Italiano*. Il loro valore semantico può essere non omogeneo. Nella maggioranza dei casi conta la loro caratteristica puramente lessicale, ma anche determinativa e grammaticale, solo che queste misure si possono anche neutralizzare, se parliamo della percezione e dell'uso di queste forme da utenti comuni che non conoscono l'italiano. Sono importanti e indicative la codificazione italiana generale e le ipotesi su legami semantici e pragmatici che motivano l'introduzione di questi italianismi particolari nei processi onomaturgico-marchionimici.

In questa parte della nostra analisi ci asteniamo, comunque, da spiegazioni dettagliate della maggioranza delle unità sistemate. Servono soprattutto per l'illustrazione dei fatti linguistici individuati e per far capire la loro ampiezza e specificità quando vengono formalmente raggruppate. Possono offrirsi come materiale attestato per ulteriori ricerche particolareggiate, tenendo conto che le loro motivazioni semantiche risultano spesso congetturali.

563 Il titolo *don* e l'identificativo *via* possono essere caratterizzati anche come elementi del lessico internazionale (interlinguistico).

4.8.1.1. *L'articolo* la

Gli articoli sono una categoria grammaticale inesistente in polacco e pongono difficoltà d'uso nei sistemi di varie lingue straniere che imparano i polacchi, come appunto l'italiano e altre lingue romanze, ma anche l'inglese, il tedesco e alcune meno diffuse.

Per la sua visibilità strutturale, anche universalizzata in altre lingue neo-latine, tra le forme degli articoli italiani si distingue l'articolo determinativo femminile *la*. Come parola grammaticale o morfema staccato da un'unità lessicale, esso fa parte di sintagmi nominali di base (*articolo + sostantivo sg.f.*; *articolo + sostantivo sg.f. con complementi*; *articolo + aggettivo + sostantivo sg.f./m.*; ecc.).

La segna e "rafforza" la natura italiana di un dato vocabolo o gruppo di lessemi in un dato marchionimo. Viene utilizzato davanti ai nomi comuni, ma anche ad alcuni tipi di nomi propri[564]. La sua peculiare capacità di distinguere una forma italiana o ispirata all'italiano pare straordinaria.

Oltre le onimizzazioni delle strutture nominali pronte prese dal vocabolario italiano, nella marchionimia italianeggiante, *la* (o piuttosto *La*) s'impone come componente di varie formazioni pseudoitaliane (p.es. registrate con un'ortografia sbagliata o apparentemente adattata al polacco, p.es. *La Brusketta* o *La Toscania*)[565].

Il più spesso si mantiene staccato dalla forma nominale. In casi meno frequenti, viene attaccato al nome direttamente o per mezzo di un trattino o un altro segno para-diacritico (p.es. un apostrofo "di fantasia"), creando forme univerbate o alternative (p.es. *Lastanza*; *LaMente*; *La'Lawenda*; *La-Guna*; *La-Mafia* vs. *La-Mafia*; *La Fragola* vs. *La-Fragola*). È un modo "assicurativo" che permette di non "perderlo" nella riproduzione delle forme create con *La* (il raccordo può essere anche secondario alla proposta originaria con il solito spazio tra i due elementi nel costrutto *articolo + nome*).

Fa parte di vari giochi di parole, interlinguistici e interonimici (p.es. *La Karuzella*; *La Kura*; *La Osada*; *La-Guna*; *LaCrima*). Consapevolmente o inconsapevolmente, viene usato con i nomi propri femminili (nomi di battesimo o cognomi), imitando un'usanza popolare tipica del Nord d'Italia (p.es. *La Silvia* o *La Wróblewska*). È chiara la sua valenza di genere femminile, per la *a* nei due elementi contrapposti (*La* + una forma nominale in *-a*), una finale caratteristica anche per i nomi polacchi al singolare femminile declinabile (cfr. Sez. 1.4.1). Il ruolo della *a* segnante il genere viene rafforzato dall'assonanza che si crea tra gli elementi successi (*-a …-a*). In uno dei casi, la finale del nome viene perfino messa in rilievo per l'uso dell'apostrofo superfluo: *La Perl'a*.

---

564 Cfr. Serianni 1989: 168–178. Vd. anche Gałkowski 2017b: 165–166.

565 In certi casi l'influenza può provenire anche dal francese e si interpreta dalla forma lessicale utilizzata, spesso distorta. Cfr. alcuni esempi nella MPL come *La Mode*; *La Terre*; *La Reine*; *La Bell* < fr. *belle*; *La Fame* < fr. *femme*; *La Visage* fr. < *le visage* ; *La Mariaż* < fr. *le mariage* ; *La Café* < fr. *le café* (Gałkowski 2006: 145–146).

Passiamo agli esempi.

La Bambola ⟶ [~ N/C ; PKT/GUS – prod. tessile – 2018 – Koluszki-LD].

La Bellissima ⟶ [N/C ~; CEiDG – parrucchiere serv. cosmetici – 2011 – Poznań-WP].

La Bocca ⟶ [~ N/C; Aleo/GUS – ristor. – 2014 – Gdańsk-PM].

La Brusketta (< *la bruschetta*; l'uso della *k* al posto del nesso *ch* non lascia dubbi nella pronuncia, codificando l'effettiva pronuncia italiana della base appellativa del M, ma non è adattamento ufficiale di questo termine in pol.) ⟶ [N/C „~" TRATTORIA-PIZZERIA; Aleo/GUS – ristor. – 2015 ◇ 2018 – Sosnowiec-SL].

La Candela ⟶ [„~"; CEiDG – ristor. – 2005 – Katowice-SL].

La Carla ⟶ [~ N/C; Aleo/CEiDG – vend. vestiti mercati – 2020 – Kalisz-WP].

La Contabile ⟶ [N/C „~"; CEiDG – serv. contabilità fiscale – 2006 ◇ 2020 – Radziejowice-MZ].

La Cosmetica ⟶ [#SALON KOSMETYCZNY „~" N/C; Alo/GUS – #salone bellezza – 2014 □ 2017 – Świnoujście-ZP].

LaCrima [sic!] (gioco grafico eseguito sul vocabolo it. *lacrima* in cui è stato individuato l'art. *la* e una voce inesistente *crima*) ⟶ [*LaCrima* N/C; Aleo/GUS – attività non classificata – 2006 – Józefów-MZ].

La Cucina ⟶ [~ Sp. z o.o.; Aleo/KRS – ristor. – 2016 – Warszawa-MZ]. Almeno 2 a.o.

La Datta (< c.pro *Datta*) ⟶ [N/C ~; Aleo/CEiDG – parrucchiere / trattamenti estetici – 2020 – Warszawa-MZ].

La Decima ⟶ [~ N/C; Aleo/CEiDG – serv. ingegneria consulenze tecniche – 2014 ◇ 2016 – Sobocisko-DS].

La Dimora ⟶ [~ Sp. z o.o.; Aleo/GUS – agenzia immobili – 2020 – Wrocław-DS].

La Famiglia ⟶ [~ Sp. z o.o.; PKT/KRS – prod. gelato / gelateria – 2019 – Warszawa-MZ].

La Farfalla ⟶ [„~" Sp. z o.o.; Aleo/KRS – serv. campeggio – Toruń-KP]. Almeno 2 a.o.

La Favola ⟶ [~ N/C; PKT/CEiDG – prod. gelato – 2013 – Warszawa-MZ].

La Festa ⟶ [~ N/C; Aleo/GUS – ristor. – 2014 – Częstochowa-SL].

La Fiducia ⟶ [~ #Ubezpieczenia N/C; Aleo/GUS – #assicurazioni – 2014 ◇ 2019 – Kalisz-WP].

La Finestra ⟶ [~ Sp.c.; Aleo/GUS – ristor. – 2017 – Warszawa-MZ].

La Firma ⟶ [~ N/C; Aleo/GUS – *catering* – 2016 – Kraków-MP].

La Focaccia ⟶ [~ RESTAURACJA PIZZERIA KEBAB N/C; Aleo/CEiDG – ristor. pizz. – 2013 – Mielec-PK].

La Fontana ⟶ [P.H. „~" N/C; Aleo/CEiDG – vend. merci varie mercati bancarelle – 2003 – Człuchów-PM]. Almeno 2 a.o.

La Fragola / La-Fragola (si ribadisca che la grafia fissa o facoltativa dell'art. *La* collegato per mezzo di un trattino con il sostantivo fa sì che il M non si scomponga e "non perda" questa piccola particella) ⟶ [~ Sp. z o.o.; PKT/GUS – vend. grano – 2008 – Nisko-PK]. Almeno 3 a.o.

La Fraza (< s.sg.f. pol. *fraza* 'frase, detto, locuzione'; un forestierismo proveniente dall'area neoromanza al quale è stato aggiunto l'art.det. *La* che lo rende "di nuovo" straniante) ⟶ [*La fraza* N/C Aleo/GUS – insegnamento lingue straniere – 2013 – Zakopane-MP].

La Gazza ⟶ [„~" Sp. z o.o.; Aleo/GUS – vend. carburante veicoli – Rawicz-WP].

La Gioia ⟶ [~ Sp. z o.o.; Aleo/CEiDG – serv. gestione immobili – 2006 – Kraków-MP].

La Giornata ⟶ [~ #Kompleksowa organizacja ślubów i wesel N/C; Aleo/GUS – #serv. complessivi organizzazione ricevimenti matrimonio nozze – 2019 – Ochotnica Dolna-MP].

La Giramondo ⟶ [~ N/C; Aleo/GUS – insegnamento lingue straniere – 2016 – Oborniki-WP].

La Gitana ⟶ [~ N/C; Aleo/GUS – serv. PR – 2009 – Warszawa-MZ].

La Giulietta ⟶ [~ N/C; PKT/GUS – neg. abbigliamento – 2013 – Łomianki-MZ].

La Gizza ⟶ [~ N/C; Aleo/GUS – neg. tessile – 2014 – Białystok-PD].

La Gondola ⟶ [~. Pizzeria. C/N; PKT/GUS – 2002 – Piła-WP].

La Gracjanella (*Gracjanella* creato come una contaminazione dell'it. *grazia* e del pol. *gracja/Gracja* in combinazione con il formante suffissoidale *-nella*) ⟶ [#Studio Urody „~" N/C; Aleo/GUS – #salone di bellezza – 2018 ,◊ 2019 – Dzierżoniów-DS].

La Grande ⟶ [N/C ~; PKT/GUS – 2021 – Nowe Budy-MZ]. Almeno 4 a.o.

La-Guna (la voce sembra riferirsi all'it. *laguna* che viene disintegrato e diviso in *La-* e *-Guna* senza qualsiasi significato lessicale[566]; è anche un gioco interonimico, giacché può rievocare una specie di ipocoristico di fantasia del n.pra **Aguna / Agunia* o *Guna* (nomignoli) < *Agnieszka* 'Agnese') ⟶ [~N/C; Aleo/GUS – vend. in Rete – 2017 – Rybnik-SL].

---

566 La disintegrazione che instaura un gioco morfologico è adoperata come strumento della rilettura delle basi lessicali motivanti (cfr. anche *BarBaresco*; *LaCrima*; *CreaMente*; *UnicaMente*). Si vedano inoltre *Bam-Bino* (< it. *bambino*); *Ro-Ma* (< it./internaz. *Roma*); *Cafe Teria* (< it./internaz. *caf(f)et(t)eria*) cit. in Gałkowski 2017b: 168.

La Kafo (*Kafo* < s.sg.f. pol. *kawa* 'caffè' sovrapposto all'it. *caffè* / fr. *café*; l'uso della -*o* finale rende la voce del tutto originale, ma sempre associata all'area del caffè) ⟶ [#Palarnia Kawy ~ N/C; Aleo/GUS – #torrefazione del caffè / prod. tè caffè – 2015 – Augustów-PD].

La Karuzella (*Karuzella* < s.sg.f. pol. *karuzela* 'carosello' risulta una struttura stilizzata come it. grazie all'uso del suff. italianeggiante -*ella*; può essere anche interpretata come una polonizzazione occasionale dell'it. *carosello*; la *s* intervocalica it. e la *z* polacca valgno per uno stesso suono nella pronuncia: [z]) ⟶ [~ Sp. z o.o.; Aleo/GUS – serv. babysitter – 2019 – Warszawa-MZ].

La Klasa (nella base un {cpd} *Klasa*, c.pra; l'omofono del s.sg.f. pol. *klasa* 'classe') ⟶ [~ N/C; PKT/CEiDG – prod. gelato – 2017 – Czernichów-MP].

La Kura (può riferirsi all'it. *la cura*, ma per l'uso della *k* diventa un gioco interlinguistico di *quiproquò* divertente: s.sg.f. pol. *kura* 'gallina') ⟶ [N/C ~; Aleo/CEiDG – serv. riparazione scarpe – 2007 ◊ 2018 – Rajki-PD].

La Lalla (la voce *Lalla* è un neo ibr IS basato sul s.sg.f. pol. *lala* 'bambola') ⟶ [LA LALLA Sp.c. N/C1, N/C2; Aleo/GUS – neg. giochi giocattoli – 2012 – Szczecin-ZP].

La'Lawenda [sic!] (l'apostrofo dopo *La* è un segno logografico usato in modo non conforme alla norma, ammettendo che il s.sg.f. pol. *Lawenda* è una prova di adattamento dell'it./internaz. *lavanda*) ⟶ [~ #Plantacja lawendy N/C; Aleo/GUS – #piantagione di lavanda / azienda agricola – 2018 – Nowy Pożóg-LU].

La Lila (< n.f. pol./internaz. *Lila*) ⟶ [~ Sp. z o.o.; RIO – prod. abbigliamento – 2015 – Olsztyn-WM] ⟶ [~ N/C; Aleo/GUS – neg. abbigliamento – 2017 – Warszawa-MZ].

La Luce Eterna ⟶ [~ N/C; Aleo/GUS – prod. vestiti – 2015 – Katowice-SL].

La Machina (può riferirsi all'it. *la macchina*; lo si legge anche tramite la base pol. internaz.: s.sg.f. *machina* 'macchina'; l'ortografia originale *LA* nel logonimo permette di mettere in rilievo questo elem. nel costr. ottenuto) ⟶ [*LA Machina* N/C; Aleo/GUS – costruzioni di metallo – 2015 ◊ 2020 –Myszków-SL].

La Maddalena ⟶ [~ Sp. z o.o.; Aleo/GUS – vend. alimentari su mercati bancarelle – 2011 – Wrocław-DS].

La Mafia / ***La-MAfia*** (con l'uso dell'art.det. *La* l'italianismo *mafia*, perfettamente adattato al pol., è stato "re-italianizzato") ⟶ [„La-MAfia" (sic!) N/C; PKT/CEiDG – serv. trasporto – 2007 – Oława-OP] ⟶ [N/C „~"; CEiDG – oggetto impreciso – 2006 □ 2006 – Poznań-WP].

La Mamma ⟶ [~ N/C; Aleo/CEiDG – neg. abbigliamento – 2018 – Wrocław-DS].

La Mario (l'ispirazione è italianeggiante anche per l'uso del n.m. it. *Mario*, motivato dal n.pra pol. *Mariola*; *Mario*, quindi, potrebbe essere interpretato come un {cpd} in una forma abbreviata di *Mariola*, inconsueta nell'uso pol.) ⟶ [~ N/C; Aleo/CEiDG – prod. scope e spazzole – 2016 – Nowy Bedoń-LD].

La Masuria (< coronimo *la Masuria* come un {cid} è l'equiv. del pol. *Mazury*, il n. di una grande regione dei laghi nella Polonia nord-orientale) ⟶ [~ N/C; Aleo/GUS – stabilimento vacanza alloggi – 2019 – Ruciane-Nida-WM].

LaMente [sic!] (univerbazione *La* + *Mente*) ⟶ [F.U.H. ~ N/C; CEiDG – agenzia di viaggi – 2016 – Zawiercie-SL].

La Mia ⟶ [N/C ~ #Pracownia Krawiecka; PKT/GUS – #laboratorio serv. sartoria – 2012 – Mosina-WP].

La Mia Fashion ⟶ [F.H.U. ~ N/C; PKT/GUS – vend. in Rete – 2020 – Leszczyniec-DS].

La Mia Lingua (il proprietario è un italiano, quindi la denominazione informa della "sua" lingua) ⟶ [„~" N/C; Aleo/GUS – insegnamento lingue straniere – 2015 – Częstochowa-SL].

La Miseria ⟶ [~ Sp. z o.o.; Aleo/GUS – serv. costruzioni edilizia – 2018 – Leszno-WP].

La Moka ⟶ [~ N/C; Aleo/GUS – neg. non specializzato – 2016 ◇ 2017 – Szczecin-ZP].

La Onda ⟶ [~ N/C; Aleo/CEiDG – neg. abbigliamento biancheria – 2018 ◇ 2020 – Włocławek-KP].

Laora (univerbazione *La* + *ora*) ⟶ [F.P.H.U. „LAORA"; Aleo/GUS – vend. abbigliamento scarpe mercati bancarelle – 1998 – Kraków-MP].

La Osada (< s.sg.f. pol. *osada* 'insediamento'; una pseudoitalianizzazione di un termine polacco) ⟶ [~ N/C; Aleo/CEiDG – serv. alloggio – 2017 – Mielno-ZP].

La Pasja (< s.sg.f. pol. *pasja* 'passione'; cfr. *La Osada*) ⟶ [~ Sp. z o.o.; Aleo/GUS – prod. abbigliamento – 2014 – Wrocław-DS].

La Passiona (< p.es. it. *la passione* o fr. *la passion*; la *a* finale semplifica e italianizza l'aspetto formale del M ed entra nella catena delle quattro *a* nel costrutto) ⟶ [N/C #Salon Kosmetyczny „~"; Aleo/GUS – #salone di bellezza – 1999 ◇ 2019 – Warszawa-MZ].

La Pastina ⟶ [~ N/C; Aleo/GUS – serv. *catering* – 2015 – Toruń-KP].

La Paula (< n.pra pol. *Paulina*) ⟶ [~ N/C; Aleo/CEiDG – neg. abbigliamento – Gliwice-SL].

La Pelle ⟶ [~ N/C; Aleo/GUS – neg. non specializzato – 2013 – Chodecz-KP].

La Pepitto (costr. di fantasia che combina *La* con un neo IS *Pepitto*, assomigliante al s.sg.f. pol. *pepitka* 'peplum'; cfr. anche n.m. spagn. *Pepito* dim. di *José*) ⟶ [N/C ~; Aleo/GUS – ristor. – 2011 – Łódź-LD].

La Perl'a [sic!] (< it. *la perla*; nell'ortografia del vocabolo di base è stato introdotto un apostrofo superfluo che rende la voce ancora più suggestiva e insolita; cfr. fr. *la perle* e pol. *perła*; da considerare anche una copiatura del marchio di cose di moda it. *Grigio Perla*) ⟶ [LA PERL'A N/C; Aleo/GUS – neg. vestiti – 2011 – Białystok-PD].

La Piazza ⟶ [~ Sp. z o.o.; PKT/KRS – pizz. – 2013 – Lublin-LU]. Almeno 2 a.o.

La Piccola Italia ⟶ [~ N/C; Aleo/GUS – ristor. – 2015 – Ciekocino-PM]. Cfr. Sez. 2.2.1.

La Polka (< etnonimo pol. *Polka* 'polacca'; con *La* può essere interpretato come italianeggiante; va anche inteso come il n. italianizzato di una danza polacca detta *polka*[567]) ⟶ [~ N/C; Aleo/GUS – vend. in Rete – 2006 – Golub Dobrzyń-KP].

La Porchetta ⟶ [N/C ~; Aleo/GUS – serv. consulenze tecniche – 2017 ◇ 2019 – Bytomsko-MP].

La Prima Pizza ⟶ [N/C ~; Aleo/GUS – ristor. pizz. – 2015 ◇ 2017 – Kielce-SW].

La Provincia ⟶ [~ Sp. z o.o.; Aleo/GUS – ristor. – 2020 – Zalesie Górne-MZ].

La Pyra (< s.sg.f. colloq. pol. *pyra* 'patata'; con *La* può essere interpretato come italianeggiante) ⟶ [N/C „~"; Aleo/CEiDG – ristor. – 2011 – Stęszew-WP].

La Ragazza ⟶ [~ Sp. z o.o.; ALEO/KRS – prodotti farmaceutici e medici – 2010 – Warszawa-MZ]

La Roma ⟶ [~ N/C; Aleo/CEiDG – vend. in Rete – 2018 – Sosnowiec-SL].

La Rossa ⟶ [~ N/C; CEiDG – neg. scarpe in Rete – 2013 – Gdynia-PM].

La Scalla (neo IS basato sul teatronimo it. *La Scala*) ⟶ [~ Sp.c. Pizzeria, pub. C/N1, C/N2; PKT – 2011 – Tczew-PM].

La Sfida ⟶ [„~" N/C; Aleo/CEiDG – serv. per altre ditte – 2012 ◇ 2020 – Warszawa-MZ].

La Silvia ⟶ [~ N/C; n.pra *Sylwia*; Aleo/GUS – neg. in Rete – 2018 – Ostrołęka-MZ].

La Skala (< s.sf.f. pol. *skala* 'scala'; ma può essere ispirato anche al teatronimo it. *La Scala*; cfr. *La Scalla* e sim.) ⟶ [N/C Atelier ~; Aleo/GUS – serv. architettonici – 2015 – Kraków-MP].

La Speranza ⟶ [#Sklep Pracownia ~ N/C; CEiDG – #negozio laboratorio / articoli vari – 2017 ◇ 2018 – Krosno-PK].

Lastanza [sic!] (univerbazione di *La* + *stanza*) ⟶ [„~" N/C; CEiDG – gestione di beni immobili – 2018 – Franciszków-LU].

La Stella (il termine *Gelati* nella zona perionimica oppure un elem. dell'apposiz.) ⟶ [GELATI LA STELLA N/C; Aleo/GUS – prod. gelato – 2020 – Świnoujście-ZP].

La Strega ⟶ [PIZZERIA ~ N/C; Aleo/GUS – 2014 – Lublin-LU].

La Taverna ⟶ [Restauracja ~ N/C; PKT/GUS – ristor. – 2018 – Rudy-SL]. Almeno 2 a.o. Cfr. *Taverna*.

567 Cfr. https://www.treccani.it/vocabolario/polka/, u.a. 15.10.2023.

La Tavola → [~ Sp. z o.o.; PKT/GUS – ristor. – 2016 – Katowice-SL].

La Tomaia → [~Sp. z o.o.; RIO – prod. articoli in pelle – 2020 ◊ 2021 – Częstochowa-SL].

La Tormenta → [N/C ~; Aleo/CEiDG – serv. educazione extrascolastica – 2001 – Poznań-WP].

La Toscania (< coronimo it. *la Toscana*; un incrocio formato da un {cid} *Toscana* e dal suo equiv. pol. {cpd} *Toskania*) → [„~" Sp. z o.o.; Aleo/GUS – albergo – 2002 – Gorzycko Nowe-LB].

La Trattoria → [N/C „~"; CEiDG – ristor. – 2005 – Zielona Góra-LB].

La Truppa → [~ N/C; Aleo/GUS – serv. organizzazione eventi art. – 2016 ◊ 2017 – Szczytno-WM].

La Tua → [~ #PRACOWNIA KRAWIECKA N/C; Aleo/GUS – #atelier sartoria – 2015 □ 2017 – Dymaczewo Nowe-WP].

La Venezia → [N/C ~; Aleo/GUS – agente vend. merci varie – 2019 ◊ 2019 – Warszawa-MZ].

La Vigna → [~ Sp. z o.o.; Aleo/GUS – vend. prodotti vari – 2013 – Warszawa-MZ].

La Wróblewska → [~ Sp.j.; Aleo/GUS – serv. educativi non classificati – 2016 ◊ 2019 – Michałowice-MZ].[568]

4.8.1.2. Altri articoli

Altri articoli di ceppo italiano (determinativi e indeterminativi: *il*, *l'*, *le*, *gli*, *un*, *uno*, *una*, *un'*), come componenti delle denominazioni marchionimiche, compaiono raramente. Pongono difficoltà nella ripresa grafica e distintiva della forma marchionimica che deve essere scritta, digitalizzata, inserita su un documento.

Ad esempio, *il* (*Il*) rischia di essere confuso con il numero romano *II*. Per la sicurezza della riproduzione, avviene che lo si indichi in carattere maiuscoletto come *IL*. Per non "perderlo" in quanto elemento poco visibile, lo si attacca al nome (p.es. *ilpiù*). Adoperando questa strategia, l'articolo *L'*, invece, può essere integrato con il nome che precede, senza il segno grafico, normalmente, indispensabile costituito dall'apostrofo (p.es. *Laioli*).

568 Nel *corpus* studiato si sono verificati anche altri marchionimi italianeggianti con l'elemento morfologico costituito dall'art.det. *La* posto all'inizio del nome, p.es *La Prada*; *La Camorra*; *La Cosa Nostra*; *La Furla*; *La Scala*; *La Mia Design*; *La Mia Casa*; *La nostra Casa*; *La Dolce Vita*; *La Grande Bellezza*; *La Bella*; *La Bella Mano*; *La Bella Moda*; *La Bella Panini*; *La Cucina Bella*; *La Piu Bella*; *La Cucina Italiana*; *La Mia Cucina*; *La Bottega Italiana*; *La Casa Italiana*; *La Italia*; *La Fattoria Italiana Di Olesno*; *La Scarpa*; *La Cresso*; *La Casa Del Polacco*; *Bambola*; *La Bambola*; *La Mafi*; *La Nonna Siciliana*.

La riproduzione corretta dell'articolo nei sintagmi onimizzati (p.es. *Le Scarpe*; *Un Bel Momento* o *Una Corda*) è, invece, la prova della piena consapevolezza del loro uso morfologico in italiano da parte degli onomaturghi.

Il Fornaio Di Verona ⟶ [#Piekarnia Włoska „~" Sp. z o.o.; Aleo/GUS – #panetteria it. – 2003 – Warszawa-MZ].

Il Giardino ⟶ [*IL Giardino* [sic!] Sp.c. – N/C1, N/C2; PKT/GUS – ristor. – 2011 – Mierzyn-ZP].

Il Padrino ⟶ [~ N/C; PKT/CEiDG – parrucchiere / trattamenti estetici – 2018 – Poznań-WP] ⟶ [~ – ristor. – A3 – Poznań-WP]. Almeno 3 a.o.

Il Più / ilpiù ⟶ [~ C/N FIRMA KONFEKCYJNA DALBE; WUP – prod. di vestiti, scarpe e cappelli – 2018 – Chechło Pierwsze-LD].

Fig. 287. Fonte : WUP, 5, 2018, p. 1698.

Il Successo ⟶ [Trattoria il Successo; https://www.restu.pl/tratoria-il-successo/, u.a. 12.03.2021 – ristor. – s.d. – Warszawa-MZ].

Laioli (univerbazione di *L'* + *aioli*: it. *aioli*, un termine culinario originario della Catalogna) ⟶ [~ N/C; CeiDG – organizzazione fiere, esposizioni e congressi – 2015 ◊ 2017 – Warszawa-MZ].

L'Espresso ⟶ [P.P.H.U. „~" N/C; Aleo/CeiDG – ristor. – 2014 – Olszowa-WP]. Almeno 3 a.o.

Le Scarpe ⟶ [~ Sp. z o.o.; PKT/KRS – vend. all'ingrosso di scarpe – 2016 – Wólka Kosowska-MZ].

Una Corda ⟶ [~ F.U. N/C; PKT/CeiDG – serv. educazione mus. – 2018 – Sanok-PK].

Un Bel Momento ⟶ [#Studio Fryzur „~" N/C; Aleo/CeiDG – #studio di capigliature / parrucchiere – 2016 – Albigowa-PK]. Cfr. *Bel Momento*.[569]

569 Nel *corpus*, tre altri esempi da considerare sono *Il Diamante Italiano*; *Il Gusto Italiano*; *Il Pino*.

4.8.1.3. I numerali

I numerali usati autonomamente o come componenti di composizioni, sono numeri ordinali o cardinali, ma anche derivati da lessemi numerali. Prevalgono i numeri cardinali, fra cui i più usati sono *uno* e *quattro*. Girano fra i marchionimi italianeggianti anche alcuni ordinali, p.es. *primo, secondo, quarto*. Per quanto riguarda *quarto*, questa forma può essere confusa con *quattro* (che interessa anche l'ortografia erronea con una sola *t*: *quatro*). Non è chiaro se *uno* (in composizioni come *Uno Momento* o *Uno Prezzo*), sia inteso come numero o articolo indefinito.

Bella Casa Uno (il numero può codificare la successione di due o più *Bella Casa* come imprese: *Bella Casa I* vs. *Bella Casa II*) ⟶ [„~" Sp. z o.o.; PKT/KRS – serv. di edilizia – 2020 – Józefów-MZ].

Numero Uno ⟶ [~. #Usługi dekarskie; PKT/GUS – #serv. costruzione tetti – 2006 – Parsów-ZP]. Almeno 1 a.o.

Prima (allo stesso tempo, la base *prima* è un latinismo) ⟶ [„~" Sp. z o.o.; KRS – agenzia immobili serv. affitto – 2001 – Matejki-ZP]. Almeno 150 a.o. in d.c.

Quarto Elemento (l'assunzione dell'espr. che ha un significato culturale particolare nella teoria cosmogonica, indicando il fuoco, può essere un'operazione intenzionata dall'autore del M) ⟶ [~ N/C; Aleo/CEiDG – vend. all'ingrosso di merci varie – 2019 ◇ 2020 – Bytom-SL]. Almeno 1 a.o.

Quattro ⟶ [~ Sp. z o.o.; Aleo/KRS – serv. educativi – 2002 – Kraków-MP]. Almeno 160 a.o.
⟶ [~ BUISINESS PARK Sp. z o.o.; WUP – serv. di segreteria e archiviazione – 2018 – Warszawa-MZ].

Fig. 288. Fonte: WUP, 1, 2020, p. 100.

La riproduzione erronea *Quatro* è altrettanto diffusa e, malgrado l'evidente refuso, queste due forme nella MPLI dovrebbero essere trattate come parallele. *Quatro* appare in altre 150 occorrenze in d.c.

Quatro-Bud (comp. ibr: un {cpl} *-Bud* < s.sg.m. pol. *budynek* 'edificio' / v. pol. *budować* 'costruire') ⟶ [„~" Sp. z o.o. Sp.k.; Aleo/KRS – agenzia immobiliare – 2015 – Wrocław-DS].

Quattro Emme (l'ortografia di *quattro* in questo M è mobile: l'uso di una sola *t* è anche attestato) ⟶ [~ Sp. z o.o. Sp.k.; Aleo/KRS – serv. di alloggio – 2011 – Wieliczka-MP].

Quattro Gusti (ispirato da altri italianismi che consistono del numerale *quattro* e costituiscono ormai i fraseologismi fondati nella MPL e globale, p.es. *le quattro stagioni*; *quattro formaggi*; *quattro elementi*; ecc.) ⟶ [~ N/C; Aleo/CEiDG – ristor. – 2019 – Pruszcz Gdański-PM].

Quattro Gusto (l'ispirazione onomaturgica può essere l'espr. *quattro gusti*; lo sbaglio grammaticale è piuttosto non volontario ed è un refuso nella riproduzione del sint. it. di riferimento prototipico) ⟶ [~ Sp. z o.o.; Aleo/KRS – ristor. *catering* – 2009 – Wrocław-DS].

Quattro Por Quattro (pare che *por* sia stato confuso con *per*) ⟶ [~ Sp. z o.o.; Aleo/KRS – agenzia pubblic. – 2009 – Warszawa-MZ].

Quattro Si [sic!] (può riprodurre l'espr. *quattro sì* di motivazione incerta) ⟶ [#Lody ~ – N/C; PKT/CEiDG – #lett. gelati – 2006 – Błonie-MZ].

Quatromodus (comp. ibr; neo creato come fusione dell'IS *quatro* in funzione di un {cil} < *quattro* + un {csl} *-modus* < lat. *modus*) ⟶ [~ Sp. z o.o.; Aleo/KRS – serv. spedizione logistisca – 2011 – Poznań-WP].

Quatrotrans (comp. ibr: neo creato sul modello di *Quatromodus* con l'uso di un {csl} *-trans* < p.es. s.sg.m. pol. *transport* 'trasporto') ⟶ [N/C F.H.U. ~; Aleo/CEiDG – serv. trasporto spedizione – 1999 – Ruda Śląska-SL].

Quattro Volpi (uno degli intestatari dell'esercizio porta il cogn. Lis < s.sg.m. pol. lis 'volpe') ⟶ [~ Sp. z o.o.; Aleo/KRS – agenzia pubblicitaria – 2019 – Wrocław-DS].

Solo Una ⟶ [~ N/C; PKT/CEiDG – parrucchiere / trattamenti estetici – 2017 – Katowice-SL].

Uno /S/ (usatissimo come base monorematica di vari MM pol.; si veda anche un caso storico, brevettato nel lontano 1946, accompagnato da uno *slogan* pol. *Czyści wszysto* ['Pulisce tutto']) ⟶ [~ // Fa Wytwórnia Chemiczna „Universum"; WUP – #impianto chimico – 1946 – Bielsko-SL].

Fig. 289. Fonte: WUP, XXII(9/10), 1946, p. 233.

Uno Due Tre (< it. *uno, due, tre*; un'enumerazione facilmente riconoscibile come it.) → [~ N/C; PKT/CEiDG – insegnamento lingue straniere – 2020 – Kępno-WP].

Uno Espresso (la forma usata per dire: *un espresso*, indicando la quantità desiderata; oppure si tratta di un tentativo di applicare l'art.indet. davanti a *espresso*) → [N/C „~"; Aleo/CEiDG – vend. all'ingrosso: tè, caffè, spezie ecc. – 2004 – Poznań-WP]. Almeno 2 a.o.

Uno Italia → [~ Sp. Z o.o.; PKT/KRS – vend. serv. prodotti elettronici – 1997 – Warszawa-MZ].

Uno Momento (uno degli italianismi più comuni nella comunicazione quotidiana dei polacchi che, usando la forma *uno momento* [sic!] stante per *un momento*, vogliono dire, *sì, aspetta un po' / un momento, per cortesia*; la riproduzione dello sbaglio grammaticale in **uno momento* è "irresistibile") → [~ N/C; Aleo/CEiDG – agenzia pubblicitaria – 2012 – Grzmiąca-MZ]. Almeno 3 a.o.

Uno Per Due → [N/C ~; PKT/GUS – serv. fotografico – 2006 – Łódź-LD].

Uno Prezzo (la motivazione formale è il sost. *prezzo* che è preceduto dall'art.indet. o dal numerale *uno* non troncato; cfr. *Uno Momento*) → [~ Sp. z o.o.; PKT/KRS – serv. costruzioni edilizia – 2016 – Rzeszów-PK].[570]

4.8.1.4. *L'identificatore antroponimizzante* don

Fig. 290. Una boutique con vestiti da donna a Władysławo-PM. Foto: AG, 2024.

L'identificatore *Don* (< predicato d'onore *don*; continuazione del lat. *dominu(m)* 'signore') compare nelle riprese delle collocazioni antroponimiche italiane, che si citano e si interpretano anche intertestualmente (p.es. *Don Corleone* o *Don Matteo*[571]). È caratteristico il suo uso nelle costruzioni ibride che testimoniano la consapevolezza della sua funzione in italiano (p.es. *Don Meblo*). Un utente comune lo può leggere anche come spagnolo.

570 Si vedano inoltre *Quatro* [sic!]; *Quattroperro*; *Quattrone Silver*; *Le Quattro Stagioni*; *Quatra Stagioni*; *Quarto Stagioni*; *Quattro Formaggio*; *Quattro Fromaggi*; *Quatra Formaggi*.

571 Al Sud d'Italia si usa con i nomi di persona (p.es. *don Benedetto* era riferito a Benedetto Croce; cfr. anche altri esempi infra).

Tuttavia, *don,* come titolo di rispetto o come una specie di determinante posto davanti al nome di battesimo degli uomini, è abbastanza chiaro per un parlante polacco, e, prevalentemente, viene associato all'area culturale italiana.

Negli ambienti ecclesiastici o in riferimento a tali ambiti, è talvolta utilizzato scherzosamente, ma pochi conoscono questo suo uso particolare, malgrado sia evidenziato come italianismo in polacco. Ad ogni modo, i polacchi lo intendono intuitivamente come un titolo di rispetto, per questo, con tutta la responsabilità del suo peso pragmatico, ma per scherzo o enfasi, lo utilizzano davanti ai nomi personali maschili, spesso italianizzati (p.es. *don Grzegorz*; *don Marco*; *don *Waldemaro*).

Il costrutto viene riprodotto anche per la conoscenza dell'agionimo *Don Bosco.* Il culto di san Giovanni Bosco è diffuso in Polonia grazie all'attività pastorale dei Salesiani.

Come segnalato, la motivazione nell'utilizzo di *don* può essere anche ispanizzante (p.es. *don Pedro*), questo avviene pure in altre forme di cortesia (p.es. it. *Signor/e* vs. spagn. *Señor*; it. *Signora* vs. spagn. *Señora*).

Gli esempi con l'indicatore *don* interpretati primariamente come italianeggianti sono numerosi. Oltre a quelli citati sotto, si possono indicare anche altri molto caratteristici nella loro resa che s'associa alla denominazione personale italiana (p.es. ***Don Vito***; ***Don Mario***; ***Don Marco***; ***Don Roberto***; ecc.[572]).

Don Corleone (< lo pseudonimo della *fiction* sulla mafia preceduto dal suo solito titolo sociale *Don*: Don Vito Corleone dalla trilogia *Il Padrino*) ⟶ [~ N/C; Aleo/CEiDG – vend. all'ingrosso di tabacchi – 2020 ◇ 2020 – Tychy-SL].

Don Gucci (può essere ispirato al cogn. del famoso stilista it. e dalla omonima marca, ma è anche possibile il riferimento al cogn. usato in qualsiasi altro contesto it.) ⟶ [~ N/C; Aleo/GUS – ristor. pizz. – 2011 –Warszawa-MZ].

Don Matteo (ispirato al titolo della serie polacca *Ksiądz Mateusz*, prod. TVP1 dal 2008, sul modello del *serial* it. *Don Matteo*, Rai1 dal 2000; n.pro pol. *Mateusz* 'Matteo') ⟶ [~ Catering N/C; Aleo/GUS – ristor. / *catering* – 2014 ◇ 2019 – Legionowo-MZ].

Don Meblo (*Meblo* < s.pl.m. pol. *meble* 'mobili'; imita un n. di persona, in realtà inesistente come tale; può essere ispirato anche all'ambito spagnolo, cfr. p.es. la voce spagn. *pueblo*) ⟶ [~ N/C; Aleo/GUS – prod. mobili cucina – 2016 – Białystok-PD].

Don Vittorio (nel campo perionimico dell'es. cit. si nota anche un {cin} *Prestige*) ⟶ [~ Sp. z o.o.; Aleo/KRS – attività di *holding / head offices* – 2017 – Warszawa-MZ].

572 Vd. https://weselenasali.pl/sala-weselna/restauracja-don-vito.html; https://www.facebook.com/PizzeriaDonMario/?locale=pl_PL; https://www.don-marco.pl/; https://meteor-turystyka.pl/donroberto-frombork,frombork.html, u.a. ai siti 12.10.2023.

4.8.1.5. *L'identificatore odonimizzante* via

Il lessema *via* è, da tempo, conosciuto come italianismo e latinismo (con il significato di 'tramite, per mezzo di'). Nei marchionimi citati viene utilizzato con il pieno sentore della sua funzione indicativa negli indirizzi civici (come equivalente del pol. *ul.* / *ulica*). Autentifica allora l'italianità del costrutto odonimico (o para-odonimico) marchionimizzato, anche come gioco linguistico (cfr. *Via Mante*).

Via Cracovia (l'italianità del M può essere un segnale per i clienti italofoni, p.es. i numerosi turisti it. a Cracovia) ⟶ [N/C ~ – #Agencja Usług Turystyczno-Językowych; PKT/CEiDG – #agenzia serv. viaggi professionali turistico-linguistici – 2007 – Kraków-MP].

Via Giulia (n.pra pol. *Julia* 'Giulia') ⟶ [~ N/C; Aleo/GUS – insegnamento lingue straniere – 2016 – Kraków-MP].

Via Italia ⟶ [„~" N/C; Aleo/GUS – insegnamento lingue straniere – 2013 – Starachowice-SW].

Via Mante (il presunto n. *Mante* è una voce di fantasia che insieme a *via* crea un *rebus*: il costrutto assomiglia allo scomposto vocabolo *diamante* l'immagine del quale si colloca nel logotipo della marca; altre associazioni ipotetiche portano alle parole it. *amante*, un italianismo assai riconosciuto, ma discutibile nel contesto generato, come pure *mante*, s.sg.f., anche questo praticamente impossibile come ispirazione diretta) ⟶ [~; https://www.facebook.com/people/Via-Mante/100064310670439/, u.a. 8.07.2023 // ~ N/C – neg. abbigliamento gioielleria – Łódź-LD].

Fig. 291. Foto: AG, Łódź 2023.

Via Manzoni ⟶ [N/C „~"; Aleo/GUS – neg. abbigliamento – 2006 – Radom-MZ]. Almeno 7 a.o. in d.c.

Via Mare ⟶ [Control System ~ Sp. z o.o.; PKT/KRS – serv. informatici programmazione – 2019 – Sopot-PM].

Via Polonia ⟶ [~ S.A. – serv. installazioni edilizia – 2014 – Poznań-WP] ⟶ [#Szkoły Via Polonia // N/C; CEiDG – #scuole / educazione – 2022 – Ząbki-MZ].

Fig. 292. Foto: AG, Varsavia 2023. Pol. *szkoły dla dorosłych* 'scuole per adulti'.

Via Verde ⟶ [~ N/C; Aleo/CEiDG – ristor. – 2013 – Warszawa-MZ].

4.8.1.6. Il successo della famiglia lessicale di bellezza

Fig. 293. L'insegna di un salone di *manicure* a Łódź. Pol. *gabinet pięknych dłoni* ['studio delle belle mani']; pol. *szkoła paznokcia* (sic!) [lett. 'scuola dell'unghia']. Foto: AG, Łódź 2007.

Ben visibile e distintiva, e non solo nel piano delle caratteristiche strutturali (l'uso delle geminate *ll* e *zz*), è la famiglia lessicale del nome comune *bellezza*. Emergono, in particolare, due voci aggettivali al singolare: *bella* e *bello*[573] e il superlativo *bellissima*. Ma anche lo stesso sostantivo *bellezza* subisce il processo di onimizzazione, autonomo o come elemento di costrutti sintagmatici. Si veda l'esempio qui sotto (cfr. anche vari altri costrutti con questo lessema evidenziato in altri esempi citati nel volume).

573 Sporadicamente, si trovano esempi di questo aggettivo usato al plurale, come nel marchionimo *Belle Mani* (Łódź-LD) illustrato in Fig. 293.

Di Bellezza (< il sint.prep. *di bellezza*; l'acronimo *DB* funziona come equivalente *branding* di questo marchio di produttore di abbiti da donna) ⟶ [~ // PAMUK LINE Sp. z o.o.; WUP – 2017 – Wola Zaradzyńska-LD][574]:

Fig. 294. Fonte: WUP, 7, 2018, p. 2633.

4.8.1.6.1. bella

L'aggettivo *bella* va qualificato come "superformante" nella MPLI. Il suo uso insistito tra i marchionimi nell'area polacca lo promuove e fissa come italianismo di pieno diritto. Il suo genere grammaticale femminile è perfettamente riconoscibile. Connota, d'altronde, alcuni espedienti e caratteristiche della femminilità (cfr. Sez. 3.1.1). In quanto lessema onimizzato autonomo, *Bella* interessa almeno 300 occorrenze nella MPLI (del nostro *corpus*), ma è anche frequente e cruciale il suo inserimento in varie composizioni che si indicano nell'elenco riportato in seguito.

Con l'avvento della comunicazione via Internet aperta al mondo, una notevole ricorrenza della forma *Bella* come denominazione marchionimica si perde se non è accompagnata da altre informazioni e segni identificativi o differenzianti, linguistici e intersemiotici, dell'oggetto della sua designazione. Il fenomeno è ovvio, ma a quanto pare non lo deve essere per gli onomaturghi che coinvolgono questa voce nelle formazioni marchionimiche e registrano le entità di riferimento con l'etichetta *Bella*, consci della sua capacità "parlante": il significato della base lessicale italiana *bella* è comunemente noto agli utenti polacchi. È un italianismo per eccellenza, anche se non viene collocato nel vocabolario della lingua polacca[575].

Come è già stato segnalato in Sez. 3.1.1, la popolarità di *Bella* viene dall'interno della MPL in cui da oltre 40 anni è vitale il marchio *Bella* che denota gli assorbenti igienici, e rientra nei marchionimi italianeggianti storici sul territorio polacco. Le altre occorrenze di questa base d'origine italiana risalgono ancora agli anni che precedono la Seconda guerra mondiale.

---

574 *Cfr.* anche una variazione neologica basata su *bellezza*: *Bellessa* (*Bellessa Eyewear*, marchio di un distributore polacco di occhiali di produzione incerta). Si vedano anche *La Grande Bellezza* e *Salone Di Belleza* [sic!].

575 Un suo concorrente è il gallicismo *belle* conosciuto dalle espressioni come *belle époque* o *belle femme*, ma la distribuzione del fr. *belle* nella MPL è molto scarsa (d'altronde si può confondere con la forma plurale dell'it. *bella*; cfr. *Belle Mani* supra).

Oggi, le motivazioni per l'uso di *Bella* continuano a essere di varia natura commerciale e culturale. La voce passa da un oggetto all'altro, anche come para-marchionimo (nome di una bambola; di un abito; di un divano; di un prodotto artigianale; di un'opera d'arte; ecc.). È un'area denominativa senza limiti né restrizioni; potrebbe costituire un argomento di ricerca autonomo.

Bella (< agg.sg.f. it. ~) ⟶ [N/C #Salon Kosmetyczny ~; PKT – #salone di bellezza – Puławy-LU] ⟶ [~ #Salon Stylizacji paznokci; PKT – #salone di bellezza / stilizzazione delle unghie – Lubin-DS] ⟶ [~ Sp. z o.o.; PKT – prod. articoli igiene – Toruń-KP] ⟶ [N/C; „~"; PKT – #Producent artykułów z gumy i tworzyw sztucznych; c.pro *Bela*; PKT – #prod. articoli in gomma e plastica – 1985 – Rawicz-WP]. Almeno 300 a.o.

In due occorrenze, la forma *Bella* è stata registrata come brevettata ⟶ [~ // #Toruńskie Zakłady Materiałów Opatrunkowych S.A.; WUP – # fabbrica di materiali per medicazioni a Toruń – 1990 – Toruń-KP; Fig. 295] ⟶ [„JK – Bella" N/C; WUP – prodotti di pelle, scarpe, ecc. – 1990 – Warszawa-MZ; Fig. 296] ⟶ /S/ [~ // #Fabryka Przetworów Chemicznych „Dobrolin"; WUP – # fabbrica di lavorazione chimica – 1939 – Warszawa-MZ]: Figg. 295–297.[576]

Fig. 295. Fonte: WUP, 1993, 10, p. 991.

Fig. 296. Fonte: WUP, 1993, 5, p. 452.

/S/

576 Come è stato già segnalato (cfr. nota 242), *Bella* può essere motivato anche deantroponimicamente. Prima della Seconda guerra mondiale si usava comunemente il n.f. pol. *Bella* (autonomo o come abbreviazione di *Izabella* 'Isabella'; cfr. il marchionimo *Iza Bella / Iza-Bella*).

Fig. 297. Fonte: WUP, XVI(2), 1939, p. 78.

Bellamica (nell'interpretazione formale, è un chiaro incrocio per crasi di *bella* e *amica*) ⟶ [~ // INSTALBUD JANOSZ Sp. z o.o.; WUP – armatura da bagno – 2021 – Pszczyna-SL].

Fig. 298. Fonte: WUP, 29, 2021, p. 41.

Bellana (neo PIF in cui si percepisce l'italianismo *bella* che si sovrappone in contrazione a *lana*) ⟶ [~ Sp. z o.o.; KRS – prod. tessile – 2020 – Sztombergi-SW]. Almeno 2 a.o.

Bella Art (costr. ibr < sint.nom. agg. ~ + ingl. ~) ⟶ [„~" N/C; PKT/GUS – architettura di interni / decorazioni – 2018 – Wielowieś-KP].

Bella-Arte (comp. < sint.nom. agg. ~ + s.sg.f. ~; tra l'agg. *bella* e il sost. *arte* si dovrebbe utilizzare l'apostrofo troncando il primo elem.: *bell'arte*, ma la forma corretta sembrerebbe meno chiara nell'interpretazione e difficile da riprodurre) ⟶ [~ #Pracownia Artystyczna; PKT/GUS – #atelier d'arte / prod. vend. articoli di carta – 2019 – Przemyśl-PK].

Bella Artis (costr. ibr < sint.nom. agg. ~ + lat. ~) ⟶ [„~" N/C; PKT/GUS – parrucchiere – 2020 – Szczecin-ZP].

Bella Auto (< sint.nom. agg. + s.sg.f. it./pol./internaz. ~) ⟶ [~ N/C; PKT/CEiDG – meccanico – 2015 – Sanok-PK].

Bella-Bud (comp. ibr che coinvolge un {cpl} *-Bud* < pol. *budować* 'costruire'; uno dei vari ess. che malgrado l'esistenza del *bell'*elem. it. risulta cacofonico per la sua comp. basata su una radice "dura" e "tecnica" pol., terminante con una cons. che si cerca di sonorizzare nell'orale: [bud], per non confonderla con il s.sg.m. pol. *but* 'scarpa'; cfr. *Quatro-Bud*; *Sergio-Spaw*; *Sergio Trans*) ⟶ [~ N/C; PKT/GUS – serv. vetraio – 2020 – Dębna-PK].

Bella Calabria (< sint.nom./agg. ~ + coronimo it. ~) ⟶ [„~" Sp.c. Pizzeria N/C; CEiDG/GUS – 2016 – Dębica-PK].

Bella Capelli (< giustapposiz. agg. ~ + s.pl.m. ~; il costrutto si vuole un sint.nom., comunque tra i due elem. non si verifica l'accordo di genere e numero; insieme all'identificativo *Atelier Fryzjerskie* 'Atelier di capigliatura' tutta la denominazione si presenta come estremamente sofisticata e formalmente esagerata; tuttavia, guardando il logonimo si potrebbe anche interpretare il M come una struttura di tre gradi: 1. *Bella*, 2. *Capelli*, 3. *Atelier Fryzjerskie*; 2. e 3. sono praticamente elementi perionimici in questa collocazione; cfr. anche il modo di dire *belli capelli* per indicare chi ha una chioma molto curata o chi è attento un po' troppo alla capigliatura: è anche il titolo di una canzone di Francesco De Gregori *Belli capelli* del 1982, nota tra i *connaisseur* della canzone it. in Polonia) ⟶ [Atelier Fryzjerskie ~ N/C; PKT/GUS – parrucchiere – 2019 – Cracovia-MP].

Fig. 299. Fonte: https://bellacapelli.com.pl/, u.a. 29.05.2023.

Bella Cara (< sint.nom. agg. ~ + agg./s.sg.f. ~) ⟶ [~ N/C; PKT/GUS – parrucchiere – 2016 – Warszawa-MZ].

Bella Caro (< giustapposiz. agg. ~ + agg./s.sg.m. ~) ⟶ [~ N/C; PKT/GUS – parrucchiere – 2019 – Bukowiec-LD].

Bella Casa (< sint.nom. agg. ~ + s.sg.f. ~) ⟶ [Villa ~ Sp. z o.o, PKT/KRS – albergo – 2017 – Warszawa-MZ] ⟶ [N/C „~" #Nieruchomości; PKT – #agenzia immobili – 2016 – Cracovia-MP] ⟶ [„~" N/C; PKT/GUS – serv. di pulizia – 2017 – Czmoń-WP]. Almeno 6 a.o.

Bella Cosa (< sint.nom. agg. ~ + s.sg.f. ~) ⟶ [„~" N/C; PKT/GUS – pub/bar/birreria – 2020 – Korfantów-OP] ⟶ [„~" #Kosmetologia Profesjonalna N/C; PKT/GUS – #lett. cosmetologia professionale / parrucchiere – 2015 – Myślenice-MP]. Almeno 4 a.o.

Bella Dame (costr. ibr < sint.nom. agg. it. ~ + fr. ~) ⟶ [„~" Sp. z o.o.; PKT/GUS – prod. articoli di biancheria da letto – 2018 – Stara Gorzelnia-SL].

Bella Di Italia (< sint.nom. s.sg.f. ~ + prep.sempl. ~ + coronimo ~) ⟶ [N/C ~; PKT/CEiDG – catering – 2015 – Warszawa-MZ].

Bella Ella (< sint.nom. agg. ~ + pron.pers. ~; il costrutto è attraente per la sua assonanza e rima) ⟶ [„~" Sp. z o.o.; PKT/KRS – salone di bellezza – Varsavia-MZ].

Bella Essenza (< sint.nom. agg. ~ + s.sg.f. ~) ⟶ [„~" N/C; PKT/GUS – salone di bellezza – Poznań-WP].

Bella Estetica (< sint.nom. agg. ~ + s./agg.sg.f. ~) ⟶ [„~" #Gabinet Chirurgii Plastycznej; PKT/GUS – #studio medicina estetica – Wrocław-DS].

Bella Femina (costr. ibr < sint.nom. agg. ~ + crematonimo ~; il presunto sost. *femina* si riferisce senza dubbio all'it. *femmina*: la riduzione della doppia *mm* rende la voce più poetica e la rilatinizza; può essere dovuto all'influenza di uno storico M pol. *Femina* < lat. *femina* che designava per molti decenni una famosa marca di abiti da donna, prodotti ancora negli anni '90 del XX sec. a Łódź) ⟶ [#Gabinet Kosmetyczny „~"; PKT – studio/salone di bellezza – s/d – Wodzisław Śląski-SL].

Bella Fiori (costr. formato sul solito modello sint. nom. agg. ~. + s.pl.m. ~; risulta una comp. scorretta dal punto vista grammaticale in it.; l'uso di *Fiori* può essere ispirato al crematonimo it. *Mirafiori*) ⟶ [~ #Pracownia florystyczna N/C FUH; PKT/GUS – #atelier del florista / fior. – 2012 – Różan-MZ].

Bella Flora (costr. ibr < agg. ~ + s.sg.f. pol./lat./internaz. *flora* / teonimo *Flora*) ⟶ [~ N/C; PKT/GUS – fioraio – 2013 – Nidzica-WM].

Bella Floris (costr. ibr < sint.nom. agg. ~ + n.f. *Floris* oppure una forma declinata del lat. *flos*) ⟶ [~ Sp.c. #Kwiaciarnia N/C; PKT/GUS – #fioraio – 2009 – Poznań-WP].

Bellafresca (comp. univerbata costruita di due aggettivi it.: *bella* e *fresca*) ⟶ [~ // C/N AGRO-POL; WUP – insalate, prodotti confezionati di frutta e verdura – 2020 – Bronisze-MZ].

Fig. 300. Fonte: WUP, 18, 2021, p. 41.

Bella Furniture (costr. ibr < sint.nom. agg. ~ + ingl. ~) ⟶ [~ Sp. z o.o. // NOWY DOM Sp. z o.o.; PKT/GUS – prod. e vend. mobili – 2019 – Warszawa-MZ].

Bella Gardenita (costr. ibr < sint.nom. agg. ~ + un neo stilizzato su un s.sg.f. spagn. o it. < internaz. *gardenia*) ⟶ [N/C ~ ; CEiDG/GUS – architettura terreni verdi / giardini – 1998 – Gowarzewo-WP].

Bella House (costr. ibr < sint.nom. agg. ~ + ingl. ~) ⟶ [~ N/C; PKT/CEiDG – serv. pulizie – 2016 – Mława-MZ] .

Bella Italia (< sint.nom. agg. ~ + coronimo ~; una delle espressioni che funzionano come un italianismo fraseologico ben conosciuto e carico di connotazioni particolarmente positive) ⟶ [~ // REKORD #NIERUCHOMOŚCI Sp. z o.o. Sp.k.; PKT/GUS – #agenzia immobiliare – 2010 – Pruszków-MZ] ⟶ [~ N/C; PKT/CEiDG – prod. gelati – 2015 – Bolesławiec-DS]. Almeno 24 a.o.

Bella Italiana (< sint.nom. agg. ~ + s.sg.f. ~) ⟶ [~ N/C; PKT/GUS – negoz. alimentari fruttivendolo – 2012 – Rybnik-SL].

Bella La Katrina (giustapposiz. di agg. ~ + n.f. internazionalizzato ~ preceduto dall'art.det. *La*; la forma antroponimica *Katrina* si riferisce, per paronimia, al n.f. pol. *Katarzyna* 'Caterina', n.pra) ⟶ [N/C ~; Aleo/GUS – parrucchiere / trattamenti estetici – 2020 – Końskie-SW].

Bella La Rosa (costr. di fantasia formato su un sint.nom. agg. ~ + s.sg.f. ~ in cui si usa a sorpresa l'art.det. *La* tra i due componenti) ⟶ [~ C/N; PKT/GUS – parrucchiere – 2005 – Tarnów-MP] .

Bella Lei (costr. sint. con il pron.pers. *lei* riferito a donne; si noti, comunque, che *lei* è una particella irriconoscibile come it. da chi non sa l'italiano al livello almeno principiante) ⟶ [~ N/C; PKT/GUS – parrucchiere – 2017 – Pruszków-MZ].

Bella-Linea (< sint.nom. agg. ~ + s.sg.f. ~; allude all'espr. pol. *piękna linia* 'bella linea', usata per parlare di una snella *silhouette*) ⟶ [~ N/C. #Poradnia Dietetyczna; PKT/GUS – #clinica dietetica – 2010 – Wieruszów-LD].

Bella Lingua (< sint.nom. agg. ~ + s.sg.f. ~) ⟶ [C/N ~ #Biuro Korekty i Redakcji Tekstów; PKT/GUS – #agenzia di correzione e redazione testi – 2010 – Warszawa-MZ].

Bella Luca (< sint.nom. agg. ~ + n.m. ~; sorprende la scelta della forma dell'agg. *bella* in disaccordo di genere grammaticale con il n.m. *Luca*: un'operazione volontaria oppure l'effetto di una sbagliata attribuzione del genere femminile al n. *Luca* che termina con una *a*; n.b., in alcune altre lingue si usa il n. *Luka* anche per denominare le donne) ⟶ [N/C Salon Urody ~; PKT/CEiDG – salone di bellezza / parrucchiere – 2020 – Szczecin-ZP].

Bella Luce (< sint.nom. agg. ~ + s.sg.f. ~) ⟶ [~ N/C; PKT/GUS – neg. in Rete – 2019 – Częstochowa-SL].

Bella Luna (< sint.nom. agg. ~ + s.sg.f. ~) ⟶ [~ Sp. z o.o.; PKT/KRS; vend. frutta verdura – 2009 □ 2018 – Przybyłów-WP].

Bella Mafia (< sint.nom. agg. ~ + s.sg.f. ~) ⟶ [PIZZA RESTAURANT „~" N/C1 N/C2 Sp.j.; KRS – pizz. – 2014 – Siedlce-MZ].

Bella Mama (costr. ibr < sint.nom. agg. ~ + s.sg.f. pol. *mama* 'mamma') ⟶ [~; PKT – neg. abbigliamento per donne incinte – s/d – Karczew-MZ].

Bellamama (comp. ibr < agg. ~ + pol./internaz. *mama* 'mamma'; cfr. *Bella Mama*) ⟶ [~ #Kosmetyki dla kobiet // ACTIVE PLUS N/C; PKT/GUS – prod. vend. #cosmetici per donne – 2015 – Lipków-MZ].

Fig. 301. Fonte: https://bellamama.pl/, u.a. 29.05.2023. Pol. *kosmetyki dla mam* ['cosmetici per le mamme'].

Bella Mamma (< sint.nom. agg. ~ + s.sg.f. ~) ⟶ [~ #Duńska Moda Ciążowa N/C; PKT/GUS – vend. #abbigliamento donne incinte prod. danese – 2009 – Swarzędz-WP] .

Bella Moda (< sint.nom. agg. ~ + s.sg.f. ~) ⟶ [~ N/C; CEiDG – vend. abbigliamento in Rete – 2019 – Prudnik-OP] ⟶ [N/C Butik ~; PKT/GUS – vend. abbigliamento in Rete – 2020 – Ostrów Wielkopolski-WP] ⟶ cfr. *La Bella Moda*. Almeno 12 a.o.

Bella Modo (costr. ibr < sint.nom. agg. ~ + s.sg.m. ~; *Modo* può riferirsi alla moda) ⟶ [N/C Butik ~; PKT/CEiDG – vend. abbigliamento in Rete – 2020 – Ostrów Wielkopolski-WP].

Bella Mozzarella (< sint.nom. agg. ~ + s.sg.f. ~) ⟶ [N/C ~; PKT/CEiDG – ristor. – 2018 – Białystok-PD].

Bella Musica (< sint.nom. agg ~ + s.sg.f. ~) ⟶ [#AGENCJA MUZYCZNA „~" N/C; PKT/GUS – #agenzia mus. – 2006 – Grodzisk Mazowiecki-MZ].

Bella Napoli (< sint.nom. agg. ~ + urbonimo ~) ⟶ [~ N/C. Pizzeria; PKT/GUS – 2005 – Warszawa-MZ]. Almeno 5 a.o.

Bella Notte (< sint.nom. agg. ~ + s.sg.f. ~) ⟶ [~ Hotel // STYLEHOTELS Sp. z o.o.; PKT/GUS – albergo – 1990 □ 2015 – Chorzów-SL] ⟶ [~ Sp. z o.o.; PKT/GUS – *catering* pizz. – 2020 – Warszawa-MZ].

Bella Oggi (interpretato come l'enunciato *bella, oggi*; il messaggio di tipo pragmatico; ma può essere anche una semplice giustapposiz. dei vocaboli it. conosciuti e attraenti per l'evidente italianità superficiale linguistica) ⟶ [~ Boutique N/C; PKT/GUS – neg. abbigliamento – 2019 – Malbork-PM].

Bella Pelle (< sint.nom. agg. ~ + s.sg.f. ~; la denominazione presenta effetti di assonanza: *...-ella ...-elle* e comporta un messaggio poco attribuibile al settore rappresentato, ma può essere un'idea secondaria) ⟶ [~ N/C; PKT/GUS – serv. pulizie – 2018 – Wrocław-DS].

Bella Pizza (< sint.nom. agg. ~ + s.sg.f. ~) ⟶ [~ Pizzeria; PKT/GUS – 2011 – Kleczew-WP].

Bella Ragazza (< sint.nom. agg. ~ + s.sg.f. ~) ⟶ [N/C #Gabinet Kosmetyczny ~; PKT/GUS – #salone di bellezza – 2016 – Kielce-SW]. Almeno 3 a.o.

Bella Ricze (costr ibr < una comp. ibr motivata da un riferimento al n.f. *Beatrice*, pol. *Beatrycze*, ma, ipoteticamente, anche all'ingl. *rich* 'ricco' reso nel gergo colloq. pol. come *ricz*; imita un sint.nom. composto dall'agg. ~ e da un sost.; *Ricze* è una neoformazione in pol.) ⟶ [~ Sp. z o.o.; PKT/KRS – vend. prod. gioielleria artificiale – 2017 – Warszawa-MZ].

Bella Rosa (< sint.nom. agg. ~ + s.sg.f. ~) ⟶ [N/C „~"; PKT/CEiDG – fioraio – Proszowice-MP].

Bella Roza (costr. ibr < sint.nom. agg. ~ + uno pseudoadattamento dell'it. *rosa* alla pronuncia pol. resa dall'ortografia *roza*) ⟶ [~ // PARTNER CENTER Sp. z o.o.; WUP – bevande alcoliche, vini – 2019 – Łódź-LD].

Fig. 302. Fonte: WUP, 5, 2020, p. 143.

Bella Rose (costr. ibr < sint.nom. agg. ~ + ingl./fr. ~ 'rosa') ⟶ [~ #KWIACIARNIA N/C; CEiDG – #fioraio – Cholewiana Góra-PK].

Bella Rossa (costr. ibr < sint.nom. agg. ~ + agg./s.sg.f. ~; it. *rossa* nell'es. cit. può confondersi con l'it. *rosa*; per paronimia, associato al s.sg.f. pol. *rosa* 'rugiada') ⟶ [N/C #Kwiaciarnia „~"; PKT/GUS – #fioraio – 1991 – Cracovia-MP].

Bella Scarpa (< sint.nom. agg. ~ + s.sg.f. ~) ⟶ [~ N/C; PKT/GUS – vend. scarpe – 2019 – Warszawa-MZ].

Bella-Si! [sic!] (< frase *bella, sì*; vari varianti nella grafia di *sì*: anche *Bella-si! e Bella-sì!*) ⟶ [Bella-Si! #Kosmetyka N/C; PKT/GUS – #cosmetica / salone di bellezza parrucchiere – 2017 – Gdynia-PM].

Bella Sposa (< sint.nom. agg. ~ + s.sg.f. ~) ⟶ [~ #Salon i wypożyczalnia sukien ślubnych; PKT/CEiDG – #salone vend. e noleggio abiti da sposa – 2004 – Kraków-MP]. Almeno 2 a.o.

Bella Ssima (costr. ibr; la denominazione imita un sint.nom. e, allo stesso tempo, allude alle forme aggettivali in *-issima*; è un presunto gioco linguistico che rivela una disintegrazione dell'agg. *bellissima* trasformato in **bellassima*; l'elem. *Ssima* è paralinguistico) ⟶ [~ N/C; PKT/GUS – vend. merce varia – 2020 – Tarnowskie Góry-SL].

Bella Storia (< sint.nom. agg. ~ + s.sg.f. ~) ⟶ [Sklep „~" #Pościele jak ze snu < „Best Decor" N/C; PKT/GUS – #Biancheria da letto come da sogno (slogan) – 2013 – Chorzów-SL].

Fig. 303. Fonte: https://bellastoria.pl/, u.a. 29.05.2023.

Bella Stella (< sint.nom. agg. ~ + s.sg.f. ~) ⟶ [~ N/C; PKT/GUS – parrucchiere – 2018 – Dębczyno-ZP].

Bella Tavola (< sint.nom. agg. ~ + s.sg.f. ~) ⟶ [#Pracownia Mebli ~ N/C; PKT/GUS – #atelier di mobili – 2015 – Szczepocie Rządowe-LD].

Bella Terra (< sint.nom. agg. ~ + s.sg.f. ~) ⟶ [~ Cosmetics. Sp. z o.o.; PKT/KRS – rete neg. cosmetici – 2012 – Warszawa-MZ].

Bella Toscana (< sint.nom. agg. ~ + coronimo ~) ⟶ [~ #Agencja turystyczna; PKT/CEiDG – #agenzia di viaggi – 1997 – Żywiec-SL].

Bella Visage (costr. ibr funzionante come un sint.nom. con un gallicismo ben internazionalizzato; l'accordo di genere tra it. *bella* e ingl./fr. *visage* rimane discutibile) ⟶ [#Salon fryzjersko-kosmetyczny ~ N/C; PKT/GUS – #salone di bellezza parrucchiere – 2017 – Nakło-PK]. Almeno 2 a.o.

Bella Vista (< sint.nom. agg. ~ + s.sg.f. ~) ⟶ [N/C HOTEL ~; PKT/GUS – settore alberghero – 2011 – Warszawa Wesoła-MZ].

Bella Vita (< sint.nom. agg. ~ + s.sg.f. ~) ⟶ [~ Ink N/C; PKT/GUS – serv. tatuaggi – 2019 – Kielce-SW]. Almeno 10 a.o.

Bella Voce (< sint.nom. agg. ~ + s.sg.f. ~) ⟶ [#Agencja Artystyczna „~" N/C; PKT/CEiDG – #agenzia artistica – Iwonicz Zdrój-PK].

Bella Wawa (< sint.nom. agg. ~ + forma abbreviata e colloq. dell'urbonimo pol. *Warszawa* 'Varsavia') ⟶ [~ Sp. z o.o.; PKT/KRS – agenzia immobili – 2018 – Warszawa-MZ].

Be Bella (costr. fraseologico ibr < v. ingl. *be* 'sii' + agg. *bella*[577]) ⟶ [„~" N/C; PKT/GUS – studio medico – Otrębusy-MZ].

Ciao Bella / Ciao Bella! (< frase *ciao, bella!*; uno degli enunciati it. più usati come italianismo fraseologico nella comunicazione quotidiana, anche internazionale; associato alla sua variante inversa: *bella, ciao!*; cfr. *Bella Ciao*) ⟶ [~ N/C; PKT/GUS – parrucchiere – 2018 – Giżycko-WM] ⟶ [*Ciao Bella!* N/C; PKT/GUS – parrucchiere – 2019 – Wołów-DS]. Almeno 12 a.o.

E Bella (costr. fraseologico < sint.verb. *è bella*) ⟶ [P.P.H.U. *E bella* N/C; PKT/CEiDG – parrucchiere – 2018 – Koziegłowy-WP].

EssereBella / Essere Bella (costr./comp. frasale < sint.verb. v. ~ + agg. ~) ⟶ [~ #Salon Urody N/C; Aleo/CEiDG – # salone di bellezza / parrucchiere serv.

---

577 La matrice anglicizzante *Be* + *attributo* si verifica anche in altri marchionimi polacchi di stampo internazionalizzato (cfr. ***Be Frendi*** [WUP, 4, 2017, p. 1116]: la parte *Frendi* proviene dall'ingl. *friend* / *friendly*, ma il suo adattamento sembra imitare modelli italianeggianti).

cosmetici – 2016 – Poznań-WP] ⟶ [N/C #STUDIO URODY ~; Aleo/CEiDG – #studio/salone di bellezza – 2014 – Katowice-SL].

Fig. 304. Fonte: http://esserebella.pl/, 25.05.2023.

Fruttabella (neo PIF; composto da due {cil}: *Frutta-* + *-bella*) ⟶ [F.H.U. „~" Sp. z o.o.; KRS – prod. di frutta verdura legumi – 2003 – Pszczyna-SL].

Iza Bella / Iza-Bella (< disintegrazione del n.f. pol. *Izabella* 'Isabella', n.pra) ⟶ [Iza BELLA #Salon Fryzjerski N/C; PKT/GUS – #salone di parrucchiere – 2019 – Bestwina-SL] ⟶ [Iza-Bella Fitness N/C; PKT/GUS – palestra – 2019 – Syrynia-SL].

La Bella / La-Bella (< nominalizzazione dell'agg. *bella*) ⟶ [La Bella #Salon Kosmetyczny C/N; PKT/GUS – #salone di bellezza parrucchiere – 2011 – Łąka-PK] ⟶ [La-Bella N/C; PKT/GUS – parrucchiere – 2014 – Kłodzko-DS]. Almeno 26 a.o. in d.c.

La Bella Mano (< sint.nom. art.det. ~ + agg. ~ + s.sg.f. ~) ⟶ [„~" N/C #Studio Stylizacji Paznokci; PKT/CEiDG – #salone cura delle unghie – Zakopane-MP].

La Bella Moda (< sint.nom. art.det. ~ + agg. ~ + s.sg.f. ~) ⟶ [N/C La BELLA MODA; PKT/GUS – vend. abbigliamento – 2004 ◇ 2017 – Gdynia-PM]

La Bella Panini (< giustapposiz. n. *La Bella* + sost. *panini* nella zona perionimica; it. *panini* viene associato al s.sg.f. pol. *pani* 'signora'; un gioco di parole nel contesto pol.; cfr. Sez. 3.5.6) ⟶ [~ N/C; PKT/GUS – catering – 2018 ◇ 2018 – Świętochłowice-SL].

La Cucina Bella (< sint.nom. s.sg.f. ~ preceduto dall'art.det. ~ + agg. ~) ⟶ [~ N/C; PKT/GUS – vend. frutta verdura – 2019 – Piaseczno-MZ].

La Piu Bella [sic!] (< sint.nom. *la più bella*) ⟶ [„~" N/C; PKT/CEiDG – parrucchiere – 1987 – Oświęcim-MP].

Lilla Bella (< sint.nom. n.f. alterato ~ + agg. ~; *Lilla* s'associa al n.f. pol. *Lilia*, n.pra) ⟶ [~ N/C; PKT/GUS – parrucchiere – 2015 – Świdnik-DS].

Mia Bella (< sint.nom. agg.poss. ~ + s.sg.f. ~) ⟶ [~ Sp. z o.o.; PKT/KRS – parrucchiere – 2019 – Warszawa-MZ] ⟶ [~ Clinica #Poradnie Specjalistyczne; PKT/CEiDG – #cliniche specialistiche – 2004 – Olsztyn-WM] ⟶ [~ // C/N; WUP – serv. pubblicità della moda – 2021 – Grodzisk Mazowiecki-MZ]. Almeno 4 a.o.

Fig. 305. Fonte: WUP, 39, 2021, p. 79.

Molto Bella (< sint.agg. avv. ~ + agg. ~) ⟶ [~ N/C; PKT/CEiDG – parrucchiere – 2017 – Skawina-MP].

Piú Bella / Piu Bella / Piu-Bella (< agg. *bella* al grado comparativo) ⟶ [#Mobilny Salon Kosmetyczny Piú Bella N/C; PKT/CEiDG – #salone di bellezza mobile / parrucchiere – 2019 – Pruszcz-KP] ⟶ [Piu-Bella #Studio Fryzur. N/C, PKT/CEiDG – #studio delle capigliature / parrucchiere – 2014 – Warszawa-MZ]. Almeno 5 a.o.

Pro Bella (costr. ibr < lat. *pro* 'per' + agg. *bella* oppure n.f. *Bella*) ⟶ [N/C ~; PKT/CEiDG – prod. biancheria – Łużna-MP].

Sei Bella (< sint.verb. ~) ⟶ [~ N/C; PKT/CEiDG – parrucchiere – 2016 – Częstochowa-SL]. Almeno 4 a.o.

Sempre Bella (< sint.agg. enunciativo avv. ~ + agg. ~) ⟶ [#Gabinet Kosmetologiczny ~ N/C; PKT/GUS – #studio cosmetologico – 2018 – Ożarów-SW]. Almeno 3 a.o.

Si Bella (< enunciati *sì, bella* oppure *sii bella*; ipoteticamente, si potrebbe vedere l'ispirazione di questo M anche nel sint.agg. *così bella*) ⟶ [„~" Spa N/C; PKT/GUS – parrucchiere – 2015 – Warszawa-MZ]. Almeno 3 a.o.

Fig. 306. Fonte: https://www.sibella.pl/, u.a. 28.05.2023.

Sii Bella (anche se pare un sint.verb. ~, può trattarsi di una fantasiosa grafia di *sì* < *sii* che sottolinea una pronuncia prolungata della *i*; cfr. *Si Bella*) ⟶ [„~" N/C; PKT/CEiDG – parrucchiere – 2018 – Kowale-PM].[578]

578 Si considerino inoltre *Bella Donna*; *Bella Ciao*; *Bella Ciacho*; *Bella Dolina*; *Bella Mova*; *Bella Od Nowa*; *Bella Casa Uno*; *Bella Di Italia*; *Bella Beauty*; *Bella Line*; *Bella Love*; *Bella Nails*; *Fallabella*; *Bellastoria*; *Fryzo-Bella*; *Eko-Bella*; *LaBella Fashion*.

4.8.1.6.2. bello

Anche *bello/-i* è un lessema "di successo" che partecipa attivamente nell'onomaturgia marchionimica italianeggiante: sul piano compositivo (similmente alla performatività strutturale di *bella*) e pragmatico (riferito alla bellezza e ad altre accezioni particolari di questo aggettivo interpretabile concettualmente come italianismo nell'area polacca). Sono caratteristici e distintivi i suoi usi registrati come scorretti nei sintagmi nominali in cui, secondo la norma grammaticale italiana, questo aggettivo dovrebbe essere troncato (cfr. p.es. *Bello Corpo*; *Bello Giardino*) o usato in una forma adatta al plurale (cfr. p.es. *Belli Fiori*).

Si vedano alcune illustrazioni marchionimiche.

Abello (neo IS; agg. *bello* integrato con la voc. iniziale *A*; può riferirsi al n.m. pol./internaz. *Abel*) → [~ N/C; PKT/GUS – vend. mobili e articoli per la casa – 2017 – Swarzędz-WP].

Bellio (neo IS di fantasia che allude formalmente a *bello/belli*) → [~ // P.H.U. METAL-HURT N/C 1. N/C2 Sp.j.; WUP – attrezzature per bagno – 2018 – Toruń-KP].

BELLIO

Fig. 307. Fonte: WUP, 1, 2020, p. 161.

Be Bello (costr. ibr da interpretare in diversi modi; p.es. *Be* corrisponde all'ingl. *be* 'sii') → [~ Sp. z o.o.; PKT/KRS – parrucchiere – 2019 – Wrocława-DS]. Cfr. *Be Bella.*

Belli Fiori (costr. IS < sint.nom. agg. ~ + s.pl.m. ~; l'agg. *belli* dovrebbe comparire nella forma paradigmatica *bei* il che, anche volendo, non garantirebbe più il riconoscimento dell'agg. *bello* nel costr. foggiato contro la norma grammaticale it.) → [~ #kwiaty w pudełkach – https://www.facebook.com/bellifioripoznan, u.a. 29.05.2023 – #fiori in scatole – s/d – Poznań-WP]. Almeno 3 a.o.

Bello (< agg.sg.m. it. ~) → [~ N/C; PKT/CEiDG – serv. di progettazione di spazi verdi – 2012 – Śnieciska-WP]. Almeno 29 a.o.

Bello Bello (< forma doppia dell'agg. ~) → [„~" N/C; PKT/CEiDG – serv. di informatici – 2014 ◊ 2020 – Bochnia-MP].

Bello Car (costr. ibr: agg. ~ + l'ingl. ~ 'macchina') → [~ N/C; PKT/CEiDG – meccanico – Biała Podlaska-LU].

Bello Corpo (costr. PIF < sint.nom. agg. ~ + s.sg.m. ~; la collocazione esigerebbe la forma troncata di *bello*: *bel corpo*) → [~ N/C; PKT/GUS – parrucchiere – 2014 – Stargard-ZP].

Bello Giardino (costr. PIF < sint.nom. agg. ~ + s.sg.m. ~; il sintagma è stato creato con la convinzione della sua saliente italianità, solo che l'agg. *bello* dovrebbe essere troncato, dando nella base lessicale *bel giardino*; nella zona perionimica si pone l'ingl. *Garden Furniture*) ⟶ [~ // C/N BARDON HOLDING; WUP – mobili da giardino – 2017 – Gorzów Wielkopolski-LS].

Fig. 308. Fonte: WUP, 7, 2018, p. 2810.

Bello Horizonte (costr. ibr; agg. ~ + l'internaz. ~) ⟶ [~ Sp. z o.o.; PKT/KRS – agenzia di traduzione – Warszawa-MZ].

Bello Image (costr. ibr; agg. ~ + il gallicismo/anglicismo ~) ⟶ [~ C/N; PKT/GUS ⟶ parrucchiere – salone di bellezza – Środa Śląska-DS].

Bellojo (neo IS di fantasia; agg. ~ integrato con un {cx} *-jo*) ⟶ [~ N/C; PKT/CEiDG – prod. borse valigie articoli di pelle – 2018 – Świątniki Górne-MP].

Bello Lavoro (costr PIF < sint.nom. agg. ~ + s.sg.m. ~; la versione corretta della base sarebbe, tuttavia, *bel lavoro*) ⟶ [~ Sp. z o.o.; PKT/GUS – agenzia di lavoro temporaneo – 2020 – Warszawa-MZ].

Bellolusso (comp. PIF < l'ipotetico sint.nom. di base: *bello lusso* in cui *bello* dovrebbe essere troncato) ⟶ [~ N/C; PKT/CEiDG – vend. articoli vari – 2019 – Warszawa-MZ].

Bellona (< un alterato di *bella* o l'esito della fusione di *bello* al formante suffissoidale *-/o/na*; è anche possibile che sia un riferimento al s.sg.f. pol. che designa una specie di pesce: *belona* 'aguglia') ⟶ [~ N/C; PKT/CEiDG – serv. trasporto – 2016 ◊ 2020 – Szczecin-ZP].

Bello Matrimonio (costr. PIF < sint.nom. agg. ~ + s.sg.m. ~; la collocazione esigerebbe la forma troncata di *bello*: *bel matrimonio*) ⟶ [~ #KWIATY I STYLIZACJA PRZYJĘĆ N/C; PKT/GUS – #fiori e *styling* delle nozze. / serv. organizzazione matrimonio – 2015 – Leńcze-MP].

Bello Parrucchiere (costr. PIF < sint.nom. agg. ~ + s.sg.m. ~; correttamente: *bel parrucchiere*; un'altra possibilità permette di vedere in *Parrucchiere* un'apposizione perionimica formalmente staccata dal n. simbolico *Bello*) ⟶ [~ N/C; PKT/CEiDG – parrucchiere – 2020 – Gdańsk-PM].

Bellove (neo ibr IS; basato su un {cil} *Bel/lo/-* < it. *bello* e un {cin} *-/lo/ve* < ingl. *love*) ⟶ [N/C ~; PKT/CEiDG – serv. fotografico – 2017 – Kraków-MP].

Bellovelo (neo IS basato sull'agg. ~ e il sost. it. *velo*; ma l'ipotetico sint.nom. *bello velo* dovrebbe comportare il troncamento dell'agg. *bello*: *bel velo*) ⟶ [~ N/C; PKT/GUS – vend. abbigliamento – 2013 ◇ 2020 – Kraków-MP].

Bibello (neo IS basato su un {cx} *Bi-* + agg. ~; cfr. s.sg.m. pol. *bibelot* 'piccolo oggetto decorativo') ⟶ [~ N/C; CEiDG – vend. merce varia – 2015 ◇ 2018 – Katowice-SL].

Bombello (neo PIF coniato per mezzo di un {cpl} *Bom/b/-* + agg. ~; cfr. anche s.sg.m. colloq. *bombelek*, che nel linguaggio scherzoso significa 'bimbo') ⟶ [~ N/C; CEiDG – serv. di noleggio e *leasing* – 2020 – Lublin-LU]. Almeno 3 a.o.

Boombello [sic!] (neo ibr IS basato su un {cin} *Boom-* < ingl. *boom*, scelto per le ragioni fonetiche e pronunciato come [bum] + agg. ~; cfr. *Bombello*) ⟶ [~ N/C; PKT/CEiDG – bar ristor. – 2018 – Tarnobrzeg-PK]. Almeno 2 a.o.

CheBello [sic!] (comp. univerbata < frase/espr. it. *che bello*) ⟶ [~ N/C; PKT/CEiDG – vend. scarpe articoli di pelle – 2007 – Łaskarzew-MZ].

CoccobelloStyle (comp. univerbata: neo ibr IS basato su un {csl} *Cocco-* + agg. ~; fuso con l'ingl. *style*) ⟶ [F.H.U. „~" N/C; PKT/CEiDG – vend. merce varia – 2018 – Trzebownisko-PK].

Deco-Bello (comp. basata su un {csl} *Deco-* < p.es. it. *decoro* + agg. ~) ⟶ [~ N/C; CEiDG – decorazioni di pietra e marmo – 2018 ◇ 2020 – Sompolno-WP].

Estebello (neo IS composto da un {cx} *Este-* + agg. ~) ⟶ [~ N/C; PKT/CEiDG – studio medico ed estetico – 2015 – Toruń-KP].

Fabello (neo PIF; una ipotetica fusione degli elem. della frase it. *fa bello*) ⟶ [~ N/C; CEiDG – fotografo – 2009 ◇ 2020 – Góra Kalwaria-MZ].

Fattobello (neo PIF; fusione del sint.nom. *fatto bello*) ⟶ [~ N/C; CEiDG – prod. mobili – 2019 – Dolna-OP].

Fitobello / FitoBello (neo PIF composto di un {csl} *Fit/o/-* < ingl./interanz. *fit* 'snello' + agg. ~) ⟶ [~ N/C; PKT/CEiDG – clinica dietologica – 2012 – Wrocław-DS].

Labello (neo PIF basato su un {csl} *La-* < art.det. it. *la* + agg. ~) ⟶ [~ F.H. N/C; CEiDG – neg. vend. cosmetici articoli di igiene – 2009 – Zabrze-SL] ⟶ [~ Sp. z o.o.; KRS – vend. in Rete – 2019 – Łopuszna-SW].

Ma Bello (costr. sint. che sembra riprodurre l'enunciato it. *ma bello*; l'ispirazione per l'uso di *Ma* può essere la sua associazione con il pron.poss. *mia* o un'altra voce che attribuirebbe a *Ma* una funzione determinante) ⟶ [„~" N/C; PKR/CEiDG – parrucchiere – 2015 – Wrocław-DS].

Mabello (neo PIF che coinvolge un {cx} *Ma-* e agg. ~) ⟶ [~ N/C; PKT/CEiDG – vend. in Rete oggetti d'arte – 2019 – Gdańsk-PM].

Marabello (neo PIF; fusione di un {cx} *Mara-* + agg. ~; cfr. il termine internaz. *marabel*, un tipo di patata) ⟶ [~ N/C; CEiDG – agenzia pubblicitaria – 2016 – Płock-MZ].

Marbello (neo PIF; fusione di un {cx} *Mar-* + agg. ~; cfr. *Marbella*, un urbonimo spagn.) ⟶ [~ N/C; PKT/CEiDG – parrucchiere – 2017 – Biała Podlaska-LU]. Almeno 3 a.o.

Mirabello (neo PIF in cui un {cil} *Mira-* < ind.pres. del v. it. *mirare* si compone con l'agg. ~; omonimo dell'urbonimo it. ~; cfr. anche il vocabolo *mirabella* / pol. *mirabelka*, una specie di prugna) ⟶ [N/C „~"; PKT/CEiDG – vend. mobili e altri articoli per casa – 2012 – Warszawa-MZ].

Orobello (neo PIF ottenuto per la fusione del sint.nom. it. *oro bello*) ⟶ [N/C „~"; CEiDG – vend. orologi gioielli – 1999 – Zielona Góra-LB].

Picco-Bello / Pico Bello / Picobello (comp. sint. di fantasia, utilizzata frequentemente anche nella marchionimia internaz. cfr. spagn. *pico* 'becco') ⟶ [#BAR RESTAURACYJNY „PICCO-BELLO" N/C; CEiDG – #bar ristor. – 1996 – Jelenia Góra-DS] ⟶ [N/C „Picco Bello"; PKT/CEiDG – serv. di edilizia – 2012 ◊ 2018 – Lutogniewice-DS] ⟶ [N/C #Studio Urody Pico Bello; PKT/GUS – studio cosmetico / parrucchiere / barbiere – 2017 – Kraków-MP] ⟶ [„Picobello" N/C; PKT/CEiDG – agenzia di DJ – 2016 – Jutrosin-WP].

Troppo Bello (< sint.agg. ~) ⟶ [~ N/C; Aleo/GUS – parrucchiere / salone di bellezza – 2016 ◊ 2017 – Radom-MZ].[579]

4.8.1.6.3. bellissima

La forma *bellissima*, il superlativo assoluto di *bella*, è uno dei prototipi per diverse formazioni marchionimiche distinte dal culturema morfologico italiano costituito dal caratteristico suff. *-issimo/-a/-i* (cfr. Sez. 4.8.2.6). Qui sotto si citano due esempi illustrativi.

Bellissima (< agg.sg.f. ~) ⟶ [~ N/C; WUP – salone di bellezza – 2005 – Poznań-WP]. Almeno 15 a.o.

Fig. 309. Fonte: WUP, 7, 2008, p. 2161.

Bellissima Donna (< sint.nom. agg. ~ + s.sg.f. ~) ⟶ [~ N/C; PKT/GUS – parrucchiere salone di bellezza – 2019 – Krągola Pierwsza-WP]. Almeno 2 a.o.[580]

---

579 Si vedano anche *Bon-Bello*; *Gusto Bello*; *Lubello*; *Pocobello*.
580 Si vedano inoltre *La Bellissima*; *Belissima*; *Bellisima* e *Bellisimo*.

4.8.1.7. *Gli aggettivi prospettici* grande *e* piccolo

Gli aggettivi *grande* e *piccolo* sono italianismi ben intesi anche tra cittadini comuni polacchi che non conoscono l'italiano[581]. Vengono utilizzati nella MPL per l'ispirazione formale riconosciuta come italiana, ma anche come concetti prospettici che comportano: l'idea di qualcosa di "grande" e l'idea di qualcosa di "piccolo".

Il vantaggio di *grande* è sicuramente la sua natura internazionale (cfr. fr. *grand/-e*; spagn. *grande*). *Piccolo*, invece, pare "simpatico", proprio adatto per l'area dei bambini (si considerino alcune denominazioni di asili e scuole materne: *Piccolo*; *Pikolo*; ecc.); usato nelle varie sue versioni grafiche alterate o come adattamento *pikolo* (cfr. Fig. 36).

Entrambi sono, dunque, lessemi d'origine italiana semanticamente trasparenti e "parlanti", convenienti per la comunicazione di *marketing* e l'onomaturgia marchionimica internazionalizzata.

Si considerino gli esempi.

Brio-Piccolo (comp. sint. di due italianismi di cui *brio* dalla terminologia mus.) ⟶ [~. #Dziecięcy dom handlowy; PKT/GUS – #lett. casa commerciale per bambini / vend. in Rete – 1996 – Racibórz-SL].

Grande Conte (la forma non troncata di *Grande* nell'espr. *Grande Conte* tradisce un tentativo maldestro di adattare il sint. it. *gran conte*; d'altro canto, la forma *gran* sarebbe molto meno riconosciuta come it.) ⟶ [~ // PLATINUM WINES Sp. z o.o.; WUP – bevande alcoliche, vini – 2021 – Warszawa-MZ].

Fig. 310. Fonte: WUP, 31, 2021, p. 76.

Grande Familia (< sint.nom. agg. ~ + s.sg.f. lat. ~; *familia* risulta infatti un latinismo, ma si tratta piuttosto dell'it. *famiglia* registrato con un refuso; la *g* in *famiglia* "complica" la pronuncia di questa voce) ⟶ [~ Sp. z o.o. Sp.k.; PKT/KRS – prod. gelato – 2020 – Gdańsk-PM].

Grande Idea (la struttura concettualizzante un chiaro messaggio in it.; per l'uso dell'internazionalismo *idea* va letta come fraseologia universalizzata, praticata come M in altre lingue, anche nella versione *Grand Idea*) ⟶ [~ // C/N; WUP – serv. di *marketing*, pubblicità – 2017 – Kraków-MP].

581 Cfr. SJP-PWN e IVWL: s.v. *pikolo*.

Fig. 311. Fonte: WUP, 7, 2018, p. 2467.

Grande-Piccolo (comp. antinomica; può attrarre l'attenzione degli utenti pol. per il suo valore lessicale senza motivazioni particolari, a quanto pare) ⟶ [~ Sp. z o. o.; PKT/GUS – segheria / fabbricazione di mobili – 2010 – Bugaj-MP]. Almeno 2 a.o.

Grandi Vini (il sint. di base ~ rinvia concettualmente al settore rappresentato) ⟶ [~ Sp. z o.o.; Aleo/GUS – commercio all'ingrosso di bevande alcoliche – 2009 – Lublin-LU].

Grandiflora (neo ibr IS composto da un {cil} *Grandi-* < it. *grande* + un {csl} *-flora* < p.es. pol. *flora*; concettualmente corrispondente al settore dell'esercizio) ⟶ [N/C „~"; Aleo/GUS – fioraio – 2010 □ 2017 – Przemyśl-PK].

Piazza Grande (il sint.nom. ~ funziona come una specie di termine topografico) ⟶ [~ N/C; PKT/GUS – ristor. – 2020 – Zamość-LU].

Piccola Sardegna (il M creato sul modello dell'espr. *Piccola Italia*; il significato trasmesso suggerisce il carattere gastronomico del ristorante: la cucina sarda) ⟶ [N/C ~; Aleo/GUS – ristor. – 2020 – Kraków-MP].

Piccolo ⟶ [N/C #Sklep Wielobranżowy ~; PKT/GUS – #neg. merce varia – 1997 – Nowy Dwór Gdański-PM] ⟶ [~ #Objazdowe wesołe miasteczko; PKT/CEiDG – #circo e giostre – 2014 – Katowice-SL] Almeno 60 a.o. in d.c.

Piccolo Bambino ⟶ [~ N/C; PTK/CEiDG – vend. in Rete – vend. articoli da letto – 2016 – Łódź-LD].

Piccolo Lampone ⟶ [~ // Maćko Sp.j.; PKT/GUS – asilo / scuola materna – 2018 – Głubczyce-OP].

Piccolo Leonardo (il n. di una scuola materna it. a Varsavia; il riferimento simbolico a Leonardo da Vinci sembra più che evidente; cfr. Fig. 312: la rappresentazione simbolica di un "piccolo" uomo vitruviano nel logo) ⟶ [#Przedszkole Włoskie ~; PKT/GUS – asilo / #scuola materna italiana – 2014 – Warszawa-MZ].

Fig. 312. Fonte: http://piccololeonardo.pl/, u.a. 23.05.2023. Pol. *przedszkole włoskie i akademia weekendowa* ['scuola materna italiana e accademia del fine-settimana'].

Piccolo Mondo → [~ N/C; PKT/CEiDG – pizz. / ristor. – 2016 – Zakroczym-MZ]. Almeno 2 a.o.

→ [C/N ~; WUP – biancheria da letto intima – 2016 – Zakroczym-MZ].

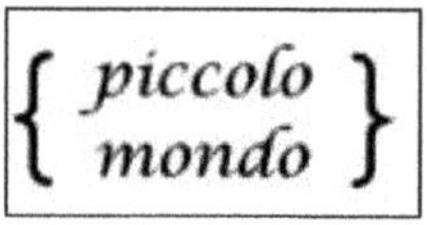

Fig. 313. Fonte: WUP, 8, 2017, p. 2693.

Si consideri anche il caso di:

Piccolino (riproduce il diminutivo di *piccolo* come forma caratteristica in *-ino*; un n. commerciale brevettato nel 1997, esistente dal 1993, uno dei primi MM pol. italianeggianti introdotti nel *branding* aziendale dopo la caduta del comunismo in Polonia nel 1989) → [~ // C/N; WUP – prodotti per bambini – 1993 – Gdynia-PM].[582]

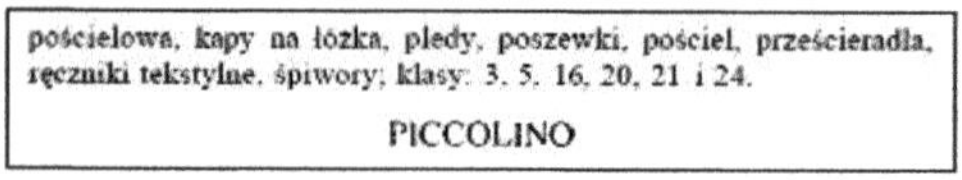
pościelowa, kapy na łóżka, pledy, poszewki, pościel, prześcieradła, ręczniki tekstylne, śpiwory; klasy: 3, 5, 16, 20, 21 i 24.

PICCOLINO

Fig. 314. Fonte: WUP, 3, 1997, p. 241.

4.8.1.8. La trasparenza di tutto/-a/-i, molto, poco

Altri elementi onomaturgico-marchionimici frequenti, che si vedono generalmente come italianismi semanticamente trasparenti, sono i pronomi/aggettivi *tutto/tutti* e il paio di pronomi indefiniti antonimici *molto* e *poco*. Ecco alcuni esempi scelti.

Ciao A Tutti → [~ Sp. z o.o.; PKT/KRS – ristor. – 2020 – Warszawa-MZ].

Molto Bene → [~ Sp. z o.o.; Aleo/KRS – ristor. bar – 2019 – Błaszki-LD]. Almeno 10 a.o.

---

582 Dal *corpus* analizzato, si vedano inoltre *Grando*; *La Grande*; *Gelato Grande*; *Grande Cozze*; *Grande Azzurro*; *Grandozo*; *Egrando*; *Piccolo*; *Picolo*; *Pikolo*; *Pikollo*; *Piccola Italia*; *La Piccola Italia*.

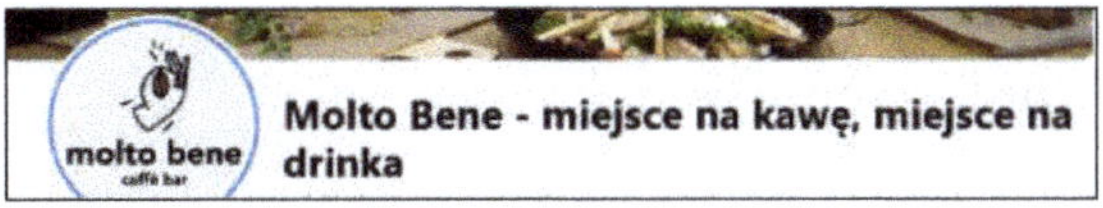

Fig. 315. Fonte: https://www.facebook.com/moltobene.elblag/, u.a. 23.05.2023 (~ caffè bar – Elbląg-WM). Pol. *miejsce na kawę, miejsce na drinka* ['un posto dove prendere un caffè o una bevanda'][583].

Moltobene (univerbazione dell'espr. *molto bene*) ⟶ [~ N/C; PKT/CEiDG – vend. in Rete – 2000 – Warszawa-MZ]. Almeno 2 a.o.

Molto Chic (< sint.nom. ibr ~) ⟶ [N/C ~; PKT/CEiDG – vend. in Rete – 2015 ◇ 2017 – Warszawa-MZ].

Molto Di Piu (< sint.avv. ~) ⟶ [molto di piu (sic!) M/C; Aleo/GUS – ricerca e sviluppo di altre scienze naturali e tecniche – 2012 – Elbląg-WM].

Per Tutti ⟶ [~ Delivery N/C; PKT/KRS – 2021 – Tarnówko Podgórne-WP].

Poco A Poco ⟶ [N/C POCO A POCO; PKT/CEiDG – altre attività sanitarie – 2009 – Wrocław-DS].

Poco Forte ⟶ [#Agencja Muzyczna ~ N/C; Aleo/CEiDG – #agenzia mus. – 2012 – Szczecin-ZP].

Tutti Fiori (< locuz. coniata sul modello *tutti frutti*) ⟶ [~ N/C; PKT/GUS – fior. – 2019 – Śrem-WP]. Almeno 2 a.o.

Tutti Gusti (come la precedente) ⟶ [Pizzeria ~ N/C; PKT/GUS – 2019 – Lublin-LU].

Tutti Tipi (siccome si tratta di un negozio di scarpe "italiane", forse l'autore del M voleva trasmettere l'informazione: *tutti i tipi di scarpe*) ⟶ [~. #Obuwie i galanteria włoska. C/N; PKT/GUS – neg. #scarpe prodotti in pelle – 2015 –Tychy-SL].

Tutto (< pron.indef. ~) ⟶ [~ Sp. z o.o.; PKT/GUS – installazioni complesse – 2019 – Warszawa-MZ] ⟶ [~ N/C; PKT/GUS – prod. gelato – 2019 – Łódź-LD]. Almeno 20 a.o. in d.c.

Tutto E Niente ⟶ [~ Sp. z o.o.; PKT/KRS – distribuzione acquisto merci varie – 2018 – Gdańsk-PM].

Tutto Per Lei ⟶ [~ Sp.c.; PKT/GUS – neg. cosmetici – 2008 – Warszawa-MZ].

583 Da notare anche il disegno che presenta uno dei gesti italiani più simbolici e ben conosciuti, pragmaticamente corrispondente al messaggio di *molto bene*.

Un Po' Di Tutto → [~ N/C; PKT/GUS – serv. operatori guide turistiche – 2013 – Łuszczów Drugi-LU].[584]

4.8.1.9. L'epiteto dolce

Dolce come italianismo è ricordato soprattutto dal titolo di una produzione cinematografica simbolo dell'italianità culturale (*La dolce vita* di Federico Fellini), ma anche come nome o elemento dei nomi di pizze offerte nelle pizzerie polacche.

Malgrado l'alta diffusione nella MPL, il significato originale dell'agg. *dolce* è piuttosto sconosciuto agli utenti comuni. In realtà, è attraente per gli onomaturghi, anche come formante compositivo di un'altra fraseologia marchionimizzata: *dolce far niente.*

Si considerino alcuni esempi.

Dolceamaro (neo IS; fusione di *dolce* e *amaro*) → [~ Sp. z o.o.; Aleo/KRS – serv. trasporto aereo – 2003 – Warszawa-MZ].

Dolce Capricci (< sint.nom. ~ con un refuso nella forma registrata: correttamente *dolci capricci*; l'errore grammaticale può essere dovuto alla notorietà di *dolce* conosciuto dall'espr. *dolce vita*) → [~ N/C; Aleo/CEiDG – pasticceria – 2017 – Lubartów-LU].

Dolce Far Niente (< un italianismo-citazione) → [N/C ~; Aleo/CEiDG – vend. all'ingrosso di prod. tessili – 2002 – Łódź-LD]. Almeno 3 a.o.

Dolce Fiore → [~ // PARTNER CENTER Sp. z o.o.; WUP – alcolici, vini – 2017 – Łódź-LD].

Fig. 316. Fonte: WUP, 7, 2018, p. 2499.

Dolce Latte → [N/C „~"; Aleo/CEiDG – ristor. – 2010 – Leszno-WP]. Almeno 1 a.o.

Dolce Pomodoro → [~ N/C1, N/C2 Sp.c.; PKT/KRS – ristor. – 2020 – Gdańsk-PM].

Dolce Riso → [~ Sp. z o.o.; RIO – prod. abbigliamento – 2002 ◊ 2019 – Warszawa-MZ].

Dolce&Vita (< locuz. *dolce vita* composta in modo originale con il segno di raccordo &) → [~ N/C; Aleo/CEiDG – ristor. – 2019 ◊ 2019 – Białystok-PD].[585]

---

584 Nel *corpus* studiato, si vedano anche *Tutta Mia*; *Avanti Tutta*; *Tutti Frutti*; *Tutti Santi*; *Tutti Beauty*; *Ciao A Tutti*; *Molto Bella*; *Pocobello*; *Pocco Locco.*

585 Inoltre: *Dolce Vita*; *La Dolce Vita*; *Dolce Wita* e *Dolcetto.*

4.8.1.10. *L'aggettivo* fresco *e termini affini*

Fresco si colloca tra gli italianismi utilizzati intenzionalmente come termine quasi tecnico, ma il concetto che codifica rimane enigmatico agli utenti comuni. Non aiuta un'eventuale associazione con il n.sg.m. pol. *fresk* proveniente dall'it. *a fresco* / *affresco*.

Nonostante ciò, gli onomaturghi lo scelgono spesso come base o elemento compositivo dei marchionimi comportanti l'idea di prodotti freschi e freschezza. L'ispirazione di *fresco* e della sua famiglia lessicale è abbastanza manifestata anche nel caso delle neoformazioni che consistono di un adattamento ortografico: *fresko*, che ricrea *fresco* sotto l'influenza del pol. *fresk*.

Gli esempi sono variegati.

Al Fresco (< sint.prep. ~; costrutto con diversi significati in it., p.es. nel fraseologismo *starsene al fresco*) ⟶ [„~" Sp. z o.o.; Aleo/KRS – prodotti di metallo – 2003 – Poznań-WP]. Almeno 7 a.o.

Freschezza (< s.sg.f. ~) ⟶ [~ Sp. z o.o.; Aleo/KRS – ristor. – 2013 – Wrocław-DS].

Fresco (< agg.s.m. ~) ⟶ [~ Sp. z o.o.; Aleo/KRS – azienda agricola – 2010 – Lębork-PM]. Almeno 40 a.o. in d.c. Cfr. *Fresko* e i suoi derivati.

Frescomente [sic!] (neo IS ispirato all'it. *fresco* e all'avv. *frescamente* riprodotto nel M come **frescomente*) ⟶ [~ Sp. z o.o.; Aleo/KRS – serv. edilizia – 2013 – Białe Błota-KP].

Frutta Fresca (< sint.nom. s.sg.f. ~ + agg. ~) ⟶ [~ N/C; Aleo/CEiDG – vend. frutta verdura – 2014 ◇ 2018 – Kazimierz Dolny-LU].

Fungo-Fresco (< sint.nom. s.sg.m. ~ + agg. ~) ⟶ [~ N/C; Aleo/CEiDG – vend. all'ingrosso: frutta e verdura – 2008 – Siedlce-MZ].

Pasta Fresca (< sint.nom. s.sg.f. ~ + agg. ~) ⟶ [N/C ~; Aleo/CEiDG – ristor. – 2015 – Szczecin-ZP].[586]

4.8.1.11. *Il poetismo* amore *e i suoi derivati*

Il poetismo *amore* / *amor* funziona, senz'altro, come un internazionalismo. Oltre all'origine italiana, viene anche associato al mitonimo *Amor* e a vari suoi usi crematonimici. Lo si potrebbe descrivere come "intuitivo", anche perché è la fonte di un italianismo usato in polacco al plurale maschile: *amory* 'sentimenti / atti di amore'. Il suo significato originale risulta chiaro ad un utente comune.

Si vedano gli esempi.

---

586 Nel *corpus* studiato, si considerino inoltre *Banfresco*; *Bellafresca*; *Freskovita* e *Refresko*.

AMore / Amore (< s.sg.m. ~) ⟶ [~ Sp. z o.o.; Aleo/KRS – serv. amministrazione immobili – 2016 – Szczecin-ZP] ⟶ [AMore (sic!) N/C; Aleo/CEiDG – vend. fiori piante semi – 2020 – Gdańsk-PM]. Almeno 40 a.o. in d.c.

Amore Caffe (< giustapposiz. s.sg.m. ~ + s.sg.m ~; la voce *Caffe* può essere considerata anche come un elem. perionimico) ⟶ [~ N/C; Aleo/CEiDG – bar caffetteria – 2017 – Bartoszyce-WM].

Amore Duo (< comp. libera / sint.nom. s.sg.m. ~ + num.ordin. ~ in apposiz.) ⟶ [~ N/C; Aleo/CEiDG – parrucchiere / serv. cosmetici – 2020 – Nowy Sącz-MP].

Amore & Fiore (< sint.nom. in coordinaz. s.sg.m. ~ + & + s.sg.m. ~) ⟶ [~ N/C; Aleo/CEiDG – serv. professionali vari – 2018 ◊ 2020 – Biskupice-WP].

Amor Mio (< sint.nom. s.sg.m. ~ + agg.poss. ~; cfr. *Amore Mio*) ⟶ [~ N/C; Aleo/CEiDG – serv. *marketing* – 2017 – Warszawa-MZ].

Amore Mio (< sint.nom. s.sg.m. ~ + agg.poss. ~; cfr. *Amor Mio*) ⟶ [~ N/C; Aleo/CEiDG – serv. fotografici – 2015 – Słopnice-MP].

Amore&Amore (< ripetizione di *amore* coordinata per mezzo del segno di legatura &; l'intero costrutto forma un'attraente sequenza dal punto di vista grafico, ma anche fonetico) ⟶ [amore&amore (sic!) N/C; Aleo/CEiDG – serv. vend. in Rete – 2009 ◊ 2017 – Warszawa-MZ].

Amorella (< dim. vezzegg. riferito al s.sg.m. *amore*; la base it. convenzionale è *amorello*) ⟶ [~ Sp. z o.o. Aleo/KRS – serv. informatici – 2015 – Poznań-WP].

Amoreno (neo PIF; incrocio di *amore* e del formante suffissoidale *-/e/no*) ⟶ [~ // C/N; WUP – zaini, borse – 2021 – Warszawa-MZ].

Fig. 317. Fonte: WUP, 27, 2021, p. 83.

Amoreo (neo IS che collega un {cil} o {csd} *Amor/e/-* al formante suffissoidale *-/e/o*, dando alla voce ottenuta l'aspetto di un internazionalismo *trendy*) ⟶ [~ Sp. z o.o.; Aleo/KRS/GUS – serv. in Rete – 2019 – Złotów-WP].

Amorina (neo PIF in forma di un dim. vezzegg. sg.f. foggiato sul s.sg.m. *amore*) ⟶ [~ Sp. z o.o.; Aleo/KRS – agenzia pubblicitaria – 2020 –Wrocław-DS].

Amorini Fashion (costr. italianeggiante e anglicizzante, allo stesso tempo: it. *Amorini* < forma dim. al pl. di *amore* che imita un cogn. it. + l'ingl./internaz. *fashion* nella zona perionimica) ⟶ [~ C/N; Aleo/CEiDG – vend. abbigliamento scarpe gioielli – 2006 – Lubań-DS].

Amoroso (< agg.s.m. ~ derivato dell'amore) ⟶ [~ N/C; Aleo/CEiDG – organizzazione eventi artistici – 2015 – Kraków-MP].

Ciao Amore (< l'enunciato *ciao, amore*; un forte effetto italianeggiante dovuto all'uso del saluto it. *ciao*, ma anche del non meno riconoscibile italianismo *amore*) ⟶ [~ N/C; Aleo/CEiDG – bar – 2021 – Bielsko-Biała-SL].

Con Amor (< sint.prep. prep.sempl. ~ + s.sg.m. ~; una struttura stilizzata / antiquata in it.) ⟶ [~ N/C; Aleo/CEiDG – prod. abbigliamento – 2016 ◊ 2017 – Marcelin-ZP].

Giardini Di Amore (< sint.nom. s.pl.m. ~ + prep.sempl. ~ + s.sg.m. ~) ⟶ [~ N/C; Aleo/CEiDG – progettazione terreni verdi – 2015 – Gdańsk-PM].[587]

4.8.1.12. Il gastroitalianismo cucina

Il vocabolo *cucina* ha da tempo raggiunto il rango di un termine gastronomico internazionalizzato (paragonabile al fr. *cuisine*). Con la sua valenza concettuale originale e terminologica viene utilizzato in vari marchionimi polacchi raccolti nel nostro *corpus* della MPLI.

La sua specializzazione semantica non è sempre trasparente ad un parlante che non si è interessato della "cucina italiana". Tuttavia, per la moda di mangiare "all'italiana" e la popolarità dei ristoranti italiani in Polonia, il termine *cucina* è entrato nel linguaggio gastronomico e sta assumendo statuto di italianismo ("gastroitalianismo") di pieno diritto lessicale come prestito di lusso.

Caprese Cucina Italiana (la parte *Cucina Italiana* potrebbe essere considerata un elem. perionimico) ⟶ [~ N/C; Aleo/CEiDG – ristor. – 2015 – Limanowa-MP].

Cucina Di Mamma ⟶ [N/C ~; Aleo/CEiDG – ristor. – 2018 – Brzeszcze-MP].

La Cucina Italiana ⟶ [RESTAURACJA ~ N/C; Aleo/CEiDG – ristor. albergo – 2003 – Kielce-SW].

La Mia Cucina (questo M viene anche tradotto in pol. e svolge il ruolo del n. alternativo: *Moja Kuchnia*) ⟶ [P.H.U. „~" / „Moja Kuchnia" N/C; Aleo/CEiDG – ristor. – 2019 – Katowice-SL].

Nuova Cucina ⟶ [~ Sp. z o.o.; Aleo/KRS – prod. mobili cucina – 2006 – Opole-OP].

Spaghetteria Cucina Italiana (tutti i termini utilizzati sono generici ma formano una comp. che non pone dubbi sulla loro italianità e il messaggio trasmesso) ⟶ [~ N/C; Aleo/CEiDG – ristor. – 2020 – Białystok-PD].[588]

---

587 Si vedano inoltre *Amoro*; *Amori*; *Amore Mio*; *Amore Mioo*; *Mi Amore*; *Amore Pomidory*, *Amoreshoes*, *Amorino*, *Amorotto*, *Amoresso*.

588 Anche: *La Cucina*; *La Cucina Bella*; *Da Cucina*; *Cucina Aperta*; *Cucinare*.

4.8.1.13. La qualità della "marca" gelato / gelateria

I termini *gelato* e *gelateria* stanno diventando popolari come termini specialistici nella cultura gastronomica polacca. La loro popolarità è dovuta alla fondazione di numerossime gelaterie in Polonia che cercano di essere "italiane" o lo sono veramente (o quasi), essendo spesso gestite da proprietari italiani[589]. Lo stesso riguarda la produzione del prodotto dolce che quasi tecnicamente viene denominato da specialisti come *gelato/-i* (equivalente del s.pl.m. pol. *lody* ['lɔdɨ]). Sono, quindi, termini espressamente commercializzati, anche perché la qualità del gelato italiano è considerata eccellente. Funzionano pressappoco come "marche" di garanzia.

Si ricordi che tra i nomi di gelaterie polacche che espongono delle concettualizzazioni sull'italianità senza toccare la lingua italiana vi è un nome famoso di una gelateria chiusa da poco a Varsavia: *U Włocha* (pol. *u Włocha* 'dall'Italiano') oppure *Lodziarnia u Włocha* (pol. *lodziarnia u Włocha* 'gelateria dall'Italiano')[590].

L'italianità del gelato all'italiana viene esplicitamente espressa anche dai marchionimi composti in polacco, ma riferiti all'ambito italiano come *Lody Włoskie* (pol. *lody włoskie* lett. 'gelati italiani', Żmigród-DS).

Nessun dubbio nell'interpretazione riguarda inoltre i nomi con l'ufficializzante *lodziarnia* 'gelateria' come: *Lodziarnia* ***Bella Italia*** (Breslavia-DS); *Lodziarnia* ***Momenti Italiani*** (Katowice-SL) o *Lodziarnia* ***Gelateria Italiana*** (Mełno-KP).

Un messaggio, che invece sottilmente sfiora la lingua italiana nella forma offerta dalla denominazione di una gelateria polacca, è quello racchiuso nel nome ***Cremowa*** *Lodziarnia* [sic!] (Kielce-SW), il quale nell'orale si realizza come pol. *kremowa lodziarnia* 'gelateria cremosa', ma per l'uso della lettera *c* al posto della *k* nell'agg.sg.f. *kremowa* la formazione diventa ibrida (italianeggiante)[591].

---

589 Molte gelaterie polacche vengono denominate per mezzo di urbonimi italiani, p.es. ***Roma*** (attestata a Wrocław-DS); ***Milano*** (Sopot-PM); ***Palermo*** (Ząbki-MZ); ***Venezia*** (Szczecin-ZP); ***Rapallo*** (Sochaczew-MZ); ***La Verona*** [sic!] (Legionowo-MZ).

590 A quanto pare, *U Włocha* è una delle denominazioni convenzionali che designano la storica gelateria italiana a Varsavia, oggi in via Hoża, e portante anche l'insegna ***Spumoni***. La sua storia è lunga. Non si esclude che nell'arco di alcune generazioni, con l'esistenza di questo locale si siano fissati nella comunicazione dei varsaviani alcuni enunciati come pol. *lody od Włocha* 'il gelato dall'Italiano' o *iść na lody do Włocha* 'andare a prendere un gelato dall'Italiano' (cfr. anche il riferimento nel film *Nie lubię poniedziałku*, SEZ. 3.2.2.4). Queste istanze comunicative potevano anche consolidare il termine pol. *lody włoskie* o *włoskie lody* lett. 'gelati italiani' (il termine designa il gelato preparato per mezzo di macchine speciali che all'epoca dovevano essere importate dall'Italia, ma in Italia non erano usate; paradossalmente, i *lody włoskie* sono sconosciuti in Italia, a meno che non corrispondano al prodotto commerciale detto *gelato americano morbido* [sic!]). L'origine dell'espr. polacca *lody włoskie* o *włoskie lody* può essere anche legata al nome commerciale *Lody włoskie* che designava il prodotto di una storica gelateria italiana a Cracovia (cfr. *Cassatini* e Fig. 346).

591 Con *cremowa* o, perfino, *cremova* si consolida un possibile intento di richiamo a *Ice Cream*, conosciuto molto bene dai clienti stranieri.

Nello stesso modo funziona il marchionimo *Lodziarnia Malinova* (Varsavia). Il nome ***Malinova*** risulta una trascrizione speciale dell'agg.sg.f. pol. *malinowa* 'relativo ai lamponi'. L'unico dettaglio grafico che lo differenzi dal nome di riferimento è la lettera *v* al posto della *w*, che non cambia la pronuncia della parola polacca, ma non è conforme alla sua ortografia normativa (il grafo *v* non appartiene all'alfabeto polacco, ma compare in moltissimi forestierismi). L'uso della *v* rende il vocabolo *Malinova* italianeggiante o, per lo meno, internazionalizzato, anche se il senso rinviante ai lamponi come uno dei gusti classici di gelato è sempre ottenuto dal concetto racchiuso nel codice polacco.

Inoltre, si dovrebbe rilevare un'individualizzazione possibile dell'elemento *nova* in *Malinova*, il quale s'associa all'area romanza o neolatina. Un'altra ragione di usare la *v* nella denominazione di questa gelateria a Varsavia ha il valore intersemiotico: visualmente il segno *V* viene disegnato come la rappresentazione grafica di un cono di gelato, trasposta anche al logo dell'azienda (cfr. Fig. 318).

L'ultima cosa da enfatizzare è il fatto che la gelateria tiene a informare delle sue specialità in polacco, ma anche in inglese, mantenendo apposta il termine italiano *gelato* come parola chiave che indica il meglio il prodotto offerto da questa insolita *lodziarnia*[592].

Fig. 318. Gelateria Malinova a Varsavia (l'insegna esteriore e un frammento del menù[593]). Foto: AG, 2024.

---

592 Un meccanismo quasi identico nell'effetto ottenuto, ma non per forza italianeggiante, comunque internazionalizzato, è stato applicato nel caso del marchionimo ***Markova*** che designa una gelateria e pasticceria a Legnica-DS. Il nome corrisponde all'agg.sg.f. pol. *markowa* 'relativo alla marca' (l'interpretazione del messaggio suggerito nel nome: "gelateria di qualità").

593 Pol. *Nasze lody / Robimy je na miejscu...* [Produciamo il nostro gelato in loco, con panna fresca, zucchero, cioccolato, noci, frutta e altri ingredienti. Ci hanno

Come abbiamo visto fra gli esempi analizzati finora, i marchionimi riferiti ai termini it. *gelato/gelateria* sono popolari. In alcuni casi si utilizzano come formanti di neologie o elementi compositivi nei nomi sequenziali, p.es. ***Gelatiamo*** (Szczecin-ZP); ***Gelatomagia*** (Gdańsk-PM); ***Amore Mio Gelato*** (Zgorzelec-DS); ***Gelato Italia***; ***Fresh Gelato***; ***Natural Gelato***; ***Gelato Naturale***[594]; ecc.

Il termine *gelateria* è stato addirittura "calcato". Durante le ultime tre estati, in alcune località balneari al Mar Baltico (p.es. Władysławowo-PM, Puck-PM, Jastrzębia Góra-PM[595]) funzionano i caratteristici chioschi che vendono il gelato "come in Italia" e si chiamano ***Loderia***[596]. Il nome è una contaminazione ibrida basata sul modello lessicale e semantico italiano *gelateria* (nomi di locali in *-eria),* messo in incrocio con il pol. *lody* 'gelati'. Si noti l'inserimento del disegno simbolico e facilmente interpretabile che rappresenta un cono di gelato, integrante la *i* (con tre punti costituite da palline di gelato; vd. Fig. 319; cfr. *Malinova* supra).

Fig. 319. Loderia Kaszubska (agg.sg.f. pol. *kaszubska* 'di Cassubia'); pol. *Zapraszamy na lody i kawę* 'Vi invitiamo a gustare gelato e caffè'. Foto: AG, Władysławowo 2024.

formato i maestri gelatieri dell'Emilia-Romagna, famosa per i suoi gelati in tutto il mondo. Desiderimo che la visita nella nostra gelateria sia per voi un'esperienza indimenticabile e che torniate sempre da noi!; trad. AG].

594 Vd. https://gelato-italia.pl/; https://www.facebook.com/latogelato/; https://www.freshgelato.com/; http://www.naturalgelato.pl/; https://gelatonaturale.pl/, u.a. ai siti 13.08.2023.

595 Una delle prime gelaterie *Loderia* è stata aperta presso la Casa parrocchiale San Giovanni Paolo II (*Dom Parafialny im. Św. Jana Pawła II*) a Władysławowo; vd. https://www.tripadvisor.com/Restaurant_Review-g274737-d15609988-Reviews-Loderia_Kawiarnia_w_Domu_Parafialnym-Wladyslawowo_Pomerania_Province_Northern_Po.html, u.a. 13.02.2024.

596 Non pretendiamo che il nome *Loderia* [lɔ'dɛrja] possa lessicalizzarsi (s.sg.f. **loderia*) e sostituire il pol. *lodziarnia* 'gelateria', ma localmente, tra abitanti e turisti questo processo si sta avverando (il marchio si declina come *pizzeria*, p.es. negli enunciati pol. *lody z Loderii* [gen.] 'i gelati dalla Loderia' o *otworzyli nową Loderię* [accus.] 'hanno aperto una nuova *Loderia*'). In effetti, da alcuni anni si sta diffondendo una moda onomaturgica di giocare con il termine pol. *lody* 'gelato' contaminato con alcuni formanti d'origine italiana che rendono le neoformazioni ottenute perfettamente italianeggianti e suggestive (cfr. qualche ibrido registrato: *Lodella*; *Lodelli*; *Lodetti*; o inventato *ad hoc*, p.es. *Lodyssimi* [©AG]; vd. la copertina del libro).

Di seguito si presentano anche altre occorrenze in cui compaiono gli appellativi *gelato* e *gelateria*, come se fossero gli italianismi adattati in polacco[597]. A nostro avviso, si tratta di un processo in corso nell'area linguistica polacca.

Dal Dalla Gelato (è interessante l'uso di due forme della preposizione articolata *di* che crea un'assonanza e un effetto grafico visuale facilmente riconosciuto come italianeggiante[598]) → [~ Sp. z o.o.; https://www.daldallagelato.pl/, u.a. 13.08.2023 – prod. vend. gelato – Warszawa-MZ].

Gelateria → [~ Sp. z o.o.; PKT/GUS – prod. vend. gelato surgelati – 2015 – Warszawa-MZ].

Gelato → [~ F.H.U. N/C; PKT/CEiDG – prod. gelato – 1997 – Reblinko-PM].

Gelato Grande → [~ Sp. z o.o.; PKT/GUS – prod. vend. gelato – 2011 – Nowy Sącz-MP].

Gelato-Fantastico → [~ Sp. z o.o.; PKT/KRS – prod. gelato – 1992 – Malbork-PM]. Cfr. *Gelato Fantastico!*

Gelatomania Silesia (il coronimo *Silesia* è d'origine lat.; la sua versione it. è *Slesia*; il neo *gelatomania* è un termine utilizzato nella marchionimia internazionale) → [~ Sp. z o.o.; PKT/KRS – prod. vend. gelato – 2006 – Wrocław-DS].

Fig. 320. Fonte: https://ogloszenia.trojmiasto.pl/praca-zatrudnie/cukiernik-gelatomania-fabryka-slodkosci-sopot-ogl65096524.html, u.a 12.04.2023. Pol. *fabryka słodkości* ['fabbrica dei dolci/delle delizie'].

Gelatone → [~. #Produkcja i sprzedaż lodów włoskich; PKT/CEiDG – #prod. vend. gelato it. – 1996 – Warszawa-MZ].

---

597 La loro lessicalizzazione, come nel caso del termine *cucina*, è in corso (cfr. IVLW: s.vv. e la nota successiva). Nella pronuncia si mantiene l'iniziale [d͡ʒ], ma nel caso di *gelateria*, il suffisso *-eria* si realizza con lo iato soppresso: [d͡ʒɛlaˈtɛrja] (anche chi conosce l'italiano può accettare un tale adattamento fonetico; cfr. *pizzeria* e sim. infra).

598 Nell'informazione pubblicitaria della struttura, il termine *gelateria* è stato declinato: *... jakość w naszej gelaterii zawsze jest na najwyższym poziomie* [lett. '... la qualità nella nostra gelateria è sempre massima'; trad. AG], https://www.daldallagelato.pl/, u.a 13.08.2023.

Gelatopiu (fusione di due {cil}: *Gelato-* < it. *gelato* + *-piu* < it. *più*) ⟶ [~ N/C; PKT/CEiDG – prod. vend. gelato – 2008 – Racibórz-SL].[599]

4.8.1.14. L'internazionalismo moda

L'italianismo internazionalizzato *moda* è diventato talmente universalizzato che la sua origine è ricostruita in un percorso che attraversa varie altre lingue (cfr. fr. *mode*)[600]. Sono, comunque, interessanti i suoi usi in vari costrutti sintagmatici citati qui sotto, ricollocanti il termine *moda* nella lingua dalla quale esso proviene. Sono marchionimi utilizzati adeguatamente al settore rappresentato dalla moda: imprese di produzione o vendita di abbigliamento, scarpe e accessori.

Abito Alla Moda ⟶ [~ N/C; Aleo/CEiDG – prod. abbigliamento – 2018 – Warszawa-MZ].

Alla Moda ⟶ [~ N/C; Aleo/CEiDG – prod. abbigliamento – 2014 ◊ 2016 – Kalinówka Kościelna-PD] ⟶ [alla moda N/C; Aleo/CEiDG – vend. abbigliamento in Rete – 2019 – Gdynia-PM]. Almeno 5 a.o.

Avanti Con La Moda ⟶ [N/C ~ ; Aleo/GUS – serv. gestione immobiliare – 1998 – Kraków-MP].

Baccio Moda (in *Baccio* come base delessicale si vorrebbe molto probabilmente it. *bacio*; cfr. *Bacio Perugina*) ⟶ [PHU N/C #SKLEP ODZIEŻOWY „~"; CEiDG – #neg. abbigliamento – 1996 ◊ 2016 – Wałbrzych-DS].

Caramella Moda (anche nella grafia attaccata: *CaramellaModa* o *Caramella-Moda*) ⟶ [C/N ~; WUP – bigiotteria, gadget – 2015 – Częstochowa-SL].

Fig. 321. Fonte: WUP, 8, 2017, p. 2729.

599 Si vedano inoltre *Bar-Gelateria Italiana*; *Gelato Fantastico!*; *Sigelato*.

600 Nell'epoca della Repubblica Popolare Polacca, l'internazionalismo *moda* si è radicato nell'uso con la famosa marca di abiti *Moda Polska* (1958–1998); pol. *moda polska* 'moda polacca'. Vd. https://kolekcje.muzeumwarszawy.pl/pl/miasto-od-a-do-z/moda-polska-panstwowe-przedsiebiorstwo-modowe-okresu-PRL-i-lat-90, u.a. 2.07.2023.

Citta Moda [sic!] (un libero abbinamento di due italianismi; il messaggio che si vuole trasmettere: "città della moda" o "la città che si chiama Moda") → [~ N/C; Aleo/CEiDG – vend. articoli seconda mano – 2010 – Gdańsk-PM].

Crema Della Moda → [~ N/C SP.C.; CEiDG – vend. vestiti mercati/ni – 2019 – Przykwa-LU].

Donna Alla Moda → [~ N/C; CEiDG – vend. abbigliamento scarpe accessori – 2017 – Racięcice-WP].

E-Via Moda (< espr. *via moda* preceduta dall'elem. prefissoidale *e-* che segnala lo spazio elettronico in Rete) → [*E-via Moda* Sp. z o.o.; PKT/KRS – vend. in Rete – 2015 – Warszawa-MZ][601].

Futura Moda (< sint.nom. ~ che in it. presenterebbe piuttosto un altro ordine: *moda futura*; il messaggio suggerito: "moda del futuro" o "futuro della moda") → [~ Sp. z o.o.; RIO – prod. abbigliamento – 2009 – Warszawa-MZ].

Pronto Moda (il termine *moda* svolge piuttosto una funzione perionimica e permette di identificare la natura dell'esercizio: "negozio di moda", "prodotti di moda") → [~ Sp. z o.o.; PKT/GUS – vend. cosmetici – 2009 – Warszawa-MZ]. Almeno 2 a.o.

Vedere La Moda (il costr. è grammaticalmente ammissibile, ma per un italofono, pragmaticamente, sembra piuttosto amibguo) → [N/C ~ Aleo/CEiDG – vend. in Rete – Brzeg-OP].[602]

4.8.1.15. Il termine-firma scarpa

Può stupire l'uso del lessema *scarpa* (qualche volta anche al plurale *scarpe*) nella MPL. Non stupisce, comunque, la convinzione stereotipata della qualità delle scarpe italiane tra i clienti polacchi. È quindi un termine culturale motivato dall'associazione all'italianità e funziona come firma del prodotto italiano originario o che si vuole presentare come tipicamente italiano.

Per la sua diffusione nella marchionimia, il sostantivo *scarpa/scarpe* sta diventando un italianismo che crea l'opportunità di parlare dell'oggetto così comune (cfr. s.pl.m. pol. *buty* 'scarpe') in modo diverso e segnato dalla marca di qualità nazionale: *Made in Italy* o come se fosse *made in Italy*. In questo senso, certe formazioni non possono lasciare dubbi: cfr. *Ital-Scarpa*; *Scarpe Esclusive*; *Verona Scarpe*, anche se in verità non sono denominazioni dei prodotti fabbricati in Italia.

Si vedano gli esempi.

601 *Viamoda* è la denominazione di una famosa scuola della moda a Varsavia (https://www.viamoda.edu.pl/, u.a. 6.05.2023).

602 Si considerino inoltre *Bella Moda*; *La Bella Moda*; *Italia Moda*; *Arrvia La Diva Della Moda*; *Modema*; *Modesa*; *Modevo*; *Modavo*; *Modelana*; *Modarta*; *Bella Modo*.

BelleScarpe (< sint.nom. *belle scarpe*) → [BELLESCARPE N/C; CEiDG – neg. scarpe – 2015 – Pruszcz Gdański-PM].

Ital-Scarpa (comp. di un {csv} *Ital-* + *-Scarpa* < it. *scarpa*; il M suggerisce i riferimenti all'Italia, importanti per la produzione di scarpe di "qualità italiana") → [~ // „DEMAR" P.U.H. N/C; CEiDG – prod. vend. scarpe – 2002 – Radom-MZ].

La Scarpa → [N/C ~; CEiDG – pizz. – 2008 – Luboń-WP]. Almeno 2 a.o.

Scarpa → [~ Sp. z o.o.; PKT/KRS – vend. all'ingrosso di scarpe – 2015 – Kielce-SW].

Scarpa Nostra → [~ Sp. z o.o.; PKT/KRS – neg. scarpe – 2012 – Warszawa-MZ].

Scarpe (< s.sg.pl. it. ~) → [P.H.U. ~ N/C; PKT/GUS – neg. scarpe – 2014 – Chojnice-PM].

Scarpe Ble (comp. sint. che imita un sint.nom. s.pl.f. ~ + epiteto ~; la parte *Ble* non è semplice da interpretare; può essere un gioco di parole interlinguistico in cui *Ble* è associato al segnale discorsivo pol. *ble!* che segnala la sensazione di disgusto; l'effetto è quindi sorprendente, malgrado non sia stato programmato dall'autore del M; può riferirsi all'espr. fr. *sacré bleu*, ma anche questo sarebbe una motivazione ipotetica e bizzarra, ma non da escludere, vista una prospettiva umoristica o di gioco interlinguistico codificati nella comp.; abbastanza probabile è invece l'allusione riferita alla marca it. *Blein*, scarpe *Blein*) → [~ Sp. z o.o.; PKT/KRS – neg. scarpe – 2016 – Wrocław-DS.].

Scarpe Esclusive → [~ N/C; PKT/GUS – neg. scarpe – 2016 – Targanice-MP].

Fig. 322. Fonte: https://scarpe-esclusive.pl/, u.a. 28.05.2023.

Scarpetta (< dim. di *scarpa*; assomiglia al s.sg.f. pol. *skarpeta* 'calzino' che, malgrado provenga dall'it. *scarpetta*, è il suo falso amico al livello semantico) → [~ N/C; PKT/CEiDG – attrezzature sportive ricreazione – 2014 – Starogard Gdański-PM].

Verona Scarpa → [~ N/C; PKT/CEiDG – neg. scarpe – 2006 – Rytele Święckie-MZ].[603]

603 Nel nostro *corpus*, si vedano anche *Bella Scarpa*; *Verona Scarpa*; *Le Scarpe*; *Scarpo*.

4.8.1.16. L'uso marcato dei cromatonimi

In una sola categoria raggruppiamo vari esempi di marchionimi italianeggianti che consistono nella riproduzione e inclusione lessicale dei cromatonimi (nomi di colori) in italiano. Quasi tutti risultano italianismi concettualmente riconosciuti da parlanti comuni polacchi: soprattutto *bianco, nero, rosso,* ma anche *verde, azzurro, blu.* Meno chiari risultano *giallo* e *grigio.* Sono particolarmente avvincenti i tentativi di trasmettere certi messaggi oggettivi o soggettivi per mezzo di marchionimi italianeggianti decromatonimici, p.es. *Bianco Latte*; *Farina Bianco*; *Energia Verde*; *Vivo Verde*; ecc.

Acqua Rossa → [~ Sp. z o.o.; Aleo/GUS – vend. all'ingrosso: alcolici – 2015 – Warszawa-MZ].

Azzurra (l'ispirazione viene dal n. di colore *azzurro,* ma dietro a questo M può stare anche il n.f. it. *Azzurra*) → [~ Sp. z o.o.; Aleo/KRS – agenzia pubblicitaria – 2017 – Nowy Targ-MP]. Almeno 3 a.o.

Bianco & Rosso → [„~" N/C Sp.j.; Aleo/GUS – neg. bevande alcoliche – 2008 – Zaścianki-PD].

Bianco (< agg.sg.m. ~) → [~ Sp. z o.o.; Aleo/KRS – serv. demolizione edifici – 2015 – Osolin-DS] → [N/C ~ #MODA WŁOSKA; Aleo/CEiDG – #moda italiana/ vend. – 2019 – Brusy-PM]. Almeno 50 a.o. in d.c.

Bianco A Nero (l'intenzione dell'uso della prep. sempl. *a* nella comp. non è chiara; può essere uno sbaglio, quindi recte: *e*, usato come cong.; oppure è un gioco interlinguistico per cui *A* si può intendere come una cong. pol. con il significato di *ma* pol. *ale*) → [~ N/C; Aleo/CEiDG – vend. in Rete – 2014 – Warszawa-MZ].

Bianco Latte (< sint. it. ~, che dal lato semantico, è una tautologia, giacché il "latte" è "bianco" *ex definitionem*; dal lato sintattico, invece, sembra una traduzione diretta dell'espr. pol. *białe mleko* in cui l'agg. *białe* 'bianco' precede il sost. *mleko* 'latte', e la sintassi del genere viene riprodotta nella formazione italianeggiante del M; *bianco latte* può essere considerato anche una tonalità del color bianco[604]) → [~ Sp. z o.o.; Aleo/KRS – lavorazione del latte e fabbricazione di formaggi – 2013 ◊ 2017 – Lublin-LU].

---

604 Cfr. https://www.houzz.it/magazine/colore-del-mese-bianco-latte-stsetivw-vs ~ 82558815, u.a. 12.09.2023.

Fig. 323. Fonte: https://hurtidetal.pl/article/art_id,16393-61/wywiad-z-krzysztofem-ochalem-prezesem-firmy-bianco-latte-polska/place,1/, u.a. 18.05.2023.

Bianco Nero → [N/C SALON ~; Aleo/CEiDG – parrucchiere / trattamenti estetici – 2003 – Lublin-LU]. Almeno 4 a.o.

Biancogiro (formazione in cui viene inserito un {cil} *-giro* < it. *giro* che, allo stesso tempo, è l'omografo, ma non omofono, del c.pro *Giro*) → [~ N/C #Nieruchomości i consulting; Aleo/CEiDG – #agenzia immobiliare – 2014 ◊ 2016 – Tułowice-MZ].

Bianconeri (il riferimento al n. dei tifosi del club di calcio Juventus) → [~. Pizzeria; PKT/CEiDG – 2009 – Bydgoszcz-KP].

Bianconero → [~ N/C; Aleo/CEiDG – riparazione e manutenzione di navi e imbarcazioni – 2019 ◊ 2021 – Podrzecze-WP].

Biancoo (la *o* finale di *bianco* è stata raddoppiata creando una forma insolita, ma innovativa e diversa dal "tradizionale" e abbastanza frequente *bianco*) → [~ N/C; Aleo/CEiDG – vend. in Rete – 2013 – Końskie-SW]. Cfr. *Nerooo.*

Boccanera (l'univerbazione del sint.nom. *bocca nera*) → [~ MSHG Sp. z o.o.; WUP – cataloghi, menù, imballaggi – 2017 – Kraków-MP].

Fig. 324. Fonte: WUP, 7, 2018, p. 2523.

Borsa Verde → [~ N/C; Aleo/CEiDG – serv. contabilità consulenze finanziarie – 2015 – Jaworzno-SL].

Casa Nero (l'agg. *nero* è in apposizione rispetto al sost. *casa*; può essere anche un refuso volontario nell'accordo grammaticale tra questi due vocaboli corrispondenti all'ipotetico sint.nom. *casa nera*) → [~ Sp. z o.o.; RIO – prod. mobili – 2017 – Warszawa-MZ].

Casa Verde (l'idea del verde corrisponde all'ecologia di cui si occupa l'esercizio) → [~ Sp. z o.o.; Aleo/KRS – serv. consulenze ecologiche – 2017 – Toruń-KP].

Cavallo Verde → [~ Sp. z o.o.; Aleo/KRS – fabbricazione articoli cosmetici e da toletta – 2020 – Nowy Gaj-LU].

Energia Verde → [„~" Sp. z o.o.; Aleo/KRS – prod. energia ecologica – 2014 – Warszawa-MZ].

Farina Bianco (la base *farina bianco* sembra un sint.nom. con l'aggettivo che non concorda nella forma grammaticale; allo stesso tempo *Bianco* può essere utilizzato in apposizione rispetto a *Farina*; cfr. il caso dei marchi internazionali come *Vero Moda*) → [~ // CENTRAL FUND OF IMMOVABLES Sp. z o.o.; WUP – prodotti alimentari; serv. di gastronomia; ristor. – 2017 – Łódź-LD].

Fig. 325. Fonte: WUP, 7, 2018, p. 2669.

Gallo Bianco → [~ Sp. z o.o.; Aleo/KRS – agenzia immobili – 2015 – Warszawa-MZ].

Gallo-Nero / Gallo Nero → [N/C ~; Aleo/CEiDG – ristor. – 2015 – Białystok-PD] → [Gallo-Nero N/C; Aleo/CEiDG – *catering* – 2007 – Zielona Góra-LB]. Almeno 5 a.o.

Giallo-Rosso → [~ N/C; Aleo/CEiDG – settore alberghero – 2020 – Białystok-PD].

Grigio (< agg.sg.m. ~) → [~ N/C; Aleo/CEiDG – agenzia pubblicitaria – 2016 – Poznań-WP].

Lago Bianco → [~ N/C; Aleo/CEiDG – lavori finitura edifici – 2019 – Gdańsk-PM].

Lupo Verde → [~ Sp. z o.o.; PKT/KRS – silvicoltura ed altre attività forestali – 2018 – Świdnik-LU].

Meble-Nero (è necessario segnalare che il c.pro è *Szwarc* che deriva dal ted. *Schwarz* codificante il concetto di "nero") → [#MEBLE-NERO N/C; Aleo/CEiDG – serv. falegnameria prod. #mobili 2013 – Chorzów-SL].

Mela Verde → [„~" N/C; Aleo/CEiDG – agenti vend. prodotti alimentari – 2017 ◊ 2017 – Łódź-LD].

Nero (< agg.sg.m. ~; riferimento al c.pra *Czarna* < agg.s.f. pol. *czarna* 'nera') → [~ N/C; Aleo/GUS – vend. merci varie – 2020 – Pomiechówek-MZ]. Almeno 50 a.o.

Nero Fiori (< sint.nom. ~ che si vorrebbe correggere in *fiori neri*, ma la comp. può funzionare anche in modo quasi antroponomastico: un prenome fantasioso it. **Nero* + un possibile cogn. *Fiori*) ⟶ [~ Sp. z o.o.; RIO – prod. abbigliamento – 2017 – Warszawa-MZ].

Nero-Mont ⟶ [~ N/C; Aleo/CEiDG – costruzioni specializzate – 2019 ◊ 2021 – Sosnowiec-SL].

Nerooo [sic!] (la forma è paralinguistica; potrebbe segnalare la lunga pronuncia della *o* finale, ma è piuttosto un semplice gioco grafico con il M italianeggiante) ⟶ [~ Sp. z o.o.; Aleo/GUS – neg. abbigliamento – 2015 – Gdynia-PM]. Cfr. *Biancoo.*

Orso Nero (sint. "parlante" e fraseologico; c.pro pol. *Niedźwiedź* < s.sg.m. pol. *niedźwiedź* 'orso') ⟶ [N/C ~ #Producent Galanterii Skórzanej; Aleo/CEiDG – #prod. articoli in pelle – 1995 – Raba Wyżna-MP].

PePe Nero / Pepe Nero (< it. *pepe nero*; si noti l'effetto grafico in *PePe*) ⟶ [PePe NERO N/C; Aleo/CEiDG – neg. abbigliamento – 2015 – Piła-WP].

Pizzeria Verde ⟶ [„~" N/C; CEiDG – prod. vend. gelato ristor. – 1989 – Karpacz-DS].

Punto Blu ⟶ [~ Sp. z o.o.; PKT/KRS – progetti architettonici – 2014 – Gdańsk-PM].

Punto Verde ⟶ [„~" Sp. z o.o.; Aleo/KRS – fabbricazione prodotti segheria – 2014 – Grzybiany-DS].

Rana Verde (il significato del sint.nom. ~ è molto suggestivo e simpatico; può essere, d'altronde, ispirato al marchio e al logo della rete di negozi *Żabka* < pol. *żaba* 'rana', ma, d'altro canto, il sost. it. *rana* è il falso amico del s.sg.f. pol. *rana* 'ferita', perciò non risulta molto invitante come messaggio pubblicitario) ⟶ [„~" N/C; Aleo/CEiDG – neg. alimentari – 2020 – Sosnowiec-SL].

Squadra Verde ⟶ [~ Sp. z o.o.; Aleo/KRS – parrucchiere / trattamenti estetici – 2014 – Myślenice-MP].

Strada Verde ⟶ [~ Sp. z o.o.; Aleo/KRS – ristor. – 2020 – Bielsko-Biała-SL].

Topo Nero (lo *slogan* pol. *twoje oszczędności w meblach kuchennych* [lett. 'i tuoi risparmi nei mobili da cucina']) ⟶ [~ Sp. z o.o.; RIO – prod. mobili – 2016 – Poznań-WP].

Fig. 326. Fonte: https://www.facebook.com/mebleTopoNero/, u.a. 10.05.2023.

Verde (< s.sg.m./f. ~; l'ispirazione può essere anche spagnola, ma sono casi meno frequenti di quelli motivati dall'it.) ⟶ [~ Sp. z o.o. Sp.k.; PKT/KRS – serv. paesaggistici – 2016 – Skierniewice-LD]. Almeno 100 a.o.

Verde Drago ⟶ [~ N/C; Aleo/CEiDG – serv. trasporto – 2003 – Warszawa-MZ].

Verde Giardino (< sint.nom. it. ~ che in it. dovrebbe presentare l'ordine piuttosto diverso: *giardino verde*; per un italofono la sequenza *verde giardino* significherebbe una speciale tonalità di verde, tipo: verde smeraldo, verde oliva, ecc.) ⟶ [~ Sp. z o.o.; PKT/GUS – ristor. – 2016 – Warszawa-MZ].

Verdi (l'ispirazione può venire anche dal riferimento al n. del compositore it. Giuseppe Verdi) ⟶ [~ Sp. z o.o.; Aleo/KRS – acquisto e vend. beni immobili propri – 2012 – Warszawa-MZ].

Vivo Verde ⟶ [~ N/C; Aleo/CEiDG – vend. all'ingrosso: macchine – 2018 ◇ 2020 – Warszawa-MZ].[605]

4.8.1.17. Il coronimo Italia *e l'etnonimo* italiano/-a/-i/-e

Come segnalato in diversi paragrafi di questo libro, la più evidente segnalazione dell'italianità è la marca nazionale riferita all'Italia espressa dallo stesso coronimo *Italia*, ma anche dal relativo etnonimo *italiano/-o/-i/-e* (a volte ridotto al prefissoide *Ital-*, p.es. in *Italmarca* o *Italmeble*). Si tratta di lessemi non confondibili, ma che possono suggerire la falsa origine italiana dell'oggetto della denominazione.

Gli esempi con questi formanti per eccellenza italianeggianti sono plurimi. Alcuni rafforzano l'idea di per sé espressa da un termine italiano che le voci *Italia, italiano/-a/-i/-e, Ital-* determinano (p.es. *Bar-Gelateria Italiana*; *Italia Moda*; *Vestiti Italiani*; *Parti Italiane*; *Taverna Italiana*; *La Bottega Italiana*; ecc.[606]). Questi lessemi particolari trasmettono messaggi che non dovrebbero lasciare nessun dubbio sull'"origine italiana" di item denominativi (cfr. *La Casa Italiana*; *Idea-Italia*).

Si ribadisca che in alcuni casi gli elementi *Italia* o *italiano* in una delle versioni del loro paradigma sono aggiunti come perionimici alla forma conduttrice nel marchionimo. Comunque, nell'uso vengono percepiti come elementi di composizioni marchionimiche (p.es. *Cave Italia*; *Gastro Italia*; *Idea-Italia*; *Italiana Pelli*; *Pezzo Italia*).

---

605 Si considerino inoltre *Della Rossa*; *La Rossa*; *Bella Rossa*; *Gino Rossi*; *Dario Rossi*; *Luigi Rossi*; *Lago Bianco*; *Biancogiro*; *Dom Biano*; *L'Ola Bianka*; *Neroni*; *Verdina*; *Verdimo*; *Alverdi*; *Verdo*; *Verdura*; *Via Verde*; *Grande Azzurro*.

606 Si vedano anche i casi degli ibridi sintagmatici discussi prima, come *Balanga Italiana*; *Elegancja Italiana* o *Gotujemy Italiano*. Cfr. *Atmosfera Italiana*; *Doccia Italiana*; *Styl Italiano*; *Szafa Italiana*; ecc.

Laddove si vuole sottolineare una relazione nei termini di contatti italo-polacchi, oltre al coronimo *Italia* o all'etnonimo *italiano* si utilizzano il coronimo pol. *Polska* 'Polonia' o qualche altro riferimento all'area polacca codificato dai termini come pol. *polski* 'polacco' / *polska* 'polacca' (agg.); internaz. *Polonia*; ingl. *Poland*; la radice etimologica *pol-*.

Abito Italia (un'ambiguità: it. *abito* può essere capito come verbo o sostantivo; visto il settore dell'attività, si tratta del sost. *abito*; qualificando il negozio con il formante *Italia* si vuole suggerire che i vestiti di seconda mano vengono dall'Italia o sono di "qualità italiana") ⟶ [~. C/N; PKT/CEiDG – vend. vestiti seconda mano – ChoinyLU].

Antix Italiano *(Antix* è un neo creato su modelli in *-ix*, p.es *Asterix*, *Obelix*) ⟶ [~ N/C; Aleo/CEiDG – neg. non specializzato – 2015 – Puławy-LU].

Atmosfera Italiana (costr. it., ma allo stesso tempo il sost. *atmosfera* è anche pol. e significa la stessa cosa; in fondo, è un polonismo che può risultare dalla traduzione della fraseologia pol. *atmosfera włoska* 'atmosfera italiana') ⟶ [~ N/C; Aleo/CEiDG – ristor. – 2020 – Poznań-WP].

Bar-Gelateria Italiana ⟶ [~ N/C // CIRO RESTAURACJA PIZZERIA; PKT/CEiDG – bar / gelateria – 2011 – Mełno-KP].

Bella Di Italia ⟶ [C/N ~; Aleo/GUS – ristor. – 2015 – Warszawa-MZ].

Cave Italia ⟶ [~ Sp. z o.o., Aleo/CEiDG – gestione di cave di ghiaia; estrazione di argille e caolino – 2004 – Samin-WM].

Città Italia (l'accento sulla *a* in *Città* viene notato in due modi: grave o acuto, oppure si omette completamente) ⟶ [~ N/C Sp.k.; Aleo/KRS – serv. trasporto aereo – 2007 – Poznań-WP].

Colore Italiano ⟶ [„~" Sp. z o.o.; Aleo/KRS – prod. colori pitture vernici – 2005 – Białobrzegi-MZ].

Corso Italia ⟶ [~ Sp. z o.o.; Aleo/GUS – neg. abbigliamento – 2016 – Gdańsk-PM].

Delizie Tipiche Italiane ⟶ [~ Sp. z o.o.; Aleo/KRS – ristor. – 2017 – Kraków-MZ].

Doccia Italiana ⟶ [~ #KOSMETYKA I CHEMIA WŁOSKA N/C; Aleo/CEiDG – neg. #cosmetici e prodotti toeletta it. – 2018 ◊ 2019 – Zamość-LU].

Donna Italiana ⟶ [~ N/C; Aleo/CEiDG – vend. all'ingrosso: scarpe e abbigliamento – 2020 – Boruja Nowa-WP].

Eccellenze Italiane ⟶ [~ Sp. z o.o.; Aleo/KRS – neg. non specializzato – 2017 – Warszawa-MZ].

Elettronica Italiana ⟶ [~ Sp. z o.o.; Aleo/KRS – vend. prodotti casa – 2002 – Warszawa-MZ].

Escursioni Italiani [sic!] (errore nell'accordo grammaticale della base sint.: recte *escursioni italiane*) ⟶ [~ N/C; Aleo/GUS – organizzazione viaggi professionali e turismo – 2005 – Częstochowa-SL].

Fetta Di Italia ⟶ [~ N/C; Aleo/GUS – ristor. – 2020 – Warszawa-MZ].

Finezze Italiane Polska ⟶ [~ Sp. z o.o.; Aleo/KRS – ristor. – 2010 – Wadowice-MP].

Gastro Italia ⟶ [N/C ~; CEiDG – ristor. – Dzierżoniów-DS].

Gusto Italiano ⟶ [~ N/C; Aleo/CEiDG – vend. in Rete – 2018 ◊ 2021 – Ostrołęka-MZ]. Almeno 7 a.o.

Idea-Italia ⟶ [„~" Sp. z o.o.; Aleo/GUS – serv. affitto appartamenti case – 2001 – Lublin-LU].

Il Diamante Italiano ⟶ [~ N/C; Aleo/GUS – neg. alimentari – 2013 – Reda-PM].

Il Gusto Italiano ⟶ [~ Sp. z o.o.; Aleo/GUS – prodotti di carne – 2012 – Bielany Wrocławskie-DS].

In Italiano ⟶ [N/C ~; Aleo/CEiDG – serv. traduzione – 2009 – Gorzów Welkopolski-LB].

ITalia (neo ibr PIF < *Italia*; un'originale grafia che fa riferimento al settore IT: l'informatica) ⟶ [*ITalia* (sic!) N/C; Aleo/CEiDG – serv. informatici software – 2020 – Warszawa-MZ]. Cfr. *Presto-IT*.

Italia Bottoni Di Piu ⟶ [~ N/C; CEiDG – parrucchiere / trattamenti estetici – 2003 -- Pabianice-LD].

Italia In Tavola ⟶ [„~" N/C; Aleo/GUS – ristor. – 2020 □ 2021 – Tczew-PM].

Italia Moda ⟶ [„~" N/C; Aleo/CEiDG – vend. abbigliamento scarpe accessori mercati bancarelle – 2010 – Ząbkowice Śląskie-SL]. Almeno 3 a.o.

Italiana ⟶ [#Wytwórnia Lodów ~ N/C; PKT/GUS – #fabbr. di gelato – 2001 – Katowice-SL].

Italiana Pelli (una libera giustapposiz. di due elementi che codificano un messaggio sui prodotti fabbricati) ⟶ [~ Sp. z o.o.; KRS – prodotti in pelle – Opole-OP].

Italiani Veri ⟶ [~ N/C; Aleo/GUS – neg. merci varie – 2017 – Alwernia-MP].

Italianka (< neoformazione storica[607], qui con la pretesa dell'originalità: un sost. creato per mezzo del suff. pol. *-anka*) ⟶ [~ N/C; Aleo/CEiDG – neg. abbigliamento scarpe accessori – 2016 ◊ 2017 – Olsztyn-WM]. Almeno 3 a.o.

---

607 Corrisponde a una proposta non lessicalizzata del s.sg.f. pol. *Italianka* come equiv. dell'etnonimo *Włoszka* 'italiana'. Cfr. note 165 e 467.

Italmarca (neo IS; con la comp. non si vorrebbe lasciare dubbi sul carattere it. del marchio designante "bevande alcoliche" di una incerta origine, ma presentate come prodotti di "marca italiana": *Ital-* + *-marca*) ⟶ [~ Sp. z o.o.; WUP – alcolici – 1994 – Żarnowiec-SL].

Fig. 327. Fonte: WUP, 11, 1997, p. 1114.

Italmeble (neo ibr IS; una combinazione di *Ital-* con il s.pl.m. pol. *meble* 'mobili') ⟶ [C/N1, C/N2 ~ Sp.c.; WUP – mobili, specchi – 2017 – Nowa Wieś Wrocławska-DS].

Fig. 328. Fonte: WUP, 4, 2018, p. 1413.

L'Italiano Nel Cuore ⟶ [~ N/C; Aleo/GUS – insegnamento lingue straniere – 2016 ◊ 2020 – Oświęcim-MP].

LaBottegaItaliana⟶[N/C~SP.C.;Aleo/GUS–neg.abbigliamento–2018–Józefów-MZ].

La Casa Italiana ⟶ [~ N/C; Aleo/CEiDG – vend. abbigliamento mercati – 2016 ◊ 2017 – Zakopane-MP].

La Fattoria Italiana Di Olesno ⟶ [~ Sp. z o.o; Aleo/KRS – ristor. – 2017 – Olesno-OP].

La Italia ⟶ [~ Sp. z o.o.; Aleo-KRS – vend. all'ingrosso: prodotti tessili – 2008 □ 2020 – Pabianice-LD].

Lido Di Italia ⟶ [N/C ~; Aleo/GUS – ristor. – 2013 – Warszawa-MZ].

Mała Italia (equiv. di 'piccola Italia') ⟶ [~ N/C; Aleo/GUS – ristor. – 2019 – Opoczno-LD]. Cfr. *Piccola Italia.*

Mariano Italiano ⟶ [~ N/C; Aleo/GUS – vend. in Rete – 2013 – Frydek-SL].

Mercato Italiano ⟶ [~ Sp. z o.o.; Aleo/KRS – prodotti latte oli grassi – 2020 – Warszawa-MZ]

Merenda Italiana ⟶ [~ N/C; PKT/GUS – ristor. – 2017 – Sochaczew-MZ].

Moja Italia (equiv. di 'la mia Italia') ⟶ [~ Sp. z o.o.; Aleo/GUS – serv. operatori turistici / organizzazione viaggi professionali – 2014 – Wrocław-DS].

Nuova Italia ⟶ [„~" Sp. z o.o.; Aleo/GUS – ristor. – 2002 – Swarzędz-WP].

OK Italia ⟶ [~ Sp. z o.o.; Aleo/CEiDG – agente vend. prodotti alimentari – 2020 – Nysa-OP].

Origine Italiana ⟶ [~ Sp. z o.o.; KRS – prod. tessile – 2002 –MZ].

Parola Italia ⟶ [~ N/C; Aleo/GUS – serv. traduzione – 2015 – Kraków-MP].

Parti Italiane ⟶ [~ N/C; Aleo/CEiDG – neg. parti macchine – 2018 – Poznań-WP].

Passaparola Localino Italiano ⟶ [~ N/C; Aleo/GUS – ristor. – 2019 – Gdańsk-PM].

Passione Italiana ⟶ [~ N/C; Aleo/CEiDG – ristor. – 2018 – Cedzyna-SW].

Pelletteria Italia ⟶ [~ Sp. z o.o.; Aleo/GUS – vend. all'ingrosso: abbigliamento scarpe articoli pelle – 2013 ◇ 2017 – Mroków-MZ].

Pezzo Italia ⟶ [~ Sp. z o.o.; Aleo/GUS – ristor. – Józefosław-MZ].

Piazza Italia Polska (pol. *Polska* 'Polonia') ⟶ [~ Sp. z o.o.; PKT/KRS – prod. vestiti – 2002 – Warszawa-MZ].

Piccola Italia ⟶ [~ Sp. z o.o., Aleo/GUS – vend. all'ingrosso: merci varie – 2017 – Żółwin-MZ]. Almeno 8 a.o.

Qualita Italiana [sic!] (nella riproduzione comune il sost. *qualità* viene usato senza accento grafico sulla *a* finale) ⟶ [„~" N/C; Aleo/CEiDG – vend. articoli casa mobili accessori – 2002 – Poznań-WP].

Sapori Italiani ⟶ [~Sp. z o.o.; Aleo/CEiDG – vend. prodotti it. – 2014 – Warszawa-MZ].

Sogno Italiano ⟶ [~ N/C; Aleo/GUS – ristor. – 2017 – Dębica-PK].

Sposa Italia ⟶ [N/C ~; Aleo/GUS – neg. abbigliamento specializzato – 2012 – Zgorzelec-DS].

Styl Italiano ⟶ [N/C STYL ITALIANO; Aleo/GUS – vend. in Rete – 2015 – Mie roszów-DS].

Szafa Italiana (s.sg.f. pol. *szafa* 'armadio') ⟶ [#Sklep Odzieżowy „~" N/C; Aleo/CEiDG – #neg. abbigliamento – 2016 – Pleszew-WP].

Taverna Italiana ⟶ [~ N/C; Aleo/CEiDG – ristor. – 2012 – Strzyżów-PK].

Tipica Italiana ⟶ [~ Sp. z o.o.; Aleo/CEiDG – neg. alcolici – 2014 – Białystok-PD].

Warszawska Italia (equiv. di 'Italia di Varsavia / Italia varsaviana') ⟶ [~ N/C; Aleo/GUS – *catering* – 2016 – Warszawa-MZ].

Wesoła Italia (equiv. di 'Italia allegra') ⟶ [~ N/C; Aleo/CEiDG – ristor. – 2020 – Warszawa-MZ].

Vestiti Italiani ⟶ [N/C ~; Aleo/CEiDG – neg. abbigliamento – 2019 – Suchy Las-WP].

Vitaliana (incrocio di *vita* e *italiana*) ⟶ [~ // NATURAVENA Sp. z o.o.; WUP – prodotti dietetici – 2018 –Piaseczno-MZ].

Fig. 329. Fonte: WUP, 8, 2019, p. 2601.

Viva Italia ⟶ [~ Sp. z o.o.; Aleo/GUS – ristor. – 2013 – Koszalin-ZP].

Vivere Italiano ⟶ [~ Sp. z o.o.; Aleo/GUS – prod. pasta – 2015 – Wrocław-DS].[608]

4.8.2. Marcatori morfologici suffissali e desinenziali

L'ultima chiave metodologica che vogliamo applicare nella nostra analisi, è quella della sistemazione di vari suffissi e suffissoidi nominali o aggettivali, ma anche avverbiali, nonché di alcune desinenze verbali d'origine italiana in funzione dei marcatori morfologici espliciti d'italianità. Sono elementi bisillabici o trisillabici che terminano le strutture marchionimiche monorematiche raccolte nel *corpus*, quindi le loro "terminazioni" italianeggianti. Permettono di identificare le forme italiane originali (lessemi od onimi), ma anche quelle neologiche e ibride cui si concede l'aspetto formale italiano ovvero espressamente italianeggiante. La modellizzazione fondata su questi elementi, di per sé suffiss/oid/ale o desinenziale, è garante dell'italianità percepita da utenti polacchi anche senza o con scarsa conoscenza della lingua italiana.

Nelle sezioni seguenti ne presentiamo una ripartizione vista a tergo. Sono esempi scelti nel materiale raccolto, ma non citati finora. Nondimeno, occorre osservare che tra i lemmi delle parti precedenti dell'analisi del *corpus* si possono indicare altri che si ascrivono benissimo ad una categoria di terminazioni individuate, classificate in seguito (altri esempi si ricordano in note).

608 Si considerino inoltre *Italianna*; *Italiano Vero*; *Balanga Italiana*; *My Italia*; *Elegancja Italiana*; *Gotujemy Italiano*; *La Piccola Italia*; *Uno Italia*; *Via Italia*; *Bella Di Italia*; *Bella Italia*; *Bella Italiana*; *Italiamo*; *Italianissima*; *Italiamare*.

Per avere uno sguardo generale e rilevare la variabilità formale, in Tab. 9 si raccolgono quei marcatori morfologici specifici (colonna I), illustrati poi da esempi sistemati in gruppi di modelli grafici. Sono combinazioni strutturali costruiti da vocali (*V*) e consonanti (*C*) in vari ordini e abbinamenti. In effetti, un utente comune polacco attribuisce ad essi lo statuto d'italianità in modo intuitivo, ricordandosi anche consapevolmente o inconsapevolmente di certe forme "prototipiche" (colonna II) che hanno potuto convocare e fissare un dato marcatore nell'onomaturgia marchionimica italianeggiante come un tipo di onomaturgia "occidentalizzante" nell'ambito polacco[609].

In realtà, i "prototipi" rappresentano diverse occorrenze dell'applicazione di una terminazione. Sono esempi di lessemi (soprattutto italianismi o vocaboli italiani di una certa notorietà internazionale), neoformazioni od onimi italiani che possono fungere da modelli precursori di implementazione di un dato marcatore morfologico.

Le terminazioni hanno la natura suffiss/oid/ale (o desinenziale) con la capacità trasformazionale riproducente voci italiane/italianeggianti marchionimizzate. Creano paradigmi di costrutti che condividono tratti formali identici o comparabili.

Non bisogna, certamente, dimenticare che i marcatori morfologici d'italianità che risultano dei suffissi veri e propri in italiano segnalano valori linguistici di un dato morfema (verificati nel lessico italiano)[610]. Ma ci sono anche altri che possono essere considerati solamente come suffissoidi senza attribuirgli funzioni specifiche. L'unica verificabile sarebbe una funzione ricreativa, paragonabile a quella nominale dei suffissi. Nei termini utilizzati in questo libro sono elementi che determiniamo con i codici {cil}/{civ}.

---

609 Cfr. il termine pol. *pożyczki "okcydentalne"* 'prestiti «occidentali»' usato da Teresa Smółkowa (2001: 68).

610 A proposito dei valori possibili delle terminazioni che rinviano ai suffissi italiani vd. p.es. Zolli 1989: 111–115; Vučetić 1996; Serianni, Antonelli 2011: 221–225. Cfr. Zilg 2006b: 90–102; IVLW: Tab. 34. Tra i riferimenti metodologici si possono considerare inoltre i suffissi che servono per la creazione di una gamma di etnici italiani (nomi di abitanti di località, quartieri, zone, regioni, territori geografici; cfr. p.es. Marcato 2009: 199–202).

Tab. 9. Le terminazioni come marcatori morfologici d'italianità e i prototipi strutturali possibili.

I **Le terminazioni suffiss/oid/ali più caratteristiche**	II **Esempi di voci prototipiche ipotetiche (modelli di italianismi o quasi-/pseudoitalianismi da imitare)**[611]
-VV: *-ao/-eo/-ea/-ai/-ue/-ia* (*[ija])/*-io* (*[ijɔ]), ecc.	p.es. *ciao*; *Romeo*; *Galileo*; *Matteo*; *meteo*; *Colosseo*; *Andrea*; *linea*; *Rai*; *due*; *via*; *mio*; *mia*; *Galilei*
-VcV; *-VgV*: *-a-/-e-/-o-/-i-/-c/g-/-o/-a/-u*	p.es. *Monaco*; *greco*; *Pico*; *amico*; *simpatico*; *fantastico*; *Domenico*; *Eco*; *poco*; *fabbrica*; *prego*; *ragu* (recte *ragù*)
-VccV: *-a-/-e-/-u-/-cc-/-o/-a*	p.es. *polacco*; *ecco*; *secco*; *prosecco*; *polacca*; *Nabucco*
-VcciV -VggiV: *-a-/-i-/-u-/-cci-/-ggi-/-o/-a*	p.es. *carpaccio*; *Boccaccio*; *capriccio*; *Baggio*; *Caravaggio*; *Piaggio*; *viaggio*; *formaggio*; *formaggi*; *maggio*; *adagio*; *focaccia*; *Gucci*; (cfr. anche in *-gio* o *-cio*, p.es. *adagio*; *bacio*)
-VccV: *-o-/-u-/-cc-(-kk-)/-o/-a*	p.es. *scirocco* (cfr. *Sirocco*); *mokka* (*mocca*)[612]; *Lucca* (> pol. *Lukka*)
-VcchV: *-o-/-i-/-cch-/-io/-i*	p.es. *Pinocchio* (pol. *Pinokio*); *vecchio* (< *palazzo vecchio*); *radicchio*; *tabacchi* (< *Sali e Tabacchi*)
-VdV: *-a-/-e-/-o-/-d-/-o/-a*	p.es. *Prada*; *Marmolada*; *strada*; pol. *serenada*[613] (< it. *serenata*); *spada* (< pol. *szpada*); *credo*; *vedo*; *moda*

611 Le voci prototopiche non devono illustrare i valori semantico-strutturali dei suffissi italiani originali. Sono esempi di strutture che possono motivare l'uso di una data terminazione indipendentemente dal suo valore suffissale o desinenziale in italiano. Sono forme che, in generale, s'associano alle terminazioni italiane che funzionano come *culturemi strutturali* (Rutkowski i.c.d.s.). Agli occhi degli utenti polacchi ignoranti l'italiano possono svolgere il ruolo dei modelli che suggeriscono una data scelta formale.

612 Il termine comunemente associato alla cultura italiana del caffè, comunque d'origine araba (cfr. SECWO: 192).

613 Associato all'area italiana, cfr. IVLW: s.v. Si vedano anche i nomi commerciali nelle pubblicità della serie alimentare *Rodzina Serenado* ('Famiglia Serenado') di un tipo di formaggio prodotto in Polonia dalla fabbrica Spolmlek e denominato in modo persuasivo *Serenada Babuni* (l'italianismo *serenada* contiene la voce pol. *ser* 'formaggio', s.sg.m., che per scherzo e gioco interlinguistico motiva la scelta del termine musicale d'origine italiana; la parte *Babuni* è il genitivo del s.sg.f. pol. *babunia*, un ipocoristico vezzegg. del s.sg.f. pol. *babcia* 'nonna': l'associazione al "mondo della nonna" è la garanzia della qualità tradizionale e delle cose genuine e buone da mangiare). Cfr. Gałkowski 2014d: 83.

Tab. 9. Le terminazioni come marcatori morfologici d'italianità e i prototipi strutturali possibili.

I **Le terminazioni suffiss/oid/ali più caratteristiche:**	**II** **Esempi di voci prototipiche ipotetiche (modelli di italianismi o quasi-/pseudoitalianismi da imitare)**
-VddV: *-e-/-dd-/o*	p.es. *freddo; semifreddo*
-ViV: *-a-/-o-/-i-/-o/-a*	p.es. *Ghirlandaio; pastaio; limonaia; Pistoia*
-issimV: *-issim-/-o/-a/-i*	p.es. *benissimo; fortissimo; bravissimo; pianissimo; altissimo; bellissima; bravissima; serenissima* (*Serenissima*); *intimissimi*
-VlV: *-a-/-i(-n/bi-)/-o-/-u-/-e-/-l-/-a/-o/-e/-i*	p.es. *parola; gondola; gorgonzola; viola; rucola* (> pol. *rukola*); *tavola; granola; Paola; viola/Viola; Nicola; pergola; piccolo* (> pol. *pikolo*); *Paolo; popolo; solo; sole* (*Piazza del Popolo*); *vongole; Angelo; Michelangelo; pizzaiolo; biennale* (*Biennale di Venezia*); *La Scala; male; viale; finale; mortale* (< *salto mortale*); *carnevale; ravioli; Napoli; Tivoli; Stromboli; Empoli; Tangentopoli; Friuli; Generali; Stilo* (*Fiat Stilo*); *L'Aquila; amabile; cantabile; papabile; mobile; papamobile; campanile* (pol. *kampanila*)
-VllV: *-a-/o-/-i-/-e-/-ll-/-a/-o/-i/-e*	p.es. *bella/bello; cappello; Raffaello; Marcello; Pirandello; Leporello*[614]; *castello; limoncello; *burdello*[615]; *vitello; fratello; allo/alla; dallo/dalla; dello/della* (e sim.); *ballo; capella; stella/Stella; Nutella; Lubella; Donatella; Pulcinella; stracciatella; mozzarella; Zottarella; mortadella* (> pol. *mortadela*); *Cruella; tarantella* (> pol. *tarantela*); pol. *salmonella*[616]; *Machiavelli; Feltrinelli; Cavalli; Gemelli* (< *Policlinico Gemelli*; pol. *Poliklinika ~*); *Rovanelli; sorella; Apollo; villa; Barilla; Camillo/Camilla; tagliatelle; pappardelle*
-VliV: *-a-/-o-/-li-/-a/-o*	p.es. *Italia; palio* (< *Palio di Siena*); *olio; *alio* (recte *aglio*)
-VmV: *-a-/-e-/-i-/-o-/-m-/-o/-a/-i/-o*	p.es. [*ti*] *amo; Adamo; Bergamo; Ferragamo; primo; Sanremo; crema; *problemo* (recte *problema*); *Sanremo* (< *San Remo*); *Roma; aroma; salame* (pol. *salami*)

614 Adattato anche come eponimo (s.sg.m. pol. *leporello*, cfr. SECWO: 161).
615 Lessicalizzato come pseudoitalianismo (cfr. IVLW: s.v.).
616 Per il suff. *-ella*, il termine medico *salmonella* viene associato all'italiano, ma l'origine della voce è latina (termine scientifico *Salmonella* < cognome *Salmon* + suff. dim. lat. *-ella*). Cfr. SECWO: 238.

Tab. 9. Le terminazioni come marcatori morfologici d'italianità e i prototipi strutturali possibili.

I **Le terminazioni suffiss/oid/ali più caratteristiche:**	**II** **Esempi di voci prototipiche ipotetiche (modelli di italianismi o quasi-/pseudoitalianismi da imitare)**
-VnV: *-a-/-u-/-o-/-i-/-n-/-o/-i/-a/-o/-e*	p.es. *italiano; siciliano; americano; parmigiano; soprano; romano/Romano*[617]; *Milano; Giordano; capitano; Murano; Burano; Bolzano; Vaticano; piano; Gimignano* (*San Gimignano*); *Vaticano; piano; Befana; grana; puttana; italiana; Gabbana; Siena; bambino; Portofino; Al Pacino; Coccolino; Marino; vino; bombardino; cappuccino; giardino; Gino; Ciampino; Fiumicino; Torino; pendolino; topolino* (*Fiat Topolino*); *Cicciolina; cucina; ballerina* (< *prima ballerina* > pol. *primabalerina*); *signorina; semolino* (> pol. *semolina*); *Taormina; Cassino* (*Monte Cassino*); *uno; una; laguna; Falcone; Corleone; mascarpone; panettone; stazione; canzone; padrone; zabaglione / zabaione; colazione; Morricone; Cicerone; Stallone; padrona; Navona* (< *Piazza ~*); *pane; bene; Bona* (< pol. *królowa Bona* 'regina Bona'); *Lamborghini; Bartolini; Paganini; Pampalini; Martini*[618]; *panini; giardini; italiani; Armani; Modigliani; Puccini; Fellini; Missoni; Mussolini; Rossini; Rimini; Termini; Berlusconi; Merloni; Marconi; stagioni* (< *pizza quattro stagioni*)[619]

617 Sia qui consentito rilevare uno stimolante effetto di paronimia tra gli etnonimi e altri antroponimi sociali italiani in *-ano, -ino* e gli etnonimi polacchi che costituiscono i nomi popolari o dialettali di abitanti di città, regioni o Paesi in *-an, -anin* (oggi qualificati come *suffissi recessivi*, Kurdyła 2015: 184), ma sempre molto caratteristici in alcune forme individualizzate e antiquate (p.es. dial. *Italian/Italianin* 'italiano' o *krośnian/krośnianin* 'abitante della città di Krosno-PK', ibid.: 188, 191). Tra queste categorie suffissali italiane e polacche non esiste nessun legame di provenienza diretto, comunque si presume che un polacco comune possa avere una familiarizzazione con le forme che consistono nell'adozione dell'elemento italianeggiante associato a strutture con funzioni lessicali simili in polacco.

618 Adattato anche come eponimo internazionalizzato (s.sg.m. pol. *martini*, cfr. SECWO: 183).

619 Le forme prototipiche italiane del formante *-ini, -ina, -ino*, ecc. sono molto numerose, tra l'altro come cognomi. In polacco esiste una terminazione simile all'it. *-ina*: serve per creare voci che possono suonare come italiane agli orecchi degli stranieri, p.es. pol. *malina* 'lampone', *dolina* 'valle', *baranina* 'carne ovina' (cfr. Grzegorczykowa, Puzynina 1999: 411). Si tenga anche presente che il formante suffissale *-ini* funziona regolarmente in polacco come marcatore dei sostantivi al maschile plurale che designano rappresentanti di gruppi sociali, professionali, ecc., fra cui antroponimi collettivi d'origine italiana (cfr. pol. *paulini* 'paolini',

Tab. 9. Le terminazioni come marcatori morfologici d'italianità e i prototipi strutturali possibili.

I **Le terminazioni suffiss/oid/ali più caratteristiche:**	II **Esempi di voci prototipiche ipotetiche (modelli di italianismi o quasi-/pseudoitalianismi da imitare)**
-VniV; *-VgnV*: *-a-/-e-/-o-/-ni/gn-/-a*	*p.es. Bologna* (> pol. *Bolonia*); *Catania* (> pol. *Katania*); *Campania* (> pol. *Kampania*)
-VnnV: *-o-/-e-/-a-/-nn-/-a/-o/-e*	p.es. *donna*; *Madonna*; *primadonna*; *penne*; *anno*
-VndV: *-o-/-a-/-e-/-nd-/-o/-e/-i*	p.es. *mormorando* (> pol. *murmurando*); *parlando*[620]; *grande*; *mondo*; *secondo*; *contrabbanda* (> pol. *kontrabanda*); *Fendi*[621]
-VntV: *-a-/-o-/-e-/-nt-/-e/-a/-o/-i*	p.es. *ristorante*; *amante*; *commediante*; *musicante*; *Dante*; *Bramante*; *spumante*; *canto*; *santo*; *esperanto*[622]; *santa*; *santi* (*Santi*); *cinquecento*; *seicento*; *talento*; *Salento*; *Sorrento*; *risorgimento* (*Risorgimento*); *momento* (>**uno momento*); *aggiornamento*; *monumento*; *polenta*; *trenta*; *ponte* (p.es. *Ponte Rialto*); *chianti* (*Chianti*); *niente*; *al dente*; *crescente*; *Lorente* (marchionimo pol. *Paco Lorente*); *monte*; *punto* (*Fiat Punto*); *conto* (> pol. *konto*); *vento* (*Volkswagen Vento*); *venti*; *trenta*; *quaranta*; *cinquanta*; ecc.

gibelini < it. *Ghibellini*), oppure come desinenza dei nomi al singolare femminile (sul modello del s.sg.f. pol. *bogini* 'deessa'), oggi la base di molte nuove coniazioni create come "forme femminizzate" (pol. *feminatywy*). Tra le ultime si possono incontrare anche voci evidentemente non normative e cariche di significati precisanti l'attribuzione nominativa, a volte leggermente umoristiche, occasionali e finora inesistenti (p.es. **wiedźmini* 'strega' < s.sg.m. pol. *wiedźmin* 'strego' o **Włochini* [sic!] 'italiana' < s.sg.m. pol. *Włoch* 'italiano'; cfr. Woźniak 2014: 299–300, 304).

620 Cfr. anche *piechotando* come esempio storico di un avverbio "polacco-italiano" citato da Danuta Buttler (1986: 30): formato sulla base dei derivati dell'avv. pol. *pieszo* 'a piedi', p.es. s.sg.f. *piechota* 'gruppo di soldati che marciano a piedi'.

621 È anche possibile l'influsso latino, p.es. dell'espr. *modus vivendi*.

622 Non si pretende che il nome della lingua artificiale *esperanto* creato dal poliglotta ebreo e polacco Ludwik Lejzer Zamenhof (pseudonimo *Doctoro Esperanto*) sia d'origine italiana, ma tra l'altro l'italiano fu ispiratore nella coniazione di questo neologismo interlinguistico che può essere prototipico per la scelta e la formazione delle voci italiane e italianeggianti in *-anto* nella MPL. Nella nostra opinione, la traccia italiana interessa anche la desinenza universale *-o* dei sostantivi in esperanto, anche se non è riservata solamente al genere maschile (cfr. Jagodzińska [a c. di] 2012: 140). Cfr. nota 315.

Tab. 9. Le terminazioni come marcatori morfologici d'italianità e i prototipi strutturali possibili.

I **Le terminazioni suffiss/oid/ali più caratteristiche:**	**II** **Esempi di voci prototipiche ipotetiche (modelli di italianismi o quasi-/pseudoitalianismi da imitare)**
-VnsV; *-VnzV*: *-a-/-e-/-ns/z-/-a/-o*	p.es. *sansa* (*sansa di oliva*); *speranza*; *finanza*; *senza*; *Sapienza*; *Vicenza*; *Potenza*; *Piacenza*; *presenza*[623]
-VppV: *-a-/-e-/-u-/-o-/-pp-/-a/-e/-o*	p.es. *grappa*; *Giuseppe*; *gruppo*; *troppo*; cfr. anche il modello *V-p-V*, p.es. *tipo* (*Fiat Tipo*)
-VrV: *-a-/-e-/-o-/-r-/-e/-a/-o/-i*	p.es. *signore*; *monsignore*; *professore*; *osservatore* (< *Osservatore Romano*); *Salvatore*; *maggiore* (*Lago Maggiore*); *navigatore*; *traduttore*; *traditore*; *amore*; *signora*; *mare*; *cara*; *Carrara*; *Ferrara*; *Pescara*; *carbonara*; *numero*; *pensiero* (< *Va, pensiero*); *amaro*; *caro*; *coro* (< *Piccolo Coro dell'Antoniano*); *toro* (*Fiat Toro*); *pandoro*; *pomodoro*; *vero*; *Ferrero*; *giro* (> *Giro d'Italia*)
-VrdV; *-VrtV*; *-VldV*; *-VltV*: *-a-/-r/ld/t-/-o/-i*	p.es. *Leonardo*; *Bacardi* (associato con l'origine italiana); *caldo*; *Garibaldi*; *saldi*; *molto*; *alto*; *contralto*; *salto* (< *salto mortale*)
-VriV: *-a-/-e-/-i-/-o-/-ri-/-o/-a*	p.es. *Ferrari*; *Campari*; *Bulgari*; *Bari*; *Sassari*; *cari*; *fiori* (< *Campo de'/di Fiori*); *Mirafiori*; *Montessori*; *Alighieri*; *carabinieri*; *pomodori/pomidori*; *letterario*; *rosario*; *pizzeria*; *caffetteria*; *spaghetteria* (> pol. *spageteria*[624]); *gelateria*; *libreria*; *miseria*[625]; *cavalleria*; *trattoria*; *Liguria*
-VrnV; *-VrnV*: *-o-/-a-/-rn/m-/-o/-a/-e*	p.es. *Livorno*; *carne*; *Salerno*; *Palermo*

623 In una certa maniera, il formante *-enza* si avvicina al ruolo svolto dal suff. pol. *-encja* [ɛntsja] che dimostra l'origine romanza (vd. Kaproń-Charzyńska 2009b) e permette di formare neologismi carichi di valori stilistici (p.es. per l'influsso del s.sg.f. pol. *inteligencja* 'intelligenza').

624 Come segnalato anche prima, il suff. *-eria* si sta consolidando come formante lessicale in polacco (e soprattutto come espediente dei nomi di locali di vari tipi, Burkacka 2010); negli ultimi decenni, proprio come risultato di adattamento e/o creatività onomaturgica stimolata dall'italiano (cfr. Długosz-Kurczabowa 1986).

625 Il termine viene dal lat *miseria*, ma per associazioni formali e paretimologiche si rifà anche all'it. *miseria*. Comporta due accezioni: la prima è paragonabile a quella italiana ('estrema povertà', 'mancanza', 'infelicità', ecc., vd. Treccani: s.v. e SJP-PWN: s.v. *mizeria*); la seconda designa "per scherzo" (SEJP1: s.v. *mizerja* [sic!]) un tipo di insalata di cetriolo fresco con una "povera" salsa alla panna acida o all'aceto (per certi versi connota riferimenti alla cucina italiana).

Tab. 9. Le terminazioni come marcatori morfologici d'italianità e i prototipi strutturali possibili.

I **Le terminazioni suffiss/oid/ali più caratteristiche:**	**II** **Esempi di voci prototipiche ipotetiche (modelli di italianismi o quasi-/pseudoitalianismi da imitare)**
-VrrV: *-u-/-o-/-rr-/-o/-a*	p.es. *azzurro*; *burro*; *camorra*
-VrtV: *-e-/-a-/-o-/-rt-/-o/-a/-e*	p.es. *porto*; *porta*; *morto*; *concerto*; *Roberto*; *Umberto*; *arte* (*d'arte*, *dell'arte*); *la morte*
-VsV: *-o-/-a-/-u-/-i-/-e-/-s-/-o/-a/-i/-e*	p.es. *casa*; *mafioso*; *cosa*; *rosa*; *capricciosa*; *dolorosa*; *lacrimosa*[626]; *paradiso*; *Treviso*; *Ragusa*; *scusa*; *scusi*; *risi*; *bisi*; *Brindisi*; *caprese*; *bolognese* (> pol. *bolonese* o *boloneze*[627])
-VssV: *-a-/-e-/-u-/o-/-ss-/-o/-i*	p.es. *grasso*; *basso*; *bessa*[628]; *cassa*; *principessa*[629]; *Canossa*; *rosso*; *Rossi*; *Zanussi*; *affisso*; *espresso*
-VscV: *-a-/-u-/-e-/-o-/-sc-/-o/-a*	p.es. *fresco*; *Francesco*; *Francesca*; *romanesco*; *fiasco* (pol. *fiasko*); *lambrusco*; *puttanesca*; *cosca*; *Tosca*; *al desko*[630]
-VstV: *-a-/-e-/-o-/-st-/-o/-a/-e*	p.es. *basta*; *pasta*; *presto*; *pesto*; *festa*; *Trieste* (> pol. *Triest*); *Aosta*

626 Nella pronuncia, il suffisso it. *-osa* corrisponde come omofono al formante suffissoidale pol. *-oza*, che è diventano molto attivo nella creazione dei neologismi nel polacco contemporaneo (vd. Kaproń-Charzyńska 2009a; cfr. anche Waszakowa 2019: 185), indicando stati di malattia o problemi socialmente condivisi, anche per metafora (p.es. s.sg.f. pol. colloq. *punktoza* < pol. *punkt* 'punto', designante il fenomeno patologico di raccolta eccessiva dei "punti" premianti l'attività scientifica di un autore accademico). La sua capacità di segnalare in modo umoristico certe realtà e processi è attraente anche per l'onomaturgia marchionimica. Le forme italiane o italianeggianti in *-osa* possono creare reazioni mentali che s'associano alle allusioni suscitate dal suffissoide pol. *-oza*, procurando dell'interesse verso i marchionimi che contengono questo suffisso/-ide.

627 Entrambe le forme con la pronuncia [bɔlɔˈnɛzɛ].

628 Lessicalizzato come pseudoitalianismo (cfr. IVLW: s.v.).

629 Il formante *-essa* è diventato un particolare espediente espressivo delle nuove formazioni in polacco (Jaworska 2022). L'influenza italiana anche in questo caso è molto evidente (p.es. **autoressa* < pol. *autor/-ka* 'autore/-rice'; **sponsoressa* < pol./internaz. *sponsor*, ess. cit. in Waszakowa 2019: 184) o **patronessa* < pol./internaz. *patron* e **senatoressa* < pol./internaz. *senator*, cit. in ead. 2005: 68).

630 È una forma ibrida (italiano-inglese), utilizzata nel discorso giornalistico polacco come *hapax* (cfr. IVLW: s.v.; CD: s.v.). Cfr. ingl. *al fresco* (cfr. CD: s.v.).

Tab. 9. Le terminazioni come marcatori morfologici d'italianità e i prototipi strutturali possibili.

I **Le terminazioni suffiss/oid/ali più caratteristiche:**	**II** **Esempi di voci prototipiche ipotetiche (modelli di italianismi o quasi-/pseudoitalianismi da imitare)**
-VstrV: *-e-/-str-/-o/-a*	p.es. *maestro; finestra; palestra; minestra*
-VtV: *-a-/-u-/-i-/-e-/-t-/-o/-a/-i*	p.es. *amato; affogato; gelato; mercato; ducato* (*Fiat Ducato*); *pizzicato; rubato; staccato; sfumato; Maserati; appetito; finito; Loreto; Orvieto; capito; vestito; Benito; saluto; vita; Margherita; battuta; toccata; sonata; passata; burrata; cantata* (> pol. *kantata*); *s/graffiti; vestiti; Dolomiti; pieta/Pieta* (recte *pietà/ Pietà*)
-VttV: *-i-/-u-/-a-/-o-/-e-/-tt-/-o/-a/-i/-e*	p.es. *otto; Giotto; risotto* (> pol. *rizotto; kaszotto* e sim.); *acquedotto; gatto; fatto; ritratto; Benedetto; Canaletto; Rioletto; Tintoretto; amaretto; ghetto* (pol. *getto*); *libretto; rigoletto; perfetto; netto; pancetta; gazzetta; bruschetta; Giulietta; vendetta; amaretti; spaghetti* (> pol. *spagetti*); *confetti* (> pol. *konfetti*); *Gambetti; Olivetti; tutti; frutti; ciabatta; gatta* (*Gatta*); *cotta* (*panna cotta / pannacotta*); *latte; brutto; prosciutto; motto; delitto; tutto; putto; latte; notte; ricotta; sette*
-VvV: *-i-/-e-/-u-/-a-/-o-/-v-/-o/-a/-e*	p.es. *bravo; Padova; divo; aperitivo; primitivo; motivo; viva; nuovo; nuova; nove*
-VzzV: *-e-/-a-/-i-/-o/-u-/-zz-/-o/-a/-i*	p.es. *Lavazza; paparazzi; palazzo; cazzo; ragazzo; ragazza; piazza; pizza; intermezzo; Arezzo*

4.8.2.1. Il modello $-V_xC_xV_x$ *o* $-V_xC_xV_y$

Il primo dei modelli definiti come marcatori morfologici distintivi d'italianità sono agganci bisillabici che consistono nell'abbinamento di una singola consonante tra due vocali identiche (V_x-V_x) o diverse (V_x-V_y). Le combinazioni vocaliche sono di tutti i tipi. Come pure quasi ogni consonante scempia (C_x) può comparire in una terminazione di questa categoria (si individuano anzitutto *n, m, s, c, d, g, l, r* e *v*).

Successivamente, si vedano esempi illustrativi del modello $-V_xCV_x$ o $-V_xCV_y$. La maggioranza sono nette formazioni neologiche. Ma si sottolinei che anche le forme delessicali che consistono nell'onimizzazione di un intero vocabolo italiano dovrebbero essere considerate come para-neologiche, se vengono analizzate dalla prospettiva della lingua polacca che le accoglie come voci nuove, prestate da un altro sistema linguistico e introdotte nel suo sistema marchionimico.

Gli esempi citati fanno capire quanto sia avanzata la proliferazione dei marchionimi formati secondo i modelli possibili che si identificano e sistemano. Costituiscono un materiale variegato e, in pratica, sovrabbondante, che è andato oltre l'ipotesi che ci ponevamo all'inizio di questa ricerca.

4.8.2.1.1. -aco, -eco, -ico, -ica, -igo, -ego, -ago

Addeco (neo IS senza associazioni particolari; l'introduzione di una doppia *d* in un ipotetico {civ} *Add-* e del formante *-eco* da interpretare come un {civ} crea un effetto di italianizzazione strutturale) ⟶ [~ N/C; Aleo/CEiDG – macchinari industriali e forniture – 2020 – Mońki-PD].

Caprico (neo IS < un {cx} *Capr-*) ⟶ [N/C „~"; Aleo/GUS – serv. contabilità – 2006 – Warszawa-MZ].

Cavaco (neo IS piuttosto non scomponibile; la parte *Cav/a/-* va trattata come un {cx} senza una particolare motivazione; l'intera voce presenta valori grafico-fonetici di pregio di un buon *brand*; la voce coincide con il port. *cavaco* 'chip, truciolo', ma il portoghese non sembra la sua ispirazione maggiore) ⟶ [~ Sp. z o.o.; RIO – prod. mobili – 2016 – Warszawa-MZ].

Certico (neo IS di fantasia; può essere ispirato all'it. *certo*; il suo vantaggio sono, tuttavia, la sua forma non invadente e l'allusione all'area tecnica) ⟶ [~ // CONIVEO Sp. z o.o.; WUP – materiali chimici per l'edilizia – 2018 – Warszawa-MZ].

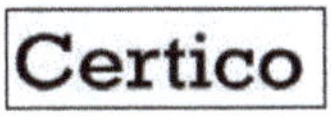

Fig. 330. Fonte: WUP, 3, 2020, p. 197.

Conico (neo IS < un {cx} *Con-*) ⟶ [~ Sp. z o.o.; RIO – prod. abbigliamento – 2017 – Pałecznica-Kolonia-LU].

Filigo (neo IS < un {cx} *Fil-*) ⟶ [~ Sp.k. C/N; PKT/CEiDG – prod. gelato – 2011 □ 2014 – Gniezno-WP].

Fig. 331. Fonte: http://lody.com.pl/Wiadomo%C5%9Bci/Koncentrat-lod%C3%B3w-w-proszku-Filigo-46176.html, u.a. 12.07.2023.

Progo (neo IS di fantasia non scomponibile; s'associa per paronimia al s.sg.m. pol. *próg* 'soglia', senza segnalare qualsiasi legame di significato con il settore rappresentato; si individua un {csl} *Pro-* < pref. internaz./lat. *pro-*; cfr. anche ingl. *go*) ⟶ [~ // C/N; WUP – serv. di spedizione merci – 2021 – Gdynia-PM].

Fig. 332. Fonte: WUP, 31, 2021, p. 59.

Prottego (neo IS; la forma allude all'internaz. ingl. *to protect*, it. *proteggere*; la doppia *t* è un segno di fantasia influenzato dall'intento di rendere la voce "più italiana"; cfr. anche la formula magica in Harry Potter: *Protego!*) ⟶ [~ // JADEXIM Sp. z o.o.; WUP – imballaggi – 2016 – Warszawa-MZ].

Fig. 333. Fonte: WUP, 12, 2017, p. 4645.

Viteco (neo IS di fantasia; nella zona perionimica uno *slogan* in inglese: *Natural Energy Systems*) ⟶ [~ // INSTAL-KONSORCJUM Sp. z o.o.; WUP – impianti dei sistemi a gas e idraulici – 2019 – Wrocław-DS].[631]

Fig. 334. Fonte: WUP, 1, 2020, p. 179.

4.8.2.1.2. -ado, -ada, -oda, -odo, -adi, -edi

Pallada (neo IS; per caso, è l'omografo dell'it. *pàllada*, un termine ricercato esistente nel vocabolario it.; può essere influenzato anche dallo spagnolo) ⟶ [~ N/C; CEiDG – fabbricazione di saponi e detergenti – 1992 – Wołomin-MZ]. Almeno 5 a.o.

---

631 Si vedano inoltre gli esempi come *Monaco*; *Materaco*; *Energico*; *Dico*; *Bene Dico*; *La Cosmetica*; *Bella Estetica*; *Gelato Fantastico!*; *Pico Bello*; *Lago Bianco*; *Verde Drago*; *Prego*; *Prego Pizza*.

Zumado (neo IS < un {cx} *Zuma-*) ⟶ [F.H.U. ~ N/C; PKT/CEiDG – prod. gelato – 2015 – Libiąż-MP].[632]

4.8.2.1.3. -ala, -ola, -olo, -oli, -elo, -ela, -ilo, -ile

Aluroli (neo IS di fantasia) ⟶ [~ // C/N P.P.U.U. MORIS; WUP – zanzariere, persiane, serrande – 2019 – Dęblin-LB].

Fig. 335. Fonte: WUP, 1, 2020, p. 131.

Bamboli (neo PIF; marcato connotativamente dalle voci internaz. *bambo* e it. *bambola*) ⟶ [~Kids Butique // DULOO Sp. z o.o. Sp.k.; https://bamboli.pl/, u.a. 11.05.2023 – neg. in Rete / giochi giocattoli cosmetici per bambini – 2021 – Bydgoszcz-KP].

Fig. 336. Fonte: https://bamboli.pl/, u.a. 11.05.2023.

Finolo (neo PIF basato su un {csl} *Fin-* < p.es. it. *fine*; un n. "simpatico" per l'uso nel linguaggio infantile; il M fa parte di una serie dei nomi commerciali italianeggianti creati sotto la marca *Bodzio*) ⟶ [~ // #FABRYKA MEBLI BODZIO N/C Sp.j.; WUP – #fabbrica di mobili / lettini per bambini – 2016 – Goszcz-DS].

Fig. 337. Fonte: WUP, 2, 2017, p. 365.

Formelo (neo IS basato sull'internaz. *forma*, p.es. pol. *forma/foremka do ciast* 'tortiera') ⟶ [~ // C/N ZPCHOCOLATE; WUP – tortiere per dolci – 2017 – Bielsko-Biała-SL].

632 Si prendano in considerazione anche *Amilado*; *Corrado Martino*; *La Prada*; *Pol-La-Strada*; *La Osada*; *Bella Modo* [sic!]; varie occorrenze con *Moda*; *Malladi*; *Arte De Radi*; *Martedi* [sic!].

Fig. 338. Fonte: WUP, 7, 2018, p. 2670.

Mir-O-la / mir-O-la / Mirola (neo IS che costituisce un gioco grafico di sillabe di cui *mir-* e *-O-* si riferiscono al n.m. pol. *Mirosław*, n.pro; la voce ottenuta: *Mirola* potrebbe essere un soprannome del proprietario dell'esercizio) ⟶ [N/C #USŁUGI STOLARSKIE mir-O-la (sic!) ; Aleo/GUS – #serv. falegnameria – 2019 – Ziębice-DS].

Piolo (neo IS; nella base un {cid} *Pio-* < n.m. *Piotr*, n.pro; cfr. anche it. *piolo* in attinenza con i mobili) ⟶ [~ #Meble // P.H.U. „~" N/C; https://piolo-meble.pl/, u.a. 07.03.2021 – neg. in Rete #mobili – 2011 – Turośl-PD].

Stelo (coincide con il termine it. *stelo*, ma è piuttosto una specie di neo IS che assomiglia al termine *stile*) ⟶ [N/C ~; https://www.stelo.pl/, u.a. 07.03.2021 – neg. in Rete / abbigliamento – 2009 – Warszawa-MZ].[633]

4.8.2.1.4. -ano, -ana, -ani

Abiano (neo IS; cfr. n.m. it. *Fabiano*, v. *abbiano* e *abbiamo*) ⟶ [„~" N/C; CEiDG – agenzia assicurazioni – 1995 – Krasne-PK].

Aciano (neo IS di fantasia; cfr. l'urbonimo it. *Acciano* o il cogn. it. *Asciano*) ⟶ [~ N/C; CEiDG – serv. ammistrativi uffici – 2016 ◊ 2020 – Wrocław-DS].

Agiano (neo IS di fantasia) ⟶ [~ N/C; CEiDG – serv. fotografico – 2009 – Częstochowa-SL].

Ballani (neo PIF basato su un {cil} *Ball-* < it. *ballo*, *ballare*; può anche riferirsi al cogn. it. *Ballani*) ⟶ [~ N/C; CEiDG – vend. merci varie – 2016 - 2018 – Pawłowice-WP].

Gandano (neo PIF di fantasia) ⟶ [~ // C/N TROPIC; WUP – occhiali, accessori ottici – 2019 – Gdynia-PM].

Fig. 339. Fonte: WUP, 1, 2020, p. 137.

---

633 Si vedano inoltre *Bambola*; *La Bambola*; *La Scala*; *La Skala*; *Parola...*; *Trans-Gondola*; *La Favola*; *La Fragola*; *La Piccola Italia*; *La Tavola*; *Bella Tavola*; *Italia In Tavola*;

Manzana (neo PIF di fantasia; cfr. anche spagn. *manzana* 'mela') ⟶ [~ N/C; CEiDG – prod. imitazioni gioielli e articoli correlati – 2015 ◊ 2017 – Warszawa-MZ]. Almeno 3 a.o.

Modelana (neo PIF con un {csl} internaz. *model-* < p.es. s.sg.m. pol. *model*, it. *modello*; nella formazione si legge anche it. *lana*; cfr. *Rogana* e il commento riferito tra l'altro a *Anilana*) ⟶ [~ #Spółdzielnia Pracy; WUP – #cooperativa di lavoro / prod. abbigliamento da donna "di materiali naturali e sintetici" – 1994 – Kalisz-WP].

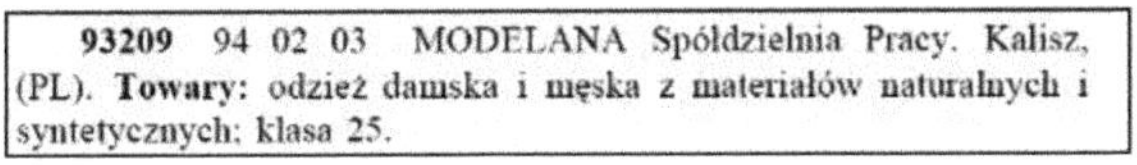
93209 94 02 03 MODELANA Spółdzielnia Pracy. Kalisz, (PL). **Towary:** odzież damska i męska z materiałów naturalnych i syntetycznych: klasa 25.

Fig. 340. Fonte: WUP, 1997, p. 239.

Naturano (neo PIF < un {csl} *Natur-* < p.es. pol. *natura* = it. *natura*) ⟶ [~ Sp. z o.o. Sp.k.; RIO – prod. mobili – 2017 – Zaniemyśl-WP].

Rogana /S/ (formazione che oggi potrebbe essere interpretata come IS o PIF; sta comunque di fatto che nella marchionimia storica pol. di prima della Seconda guerra mondiale, i n. delle aziende, e specificamente delle fabbriche, prendevano il suff. nominale *-ana* che garantiva al M il genere femminile al sing., corrispondente al n.s.f. pol. *fabryka*; l'interpretazione dei n. "di fabbrica" in *-ana* attraverso l'influenza it., non è, comunque, infondata, soprattutto oggi; ipoteticamente, le storiche denominazioni commerciali in *-ana* possono essere giudicate come prototipiche per questo tipo di modello marchionimico italianeggiante; cfr. i MM pol. come *Anilana*; *Polana*; *Pafana*; *Elana*; *Modelana*; ecc., creati con l'uso del suff. *-ana* come negli agg./s. sg.f. in *-ana*, p.es. pol. *kochana* 'amata', ma nei casi trattati "sospetti" dell'italianità; la parte *Rog-* di *Rogana* è un {cpd} < n.pro *Rogoziński*) ⟶ [~ // Fa. R. Rogoziński; WUP – prod. tessile / abbigliamento – 1939 – Łódź-LD].

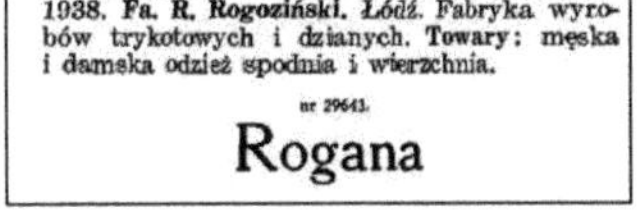
Nr Rej. 29643—29644. 20.2 1939. **Pierw.** 5.1 1938. **Fa. R. Rogoziński.** *Łódź*. Fabryka wyrobów trykotowych i dzianych. **Towary:** męska i damska odzież spodnia i wierzchnia.

nr 29643.

Rogana

Fig. 341. WUP, XVI(3), 1939, p. 157.

Visciola Fashion; *Saviola*; *Micolo*; *Polopolo*; *Marco Polo*; *Picolo*; *Piccolo*; *Pikolo*; *Tavolo*; *Diabolo*; *Popolo*; *Pizzaiolo Antonio*; *Narroli*; *Napoli*; *Bella Napoli*; *Neapoli* [sic!]; *Massimo Poli*; *Laioli*; *La Candela*; *Mela Verde*; *Pupilo*; *Massimo Nobile*; *Stile...*; *Sottile...*; vd. anche le forme in *-abile*, *-obile*, SEZ. 4.8.2.5.1.

Solano /S/ (neo PIF; diacronicamente, una delle denominazioni prototipiche per il modello simile nella strutturazione dei nomi in *-ana*; cfr. *Rogana*) ⟶ [~ // N/C1 i N/C2; WUP – vend. caffè, tè, cioccolato in polvere – 1938 –Warszawa-MZ].

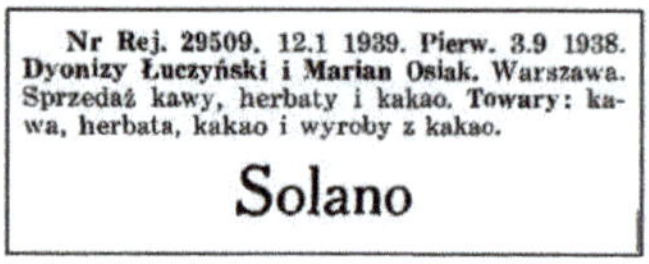
Nr Rej. 29509. 12.1 1939. **Pierw.** 3.9 1938. **Dyonizy Łuczyński i Marian Osiak.** Warszawa. Sprzedaż kawy, herbaty i kakao. **Towary:** kawa, herbata, kakao i wyroby z kakao.

Solano

Fig. 342. Fonte: WUP, XVI(2), 1939, p. 67.

Verbana (neo IS; può essere ispirato all'it./internaz. *verbena*) ⟶ [N/C ~; PKT/GUS – vend. surgelati – 2005 – Opole-OP].

Vocano (neo IS di fantasia) ⟶ [~ // C/N; WUP – lo *slogan* nel campo perionimico: pol. *wnętrza Twoich marzeń* 'gli interni dei tuoi sogni' – attrezzatura per bagni – 2021 – Marcinkowice-MP].[634]

VOCANO

Fig. 343. Fonte: WUP, 32, 2021, p. 100.

4.8.2.1.5. -ino, -ina, -ini

Afini (neo IS; può alludere al v. *affinare*; uno dei n. commerciali italianeggianti della marca *Bodzio*) ⟶ [~ // #FABRYKA MEBLI BODZIO N/C Sp.j; WUP – #fabbrica di mobili / posate – 2016 – Goszcz-DS].

AFINI

Fig. 344. Fonte: WUP, 2, 2017, p. 534.

634 Si vedano anche *...Italiano...*; *...Italiana...*; *Siciliano...*; *La Nonna Siciliana*; *Eataliano*; *MariAno*; *Adriano*; *Damiano*; *Emiliano*; *Sebastiano*; *Bolzano*; *Burano*; *Murano*; *Milano*; *Millano*; *Mallano*; *Murrano*; *Salvatano*; *Beatrice Bastiano*; *Vinci Divano*; *Feliciana*; *Napolitana*; *Daba & Gabana*; *Milana*; *Bellana*; *Novana*; *Castellana*; *Fontana*; *La Fontana*; *Befana*; *Pasta Sana*; *La Gitana*; *Bella Toscana*; *Vitaliana*; *Gabani*; *Allani*; *Castellani*; *Armani*; *Tani Armani*; *Giovani*; *Vittoria Giovani*; *Mobiliani*; *Dario Romani*; *Forza Domani*; *...Italiani...*

Al Pączino [sic!] (l'ispirazione viene dal n. dell'attore americano d'origine it. *Al Pacino*; la forma ibrida *pączino* si riferisce al s.sg.m. pol. *pączek* 'ciambellone'; tutto insieme crea un divertente gioco linguistico; l'esercizio si occupa della produzione e vendita di *pączki* 'ciambelle' e rappresenta una nuova *trend* di commercializzazione di questi dolci popolarissimi in Polonia) ⟶ [#Pączkarnia „Al Pączino"; http://wikimapia.org/40638611/pl/Al-P%C4%85czino, u.a. 29.06.2023 – #punto di vendita di ciambelle – 2021 – Władysławowo-PM]. Almeno 3 a.o.

Fig. 345. Foto: AG, Władysławowo 2023.

Amorino (alterato stilizzato su un dim. di *amore*; cfr. dello stesso proprietario: *Coletti*) ⟶ [„~" #Salon Obuwniczy; CEiDG – #salone / neg. scarpe – 2003 – Bolesławiec-DS].

Cassatini /S/ (brevettato nel 1948 come marchio di gelati della marca *Gelateria Italiana Luigi Olivo*, insieme alla denominazione pol. *Włoskie lody* lett. 'gelati italiani'; basato sull'it. *cassata*) ⟶ [~; WUP – 1947 – Kraków-MP].

Fig. 346. Fonte: WUP, XXIV(6), 1948, p. 122.

Catarina (neo IS; il riferimento al n.f. it. *Caterina*; la *a* nella seconda sillaba compare spontaneamente per l'influenza del n.f. pol. *Katarzyna* 'Caterina', n.pra, ma anche del s.sg.f. pol. *katarynka* 'organetto di Barberia') ⟶ [„~"; CEiDG – prod. abbigliamento – 1996 ◊ 2016 – Wolsztyn-WP].

Cocolino (neo IS < {cx} *Cocol-*; affine all'it. *coccolino* < v. *coccolare*; la doppia *c* viene ridotta ad una sola, ma la voce non perde il suo valore italianeggiante) ⟶ [„~" N/C; CEiDG – trasporto merci – 1993 – Białystok-PD].

Farfallina (< dim. di *farfalla*) ⟶ [~ N/C; Aleo/CEiDG – prod. vestiti – 2016 – Bielawa-DS].

Fruttalina (neo IS ispirato all'it. *frutta*) ⟶ [~ // C/N; WUP – bevande, estratti e succhi di frutta – 2017 – Warszawa-MZ].

Fig. 347. Fonte: WUP, 8, 2017, p. 2870.

Gemini (neo PIF di fantasia) ⟶ [Apteki ~ Polska Sp. z o.o. ; WUP – prodotti cosmetici e farmaceutici / s.pl.f. pol. *apteki* 'farmacie' – 2017 – Gdańsk-PM].

Fig. 348. Fonte: WUP, 7, 2018, p. 2465.

Inventini (neo PIF; include un {csl} *Invent-* < p.es. it. *inventare* o ingl. *invent*) ⟶ [~ Sp. z o.o.; RIO – prod. mobili – 2014 – Jastrzębie Zdrój-SL].

Legoldino /S/ (brevettato nel 1949; designava un vino di frutta dolce; è un neo ibr IS che collega elem. ingl.: *gold*; ipoteticamente, anche fr.: *Le* < art.det. fr. *le* e it.: il suff. *-ino*) ⟶ [~ „Goldenring" – Przemysł Przetwórczy Winno-Sokowy; WUP – #lett. stabilimento industriale di vini e succhi – 1949 – Poznań-WP].

Fig. 349. Fonte: WUP, XXV(7/8), 1949, p. 174.

Neutrino (neo PIF < un {civ} *Neutr-* < p.es. pol. *neutralny* 'neutro') ⟶ [~ N/C. #SKLEP SPOŻYWCZO-PRZEMYSŁOWY; CEiDG – #negozio alimentare e industriale – A1/2017 – Pępowo/Gdańsk-PM].

Nomino (neo PIF; potrebbe essere associato con il v. *nominare*, ma è piuttosto una variazione interlinguistica, tra l'altro latina; può essere influenzato dal s.sg.m. pol. *domino* che designa un gioco di tessere; cfr. v. pol. *nominować* 'de/nominare') ⟶ [~ Sp. z o.o.; WUP – serv. informatici – 2016 – Kolbuszowa-PK].

Fig. 350. Fonte: WUP, 4, 2017, p. 1066.

Nutina (neo ibr IS; nella base un {csl} *Nut-* < p.es. ingl. *nut* 'nocciola'; è una delle prime neoformazioni italianeggianti brevettate in Polonia dopo il 1989) ⟶ [~ // POLEX Sp. z o.o.; WUP – impasti di cioccolato, noci e mandorle – 1991 – Gdynia-PM].

Fig. 351. Fonte: WUP, 6, 1994, p. 651.

Pacino (l'ispirazione viene dal n. dell'attore americano d'origine it. *Al Pacino*; resta in relazione paronimica e per gioco interonimico con il c.pro *Pacyno*; ingl. *promotion* nella zona perionimica) ⟶ [~ PROMOTION N/C; Aleo/CEiDG – neg. prodotti vari – 2005 – Bytów-PM]. Cfr. *Al Pączino*.

Pandolina / PanDolina (neo ibr PIF che risulta una fusione del predicato di cortesia pol. *pan* 'signore' con la funzione di un {cpl} + un {cpd} *-dolina* < *Doliński*, c.pro; nella base etimologica di *Doliński* sta il s.sg.f. pol. *dolina* 'valle' riprodotto nel M; *Dolina* può essere il nomignolo di *Doliński*; l'intera voce **pandolina* non esiste in pol., nemmeno in it., ma per la sua strutturazione, la pronuncia e certe associazioni paronimiche, p.es. it. *pendolino*, può essere trattata come italianeggiante; la grafia del M è anche *PanDolina*, procurando in questo modo la chiave di interpretazione onomaturgica; cfr. internaz. *pendolino* e s.sg.f. pol. *mandolina* 'mandolino') ⟶ [*PanDolina* N/C; CEiDG – attività di consulenza informatica – 2020 – Warszawa-MZ].

Pizzelini (neo PIF; comp. di un {cil} *Pizz/e/-* < it./internaz. *pizza* + formante suffissoidale {cid} "cognominale" *-/e/lini*) ⟶ [~ N/C; PKT – pizz. – 2017 – Świercze-MZ].

Prestini (neo IS di fantasia; uno dei n. commerciali italianeggianti della marca *Bodzio*) ⟶ [~ // FABRYKA BODZIO N/C Sp. z o.o.; WUP – decorazioni di Natale – 2016 – Goszcz-DS].

Fig. 352. Fonte: WUP, 12, 2017, p. 4472.

Puffino (neo IS di fantasia; è caratteristico l'uso della doppia *f*; potrebbe alludere al v. pol. *pufać* pop. 'emettere un soffio per esprimere un disappunto', non è, tuttavia, una motivazione concettuale; cfr. *i Puffi* in it.) ⟶ [~ // EMPIRIA TRADE Sp. z o.o.; WUP – armature da bagno – 2018 – Warszawa-MZ].

Fig. 353. Fonte: WUP, 2, 2020, p. 223.

Satino (neo IS; allude al s.sg.f. pol. *satyna* 'tessuto raso' con cui è associata la struttura liscia del prodotto qualificato come "panna cotta") ⟶ [~ // BAKOMA Sp. z o.o. – prod. latte, formaggio, burro, yogurt e altri prodotti lattiero-caseari ecc. – 2009 – Warszawa-MZ].

Fig. 354. Fonte: https://ewyszukiwarka.pue.uprp.gov.pl/search/pwp-details/Z.363980, u.a. 24.02.2021.

Verdina (neo PIF < un {cil} *verd-* < it. *verde*) ⟶ [~ Sp. z o.o.; Aleo/GUS – serv. costruzioni edilizia – 2013 – Warszawa-MZ].

Verina /S/ (neo PIF; brevettato nel 1947; riproduce il modello in *-ina* conosciuto, p.es., dal marchio *Carina*) ⟶ [~ Fa. Laboratorium Chemiczne „Verina" Sp. z o.o.; WUP – #laboratorio chimico / prodotti chimico-cosmetici – 1947 – Kraków-MP].[635]

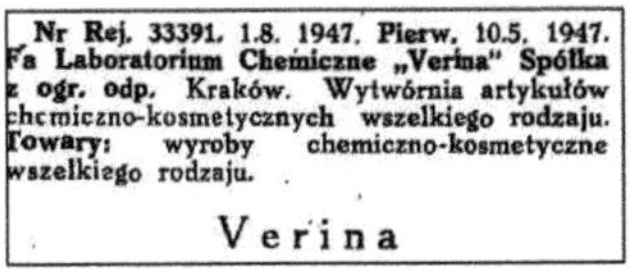
Nr Rej. 33391. 1.8. 1947. Pierw. 10.5. 1947. Fa Laboratorium Chemiczne „Verina" Spółka z ogr. odp. Kraków. Wytwórnia artykułów chemiczno-kosmetycznych wszelkiego rodzaju. Towary: wyroby chemiczno-kosmetyczne wszelkiego rodzaju.

Verina

Fig. 355. Fonte: WUP, XXIII(9), 1947, p. 161.

4.8.2.1.6. -oni, -one, -ona, -eno, -ena

EduCreazione / eduCreazione (neo PIF < un {csl} *edu-* + un {cil} *-Creazione*) ⟶ [edu-Creazione (sic!) #komputer szkolenia.com N/C; CEiDG – #corsi di aggiornamento in informatica – 2016 – Florynka-MP].

Inspirazione [sic!] (neo IS < it. *ispirazione*; comunque, la voce è stata assimilata al suo equiv. pol., s.sg.f. *inspiracja*, la presunta causa della *n* nella prima sillaba del M) ⟶ [N/C ~; CEiDG – operatori guide turistiche – 2011 – Kielce-SW]. Almeno 2 a.o.

Babione (neo ibr IS; interpretato come un gioco interlinguistico basato su un {cpl} *Babi/o/-* < pol. *baba* colloq. 'donna'; cfr. toponimo *Bibione*) ⟶ [~ Pizzeria; https://www.pkt.pl/firma/babione-pizzeria-4164268, u.a. 12.03.2021 – s/d – Elblag-WM].

Corazzone (neo ibr IS basato sullo spagn. *corazón* 'cuore') ⟶ [#Trenerki Personalne Akademia Fitness – CORAZZONE.PL N/C; CEiDG – #lett. allenatrici personali / forme extrascolastiche di educazione sportiva – 2009 – Pauliny-KP].

Neroni (neo PIF) ⟶ [~ N/C; Aleo/CEiDG – vend. neg. spec. – 2016 – Siemianowice Śląskie-SL].

635 Si vedano inoltre *Bambino*; *Il Bambino*; *Piccolo Bambino*; *Amino*; *Il Pino*; *Marcellino*; *Tarantino*; *Di Salentino*; *Valentino...*; *Torino*; *Torrino*; *Sportofino*; *Maccolino*; *Bebino*; *Alpakino Deccorino*; *Plombino*; *Rogallino*; *Giardino*; *Il Giardino*; *Bello Giardino*; *Verde Giardino*; *Cappucino*; *Capuccino*; *Topolino*; *Salamino*; *Ragazzino*; *Rozmarino*; *Peperoncino*; *Il Padrino*; *Piccolino*; *Bettina*; *Messina*; *Frutina*; *Papalina*; *Teormina* [sic!]; *Dollina*; *Sartina*; *Carina*; *La Cucina*; *La Machina*; *La Pastina*; *Bella Femina*; *Bella La Katrina*; *Amorina*; *Bartolini*; *Cechini*; *Panini*; *La Bella Panini*; *Furrini*; *Lovini*; *Giovannini*; *Antonio Ardolini*; *Puccini*; *Rossini*; *Pellini*; *Stuccolini*; *Valentini*; *Vittorini*; *Marco Mazzini*; *Rimini*; *Loriini*; *Pomodorini*; *Bemini...*; *Grandi Vini*; *Amorini Fashion*; *Giardini...*; ecc.

Toni Peperoni (l'assonanza rimata è un valore aggiunto; il M funziona come un nesso ipotetico *nome + cognome* it., motivato d'altronde dai riferimenti ai nomi personali pol.) ⟶ [~ N/C; PKT/GUS – vend. macchine usate – 2014 – Białystok-PD].[636]

4.8.2.1.7. -ato, -ata, -ati, -eto, -eta, -ito, -ita, -iti

Apetita (neo IS; una contaminazione plurilinguistica basata sul s.sg.m. pol. *apetyt* 'appetito' che si sovrappone all'it. *appetito* e voci equivalenti in altre lingue) ⟶ [~ Pizzeria. C/N; PKT/GUS – 2008 – Borek Wielkopolski-WP].

Boccato (neo PIF; il M accompagnato da uno pseudoslogan *Italian fashion*, ma in realtà non è un marchio it.) ⟶ [~ // C/N F.H. JARIS; WUP – prodotti di pelle – 2018 – Medyka-PK].

Fig. 356. Fonte: WUP, 8, 2019, p. 2433.

Gatito (neo IS di fantasia; un n. "simpatico" per il suo fonetismo) ⟶ [~ Sp. z o.o.; WUP – abbigliamento, scarpe e altri articoli per bambini –2017 – Oświęcim-MP].

Fig. 357. Fonte: WUP, 11, 2017, p. 4003.

Tito Appetito (comp. sint. basata su una rima e stilizzata su nessi *nome + cognome* it.; l'effetto pragmatico ottenuto è umoristico) ⟶ [~ N/C; Aleo/GUS – ristor. – 2020 – Warszawa-MZ].

Tito Tito (formalmente, sarebbe una sequenza libera in cui si raddoppia il n.m. *Tito*; la struttura ottenuta è eufonica e "divertente") ⟶ [~ N/C; Aleo/GUS – ristor. – 2014 – Gliwice-SL]. Cfr. *Tito* e *Tito Appetito*.[637]

---

636 Anche: *Marconi*; *Maxoni*; *Mazzoni*; *Meltoni*; *Bottoni*; *Peperoni*; *Pepperoni*; *Veroni Cafe*; *Mani Veroni*; *Le Quattro Stagioni*; *Quatra Stagioni*; *Quarto Stagioni*; *Via Manzoni*; *Escursioni Italiani*; *Verona*; *Verrona*; *Dr. Verona*; *Navona*; *La Passiona*; *Bellona*; *Baltona*; *Bona*; *Modena*; *Averena*; *Bevena*; *Pollena*; *Ballena*; *Millena*; *La Maddalena*; *Elemeno*; *Arcobaleno*; *Amoreno*; ecc.

637 Si considerino inoltre *Malfato*; *Affogato*; *Mercato...*; *Amato*; *Numerato*; *Pergolato*; *Moderato*; *...Gelato...*; *Renato...*; *Boccato*; *Mangiata*; *Boscata*; *Toccata*; *Activ-Cascata*;

4.8.2.1.8. -amo, -emo, -imo, -omo, -ima, -imi

Bansamo (neo IS basato su un {cx} *Bans/am/-* che può alludere al s.sg.m. pol *balsam* 'balsamo') ⟶ [~ // BANIECZKA Sp.A.; WUP – prodotti chimici per lavare le macchine – 2021 – Poznań-WP].

Fig. 358. Fonte: WUP, 27, 2021, p. 58.

Besimo (neo IS di fantasia) ⟶ [~ // KXK N/C; https://besimo.pl/, u.a. 07.03.2021 – neg. mobili – 2020 – Syców-DS].

Carima (neo IS di fantasia; paronimo dell'it. *carina*) ⟶ [~ Sp. z o.o.; RIO – prod. abbigliamento – 2016 – Kielce-SW].

Dalemo (neo PIF; l'ispirazione può venire dal cogn. it. *D'Alema*) ⟶ [„~" Sp. z o.o.; KRS/GUS – stoccaggio merci – 2010 – Częstochowa-SL].

Italiamo (neo ormai stabilito come italianismo creativo; si può ipotizzare un riferimento allo pseudoitalianismo **italiamare* > **italiamo*) ⟶ [~ N/C; Aleo/GUS – insegnamento lingue straniere – 2019 – Tarnowskie Góry-SL]. Cfr. note 155 e 354.

Konsimo (neo IS; nella base un {csl} *Kons-* < p.es. pol. *konsument* 'consumatore') ⟶ [~ Sp. z o.o. Sp.k.; https://konsimo.pl/, u.a. 07.03.2021 – neg. in Rete / mobili arredamento – 2015 – Poznań-WP].

Kuwimo (neo IS; non s'associa a un lessema pol., malgrado si usino i grafi *k* e *w*) ⟶ [P.U.H. „~" N/C; PKT/GUS – prod. gelato surgelati – 2003 – Kraków-MZ].

Legimi (neo IS; pronunciato con [g]; il {cx} *Leg-* può essere associato al v. lat. *legere*, ma anche all'it. *leggere*; oggi è una famosa marca di lettori elettronici di libri; la voce ha un potenziale internaz. vd. Fig. 359) ⟶ [~ International Sp. z o.o.; KRS – IT programmi computer – 2009 – Poznań-WP].

La Giornata; *Donati*; *Filati*; *Famiglia Amati*; *Mareto*; *Aceto*; *Benito*; *Tito*; *Koppito*; *Abbellito*; *Subito*; *Abito...*; *Margherita*; *Freskovita*; ... *Vita*; *Felicita* [sic!]; *Burgerita*; *Vestiti...*; *Dolomiti*.

Fig. 359. Fonte: https://www.legimi.pl/, u.a. 12.07.2023.

Lilimo (neo ibr IS con valori articolatori eufonici) ⟶ [~ Sp. z o.o.; RIO – prod. mobili – 2011 – Poznań-WP].

Millimo (neo PIF < un {csl} *Mill-* < p.es. it. *mille*) ⟶ [~ // C/N1, C/N2 G.H. BETA Sp.c.; WUP – caffè, tè, bevande, dolci – 2018 – Kraków-MP].

Fig. 360. Fonte: WUP, 8, 2019, p. 2548.

Sestimi (neo PIF < un {csl} *Sest-* < p.es. it. *sesto*) ⟶ [~ N/C; https://sestimi.pl/, u.a. 07.03.2021 – neg. in Rete / abbigliamento – 2019 – Mokrsko-LD].

Verdimo (neo PIF < un {cil} *Verd-* < it. *verde*) ⟶ [~ Sp. z o.o.; Aleo/GUS – estrazione ghiaia sabbia – 2020 – Bielany-MP].[638]

4.8.2.1.9. -ero, -ere, -aro, -ara, -oro, -ari, -eri, -ori

Bosari (neo PIF < un {cx} *Bos-*) ⟶ [~ Sp. z o.o.; RIO – prod. abbigliamento – 2017 – Bydgoszcz-KP].

Lawaro (neo IS di fantasia; nell'ortografia compare una *w* pronunciata come [v]; potrebbe essere ispirato anche ad altre lingue romanze; s.pl.m. pol. *delikatesy* designa 'negozi alimentari di lusso') ⟶ [~ // PMKBUD Sp. zo.o.; WUP – 2016 – Przodkowo-PM].

Fig. 361. Fonte: WUP, 8, 2017, p. 2575.

---

638 Inoltre: *Amo...*; *Ricamo*; *Mi Chiamo*; *Kassiamo*; *Siciliamo*; *Amiamo*; *Andiamo*; *Attraversiamo*; *Passiamo*; *Sentiamo*; *Siamo*; *Sposiamo*; *Viviamo*; *Giacomo*; *Uomo*; *Gentiluomo...*; *Mondo Promo*; *Massimo...*; *Colorimo*; *Biuronimo* + vari ess. in *-issimo* (Sez. 4.8.2.6.); *Bellissimi*; *Missimi*.

Lilentari (neo IS < un {cx} *Lilent-*) ⟶ [~ Sp. z o.o.; RIO – prod. abbigliamento – 2017 – Warszawa-MZ].

Lintero (neo IS di fantasia; la base può essere ispirata all'it. *intero*, alludendo anche all'idea dell'arredamento di interni; nella zona perionimica vari elem., fra cui un *tagline* in ingl.: *Commercial Flooring*) ⟶ [~ // AB LOGIC Sp. z o.o.; WUP – pavimentazione, tappeti, ecc. – 2019 – Smolice-WP].

Fig. 362. Fonte: WUP, 4, 2020, p. 115.

Mimari (neo IS < un {cpd} *Mim-* < elem. iniziali dal n./c.pro pol.: *Mi-* + *M*) ⟶ [~; https://mimari.com.pl/, u.a. 07.03.2021 – neg. in Rete / componenti elettronici – 2017 – Wrocław-DS].

Sellori (neo IS di fantasia < un {cx} *Sell-*; ipoteticamente, un ibr tra ingl. *to sell* e it. *ori*) ⟶ [~ // WIOLONCELLISTA N/C POLAND; WUP – bigiotteria, *gadget*. – 2017 – Legionowo-MZ].[639]

Fig. 363. Fonte: WUP, 11, 2017, p. 4180.

639 Si considerino inoltre *Italiano Vero...*; *Numero...*; *Spero*; *Piero*; *Furnero*; *Tornero* [sic!]; *Mortero*; *Travero*; *Zukero*; *Albero*; *...Nero*; *Avere*; *Consigliere*; *Parrucchiere*; *Bello Parrucchere*; *Essere...*; *Vedere...*; *Vivere...*; *Con Piacere*; *Dolceamaro*; *Veterinaro*; *...Caro...*; *AlTo Karo*; *Ancora Imparo*; *Zanzara*; *Chiara*; *Bella Cara*; *Cristoforo*; *Marco Poro*; *Exploro*; *Amoro*; *Lavoro*; *Bello Lavoro*; *Capolavoro*; *Buon Lavoro*; *Altoro*; *Salsa Pomodoro*; *Dolce Pomodoro*; *Loro*; *Ferrari*; *Magari*; *Monnari*; *Tresori*; *Elmorii*; *Colori*; *Sapori...*; *Tutori*; *Amori*; *Del Fiori*; *Bella Fiori*; *Belli Fiori*; *Tutti Fiori*; *Nero Fiori*; *Deneri*; *Vulferi*; *Consiglieri*; *Bianconeri*; *Italiani Veri* e altri.

4.8.2.1.10. -asa, -aso, -oso, -osa, -ese, -esi

Venosa (neo IS < {cx} *Ven-*) ⟶ [~ // N/C Amor; https://www.venosa.pl/, u.a. 07.03.2021 – neg. in Rete / alimentari – 2020 – Warszawa-MZ].

Acetosa (neo IS di fantasia; un omonimo piuttosto non pianificato dell'it. *acetosa*, termine fitonimico) ⟶ [~ Sp. z o.o.; Aleo/GUS – serv. edilizia – 2012 – Warszawa-MZ].[640]

4.8.2.1.11. -avo, -ivo, -iva, -evo, -ovo, -ovi, -evi

Bancovo (neo IS; un omofono dell'avv. pol. *bankowo* che deriva dal s.sg.f. pol. *bank* 'banca' e significa 'in modo sicuro'[641]; per l'uso di una *c* e di una *v* pronunciate come [k] e [v], il costrutto si italianizza; cfr. *Malinova*) ⟶ [~ // NEWCOMMERCE SERVICES Sp. z o.o.; WUP – strumenti di misurazione specializzati – 2017 – Warszawa-MZ].

Fig. 364. Fonte: WUP, 11, 2018, p. 4155.

Mevo (si noti un'associazione al s.sg.f. pol. *mewa* 'gabbiano', ispirato dall'ambito naturale in cui funziona la ditta: le città di Danzica-Gdynia-Sopot al Mar Baltico; è ambiguo al livello strutturale, ma per la presenza della *v* e l'utilizzo di un potenziale {cil} *-evo*, lo qualifichiamo come neo IS) ⟶ [~ // #OBSZAR METROPOLITARNY GDAŃSK-GDYNIA-SOPOT; WUP – #area metropolitana / noleggio biciclette – 2018 – Gdańsk-PM]. Cfr. *Movo.*

640 Si vedano anche ...*Casa*..., p.es. *Bella Casa*; *Casa Nero*; *Casa Verde*; *La Nostra Casa*; *Casa Mia*; *Casa-Carina*; *Mobilipercasa*; ...*Cosa*..., p.es. *Cosa Nostra*; *Bella La Rosa*; *Bella Rosa*; *Bella Sposa*; *Sposa Italia*; *Lacrimosa*; *Capricciosa*; *Forma Caprichosa*; *Capriciosa*; *Capricoza*; *Lutosa*; *Furioso*; *Vigoroso*; *Amoroso*; *Rigoroso Lavoro*; *Agnese*; *Vera Agnese*; *Da Mamma Agnese*; *Bel Paese*; *Caprese Cucina Italiana*; *Capresi*. Cfr. *La Fraza*; *Grandozo*.

641 A proposito delle formazioni pol. *bankowy* (agg.) e *bankowo* (avv.) vd. Smółkowa 2001: 44. Cfr. anche ibid.: 64.

Fig. 365. Fonte: WUP, 8, 2019, p. 2566.

Movo (neo IS; per l'aspetto generale della forma in *-o*, contenente un potenziale {civ} *-ovo*, in cui si distingue la *v*, può essere qualificato come italianeggiante; s'associa al s.sg.f. pol. *mowa* 'linguaggio / capacità di parlare', ma nel caso cit., è piuttosto influenzato da un {csl} *Mov-* < p.es. ingl. *movement*, it. *movimento*; cfr. *Bancovo*; *Malinova*; *Mevo*) ⟶ [~ // C/N; WUP – educazione e articoli sportivi – 2017 – Piaseczno-MZ].

Fig. 366. Fonte: WUP, 5, 2018, p. 1710.

Mazzivo (neo IS formato per mezzo di un {civ} *Mazz-* con l'uso della caratteristica *z* geminata: *zz* e del suffissoide *-ivo*) ⟶ [~ // C/N; WUP – prodotti di pelle; mobili; serv. di pubblicità – 2020 – Cieszyn-SL].

Fig. 367. Fonte: WUP, 27, 2021, p. 104.

Modavo (neo IS che allude alla moda; fa parte dello *slogan* in forma di un enunciato ingl.: *we modavo you*) ⟶ [~ Sp. z o.o.; WUP – serv. di pubblicità e *marketing* – 2021 – Wrocław-DS].[642]

642 Si considerino inoltre *Bravo*; *Assai Vivo*; *Vivo Verde*; *Apriva*; *Arriva La Diva Della Moda*; *Viva Italia*; *Modevo*; *Prevo*; *Bevo*; *Devo*; *Meblovi*; *Di Trevi*.

Fig. 368. Fonte: WUP, 28, 2021, p. 38.

4.8.2.2. I modelli $-V_x[j]V_x$/$-V_x[j]V_y$, $-V_x[rj]V_x$/$-V_x[rj]V_y$ *o* $-V_xV_y$

Il gruppo di terminazioni successivo è rappresentato da modelli bisillabici che consistono nell'incontro di due vocali identiche (V_x-V_x) o diverse (V_x-V_y) separate da una *i* [j] o una *r* + *i* [rj], ma anche giustapposte in un tipico dittongo (V_xV_y). Per quanto riguarda l'ultimo, prevalgono i dittonghi *eo* ed *ea*.

Negli ultimi anni, i suffissi/-oidi *-eo* ed *-ea* sono diventati assai popolari in polacco. Se ne registrano molti casi. Presentano un carattere originale, ben distinto, moderno, universalizzato, "aerato" nella scrittura e nell'ortografia. Potrebbero essere associati a diverse lingue, ma visti i possibili prototipi, come p.es. *Romeo* o *Andrea* (cfr. anche Tab. 9), sono primariamente percepiti come italianeggianti.

Gli effetti paragonabili si ottengono anche per mezzo dei nessi *-aio, -aia*, come pure *-aria, -ario, -oria, -eria* (la *r* [r] stante per una liquida vocalizzata). Per questo li sistemiamo nella stessa sezione. Anche qui le forme delessicali come *Paio, Pastaio, Bottaio* vengono percepite come neologiche nella MPL. Non lo sarebbero, invece, nella lingua italiana dalla quale provengono: dopo la marchionimizzazione non è più la loro piattaforma linguistica d'uso, ma svolgono sempre il ruolo di forme che intenzionalmente all'italiano si riferiscono.

Lo stesso riguarderebbe varie operazioni dell'applicazione dei suffissi/-oidi *-Vx[rj]Vx* o *-Vx[rj]Vy* che creano strutture determinate da un ruolo pragmatico-semantico nella designazione dei nomi di locali, luoghi destinati a un'attività commerciale specifica (sul modello di *pizzeria, kafeteria* e simili discussi in vari paragrafi di questo volume).

Il modello che coinvolge il nesso *consonante + i* (semiconsonante [j]) può realizzarsi in varie configurazioni facilmente attribuibili all'italianità, p.es. *-zio/-a; -dio/-a; -nio/-a; -bio/-a; -cchio/-a; -lio/-a;* ecc. La pronuncia di questi nessi non pone difficoltà ai polacchi, anche se in alcuni casi le differenze possono essere discrete.

Ad esempio, un polacco comune non pronuncerà *-onia* di *Polonia* come [ɔnja], ma [ɔɲa]; oppure *Dio* verrà pronunciato come ['dijɔ] e non ['dio][643]. Senza entrare

643 L'espressione *O Dio!* usata come segnale discorsivo motiva la diffusione dell'italianismo *Dio* (cfr. il marchionimo *Addio*). Si noti inoltre che per la popolarità di un'altra espressione con lo iato: *mamma mia* e la conoscenza del n.f. internazionale *Mia*, i polacchi riescono a pronunciare il pronome dimostrativo *mia* in modo accettabile dagli italiani: ['mija] (recte ['mia]). E per analogia: *mio* ['mijɔ] (recte ['mio]), *via* ['vija] (recte ['via]) e altri italianismi simili.

nei dettagli fonologici della pronuncia italiana, queste particolarità spesso non sono percepibili e realizzabili da individui che hanno imparato a parlare italiano. L'esistenza grafica di una *i* dopo una consonante è il segnale dell'ammorbidimento di questa consonante nella bocca di un polacco (in generale, degli salvi), ciò invece non è tipico per la fonologia italiana.

4.8.2.2.1. -aio, -aia

Bottaio (la voce corrisponde all'it. *bottaio* che è l'equiv. del pol. *bednarz*, s.sg.m., a sua volta la base deappellativa del c.pro *Bednarz*) ⟶ [~ N/C; CEiDG – serv. informatici software – 2019 – Warszawa-MZ].

Dataio / DataIO (comp. formata dall'ingl. *data* 'dati' e dalla sigla *IO* = *I/O*, usata in informatica per indicare *input-output*; l'intera voce è quindi d'origine ingl., ma scritta in modo attaccato e riprodotta come *Dataio* sembra una forma italianeggiante, ciò può essere intenzionale nell'onomaturgia di questo M) ⟶ [DataIO N/C; CEiDG – serv. informatici – 2017 – Przyszowice-SL].

Divaio (neo IS con la base che può derivare, p.es., da un {cil} *Div/a/-* < it. *diva*; ma si tratta piuttosto di una creazione di fantasia; nella sfera perionimica compare il lessema *Studio* < internaz. *studio*, che rende la struttura più professionale e prestigiosa) ⟶ [~ Studio N/C; CEiDG – parrucchiere / trattamenti estetici – 2019 ◇ 2021 – Masów-OP].

Invaio (neo IS di fantasia e opaco; la base *Inv-* è piuttosto un {cx}) ⟶ [~ N/C; CEiDG – vend. merci varie bancarelle o mercati – 2017 – Radlin-SL].

Paio (omonimo dell'it. *paio*, ma può essere creato indipendentemente dal riferimento al lessema it.) ⟶ [~ N/C; CEiDG – progetti specialistici – 2013 – Gdańsk-PM].

Pastaio (< n.sg.m. ~) ⟶ [~ N/C; CEiDG – ristor. – 2020 – Opole-OP].

Wafaio (neo IS < un {cx} *Waf-*) ⟶ [N/C ~; CEiDG – neg. in Rete – 2021 – Psary-MP].[644]

4.8.2.2.2. -aria, -ario, -oria, -eria

Brovaria (neo IS < un {cpl} *Brovar-* < s.sg.m. pol. *browar* 'birreria' / s.sg.m. colloq. pol. *browar* che nello *slang* giovanile indica la birra; è caratteristico lo scambio della *w* nella *v*, un'operazione che internazionalizza la voce *Brovaria*; il M è stato registrato anche nella versione *Brovarnia*[645]; cfr. pol. *pizzeria* vs. *pizzernia*; cfr.

644 Si vedano anche *Il Fornaio Di Verona* e *La Tomaia*.

645 Il suffisso *-arnia* è molto produttivo nel polacco contemporaneo (similmente a *-ornia* e *-ownia*, vd. Jadacka 2001: 87) e fa creare termini che funzionano nella tipologia di vari locali di produzione e servizi (cfr. nota 120). Pare adatto anche per la formazione di appellativi basati su italianismi, come p.es. *paściarnia* < it.

anche pol./internaz. *Bawaria* 'Baviera': "patria della birra") ⟶ [~ N/C; WUP – 2015 – Ostrów Wielkopolski-WP].

Fig. 369. Fonte: WUP, 4, 2007, p. 1048.

Danteria (neo IS < un {cid} *Dant/e/-* < n. *Dante*; senza un particolare riferimento connotativo) ⟶ [~ Sp. z o.o.; Aleo/KRS – serv. costruzioni edilizia – 2019 – Bydgoszcz-KP].

Fincario (neo IS; comp. di un {csl} *Fin-* < p.es. n.pl.n. pol. *finanse* 'finanze' + un {civ} *-/c/ario*) ⟶ [~ N/C; CEiDG – serv. finanziari – 2017 – Przeźmierowo-WP].

Piccario (neo IS basato su un {cx} *Picc-*) ⟶ [N/C #Sklep Internetowy „~"; CEiDG – #neg. in Rete – 2009 – Sądkowa-PK].

Sicario (è poco probabile il riferimento al termine it. *sicario*; la voce è piuttosto il risultato di una semplice operazione neoformativa in cui un {cx} *Sic-* è stato collegato con un suff. italianeggiante) ⟶ [„~" N/C; CEiDG –vend. merci varie bancarelle o mercati – 2014 – Łaziska Górne-SL]. Almeno 3 a.o.[646]

4.8.2.2.3. -VniV, -VliV, -VziV, -VdiV, -VpiV, -VsiV, -VciV, VgiV, -VbiV, -VviV

Nel corpus studiato ci sono vari esempi che possono illustrare questo modello, p.es. *Antonio*; *Eugenio*; *Bello Matrimonio*; *La Toscania* [sic!]; *Sardinia* [sic!]; *Gelatomania Silesia*; *Via Polonia*; *Fabrizio*; *Venezia*; *Palladio*; *Armadio*; *Addio* (con lo iato; vd. nota 643); *Adio*; *Ballandia*; *Commedia*; *Lapio*; *Il Più*; *MarioEmilio*; *Sabia*; *Via* (pronunciato con lo iato); *Lasavia*; *Vezuvio* [sic!]; *Mare Di Fantasia* (senza lo iato); *Visio*; *Pastificio*; *Bellugio*; *Adagio*; *Giulio*; *Giulia*; *...Italia...*; *...Sicilia...*; *Grande Familia* (cfr. anche *Maglia*; *La Famiglia*; *Buon Consiglio*). Molti suffissi di questo tipo hanno la natura internazionale e classica, corrispondendo alle strutture proprie

pasta, un locale gastronomico dove si serve la pasta. Ringraziamo la prof.ssa Maria Załęska dell'Università di Varsavia per questo esempio. Cfr. una testimonianza testuale: pol. *Malutka paściarnia ulokowała się przy al. KEN* [Una piccola *paściarnia* si trova in viale Ken; trad. AG]; https://nakarmionastarecka.pl/pook-pasta-makarony-domowej-roboty/, u.a. 29.02.2024.

646 Si considerino inoltre *Cancellaria*; *Maria...* (la pronuncia alla polacca: ['arja]); *Dario...*; *Di Cario*; *Adario*; *Mario...*; *La Mario*; *Vittoria...*; *Vendoria*; *Trattoria...* (la pronuncia alla polacca: ['ɔrja]); *La Fattoria...* (la pronuncia come nel caso di *Trattoria*); *Bella Storia*; *Pizzeria...*; *Gelateria...*; *Spaghetteria...*; *Pelletteria...*; *Osteria...*; *Loderia* (in tutti gli esempi in *-eria* vige la pronuncia alla polacca: ['ɛrja]).

anche per il sistema lessicale polacco, spesso come adattamenti (p.es. *-cja* [tsja] di *Wenecja* 'Venezia'; *-zja* [zja] di *fantazja* 'fantasia'; *-dia* [dja] di *komedia* 'commedia'; *-nia* di *mania* 'mania[647]).

4.8.2.2.4. -eo, -ea

Amadeo (neo IS; forma ispirata al n.m. *Amedeo*; la *a* mediana in *Amadeo* è dovuta all'influenza dell'equiv. di *Amedeo*: n.m. pol. *Amadeusz*) → [~ // INSTALBUD JANOSZ Sp. z o.o.; WUP – marca di articoli di arredamento per bagni e toelette – 2021 – Pszczyna-SL].

Fig. 370. Fonte: WUP 29, 2021, p. 44.

Andea (neo IS; può essere ispirato al n.m. *Andrea*) → [~ SOLUTIONS Sp. z o.o.; WUP – serv. e prodotti informatici – 2016 – Kraków-MP].

Fig. 371. Fonte: WUP, 12, 2017, p. 4485.

Climateo (neo IS basato sull'internaz. *c/klima/t*) → [~ // MAXIMAR Sp. z o.o.; WUP – accessori per impianti di aria condizionata, aspirapolvere, trapani, ecc. – 2017 – Kraków-MP].

Fig. 372. Fonte: WUP, 5, 2018, p. 1822.

Comforteo (neo IS basato su un {csl} *Comfort-*) → [~ // MEBLE MARZENIE Sp.j.; WUP – materassi medici – 2016 – Opatów-SW].

647 Cfr. Jadacka 2001: 81–88, 145; Waszakowa 2005: 67, 179–180.

Fig. 373. Fonte: WUP, 10, 2017, p. 3663.

Fertinea (neo IS di fantasia; la base riprende il n. dell'azienda madre *Ferti Pharm*) ⟶ [~ // FERTI PHARM Sp. z o.o; WUP – prodotti farmaceutici, dietetici, ecc. – 2016 – Katowice-SL].

Fig. 374. Fonte: WUP, 8, 2017, p. 2624.

Gabileo (neo PIF di fantasia che può essere ispirato al n. *Galileo*; è anche probabile che l'elem. *Gabi-* sia stato ripreso dall'ipocoristico del n.f. pol. *Gabriela* > *Gabi*) ⟶ [~ N/C; CEiDG – struttura gastronomica – 2016 ◇ 2020 – Łazy-SL].

Nobilea (neo PIF basato su un {csl} *Nobil-* < p.es. it. *nobile*; può essere percepito come latineggiante, ma in fondo è interlinguistico) ⟶ [GRUPA ~ Sp. z o.o.; WUP – serv. di *marketing* – 2021 – Warszawa-MZ].

Fig. 375. Fonte: WUP, 34, 2021, p. 40.

Oliveo (neo PIF; la base allude all'internaz. *oliva*, ma dal logonimo si capisce che il riferimento maggiore è l'ingl. *live*; in sé è un gioco interlinguistico, tra l'altro, italianeggiante) ⟶ [~ // MPJ HOLDING Sp. z o.o.; WUP – mobili – 2018 – Koniecpol-SL].

Fig. 376. WUP, 1, 2020, pp. 119-120.

Optea (neo IS basato su un {csl} *Opt-* < p.es. agg.sg.m. pol. *optymalny* 'ottimale'; può essere interpretato come italianeggiante, ma anche interlinguistico e moderno) ⟶ [~ Sp. z o.o.; WUP – serv. di ricerca di posti di lavoro – 2021 – Rzeszów-PK].

Fig. 377. Fonte: WUP, 28, 2021, p. 57.

Sauneo (neo PIF < nella base un {csl} *Saun-* < internaz. *sauna*) ⟶ [~ Sp. z o.o.; https://www.sauneo.pl/, u.a. 07.03.2021 – neg. saune arredamento – 2019 – Bydgoszcz-KP].

Senteo (neo ibr IS; nella base un {csl} *Sent-* < p.es. it. *sentire* oppure ingl. *sent*; la motivazione concettuale non è chiara né specialmente pertinente) ⟶ [~ // PEZAL PRODUCT Sp. z o.o.; WUP – macchine agricole, motori, ecc. – 2018 – Gdańsk-PM].[648]

Fig. 378. Fonte: WUP, 11, 2018, p. 4100.

4.8.2.3. Il modello -$V_xC_xC_xV_x$ *o* -$V_xC_xC_xV_y$

È un modello di terminazioni particolarmente marcate da un visibile segno associato all'ortografia e alla pronuncia italiana: le consonanti geminate (C_xC_x) collocate tra due vocali identiche (V_x-V_x) o diverse (V_x-V_y).

Le consonanti raddoppiate più frequenti in questo tipo di marcatori morfologici sono: *ll*, *tt*, *zz*, *ss*, ma anche *cc* o *gg*. Il primato spetta, senz'altro, a varie combinazioni intervocaliche della doppia *l*, tra le quali si distinguono quantitativamente il suffisso/-ide *-ella* e due altri nel suo paradigma: *-ello* e *-elli* (raramente *-elle*). La loro ispirazione prototipica la si potrebbe cercare tra vari nomi propri d'origine italiana (soprattutto antroponimi, p.es. *Isabella*; *Donatella*; *Marcello*; *Raffaello*; *Machiavelli*; *Gemelli*; *Bocelli*), come pure tra marchionimi da tempo esistenti sul mercato polacco formati nella stessa maniera (p.es. *Lubella*[649]), nonché tra nomi comuni (anzitutto l'agg. it. *bella* e la sua famiglia paradigmatica: *bello*

648 Si vedano inoltre *Matteo*; *Don Matteo*; *Galileo*; *Creo*; *Romeo...*; *Taddeo...*; *Amoreo*; *Bella Linea*; *Grande Idea*.

649 Cfr. la parte introduttiva all'analisi del *corpus*, Sez. 4.1.2.

e *belli*, raramente *belle*, oppure i nomi comuni come *fratelli*, *mozzarella*, *cappella*, *caramella*[650]).

Si segnali inoltre una crescente influenza di alcuni marchionimi italianeggianti in *-ella/-o/-i*, esistenti in Polonia da un certo tempo e, per il successo della marca da essi designata, invitanti ad una ripresa del modello strutturale marcato (p.es. ***Karmello***, produttore e distributore di cioccolatini, bevande al cioccolato, ecc.). Lo stesso effetto sarebbe garantito da marchionimi internazionali, creati p.es. nell'area tedesca e diffusi in Polonia grazie all'offerta commerciale delle reti di negozi come Lidl e Aldi (p.es. *Zottarella*)[651].

Va ribadito che l'uso della doppia *l* tra due vocali in una terminazione come evidente marcatore morfologico italianeggiante s'impone spontaneamente quando qualcuno per gioco, scherzo o un bisogno momentaneo vuole imitare il lessico italiano (cfr. il caso di *dooperelle* o *burdello*)[652].

Crediamo che ciò avvenga anche nel caso della doppia *z* (associata prototipicamente, p.es., ai lessemi italiani come *pizza*; *paparazzi*; *palazzo* o perfino *cazzo*), della doppia *s* (p.es. suggerita da *rosso*; *basso*; *cassa*; *principessa* o da italianismi falsi come *bessa* o *hossa*, oppure nomi propri come *Zanussi*) o della doppia *t* (conosciuta e categorizzata nei suoi paradigmi ipocoristici d'origine italiana, p.es. grazie alla diffusione dei nomi propri come *Giulietta*; *Canaletto*; *Bellotto* o *Gatta*[653], e di numerosi italianismi di uso anche internazionale, come *spaghetti*; *confetti*; *amaretto*; *risotto*; *rigoletto*[654]).

Si vedano, quindi, esempi illustrativi che svelano altre motivazioni caratteristiche per questo tipo di modelli, ma anche individualizzanti una data scelta creativa.

---

650 Vd. anche Tab. 9.

651 Si ha l'impressione che anche altre reti, come p.es. Biedronka, concorrano nella ricerca e formazione dei nomi nuovi in *-ella* per prodotti che sono venduti in questo tipo di supermercati con prodotti alimentari a prezzi moderati (uno degli ultimi della marca Biedronka è **Dessella** che designa una specie di *dessert* al formaggio con marmellata di frutta).

652 IVLW: s.vv. Effetivamente, il morfema *-ella* come un caratteristico culturema strutturale d'origine italiana serve a creare forme umoristiche *ad hoc*. La loro italianità è inconfondibile (cfr. l'enunciato sentito in uno dei *podcast* para-culinari polacco: *pistacjella jest gotowiella*, che sta a dire 'il dolce ai pistacchi è pronto': ibridi *pistacjella* < s.pl.f. pol. *pistacje* 'pistacchi'; *gotowiella* < agg.sg.f. pol. *gotowa* 'pronta'; fonte: Instagram, canale: *kabanosik_kabanosik*, 2024). Cfr. Sezz. 3.3.1 e 3.3.2; nota 398.

653 Pensiamo qua al marchionimo *Gatta*, designante la famosa marca polacca delle calze largamente pubblicizzate insieme al loro nome caratteristico (cfr. il lemma *Gatta*).

654 Cfr. anche Tab. 9.

4.8.2.3.1. -accio, -accia, -aggio, -occo, -acco, -ecco

Toscanaccio (nella base il coronimo *Toscana*) ⟶ [BAR-PIZZERIA „~" N/C; CEiDG – ristor. pizz. – 2020 – Ciche-MP].

Aggio (neo IS che corrisponde al suff. it. *-aggio* oppure ad un termine ricercato *aggio* che ha una connotazione economica[655]; la realtà sembra meno sofisticato: è il riferimento alla prima sillaba del n.f. pol. *Agata*, n.pra) ⟶ [„~" #BIURO RACHUNKOWE N/C; CEiDG – serv. #contabilità consulenze fiscale – 2005 – Kościerzyna-PM].

Bellaggio (pare una comp. IS basata su un {cil} *Bell/a/-* < it. *bella*) ⟶ [~ N/C; CEIDN – neg. alcolici – 2008 – Bydgoszcz-KP].

Emaggio (neo IS; comp. basata sul formante *-aggio* al quale è stata aggiunta la sillaba *Em-* che si riconduce alle iniziali *EM* del n./c.pra) ⟶ [~ ; CEiDG – vend. in Rete – 2019 – Grzegorzewice-MZ].

Foraggio (< s.sg.m. it ~; concettualmente, corrisponde perfettamente al settore dell'esercizio) ⟶ [„~" N/C; CEiDG – prod. di mangimi preparati per il bestiame – 2018 – Sokołów Podlaski-MZ].

Lavaggio (sembra una forma presa a caso dal vocabolario it. che si presta al suo ruolo denominativo in cui non conta il significato, ma l'aspetto esteriore della voce adattata alla denominazione) ⟶ [„~" N/C; CEiDG – vend. in Rete – 2011 ◇ 2019 – Miszewko-PM].

Maggio (< s.sg.m. it. ~; nel secondo degli ess. cit., il s.sg.m. pol. *maj* equiv. dell'it. *maggio*, è la base appellativa del c.pro *Maj*) ⟶ [F.H.U. „~"; CEiDG – agenti vend. merci varie – 2019 – Częstochowa-SL] ⟶ [N/C ~ Production; CEiDG – serv. prod. film, video, ecc. – 2011 – Łódź-LD]. Almeno 7 a.o.

Montaggio (< s.sg.m. it. ~; cfr. s.sg.m. pol. *montaż* 'installazione') ⟶ [~ N/C; CEiDG – serv. prod. film, video, ecc. – 2013 – Józefosław-MZ].

Saggio (< s.sg.m. it. ~; l'uso dell'agg. *saggio* deve essere il frutto di una consapevole scelta di un concetto che connota la "saggezza") ⟶ [~ N/C; CEiDG – serv. riparazione computer articoli elettronici – 2012 – Falenty Nowe-MZ].

Villaggio (< s.sg.m. it ~) ⟶ [N/C ~; CEiDG – ristor. – 2012 – Polanka Wielka-MP].[656]

---

655 Cfr. Treccani: https://www.treccani.it/enciclopedia/aggio/?search=aggio, u.a. 11.10.2023.

656 Inoltre: *Grotta Di Ghiaccio*; *Baccio Moda*; *Toscanaccio*; *Focaccia*; *La Focaccia*; *Quattro Formaggio*; *Baggio*; *Caravaggio*; *Domaggio*; *Viaggio*; *Buon Viaggio*; *Viaggio…*; *Passaggio…*; *Villaggio…*; *Mr. Piaggio*. Cfr. anche le forme con le terminazioni in *-VccV*, p.es. *Rocco…*; *Retro-Rocco*; *Pocco-Locco*; *Cocco…*; *Marocco*; *Polacco*; *La Casa Del Polacco*; *Ecco…*; *Fruttisecco*; *Al-Secco*; *Linea Secco*.

4.8.2.3.2. -ella, -ello, -elli

A'Czapella [sic!] (comp. IS fondata su un {cpd} *A'Czap-* < *Czapla*, c.pra; un gioco di parole, anche per il fatto che il cogn. *Czapla* viene dal s.sg.f. pol. *czapla* 'airone' e soprattutto perché la parte *Czapella* fa pensare al suo altro potenziale motivatore, il s.sg.f. pol. *czapa* o *czapka* 'cappello', entrando poi in interazione con l'espr. it. *a capella*, un italianismo nella terminologia mus. ben conosciuto; l'ultima traccia è anche un ipotetico modo di notare l'art.det. *la* = *a'*, caratteristico per vari usi dialettali it.) ⟶ [„A'CZAPELLA"; Aleo/CEiDG – serv. educativi fuori scuola – 2016 – Malbork-PM].

Acapella (< espr. it. *a capella*, un termine della terminologia mus.; la prep. *a* è stata attaccata a *capella* formando una voce para-sostantivale; in effetti, è una frequente interpretazione strutturale di questo italianismo da parte di utenti pol.) ⟶ [~ Sp. z o.o.; Aleo/KRS – prod. agricola – 2018 – Warszawa-MZ].

Acquaella (neo IS che collega un {cil} *Acqua-* < it. *acqua* e un {cpd} *-ella* < n.f. pol. *Ela*, dim. di *Elżbieta* 'Elisabetta', n.pra; l'elemento *-ella* coincide, quindi, con una motivazione deantroponimica) ⟶ [#Ozdabianie artystyczne ścian „~" N/C; Aleo/ CEiDG – #decorazione artistica a parete. – 2011 □ 2012 – Kamionka-Kolonia-PK].

Alpinella (neo PIF fondato sull'oronimo *Alpi*, pol. *Alpy*; implicitamente, fa pensare alla qualità svizzera del cioccolato; la neoformazione *Alpinella* compare anche tra i MM di altre aree linguistiche) ⟶ [~ // EUROVITA Sp. z o.o.; WUP – 2014 – Poznań-WP].

Fig. 379. Fonte: WUP, 1, 2016, p. 225.

Bagatella (la motivazione diretta è il s.sg.f. *bagatela* che è un italianismo adattato < it. *bagatella*; la formazione è più attraente per l'uso della "cantante" doppia *l* tolta dall'adattamento ufficiale) ⟶ [„~" N/C Sp.j.; CEiDG – parrucchiere / serv. cosmetici – 2016 – Łódź-LD].

Blatella (neo IS; è un caso abbastanza ricercato al livello della motivazione della base: un {csl} *Bla/t/-* < fr. *blatte*, it. *blatta*) ⟶ [„~" #USŁUGI DDD N/C #SAMODZIELNA EKIPA DEZYNSEKCYJNA; CEiDG – #serv. pulizia disinfezione / #gruppo indipendente di disinfezione – 2000 – Warszawa-MZ].

Bukarella (neo ibr IS basato su un {cx} *Buk-*; per la presenza della *k* nella sua grafia la denominazione non è del tutto estranea, addirittura sembra "nostrana" e "naturalizzata" nell'ambito pol., senza una spiegabile ispirazione concettuale di fondo) ⟶ [N/C ~ Butik; CEiDG – vend. in Rete – 2021 – Rzgów-LD].

Capello (< s.sg.m. ~) ⟶ [~ N/C; Aleo/CEiDG – neg. prodotti tessili – 2016 – Poznań-WP]. Almeno 3 a.o.

Caramello (< s.sg.m. ~) ⟶ [~ #Lody Tradycyjne N/C; PKT/CEiDG – #gelato tradizionale / gelateria – 2018 – Tylmanowa-MP]. Cfr. *Karmello.*

Carella (formazione che all'insaputa dei suoi autori risulta l'omonimo dell'it. *carella*, ma non è la base del M in questione; invece, è ottenuto in seguito alla comp. di un {cin} *Car-* < ingl. *car* 'macchina' + un {civ} *-ella*; il riferimento all'ingl. *car* è motivato dal settore in cui è operativa l'azienda *Carella*: noleggio di veicoli; nel secondo caso cit. la motivazione risulta dal riferimento al n.f. pol. *Karolina* 'Carolina', n.pra) ⟶ [~N/C; CEiDG – noleggio veicoli – 2018 – Smolna-DS] ⟶ [P.W. ~ N/C; CEiDG – trasporto merci – 2018 – Dąbrowa Górnicza-SL]. Almeno 5 a.o.

Cremella (neo PIF) ⟶ [~ // PRAWDZIWE LODY Sp.j.; WUP – creme da spalmare sul pane – 2020 – Opole-OP]

Fig. 380. Fonte: WUP, 23, 2021, p. 53.

Ciderella (neo IS; la base motivante può essere l'internaz. *cinderella* 'cenerentola'; la mancanza della *n* nella prima sillaba è l'effetto della sbagliata riproduzione del n. fantasioso *Cinderella*) ⟶ [~ N/C; CEiDG – neg. non specializzato – 2020 ◇ 2021 – Szczecin-ZP].

Danutella (la motivazione della base è il n.f. pol. *Danuta*, n.pra: è un n. tipicamente pol., senza equiv. in it.; la sua trasformazione in una forma italianeggiante lo rende diverso dal suo solito aspetto formale, che è sempre percepibile nella struttura alternata sul modello it. in *-/t/ella*; cfr. n.f. *Donatella*) ⟶ [~ N/C; CEiDG – vend. merce varia – 2021 – Nowa Ruda-DS].

Darella (la base può riferirsi al n.f. pol. *Daria* 'Daria' o al n.m. pol. *Dariusz* dim. *Darek* 'Dario') ⟶ [F.U. „~" N/C; CEiDG – prod. abbigliamento – 2014 – Łódź-LD].

Esiotella (neo IS < un {cx} *Esio-*) ⟶ [~ N/C; CEiDG – serv. intonacatura – 2013 – Zederman-MP].

Eterella (neo PIF; l'ispirazione per la base "parlante" potrebbe essere l'agg. pol. *eteryczny* 'etereo') ⟶ [~ N/C; CEiDG – vend. in Rete – 2020 ◇ 2021 – Sokolniki-SL].

Excinderella (neo IS; la forma può essere interpretata in diversi modi: uno dei possibili è la fusione del pref. *Ex-* < internaz. *ex-* al n. *Cinderella* che poteva essere una denominazione precedente dello stesso o di un sim. esercizio) ⟶ [~; CEiDG – vend. in Rete – 2019 – Mosty-PM].

Figurella (neo PIF; il M è leggermente "parlante" viste le connotazioni della voce di base: s.sg.f. pol./internaz. *figura*; nell'ambito pol. *figura* connota una bella apparenza fisica delle donne) ⟶ [~ N/C; CEiDG – parrucchiere / trattamenti estetici – 2014 – Szczecin-ZP]

Finella (neo PIF basato su un {csl} < p.es. fr. *fin*, pol. *finezyjny* 'fine') ⟶ [„~" N/C; CEiDG – parrucchiere – 2017 – Zawiercie-SL] ⟶ [F.U. ~N/C – serv. contabilità – 2020 – Przemyśl-PK].

Goyello (neo IS internazionalizzato per l'uso della *y* [j]; la motivazione della base è incerta) ⟶ [~ Sp. z o.o.; WUP – serv. informatici e di gestione intellettuale – Gdańsk-PM].

Fig. 381. Fonte: WUP, 4, 2016, p. 943.

Intelli (neo IS; potrebbe alludere all'it./internaz. *intelligenza*, *intelligente*, ingl. *intelligent*) ⟶ [~ SCREEN // POMPOLAND Sp.a.; WUP – industria della cellulosa e della carta – 2017 – Jelenia Góra-DS].

Fig. 382. Fonte: WUP, 8, 2017, p. 2666.

Karella (neo ibr IS < un {cx} *Kar-*; per l'uso della *k*, la voce non si riconduce subito all'it., ma la parte *-erella* e la pronuncia della voce presa come un'unità strutturalmente autonoma la rendono italianeggiante) ⟶ [~ Fashion N/C; CEiDG – rete negozi abbigliamento – 2016 – Lubań-DS].

Ladarella (neo IS; può essere la fusione dell'art.det. *La* + *darella* < *Darella*) ⟶ [~ N/C; CEiDG – fabbricazione di infissi in metallo – 2020 – Gorzów Wielkopolski-LB].

Laurella (neo deonimico PIF < un {csd} *Laur-* < n.f. pol/it./internaz. *Laura*) ⟶ [~ Sp.k.; RIO – prod. abbigliamento – 2019 – Warszawa-MZ].

Libella (neo PIF < un {cx} *Lib-*, senza una particolare motivazione concettuale, anche se nel vocabolario it. si ritrova il vocabolo *libella* con un significato terminologico riferito all'area di mineralogia; visto il settore di cosmetologia, la voce potrebbe essere ispirata al lat. *libella* > it. *libella*; *Libella* è un paronimo di *Lubella*; per la prima marca la fama della seconda può costituire un fattore non senza importanza, anche se non viene ammesso pubblicamente) ⟶ [~ Sp. z o.o. #Zakład Produktów Konsumenckich; PP/GUS – #azienda prodotti di consumo – 2001 – Warszawa-MZ].

Mebella (neo IS < un {cpl} *Mebel-* < s.sg.m. pol. *mebel* 'mobile'; cfr. *Mebello*) ⟶ [C/N ~; WUP – mobili – 2017 – Poznań-WP].

Fig. 383. Fonte: WUP, 11, 2017, p. 943.

Mebello (neo IS < s.sg.m. pol. *mebel* 'mobile'; cfr. *Mebella*) ⟶ [~ N/C; PKT/GUS – mobili cucina – 2019 – Dzierawy-WP] ⟶ [N/C ~ ; PKT/GUS – prod. mobili – A – 2013 ◇ 2020 – Kraków-MP]. Almeno 3 a.o.

Mebello Lumpello (giustappos. di due neo ibr IS: *Mebello* formato con un {cpl} *Mebel-* < s.sg.m. pol. *mebel* 'mobile'; *Lumpello* formato con un altro {cpl} *Lump-* < s.sg.m. pol. *lumpeks* 'negozio di abbigliamento usato', cfr. nota 193) ⟶ [„~" N/C; PKT/CEiDG – vend. abbigliamento e mobili usati – 2019 – Zleszyn-LD].

Medella (neo ibr IS < un {csl} *Med-* < p.es. it. *medico*, pol. *medycyna* 'medicina') ⟶ [N/C ~; CEiDG – attività medica – 2008 – Nowa Piasecznica-MZ].

Novella (< s.sg.f.; cfr. s.sg.f. pol. *nowela* equiv. dell'it. *novella*) ⟶ [„~" N/C; GUS – parrucchiere – Legnica-DS].

Nutricella (neo ibr IS; nella base un {csl} *Nutri-* < p.es. it. *nutriente*) ⟶ [C/N ~; WUP – prodotti nutritivi supplementari – 2016 – Gliwice-SL].

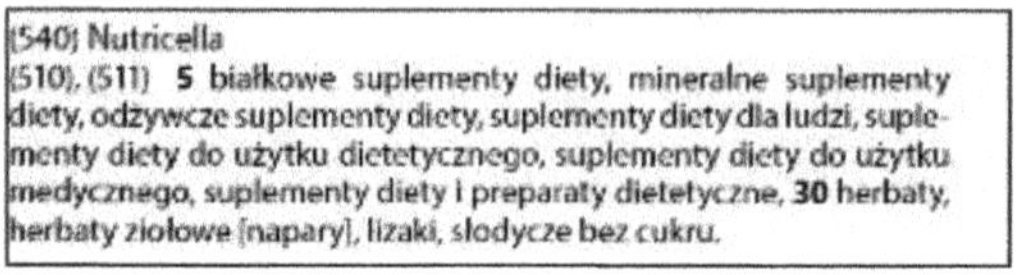
(540) Nutricella
(510), (511) **5** białkowe suplementy diety, mineralne suplementy diety, odżywcze suplementy diety, suplementy diety dla ludzi, suplementy diety do użytku dietetycznego, suplementy diety do użytku medycznego, suplementy diety i preparaty dietetyczne, **30** herbaty, herbaty ziołowe [napary], lizaki, słodycze bez cukru.

Fig. 384. Fonte: WUP, 12, 2017, p. 4622.

Pasarella (neo IS; la formazione è adatta alle sue funzioni di una marca italianeggiante; paronimica rispetto al n. it. *passerella*, ma è piuttosto un effetto secondario o risultante di una maldestra riproduzione della voce it. che s'impone come ispirazione) ⟶ [F.H.U. ~ N/C; CEiDG – prodotti tessili – 2010 – Zahajki-LU].

Pizzarella (neo PIF; uno dei costrutti stilizzati su diminutivi che si riferiscono all'italianismo *pizza*) ⟶ [~ N/C; CEiDG – ristor. pizz. – 2020 – Świdwin-ZP].

Pocobello (neo PIF; una fusione di *poco* e *bello* < sint.agg. *poco bello*; apparentemente, il messaggio trasmesso non è positivo, ma può essere un gioco di parole; cfr. *pico bello*; *picobello*; *picco bello*[657]) ⟶ [N/C ~; Aleo/CEiDG – neg. abbigliamento – 2008 – Sucha Beskidzka-MP].

Progestella (neo IS di fantasia) ⟶ [~ // ESTEMEDIS Sp.k.; WUP – prodotti cosmetici e farmaceutici – 2006 – Gdańsk-PM].

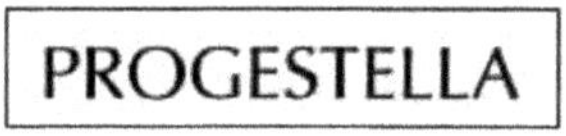

Fig. 385. Fonte: WUP, 4, 2016, p. 1084.

Purella (neo PIF < {csl} *Pur-* < p.es. it. *puro*) ⟶ [~ Sp. z o.o.; https://purella.pl/sklep-kategorie; u.a. 07.03.2021 – neg. in Rete / alimentari – 2020 – Warszawa-MZ].

Rafello (neo deonimico ibr IS < un {cpd} *Raf-* < n.m. pol. *Rafał* 'Raffaele', n.pro; è un gioco fonosimbolico che, nel subconscio, rinvia anche al marchio internaz. *Raffaello*, ciò può essere un effetto voluto dagli autori del M) ⟶ [~ N/C; CEiDG – serv. metallurgici – 2019 – Borówno-KP].

Sella (neo PIF; non s'associa a nessun vocabolo pol.) ⟶ [„~" N/C; GUS – prod. sedie mobili – Drzewce-KP] ⟶ [~ #Meble Sp. z o.o.; PKT – #mobili cucina – 2020 – Trzebnica-DS]. Almeno 10 a.o.

Sotelli (neo PIF di fantasia) ⟶ [~ KINGDOM OF TASTE // POL-FOODS Sp. z o.o.; WUP – pasta, prodotti di farina – 2016 – Prostki-WM].

657 Cfr. anche IVLW: s.v. *pico bello*.

Fig. 386. Fonte: WUP, 10, 2017, p. 3749.

Surella (neo IS; la voce può avere varie motivazioni e spiegazioni; una consiste nel refuso che si è registrato, riferendo la base del M all'it. *sorella*, riconosciuto come un italianismo in pol.) ⟶ [~ N/C; CEiDG – prod. tessile – 2009 – Olszewnica Stara-MZ]. Almeno 2 a.o.

Sztukatella (neo ibr IS basato su un {cpl} *Sztuka-* < s.sg.f. pol. *sztuka* 'arte'; si ottiene una voce originale e suggestiva grazie alla sua trasparenza semantica; cfr. s.sg.f. pol. *sztukateria* 'stuccatura'[658]) ⟶ [N/C „~"; Aleo/CEiDG – serv. educativi non formali – 2012 – Zabrze-SL].

Tapparella (< s.sg.f. ~) ⟶ [~ N/C; CEiDG – fabbricazione avvolgibili in plastica – 2007 – Warszawa-MZ]. Almeno 4 a.o.

Tella Estra (costr. IS para-sintagmatico ottenuto per la giustaposizione di due forme italianeggianti di fantasia) ⟶ [~ Sp. z o.o.; RIO – prod. abbigliamento – 2015 – Oleśnica-DS].

TerElla / Terella (neo IS; nella forma si distinguono due parti, entrambe scritte con le maiuscole, con una motivazione individualizzata; cfr. n.f. pol. *Teresa*, n.pra) ⟶ [TerElla N/C; CEiDG – catering – 2015 – Kozy-SL].

Travella (neo ibr PIF; nella base compare un {cin} *Trav/el/-* < ingl. *travel*; il M è accompagnato da uno *slogan* pol. *w domu i w podróży* 'a casa e in viaggio') ⟶ [~ W DOMU I W PODRÓŻY // RAVI Sp. z o.o.; WUP – carta igienica, tessuti, salviette – 2015 – Brzeźnica-MP].

Fig. 387. Fonte: WUP, 8, 2016, p. 2390.

658 Cfr. IVLW: s.v.

Vella (l'ispirazione può venire dall'antroponimia it.; un possibile riferimento al marchio più conosciuto *Wella*) ⟶ [„~" N/C; CEiDG ⟶ prod. tessili / neg. in Rete – Wilczogóra-WP]. Almeno 5 a.o. Cfr. p.es. *Da Vella.*

Wafella (neo IS < un {csl} *Waf/el/-* < p.es. s.sg.m. pol. *wafel* 'wafer/cialda') ⟶ [#Wypiek Wafli „~" N/C; CEiDG – #cottura / prod. cialde/*wafer* – 2014 – Złoty Stok-DS].

Zenella (neo IS di fantasia; il *tagline* pol. *wyrób medyczny* 'prodotto medico'; dal logo si potrebbe pensare anche ad una connessione alla filosofia, pratica di meditazione *zen*) ⟶ [~ MED // NATUR PRODUKT ZDROVIT Sp. z o.o.; WUP – prodotti farmaceutici, medici – 2018 – Warszawa-MZ].

Fig. 388. Fonte: WUP, 11, 2018, p. 4089.

Ziarnella (neo ibr IS; nella base un {cpl} *Ziarn-* < s.sg.m. pol. *ziarno* 'grano') ⟶ [~ // INTER EUROPOL PIEKARNIA SZWAJCARSKA Sp. z o.o. Sp.j. ; WUP – prodotti a base di farina / grano – 2014 –Marki-MZ].[659]

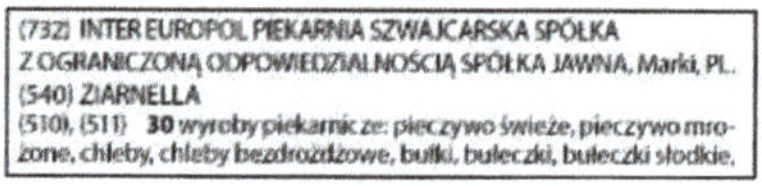
(732) INTER EUROPOL PIEKARNIA SZWAJCARSKA SPÓŁKA Z OGRANICZONĄ ODPOWIEDZIALNOŚCIĄ SPÓŁKA JAWNA, Marki, PL.
(540) ZIARNELLA
(510), (511) **30** wyroby piekarnicze: pieczywo świeże, pieczywo mrożone, chleby, chleby bezdrożdżowe, bułki, bułeczki, bułeczki słodkie,

Fig. 389. Fonte: WUP, 1, 2016, p. 144.

659 Si vedano vari nomi in questo modello analizzati in altre parti del *corpus*, soprattutto tra le forme transonimizzate (da nomi personali): *Annarella*; *Aromatella*; *Barbarella*; *Barbastella*; *Irella*; *Mirella*; *Rossella*; *Evella*; *Donatella*... *Cinderella*; *Pulcinella*; *Menstruella*; *Mozzarella*; *Tarantella*; *Fallabella*; *Lafontanella*; *Da Vella*; *Della...*; *Prodotti Stella*; *La Stella*; *Bella...*, p.es. *Bella Ella*; *Labella...*; *Lubella*; *Agatella...*; *Fryzo-Bella*; *Eko-Bella* et al. *...Bella*; *La Gracjanella*; *La Karuzella*; *Amorella*; *Caramella...*; *Medella*; *Crochetella*; *Topinella*; *Bimatella*; *Donatello*; *Marcello...*; *Raffaello*; *Angello*; *Gastello*; *Botticello*; *Marinello*; *Castello*; *Gastello*; *Quello*; *Livello...*; *Bon-Bello*; *Caramello*; *Farinelli*; *Morelli*; *Bella Capelli*; *Belli...*; *Italiana Pelli*; *La Pelle*; *Marco Pelle*; *Dooperelle*.

4.8.2.3.3. -illo, -illa, -illi

Bambarillo (neo IS; un n. "simpatico", adatto per il linguaggio infantile e di gioco fra bambini; allude anche al s.sg.m. pol. *bambaryła*, un termine spreg. che significa 'stupido, ciccio') ⟶ [~ // C/N; WUP – abbigliamento per bambini – 2021 – Łódź-LD].

Fig. 390. Fonte: WUP, 28, 2021, p. 22.

Caprilla (neo PIF di fantasia) ⟶ [~ // SDX GROUP Sp. z o.o.; WUP – borse, borsette, asciugamani, ecc. – 2021 – Warszawa-MZ].

Fig. 391. Fonte: WUP 32, 2021, p. 91.

Gilli (neo IS di fantasia) ⟶ [~ // C/N AERO AB; WUP – mobili, prodotti di falegnameria – 2019 – Ostaszewo-PM].

Fig. 392. Fonte: WUP, 3, 2020, p. 243.

Pilli (neo IS di fantasia; si intravede una connessione con l'ingl. *pillow* 'cuscino') ⟶ [~ HEALTHY SLEEP // NATURE TRADE Sp. z o.o.; WUP – prodotti specialistici per camere da letto – 2017 – Plewiska-WP].

Fig. 393. Fonte: WUP, 12, 2017, p. 4633.

Primavilla (neo PIF; un {cil} *Prima-* < it. *prima* + un {csl} *-villa* < p.es. it. *villa*) ⟶ [~ N/C; Aleo/GUS – agenzia immobiliare – 2000 – Warszawa-MZ].

Spillo (< s.sg.m. it. ~; nella zona perionimica viene usato il s.pl.n. pol. *tekstylia* 'prodotti tessili') ⟶ [~ TEKSTYLIA Sp. z o.o.; RIO – prod. abbigliamento – 2015 – Buk-WP].[660]

4.8.2.3.4. -alla, -allo, -alli

Cafalla (neo PIF che può funzionare come una forma cognominale "pronta" a diventare un originale marchio italianeggiante nell'ambito pol.; composta da un {cx} *Cafa-* + formante suffiss/oid/ale {cil} *-/a/lla*; può essere ispirato al lessema it. *farfalla*) ⟶ [~ N/C; CEiDG – neg. abbigliamento – 2017 – Rzeszów-PK].

Fig. 394. Fonte: https://www.facebook.com/CafallaFashion?locale=pl_PL, u.a. 7.05.2023.

Carballo (neo PIF di fantasia; lo potrebbe motivare anche l'area spagnola) ⟶ [~ // C/N; WUP – rivestimenti murali in legno – 2019 – Bielsko-Biała-SL].

Fig. 395. Fonte: WUP, 2, 2020, p. 132.

Falla (neo PIF creato sul modello delle strutture bisillabiche con il raddoppiamento della cons. mediana; in questo caso la base di riferimento è costituita dal s.sg.f. pol. *fala* 'onda', creando una voce nuova e italianeggiante, teoricamente esistente come appellativo nel vocabolario it.[661], omofona con la frase it. *falla!*; il riferimento al pol. *fala* è molto ovvio, anche perché nel logonimo dell'azienda compaiono i disegni di onde marine, vd. Fig. 396; per lo più, la pizzeria è attiva in una città al mare; una filiale di Falla si trova anche a Varsavia, vd. Fig. 28) ⟶ [~ Sp.c.; CEiDG – ristor. rete – 2017 – Gdynia-PM]. Almeno 3 a.o.

---

660 Si vedano anche *My Pupillo*; *Villa...*; *Camilla*; *Barrilla*; *Oldilla*; *Lilla...* .

661 Il significato del termine *falla*, malgrado un'attinenza al campo navale, sarebbe una pura coincidenza in questo caso. Cfr. Treccani: s.v., https://www.treccani.it/vocabolario/ricerca/falla/, u.a. 5.09.2023.

Fig. 396. Fonte: https://fallagdynia.pl/restaurants/falla-gdynia, u.a. 7.05.2023.

Galla (neo PIF; l'ispirazione può essere deantroponimica) ⟶ [F.H.U. „~" Sp.c. N/C1, N/C2. #Hurtownia lodów; PKT/KRS – # vend. all'ingrosso: gelato – 2000 – Krosno-PK].

Lalla (la voce può essere basata sul s.sg.f. pol. *lala* usato per designare una 'bambola', anche nella versione ipocoristicizzata pol. *lalka*, oppure, nel linguaggio colloq., per designare in modo leggermente scheroso e offensivo una 'bella e giovane donna') ⟶ [P.P.P.H.U. „~" N/C; CEiDG – neg. abbigliamento – 1986 – Piotrków Trybunalski-LD]. Almeno 2 a.o.

Malla (neo PIF di fantasia) ⟶ [F.U. „~" N/C; CEiDG – serv. trasporto – 2016 – Młodocin-KP]. Almeno 2 a.o.

Pialla (neo PIF di fantasia) ⟶ [~ N/C; CEiDG – prod. mobili cucina – 2019 – Bytom-SL].

Polalla (neo ibr IS; incrocio di più elementi possibili, p.es. un {cpd} *Po/la/-* < pol. *Pola*, l'ipocoristico del n.f. pol. *Apolonia* + formante {cx}/{civ} *-/la/lla*) ⟶ [~ #PRACOWNIA PROJEKTOWANIA I KONSTRUKCJI ODZIEŻY N/C; CEiDG – #atelier della moda – 2017 ◊ 2018 – Błonie-MZ]. Cfr. *Lalla*.

Travalla (neo ibr IS basato su un {cpd} *Trav-* che coinvolge una parte del c.pro *Trawiński*; una possibile connessione paronimica con l'it. *trave*) ⟶ [~ N/C; CEiDG – forgiatura pressatura stampaggio e laminazione di metalli – 2019 – Cieciułów-OP].

Viccallo La La (neo sint. parafrastico di fantasia; la sequenza *-allo la la* lo rende musicale) ⟶ [~ N/C; Aleo/GUS – neg. abbigliamento – 2016 ◊ 2018 – Kędzierzyn Koźle-OP].[662]

4.8.2.3.5. -olla, -ollo, -olli

Polla (neo IS; la motivazione può essere deantroponimica < n.f. pol. *Pola*) ⟶ [~ Sp. z o.o. Sp.k.; RIO – prod. abbigliamento – 2017 – Warszawa-MZ].

Marcolla (neo IS; una possibile contaminazione di un {cid} *Marco-* o un {csd} *Marc-* + un {cil} *-colla* < it. *colla*) ⟶ [~ Sp. z o.o.; Aleo/GUS – vend. all'ingrosso prodotti chimici – 2009 – Poznań-WP].

662 Si vedano anche le unità *Acquatalla*; *Agalla*; *Capalla*; *Czupalla*; *La Scalla*; *LaDalla*; *Farfalla*; *La Farfalla*; *Cavalla*; *Alla...*; *La Lalla*; *Ardalli*.

Fig. 397. Fonte: http://www.silikony-MPrcolla.com/, u.a. 4.05.2023.

Werolli (neo IS di fantasia basato su un {cx} *Wer-* con la *w* caratteristica per l'alfabeto pol. e internazionale, ma non usata nelle parole it.) ⟶ [~ // C/N RS-TECH; WUP – prod. mobili – 2021 – Olsztynek-WM].

Fig. 398. Fonte: WUP, 31, 2021, p. 56.

Si vedano inoltre *Laolla*; *Diabollo*; *Picollo*; *Pikollo.*

4.8.2.3.6. -etta, -etto, -etti

Allegretto (< s.sg.m. it. ~; termine mus.) ⟶ [~ N/C; CEiDG – serv. educativi – 2005 – Szczecin-ZP] ⟶ [#Autorska Szkoła Muzyki ~ N/C; CEiDG – #scuola mus. d'autore – 2013 – Wrocław-DS]. Almeno 2 a.o.

Alletto (neo IS; n. di fantasia) ⟶ [ALLETTO.PL N/C; CEiDG – serv. informatici – 2017 – Raszyn-MZ].

Amaretti (< s.pl.m. ~) ⟶ [~ N/C; CEiDG – pasticceria – 2016 – Lubawa-WM].

Amaretto (< s.sg.m. ~) ⟶ [~ N/C; CEiDG – serv. di spedizione e posta – 2011 – Góra Kalwaria-MZ] ⟶ [#Delikatesy „~" C/N; CEiDG – #neg. alimentari "di lusso" – 2016 – Jarosław-PK]. Almeno 2 a.o.

Anetti (può riferirsi al n.f. pol. *Aneta* o *Anettta*) ⟶ [~ N/C; CEiDG – vend. all'ingrosso: merce varia – 2014 – Zarzecze-PK].

Animaletto (< s.sg.m. it. ~; dim. vezzegg.) ⟶ [~ N/C; CEiDG – vend. in Rete – 2019 – Żory-SL].

Architetto (< s.sg.m. ~) ⟶ [C/N ~; CEiDG – serv. architettonici – 2007 ◊ 2018 – Kraków-MP].

Asetto (neo IS di fantasia basato su un {cx} *As-*; può essere un'associazione allo zoonimo pol. *As*; oppure è una prova della riproduzione dell'it. *assetto*) ⟶ [~ N/C; CEiDG – serv. segreteria – 2018 ◊ 2020 – Bydgoszcz-KP].

Assetto (< s.sg.m. it. ~) ⟶ [~ N/C; CEiDG – serv. pulizia uffici e spazi industriali – 2015 ◊ 2018 – Słowik-SL].

Auto Perfetto (< sint.nom. it. ~ con un refuso grammaticale; l'equiv. pol. dell'it. *auto* è lo stesso *auto*, ma è un vocabolo del genere maschile, per questo si usa l'agg. *perfetto* nello stesso genere; anche per l'assonanza con la desinenza *-o* di *auto*; cfr. avv. pol. colloq. *perfekt* 'perfettamente / perfetto') ⟶ [~ N/C; CEiDG – meccanico – 2007 – Nowy Sącz-MP].

Barbetti (neo IS di fantasia stilizzato su un cogn. it.) ⟶ [~ N/C; CEiDG – vend. all'ingrosso: abbigliamento – 2014 – Łódź-LD].

Baretto (neo IS stilizzato come un dim. dell'it. *bar*; utilizzato nei *mass media* it.) ⟶ [~ N/C; CEiDG – serv. gastronomici – 2004 – Warszawa-MZ].

Basketto (neo IS < ingl./internaz. *basket* stilizzato come un dim. it.) ⟶ [~ N/C; CEiDG – serv. educativi sportivi – 2020 – Dąbrowa Górnicza-SL].

Bell'aspetto [sic!] (< sint.nom. ~) ⟶ [~ N/C; CEiDG – neg. abbigliamento – 2020 – Gdynia-PM].

Benedetto (< n.m. it. ~; reso conosciuto tra gli utenti pol. con il n. assunto da papa Benedetto XVI) ⟶ [~ N/C; CEiDG – serv. corriere spedizione – 2010 – Łódź-LD]. Almeno 2 a.o.

Binetto (neo PIF < un {cx} *Bin-*; è anche possibile leggerci l'italianismo usato nei servizi di contabilità: un {cil} *-netto* < it. *netto*) ⟶ [N/C ~ #BIURO RACHUNKOWE; CEiDG – #serv. contabilità – 2001 – Kraków-MP].

Biretto (neo PIF < s.sg.m. ~) ⟶ [„~" N/C; CEiDG – vend. in Rete – 2017 – Wrocław-DS]. Almeno 2 a.o.

Bobetto (neo IS basato su un {csd} *Bob-*) ⟶ [~ N/C; CEiDG – vend. all'ingrosso: prodotti tessili – 2018 – Zahutyń-PK].

Cavaletto [sic!] (neo IS stilizzato su un ipotetico dim. **cavalletto*; comunque è una forma inesistente in it.; i possibili dim. di cavallo sono *cavallino*, *cavalluccio*, ecc.) ⟶ [~ N/C; CEiDG – allevamento cavalli – 2020 – Gawłowo-MZ].

Chetto (neo IS di fantasia ottenuto per mezzo dell'aggiunta del nesso *ch* al suff. *-etto*; un utente pol. comune che non conosce le regole della pronuncia it., realizzerà nell'orale il digramma *ch* come [x]: ['xεttɔ]) ⟶ [~ N/C; CEiDG – neg. abbigliamento – A1 – Poznań-WP].

Concetto (< s.sg.m. ~) ⟶ [~ N/C; CEiDG – serv. amministrazione uffici – 2018 – Kraków-MP].

Concretto [sic!] (neo IS; stilizzato su un dim. dell'agg. it. *concreto*) ⟶ [~ N/C; CEiDG – edilizia – 2020 – Nielep-ZP].

Corvetta (< s.sg.f. it. ~; in pol. adattato come *korweta*, s.sg.f. < fr. *corvette*) → [„~" N/C; CEiDG – serv. trasporto – 2001 – Szczecinek-ZP].

Deconfetti (neo PIF < un {cx} *De-* + un {cil} *-confetti* < it. *confetti*, un italianismo internazionalizzato) → [~ N/C; CEiDG – decorazioni varie / vend. in Rete – 2010 – Warszawa-MZ].

Detto (< agg./part.pass. del v. it. *dire*) → [~ N/C; CEiDG – serv. professionali non classificati – 2020 – Września-WP].

Diletto (< s.sg.m. it. ~) → [~ N/C; CEiDG – vend. in Rete – 2020 ◊ 2020 – Bydgoszcz-KP].

Dinetto (neo PIF < un {cx} *Din-*; forma stilizzata su un dim. it.; lo si può associare al crematonimo ***Dino***, oggi, p.es., la denominazione di una rete di supermercati molto popolare in Polonia, ma anche un onimo utilizzato nelle produzioni animate per bambini per designare un dinosauro immaginato, chiamato appunto *Dino*[663]; lo stesso n. *Dino* potrebbe essere qualificato come italianeggiante[664]) → [~ N/C; CEiDG – serv. PR – 2020 – Opole-OP].

Dolcetto (< s.sg.m. it. ~; / dim. vezzegg. di *dolce*) → [~ Sp. z o.o.; Aleo/KRS – serv. costruzioni edilizia – 2020 – Warszawa-MZ].

Dżepetto (adattamento pol. di *Gepetto*; ispirato dal n. di uno dei protagonisti della storia di Pinocchio, resa nota in diverse realizzazioni della cultura di massa[665]) → [N/C „~" #Usługi stolarskie – meble ogrodowe; CEiDG – #serv. falegnameria – mobili di giardino – 2014 – Parszów-SW]. Almeno 7 a.o. Cfr. *Gepetto*.

→ [~ // C/N; WUP – artt. di carta – 2020 – Śrem-WP].

Fig. 399. Fonte: WUP, 28, 2021, p. 87.

663 Nel contesto italiano, *Dino* potrebbe far pensare ad un modello della marca automobilistica Ferrari (vd. Caffarelli 2004b: 657).
664 È possibile indicare qui anche l'espr. it. *tagliare di netto*, ma è poco probabile che abbia ispirato la creazione di questo marchionimo.
665 I nomi dei vari personaggi, oggetti e luoghi delle *Avventure di Pinocchio* sono ben visibili nell'onomastica commerciale internazionale, ma anche quella più vicina alla famosa opera letteraria italiana (vd. Randaccio 2003; cfr. Gałkowski 2011a: 242–246).

Effetti (< s.pl.m. it. ~) ⟶ [~ N/C; CEiDG – vend. in Rete / abbigliamento – 2016 ◊ 2019 – Warszawa-MZ].

Etto (ispirato al suff. it. *-etto*; risulta anche l'omonimo del sost. it. *etto*) ⟶ [~ // BRILUM S.A.; UP – apparecchi ed installazioni per illuminazione ecc. – 2002 – Warszawa-MZ]. Cfr. *etta*.

Floretto (ispirato al prestito *floret*, s.sg.m. pol. < it. *fioretto*) ⟶ [~ N/C; CEiDG – prod. imballaggi – 2007 – Poznań-WP].

Marletto (neo ibr IS) ⟶ [~ // OPTIMUM MARK Sp. z o.o.; WUP – gelato, dolci – 2018 – Warszawa-MZ].

Fig. 400. Fonte: WUP, 11, 2018, p. 4237.

Mebletto (neo IS < un {cpl} *Mebl/e/-* < s.pl.m. pol. *meble* 'mobili') ⟶ [~ #MEBLE NA WYMIAR N/C; Aleo/CEiDG – #lett. mobili su misura / prod. mobili cucina – 2019 – Zamość-LU].

Mikoetto (neo IS; può essere un anagramma parziale del c.pra *Omiotek*; è probabile che la base *Miko* sia il soprannome della proprietaria creato a partire del suo cogn.) ⟶ [N/C ~; CEiDG – prod. abbigliamento – 2020 – Zamość-LU].

Netto (< s.sg.m. / internaz. nella terminologia commerciale/economica[666]) ⟶ [N/C „~" P.H.U.; CEiDG – neg. alimentari – 2001 – Wrocław-DS]. Almeno 3 a.o.

O' La Wioletta (l'influenza può venire dallo spagnolo, ma per la forma italianeggiante del n.f. *Wioletta* 'Violetta', n.pra., adattato da tempo all'*antroponomasticon* pol., l'intera struttura si legge come "italiana"; *O'* può stare anche per l'interiezione *Oh/O*; un'altra lettura ipotetica: *O' La* < n.f. pol. *Ola*) ⟶ [BUTIK ~ N/C; Aleo/GUS – neg. abbigliamento – 2016 – Ciechocinek-KP].

Perfetto (< agg./interiez. it. ~) ⟶ [#BIURO RACHUNKOWE ~ N/C; CEiDG – #agenzia / serv. di contabilità – 2008 – Gdańsk-PM]. Almeno 4 a.o.

666 Esiste anche una rete di supermercati *discount Netto* (cfr. https://www.netto.pl/o-nas/historia/, u.a. 6.07.2023).

4.8.2.3.7. -otto, -otta, -otti, -itta, -atta, -atti

Amorotto (neo PIF < un {cil} *Amor-* < it. *amore*) ⟶ [~ Sp. z o.o. Sp.k.; RIO – prod. giocattoli mobili – 2017 – Warszawa-MZ].

Cassotto (neo IS basato su un {cil} *Cass-* < it. *cassa*, ma può essere anche una pura coincidenza dell'invenzione non motivata da nessun vocabolo di base; attraente solo per il suo evidente aspetto italianeggiante superficiale) ⟶ [~ N/C; CEiDG – vend. in Rete – 2017 – Szadkowice-Ogrodzim-LD].

Dotto (la coincidenza con l'agg. it. *dotto* è indiscutibile, ma la forma può essere l'esito di una creazione individuale liberamente ispirata dall'it.; se, invece, motivato da un influsso avanzato it., sarebbe possibile associare *Dotto* anche con l'abbreviazione *dottò* < it. *dottore*) ⟶ [~ N/C; CEiDG – agenzia pubblicitaria – 2019 – Bielsko-Biała-SL]. Almeno 2 a.o.

Eksaatto (neo IS < un {cx} *Eksa-*; un gioco di fonemi e sillabe che possono essere ispirate all'it. *esatto* e/o dall'ingl. *exact*) ⟶ [N/C „~"; CEiDG – parco divertimenti – 2010 ◊ 2020 – Warszawa-MZ].

Fgotti (neo IS di fantasia; il nesso iniziale *Fg* può essere deantroponimico: le iniziali dei n. personali) ⟶ [~ N/C; PKT/CEiDG – prod. gelato – 2001 – Łomża-PD].

Fotto (neo IS; alla base sta il sost. *foto* usato come un {cil}; la voce ottenuta sembra più visibile e "più italianeggiante" del comune *foto*; non intenzionalmente, è stata creata una forma che corrisponde come falso amico al v. *fottere*: l'ind.pres. 1 pers. sg.: *io fotto*) ⟶ [~ N/C; CEiDG – serv. fotografici accessori – 2014 – Lublin-LU].

Fig. 401. Fonte: https://fotto.lublin.pl/, u.a. 1.05.2023. Pol. *akcesoria fotograficzne* ['accessori fotografici'].

Grotto (neo IS ispirato all'it. *grotta*, oppure è il semplice frutto del collegamento di un {cx} *Gr-* + *-otto*) ⟶ [~ N/C; CEiDG – vend. all'ingrosso di veicoli – 2015 – Białogard-ZP].

Jotto (neo IS; può essere il riferimento al n. della lettera *j* [j]: pol. *jot* 'i lunga' con la quale inizia il n.m. pol. *Janusz* 'Gianni', n.pro) ⟶ [~ N/C; CEiDG – agenzia pubblicitaria – 2019 – Bielsko-Biała-SL].

Karotto (neo ibr IS; formato per mezzo della radice del tipo {cpl}/{cpd} *Kar/o/-* < s.sg.f. pol. *karotka* 'piccola carota'; è possibile un legame con il n.f. *Karolina* 'Carolina', n.pra) ⟶ [~ #USŁUGI GASTRONOMICZNE N/C; CEiDG – #serv. gastronomici – Warszawa-MZ].

Martitta (neo deonimico IS; imita un n. di persona; risulta la combinazione di un {cpd} *Mart-* < n.f. pol. *Marta*, n.pra, e del formante suffissoidale *-itta* in funzione di un {cil} *-itta*) ⟶ [„~" N/C; Aleo/GUS – serv. fisioterapista – 2011 ◊ 2019 – Długopole Dolne-DS].

Perlitta (neo IS; nella base si individua un {csl} *Perl-* < p.es. pol. *perła* 'perla') ⟶ [~ #MEBLE Sp. z o.o.; RIO – prod. #mobili – 2017 – Kicin-WP].

Rotto (sembra l'omonimo dell'it. *rotto*, ma in tal caso non sarebbe troppo fortunato come scelta intesa da italofoni in riferimento al concetto di "rotto"; in realtà, può essere una creazione con la semplice motivazione di stabilire una forma "perfettamente italianeggiante" per lo scritto e nell'orale; *Ro-* coincide con la prima sillaba del n.m. pol. *Robert* 'Roberto', n.pro) ⟶ [~ N/C; CEiDG – serv. contabilità fiscale – 1996 – Łódź-LD]. Almeno 2 a.o.

Vinotti (neo PIF) ⟶ [~ Sp. z o.o. Sp.k.; WUP – mobili – 2016 – Kraków-MP].[667]

Fig. 402. Fonte: WUP, 8, 2017, p. 2698.

4.8.2.3.8. -asso, -assi, -issa, -isso, -esso, -essa

Amoresso (neo IS; ispirato all'it. *amore* / internaz. *Amor* con la funzione di un {cil} + terminazione {cil} *-esso*) ⟶ [~ N/C; Aleo/CEiDG – vend. in Rete – 2016 ◊ 2019 – Zielona Góra-LB].

Bellessa Eyewear (neo IS; è possibile anche l'influsso spagnolo: *belleza*) ⟶ [una pseudomarca it. di occhiali – Warszawa-MZ].

Fig. 403. Fonte: http://optovit.pl/oprawa-bellessa-tl-3545a-c3,3,3128,2203, u.a. 26.07.2023.

667 Si vedano nel *corpus* analizzato anche altri marchionimi di questo tipo: *Psotto*; *Bassotto*; *Biscotto*; *Risotto*; *Tradotto*; *Sotto*...; *Cotto*...; *Ryżotto*; *Ciecierzotto*; *Gryczotto*; *Dorotta*; *Panna Cotta*; *Grotta*...; *Prodotti*...; *Antonio Mariotti*; *Vittoria Gotti*; *Margeritta*; *Mia Ditta*; *Citta*... [sic!]; *La Datta*; *Gatta*; *Coloratta*; *Patti*; *Bogatti*.

Bicasso (neo IS di fantasia; la parte iniziale si riferisce alla *bicicletta*, ingl. *bicycle*; *-casso* potrebbe alludere al *casco* pol. *kask*, s.sg.m.) → [~ // C/N1, C/N2 P.P.H.U. AMPO Sp.c.; WUP – accessori per biciclette – 2016 – Łask-LD].

Fig. 404. Fonte: WUP, 12, 2017, p. 4604.

Caprissa (neo IS; può essere la fusione di un {cid} *Capr/i/-* < nesonimo it. *Capri* e del formante suffiss/oid/ale {cil} *-/i/ssa*; l'ispirazione può venire anche dalla volontà di far pensare al s.sg.m. pol. *kaprys* 'capriccio'; cfr. anche *capricciosa / *capriciossa*, TAB. 6) → [~ Pizzeria N/C; PKT/GUS – 2013 – Łódź-LD].

Fig. 405. Fonte: https://www.pizzeria-caprissa.pl/, u.a. 6.05.2023.

Dagrasso (univerbazione del sint.prep. *da grasso*[668]) → [~ Sp. z o.o.; WUP – prodotti alimentari, pizze – 2012 –Warszawa-MZ].

Fig. 406. Fonte: WUP, 4, 2017, p. 1022.

Ficasso (neo IS che può essere ispirato al cogn. *Picasso*; d'altro canto, è anche possibile che sia una creazione di gioco con la voce volg. it. *fica*; da notare l'effetto di opacità del M d'origine straniera, che, in realtà, può codificare anche dei riferimenti controversi e osceni, non ritrovabili da utenti pol. senza un'analisi approfondita) → [~ N/C; PKT/GUS – prod. mobili – 2017 ◊ 2018 – Zagórze-LU].

668 Cfr. *Da Grasso*, il nome designante una rete di pizzerie.

Flavissa (neo IS basato su un {cs} *Flav-*) ⟶ [~ // MILA S.A.; WUP – tessuti igienici – 2016 – Inowrocław-KP].

Fig. 407. Fonte: WUP, 10, 2017, p. 3517.

La Cresso (neo IS l'italianità del quale viene rafforzata dall'uso dell'art.det. *La*; stilizzato su *Da Grasso*) ⟶ [„~" N/C; Aleo/CEiDG – pizz. – 2009 ◊ 2020 – Otwock-MZ].

Massi (neo PIF) ⟶ [~ Sp. z o.o.; WUP – attrezzature per bagno – 2018 – Białuty-MZ].

Fig. 408. Fonte: WUP, 8, 2019, p. 2417.

Pizzasso (neo IS composto da un {cil} *Pizz/a/-* < it./internaz. *pizza* + formante suffissoidale *-/a/sso* con la funzione di un {civ}) ⟶ [~ N/C; PKT – pizz. – 2007 – Wrocław-DS].

Plisso (neo ibr IS basato su un {cx} *Pl-*; la forma s'associa con il s.sg.f. pol. *plisa* 'piega/plissé') ⟶ [~ // Vertex S.A.; https://plisso.pl/, u.a. 07.03.2021 – neg. mobili – 2016 – Czechowice-Dziedzice-SL].

Trresso (neo IS di fantasia creato sul modello delle strutture bisillabiche con una cons. intervocalica raddoppiata; in questo caso, l'immaginazione dell'onomaturgo è andata anche più avanti, conducendo al raddoppiamento della *r* nel nesso *Trr-*, non ammissibile nell'ortografia it. né in quella polacca) ⟶ [~ Sp. z o.o.; PKT/GUS – pizz. – 2005 – Toruń-KP].[669]

4.8.2.3.9. -azzo, -azza, -azzi, -ezzo, -ezza, -ezzi, -izzo, -izza, -ozzo, -uzzo

Awezzi (neo IS di fantasia; si noti l'uso della *w* estranea all'ortografia it., ma accettabile in pol.) ⟶ [~ Sp. z o.o.; RIO – prod. mobili – 2019 – Osówko-ZP].

Bezzo (neo IS creato sul modello: un {civ} *-ezzo* preceduto da una cons.) ⟶ [~ N/C; CEiDG – attività relative al software – 2021 – Ruda Śląska-SL].

---

669 Si considerino inoltre *Basso*; *Ripasso*; *Al Passo*; *Mio Sasso*; *Massi*; *Dresso*; *Destresso*; *Adesso*; *Maestro Espresso*; *L'Espresso*; *Uno Espresso*; *Il Successo*; *Principessa*.

Bozzo (neo PIF; la *b*, ma anche la parte successiva: *Boz-* possono essere considerate come categorie {cpd} < pol. *Bożek*, c.pra; il cogn. *Bożek* viene dal teonimo pol. *Bóg* 'Dio') ⟶ [~ N/C; PKT/CEiDG – prod. gelato – 2018 – Warszawa-MZ].

Fig. 409. Fonte: https://www.facebook.com/BozzoConcept/, u.a. 12.07.2023.

Cazzo / CazZo (il M compare in un accompagnamento perionimico dell'ingl. *shop*; è stato un vero e proprio "incidentalismo", ma non è passato senza eco, come altri MM registrati nel mondo, basati, consapevolmente o inconsapevolmente, sull'it. *cazzo*; da notare anche la grafia del M nella sua veste logonimica: si mette in rilievo una delle due *zz*) ⟶ [*CazZo* Shop (sic!) N/C; CEiDG – vend. in Rete – 2016 ◊ 2016 – Gorzów Wielkopolski-LB]. Cfr. *Kazzo*; *Pikazzo*.

Espezzo (neo IS basato su un {cx} *Esp-*; può anche riferirsi all'it. *pezzo* senza un impatto concettuale) ⟶ [N/C ~; CEiDG – agenzia pubblicitaria – 2005 – Warszawa-MZ].

E-ToMaZZo (neo IS; un gioco interlinguistico e fono-grafico complesso: *E-* iniziale vale per il formante prefissoidale *e-* che nel linguaggio informatico indica appunto lo spazio elettronico/Internet; *-ToMaZZ-* si presenta come un {cpd} che resta in un chiaro legame con il n.pro pol. *Tomasz*; d'altronde, l'iniziale del c.pro è la cons. *Z*) ⟶ [*E-ToMaZZo* N/C; CEiDG – vend. in Rete – 2010 – Godów-SL].

Ezzo (neo IS fondato sulla base ispirata al suff. it. *-ezzo*; nella sfera perionimica il termine *media* riferito al settore rappresentato) ⟶ [~ Media N/C; CEiDG – prod. film, video e programmi tv – 2013 ◊ 2019 – Kraków-MP].

Gatuzzo (neo PIF che può essere riferito all'it. *gatto*) ⟶ [N/C „~"; CEiDG – prod. scarpe – 2018 – Stronie-MP].

Grizzo (neo IS; assomiglia all'it. *grigio*; si fonda su un possibile {cil} realizzato dal formante suffiss/oid/ale *-izzo*; pronunciato conformemente alla fonetica pol., risulta cacofonico: *['grizzɔ]; chi viene informato della possibilità di pronunciarlo all'italiana, o lo fa spontaneamente, non trova difficoltà articolando la voce vicina a qualcosa come ['gridzdzɔ]) ⟶ [~ N/C; CEiDG – ristor. – 2010 – Warszawa-MZ].

Mamarazzo (neo IS di fantasia basato su un {cx} *Mamar-*; cfr. *Paparazzo*) ⟶ [N/C ~; CEiDG – serv. fotografici – 2018 – Szpetal Górny-KP].

Pazzo (sorprende la scelta della voce quando ci si rende conto del significato della base it.) ⟶ [„~" N/C; CEiDG – parrucchiere – 2010 – Rzeszów-PK].

Prezzo (< s.sg.m. ~; sembra una scelta per valori formali della voce e non del significato della sua base lessicale it.) ⟶ [P.P.H.U. ~ N/C; CEiDG – prod. di pane e dolci – 2012 – Chmielnik-PK]. Almeno 2 a.o.

Progezzo (neo IS in cui si intravede un’associazione all’it. *progetto*: la doppia *t* è stata soppiantata dalla doppia *z*; è anche possibile analizzarlo come una fusione: due {cil} *Prog-* < it. *progetto* + formante suffiss/oida/le *-ezzo*; il M non può, in realtà, fare a meno della pronuncia assomigliante a quella it. [prɔ’ʤɛtstsɔ], se no, sembrerebbe “strano” e quasi impronunciabile da un utente pol.: *[prɔ’gɛzzɔ]) ⟶ [~ N/C; CEiDG – serv. informatici / attività relative al software – 2013 – Opole-OP].

Solazzo (neo IS che risulta l’omonimo del cogn. it. della proprietaria) ⟶ [~ // N/C P.H.U. Almar; CEiDG – neg. alimentari articoli vari – 2008 – Będzin-SL].

Terrazzo (< n.sg.m. it. ~; cfr. s.sg.m. pol. *taras* ‘terrazza’) ⟶ [#ZAKŁAD PRODUKCJI MATERIAŁÓW BUDOWLANYCH „~”; CEiDG – #fabbrica di prodotti per l’edilizia – 1989 – Kąkolewice-WP]. Almeno 7 a.o.[670]

Fig. 410. Fonte: https://terrazzo.com.pl/produkty/moderno/starobruk-kostka-brukowa/, u.a 12.07.2023.

4.8.2.4. Il modello $\text{-V}_x\text{C}_x\text{C}_y\text{V}_x$ *o* $\text{-V}_x\text{C}_x\text{C}_y\text{V}_y$

Il modello delle terminazioni bisillabiche come marcatori morfologici espliciti d’italianità può consistere inoltre nell’incontro di due diverse consonanti ($\text{-}C_xC_y\text{-}$) che si situano tra due vocali identiche ($V_x\text{-}V_x$) o diverse ($V_x\text{-}V_y$).

L’origine di questi abbinamenti non è solamente suffissale, ma anche desinenziale. Questo secondo caso va illustrato anzitutto dal formante *-ando* che è la ripresa della desinenza verbale del gerundio presente dei verbi italiani della I coniugazione. La desinenza è ben conosciuta dalla terminologia musicale che

670 Si vedano nel *corpus* analizzato anche altri marchionimi illustranti questo modello: *Razza*; *La Gazza*; *La Piazza*; *Piazza…*; *La Ragazza*; *Bella Ragazza*; *Mario Tazza*; *Tazzo*; *Zazzo*; *Polo Pazzo*; *Pettegolezzo*; *Uno Prezzo*; *Pezzo…*; *Palazzo In Fortezza*; *Salone Di Belezza*; *La Grande Bellezza*; *Di Bellezza*; *Freschezza*; *Pizza…*; *Mangia Pizza*; *Prego Pizza*; *Pani Pizza*; *Prosto Pizza*; *La Prima Pizza*; *Bella Pizza*; *Tellepizza*; *Artepizza*; *Opalenizza*; *Piwnizza*; *La Gizza*; *Ragazzi*; *Paparazzi*; *Pazzi Pezzi*; *Markuzzo*, *Tuzzo*. Cfr. *Armando Fabbrizi*.

include i vocaboli prototipici di questo modello, come *mormorando, accelerando, rallentando*. Va presa in considerazione anche una popolare ricreazione polacca di *mormorando*, motivata semanticamente e usata per scherzo, cioè **mruczando* (dal v. pol. *mruczeć* 'emettere delle fusa nel canto o nella recitazione')[671].

La notorietà di *-ando* come marcatore morfologico d'italianità nella MPLI è davvero ragguardevole. Si può presumere che la produzione massiccia dei marchionimi in *-ando* sia anche dovuta ad una influenza endogena di queste forme registrate come nomi commerciali in Polonia. La loro presenza sempre crescente fa consolidare la terminazione *-ando* come segno particolarmente distintivo per la MPLI e fa nascere sempre delle proposte nuove. È, infatti, molto produttiva.

Le altre terminazioni considerate in questa sezione risultano meno diffuse, ma non meno marcate, ciò assicurano anche i loro prototipi possibili, p.es. *andante* dalla terminologia musicale per la ripresa della desinenza del participio presente dei verbi italiani della I coniugazione *-ante*; i nomi *speranza, danza* o *stanza* che illustrano *-anza*; *Trussardi, Leopardi, Verdi*: *-ardi* e simili; *fresco* e *Francesco*: *-esco*, ecc.[672]

Ipoteticamente, i suffissi/-oidi presentati nel presente modello possono rimanere anche senza prototipi speciali, e le loro forme risultano trasformazioni creative delle terminazioni appena spiegate (p.es. *-anto* < *-ante*; *-enzo* < *-anza*; *-ardo* < *-ardi*; ecc.).

4.8.2.4.1. -ando

Avando (neo IS di fantasia; può essere una forma riprodotta con un refuso rispetto a *avendo*, soprattutto perché il settore si riferisce all'ambito della gestione dei beni; d'altro canto, ogni creazione marchionimica è possibile e ammissibile) ⟶ [N/C ~; CEiDG – affitto gestione di beni immobili – 2009 – Wrocław-DS].

Cleando (neo ibr IS fondato su un {cin} *Clean* < v. ingl. *to clean* 'pulire'; l'idea trasmessa corrisponde concettualmente all'area dell'attività) ⟶ [F.U. „~" N/C; CEiDG – manutenzione edifici – 2017 – Bolechowice-MP].

Commando (neo IS; nella forma di base si potrebbe vedere un riferimento al v. *comandare*; cfr. s.sg.m. pol. *komandor* 'comandante' o *komandos* 'commando') ⟶ [COMMANDO.PL N/C; CEiDG – vend. in Rete – 2016 ◊ 2020 – Rybnik-SL].

Contando (< v. it. *contare*) ⟶ [BR ~ N/C; CEiDG – contabilità consulenza fiscale – 2021 – Białystok-PD].

---

671 Si deve ribadire che l'altra desinenza gerundiva italiana (*-endo*) non compare nella MPL, ad eccetto di possibili usi di onimizzazione del termine musicale assai conosciuto: *crescendo* (usato come la base dei nomi di alcune associazioni polacche).

672 Diversi autori, ma in modo selettivo, si sono dedicati allo studio di questi elementi qualificati come *prestiti di carattere morfologico* (Serianni 2017: 50). Cfr. p.es. Stammerjohann 2013: 140–170. Vd. anche Tab. 9.

Creando (< v. it. *creare*) ⟶ [~ N/C; CEiDG – vend. computer programmazione – 2019 – Radzyń Podlaski-LU].

Czamando (neo ibr IS che si fonda su un {cx} *Czam-* con il digramma *cz* [ʧ] tipico dell'ortografia pol.; un costr. di fantasia che potrebbe funzionare come un vocabolo gergale, ma senza un significato particolare) ⟶ [~ N/C; CEiDG – neg. giochi e giocattoli – 2019 – Wieliczka-MP].

Czando (neo ibr IS; per l'uso dell'iniziale *cz* [ʧ] diventa una voce adatta a un linguaggio fantasioso dei bambini) ⟶ [~ N/C; CEiDG – prod. giochi giocattoli – 2019 – Tuchola-KP].

Dando (l'omonimo della forma gerundiva del v. it. *dare*; comunque, la voce è stata motivata e fondata su un {cpd} *Dan-* < n.m. *Daniel* 'Daniele', n.pro) ⟶ [~ N/C; CEiDG – consulenza aziendale e gestionale – 2018 – Wrocław-DS].

Egrando (neo IS; qualificato come ispirato alle forme gerundive it., ma può essere una pura coincidenza non intenzionata dall'onomaturgo) ⟶ [Egrando.pl N/C; CEiDG – vend. autoveicoli – 2014 – Łódź-LD].

Embrando (neo IS di fantasia basato su un {cx} *Embr-*, senza un significato particolare) ⟶ [~ N/C; CEiDG – agenzia pubblicitaria – 2020 – Wieniec-MP].

Fandando (neo IS basato su un {cx} *Fand-*; visto il genere dell'oggetto, potrebbe essere un riferimento alla casa cinematografica Fandango) ⟶ [Studio ~ N/C; CEiDG – serv. film video programmazione tv – Poznań-WP].

Finando (sembra una forma sbagliata di *finendo*, invece è stata costruita con l'uso di un {csl} *Fin/an/-* < p.es. pol. *finanse* 'finanze'; la base corrisponde concettualmente al settore rappresentato) ⟶ [~ N/C; CEiDG – serv. finanziari – 2015 ◇ 2020 – Szczecin-ZP].

Flissando (neo IS basato su un {cpl} *Flis/s/-* < s.sg.m. pol. *flisak* 'zatteriere'; il significato della base corrisponde all'oggetto dell'attività) ⟶ [~ N/C; CEiDG – trasporto fluviale passeggeri – 2016 – Sandomierz-SW].

Frykando (neo ibr IS; nella base un {cpl} *Fryk-* < s.sg.m. pol. *frykas* 'qualcosa di buono per mangiare') ⟶ [N/C „~" Sp.c.; CEiDG – vend. carne salumi – 1990 – Warszawa-MZ].

Glissando (termine mus.) ⟶ [~ N/C; CEiDG – serv. educazione artistica – 2019 ◇ 2020 – Warszawa-MZ].

Ikando (neo IS; trascritto senza altre operazioni grafiche fa pensare al marchio *IKEA*, anche se non doveva essere intenzionale nel momento della creazione di questo M; rimane enigmatica la sua grafia originaria: *iKandO*; cfr. anche ingl. *I can do*) ⟶ [iKandO.pl (sic!) N/C; CEiDG – vend. in Rete – 2017 – Iwiczna-MZ].

Immaginando (< v. it. *immaginare*) ⟶ [N/C ~ STUDIO; CEiDG – struttura gastronomica – 2009 ◇ 2018 – Bochnia-MP].

Integrando (< v. it. *integrare*) ⟶ [~ N/C; CEiDG – gestione aziende – 2019 – Chyba-WP].

Invando (neo IS; una struttura di fantasia basata su un {cx} *Inv-*) ⟶ [„~" N/C; CEiDG – serv. finanziari – 2007 – Ostrów Wielkopolski-WP].

Julando (neo deonimico IS < ipoteticamente, un {csv} *Jul-* < p.es. n.m., n.f. pol. *Juliusz*, *Julia*; può essere il riferimento agli ipocoristici che derivano da questi nomi: *Julek* e *Julka* designanti due protagonisti simpatici di un racconto per bambini) ⟶ [julando.pl // VARIO N/C; https://julando.pl/#modal, u.a. 07.03.2021 – neg. prodotti vari per bambini – 2016 – Zalasewo-WP].

Fig. 411. Fonte: https://julando.pl/, u.a. 11.05.2023. Lo *slogan* pol. *mówimy językiem rodziców* ['parliamo la lingua dei genitori'].

Juliando (neo deonimico IS; alla base un {cpd} *Juli-* < n.m. pol. *Julian* 'Giugliano') ⟶ [~ N/C; CEiDG – agenti commercio – 2012 – Poznań-WP].

Kalmando (neo ibr IS che risulta l'omofono dell'it. *calmando*, ma non si nota nessun riferimento concettuale chiaro dovuto alla scelta di una tale base lessicale) ⟶ [~ N/C; CEiDG – agenti commercio – 1995 – Bystrzyca Górna-DS].

Kazando (neo IS; basato su un {cpd} *Kaz-* < n.m. pol. *Kazimierz* 'Casimiro', n.pro) ⟶ [~; CEiDG – attività artistiche – 2018 – Podgórze-SL].

Klepando (neo IS; basato su un {cpl} *Klep-* < v. pol. *klepać* 'battere', riferito qui al settore dell'edilizia) ⟶ [N/C ~; CEiDG – costruzioni edifici residenziali e non residenziali – 2020 – Olsztyn-WM].

Kulturando (neo IS; alla base un {csl} *Kultur-* < p.es. pol. *kultura* 'cultura'; connota diversi valori riferiti all'ambito socio-culturale, commerciale, it. e internazionale; come M designa un'associazione che nella presentazione perionimica utilizza *expressis verbis* la denominazione identificativa della struttura associativa in it.; l'associazione funziona come un'istituzione imprenditoriale) ⟶ [Associazione Italo-Polacca „~"; Aleo/GUS – organizzazione culturale – 2012 – Poznań-WP].

Lavando (< v. it. *lavare*) ⟶ [~ N/C; CEiDG – prodotti tessili – 2007 – Częstochowa-SL].

Leando (neo IS fondato di fantasia su un {cx} *Le-*) ⟶ [~ N/C; CEiDG – consulenza aziendale gestionale – 2019 – Trojanowice-MP].

Levando (omonimo del gerundio del v. *levare*, ma si riferisce anche al c.pra *Lewandowska*) ⟶ [~N/C; CEiDG – prod. vestiti – 2020 – Siedlce-MZ].

Maroccando (neo ibr IS che pare essere riferito al coronimo *Marocco*, ciò non si può escludere con certezza; ma è più probabile che entri in gioco un'altra motivazione: un {cpd} *Mar/occ/* < n.m. *Marek* 'Marco', n.pro) ⟶ [N/C „~" FU; CEiDG – consulenza tecnica / estrazione di petrolio – 2012 – Nowa Sól-LB].

Meblando (neo IS; nella base il s.pl.m. pol. *meble* 'mobili') ⟶ [F.H. ~ N/C; CEiDG – vend. in Rete / mobili – 2020 – Elbląg-WM].

Mokando (neo IS; nella base un {csl} < p.es. it. *moka*; ma si tratta piuttosto di un n. di fantasia senza uno speciale messaggio nascosto) ⟶ [#BIURO RACHUNKOWE ~ N/C; CEiDG – #agenzia di contabilità / consulenza fiscale – 2013 – Warszawa-MZ].

Mollandoo (neo IS piuttosto di fantasia; sembra basato sul v. it. *mollare*, ma è una possibile coincidenza delle forme; l'uso della doppia *o* alla fine del costrutto si traduce da decisioni arbitrarie dell'onomaturgo; si ottiene una forma ancora più originale delle altre create sul modello gerundivo) ⟶ [F.H.U. ~ N/C; CEiDG – serv. finanziari – 2019 – Poznań-WP].

Mruczando (neo IS; basato su un {cpl} *Mrucz-* < v. pol. *mruczeć* 'fare le fusa') ⟶ [HANDMADE ~ N/C; CEiDG – prodotti in legno, sughero, paglia e materiali da intreccio – 2019 – Goszczanowo-LB] ⟶ [~ N/C; CEiDG – posa di pavimenti; rivestimenti murali – 2020 – Września-WP] ⟶ [#Usługi weterynaryjne N/C „~"; CEiDG – #attività veterinaria – 2016 ◇ 2018 – Tarnów-MP]. Almeno 3 a.o.

Nellando (neo IS basato su un {cx} *Nell-*, probabilmente deantroponimico) ⟶ [~ N/C; CEiDG – vend. merce varia bancarelle e mercati – 2018 – Ciechanów-MZ].

Pallando (neo IS; basato su un {cx} o {cil} *Pall-* di spiegazione fantasiosa) ⟶ [N/C ~; CEiDG – serv. consulenze informatici – 2011 – Wrocław-DS].

Pandokando (neo IS di fantasia basato su un {cx} *Pandok-*) ⟶ [~ N/C; CEiDG – vend. in Rete – 2020 – Augustów-PD].

Passando (< v. it. *passare*) ⟶ [~ N/C; CEiDG – insegnamento lingue – 2018 ◇ 2020 – Warszawa-MZ].

Pollando (neo ibr IS fondato su un {csl} *Pol/l/-* < p.es. pol. *polski* 'polacco'; come in tanti altri casi in questa classe, il raddoppiamento della consonante mediana rafforza l'italianità del costr.) ⟶ [~ N/C; CEiDG – vend. in Rete – 2016 ◇ 2020 – Chylice-MZ].

Rafando (neo ibr IS che può riferirsi al n.m. pol. *Rafał* 'Raffaele' o a un suo equiv. in altre lingue) ⟶ [~ N/C; CEiDG – vend. cosmetici articoli da toilette – 2017 – Ciechanów-MZ].

Shakando (neo ibr IS; nella base il v. ingl. *shake*) ⟶ [~ N/C; CEiDG – prod. giochi e giocattoli – 2014 – Jaworzno-SL].

Shopando (neo ibr IS; basato su un {cin} *Shop-* < ingl. *shop / shopping*; il M conosciuto anche in altre aree linguistico-culturali; è possibile anche un'altra motivazione: il c.pra è *Szopa* [ˈʃɔpa], paronimo dell'ingl. *shop*; lo stesso *Szopa*, c.pra, derivato dal s.sg.f. pol. *szopa* 'capanno', è lontano da qualsiasi riferimento semantico racchiuso in *Shopando*; il legame paronimico resta, comunque, molto forte, soprattutto quando il M viene accompagnato dal n./c.pra: *Julia Szopa Szopando*, che crea una sequenza interessante anche dal punto di vista fonotattico e retorico, ma anche autoironico) ⟶ [N/C ~; CEiDG – vend. in Rete – 2020 – Warszawa-MZ].

Vando (neo IS di fantasia) ⟶ [~ N/C; CEiDG – neg. abbigliamento – 2019 – Gdów-MP].

Yando (neo deonimico IS; avendo a che vedere con il n.pro pol. *Jan* 'Giovanni', si individualizzerebbe un {cpd} *Yan-* omofono di questo prenome pol.; l'uso della *y* internazionalizza la voce ottenuta, che a dispetto del creatore può richiamare anche delle associazioni all'area linguistica cinese) ⟶ [N/C ~; CEiDG – sistemi riscaldamento – 1997 – Kraków-MP].

Fig. 412. Fonte: https://yando.pl/, u.a. 8.07.2023. Pol. *grzejnictwo elektryczne* ['sistemi di riscaldalemto elettrico'].

Xando (neo IS; l'influenza it. in questo caso è discutibile ma ammissibile; per l'uso della *x* in funzione di un {cx}, la voce si internazionalizza ancora di più; similmente a *Yando*, può essere associata al cinese) ⟶ [~ #REKLAMY N/C; CEiDG – #pubblicità – 2014 – Gdańsk-PM].

Zullando (neo IS; alla base un {cpd} *Zul/l/-* < *Zula*, dim. vezzegg. del n.f. *Zuzanna* 'Susanna', n.pra) ⟶ [„~" N/C; CEiDG – neg. calzature articoli in pelle – 2016 ◇ 2019 – Poznań-WP].[673]

4.8.2.4.2. -ante, -anto, -anti, -ento, -enta, -ente, -enti, -onto, -onti

Galanto (neo IS che nella basa allude all'it. *galante* e suona come se fosse un termine avverbiale del linguaggio giovanile pol.; cfr. avv. pol. colloq. *galancie* 'in modo galante') ⟶ [~ // #FABRYKA MEBLI BODZIO N/C Sp.j.; WUP – piatti nella serie dei prodotti della marca *Bodzio*, una #fabbrica di mobili – 2016 – Goszcz-DS].

Fig. 413. Fonte: WUP, 8, 2017, p. 2562.

---

673 Si vedano inoltre *Grando*; *Mando*; *Allando*; *Pizza Del Armando* [sic!]; *Armando*... .

Lagante (neo IS < un {cx} *Lag-*; la forma ottenuta può associarsi in una certa misura con l'agg. it. *elegante*) ⟶ [~ // „ANWO" N/C1 N/C2 Sp.j.; https://lagante.pl/, u.a. 07.03.2021 – neg. mobili elettrodomestici regali – 2020 – Lublin-LU].

Lazante (neo IS < un {cx} *Laz-*) ⟶ [~ Sp. z o.o.; RIO – prod. abbigliamento – 2016 – Ćwiklice-SL].

Lorenti (neo IS stilizzato sui cognomi it. in *-i*; coincide con il cogn. ~ che è poco diffuso, ma sempre presente nell'antroponimia it.; ha tanti pregi di un eccellente *brand* nel settore della moda tessile e confezioni in pelle) ⟶ [~ // C/N CONEX IMPORT; WUP – prodotti in pelle vera e artificiale – 2015 – Warszawa-MZ].

Fig. 414. Fonte: WUP, 11, 2016, p. 3224.

Traenta (neo IS che può essere ispirato al numerale it. *trenta* in cui è stata introdotta una *a* che fa estendere la voce a tre sillabe, creando uno iato facile da pronunciare; la voce mantiene il suo aspetto it. e nella scrittura, e nella pronuncia) ⟶ [~ Sp. z o.o.; Aleo/KRS – vend. in Rete – 2019 – Wrocław-DS].[674]

4.8.2.4.3. -anza, -enzo, -enza, -onza

Adanza (neo IS; alla base it. *danza* è stata aggiunta, a quanto pare, la *a* che inizia il n.pra pol. *Angelika* 'Angelica') ⟶ [~ N/C; CEiDG – struttura educativa – 2018 – Zabłudów-PD].

Jolantanza (neo deantroponimico ibr IS < un {cpd} *Jolant/a/-* < n.f. pol. *Jolanta* 'Iolanda', n.pra) ⟶ [~ N/C; CEiDG – parrucchiere / trattamenti estetici – 2019 – Gliwice-SL].

Romanza (neo ibr IS < un {csd} *Rom/an/-* < n.f. pol. *Romana*; o direttamente dall'appellativo it. *romanza*) ⟶ [#AGENCJA ARTYSTYCZNA „~"; CEiDG – #agenzia artistica – 2007 – Warszawa-MZ].

674 Si considerino inoltre *Dante*; *Diamante…*; *Il Diamante Italiano*; *Brillante*; *Stile Brillante*; *Via Mante*; *Santo*; *Belcanto*; *Quanto*; *Santi*; *Tutti Santi*; *Gallanti*; *Avanti…*; *Sorrento*; *Momento*; *Al Momento*; *Uno Momento*; *Bel Momento*; *Un Bel Momento*; *Quarto Elemento*; *Valenta*; *La Tormenta*; *Tutto E Niente*; *Dolce Far Niente*; *Al Dente*; *Donatella Clemente*; *LaMente*; *Sotto I Denti*; *Pronto…*; *Noto-Pronto*; *Bruno Conti*; *Giacomo Conti*; *Konti*; vd. anche le forme in *-mento* e *-mente*, Sezz. 4.8.2.5.2 e 4.8.2.5.3.

Serenza (neo IS; una forma italianeggiante particolarmente eufonica, se pronunciata all'italiana [sɛ'rɛntsa]; se, invece, pronunciata con la [z], risulta "non simpatica" per l'orecchio pol. e piuttosto perde il suo valore italianeggiante; il suffissoide *-enza* è, comunque, riconoscibile come un {civ}; si potrebbe intravedere anche un'associazione all'agg. it. *sereno* nel {cil} *Seren-*) ⟶ [~ N/C; Aleo/CEiDG – neg. abbigliamento scarpe bancarelle e mercati – 2016 – Łódź-LD].[675]

4.8.2.4.4. -ardi, -ardo, -ordi, -erdo, -erdi, -aldo, -aldi, -arno, -erna

Farno (neo IS di fantasia; risulta un paronimo dell'it. *forno* che potrebbe essere motivante per l'oggetto della denominazione) ⟶ [~ // #FABRYKA MEBLI BODZIO N/C Sp.j.; WUP – pentole vendute sotto la marca *Bodzio* – 2016 – Goszcz-DS].

FARNO

Fig. 415. Fonte: WUP, 8, 2017, p. 2849.

Fasardi (neo IS; un {cx} *Fas-*; assomiglia al n. di marchio *Trussardi*) ⟶ [~ // Lisbon Sp. z o.o.; https://www.fasardi.com/, u.a. 07.03.2021 – neg. in Rete / abbigliamento – 2015 – Stara Gadka-LD].

Giraldo (neo IS di fantasia; assomiglia a un n. personale maschile; ha un "carattere forte" ciò spiega la sua scelta per designare i coltelli; fa parte di una serie dei n. commerciali italianeggianti che designano vari prodotti venduti sotto la marca pol. *Bodzio*) ⟶ [~ // #FABRYKA MEBLI BODZIO N/C Sp.j.; WUP – coltelli venduti sotto la marca *Bodzio* – 2016 – Goszcz-DS].

GIRALDO

Fig. 416. Fonte: WUP, 8, 2017, p. 2849.

Vitardo (neo IS; una creazione di fantasia che può essere interpretata come contaminazione di due {cil} *Vita-* < it./internaz. *vita* + *-tardo* < it. *tardo*, senza una qualsiasi motivazione concettuale; conta l'aspetto originale e teoricamente italianeggiante

675 Si vedano anche *Costanza*; *Danza*; *Anima Danza*; *Speranza*; *La Speranza*; *Lastanza*; *Villa Vacanza*; *Vacanza...*; *Enzo*; *Lorenzo*; *Bella Essenza*; *Monza*.

del costrutto inventato) ⟶ [~ Sp. z o.o. Sp.k.; RIO – prod. abbigliamento – 2018 – Łódź-LD].[676]

4.8.2.4.5. -enda, -endi, -endo, -enso, -ensa

Bibenda (neo IS di fantasia; la base potrebbe alludere al s.sg.f. pol. *biba* pop. 'festa, incontro al tavolo pieno di cose da mangiare e alcol', ma anche all'it. *bevanda* e ad altri internazionalismi simili nell'ambito gastronomico; cfr. anche lat. *bibendi* < *bibere*) ⟶ [~ // ZJEDZ Sp. z o.o.; WUP – serv. gastronomia – 2019 – Warszawa-MZ].

Fig. 417. Fonte: WUP, 3, 2020, p. 258.

Moitenso (neo IS < un {cx} *Moit-*; l'ispirazione può venire dall'agg. it. *intenso*) ⟶ [~ Sp. z o.o.; RIO – prod. mobili – 2018 – Warszawa-MZ].[677]

4.8.2.4.6. -esco, -esca

Banfresco (neo ibr IS; nella costruzione un {cil}: *-fresco* < it. *fresco* corrispondente al settore; l'elem. *Ban-* come un {cx} è una scelta senza spiegazione chiara al livello del messaggio trasmesso; nell'uso, da un italofono, può essere interpretato anche come contrazione di *banco fresco* 'banco di frutta') ⟶ [~ N/C; CEiDG – vend. frutta verdura – 2015 – Łódź-LD].

BarBaresco [sic!] (neo IS; una costruzione attraente per la riproduzione dell'agg. it. *barbaresco* in cui è stato individuato il lessema it./pol./internaz. *bar* senza legame etimologico con la voce che lo "accoglie"; è anche da notare che il {cil} *Bar-* si ripete due volte nella base, creando un effetto di assonanza; in fin dei conti, la struttura *BarBaresco* risulta un pronto gioco fonetico e interlinguistico sfruttato non solo nella MPL[678]) ⟶ [~ N/C; CEiDG – struttura gastronomica – 2018 ◊ 2019 – Poznań-WP].

---

676 Si vedano anche altri esempi nel *corpus* analizzato, come p.es. *Pollardi*; *Leonardo*; *Piccolo Leonardo*; *Guardo*; *Bigordi*; *Verdo*; *Alverdi*; *Venerdi* [sic!]; *Verdi*; *Vivaldi*; *Orvaldi*; *La Luce Eterna*; *La Taverna*; *Taverna...* .

677 Si considerino inoltre *Merenda...*; *La'Lawenda*; *Prendo*; *Brendi*; *Sesto Senso*; *Penso*. Cfr. anche *Codenssa*.

678 È una delle tante coniazioni che assumono la assumono lessicale di *calembur* (a volte "caricaturali") nell'onomaturgia marchionimica (vd. Caffaralli 2018g: 1104; cfr. Gałkowski 2009a; id. 2009b; id. 2002: 45–53).

Bartesko (neo IS ibr; nella base un {cpd} *Barte-* < n.m. *Bartek* dim. di *Bartłomiej* 'Bartolomeo', n.pro) ⟶ [C/N P.W. ~; WUP – macchine e impianti per agricoltura, giardinaggio, ecc. – 2015 – Koźmin Wielkopolski-WP].

Fig. 418. Fonte: WUP, 11, 2016, p. 3321.

Beresco (neo ibr IS; nella base un {cil} *Bar-* < it./pol./internaz. *bar*, concettualmente corrispondente al settore: un bar mobile; si intravede anche una certa associazione paronimica al c.pra *Bereś*) ⟶ [~ N/C; CEiDG – trasp. merci su strada – 2018 – Wałbrzych-DS].

Betesco (neo IS; nella base un {cx} *Bet-*; il M presenta un carattere "forte" e "convincente", connotando valori di solidità, importanti nel settore rappresentato; cfr. s.sg.m. pol. *beton* 'cemento armato') ⟶ [~ #BUDOWNICTWO N/C; CEiDG – #costruzione di edifici – 2019 – Hucisko-SW].

Biesco (neo IS; una formazione di fantasia basata su un {cx} *Bi-*; contano i valori di italianità generale nell'apparenza formale) ⟶ [„~" N/C; CEiDG – serv. paesaggistici – 2012 – Wrocław-DS].

Domesco (neo ibr IS; nella base un {cpl} *Dom-* < s.sg.m. pol. *dom* 'casa') ⟶ [~ N/C; CEiDG – vend. legno materiali da costruzione attrezzature sanitarie – 2017 – Milanówek-MZ].

Negresco (neo PIF < un {civ} *Negr-* < p.es. it./spagn. *negro*) ⟶ [„~" #Hurtownia Art. Spożywczych Lodów i Mrożonek N/C; CEiDG – #vend. all'ingrosso gelato surgelati – 1988 – Łomża-PD].[679]

4.8.2.5. I modelli -$V_xC_xV_yC_yV_z$ e -$C_xV_xC_yC_zV_y$

Nella modellizzazione con l'uso delle terminazioni polisillabiche si possono individuare nessi in cui fino a tre vocali sono combinate con due o tre consonanti diverse nell'ordine $V_xC_xV_yC_yV_z$ o $C_xV_xC_yC_zV_y$. In pratica, si tratta di tre suffissi molto produttivi in italiano: *-a/obile*, *-mento* e *-mente*.

Il primo compare il più spesso nella sua versione convenzionale, cioè con una *a* o una *o* che lo estendono a tre sillabi: *-abile*, *-obile*[680]. Sono morfemi conosciuti

679 Si vedano inoltre *Fresco*; *Al Fresco*; *Fungo-Fresco*; *Francesco*; *Franczescco*; *Presco*; *Esco*; *Cibo Pazzesco*; *Bellafresca*; *Pasta-Fresca*; *Bella Fresca*. Cfr. anche *Franczesko*; *Refresko*; *Fresko*.

680 Meno diffusi paiono le varianti *-ibile* o *-ubile*.

da vari prototipi possibili, tra l'altro estratti dalla terminologia musicale (cfr. *Amabile* e *Cantabile* tra gli esempi citati). Nel caso di *-obile*, è molto ispirante l'italianismo *mobile*, ripreso nella formazione marchionimica polacca grazie alla popolarità della citazione italiana *la donna è mobile* e del nome comune internazionalizzato *automobile* (base del neologismo italiano altrettanto internazionale e influente *papabile*).

Il secondo, originariamente, ha il valore meramente nominale. Tra le basi prototipiche dell'uso di *-mento* si possono indicare gli italianismi come *momento*, *arredamento*, *aggiornamento* o *Risorgimento*, incoraggianti a onimizzare vari nomi italiani con questo suffisso o creati come neoformazioni IS/PIF (p.es. *Averento* o *Elemento* fra gli esempi raccolti).

Il terzo s'associa alla formazione degli avverbi di maniera italiani. Le forme dei marchionimi italianeggianti creati per mezzo di *-mente* riproducono le voci avverbiali italiane, ma possono essere anche del tutto neologiche (p.es. *Creamente/CreaMente*; *Bellamente*).

Si noti che *-abile*, *-obile* e simili potrebbero essere annoverati alla categoria *-VlV* illustrata nella Sez. 4.8.2.1.3.; invece *-mento* e *-mente* alla categoria *-VntV* nella Sez. 4.8.2.4.2.

4.8.2.5.1. -abile, -obile

Amabile (< termine mus. internaz. it. ~; tra il M e il settore dell'esercizio esiste una sintonia semantica) ⟶ [~ #NAUKA GRY NA SKRZYPCACH N/C; CEiDG – #educazione mus. violino – 2006 – Olsztyn-WM]. Almeno 3 a.o.

Cantabile (< termine mus. internaz. it. ~; corrisponde concettualmente al settore rappresentato) ⟶ [N/C #Artystyczna Agencja Literacko-Muzyczna „~"; CEiDG – #agenzia artistica letterario-mus. / struttura gastronomica (sic!) – 1991 ◇ 2020 – Kończyce Wielkie-SL]. Almeno 10 a.o.

Contabile (la base lessicale it. ~ corrisponde concettualmente al settore rappresentato dall'esercizio) ⟶ [#Biuro Rachunkowe „~" N/C – #serv. di contabilità – 2012 – Jelenia Góra-DS.]. Almeno 3 a.o. Vd. anche *La Contabile*.

Mirabile (omonimo dell'it. ~; l'ispirazione rafforzata anche dall'ingl./internaz. *admirabile*) ⟶ [~ N/C; CEiDG – serv. consulenze informatiche – 2011 – Warszawa-MZ].

Stabile (< agg.sg.m./f. it. ~; formalmente assomiglia al suo equiv. pol. *stabilny*, ciò permette di capire il messaggio trasmesso dall'italianismo) ⟶ [~ N/C; CEiDG – serv. stampa – 2008 – Warszawa-MZ].

4.8.2.5.2. -mento

Arredamento (< s.sg.m. ~it: un italianismo; la motivazione corrispondente al settore rappresentato) ⟶ [~ N/C; CEiDG – progettazione arredamento – 2016 ◇ 2019 – Lubin-DS.]. Almeno 2 a.o.

Artimento (neo IS < un {csl} *Artim-*; si può riferire al nomignolo *Arti* o al n.m. ucraino *Artem/Artyom*; tuttavia, la motivazione più probabile è la voce internaz. *art/arti-*, accuratamente riferita all'arte; cfr. lo *slogan* accompagnante pol. *Sztuka odpoczynku* 'L'arte di riposare') ⟶ [~ N/C; CEiDG – vend. in Rete – 2014 – Warszawa-MZ].

Fig. 419. Fonte: https://artimento.pl/, u.a. 20.05.2023.

Averento (neo IS; nella base un {cil} *Aver-* < ipoteticamente, v. it. *avere*) ⟶ [~ Sp. z o.o.; Aleo/KRS – serv. *consulting* – 2020 – Warszawa-MZ].

Avviamento (< s.sg.m. it. ~; senza una particolare corrispondenza al settore, ma si tratta di una base deappellativa che non lascia dubbi sulla sua italianità) ⟶ [~ N/C; CEiDG – riparazione manutenzione apparecchiature elettriche – 1996 – Warszawa-MZ].

Cemento (< s.sg.m. it. ~; concettualmente, la base it. ~ corrisponde al settore rappresentato; cfr. s.sg.m. pol. *cement* 'cemento') ⟶ [~ N/C; CEiDG – costruzione edifici – 2019 – Rębisze-Kolonia-MZ].

Complimento (omofono dell'it. ~ nella funzione verbale; la connotazione riferita all'equiv. pol. *komplement*, e soprattutto al suo significato, è molto positiva) ⟶ [~ N/C; CEiDG – vend. in Rete – 2014 – Czechowice-Dziedzice-SL].

Diamento (ispirato all'it. *diamante*; la *o* finale di **diamento* "italianizza" il termine agli occhi degli utenti che non conoscevano la vera forma della base it., creando *Diamento* in modo intuitivo con l'uso di un {cpl} *Diament-* < s.sg.m. pol. *diament* 'diamante'; la motivazione diretta può essere interlinguistica, ma la forma ottenuta è, senz'altro, italianeggiante) ⟶ [#FIRMA JUBILERSKA „~" N/C; CEiDG – #gioielleria – 1989 – Piła-WP].

Divertimento (< s.sg.m. it. ~) ⟶ [~ N/C; Aleo/CEiDG – educazione artistica extrascolastica – 2019 – Warszawa-MZ]. Almeno 2 a.o.

Elemento (< s.sg.m. ~; è uno dei vocaboli molto facilmente riconosciuti come it.; il suo equiv. pol. e internaz. è *element*, s.sg.m.) ⟶ [„~" N/C; CEiDG – vend. in Rete – 2017 – Tychy-SL]. Almeno 4 a.o.

Implemento (omofono dell'it. ~ nella sua funzione verbale; qui, d'ispirazione, poteva essere un {csl} *Implem-* < p.es. pol. *implementować* 'implementare') ⟶ [~ N/C; CEiDG – serv. informatici *software* – 2015 – Warszawa-MZ].

Momento (< s.sg.m. it. ~; uno degli italianismi più comuni in pol.) ⟶ [~; Aleo/CEiDG – serv. informatici *software* – 2018 – Łódź-LD] ⟶ [~; Aleo/CEiDG – prod. abbigliamento – 2018 □ 2019 – Pomyków-SW]. Almeno 6 a.o.

Monumento (< s.sg.m. it. ~; il significato della base motivante è percepibile, giacché in pol. esiste il termine della stessa radice: s.sg.m. *monument*; la sfera perionimica informa della conservazione dei monumenti e delle opere d'arte) ⟶ [„~" #KONSERWACJA ZABYTKÓW I DZIEŁ SZTUKI N/C; CEiDG – #conservazione monumenti e opere d'arte – 2004 – Kielce-SW]. Almeno 2 a.o.

Movimento (< s.sg.m. it. ~; un internazionalismo ben adatto al settore) ⟶ [N/C ~ #ŁÓDZKIE CENTRUM PILATES; CEiDG – #centro pilates di Łódź – 2010 – Łódź-LD].

Nutrimento (< s.sg.m. it. ~; concettualmente, corrisponde al settore) ⟶ [~ #PORADNIA DIETETYCZNA N/C; CEiDG – #clinica dietetica – 2013 – Piotrków Trybunalski-LD].

Pawimento [sic!] (neo IS; omofono dell'it. *pavimento*; per l'uso della *w*, sembra una polonizzazione; adatto perfettamente al settore, ma il significato della base motivante è generalmente ignorato da utenti) ⟶ [~ N/C; CEiDG – pavimenti – 2018 ◇ 2019 – Piekary-SL].

Portamento (< s.sg.m. it. ~) ⟶ [#Centrum Edukacji Muzycznej „~" N/C; CEiDG – #centro educazione mus. – 2019 ◇ 2020 – Zdziechowice-OP].

Rumento (neo IS basato su un {cx} *Ru-*) ⟶ [~ N/C; CEiDG – neg. non specializzato – 2018 – Częstochowa-SL].

Strumento (< s.sg.m. it. ~; cfr. s.sg.m. pol. *instrument* 'strumento') ⟶ [~ N/C; CEiDG – serv. informatici software – 2019 – Jarosław-PK].[681]

4.8.2.5.3. -mente

Bellamente (neo PIF < un {cil} *Bella-* < agg. it. *bella*[682]) ⟶ [N/C ~; CEiDG – attività sanitarie – 2004 – Bochnia-MP]. Almeno 2 a.o.

---

681 Si vedano inoltre *Al Momento*; *Bel Momento*; *Un Bel Momento*; *Uno Momento*; *Quarto Elemento*.

682 Cfr. Treccani: https://www.treccani.it/vocabolario/bellamente/?search=bellam%C3%A9nte, u.a. 3.12.2023.

Fig. 420. Fonte: https://bellamente.pl/, u.a. 12.07.2023.

CreaMente [sic!] (neo PIF; per la grafia con la *M* maiuscola, la struttura pare costruita da due voci che compongono una frase in it.: *crea* [*la*] *mente*) ⟶ [~ N/C; CEiDG – attività supporto all'ufficio – 2019 – Kozy-SL].

Facilmente (< avv. it. ~) ⟶ [~ N/C; CEiDG – agenti vend. mobili ferramenta – 2021 – Kąclowa-MP].

Finamente (neo IS che pare ispirarsi all'it. *finemente*, ma è piuttosto una formazione originale senza uno speciale riferimento a un significato connotato dal M; cfr. *finalmente* e *fina mente*) ⟶ [~ N/C; CEiDG – serv. informatici – 2018 ◇ 2019 – Łódź-LD].

Mediamente (< avv. it. ~; la radice *media-* corrisponde concettualmente al settore designato) ⟶ [#Agencja Interaktywna ~ N/C; CEiDG – #agenzia interattiva – 2016 – Suwałki-PD].

Medicamente (neo IS basato su un {csl} *Medic/a/-* < p.es. it./internaz. *medicina*) ⟶ [#FIRMA TRANSPORTOWA „~" N/C; CEiDG – #ditta di trasporto – 2017 – Katowice-SL].

Puramente (< avv. it. ~) ⟶ [~ N/C; CEiDG – alloggi breve durata – 2019 – Tomaszów Mazowiecki-LD].

Sanomente (l'ispirazione può rivolgersi all'agg. it. *sano*; la forma corretta della base avverbiale dovrebbe essere, comunque, *sanamente*) ⟶ [~ N/C; CEiDG – attività sanitarie – 2017 – Gdańsk-PM].

UnicaMente / unicaMente [sic!] (< avv. *unicamente*; una possibile interpretazione suggerita dall'ortografia dell'avv. di base: "unica mente / mente unica") ⟶ [~ N/C; CEiDG – attività sanitarie – 2016 – Kraków-MP].

Veramente (< avv. it. ~) ⟶ [F.U. „~" N/C; CEiDG – vend. legname materiali da costruzioni – 2017 – Przytok-LB]. Almeno 2 a.o.[683]

683 Si considerino anche i casi *Donatella Clemente*; *LaMente* e *Frescomente*.

4.8.2.6. *Il modello* -issimV$_x$

Finiamo la rassegna dei marcatori morfologici d'italianità con la presentazione di una terminazione trisillabica che corrisponde al paradigma del suffisso italiano *-issimo/-a/-i*. È un elemento linguistico inconfondibilmente associato al lessico italiano, anche se riconducibile quasi in egual modo al latino (p.es. il latinismo *Serenissima* ripreso dalla denominazione ufficiale del regno polacco tra il XVII e il XVIII sec. *Serenissima Res Publica Poloniae*[684]).

Effettivamente, il suffisso *-issimo/-a/-i/-e* continua in italiano la funzione morfologico-semantica e pragmatica propria per l'elativo latino, costituendo il cosiddetto superlativo assoluto come il grado più elevato di intensità di una base aggettivale. Il suo uso è molto marcato in italiano e si estende anche ad aggettivi non graduabili. Per la sua produttività e valori espressivi motivati da connotazioni di qualcosa di molto positivo, pregiato, speciale, eccezionale, indiscutibile e non comparabile ad altro, viene adoperato anche nelle neoformazioni sostantivali e pronominali (p.es. *canzonissima, nostrissimo, nessunissimo*).

Esso è pure entrato, come elemento caratteristico, all'interno dello strato propriale della lingua italiana, tra l'altro nell'antroponimia e in riferimento ai personaggi concreti, suggerendo la loro eccellenza professionale e socio-culturale, p.es. *Renatissimo* o *Zerissimo* < Renato Zero; *Raffaellissima* < Raffaella Carrà; *Minissima* < Mina. Sono rilevanti anche le sue applicazioni nella marchionimia italiana, p.es. nel caso dei marchi come *Lenzuolissimi*; *Profumissimi*; *Intimissimi*.

L'ultimo dei nomi marchionimizzati sul mercato italiano e largamente internazionalizzato (nella grafia logotipizzata ufficiale, notato con l'iniziale *i* minuscola e senza i puntini sulle quattro *i* successive: *ı n t ı m ı s s ı m ı*), è diventato ispiratore per la formazione di vari marchionimi polacchi in *-issimo/-a/-i.*[685]

Tra i prototipi possibili di questo modello nella MPLI si possono indicare altre voci italiane, tra le quali gli italianismi del linguaggio musicale, come *fortissimo, prestissimo, vivacissimo, allegrissimo,* ma anche certe espressioni discorsive, rese popolari con la serie televisiva *Królowa Bona,* p.es. *benissimo* o *carissimo* (cfr. SEZ. 3.2.2.5). Il primato nella sfera d'ispirazione formale e concettuale, tuttavia, spetta

684 Cfr. anche l'uso italiano di questa forma conosciuta globalmente come un italianismo storico: *La Serenissima* (Serenissima Repubblica di Venezia). Il marchionimo polacco *Serenissima* designante vari referenti sul mercato, va qualificato, allo stesso tempo, come latineggiante e italianeggiante.

685 La superlativizzazione e la persuasività del morfema *-issimo* si verificano nel linguaggio della pubblicità (Sypnicki 1972: 61–62; cfr. Margarito 2008; Variano 2020), ma anche nella comunicazione sociale e mediale generale (Gałkowski 2024). Cfr. alcuni esempi che funzionavano o funzionano tuttora nella comunicazione pubblicitaria in Italia: *Levissima*; *Conissimo*; *Cubissimo*; *Insalatissime*; *Pomodorissimo*; *Pecorissimo*; *Parmissimo*; *Sorbissimo*; *Danissimo* (Zilg 2006b: 99–100). Sono formazioni che possono servire da prototipi in altre aree linguistiche, anche come prototipi semantici (cfr. Bugdahl, Bugdahl, Bugdahl 1999).

a *bellissima* / *bellissimo* / *bellissimi*, il paradigma nominale ben rappresentativo del modello studiato per un utente comune polacco[686].

Il valore pragmatico portato da *-issimo/-a/-i*, che codifica l'idea di apprezzamento ed eccellenza, continua lo stesso valore attribuito a vari termini latini (p.es. *generalissimus, doctissimus/-a, sanctissimus*/-a, ecc.), nonché ad alcuni nomi personali benauguranti provenienti da elativi latini (oggi piuttosto storici, come p.es. il n.f. pol. *Felicyssyma* < lat. [it.] *felicissima*; vd. Fig. 421).

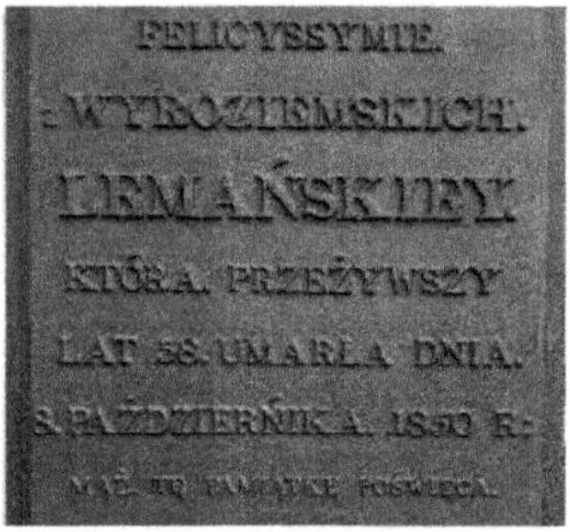

Fig. 421. Iscrizione su una tomba commemorativa a Stara Rawa-LD. Pol. *Felicyssymie z Wyrozumskich, Lemańskiej, która, przeżywszy lat 58, umarła dnia 8. października 1850 r: mąż tę pamiątkę poświęca* ['A Felicyssyma Lemańska, di casa Wyrozumska, che, vissuti 58 anni, morì l'8 ottobre 1850: il marito dedica questo ricordo'; trad. AG]. Foto: AG, Stara Rawa 2023.

Si vedano ora esempi che illustrano l'uso del marcatore *-issimo/-a/-i* nella MPLI. Si considerino anche altre occorrenze ormai discusse riferite al paradigma di *bellissimo/-a/-i* e altre neoformazioni create per mezzo del suffisso in questione citate nelle parti precedenti di questo volume (p.es. *La Bellissima*; *Bellissima Donna*; *Zakątek Bellissimy*; *Bella Ssima*; *Belissima*; *Bellisima*; *Belissimo*).

Amelissimo (neo IS di fantasia; la base può essere ispirata anche al n.f. pol./internaz. *Amelia*, fr. *Amélie*) ⟶ [~ // EUROCASH S.A.; WUP – dolci di cioccolato – 2017 – Komorniki-WP].

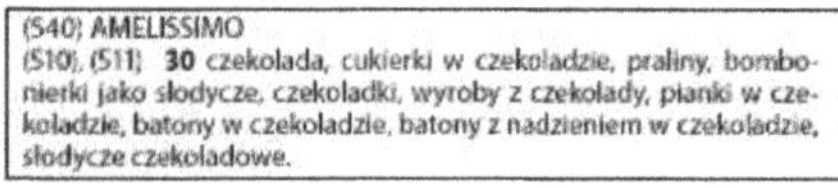
(540) AMELISSIMO
(510), (511) **30** czekolada, cukierki w czekoladzie, praliny, bombonierki jako słodycze, czekoladki, wyroby z czekolady, pianki w czekoladzie, batony w czekoladzie, batony z nadzieniem w czekoladzie, słodycze czekoladowe.

Fig. 422. Fonte: WUP, 4, 2018, p. 1416.

686 Cfr. Sez. 4.8.1.6.3 e Tab. 9.

Archissima (neo IS basato su un {csl} *Arch/i/-* < pref. internaz. *archi-* 'arci-', suggerendo qualcosa o qualcuno di molto professionale; può riferirsi anche all'internaz. *architettura*, pol. *architektura*) ⟶ [N/C ~; CEiDG – progettazione specializzata – 2004 – Kraków-MP].

Artissimo (neo IS basato su un {csl} *Art-* < p.es. pol. *artystyczny* 'artistico') ⟶ [#Pracownia Plastyczna ~ N/C; CEiDG – #atelier di arti visuali – 2016 – Szczecin-ZP].

Bellissimi (< agg. it. ~; si noti la forma plurale, rara in questo tipo di formazioni ispirate al suff. *-issimo*; nella sfera perionimica un altro italianismo: *fiori* che, teoricamente, fa parte del sint.nom. *bellissimi fiori*) ⟶ [~ // Fiori N/C; CEiDG – vend. merce varia bancarelle e mercati – 2020 – Łukawiec-PK].

Benissimo (< avv. it. ~) ⟶ [#CENTRUM JĘZYKA WŁOSKIEGO ~ N/C; CEiDG/GUS – #centro della lingua it. – 2008 – Katowice-SL].

Bravissima (< agg. it. ~) ⟶ [~ N/C; CEiDG – vend. articoli medici ortopedici – 2013 ◊ 2019 – Warszawa-MZ].

Candissimo (neo IS basato su un {cx} *Cand-*; può essere ispirato al lat. *candidissimo*, essendo una sua versione ridotta) ⟶ [~ N/C; CEiDG – consulenze aziendali e di gestione – 2018 – Warszawa-MZ].

Codissimo (neo PIF basato su un {csl} *Cod-* < ingl. *code*, pol. *kod*.; nell'ambito del settore informatico può suggerire l'azione del codificare) ⟶ [~ N/C; CEiDG – serv. informatici – 2018 – Wojkówka-PK].

Dentissima (neo PIF basato su un {cil} *Dent/i/-* < it. *dente*) ⟶ [~ #Praktyka Lekarsko-Dentystyczna N/C; CEiDG – #pratica medica e dentistica – 2013 – Ostrowiec Świętokrzyski-SW].

Elissimo (neo IS basato su un {cpd} *Eli-* < n.f. pol. *Eliza*, n.pra; nella denominazione completa è usato anche il s.sg.m. pol. *butik* 'boutique' come elem. identificativo perionimico) ⟶ [~ BUTIK; CEiDG – vend. in Rete – 2020 – Wsola-MZ].

Florissima (neo IS basato su un {csl} *Flor-* < p.es. lat. *florens*, pol. *flora*) ⟶ [N/C ~; CEiDG – vend. in Rete – 2009 – Boguszyce-OP]. Almeno 2 a.o.

Florissimo (neo IS costruito sul modello di *Florissima*) ⟶ [~; PKT – fioraio – s/d – Warszawa-MZ].

Fig. 423. Foto: AG, Warszawa, 2023.

Fortissimo (italianismo abbastanza riconosciuto come termine mus. ~) ⟶ [~ VOICE N/C; CEiDG – educazione artistica – 2016 – Jarocin-WP]. Almeno 4 a.o.

Hortissima (neo IS basato su una radice d'origine latina: *hortus*, quindi anche, e forse principalmente, latineggiante; vale la pena notare che, malgrado la provenienza latina del M, il suo impatto nella percezione comune, è italianeggiante, ed è anche intenzionale da parte dei proprietari che non cercano di dismetterlo, anzi gli va l'associazione con la "bella e ispirante Italia"[687]) ⟶ [~ N/C; CEiDG – serv. paesaggistici – 2020 – Płoszczyna-Jeżów Sudecki-DS].

Fig. 424. Fonte: https://hortissima.pl/, 12.07.2023. Pol. *zdecydowanie ogrodowo* [lett. 'giardinaggio, decisamente'].

Issima (neo IS che pare consistere nell'onimizzazione del formante *-issima* privo di qualsiasi elemento di una radice possibile; d'altro canto, si può presumere che sia un gioco instaurato su un ipocoristico vezzegg. del n.pra pol. *Iwona* 'Ivona' > dim. *Isia*) ⟶ [INSTYTUT ~; CEiDG – parrucchiere – 1994 – Gubin-LB].

Issimissimo (neo IS di fantasia ispirato a forme in *-issimo*; crea un effetto eufonico: l'assonanza degli elementi che assomigliano alla forma ben riconosciuta del marchio internazionale *intimissimi*) ⟶ [~ Sp. z o.o.; CEiDG/GUS – agenzia pubblicitaria – 2015 – Warszawa-MZ].

Italianissima (formazione che si fonda sull'etnonimo *italiano*; cfr. Sezz. 1.3.3. e 2.2.4) ⟶ [~ #Usługi Tłumaczeniowe i Nauka Języka N/C; CEiDG – #serv. traduzione e insegnamento lingue – 2019 – Podmarzysz-SW]. Almeno 2 a.o.

Legissimo (neo IS basato su un {csl} *Leg/i/-* < p.es. lat. *lege*, per questo riferito alla legge; cfr. agg. pol. *legalny* 'legale') ⟶ [~ #KANCELARIA ADWOKACKA N/C; CEiDG – #cancelleria di avvocati – 2010 – Łódź-LD]. Il M è stato registrato come brevettato:

---

687 La proprietaria della ditta e della marca *Hortissima*, confermando questi presupposti interlinguistici, aggiunge anche che il marchio è "la somma di varie circostanze, passioni, realtà", che coinvolgono i riferimenti al giardino, ai festival di giardinaggio in Italia, alla musica classica e ad altre situazioni che questo particolare nome codifica nel suo "significato privato" (informazioni raccolte durante una conversazione per telefono).

(540) Legissimo
(510), (511) **45** Usługi prawne.

Fig. 425. Fonte: WUP, 30, 2022, p. 111.

Lovissimo (neo IS composto dall'ingl. *love* come base del {cin} *Lov-* < ingl. *love*) ⟶ [~ N/C; CEiDG – atelier fotografico – 2018 – Rzeszów-PK].

Lumissima (neo PIF; nella base un {csl} *Lum-* < p.es. it. *lumi*, fr. *lumière*) ⟶ [~ // LABORATORIUM KOSMETYCZNE DR IRENA ERIS Sp. z o.o.; WUP – prodotti cosmetici – 2019 – Piaseczno-MZ].

(540) (znak słowny)
(540) LUMISSIMA
(510), (511) **3** kosmetyki, kremy do twarzy i do ciała, emulsje do twarzy i do ciała, płyny do twarzy i do ciała, żele do twarzy i do ciała, pian-

Fig. 426. Fonte: WUP, 14, 2020, p. 99.

Mamissima (neo IS; il riferimento a *mamma* è abbastanza esplicito; si noti, comunque, la riduzione della doppia *m*, ciò allude, invece alla versione pol. di questo termine internazionalizzato: *mama*) ⟶ [~ // PAPAYA Sp. z o.o.; WUP – articoli accessori per mamme e bambini – 2015 – Warszawa-MZ].

(540) MAMISSIMA
(510), (511) **24** koce, kocyki, narzuty, kołdry, otulacze, ręczniki, pościel, pieluszki dla dzieci tekstylne, chustki, chusty, w tym do no-

Fig. 427. Fonte: WUP, 7, 2017, p. 2352.

Meblissimo (neo IS < un {cpl} *Mebl-* < s.pl.m. pol. *meble* 'mobili') ⟶ [~ N/C; CEiDG – prod. mobili – 2011 ◊ 2019 – Białystok-PD].

Meissimo (neo IS fondato su un {cx} *Me-*) ⟶ [~ N/C; CEiDG – vend. in Rete – 2020 – Szczyty-LD].

Missimi (neo IS fondato su un {cx} *M/i/-*; molto probabile è anche una combinazione tra un {cin} *Miss-* < ingl. *miss*, messo in contaminazione con *-issimi*; anche questa formazione può essere vista per lo prisma ispiratore del marchio *intimissimi*) ⟶ [~ N/C; CEiDG – prod. abbigliamento – 2016 – Pabianice-LD].

Montelissimo (neo IS basato su un {cx} *Montel-*) ⟶ [N/C ~; CEiDG – neg. cibo bevande tabacchi – 2019 – Ząbki-MZ].

Musissimo (neo IS fondato su un {csl} *Mus/i/-* < p.es. ingl. *music*, it. *musica*) ⟶ [~ N/C; CEiDG – educazione artistica – 2019 – Warszawa-MZ].

Nelissimo (neo IS di fantasia; può riferirsi al n.f. *Nel* o *Nela*) ⟶ [~ // RC FOODS POLSKA Sp. z o.o.; WUP – dolci, pasticcini – 2014 – Warszawa-MZ].

Fig. 428. Fonte: WUP, 9, 2015, p. 2158.

Optimissima (neo IS fondato su un {csl} *Optim/is/-* < p.es. pol. *optymista* 'ottimista') ⟶ [~ N/C; CEiDG – attività professionali scientifiche tecniche – 2017 – Poznań-WP].

Pianissimo (< avv. it. ~; conosciuto come termine mus.) ⟶ [N/C ~; CEiDG – educazione artistica – 2019 – Warszawa-MZ]. Almeno 6 a.o.

Prestissimo (< avv. it. ~) ⟶ [Taxi Ustroń ~ N/C; CEiDG – serv. trasporto – 2020 – Ustroń-SL].

Profissimo (neo IS fondato su un {csl} *Prof-* < p.es. pol. *profesor*) ⟶ [„~" N/C; CEiDG – educazione extrascolastica – 2012 – Warszawa-MZ].

Schokolissimo (neo ibr IS; nella base della versione brevettata di questo marchio si legge l'allusione formale al ted. *Schokolade*, dovuta all'origine internazionale e all'attività aperta al mercato tedesco della marca *MM Brown*, cfr. Fig. 429; ma è interessante l'evoluzione di questo M, oggi dopo il *renaming*, conosciuto come *Chocolissimo*, ciò, invece, allude evidentemente all'ingl. *chocolate*; al n. anglicizzato è stato anche aggiunto uno *slogan* ingl.: *The Taste of Special Moments*, cfr. Fig. 430; il cambiamento prova una tendenza a non promuovere l'ispirazione tedesca nella denominazione commerciale in Polonia, malgrado la voce ted. *Schocolade* sia la base etimologica diretta del s.sg.f. pol. *czekolada* 'cioccolato'; il *renaming* è anche la conseguenza della pronuncia di *Schocolissimo*: la sua parte iniziale, infelicemente, suona come l'ingl. e internaz. *shock*, cfr. s.sg.m. pol. *szok*) ⟶ [~ // MM BROWN POLSKA Sp. z o.o.; WUP – cioccolato, dolci – 2015 – Poznań-WP].

Fig. 429. Fonte: WUP, 6, 2017, p. 1723.

Fig. 430. Fonte: https://chocolissimo.pl/, u.a. 24.10.2023.

Skinissimo (neo ibr IS; nella base l'ingl. *skin* 'pelle, cuoio') ⟶ [~ // 5SOLUTIONS Sp. z o.o. ; WUP – prodotti di pelle/cuoio – 2020 – Warszawa-MZ].

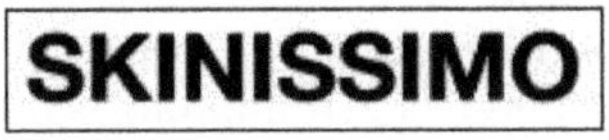

Fig. 431. Fonte: WUP, 10, 2021, p. 126.

Stylissimo (neo ibr IS, stilizzato, allo stesso tempo, su un internazionalismo, quindi un {csl} molto caratteristico in alcuni settori, come la moda e i servizi di bellezza: *Styl-* < p.es. ingl. *style*, pol. *styl*; la *y* nella neoformazione *Stylissimo* può essere pronunciata alla polacca come [ɨ], ma è anche possibile la sua realizzazione all'italiana [i], soprattutto perché la vicinanza delle due *i* successive fa, naturalmente, assimilare la *y* alla *i*; nella sfera perionimica del M un termine internazionale d'origine fr.: *Atelier*) ⟶ [N/C ATELIER ~; CEiDG – parrucchiere serv. bellezza – 1998 – Warszawa-MZ]. Almeno 3 a.o.

Trendissimo (neo IS fondato su un {cin}: *Trend/i/-* < ingl. *trendy*) ⟶ [~ N/C; CEiDG – neg. abbigliamento – 2008 – Prudnik-OP].

Valentissima (< agg. it. ~; può riferirsi al n.f. pol. *Valentyna* 'Valentina') ⟶ [N/C #PORADNIA RODZINNA ~; CEiDG – #agenzia di consulenza legale per famiglie – 2016 – Tychy-SL].

Verbissimo (neo PIF formato sulla base dell'it. *verbo*) ⟶ [N/C #TŁUMACZENIA ~; CEiDG/GUS – agenzia di #traduzione – 2010 – Humniska-PK].

Chiudendo questa parte dell'analisi, va confermato che alcune terminazioni sono considerate come segnali più espliciti dell'italianità e sono pertanto più diffuse rispetto ad altre nella MPLI. Il suffisso *-issimo* appartiene certamente a questa categoria di marcatori d'italianità evidenti, motivando la scelta di un lessema particolare già esistente in forma elativa in italiano come base diretta del marchionimo o ispirazione per una neoformazione originale. Forma strutture relativamente lunghe (da quattro a cinque sillabe in media), ma questo non ostacola la loro memorizzazione e riproduzione sia nel parlato che nello scritto. Chi non ha dimestichezza con l'italiano le accentua sulla penultima sillaba anziché sulla terzultima (*Trendissìmo* e non *Trendìssimo*), ma ciò non altera in alcun modo il loro potere identificativo e distintivo. Dal punto di vista ortografico, rimane chiaro che questo suffisso è ortograficamente corretto solo quando la lettera *s* è raddoppiata.

La terminazione *-issimo/-a/-i* appartiene tipologicamente a un gruppo più ampio di suffissi e suffissoidi italiani/italianeggianti nella MPLI, che sono determinati dalla presenza di geminate: le paia di consonanti come *ll* (qui soprattutto in *-ella*, *-elli* e simili); *tt* (in *-etti*, *-etto*, ecc.); *zz* (*-izza*, *-azzo*, *-azzi*, *-uzzo*, ecc.) e lo stesso *ss* (tranne *-issimo*, anche in *-asso*, *-esso*, *-assi*, *-essi*, ecc.). Qualsiasi parola italiana, esistente o neologica con questo tipo di digrammi, favorisce l'attribuzione dello statuto italianeggiante all'onimo monorematico o ad un'intera costruzione marchionimica composta (sintagmatica) in cui compare un'unità linguistica provvista di una consonante geminata.

Si ricordi ancora che, a differenza dell'italiano, la pronuncia di un nesso di due consonanti identiche in polacco non è quella di suoni lunghi, ma manifestamente è una sequenza articolatoria di due doppie che si susseguono. Nella pronuncia dei vocaboli italiani con le geminate da parte degli stranieri, il successo articolatorio dipende, poi, dal grado della conoscenza intuitiva dei valori fonetici caratteristici per l'italiano. La differenza tra una geminata "lunga" e una geminata espressamente "doppia" è sottile e non pertinente ad un orecchio polacco laico. Anzi, vedendo una consonante raddoppiata, i polacchi cercano di riprodurla in modo doppio come in rare parole polacche che contengo le geminate nell'ortografia (p.es. s.sg.f. pol. *sanna* 'giro in slitta'; *Kossak* un cognome)[688].

4.9. Sintesi sulla modellizzazione italianeggiante nella MPL

Le varie sezioni e sottosezioni precedenti hanno dimostrato una molteplicità di operazioni onomaturgiche, motivate strutturalmente, funzionalmente e semanticamente o, perfino, pragmaticamente, nella prospettiva dell'uso di elementi d'origine italiana o interpretati come italiani (italianeggianti) nella MPL. Riteniamo che l'analisi abbia condotto ad individuare tutti i stratagemmi possibili nella formazione dei marchionimi italianeggianti registrati in Polonia soprattutto negli ultimi decenni (tra il XX e il XXI sec.), ma, in certi casi particolari, anche molto tempo prima, vista la continuazione dei modelli applicati o l'uso continuo di voci concrete che non escono dal mercato polacco o rimangono nella memoria collettiva e specifica per l'ambito del *marketing* storico.

È stato elaborato un lemmario marchionomastico che, tuttavia, non deve essere considerato un lemmario di italianismi nella lingua polacca. È il

688 Cfr. Sez. 3.1.4.

risultato di molteplici ed eclettici processi di onomaturgia commerciale in Polonia che implicano l'influenza diretta o indiretta (a volte interpretata come tale) della lingua-cultura italiana. Si tratta, alquanto, di un novero di voci marchionimiche attestate che possono confermare l'uso specifico di italianismi veri e propri, di pseudo- o quasi-italianismi ("italicismi"), transonimizzazioni (il riciclaggio dei nomi propri d'origine italiana o altra nella veste strutture italianeggianti), onimizzazioni (trasformazione formale di lessemi e costruzioni sintagmatiche/frasali espresse in italiano verso le denominazioni marchionimiche nell'ambito polacco) e varie operazioni neoformative che portano alla creazione di neologismi italianeggianti) in uno spazio linguistico staccato dall'area italiana territoriale e culturale, nonché di neologismi ibridi, in cui la parte italiana o pseudoitaliana è determinante[689].

Per l'"uso" in questo contesto, intendiamo, comunque, varie opportunità per la comparsa delle creazioni che ci interessano, maggiormente sul piano locale (riservato all'area polacca), ma anche più stretto, ridotto ad una situazione comunicativa (denominativa) rilevata da documenti, registri, insegne, etichette, ecc., ma solo nel cerchio di un piccolo gruppo di utenti (proprietari/intestatari, persone impiegate in un'azienda, contraenti, clienti, specialisti amministrativi)[690]. Malgrado siano, di frequente, occasionalismi o "incidentalismi" (*hapax*)[691], sono fatti linguistico-onomastici, che è valsa la pena di studiare per disporre di uno sguardo panoramico sull'ampio fenomeno della MPLI.

Lo studio ha esposto una classificazione secondo i criteri formali predefiniti, ma anche nella prospettiva di una ripartizione a tergo, che mette in evidenza i marcatori morfologici suffiss/oid/ali d'italianità, i quali possono essere categorizzati come terminazioni italiane / italianizzanti distintive. Sono indicatori "forti" (espliciti) nei processi d'interpretazione linguistico-culturale dei marchionimi

689 Tenendo conto della prospettiva di *italicità* (un iperonimo rispetto all'*italianità*, cfr. nota 64), questi vari costrutti nella MPL e in altre collezioni internazionali simili possono essere trattati come **italicismi*.

690 In questo senso, lo studio dei marchionimi (tra l'altro di quelli ispirati alla lingua italiana) fa parte della cosiddetta *onomastica usuale* (pol. *onomastyka uzualna*, Rutkowski, Skowronek 2020: 31), e cioè dell'ambito socialinguistico nella ricerca onomastica (ibid.: 35; cfr. Gałkowski 2011a; id. 2014b; id. 2017a; id. 2020).

691 L'incidentalità concerne soprattutto le singole voci delessicali, meno le neoformazioni monorematiche e le costruzioni sequenziali basate sulla lingua italiana che possono fornire originalità come conseguenza della registrazione di un errore o refuso volontario o involontario dentro al nome "sanzionato" dalla marchionimizzazione (cfr. Capelli, Pitton Straface 2023). D'altro canto, gli onomaturghi (proprietari/gestori dell'oggetto di denominazione) non sempre tengono ad avere un marchio irrepetibile. Pare che in molti casi gli convenga anche la notorietà di un lessema d'origine italiana che può essere motivato semanticamente e pragmaticamente (p.es. *bella*, *gelato*, *scarpa*, *bianco*, ecc.) o consta di un culturema morfologico particolare.

di natura italianeggiante. Vuol dire che ce ne sono anche altri, "meno forti" o "deboli" e discutibili, giacché in molte situazioni abbiamo a che vedere con costrutti usati accidentalmente o internazionalizzati. Anche tra i marcatori d'italianità "forti" vi è una dose di interlinguismo (cfr. i suffissi/-oidi *-eo, -ea, -ina, -ana, -eria*) o d'ispirazione mista (p.es. latineggiante nel caso delle terminazioni come *-issimo/-a/-i* o *-illo/-a/-i*). La loro lettura può essere ambigua e soggettiva. Essa dipende allora da capacità intuitive nutrite da varie conoscenze che riguardano la lingua e la cultura italiana da parte degli utenti polacchi.

L'esito più rilevante dell'analisi dei marcatori morfologici è quello della funzione dei culturemi che possono essere rappresentati, non solo, da voci complete formulate in italiano (lessemi, onimi, sintagmi), ma anche da elementi come terminazioni specifiche d'origine italiana nella costruzione degli esempi creati tramite onimizzazione o transonimizzazione, e soprattutto per neologia.

Parlando di elementi formativi, bisogna ribadire che questi s'iscrivono in una varietà di componenti utilizzati come parti finali, ma anche iniziali, o mediali delle composizioni ottenute. Come abbiamo visto, è possibile classificarle secondo i maggiori criteri di riferimento strutturale o motivazionale (semantico e concettuale), tuttavia nella fattispecie, ogni formazione deve essere studiata anche individualmente come un'unità che si vuole presentare come originale nel *branding* e nella comunicazione commerciale, ovvero nella *cultura «di marca»* (Danesi 2006: 13). Più appare diversa dalle altre e maggiormente si distingue tra la mole dei marchionimi introdotti nell'uso.

Più problemi in questa analisi hanno posto varie configurazioni sintagmatiche o frasali/fraseologiche: non sono singole voci (a parte alcune univerbazioni) che si permettono di sistematizzare come semplici lessemi od onimi, ma non volevamo escluderle dalla ricerca, giacché sarebbe stato inopportuno dal punto di vista dello scopo globale da raggiungere. Le formazioni polirematiche (trasparenti o meno, dal punto di vista sintattico, semantico e logico) sono anche alquanto unità caratteristiche e prove di diverse idee e intenzioni degli autori delle strutture marchionimiche.

Nella prospettiva della "complessità" formale bisogna anche rilevare il ruolo degli elementi perionimici dei tanti marchionimi studiati. La loro funzione è perfino più pratica dei nomi commerciali (firmonimi) stessi. È possibile ritenere che un firmonimo, il quale simboleggi un oggetto onimico (marchionimico), sia di quest'ultimo solo un indicatore che può codificare un messaggio sull'oggetto, ma non obbligatoriamente. La forma straniera rende tale possibilità ancor più difficile. Tutti i dati aggiunti (perionimici e ufficializzati come alternativi nell'indicazione) possono, invece, svelare informazioni essenziali sull'oggetto della denominazione. A questo punto, pensiamo non solo all'identificazione della natura del referente extralinguistico denominato per mezzo di un marchionimo, ma anche al "contesto identificativo" in cui possono capitare i nomi dei proprietari/intestatari e/o delle aziende "madri" (marche "ombrelli"), *slogan* e *tagline*. Perciò abbiamo cercato di sistemarli come elementi teoricamente secondari, ma in realtà indispensabili per una completa, ufficiale e legale identificazione delle unità onomastiche studiate[692].

L'intera ricerca profila la descrizione di un fenomeno ragguardevole sul piano marchionomastico generale, anzitutto specifico per l'area polacca; manifesta varie operazioni onomaturgiche nella MPL che per distinguersi, nei casi particolari, s'ispira ed evoca italianità.

A un primo sguardo, la sistemazione dei dati e la loro analisi dettagliata potrebbero suggerire una distribuzione uniforme delle denominazioni marchionimiche italianeggianti sul territorio polacco e nell'area commerciale polacca. In molti casi, la situazione non può essere altra, ma altrettanto numerosi rimangono anche i marchionimi italianeggianti usati localmente come *micromarchionimi*, a volte non risultanti dalla documentazione che è stata fornita al momento dell'inserimento di un ente economico sui registri ufficiali dello Stato (p.es. alcuni nomi sulle insegne di negozi o locali di ristoro sono nomi di marchio ben visibili negli spazi pubblici, ma non ufficializzati nel sistema amministrativo). Tuttavia, anche questo è un uso linguistico attestato che può avere i suoi sviluppi comunicativi, impossibili da investigare nella totalità delle forme tracciate.

Per fare ancora qualche sguardo statistico e teorico che si può stabilire attraverso l'intero nostro *corpus*, nelle sezioni successive di questo paragrafo conclusivo esponiamo una revisione qualitativa e quantitativa della prospettiva marchionomastica sviluppata nel volume. Cominciamo da una generalizzazione sulle motivazioni osservate nell'onomaturgia della MPLI individuata e studiata.

4.9.1. Il contesto e la tipologia delle motivazioni

Nell'accertamento delle motivazioni che strumentalizzano gli influssi consistenti o sottili della lingua-cultura italiana nell'onomaturgia marchionimica polacca sono stati desunti diversi aspetti d'ispirazione svolti dall'italianità come area di riferimento e fonte di idee per il *branding*.

Ci preme constatare che dal punto di vista linguistico (strutturale) e spesso anche comunicativo (semantico-pragmatico), sono motivazioni trasparenti, e cioè interpretabili e attribuibili nella stragrande parte dei casi all'universo discorsivo italiano rappresentato da strutture onimiche o lessicali italiane che diventano le basi di nuove forme nell'onimia commerciale polacca (MPLI).

La trasparenza dell'italianità linguistica raggiunge un alto grado di validità, proficuità e soddisfazione garantita dalla riconoscenza e dall'agevolezza di riproduzione degli elementi italiani o pseudoitaliani in situazioni comunicativo-discorsive in cui nascono e circolano i marchionimi italianeggianti.

692 Ne fanno parte anche diversi numeri amministrativi o specificatori nello spazio (fisico e/o in Rete) e nel tempo, che si possono identificare dalle fonti che sono servite per la citazione delle denominazioni marchionimiche in questo studio.

Paradossalmente, ciò non è dovuto alla diffusione dell'italiano come L2/LS tra i polacchi. È invece il risultato di un vivo interesse, storico e attuale, degli utenti polacchi verso la lingua-cultura italiana che penetra in modo crescente nella lingua-cultura polacca (prestiti, onimia, terminologia, citazioni enunciative, lessico e morfemi provenienti dal sistema italiano, inconfondibili nel loro genere). Sosteniamo che abbiamo qui a che fare addirittura con una particolare capacità e sensibilità, alimentate a loro volta dalla simpatia che suscita la civiltà italiana nella realtà polacca, sempre interessata ad avvicinarsi al patrimonio del mondo meridionale romanzo, rappresentato in primis dall'Italia[693].

Si è confermata una delle nostre ipotesi[694] che concerne in generale il campo denominativo della crematonimia di *marketing*: nella loro funzione pragmatica si accumulano alcuni tipi di motivazione che si verificano palesemente nella creazione della MPLI.

Dall'esame eseguito, si deduce che la prima motivazione in classifica evidenzia un carattere formale e creativo fondato su aspetti strutturali codificati nelle onimizzazioni dei lessemi italiani o transonimizzazioni dei vari onimi del repertorio onomastico italiano, nonché nella produzione neologica e ibrida italianeggiante.

Come seconda, va considerata la motivazione associativo-connotativa che ha un valore contestuale ed è interdipendente rispetto alla terza che è la motivazione concettuale: la relazione tra oggetto e nome nel contesto inteso come una piattaforma su cui sono attive certe opportunità utilitarie e significati culturalmente determinati (marcati dall'italianità).

Effettivamente, la quarta è la motivazione culturale che conferisce alla nuova formazione marchionimica un ruolo comunicativo e sociale carico di particolari missioni persuasive (valori retorici).

La performatività della lingua-cultura italiana nella caratteristica delle quattro motivazioni è innegabilmente competitiva e ottimale, ciò è visibile nell'intero campione studiato, ma particolarmente in alcuni settori dell'attività imprenditoriale e commerciale che prediligono la modellizzazione italianeggiante dei marchionimi.

4.9.2. La denominazione italianeggiante e la natura degli oggetti denominati

La ricerca ha dimostrato vari procedimenti nel processo della categorizzazione oggettuale delle entità che vengono denominate per mezzo dei marchionimi italianeggianti. È stato opportuno rilevarlo anche per porre delle ipotesi sulla motivazione e l'ispirazione diretta nella creazione di singole formazioni

693 Cfr. Cichocki 2018: 152–158, 218–221. Cfr. anche nota 75.

694 Ci riferiamo qui anche ad uno dei nostri studi precedenti sulla motivazione nel processo della creazione dei crematonimi di *marketing* (Gałkowski 2014a; cfr. anche id. 2015a; id. 2017a).

marchionimiche. La prospettiva referenziale è determinante per la relazione *marchionimo-oggetto* e, in certe situazioni, anche viceversa[695].

È rivelatoria e sintomatica in questo repertorio la supremazia dei nomi designanti oggetti del settore gastronomico e alimentare (nomi di locali di ristoro, di prodotti commestibili confezionati, dell'area economica che commercializza il cibo e i servizi gastronomici). L'importanza globale della cultura culinaria e alimentare italiana, la sua espansione nel mondo e l'assorbimento in altre culture, territorialmente anche lontane, fanno sì che vari marchionimi nettamente italianeggianti firmino in Polonia strutture economiche della ristorazione (anzitutto pizzerie e i cosiddetti "ristoranti italiani"), aziende di produzione di pasta, bevande alcoliche (p.es. vini) e prodotti del latte (p.es. formaggi), negozi con articoli alimentari d'origine italiana o cui si vuole attribuire la qualità italiana (specializzati, come gelaterie, o non specializzati).

L'uso dei nomi commerciali riferiti alla lingua-cultura italiana nel settore alimentare è il risultato dello stereotipo maggiore della cucina e della dieta italiana che vengono accolte come preferite nell'offerta straniera o influenzata da ciò che è straniero sul mercato alimentare polacco. Contribuisce a ciò anche il processo continuo e sempre più articolato dell'affermazione e dell'inserimento nella lingua polacca di lessemi gastronomici d'origine italiana come italianismi tradizionali o nuovi[696].

Si deve dire che l'area linguistica non ci crea ostacoli, piuttosto esiste un interesse comune per la diffusione della terminologia gastro-culinaria italiana con la quale si esprime tutto quello che il significato dell'oggetto dovrebbe denotare e connotare. Non è più possibile chiamare *pizza* con un altro termine, malgrado sia diventata una pietanza quotidiana dei polacchi, ma sempre associata alla cucina italiana. Non si trovano voci alternative per *cappuccino, espresso,* (*caffè*) *latte*[697]. Si cerca di introdurre e mantenere termini fino a una trentina di anni fa sconosciuti per la scarsa conoscenza e l'accessibilità ai prodotti che essi designano (p.es. nomi di varie specie di formaggi, come *mozzarella, mascarpone, gorgonzola,* o del pane, come *ciabatta, focaccia,* ecc.). È importante osservare che la linguistica deve categorizzare questi termini come appellativi (nomi con valore terminologico), ma l'utente comune li percepisce come unità con funzioni onimiche (identificative e individualizzanti l'oggetto). È anche la naturale conseguenza dell'esposizione di alcuni di questi italianismi sulle confezioni di prodotti, visualizzati con l'iniziale maiuscola (*Mozzarella, Mascarpone, Gorgonzola,* ecc.).

---

695 Cfr. Rutkowski, Skowronek 2020: 33–34.

696 Cfr. Par. 3.5.

697 Per *caffè latte* lo potrebbe essere il pol. *kawa biała* lett. 'caffè bianco', che si usa sempre di meno, passando per un termine troppo comune (cfr. anche l'espr. pol. *kawa czarna* 'caffè nero', utilizzata quando si parla di caffè americano o "alla polacca" senza latte). I nuovi termini italiani sono più precisi e permettono di dimenticare certe usanze grossolane nella preparazione e nel servizio del caffè in Polonia.

La terminologia gastro-culinaria italiana si naturalizza nella comunicazione polacca, e ciò che si vorrebbe far percepire attraverso il riferimento all'italianità viene spesso munito di marcatori strutturali specifici, producendo un effetto psicologico interculturale (cfr. i casi largamente discussi di *kaszotto*, *ryżotto*, *buraczotto*, ecc.).

Oltre la gastronomia, le sfere che, in modo manifesto e tendenziale, e quantitativamente rilevante, dimostrano vari effetti marchionimico-italianeggianti, sono:

- la produzione e la vendita dei mobili;
- l'area dei servizi di trattamento estetico;
- prodotti di bellezza e farmaceutica cosmetica;
- l'industria e la commercializzazione della moda tessile;
- l'industria delle scarpe e vari prodotti in pelle vera e/o artificiale;
- la produzione e la vendita di occhiali e accessori del settore ottico.

In tutte queste sfere, emerge come fondamentale un'opinione superlativa sulla qualità sostanziale, artigianale ed estetica che riguarda i materiali, la fabbricazione e la merce associati all'area economica italiana. I marchionimi italianeggianti, pur ingannando in molte situazioni, sono testimonianza di un'intenzione volontaria e deliberata dei loro creatori. Ma vi sono anche situazioni in cui decide un impulso che fa scegliere un marcatore delessicale o depropriale d'origine italiana come base della denominazione, soddisfacendo i desideri individuali e le aspettative degli utenti. Gli italianismi o le neoformazioni ibride con elementi italiani ben dintinguiibili, come pure intere composizioni sequenziali italiane, non dispiacciono ai polacchi per il carattere positivo generale dell'italianità racchiusa nella lingua-cultura del Bel Paese.

Interessanti in questa prospettiva sono i giochi linguistici che italianizzano in modo artificiale certi vocaboli polacchi e li inseriscono nelle costruzioni ibride italianeggianti. Questo fenomeno concerne, tra l'altro, il termine polacco *meble*, s.pl.m. / *mebel*, s.sg.m. 'mobili / mobile'[698] (cfr. *Ecco Meble*; *Adriano-Meble*; *Don Meblo*; *Meble-Nero*; *Italmeble*; *Mebella*; *Mebello*; *Mebletto*; *Meblissimo*; *Mebledo*; *Meblovi*; *Moblo*; ecc.).

L'indizio di un particolare sviluppo di fenomeni comunicativo-persuasivi che privilegiano l'italiano nell'onomaturgia marchionimica polacca influenzata da lingue straniere, è la creazione di marchi che "fanno finta" di essere marchi italiani, fondandosi su strutture immerse, per così dire, senza scrupoli, nell'italianità linguistica. Questo fenomeno rappresenta uno dei metodi sanzionanti anche una forte suggestione che riguarda la "vera" e "alta" qualità dei prodotti fabbricati o venduti in Polonia, cui viene attribuita la falsa provenienza italiana (p.es. nel settore dell'arredamento, della progettazione estetica, della moda). È una *trend* esistente sin dall'apertura del mercato polacco alla liberalizzazione economica e

698 La sua "italianizzazione" nella MPL lo fa associare alla lingua italiana, ciò non viene confermato dall'etimologia (la sua fonte diretta è il fr. *meuble*, SEJP1: s.v.).

all'internazionalizzazione, sempre crescente a partire dagli anni '90 del XX sec., e non indebolito oggigiorno. Lo confermano varie testimonianze marchionimiche che tendono ad evidenziare le preferenze settoriali.

Si vedano, p.es., certi nomi designanti marchi di occhiali o accessori del settore ottico, che si presentano come marche d'origine italiana, creati con l'intenzione di trasmettere un messaggio sottinteso sull'italianità del prodotto commercializzato o del salone ovvero azienda con una proposta di articoli di provenienza non precisa per il mercato polacco (p.es. *Civetta*; *Zanzara*; *Paparazzi*; *Gandano*; *Romeo Popular*; *Bellessa Eyewear*).

Nella stessa maniera funzionano i marchionimi italianeggianti che denominano numerosissimi saloni e prodotti di bellezza, soprattutto parrucchieri, p.es. *Cinderella*; *Beatrice Bastiano*; *Botticello*; *Bellissima*; *Belissima*; *Bellisimo*; *Picollo*; *Primma*; *Pettegolezzo*; *Farfalla*; *Stylissimo*; *Issima*; *Topolino*; *Parrucchiere*; *Stile Brillante*; *Mani Veroni*; *Salone Di Bellezza*; *Bella Donna*; *Bella Beauty*; *Ricci E Capricci*; *Bella Nails*; *Donatella Effect*; *Amore Duo*; *Bianco-Nero*; *Tutti Beauty*; *Fryzo-Bella*; *La Bellissima*; *La Datta*; *Zakątek Bellissimy*; *Un Bel Momento*; *Solo Una*; *Bella Capelli*; *Bella Artis*; *Bella Cara*; *Bella Caro*; *Bella Luca*; *Bella Stella*; *Bella Visage*; *Bella-Si!*; *Bella-Ciao!*; *E Bella*; *Iza-Bella*; *Lilla Bella*; *La-Bella*; *La Piu Bella*; *Mia Bella*; *Sei Bella*; *Piú Bella*; *Sii Bella*; *Si Bella*; *Be Bello*; *Bello Corpo*; *Bello Image*; *Bello Parrucchiere*; *Ma Bello*; *Marabello*; *Troppo Bello*; *Pico-Bello*; *Divaio*; *Bagatella*; *Figurella*; *Novella*; *Pazzo*; *Jolantanza*; *Biano Nero*; *ManiMania*; ecc.

La predilezione per la scelta di un nome italianeggiante nella denominazione di un salone di bellezza, prevalentemente specificato come parrucchiere (pol. *fryzjer*), è davvero sconcertante. L'italiano risulta molto suggestivo ed evocativo, allo stesso tempo concorrenziale nei confronti dell'inglese e del polacco che paiono più "banali" e troppo tecnici in questo contesto denominativo. Le voci italiane codificano, invece, un aspetto estetico attraente dal punto di vista della presentazione grafica e della realizzazione sonora, ma anche come portatrici di certi stereotipi culturali particolarmente positivi e convincenti. Il lato semantico di questi termini è altrettanto fondamentale. È interessante l'uso di alcuni vocaboli italiani particolari che si adeguano all'area di riferimento, p.es. *capelli* o *mani*, che non sono italianismi evidenti per un utente polacco comune, ma devono essere chiari e determinanti per gli onomaturghi (vd. Fig. 432[699]).

Fig. 432. Uno studio di *manicure* a Łódź-LD. Foto: AG 2023.

699 Cfr. anche *Belle Mani* e *Mani Veroni*.

Come argomentato anche prima, la famiglia lessicale di *bellezza* (*bella*, *bello*, ecc.) svolge in questa categoria un ruolo imperante. Arricchisce la terminologia caratteristica nel settore e contribuisce alla diffusione di italianismi emblematici e frequenti nella lingua polacca, anche se non ufficiali.

Tuttavia, non è detto che il settore di bellezza in cui si situano saloni di parrucchiere e cura del corpo, sia particolarmente associato all'italianità a meno che non si pensi a stilizzazioni di tagli e capigliature, come p.es. il genere *mokra włoszka* (capelli ricci con effetto bagnato), il colore moro o la brillantezza dei capelli[700].

Più evidenti sono, invece, altre aree economiche e commerciali che per vari stereotipi vengono associate all'Italia, p.es. il campo produttivo in cui si lavora la pelle e si producono e/o si vendono articoli di cuoio vero o artificiale, come scarpe, borse, borsette, portafogli, cinture.

Se ne vedano esempi sistemati prima in varie classi dell'analisi del *corpus*: *Benito*; *Piero*; *Irella*; *Vinnci*; *Baskonetti*; *Coletti*; *Furrini*; *Lanetti*; *Meltoni*; *Maxoni*; *Antonio Mariotti*; *Arturo Vicci*; *Dario Romani*; *Donatella Clemente*; *Fabrizio Filippi*; *Massimo Poli*; *Corrado Martino*; *Vittoria Gotti*; *Marco Mazzini*; *Sportofino*; *Brendi*; *Elmorii*; *Lagarro*; *Modema*; *Scarpo*; *Polopolo*; *Puccini*; *Bigordi*; *Cefirutti*; *Marconi*; *Maxoni*; *Valentini*; *MarioEmilio*; *Bellugio*; *Gallanteria*; *Giovani*; *Vigoroso*; *Cavalcatore*; *Esco*; *Del Fiori*; *Marco Pelle*; *La Pelle*; *De Luca Milano*; *Bella Pelle*; *La Tomaia*; *CheBello*; *Tutti Tipi*; *Bellojo*; *Italiana Pelli*; *Orso Nero*; *Boccato*; *Mazzivo*; *Pelletteria Italia*; *Lorenti*; *Zullando*; *Skinissimo*; ecc.

Occorre dire che l'effetto del *branding* di successo è raggiunto non per mezzo di onimizzazione di lessemi adeguati all'area produttiva e commerciale (p.es. *pelle*), ma attraverso operazioni di attribuzione di nomi propri italiani (personali, geografici, altri) che sono letti come prestigiosi marchi italiani, tenuto conto della diffusa convinzione che i prodotti di pelle italiani siano raffinati, solidi, belli e valgano il loro prezzo. Ad esempio, le espressioni pol. come *buty włoskie* 'scarpe italiane' (e vari loro "sottotipi": *sandały włoskie* 'sandali italiani; *włoskie czółenka* 'scarpe da donna a tacco italiane'; *włoskie kozaczki* 'stivaletti italiani'; *włoskie mokasyny* 'mocassini italiani'); *torebka włoska* 'borsetta italiana'; *włoski pasek* 'cintura italiana' e altre simili comportano una promessa di autenticità del prodotto di pelle naturale ed elaborata come si desidera. Il *label* italiano viene suggerito dal nome di marchio promettente (cfr. *Gino Rossi*; *Venezia*; *Valentiti*; ecc.).

A questo punto, si tenga presente che la rassegna potrebbe essere anche capovolta, nel senso che certi tipi di strutture d'origine italiana (soprattutto propriali) si evidenziano come preferiti per la denominazione di oggetti in un dato settore. Ad esempio, abbiamo notato che nel settore della produzione e vendita del gelato

---

700 L'Italia ha infatti una importante presenza sul mercato dei cosmetici in Polonia (cfr. https://blog.arvato.pl/rynek-kosmetyczny-w-polsce-charakterystyka/, u.a. 3.12.2023).

(nomi di fabbriche, gelaterie, marchi delle confezioni di gelato specifici) e delle pizzerie si ricorre spesso a vari toponimi italiani (*Milano*; *Verona*; *Livorno*; *Monza*; *Rimini*; *Sardegna*; *Etna*; *Capri*; ecc.): le immagini codificate in questa categoria denominativa sono inconfondibili e molto suggestive, rispecchiando l'idea del Bel Paese, delle sue meraviglie, dei luoghi che possono "firmare" il prodotto così simbolico per la cultura italiana come la "vera" pizza italiana (vd. Fig. 433).

Fig. 433. Una pizzeria a Łódź-LD. Foto: AG 2023.

Il settore della moda, invece, sfrutta gli antroponimi italiani, alludendo a marchi legati ai nomi di stilisti e grandi imprenditori tessili, alla tradizione che associa i bei vestiti e la rinomata qualità dei tessuti all'Italia. Le imprese produttive e i negozi con abiti "firmati" da nomi personali italiani o stilizzati su antroponimi italiani sono garanti di una specifica tipologia della moda: pol. *moda włoska* 'moda italiana', funzionante quasi come marchio generico non ufficiale (spesso nome di negozio; vd. Fig. 434), ma da tempo qualificato in maniera molto positiva e, anche qui, suggestivamente accertata e promettente. Si rivedano alcuni esempi in questo ambito economico e culturale particolare: *Adriano*; *Piero*; *Francesco*; *Bettina*; *Corinna*; *Irella*; *Rossella*; *Puccini*; *Rossini*; *Benedetti*; *Vinnci*; *Vivaldo*; *Banetti*; *Castellani*; *Di Salentino*; *Antonio Mariotti*; *Arturo Vicci*; *Dario Romani*; *Fabrizio Filippi*; *Giacomo Conti*; *Vittoria Giovani*; ecc.

Il settore commerciale tessile è strapieno di marchionimi che non lasciano dubbi sulla loro ispirazione linguistico-culturale italiana. È una tendenza caratteristica per le piccole città (vd. p.es. Figg. 438 e 440), ma anche per lo spazio virtuale (VLL) su Internet che subisce la semplificazione delle procedure formali ed è gremito di *boutique* (< s.sg.m. pol. *butik*) che vendono abiti visualizzati e dopo la compera spediti ai clienti (la maggioranza dei marchionimi nel nostro *corpus* il cui oggetto è specificato come "vend. in Rete"). Non si corrono rischi speciali qualificando anche qui vari tipi di abiti come "italiani", pur non essendo prodotti in Italia. È un effetto psicologico sempre valido nel *marketing* tessile polacco, ma specialmente caratteristico per gli anni '90 del XX secolo e l'inizio del nuovo[701].

701 Il tasso dell'importazione di prodotti tessili italiani autentici (pol. *odzież włoska* 'abbigliamento italiano') è ragguardevole (cfr. Scambi Commerciali [Polonia], https://www.infomercatiesteri.it/scambi_commerciali.php?id_paesi=,82#, u.a. 5.12.2023).

L'etichetta *moda włoska* 'moda italiana' è la più diretta forma denominativo-comunicativa che designa questi tipi di negozi di vestiti (prima di tutto, da donna), assumendo la funzione del firmonimo (*Moda Włoska*, vd. Fig. 434) o accompagnando un firmonimo nella sua zona perionimica. Un'altra possibilità è la combinazione con elementi dell'etnonimo it. *italiano*, p.es. *Ital Moda / Italmoda* (vd. Fig. 435). Serve pure l'intero italianismo sintagmatico *moda italiana* (trasformato in un firmonimo o usato nella zona perionimica, p.es. *Moda Italiana* e *Rzymianka Moda Italiana*[702]; vd. Figg. 436 e 437). L'induzione della "moda italiana" (e non lascia dubbi nell'interpretazione del messaggio) è garantita anche da componenti come l'articolo *la* (cfr. Sez. 4.8.1.1) o la preposizione articolata *alla* (*La Moda*; *Alla Moda*, vd. Figg. 438 e 439). L'italianità della moda viene infine firmata da innumerevoli nomi italianeggianti, spesso semanticamente motivati e comprensibili anche per utenti comuni (p.es. *Bella Donna Butik*, vd. Fig. 440)[703].

Fig. 434. Un negozio con la "moda italiana" a Kraśnik-LU. Fonte: https://www.facebook.com/ModaWloskaKrasnik/, 15.11.2023.

Fig. 435. Una *boutique* con la "moda italiana". Pol. *kiermasz włoskiej odzieży i obuwia* ['fiera dell'abbigliamento e delle calzature italiani']. Foto: AG, Władysławowo 2024.

702 Pol. s.sg.f. *rzymianka* 'abitante di Roma'. Cfr. nota 467.
703 Cfr. anche gli esempi presentati in Sez. 4.8.1.14 e nota 456.

Fig. 436. Un negozio di vestiti in Rete. Fonte: https://www.moda-italiana.pl/, u.a. 8.03.2024.

Fig. 437. Un negozio di vestiti da donna in Rete. Fonte: https://www.facebook.com/RzymiankaModaItaliana/?locale=pl_PL, u.a. 8.03.2024.

Fig. 438. Un negozio di abbigliamento a Puck-PM. Foto: AG 2024.

Fig. 439. Un negozio di abbigliamento a Hel-PM. Foto: AG 2023. Pol. *odzież obuwie dodatki* ['abbigliamento calzatura accessori'].

Fig. 440. Un negozio di abbigliamento a Busko Zdrój-SW. Foto: AG 2023.

La strategia onomaturgica italianeggiante raggiunge i suoi obiettivi di *branding* quando è visibile. L'esposizione sulle insegne dei locali di varie aziende negli spazi pubblici (soprattutto negozi e ristoranti o bar), ma anche sulle confezioni dei prodotti fa sì che un dato marchionimo venga effettivamente notato, e il suo aspetto interpretato come influenzato dalla lingua-cultura italiana contribuisca all'efficacia della promozione dell'oggetto denominato.

Nei termini di *marketing*, l'italianità è qualcosa che si vende bene e crea l'opportunità di guadagnare anche nei settori che non devono essere associati al *Made in Italy* o, per estensione, all'area culturale italiana. Nel caso di tanti marchionimi polacchi italianeggianti e dei loro oggetti, è un *Made in Italy* finto o augurato.

In pratica, non è possibile frenare questo fenomeno. Anzi, da anni, la tendenza di proporre e registrare voci d'ispirazione italiana come marchionimi designanti quasi ogni possibile categoria commerciale (prodotti e servizi, aziende, negozi tradizionali e virtuali in Rete) si mantiene come una fonte di materiale linguistico e culturale ben accolto dalla società polacca mai stanca dell'espressione italiana con tutta la cultura che essa codifica. Ma tutte le regioni polacche sono in egual modo interessate a utilizzare la lingua-cultura italiana nell'onomaturgia marchionimica?

4.9.3. La distribuzione territoriale dell'interesse per l'italianità

Per rispondere alla domanda di cui sopra, occorre prima di tutto ripetere che oggi come in passato l'esistenza e l'uso di un marchionimo qualsiasi possono avere il carattere locale; tuttavia, essi escono dal micromondo socioeconomico nel momento in cui il nome commerciale passa nella sfera della Rete o dell'informazione pubblicitaria e promozionale nello spazio pubblico e mediale.

Nondimeno, vorremmo osservare in quali voivodati polacchi i calcoli statistici possono evidenziare certe ipotesi, segnalate anche prima (p.es. l'effetto delle "piccole Italie").

La Tab. 10 presenta le quote riferite ai voivodati in cui i marchionimi studiati compaiono come ufficialmente registrati. I calcoli sono stati effettuati su un campione di 1972 occorrenze del nostro *corpus* di ricerca con l'assegnazione del codice del voivodato (cfr. Fig. 441).

Tab. 10. Il *ranking* della MPLI nei voivodati polacchi.

Posizione in graduatoria	**Nome del voivodato**	**Sigla del voivodato**	**Numero di occorrenze**	**Percentuale**
1	Masovia	MZ	474	24 %
2	Slesia	SL	222	11,3 %
3	Grande Polonia	WP	212	10,8 %
4	Piccola Polonia	MP	200	10,1 %
5	Bassa Slesia	DS	141	7,2 %
6	Voivodato di Łódź	LD	134	6,8 %
7	Pomerania	PM	116	5,9 %
8	Cuiavia-Pomerania	KP	81	4,1 %
9	Precarpazia	PK	75	3,8 %
10	Pomerania Occidentale	ZP	66	3,4 %
11	Voivodato di Lublino	LU	61	3,1 %
12	Podlachia	PD	44	2,2 %
13	Varmia e Masuria	WM	42	2,1 %
14	Voivodato della Santacroce	SW	40	2 %
15	Voivodato di Lubusz	LB	32	1,6 %
16	Voivodato di Opole	OP	32	1,6 %

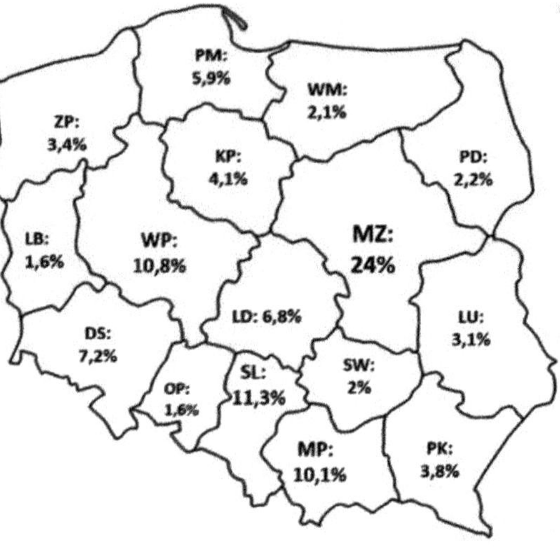

Fig. 441. Le percentuali della MPLI nei voivodati polacchi. Elaborazione propria.

Il conteggio effettuato sul totale delle 1972 unità marchionimiche, per cui è stata assegnata la provenienza del voivodato, mostra che i marchionimi italianeggianti sono più frequenti nel Voivodato della Masovia (24 %). Le ragioni di questo risultato possono essere almeno tre: è il voivodato principale in Polonia e occupa un territorio abbastanza grande; è situato al centro del Paese; è poi lì che è ubicata la capitale e metropoli Varsavia, che, con tutta la sua agglomerazione, attrae tanti investimenti, generando la registrazione di molti enti economici. Varsavia registra il numero più alto di imprese e marchi ratificati come brevettati in Polonia.

Il risultato della Masovia è sorprendentemente alto. Ma è ancora più sorprendente il secondo posto occupato dal Voivodato della Slesia al sud della Polonia: 11,3 %. Non è una regione grande, piuttosto una delle più piccole nella struttura amministrativo-territoriale del Paese. Se paragonata con l'adiacente Voivodato di Opole all'ovest, la Slesia (ovvero l'Alta Slesia) con il capoluogo a Katowice, è davvero vincente nella "gara" dei marchionimi italianeggianti registrati. Può essere dovuto ad un grado più elevato nel fascino espresso di fronte all'italianità, a molti contatti con l'Italia, a una tradizione dei rapporti commerciali e industriali italo-polacchi[704], ad un'importante diffusione dell'insegnamento d'italiano nelle scuole pubbliche e negli istituti di lingue straniere.

Sono, d'altronde, le circostanze analoghe a quelle che si possono rilevare per il Voivodato della Piccola Polonia con il capoluogo a Cracovia: 10,1 %. È un

704 È sempre vivo in Polonia il ricordo delle fabbriche della Fiat a Tychy-SL e Bielsko-Biała-SL (cfr. Pasztor, Jarosz 2018: Cap. 5).

altro voivodato confinante con l'Alta Slesia. L'antica capitale della Polonia attrae molti turisti dall'Italia. Gli imprenditori polacchi a Cracovia e nell'intera regione dimostrano un'apertura avanzata (e fondata anche storicamente) alla cultura italiana e ai contatti economici con l'Italia.

La quota paragonabile (10,8 %) concerne anche il Voivodato della Grande Polonia con il capoluogo a Poznań, una regione ricca, sviluppata e con un numero elevato di ditte, imprese, marchi di prodotti e servizi brevettati, centro di grandi fiere commerciali e industriali; il risultato è, quindi, proporzionale alla situazione economica generale, soprattutto quando viene confrontata con altre regioni.

La quantità dei marchionimi italianeggianti scende ai due posti successivi che riguardano i voivodati medi nelle loro dimensioni: il Voivodato della Bassa Slesia con la percentuale uguale al 7,2 % e il Voivodato di Łódź con il 6,8 %.

Il primo ha il capoluogo a Breslavia, l'agglomerazione con una importante "piccola Italia" in Polonia (cfr. Sez. 2.2.3). Il secondo con la città-capoluogo Łódź, non meno "italianizzata", dimostrante un interesse per l'italianità visibile appunto nelle denominazioni di una varietà di enti dell'industria leggera e, in generale, del commercio tessile, per cui la regione di Łódź è particolarmente conosciuta.

L'italianità dimostrata nella marchionimia è anche percepibile nel Voivodato della Pomerania: 5,9 %. La maggior parte dei marchionimi italianeggianti in questa regione si verificano nel suo capoluogo, quindi nella città di Danzica e in tutta l'agglomerazione della "Tripolis" al Mar Baltico (Danzica-Gdynia-Sopot).

Nei voivodati della Cuiavia-Pomerania (con due città importanti e capoluoghi della regione: Toruń e Bydgoszcz) e della Precarpazia (con il capoluogo a Rzeszów), le percentuali oscillano intorno al 4 %.

Per gli altri le quote si situano fra ca. 3 % (3,4 % per il Voivodato della Pomerania Occidentale e 3,1 % per il Voivodato di Lublino) e meno del 2 % (più precisamente, 1,6 % *ex aequo* per i due meno interessati all'italianità nella marchionimia: il Voivodato di Lubusz e il Voivodato di Opole).

È anche indicativo il numero non elevato (intorno al 2 %) nei tre voivodati relativamente meno popolati e meno industrializzati degli altri (il Voivodato della Podlachia, il Voivodato della Varmia e Masuria e il Voivodato della Santacroce).

Una panoramica territoriale permette di esprimere una certa opinione sulla diffusione dei marchionimi creati sotto l'ispirazione italiana, ma bisogna ripetere che non è un fenomeno stabile, perché parliamo di circostanze osservate sul territorio di un mercato aperto.

D'altro canto, la maggioranza delle strutture investigate si categorizzano come attività economiche gestite da un singolo intestatario (persona fisica), costituendo ca. il 60 % del numero totale, contro il 40 % che spetta ad enti in forma di società gestite da una struttura sociale di più individui (statuto di persona giuridica)[705].

705 Questi calcoli inglobano anche prodotti e/o servizi amministrati (come fabbricati, offerti e commercializzati) da ditte (marche) gestite da persone fisiche o giuridiche.

Si può giungere alla conclusione che alla maggioranza dei nomi tracciati e studiati è possibile attribuire un interesse e un valore locale, più che nazionale. Questo non significa che il fenomeno generale debba essere caratterizzato come un mondo del tutto circoscritto; è vero, peraltro, che la maggioranza dei marchionimi analizzati si possono considerare come "micromarchionimi" (unità utilizzate da piccoli cerchi di utenti).

La domanda è se vi siano, invece, dei "macromarchionimi" polacchi italianeggianti; in altre parole: se vi siano marchi creati sotto l'influenza della lingua-cultura italiana e conosciuti, come pure usati da utenti, su larga scala, cioè su tutto il territorio polacco. La risposta è sì, e se ne possono, ancora una volta, citare alcuni esempi come *Bambino* (marchio utilizzato da un produttore di gelato e di shampoo); *Bella* (marca che produce assorbenti igienici); *Lubella* (marca che produce pasta); *Gino Rossi* (marca di scarpe); *Monnari* (marca di abbigliamento per donne); *Cechini* (marchio d'acqua minerale); *Telepizza* (marca di una rete di pizzerie); *Da Grasso* (un'altra marca di una rete di pizzerie); *Lančerto* (marca di abbigliamento per uomini); *Venezia* (marca di scarpe); *Giacomo Conti* (marca di abbigliamento) oppure *Roma* (marca di un teatro musicale e produttore artistico).

L'ultimo esempio riguarda un oggetto che, pur rappresentando un settore diverso da tutti gli altri, è anche commercializzato e sviluppato come un'area di *business* molto importante, per questo conosciuto non solo in situ (Varsavia), ma tra gli appassionati dei *musical* in tutta la Polonia. È caratteristico che anche sull'insegna del teatro si tiene a segnalare che si tratta di un *TM* (vd. Fig. 442).

Fig. 442. L'insegna del Teatro Roma a Varsavia. Foto: AG 2023.

Tuttavia, la quantità effettiva dei "macromarchionimi" italianeggianti creati e usati in Polonia non è elevata. Sono pochi e un cliente comune avrebbe piuttosto difficoltà a indicarli senza riflettere qualche istante. Questo non sminuisce l'importanza del fenomeno osservato, purché l'utente sia reso sensibile alla presenza di nomi commerciali che funzionano come italiani o sfiorano l'espressione italiana nella loro struttura formale esterna. La loro presenza è decisamente visibile negli spazi pubblici (LL e VLL).

4.9.4. Uno sguardo intersemiotico

In questa discussione vogliamo ancora soffermarci sui problemi della logotipizzazione dei marchionimi italianeggianti funzionanti nel sistema commerciale polacco e nel discorso economico del *marketing*[706]. Pare che sia un aspetto che fuoriesce dalla prospettiva linguistica. Vista, comunque, l'opportunità di uno sguardo che colleghi il nome alla cosa e alle loro rappresentazioni grafiche (o anche altre: mediali), la problematica dei loghi e logonimi risulta necessaria da analizzare e dovrebbe essere integrata nella rassegna linguistico-culturale effettuata. Non è una sfida che possiamo sviluppare in questo libro, essendo anche uno spazio di studi interessanti da intraprendere in una prospettiva interdisciplinare (onomastico-semiotica, ma anche tecnico-estetica e comunicativo-mediale).

Pur rappresentando un risultato di non particolare rilevanza, si è ritenuto qui opportuno riportare una serie di commenti riferiti alla visualizzazione illustrativa di una quantità di unità denominative scelte: logonimi in compagnia di immagini, simboli, codici specifici e altri elementi linguistici (identificatori della natura dell'oggetto, date, nomi di marche "madri", *slogan* o *tagline*, ecc.). In questo modo, la realtà costituita da un marchionimo visualizzato in un logo/logonimo o su una insegna esposta in uno spazio fisico, diventa una "cosa" e può essere studiata come un'entità concretizzata o, perfino, reificata[707].

Ci preme segnalare che nella descrizione dei parametri del marchionimo visti attraverso la sua reificazione si possono specificare alcuni problemi maggiori, fra i quali:

1. il *lettering* della denominazione nel logonimo:
   - la scelta dei caratteri/*font*;
   - l'uso delle lettere maiuscole vs. minuscole;
   - l'aggiunta o la riduzione dei segni diacritici, come accenti, apostrofi, punti, puntini, trattini, sottolineature, ecc.;
   - l'inserimento dei codici e segni grafici speciali (numeri matematici, codici dei domini in Rete, come *.pl* o *.com*, il punto esclamativo *!*, i segni di comunicazione mediale "moderna" @ e #, ecc.);
2. la combinazione del *lettering* con altri elementi visuali:
   - l'uso del neretto;
   - il gioco delle dimensioni dei caratteri (lettere rappresentate graficamente);
   - le trasformazioni delle lettere in disegni rappresentanti le figure della realtà extra-linguistica;
   - la sostituzione delle lettere scelte con un simbolo/disegno concettualmente leggibile/interpretabile;

706 Mariusz Rutkowski e Katarzyna Skowronek (2020: 20) spiegano il ruolo dei nomi propri in questo tipo di discorso e suggeriscono modalità ulteriori del loro studio: "Discorso economico-marketing – nomi di prodotti e aziende, che mostrano gli elementi del consumo, e in esso i vari stili e tendenze. All'interno di questa analisi, è possibile applicare elementi di ricerca multisemiotica e multimodale"; trad AG].

707 Cfr. Borowiak 2021: 95–134.

- l'uso dei colori che possono codificare un'associazione particolare, p.es. "rosso": pomodoro, fuoco, sentimenti; "verde-bianco-rosso": la bandiera italiana;
- l'inserimento di elementi decorativi e grafici, spesso suggestivi negli spazi tra, dentro o intorno alle lettere componenti il nome;

3. il *modelling* del *layout* dell'iscrizione in relazione allo spazio da utilizzare e ad altri elementi nella rappresentazione logonimica:
    - la visibilità delle voci da leggere (p.es. inserite in un disegno; immerse in uno sfondo colorato o di un'altra gradazione della sfumatura di uno stesso colore; la distinzione tra altri elementi linguistici; ecc.);
    - la disposizione non lineare delle lettere componenti la voce marchionimica (p.es. alternativamente su due livelli orizzontali; nella direzione verticale; nella direzione obliqua da un angolo ad altro; racchiuse in una figura geometrica: un quadrato, un cerchio, un triangolo; disposte in modo sparso irregolare; ecc.).

Gli esempi per illustrare questi effetti sono plurimi. Il fenomeno può essere osservato in ogni singolo marchionimo, giacché non è praticamente possibile immaginare un marchio senza una sua rappresentazione logonimica, e quindi, grafica (cfr. le figure inserite in questo libro).

È anche chiaro che certi aspetti non rilevanti per l'ortografia tradizionale possono essere mantenute nella riproduzione della scrittura a mano o digitalizzata, p.es. l'uso della minuscola iniziale, registrata ufficialmente nella versione brevettata del marchionimo o su qualsiasi tipo di insegna, etichetta, fogliettino informativo; l'uso delle maiuscole all'interno della voce marchionimica; oppure la non conseguente visualizzazione di un segno non normativo nella notazione di una lettera o dell'intero nome (cfr. p.es. *Lanĉerto* vs. *Lancerto*; *CAFA̲LLA* vs. *CAFALLA*; *PePe Nero* vs. *Pepe Nero*; *LaCrima* vs. *La Crima*; *La-MPfia* vs. *La Mafia*; *Bella-Donna* vs. *Bella Donna*; *Bella-Si!* vs. *Bella-si!* o *Bella-sì!*).

Da osservare, infine, l'uso degli elementi linguistici e logotipici sostitutivi della denominazione, che svolgono lo stesso ruolo designativo, sia come componenti del marchionimo, sia come codici autonomi. Funzionano in questa maniera gli acronimi o le singole lettere iniziali presentate al maiuscolo (p.es. *TN* = *Topo Nero*: nel logotipo la *T* si sovrappone sulla N, creando un segno originale; *DB* = *Di Bellezza*; *B* = *Bellamente*; *M* = *Movo*).

Va sottolineato che i problemi intersemiotici sono sollevati a margine delle questioni maggiormente linguistiche della presente ricerca, ma con essi si apre un'ulteriore ipotesi sulla misura in cui l'italianità influenza anche l'ambito visuale (reificato) del marchionimo inserito nel logonimo o esposto graficamente su un dato supporto. Indubbiamente, la sintonia tra il marchionimo italianeggiante (progettato come tale), il suo oggetto (p.es. un prodotto associato alla cultura italiana o all'area per stereotipo connessa con la civiltà italiana odierna e/o storica) e la rappresentazione simbolica o perfino figurale, ispirata da immagini, stili, tradizioni estetiche italiane, crea un ambito di pensiero e connessione vincolante per il conteso linguistico-culturale desiderato. Vale a dire che la scena d'ispirazione e motivazione diretta verso l'Italia oltrepassa il campo dell'onomaturgia, e incrementa altri fattori funzionali e "parlanti" del nome commerciale in una veste logonimica.

Conclusione

L'italianità in Polonia, come area d'interesse culturale internazionale e d'ispirazione nella creatività linguistica interna, può essere voluta, ricercata, copiata e discutibile; tuttavia, il fenomeno è così esteso che può trasformarsi in qualcosa di inconscio, a volte strampalato e caricaturale, ma tendente a riconoscere un predominio che ha portate sociolinguistiche e socioculturali innegabili, in particolare su determinati settori. Il fenomeno non si è manifestato negli ultimi anni, ma si è accresciuto molto in fretta nel tempo insieme allo sviluppo dell'economia polacca, che cercava anche le migliori soluzioni nel suo settore denominativo-commerciale in quanto elemento indispensabile nel discorso del *marketing* e nei processi comunicativi tra contraenti e clienti.

La nostra idea è che possiamo parlare di una vera e propria marchionimia polacca influenzata da lingue e culture occidentali a partire dai primi decenni del XX secolo, comunque, alla prova dei fatti, in Polonia tale pratica si è interrotta nel 1939, per riapparire, con sporadici esempi appartenenti alla Repubblica Popolare Polacca (pol. PRL), in particolare, dopo il 1989. Nella sfera denominativo-commerciale, questa lunga pausa ha provocato per reazione una scatenata esplosione di prestiti, invenzioni, imitazioni su modelli stranieri in un Paese alquanto impreparato alle regole del mondo occidentale e alla mentalità capitalista (dal punto di vista economico e quindi molto a digiuno ed inesperto dal punto di vista crematonomastico / marchionomastico).

L'italianità come fonte d'ispirazioni nella nuova epoca socio-economica si è trovata sicuramente in una situazione privilegiata per via dei rapporti economici preesistenti (p.es. la presenza della Fiat, ma "non solo"), per il fatto che tra le maglie della censura politica della PRL sono passati canzoni e film italiani e allo stesso tempo sono stati mantenuti determinati riferimenti culturali all'Italia e all'italiano nella propria produzione artistica e ludica, permettendo alla società polacca di conservare e trasmettere alla memoria successiva la realtà materiale di molte testimonianze della civiltà italiana. Questo, non solo perché i polacchi avevano l'accesso ai dati enciclopedici (storici, geografici, turistici, personali, ecc.) sul Bel Paese e gli italiani, ma anche perché la lingua polacca custodiva tanti italianismi e unità propriali dell'ambito italiano (toponimi, antroponimi, alcuni crematonimi) che non era affatto possibile togliere dall'uso, censurare, soppiantare o controllare in alcun modo formale o morale.

Ricordiamo solo le statistiche dei primi anni '90 del XX sec. in cui l'Italia risulta essere il secondo paese per *import* ed *export* in Polonia[708], e forse questo lo possiamo considerare una sorta di *imprinting* della tendenza che man mano

708 Cfr. Czarny, Śledziewska 2008.

ha ampliato una sincera italofilia, espressa in varie manifestazioni della vita e dell'attività sociale dei polacchi, tra l'altro, propensi all'inserimento dei nuovi forestierismi d'origine italiana e alla produzione di nomi commerciali che riprendevano costrutti pronti italiani o si modellavano su strutture interpretate come italiane. Il risultato di questo fenomeno è quello che abbiamo cercato di spiegare e di evidenziare con il nome di *marchionimia polacca italianeggiante* MPLI, la quale si dimostra essere molto ricca, variegata e illustrata attraverso un ampio campione di esempi, estratti ed analizzati in questo libro.

Stranamente, nei primi due decenni della Polonia libera dal regime comunista, l'"apertura" all'attraente mondo italiano e ad altre influenze culturali e linguistiche dell'Occidente ha generato, allo stesso tempo, una "chiusura" altrettanto linguistica che culturale nei confronti di tutto ciò che era immediatamente "orientale", cioè posto ad Est della frontiera polacca. Forse nel tentativo ancora in corso, di non essere più considerato un Paese dell'Est, quanto un Paese del Centro-Europa. Questa operazione di "riassetto" ha comportato anche una dovuta, quanto temporanea "purificazione" dell'intero Paese (cultura compresa) a quei fenomeni di incrostazione, povertà, inefficienza e parassitismo espressi dal sistema comunista presenti nella società polacca prima ma anche dopo il 1989.

Se ci pensiamo bene, lo *slogan* socio-pubblicitario polacco *Dobre, bo polskie* ['Buono, perché polacco'] esiste solo da pochi anni[709]: l'affidabilità interna è andata costruendosi lentamente, ciò è avvenuto anche per ragioni ideologiche e politiche. Questa iniziale "diffidenza" e perfino "rifiuto" dei prodotti provenienti dagli ex alleati del patto di Varsavia, nonché dai propri produttori, ha innescato una facile accoglienza dei *realia* occidentali, fra cui prodotti, servizi, usanze, proposte estetiche, opere della cultura alta e di massa, provenienti esclusivamente dall'estero o, eventualmente, creati in Polonia, ma su modelli che si rifacevano a quei *realia*.

Ci si potrebbe chiedere quale sia il futuro della MPLI. Se non viene ostacolata o ridotta per mezzo di decisioni politiche o amministrative, artificiali per l'uso naturale, il che d'altronde non si dovrebbe considerare come giustificabile o immaginabile, il suo sviluppo dovrebbe rimanere quantitativamente e qualitativamente nelle dimensioni riscontrate per il periodo recente dalla nostra ricerca. È anzi possibile che essa aumenti, in proporzione con il crescente interesse dei polacchi verso alcuni settori firmati dall'italianità in espansione (cucina, industria leggera, *design*, cultura mediale e artistica e altre *delizie italiane*[710]), oppure

709 Lo *slogan* funziona come una specie di marchio nazionale equivalente all'ipotetica marca *Made in Poland* la quale non ha ancora raggiunto i minimi valori di successo, se la paragoniamo, p.es., con *Made in Italy*.

710 "«Delizie italiane» [pol. *włoskie delicje*] – spiega Wojciech Tygielski (2005: 573–574) – è un termine la cui comprensione merita maggiore attenzione. Proponiamo che venga utilizzato per descrivere l'intera gamma di associazioni all'italianità: dalla ricchezza delle realizzazioni artistiche e architettoniche da ammirare in Italia, ai modelli culturali, materiali e immateriali, che sono stati volentieri

come una reazione di difesa o protesta nei confronti dell'imperante diffusione della lingua inglese che ha bisogno del contrappeso di una concorrenza per garantire un desiderato equilibrio.

Non è detto che in un futuro prossimo si assista a uno sviluppo ulteriore delle strutture che caratterizzano i marchionimi polacchi formati sotto l'influenza italiana. Con la loro diffusione si moltiplicano casi tradizionali, ma anche insoliti ed eccezionali, che sono spesso *hapax* linguistici[711], perfino progettati e protetti come tali nella prospettiva del *marketing*. Quanto più si distinguono, tanto più sono efficaci come strumenti di promozione del carattere denominativo individualizzato, allo stesso tempo connotando contesti culturali comunemente condivisi, sempre molto visibili sul piano linguistico polacco (tenendo conto della loro struttura fonetica, ortografica, morfologica, lessicale, in certi casi anche pragmatica).

La loro espressività, manifestata dal riferimento alla natura individualizzata della lingua e della cultura italiana, ne favorisce la ricezione e la riproducibilità, sia nell'orale che nello scritto, a differenza di quanto accade per forme di altre lingue straniere, per le quali è richiesta una loro conoscenza elementare. Vi è ben poca probabilità che, agli onomaturghi della marchionimia polacca e ai suoi utenti, l'italiano smetta di piacere e di ispirare, e questo resterà valido così come la necessità di familiarizzare con la cultura italiana e di introdurne elementi nella cultura polacca, perfino quella espressa e praticata nella vita e nella comunicazione di tutti i giorni.

L'inserimento degli elementi italiani in polacco è, solitamente, un processo che si adempie con molto agio e senza fatica linguistica, con un alto grado di fruibilità. Risulta molto più semplice e intuitivo, se lo paragoniamo con complicazioni che si creano in circostanze simili con elementi estratti da altre lingue. Allo stesso tempo, le strutture italiane o pseudoitaliane usate nella marchionimia polacca convalidano e tutelano visibilità e originalità.

Il polacco è sempre propenso ad assorbire le forme del ceto romanzo, e particolarmente dall'italiano che risponde a tutti i requisiti di una lingua di aspetto diverso e, allo stesso tempo, malleabile al livello strutturale nonché attraente in virtù della cultura, di cui è una componente e portatrice. È uno stato delle cose che si verifica su più piani: fonologico e morfologico, anche quello sintattico e semantico, nonche, in generale, comunicativo.

Come abbiamo visto, l'italiano è una lingua straniera poco conosciuta dai polacchi, ma suscita una forte fascinazione e un interesse molto intenso, che, collegati con la simpatia dimostrata verso l'Italia e gli italiani, fa sì che la strutturazione italianeggiante nella marchionimia polacca e in alcune altre sottoclassi

trasferiti e adattati al di fuori dell'Italia – punto importante – sono stati generalmente giudicati positivamente"; trad. AG.

711 Non necessariamente neologici per quanto riguarda la loro struttura superficiale (cfr. Sablayrolles 2019a: 17).

della crematonimia stia affermandosi e manifestandosi in modo esplicito, con consapevolezza delle dimensioni estetica ed eufonica; è una strutturazione percepita come avvincente, perfino seducente e provocante.

L'ignoranza dell'italiano da parte dei polacchi non è un ostacolo in grado di impedire il suo importante influsso sulla marchionimia che si crea e funziona nelle condizioni linguistico-culturali polacche. Anzi, per la creativa onomaturgia marchionimica è perfino un fattore vantaggioso perché si hanno più opportunità di usare come nomi commerciali, in primo luogo, delle forme originali pronte, provenienti dal vocabolario italiano e dallo strato propriale della lingua italiana; e in secondo luogo, delle voci create come neologismi su modelli italiani o ibridi coinvolgenti l'italiano e un'altra lingua (fra cui soprattutto il polacco e l'inglese).

Questi processi, malgrado possano essere non sempre perfetti e pienamente accettabili, se li rimandiamo alla norma italiana e/o polacca, non comportano rischio di gravi conseguenze negative o discutibili. Si tratta, addirittura, di una disinvolta liberalizzazione senza responsabilità, il che, da lontano, può suscitare reazioni di sorpresa e stupore da parte degli italofoni. Essi possono solamente osservare le evenienze stravaganti sulla loro lingua, a volte anche maltrattata e strapazzata, fuori dal loro territorio, ma sempre in uno spazio comunicativo comune, oggi, particolarmente condiviso, diffuso e accessibile (p.es. via Internet e il mercato internazionale aperto), fino a creare una sorta di "italiano possibile" o "italiano globale", sparso in molti settori e discorsi ovvero linguaggi sociali nel mondo contemporaneo.

Non è poi detto che una tale situazione, pur essendo respinta o impenetrabile e non considerata con apposita serietà, possa incidere sull'italiano stesso, protetto internamente da influssi stranieri, ma non protetto ancora da avventure incontrollate, nel bene o nel male, che gli capitano nei contesti d'uso come lingua straniera/seconda LS/L2 o "lingua di supporto". La nuova categoria che stiamo ora individualizzando concerne, tra l'altro, varie terminologie delle lingue moderne, le cui culture si aprono di continuo e s'ispirano alla cultura italiana, nonché alla sfera marchionimica (mirata sotto l'angolo dell'*italianità del marchio*, Caffarelli 2016a: 29), così importante come piattaforma della creatività linguistica sempre in cerca di novità e componenti distintivi e carichi di tratti formali e significati speciali, come p.es. quelli codificati nei marcatori d'italianità che abbiamo studiato in questo volume.

Se l'italiano fosse così conosciuto in Polonia come l'inglese, esso verrebbe usato con più consapevolezza semantica. Invece, nella situazione osservata, è soprattutto una lingua fonte di ispirazioni strutturali che si usano nella formazione marchionimica proprio perché sono sufficienti i suoi valori "esterni": ortografici, fonotattici, grammaticali, pragmatici, culturali e discorsivo-comunicativi.

Simultaneamente, alcuni valori semantici dell'italiano vengono precisamente o intuitivamente letti e interpretati dagli utenti polacchi che hanno a disposizione molti italianismi e partecipano in una comunicazione che porta con sé tante ispirazioni da riprodurre e riconoscere nella marchionimia. Non di rado, ai parlanti, e soprattutto a quelli che conoscono l'italiano, una data struttura lessicale affermata o familiare (anche neologica e ibrida), sembra evocativamente italianeggiante; questo può essere una circostanza desiderata, anche in vista di un futuro utilizzo, in cui il nome dell'oggetto di commercializzazione gioca uno dei ruoli basilari.

Le formazioni nella MPLI dovrebbero essere trattate in gran parte come occasionalismi o creazioni "d'autore": lo stesso vale per quelle ottenute per mezzo di transonimizzazione, onimizzazione, neologizzazione o ibridazione. In ogni veste sono nomi creati nei processi di onomaturgia onimica come strumenti di sussidio *sine qua non* nella comunicazione commerciale.

In una prospettiva secondaria, vanno considerate come formazioni potenziali (che funzionano sulla base di parole / espressioni ed elementi di unità lessicali o propriali d'origine o di sembianza italiana), nella qual veste possono essere il risultato di un modello linguistico ripetuto in più occorrenze o varianti ulteriori.

Particolarmente nel caso dei neologismi e ibridi, sono molto spesso costrutti individuali, cioè vere e proprie neocomposizioni, ma non vi è garanzia che, parallelamente, non esista un loro omonimo o non possano essere riprodotti in un altro contesto denominativo come forme coscientemente imitate (copiate), ma anche prodotte indipendentemente.

In effetti, la creatività riproduttiva, neologica e ibrida nella marchionimia (p.es. italianeggiante o sotto l'influenza di un'altra lingua-cultura), è un fenomeno emancipato, spontaneo, senza norme precise e poco gestito da quelle apparentemente in vigore. Neanche la protezione legale del nome di un marchio dà la garanzia di registrare una forma che cominci la sua vita e rimanga unica, non gemellata o copiata da una forma identica nello stesso ambito linguistico.

Conviene rendersi conto del fatto che la forma registrata come protetta può avere un suo predecessore non scoperto durante la ricerca del *branding* preliminare all'atto della denominazione di un oggetto determinato. D'altronde, si ignorano spesso le occorrenze d'uso uguale o simile nello spazio commerciale o altro socio-comunicativo, poiché sono casi non ancora brevettati o senza una tale necessità (p.es. i nomi di molti esercizi economici, funzionanti legalmente, ma in possesso di proprietari individuali o i nomi di strutture che compaiono sotto i marchi aziendali maggiori, p.es. le denominazioni di alcuni locali di ristoro, negozi, ma anche prodotti[712]). Non sono escluse nemmeno delle opportunità di creazione nuova, modellata o indipendente dal marchionimo registrato, che lanciano sul mercato uno stesso nome con il rischio di essere contestate dai proprietari della forma parallela registrata come brevettata.

Nel linguaggio, in cui ogni unità linguistica rimane un elemento costitutivo che alimenta la lingua nello sviluppo sempre progressivo, non vi è una differenza sostantiva tra un marchionimo registrato come brevettato e un marchionimo registrato senza protezione legale o creato *ad hoc* o ancora nella sua fase

712 Cfr. Caffarelli 2016a: 30.

pre-denominativa (p.es. come una proposta di denominazione marchionimica venduta in qualità di prodotto intellettuale da un'agenzia di *branding*).

In tutte queste occorrenze, la struttura – inventata, ripetuta o non ripetuta in altre circostanze di designazione referenziale – dal punto di vista del sistema linguistico, è una stessa forma, che solo ulteriormente si può analizzare come equivalente od omonimica nei confronti di un'altra. Lo stesso rischio di fraintendimenti riguarda le forme che strutturalmente si assomigliano o sono create per mezzo di un modello analogo o paragonabile, le quali sono, talvolta, prodotte sì con l'intenzione pragmatica di farsi associare a questo modello o a un'intera costruzione ormai ben radicata nel discorso (commerciale, promozionale, pubblicitario, sociale).

Bisogna considerare che l'italiano (o un'altro idioma straniero "di supporto") è utilizzato come come stratagemma che aiuta a evitare le ripetizioni o a riproporre i modelli usurati dalla consuetudine. Per lo più, la gamma di forme di natura morfematica dell'italiano o pseudoitaliano nella marchionimia polacca è sorprendentemente ampia e diversificata. Notiamo il particolare primato dell'italiano in questo senso. Come elementi che firmano l'italianità della MPLI, si distinguono soprattutto i *culturemi morfologici*[713], cioè vari componenti nella strutturazione di voci italiane marchionimizzate nell'ambito polacco o create come neoformazioni, ma anche altre strutture che sono il risultato di giochi linguistici e interlinguistici (p.es. nomi sequenziali e frasali). Oltre a ciò, possiamo parlare anche di veri e propri *culturemi lessicali* e *propriali* costituiti da vocaboli e onimi italiani utilizzati come se fossero categorie morfematiche specifiche nella strutturazione di denominazioni marchionimiche italianeggianti.

Se teniamo conto dell'immersione totale di queste forme in polacco, non giudicandole in modo condizionato da una formazione nuova per l'italiano (che qui non conta), tutte risultano effetti di un'originale creatività onomaturgica onimica (marchionimica) nel contesto polacco e, in qualche senso, internazionale.

Vogliamo sottolineare, con convinzione provata dai risultati di questa ricerca, che ciascuno dei tipi distinti di componenti italiani/italianeggianti può svolgere il ruolo speciale ed efficace di *marcatore linguistico*; esso si riferisce a ciascuno dei tipi che forniscono un peculiare effetto di marchionimizzazione interculturale alla luce di esigenze di comunicazione di *marketing* individuali, locali, nazionali e, ipoteticamente, anche più ampie.

È così possibile concludere che la comparsa degli elementi italiani nella prassi denominativa può essere ricondotta alla necessità e all'intenzione di autenticazione dei *realia* italiani nell'area polacca (p.es. nel commercio degli alimentari e nella gastronomia); al desiderio di accostarsi e di indentificarsi con il mondo italiano e i vari suoi pregi stereotipati (p.es. i sensi della bellezza e dell'allegria); all'utilità degli italianismi ormai funzionanti in polacco (p.es. nel campo

713 Coniamo questo termine sulla base delle considerazioni e dei suggerimenti emersi in una discussione con Mariusz Rutkowski (cfr. id. i.c.d.s.).

artistico); nonché al consolidamento delle parole, espressioni ed interi enunciati ripresi intertestualmente dalla lingua-cultura italiana (p.es. provenienti da canzoni, opere liriche, film, letteratura, locuzioni fisse internazionalizzate, nomi delle marche italiane, nomi dei personaggi italiani veri o fittizi); infine, alla partecipazione spontanea nella creazione e nella diffusione di una terminologia ovvero di un linguaggio speciale internazionale[714].

Questa comparsa, senz'altro spettacolare e massiccia, è motivata in modo simile, e per lo più con l'effetto di irradiazione interna, nella comunicazione commerciale che registra innumerevoli casi e occorrenze ripetute della strutturazione marchionimica influenzata dall'italiano. In fondo, i marchionimi italianeggianti possono apparire come nomi retoricamente più efficaci, ossia più persuasivi degli altri nomi designanti oggetti sottoposti ai processi di *marketing*.

L'italiano diffuso, tramite formazioni marchionimiche italianeggianti, nello spazio fisico e virtuale polacco, malgrado sia spesso disturbato al livello della correttezza e coinvolto nella creatività neologica e ibrida incontrollata e spensierata, è sempre ben accolto nell'applicazione linguistica ed interlinguistica in Polonia. Anzi, è una lingua utile e quasi intuitiva per eccellenza, che comporta un genio apprezzato e condiviso senza esitazioni psicologiche. Pare considerata vicina allo spirito polacco che cerca valori originali e raffinati: è carica non solo di connotazioni positive, ma anche portatrice di codici formali accessibili a tutti, giacché si permettono di riprodurre perfino nelle situazioni di evidente ignoranza dell'italiano.

Come altri popoli, i polacchi hanno attinto all'italiano per elaborare strumenti espressivi marcatamente distinti dal polacco stesso; non hanno scrupoli ad approfittarne o quasi a sfruttarne smisuratamente, senza limiti e preoccupazioni di qualsiasi genere. L'italiano è la lingua-garanzia con la quale si ottengono risultati soddisfacenti, promettenti sul piano della persuasione di *marketing* (come una delle categorie di pubblicità verbale minima e polifunzionale). Le forme italiane[715], scritte e orali, si naturalizzano facilmente e velocemente, non ostacolate da pregiudizi gravi o dalla concorrenza linguistica tra varie manifestazioni internazionali applicate.

A ben vedere, non è un fenomeno limitato all'area polacca, ma particolarmente accettato e coltivato dagli utenti polacchi, anche se l'italiano non è un idioma straniero universalmente studiato e come una delle lingue internazionali rimane utilizzato attivamente solo da pochi. Ciononostante, il suo intervento crescente nella MPL smentisce questa visione, contribuendo a consolidare l'impatto

---

714 Si tratta dell'internazionalizzazione dovuta all'apporto sempre crescente e alla fissazione di elementi stranieri nella lingua polacca dei secoli XX e XXI (vd. Waszakowa 2005; ead. 2019).

715 Senz'altro, nell'ambito marchionimo internazionale funzionano come *nomi-bandiera* ovvero *parole-simbolo, parole-chiave, parole-insegna* dell'italianità (Caffarelli 2018c: 1017). Cfr. anche fr. *termes « mécènes » d'Italie* (Gałkowski 2002: 44).

interculturale che da tempo, ma soprattutto negli ultimi decenni, esercita la lingua-cultura italiana nella formazione della nuova onimia polacca.

È un avvenimento positivo anche per la lingua italiana stessa che si è fatta strada e continua a farsi strada costruendo una posizione speciale nella mentalità e in varie fasce dell'attività nella società polacca. Ciò riguarda, tra l'altro, l'uso della marchionimia italianeggiante come ambito della pratica di comunicazione verbale, oggi particolarmente internazionalizzata e sempre marcata da significati culturali gradevoli e convincenti.

Bibliografia

AA.VV. 2003. *L'Italia fuori d'Italia. Tradizione e presenza della lingua italiana nel mondo. Atti del Convegno di Roma 7-10 ottobre 2002.* Roma: Salerno Editrice.

AA.VV. 2004. *Artyści włoscy w Polsce. XV–XVIII wiek.* Warszawa: Wydawnictwo DiG.

AA.VV. 2007. *Italianismi e percorsi dell'italiano nelle lingue latine. Atti del convengo internazionale Treviso (28 settembre 2007, Ca' dei Carraresi)*, 77–91. Treviso–Paris: Fondazione Cassamarca–Unione Latina.

AA.VV. 2012. *Rozmówki dla wyjeżdżających do pracy polsko-włoskie.* Legnica: Edytor.

AA.VV. 2014. *L'italiano nel mondo che cambia. Stati generali della lingua italiana nel mondo. Firenze, 21-22 ottobre 2014.* Roma: Ministero degli Affari Esteri e della Cooperazione Internazionale.

AA.VV. 2017. *L'italianismo moderno nell'Europa centrale e orientale (secc. XIX–XXI). Atti del convegno, Roma, 10 giugno 2016.* Roma: Accademia Polacca delle Scienze–Biblioteca e Centro di studi.

AA.VV. 2019. *Italia e Polonia 1919-2019. Un meraviglioso viaggio insieme lungo cento anni / Włochy i Polska 1919-2019. Sto lat wspólnej fascynującej podróży.* Warszawa: Wydawnictwa Uniwersytetu Warszawskiego.

Acta Nuntiaturae Polonae. 1991. vol. VI: "Iulius Ruggieri (1565-1568)", T. Glemma, S. Bogaczewicz [a c. di]. Roma: Institutum Historicum Polonicum, Fundatio Lanckoroński.

Adamo, G., Della Valle, V. 2017. *Che cos'è un neologismo.* Roma: Carocci.

Ahmad, S. 2003. "Globalisation and brands". In: R. Clifton et al., *Brands and Branding*, 171–183. Princeton – New Jersey: Bloomberg Press.

Altmanova, J. 2016. *Du nom déposé au nom commun. Néologie et lexicologie en discours.* Milano: EDUCatt.

Álvarez de Miranda, P. 2009. "Onomaturgia". *Riconete.* Centro Virtual Cervantes. https://cvc.cervantes.es/el_rinconete/anteriores/noviembre_09/04112009_01.htm, u.a. 27.11.2023.

Antonelli, G. 2014. "L'e-italiano: una nuova realtà tra le varietà linguistiche italiane". In: E. Garavelli, E. Suomela-Härmä [a c. di], *Dal manoscritto al web: canali e modalità di trasmissione dell'italiano. Tecniche, materiali e usi nella storia della lingua. Atti del XII Congresso della Società Internazionale di Linguistica e Filologia Italiana (Helsinki, 18-20 giugno 2012)*, vol. II, 537–556. Firenze: Cesati.

Bagna, C. 2006. "Dalle lingue esotiche all'italiano di contatto". In: E. Banfi, G. Iannàccaro [a c. di], *Lo spazio linguistico italiano e le "lingue esotiche". Rapporti e reciproci influssi. Atti del XXXIX Congresso internazionale di studi della Società di linguistica italiana (SLI): Milano, 22-24 settembre 2005*, SLI 50, 463–491. Roma: Bulzoni.

Bagna, C. 2009. "Relazioni internazionali, lingua italiana nel mondo e dinamiche di contatto". In: R. Bombi, F. Costantini [a c. di], *Plurilinguismo migratorio. Voci italiane, italiche e regionali*, 45–51. Udine: Forum.

Bagna, C. 2017. "Contemporary Linguistic Scenarios in the Global World: the Italian Case". In: M. Di Salvo, P. Moreno [a c. di], *Italian Communities Abroad: Multilingualism and Migration*, 147–160. Newcastle upon Tyne: Cambridge Scholars Publishing.

Bagna, C., Barni, M. 2006. "Per una mappatura dei repertori linguistici urbani: nuovi strumenti e metodologie". In: N. De Blasi, C. Marcato [a c. di], *La città e le sue lingue. Repertori linguistici urbani*, 1–43. Napoli: Liguori.

Bagna, C., Barni, M. 2007. "La lingua italiana nella comunicazione pubblica/sociale planetaria". *Studi Italiani di Linguistica Teorica e Applicata*, 36, 529–553.

Bagna, C., Machetti, S. 2012. *LL and (Italian) Menus and Brand Names: A Survey around the World*. In: Ch. Hélot et al. [a c. di], *Linguistic Landscapes, Multilingualism and Social Change*, 217–230. Frankfurt/M.: Peter Lang.

Baldelli, I. [a c. di]. 1987. *La lingua italiana nel mondo indagine sulle motivazioni allo studio dell'italiano*. Roma: Istituto della Enciclopedia Italiana.

Baldini, M. 2003. *Il linguaggio della pubblicità. Le fantaparole*. Roma: Armando.

Banaszkiewicz, W., Witczak, W. 1966–1994. *Historia filmu polskiego*, voll. I–VI. Warszawa: Wydawnictwa Artystyczne i Filmowe.

Bańko, M. et al. 2016. *Nie całkiem obce zapożyczenia wyrazowe w języku polskim i czeskim*. Warszawa: Wydawnictwa Uniwersytetu Warszawskiego.

Bartmińska, I., Bartmiński, J. 1978. *Nazwiska obce w języku polskim. Problemy poprawnościowe. Słownik wymowy i odmiany*. Warszawa: PWN.

Bassetti, P. 2015. "Svegliamoci italici! Manifesto per un futuro *glocal*". In: R. Bombi, V. Orioles [a c. di], *Italiani nel mondo. Una expo permanente della lingua e della cucina italiana*, 59–62. Udine: Forum.

Bassetti, P. 2016. "L'italicità: cultura, business e partecipazione". In: D. Licata et al. [a c. di], *Rapporto Italiani nel Mondo*, 162–168. Roma: Fondazione Migrantes della Conferenza Episcopale Italiana.

Bauman, Z. 2010. *Modernità liquida*. Trad. it. S. Minucci. Roma–Bari: Laterza.

Berezowski, Ł. J., Deckert, M. 2023. *PolEnglish Revisited. Angielska leksyka w polszczyźnie XXI wieku*. Łódź: Wydawnictwo Uniwersytetu Łódzkiego.

Bernhard, P. 2006. "L'Italia nel piatto: Per una storia della cucina e della gastronomia italiane in Germania nel XX secolo". In: G. Corni, Ch. Dipper [a c. di], *Italiani in Germania tra Ottocento e Novecento. Spostamenti, rapporti, immagini, influenze*, 263–287. Bologna: il Mulino.

Berruto, G. 1987. *Sociolinguistica dell'italiano contemporaneo.* Roma: Carocci.

Bettiol, M. 2015. *Raccontare il Made in Italy. Un nuovo legame tra cultura e manifattura.* Venezia: Marsilio.

Białostoki, J. [a c. di]. 1965. *Wystawa malarstwa włoskiego w zbiorach polskich. XVII–XVIII w. / Mostra della pittura italiana nelle collezioni polacche. XVII–XVIII sec.* Introd. di J. Starzyński. Warszawa: Muzeum Narodowe w Warszawie.

Bieńkowska, D., Umińska-Tytoń, E. 2019. *Miasto w polskich badaniach lingwistycznych.* Łódź: Wydawnictwo Uniwersytetu Łódzkiego.

Biolik, M. 2011. "Modele strukturalne nazw własnych przedsiębiorstw i lokali branży gastronomicznej w województwie warmińsko-mazurskim". In: M. Biolik, J. Duma [a c. di], *Chrematonimia jako fenomen współczesności*, 59–78. Olsztyn: Wydawnictwo Uniwersytetu Warmińsko-Mazurskiego.

Biolik, M., Duma, J. [a c. di]. 2012. *Chrematonimia jako fenomen współczesności.* Olsztyn: Wydawnictwo Uniwersytetu Warmińsko-Mazurskiego.

Blackett, T. 2003. "What is a brand?". In: R. Clifton et al., *Brands and Branding*, 13–25. Princeton–New Jersey: Bloomberg Press.

Boaglio, G. 2008. *Italianità.* Wien: Praesens.

Bombi, R. 2005. *La linguistica del contatto. Tipologie di anglicismi nell'italiano contemporaneo.* Roma: il Calamo.

Bombi, R. 2015. "Tra italianismi e anglicismi. Aspetti interlinguistici dell'*Italian food*". In: R. Bombi, V. Orioles [a c. di], *Italiani nel mondo. Una expo permanente della lingua e della cucina italiana*, 77–87. Udine: Forum.

Bombi, R. [a c. di]. 2018. *Italiano nel mondo. Per una nuova visione*, 125–140. Udine: Forum.

Bombi, R., Costantini, F. [a c. di]. 2019. *Plurilinguismo migratorio. Voci italiane, italiche e regionali.* Udine: Forum.

Bombi, R., Orioles, V. [a c. di]. 2015. *Italiani nel mondo. Una expo permanente della lingua e della cucina italiana.* Udine: Forum.

Bombi, R., Orioles, V. 2011. "Scenari dell'italianità nel mondo. Da oriundi a italici, con il valore aggiunto della doppia appartenenza". In: id., id. [a c. di], *Nuovi valori dell'italianità nel mondo. Tra identità e imprenditorialità*, 11–29. Udine: Forum.

Bombi, R., Orioles, V. 2019. "Fattori di attrattività della lingua italiana nel mondo: la nuova italofilia". In: R. Bombi, F. Costantini [a c. di], *Plurilinguismo migratorio. Voci italiane, italiche e regionali*, 53–76. Udine: Forum.

BOP = *Bibliografia onomastyki polskiej* s.a. Kraków: IJP PAN. https://bibonom.ijp.pan.pl/, u.a. 21.04.2024.

Borejszo, M. 1977. "Sposoby adaptacji formalnej włoskich zapożyczeń leksykalnych w języku polskim". *Poradnik Językowy*, 10, 443–451.

Borejszo, M. 2007. *Zapożyczenia włoskie we współczesnej polszczyźnie*. Poznań: Wydawnictwo Naukowe UAM.

Borkowska, H. 2002. *Rozmówki polsko-włoskie (Najbardziej przydatne wyrażenia, zwroty i terminy języka włoskiego, wraz ze słowniczkiem i gramatyką)*. Konstancin-Jeziorna: REA.

Borowiak, P. 2021. *Polskie i bułgarskie firmonimy w perspektywie komunikacji wizualnej*. Poznań: Wydawnictwo Naukowe UAM.

Brahmer, M. 1980. *Powinowactwa polsko-włoskie*. Warszawa: PWN.

Breza, E. 1998. "Nazwy obiektów i instytucji związanych z nowoczesną cywilizacją (chrematonimy)". In: E. Rzetelska-Feleszko [a c . di], *Polskie nazwy własne. Encyklopedia*, 343–361. Kraków: IJP PAN.

Brincat, G. 1991. "Spigolando nel *Sunday Times*: parole italiane e pseudoitalianismi nell'inglese di oggi". In: L. Coveri [a c. di], *L'italiano allo specchio: aspetti dell'italianismo recente. Saggi di Linguistica Italiana. Atti del Primo Convegno della Società Internazionale di Linguistica e Filologia Italiana (Siena, 28-31 marzo 1989)*, vol. II, 7–14. Torino: Rosenberg & Sellier.

Brincat, G. 2000. "Gli italianismi nella lingua maltese: non solo prestiti". In: M. Heinz [a c. di], *Osservatorio degli italianismi nel mondo. Punti di partenza e nuovi orizzonti. Atti dell'incontro OIM (Firenze, Villa Medicea di Castello, 20 giugno 2014)*, 77–87. Firenze: Accademia della Crusca.

Brincat, G. 2005. "Il mare che unisce. L'italiano lingua franca del Mediterraneo. Il caso di Malta". In: P. Peluffo, L. Serianni [a c. di.], *Il mondo in italiano. Annuario della Società Dante Alighieri*, 193–204. Roma: Art Color Printing.

Brodowska-Honowska, M. 1967. *Zarys klasyfikacji polskich derywatów*. Wrocław et al.: Ossolineum.

Broniś, O. 2017. "Analiza semantyczna i fonetyczna wybranych fałszywych przyjaciół polsko-włoskich". In: M. B. Majewska [a c. di], *Wokół homonimii międzyjęzykowej*, 175–192. Warszawa: Wydawnictwo Naukowe Uniwersytetu Kardynała Stefana Wyszyńskiego.

Brzozowski, M. A. 2014. *Włosi. Życie to teatr*. Warszawa: Muza.

Bucci, A. 2011. "Il Made in Italy nell'alimentazione". In: A. Bucci, V. Codeluppi, M. Ferraresi, *Il Made in Italy*, 63–86. Roma: Carocci.

Bugdahl, V., Bugdahl, B., Bugdahl, B. 1999. "Was ist das Obstliche am Obst und das Apflige am Apfel? Markennamen und Prototypensemantik". *MarkenR – Zeitschrift für deutsches, europäisches und internationales Markenrecht*, 10, 341–346.

Bugheşiu, A. 2013. "Romanian Brand Names as Cultural Mediators". In: P. Sjöblom et al. [a c. di], *Names in the Economy. Cultural Prospects*, 73–88. Newcastle upon Tyne: Cambridge Scholars Publishing.

Bugheşiu, A. 2015. *Trade Names in Contemporary Romanian Public Space*. Newcastle upon Tyne: Cambridge Scholars Publisher.

Burkacka, I. 2010. "O sufiksach *-ni(a)* i *-eri(a)* w funkcji wykładników nazw miejsc". *LingVaria*, 9, 31–38.

Buttler, D. 1986. "Formacje hybrydalne w różnych okresach rozwoju i warstwach słownikowych polszczyzny". In: S. Warchoł [a c. di], *Formacje hybrydalne w językach słowiańskich*, 23–31. Lublin: Wydawnictwo Uniwersytetu Marii Curie-Skłodowskiej.

Bustaffa, P. 2016. "Missioni Cattoliche Italiane. Radici in terra europea". In: D. Licata et al. [a c. di], *Rapporto Italiani nel Mondo*, 183–189. Roma: Fondazione Migrantes della Conferenza Episcopale Italiana.

Caffarelli, E. 2000. "Nomi commerciali come memoria storica: le agenzie turistiche italiane". *Rivista Italiana di Onomastica*, VI(1), 161–165.

Caffarelli, E. 2002. "L'alimentazione nell'onomastica. L'onomastica nell'alimentazione". In: D. Silvestri et al. [a c. di], *Saperi e sapori mediterranei. La cultura dell'alimentazione e i suoi riflessi linguistici. Atti del Convegno internazionale (Napoli, 13-16 ottobre 1999)*, vol. I, 143–173. Napoli: Università degli Studi di Napoli L'Orientale.

Caffarelli, E. 2004a. "Echi deonimici cuore dei neologismi". *Rivista Italiana di Onomastica*, X(1), 355–359.

Caffarelli, E. 2004b. "Automobili: nomi di modelli e nomi di colori". *Rivista Italiana di Onomastica*, X(2), 657–659.

Caffarelli, E. 2004c. "Nomi propri in cucina". *Rivista Italiana di Onomastica*, X(2), 659–662.

Caffarelli, E. 2008. "Marchi italiani nel mondo: in testa *Lamborghini, Armani* e *Martini*". *Rivista Italiana di Onomastica*, XIV(1), p. 296.

Caffarelli, E. 2012a. "Specificità e creazione del nome commerciale". In: F. Dragotto [a c. di], *O rèclame... o reclamo. Divagazioni logologiche intorno alla pubblicità*, 45–80. Roma: UniversItalia.

Caffarelli, E. 2012b. "L'uso dei marchionimi aziendali nei nomi dei prodotti". In: P. Cotticelli Kurras, E. Ronneberger-Sibold [a c. di], *Il linguaggio della pubblicità italiano e tedesco: teoria e prassi – Italienische und deutsche Werbesprache: Theorie und Praxis*, 57–83. Alessandria: Edizioni dell'Orso.

Caffarelli, E. 2013. "Il (gustoso) repertorio delle denominazioni delle pizze in Italia". In: O. Felecan [a c. di], *Name and Naming. Proceedings of the second international Conference on: Onomastics in Contemporary Public Space, Baia Mare, May, 9-11, 2013*, 107–118. Cluj-Napoca: Mega–Argonaut.

Caffarelli, E. 2014a. "Le più note catene di pizzaioli nel mondo parlano italiano". In: T. Grassi et al. [a c. di], *Dizionario Enciclopedico delle Migrazioni Italiane nel Mondo*, 617–619. Roma: SER ItaliAteneo.

Caffarelli, E. 2014b. "Le insegne della ristorazione italiana nel mondo: Bruxelles, Londra, New York, San Paolo, Buenos Aires, Sydney, Canada, Messico e alcuni Stati asiatici". In: T. Grassi et al. [a c. di], *Dizionario Enciclopedico delle Migrazioni Italiane nel Mondo*, 1077–1086. Roma: SER ItaliAteneo.

Caffarelli, E. 2014c. "Nomi italiani per autovetture straniere". In: T. Grassi et al. [a c. di], *Dizionario Enciclopedico delle Migrazioni Italiane nel Mondo*, 1075–1076. Roma: SER ItaliAteneo.

Caffarelli, E. 2014d. "Per un approccio al labirinto onimico dei modelli automobilistici italiani e stranieri". *Rivista Italiana di Onomastica*, XX(2), 481–534.

Caffarelli, E. 2015. "Le insegne dei ristoranti italiani in cinque continenti". In: id. [a c. di], *Nomi italiani nel mondo. Studi internazionali per i 20 anni della «Rivista Italiana di Onomastica» / Italian Names in the World. International Studies for the 20 Years of «Rivista Italiana di Onomastica»*, QuadRION 5, 363–385. Roma: SER.

Caffarelli, E. 2016a. "I marchionimi italiani e la loro diffusione internazionale". In: P. D'Achille, G. Patota [a c. di], *L'italiano e la creatività. Marchi e costumi, moda e design*, 29–48. Firenze: Accademia della Crusca–goWare.

Caffarelli, E. 2016b. "Per un approccio alla farmaconimia". *Rivista Italiana di Onomastica*, XXII(2), 701–755.

Caffarelli, E. 2016c. *I nomi delle automobili.* Roma: SER–Officina Romana.

Caffarelli, E. 2018a. "Marchi italianeggianti, latineggianti, grecizzanti". *Rivista Italiana di Onomastica*, XXIV(1), 459–461.

Caffarelli, E. 2018b. "Il «brand del Sommo Poeta»". *Rivista Italiana di Onomastica*, XXIV(1), 454–455.

Caffarelli, E. 2018c. "Pizzerie italiane nel mondo: nuovi nomi-bandiera". *Rivista Italiana di Onomastica*, XXIV(2), 1017–1018.

Caffarelli, E. 2018d. "Brand, marca, marchio, marchionimo". *Rivista Italiana di Onomastica*, XXIV(2), 996–997.

Caffarelli, E. 2018e. "*Logonimi* e altri doppioni: la confusione è dietro l'angolo". *Rivista Italiana di Onomastica*, XXIV(2), 996–997.

Caffarelli, E. 2018f. "Dal singolo prodotto alla famiglia (o linea): un percorso sempre più frequente". *Rivista Italiana di Onomastica*, XXIV(2), 1014–1015.

Caffarelli, E. 2018g. "Marchi a *calembour*". *Rivista Italiana di Onomastica*, XXIV(2), 1103–1105.

Caffarelli, E. 2023. "Dal marchio al lessico: deonimici di «marca»". In: *Treccani*. https://www.treccani.it/magazine/lingua_italiana/articoli/parole/deonimici16.html, u.a. 24.10.2023.

Caffarelli, E., Gagliardi, C. 2018. "Terminologia onomastica". *AVSI. Archivio per il vocabolario storico italiano*, I, 11–54.

Caffarelli, E., Marcato, C. 2008. *I cognomi d'Italia: dizionario storico ed etimologico*. Torino: UTET.

Campa, R. 2019. *Il convivio linguistico. Riflessioni sul ruolo dell'italiano nel mondo contemporaneo*. Roma: Carocci.

Canepari, L. 1999. *Il MaPI. Manuale di Pronuncia Italiana*. Bologna: Zanichelli.

Capelli, F., Pitton Straface, M. A. 2023. "L'errore grammaticale nei paesaggi linguistici di Buenos Aires: una doppia prospettiva, glottopolitica e glottodidattica". In: J. Groblińska et al. [a c. di], *ItaliAMO. Upowszechnianie wiedzy italianistycznej w środowisku akademickim i pozaakademickim. Promozione degli studi italiani nell'ambiente accademico e non accademico*, 47–59. Łódź: Wydawnictwo Uniwersytetu Łódzkiego.

Capponi-Borawska, T. 2004. *Dziennik toskański*. Warszawa: Rosner i Wspólnicy.

Capponi-Borawska, T. 2020. *Moja kuchnia pachnąca bazylią*. Wołowiec: Wydawnictwo Czarne.

Caprini, R. 1976. "Etimologia e storia di *marca, marco, marchio, marcare, marchiare*". *Lingua nostra*, 37, 74–76.

Caprini, R. 2001. *Nomi propri*. Alessandria: Edizioni dell'Orso.

Casini, S. 2015. "Italianismi e pseudoitalianismi nel mondo globale: il ruolo dell'enogastronomia". In: R. Bombi, V. Orioles [a c. di], *Italiani nel mondo. Una Expo permanente della lingua e della cucina italiana*, 89–102. Udine: Forum.

CBOS 2021 = *Stosunek do innych narodów. Komunikat z badań CBOS*, 30/2021. Warszawa: Fundacja Centrum Badania Opinii Społecznej. https://cbos.pl/PL/publikacje/raporty.php, u.a. 13.02.2022.

CD = *Cambridge Dictionary* s.a. https://dictionary.cambridge.org/pl/dictionary/english/, u.a. 24.04.2024.

Chłopicki, W., Świątek, J. 2000. *Angielski w polskiej reklamie*. Warszawa: Wydawnictwo Naukowe PWN.

Cichocki, M. 2018. *Północ i Południe. Teksty o polskiej kulturze i historii*. Warszawa: Teologia Polityczna.

Clifton, R. 2003. "The future of brands". In: R. Clifton et al. 2003, *Brands and Branding*, 227–241. Princeton–New Jersey: Bloomberg Press.

Clifton, R. et al. 2003. *Brands and Branding*. Princeton–New Jersey: Bloomberg Press.

CNRTL-TLFi = Centre National de Ressources Textuelles et Lexicales. s.l. https://www.cnrtl.fr/etymologie/, u.a. 18.08.2023.

Cola, I. 2021. "È possibile una definizione del concetto dell'italianità?". In: A. Gałkowski et al. [a c. di], *Sperimentare ed esprimere l'italianità. Aspetti linguistici e glottodidattici*, 9–27. Łódź: Wydawnictwo Uniwersytetu Łódzkiego.

Cola, I. i.c.d.s. *La traduzione audiovisiva della comicità nell'odierno cabaret polacco e italiano come elemento di insegnamento della lingua italiana al livello degli studi universitari di filologia.*

Colombo, S. 2017. "«Ciao Prof!» La pragmatica del saluto negli apprendenti di madrelingua tedesca". *EuroAmerican Journal of Applied Linguistics and Languages*, 4(2), 49–74. http://dx.doi.org/10.21283/2376905X.7.102, u.a. 1.09.2022.

Coletti, V. 2010. "Marchionimi e nomi commerciali in terminologia". In: *Publifarum*, 12 (Atti del Convegno Assiterm 2009). http://www.farum.it/publifarum/ezine_articles.php?id=162, u.a. 15.07.2020.

Coletti, V. 2012. "Italiano d'esportazione". In: G. Mattarucco [a c. di], *Italiano per il mondo. Banca, commerci, cultura, arti, tradizioni*, 13–22. Firenze: Accademia della Crusca–Litografia IP.

Coluzzi, P. 2017. "Italian in the linguistic landscape of Kuala Lumpur (Malaysia)". *International Journal of Multilingualism*, 14(2), 109–123.

Costantini, F. 2018. "Per un repertorio degli italianismi nel lessico bulgaro". In: R. Bombi [a c. di], *Italiano nel mondo. Per una nuova visione*, 61–124. Udine: Forum.

Cotticelli Kurras, P. 2008. "La struttura morfologica dei marchionimi italiani nel XX secolo (fino agli anni '80)". In: M. G. Arcamone et al. [a c. di], *I Nomi nel tempo e nello spazio. Atti del XXII Congresso Internazionale di Scienze Onomastiche, Pisa 28 agosto–4 settembre 2005*, vol. II, 695–709. Pisa: ETS.

Cotticelli Kurras, P. 2012a. "Dal *Drivecaffè* alla *Snackerina*... Neoformazioni dei marchionimi italiani: tendenze a cavallo del secolo". In: P. Cotticelli Kurras, E. Ronneberger-Sibold [a c. di], *Il linguaggio della pubblicità italiano e tedesco: teoria e prassi – Italienische und deutsche Werbesprache: Theorie und Praxis*, 85–103. Alessandria: Edizioni dell'Orso.

Cotticelli Kurras, P. 2012b. "Assoziationen italienischer Markennamen in 20. Jahrhundert". In: H. Wochele et al. [a c. di], *Onomastics goes Business. Role and Relevance of Brand, Company and Other Names in Economic Contexts*, 53–67. Berlin: Logos.

Cotticelli Kurras, P. 2012c. "I nomi commerciali a cavallo di due secoli: continuità e innovazione". In: P. D'Achille, E. Caffarelli [a c. di], *Lessicografia e onomastica nei 150 anni dell'Italia unita – Lexicography and Onomastics in the 150 years of Unified Italy, Atti delle Giornate internazionali di*

Studio, Roma, Università degli Studi Roma Tre 28-29 ottobre 2011, QuadRION 4, 321–347. Roma: SER.

Cotticelli Kurras, P. 2013. “Italian Commercial Names: Brand and Product Names on the Globalised Market”. In: O. Felecan, A. Bugheşiu [a c. di], *Onomastics in Contemporary Public Space, Baia Mare, May, 9-11, 2013*, 257–276. Newcastle upon Tyne: Cambridge Scholars.

Cotticelli Kurras, P. 2014. “Italian Brand Names through their Associations: Current Trends”. In: J. Tort i Donada, M. Montagut i Montagut [a c. di], *Els noms en la vida quotidiana. Actes del XXIV Congrés Internacional d'ICOS sobre Ciències Onomàstiques. Names in daily life. Proceedings of the XXIV International Congress of Onomastic Sciences*, 449–458. Barcelona: Generalitat de Catalunya -Departament de Cultura–Direcció General de Política Lingüística Onomàstica. http://www.gencat.cat/llengua/BTPL/ICOS2011/050.pdf, u.a. 17.02.2020.

Cotticelli Kurras, P. 2021. “The Hidden Power of the Words. The Italian Brand Names for Wines”. In: K. Leibring et al., *The Economy in Names Values, Branding and Globalization. Proceedings of Names in the Economy 6 International Conference, Uppsala, 3–5 June 2019*, 25–38. Uppsala: Department of Archives and Research– Institute for Language and Folklore.

Cotticelli Kurras, P., Caffarelli, E. 2013. “Names in Italian Slogans”. In: P. Sjöblom et al. [a c. di], *Names in the Economy. Cultural Prospects*, 108–135. Newcastle upon Tyne: Cambridge Scholars.

Cotticelli Kurras, P., Wahl, S. 2015. “Il nome non inganna: insegne di ristoranti italiani in Germania”. In: E. Caffarelli [a c. di], *Nomi italiani nel mondo. Studi internazionali per i 20 anni della «Rivista Italiana di Onomastica». Italian Names in the World. International Studies for the 20 Years of «Rivista Italiana di Onomastica»*, QuadRION 5, 83–102. Roma: SER.

Cotticelli Kurras, P., Trovato, A., Vigolo, V. 2012. “Brand name and brand image between linguistics and marketing”. In: R. Boerrigter, H. Nijboer [a c. di], *Names as Language and Capital. Proceedings “Names in the Economy” III, Amsterdam, 11–13 June 2009*, 13–31. Amsterdam: Meertens Instituut.

Coveri, L. [a c. di]. 1991. *L'italiano allo specchio: aspetti dell'italianismo recente. Saggi di Linguistica Italiana. Atti del Primo Convegno della Società Internazionale di Linguistica e Filologia Italiana (Siena, 28-31 marzo 1989)*, vol. II. Torino: Rosenberg & Sellier.

Coveri, L., Fiori, F. 2016. “La moda parla (ancora) italiano?” In: P. D'Achille, G. Patota [a c. di], *L'italiano e la creatività. Marchi e costumi, moda e design*, 69–74. Firenze: Accademia della Crusca–goWare.

Covino Bisaccia, M. A. 1989. *Motivazione allo studio dell'italiano nei discenti stranieri presso l'Università Italiana per Stranieri di Perugia nell'anno accademico 1988. Analisi di questionari B.* Perugia: Guerra.

Cyran W. 1974. "Mechanizm zapożyczania wyrazów w języku polskim". *Rozprawy Komisji Językowej ŁTN*, 20, 23–37.

Czajka, A. 2017. "O potrzebie studiów włoskich. Uwagi wstępne". In: L. Masi et al. [a c.d.], *Polska i Włochy w dialogu kultur. La Polonia e l'Italia nel dialogo tra le culture*, 9–22. Warszawa: Wydawnictwo Naukowe Uniwersytetu Kardynała Stefana Wyszyńskiego.

Czarny, E., Śledziewska, K. 2008. "Polski handel z zagranicą w latach 1994–2006. Poland's International Trade (1994–2006)". *Bank i Kredyt. Bank & Credit*, 39(8), 42–61. https://www.bankandcredit.nbp.pl/home.aspx?f=/content/2008/2008_08/Czarny.html, u.a. 9.09.2022.

Czopek-Kopciuch, B. 2004. "Nick – nowa kategoria antroponimiczna?". In: K. Michalewski [a c. di], *Współczesne odmiany języka narodowego*, 106–111. Łódź: Wydawnictwo Uniwersytetu Łódzkiego.

D'Achille, P. 2006. *L'italiano contemporaneo*. Nuova edizione. Bologna: il Mulino.

Danesi, M. 2006. *Brands*. Abingdon: Routledge.

Danesi, M. 2008. *Why It Sells. Decoding the Meanings of Brand Names, Logos, Ads, and Other Marketing and Advertising Ploys*. Lanham, Maryland et al.: Rowman & Littlefield Publishers.

Danesi, M. 2009. *Brands. Il mondo delle marche*. Trad. it. S. Ironico. Roma: Carocci.

Definicje pojęć „nazwa własna", „nazwa handlowa" s.d. Rada Języka Polskiego. https://rjp.pan.pl/dokumenty-rady?view=article&id=93:definicje-poj-nazwa-wasnaq-nazwa-handlowaq&catid=45, u.a. 12.03.2023.

De Mauro, T. 2006. *Dizionarietto di parole del futuro*. Roma–Bari: Laterza.

De Mauro, T. et al. 2002. *Italiano 2000. I pubblici e le motivazioni dell'italiano diffuso fra stranieri*. Roma: Bulzoni.

DEIIE = U. Broccatelli, N. Vessella, *Esperanto. Dizionario esperanto-italiano, italiano-esperanto*. Bologna: Zanichelli 2004.

Diadori, P., Palermo, M., Troncarelli, D. 2015. *Insegnare l'italiano come seconda lingua*. Roma: Carocci.

Diadori, P., Frosini, G. 2023. *La cucina italiana fra lingua, cultura e didattica*. Firenze: Cesati.

DIFIT = H. Stammerjohann et al. [a c. di], *Dizionario di italianismi in francese, inglese, tedesco*. Firenze: Accademia della Crusca, 2008. https://difit.italianismi.org/difit-elettronico, u.a. 24.12.2023.

Długosz-Kurczabowa, K. 1986. "Formant *-eria* w języku polskim". *Poradnik Językowy*, 7, 466–470.

DNMC = R. Galisson, J.-C André, *Dictionnaire de noms de marques courants. Essai de lexiculture ordinaire*. Paris: Didier–Érudition 1998.

Dunaj, B., Mycawka, M. 2012. "Kilka uwag o klasyfikacjach nazw własnych". In: I. Łuc, M. Pogłódek [a c. di], *W komunikacyjnej przestrzeni nazw własnych i pospolitych. Księga jubileuszowa dedykowana Profesorowi Robertowi Mrózkowi*, 165–175. Katowice: Wydawnictwo Uniwersytetu Śląskiego.

Duolingo Language Report. 2021. C. Blanco, pubbl. il 6 dicembre 2021. https://blog.duolingo.com/2021-duolingo-language-report/, u.a. 11.03.2023.

Durant, A. 2008. "«How can I tell the trade mark on a piece of gingerbread from all the other marks on it?» Naming and meaning in verbal trade mark signs". In: L. Bently [a c. di], *Trade Marks and Brands. An Interdisciplinary Critique*, 107–139. Cambridge et al.: Cambridge University Press.

Dybciak, K. 2017. "Włoska specyfika emigracji polskiej w XX wieku". In: L. Masi et al. [a c.d.], *Polska i Włochy w dialogu kultur. La Polonia e l'Italia nel dialogo tra le culture*, 217–228. Warszawa: Wydawnictwo Naukowe Uniwersytetu Kardynała Stefana Wyszyńskiego.

Eckkrammer, E. M. 2013. "Die Ergonymie als namenkundliche Subdisziplin. Beobachtungen zur Terminologie und zum aktuellen Forschungsstand". In: E. M. Eckkrammer, V. Thaler [a c. di], *Kontrastive Ergonymie: romanistische Studien zu Produkt- und Warennamen*, 7–53. Berlin: Frank & Thimme.

Eco, U. 1997. *Kant e l'ornitorinco*. Milano: Bompiani.

Encyklopedia PWN = https://encyklopedia.pwn.pl/, u.a. 26.02.2024.

Fábián, Z. 2002. "Nomi propri italiani nell'ungherese IV: marchionimi". *Verbum*, IV(1), 117–138.

Fábián, Z., Szabó, G. 2010. *Dall'Italia all'Ungheria: parole di origine italiana nella lingua ungherese*. Udine: Forum.

Fabris, G., Minestroni, L. 2004. *Valore e valori della marca. Come costruire e gestire una marca di successo*. Milano: FrancoAngeli.

Faivre, C. 2014. "« Gastronomastique »: nom propre et nom de plat". In: J. Tort i Donada, M. Montagut i Montagut [a c. di], *Els noms en la vida quotidiana. Actes del XXIV Congrés Internacional d'ICOS sobre Ciències Onomàstiques – Names in daily life. Proceedings of the XXIV International Congress of Onomastic Sciences*, 474–483 Barcelona: Generalitat de Catalunya –Departament de Cultura–Direcció General de Política Lingüística Onomàstica. http://www.gencat.cat/llengua/BTPL/ICOS2011/053.pdf, u.a. 10.11.2022.

Fanfani, M. 1997. "Onomaturgia migliorinìana". *Lingua nostra*, 58(1–2), 12–28.

Fanfani, M. 2011. "Parole d'autore". In: R. Simone [a c. di], *Enciclopedia dell'italiano*, vol. II, M–Z, 1055–1056, Roma: Istituto della Enciclopedia italiana. https://www.sba.unifi.it/upload/policy-oa-2016-1.pdf, u.a. 1.03.2023.

Fantuzzi, M. 2011. "Italianismi nel francese moderno e contemporaneo". *Studi di lessicografia italiana*, XXVIII, 285–317.

Feldwick, P. 2003. "Brand communications". In: R. Clifton et al., *Brands and Branding*, 127–142. Princeton–New Jersey: Bloomberg Press.

Ferraresi, M. 2015. "Pubblicità e marca". In: M. Ferraresi, A. Mortara, G. Sylwan, *Manuale di teorie e tecniche della pubblicità*. Nuova edizione. 127–145. Roma: Carocci.

Ferrari, B. 2015. "Naming e italianità. Promuovere il Bel Paese grazie ai nomi giusti". *Rubrica Comunicando*, pubbl. il 23 giugno 2015, 44–45. http://synesiabrand.blogspot.com/2015/07/naming-italianita.html, u.a. 5.06.2023.

Fèvre-Pernet, Ch. 2008. "Stratégies dénominatives en onomastique commerciale". In: J. Durand et al. [a c. di], *Congrès Mondial de Linguistique Française – CMLF'08*, 1539–1550. Paris: Institut de Linguistique Française.

Fèvre-Pernet, Ch., Roché, M. 2005. "Quel traitement lexicographique de l'onomastique commerciale? Pour une distinction Nom de marque/Nom de produit". *Corela HS-2. Le traitement lexicographique des noms propres.* https://corela.revues.org/1198, u.a. 20.01.2017.

Fiorenza, E. 2018. "L'italiano L2 nel mondo: una prospettiva plurilingue". In: R. Bombi [a c. di], *Italiano nel mondo. Per una nuova visione*, 125–140. Udine: Forum.

Fischer, F. 2008. "Ergonimi, crematonimi e affini. Un'analisi e una discussione sulla terminologia in uso". In: P. D'Achille, E. Caffarelli [a c. di], *Lessicografia e onomastica 2. Lexicography and Onomastics 2*, QuadRION 3, 131–140. Roma: SER.

Fraccaroli, V. 2008. "Analisi linguistica diacronica dei marchionimi italiani dall'inizio del Novecento agli anni Ottanta". In: M. G. Arcamone et al. [a c. di], *I Nomi nel tempo e nello spazio. Atti del XXII Congresso Internazionale di Scienze Onomastiche, Pisa 28 agosto–4 settembre 2005*, vol. II, 729–738. Pisa: ETS.

Franceschini, R. 2003. "Italianità 'di moda' e adozione linguistica nei paesi germanofoni: valenze moderne di una lingua minoritaria". In: R. R. Grimm et al. [a c. di], *Italianità. Ein literarisches, sprachliches und kulturelles Identitätsmuster*, 133–148. Tübingen: Narr.

Francioni, B., Albanesi, G. 2017. "The Italian sounding phenomenon: the case of Germany". *International Journal of Economic Behavior*, 7(1), 39–50.

Frankowska-Kozak, B. 2009. *Logonimy podmiotów gospodarczych w północno-zachodniej Polsce w ostatnim dziesięcioleciu XX wieku.* Szczecin: Print Group.

Frigerio, A., Tenchini, M. P. 2017. "Marchionimi: nomi propri o nomi comuni?". *Lingue e Linguaggi*, 22, 97–111.

Frosini, G. 2012. "La cucina degli italiani. Tradizione e lingua dell'Italia al mondo". In: G. Mattarucco [a c. di], *Italiano per il mondo. Banca, commerci, cultura, arti, tradizioni*, 85–107. Firenze: Accademia della Crusca–Litografia IP.

Frutiger, A. (collab. H. Heiderhoff). 2010. *Człowiek i jego znaki*. Trad. pol. C. Tomaszewska. Kraków: d2d.pl (orig. *Der Mensch und seine Zeichen: Schriften, Symbole, Signete, Signale*, Paris 1978).

Furiassi, C. 2012. "False Italianisms in British and American English: A Meta-Lexicographic Analysis". In: R. Vatvedt Fjeld, J. M. Torjusen [a c. di], *Proceedings of the 15th EURALEX International Congress. 7-11 August 2012*, 771–777. Oslo: Department of Linguistics and Scandinavian Studies, University of Oslo.

Gabriel, K. 2003. *Produktonomastik. Studien zur Wortgebildetheit, Typologie und Funktionalität italienischer Produktnamen*. Frankfurt/M. et al.: Peter Lang.

Gabrielli, V. 2012. *Il brand*. Bologna: il Mulino.

Gabrielli, V. 2014. *Brand Communication*. Bologna: il Mulino.

Galisson, R. 1987. "Accéder à la culture partagée par l'entremise des mots à C.C.P." *Études de Linguistique Appliquée*, 67, 119–140.

Galisson, R. 1988a. "Cultures et lexicultures. Pour une approche dictionnairique de la culture partagée". *Annexes des Cahiers de Linguistique Hispanique Médiévale*, 7, 325–341.

Galisson, R. 1988b. "Culture et lexiculture partagées: les mots comme lieux d'observation des faits culturels". *Études de Linguistique Appliquée*, 69, 74–90.

Galisson, R. 1992. "Étrange outil pour étrangers: un dictionnaire des noms de marques courants". *Études de Linguistique Appliquée*, 85, 191–228.

Galofaro, F. 2007. "Moda i styl. La moda nella Polonia (post)comunista". *Ocula*, 8(8). https://www.ocula.it/metadata.php?id=195, u.a. 9.08.2023.

Gałkowski, A. 2001. "Il doppio aspetto della pronuncia delle *e*, *o* in italiano". *Studia Romanica Posnaniensia*, 28, 57–65.

Gałkowski, A. 2002. "Les noms « à la française » et « à l'italienne » de sociétés polonaises: créativité ou créativité caricaturale?". In: J. Holeš, J. Uvírová [a c. di], *Romanica Olomucensia XI. École doctorale Olomouc: Créativité – défis et enjeux. Acta Universitatis Palackianae Olomucensis. Facultas Philosophica, Philologica 79*, 39–56. Olomouc: Univerzita Palackého z Olomouci.

Gałkowski, A. 2003. "Wpływ języka francuskiego i włoskiego na polskie nazewnictwo marketingowe". In: J. Opoka, A. Oskiera [a c. di], *Język Literatura Dydaktyka*, 367–383. Łódź: WSHE w Łodzi.

Gałkowski, A. 2004. "Strategie onomastiche e pragmatiche nel *branding* aziendale". In: K. Bogacki, T. Giermak-Zielińska [a c. di], *La linguistique romane en Pologne: millésime 2004*, 47–54. Łask: LEKSEM.

Gałkowski, A. 2005. "Verso una semantica del nome proprio". In: K. Bogacki, A. Dutka-Mańkowska [a c. di], *Les relations sémantiques dans le lexique et dans le discours*, 109–118. Warszawa: Wydawnictwa Uniwersytetu Warszawskiego.

Gałkowski, A. 2006. "Motivations culturelles et pragmatiques de l'emploi du français dans les dénominations commerciales en Pologne". In: J. Wannepain [a c. di], *Francophonie et diversité linguistique*, 139–149. České Budějovice: Universitatis Bohemiae Meridionalis.

Gałkowski, A. 2007a. "Socjoideonimy a chrematonimy – miejsce nazw organizacji i inicjatyw społecznych w dynamice onimicznej języka". In: A. Cieślikowa et al. [a c. di], *Nowe nazwy własne – nowe tendencje badawcze*, 495–508. Kraków: PANDIT.

Gałkowski, A. 2008b. "Alcune considerazioni sulle denominazioni di enti e iniziative sociali nello spazio pubblico contemporaneo". In: M. G. Arcamone et al. [a c. di], *I nomi nel tempo e nello spazio. Atti del XXII Congresso Internazionale di Scienze Onomastiche (Pisa, 28 agosto – 4 settembre 2005)*, vol. II, 601–613. Pisa: ETS.

Gałkowski, A. 2009a. "Les formes officielles et les altérations des noms de marques et de modèles de voitures dans l'argot automobile". In: A. Kacprzak, J.-P. Goudaillier [a c. di], *Standard et périphérie de la langue*, 59–70. Łódź–Łask: Oficyna Wydawnicza LEKSEM.

Gałkowski, A. 2009b. "Usi e abusi della lingua nella formazione dei crematonimi". *Studi Italiani di Linguistica Teorica e Applicata*, XXXVIII(3), 499–513.

Gałkowski, A. 2010. "Problemi di terminologia onomastica. Contributi per un dibattito". *Rivista Italiana di Onomastica*, 16(2), 604–624.

Gałkowski, A. 2011a. *Chrematonimy w funkcji kulturowo-użytkowej. Onomastyczne studium porównawcze na materiale polskim, włoskim, francuskim*. Ed. II. Łódź: Wydawnictwo Uniwersytetu Łódzkiego.

Gałkowski, A. 2011b. "Włoszczyzna w polszczyźnie – italianizmy w polskiej leksyce apelatywnej i proprialnej". *Rozprawy Komisji Językowej ŁTN*, LVII, 43–55.

Gałkowski, A. 2011c. "Chrematonomastyka jako autonomizująca się subdyscyplina nauk onomastycznych". In: M. Biolik [a c. di], *Chrematonimia jako fenomen współczesności*, 181–193. Olsztyn: Wydawnictwo Uniwersytetu Warmińsko-Mazurskiego.

Gałkowski, A. 2012a. "Accenni metodologici nello studio della crematonimia come fenomeno culturale della comunicazione sociale". In: id. [a c. di], *Opportunità e sfide nel rapporto tra lingue e culture*, 153–161. Łódź–Łask: Oficyna Wydawnicza LEXEM.

Gałkowski, A. 2012b. "Propozycje a rozstrzygnięcia terminologiczno-pojęciowe dotyczące chrematonimii". In: I. Łuc, M. Podgórek [a c. di], *W komunikacyjnej przestrzeni nazw własnych i pospolitych. Księga jubileuszowa dedykowana Profesorowi Robertowi Mrózkowi*, 187–200. Katowice: Wydawnictwo Uniwersytetu Śląskiego.

Gałkowski, A. 2012c(2024). *Aktualizowana lista podstawowych haseł terminologii onomastycznej w języku polskim.* https://www.onomastics.uni.lodz.pl/info/additional-resources, u.a. 16.04.2024.

Gałkowski, A. 2014a. "Motywacja w procesie tworzenia chrematonimii marketingowej". *Poznańskie Spotkania Językoznawcze*, 27, 63–72.

Gałkowski, A. 2014b. "La nature idiosyncrasique des chrématonymes". In: J. Tort i Donada, M. Montagut i Montagut [a c. di], *Els noms en la vida quotidiana. Actes del XXIV Congrés Internacional d'ICOS sobre Ciències Onomàstiques – Names in daily life. Proceedings of the XXIV International Congress of Onomastic Sciences*, 150–158. Barcelona: Generalitat de Catalunya –Departament de Cultura–Direcció General de Política Lingüística Onomàstica. http://www.gencat.cat/llengua/BTPL/ICOS2011/019.pdf, u.a. 11.03.2023.

Gałkowski, A. 2014c. "Quelques remarques sur le statut de la chrématonomastique dans les études onomastiques". *Onomastica*, LVIII, 79–88.

Gałkowski, A. 2014d. "Nazewnictwo włoskie w polskiej rzeczywistości językowej". *Prace Komisji Neofilologicznej PAU*, XII, 65–89.

Gałkowski, A. 2014e. "L'insegnamento dell'italiano in Polonia: stato attuale, motivazioni, percezione, difficoltà, tipologia degli studenti". In: A. Kucharska [a c. di], *Nauczanie i uczenie się języka hiszpańskiego i włoskiego*, 9–21. Lublin: Werset.

Gałkowski, A. 2014f. "O Włoszech w «literaturze blogerskiej»" (recensione). *Italica Wratislaviensia*, 5, 491–501.

Gałkowski, A. 2015a. "L'italiano nella formazione dei crematonimi di *marketing* in alcune aree linguistiche europee". In: A. Klimkiewicz at al. [a c. di], *L'Italia e la cultura europea*, 475–481. Firenze: Cesati.

Gałkowski, A. 2015b. "La traccia italiana nell'antroponimia e nella toponimia polacche". In: E. Caffarelli [a c. di], *Nomi italiani nel mondo. Studi internazionali per i 20 anni della «Rivista Italiana di Onomastica». Italian Names in the World. International Studies for the 20 Years of «Rivista Italiana di Onomastica»*, QuadRION 5, 135–146. Roma: SER.

Gałkowski, A. 2015c. "Nazwa i obiekt w onomastyce". In: I. Valentová [a c. di], *19. slovenská onomastická konferencia. Bratislava 28. – 30. apríla 2014*, 55–62. Bratislava: Veda.

Gałkowski, A. 2015d. "Funkcja marketingowa chrematonimów w przestrzeni gospodarczej". In: I. Sarnowska-Giefing et al. [a c. di], *Funkcje nazw własnych w kulturze i komunikacji*, 171–180. Poznań: Maiuscula.

Gałkowski, A. 2015e. "I meandri dell'*Eco-onimia*". In: id. [a c. di], *Potęga intelektu. Umberto Eco: recepcja i reminiscencje w Polsce. Księga dedykowana Profesorowi Umbertowi Eco, doktorowi* honoris causa *Uniwersytetu Łódzkiego. The Power of Intellect. Umberto Eco: Reception and Reminiscences in Poland. A Book Dedicated to Professor Umberto Eco, Doctor* Honoris Causa *of the University of Łódź*, 488–502. Łódź: Wydawnictwo Uniwersytetu Łódzkiego.

Gałkowski, A. 2016a. "Nazwa własna jako znak". In: M. Biolik et al., *Slavica. Onomastica. Regionalia. Prace dedykowane Panu Profesorowi Jerzemu Dumie*, 77–87. Olsztyn: Wydawnictwo Uniwersytetu Warmińsko-Mazurskiego.

Gałkowski, A. 2016b. "La (non) convenzionalità della crematonimia storica e contemporanea". *Rivista Italiana di Onomastica*, XXII(1), 111–124.

Gałkowski, A. 2017a. "Chrematonimia w kulturze współczesnej". *Onomastica*, LXI(1), 55–71.

Gałkowski, A. 2017b. "La lingua italiana nella crematonimia di marketing dell'agglomerato di Wrocław". In: J. Łukaszewicz, D. Słapek [a c. di], *Breslavia – Bassa Slesia e la cultura mediterranea*, 161–172. Alessandria: Edizioni dell'Orso.

Gałkowski, A. 2017c. "Il coronimo *Italia/Włochy*: significati, etimologie, equivalenti, omonimi, antonomasie". In: *Annales Universitatis Paedagogicae Cracoviensis. Studia de Cultura* ("Gli orizzonti dell'italianistica: tradizione, attualità e sfide di ricerca"), IX(1), 37–47.

Gałkowski, A. 2018a. "Definicja i zakres chrematonimii". *Folia onomastica Croatica*, 27, 1–14.

Gałkowski, A. 2018b. "Les onomasticons globaux dans une perspective théorique". *Onomastica Uralica*, 11, 105–116.

Gałkowski, A. 2018c. "Onomastyka translatoryczna a translatoryka onomastyczna". In: U. Bijak et al. [a c. di], *Onomastyka – neohumanistyka – nauki społeczne*, 129–138. Kraków: IJP PAN.

Gałkowski, A. 2019a. "La terminologie de la chrématonymie de marketing: fondements historiques, conceptions, discussions". In: J. Altmanova, G. Le Tallec [a c. di], *Lexicalisation de l'onomastique commerciale. Créer, diffuser, intégrer*, 91–105. Bruxelles: Peter Lang.

Gałkowski, A. 2019b. "Sulle denominazioni delle sagre gastronomiche in Italia". *Rivista Italiana di Onomastica*, XXV(1), 188–196.

Gałkowski, A. 2019c. "A proposito di soprannomi e altre denominazioni: il caso del calciatore Piątek". *Rivista Italiana di Onomastica*, XXV(2), 940–941.

Gałkowski, A. 2020. "Les interactions performatives entre les noms de marques et leurs slogans dans une perspective chrématonomastique et communicationnelle". *Voprosy onomastiki*, 17(3), 279–292.

Gałkowski, A. 2022a. "Markonimy jako operatory taksonomiczne w terminologii (chremat)onomastycznej". *Onomastica*, LXVI, 299–311.

Gałkowski, A. 2022b. "Research on chrematonyms in Poland: Background, conceptions, development, achievements, perspectives". *Onoma*, 57, 53–72. https://doi.org/10.34158/ONOMA.57/2022/4

Gałkowski, A. 2023. *La competenza onomastica nell'insegnamento e nell'uso dell'italiano L2. Il contesto polacco.* Łódź: Wydawnictwo Uniwersytetu Łódzkiego.

Gałkowski, A. 2024. "Il suffisso *-issimo* nelle neoformazioni italiane con statuto lessicale e onimico". *Rivista Italiana di Onomastica,* XXX(1), 180–182.

Gałkowski, A. i.c.d.s. "Alcuni dilemmi nell'uso della terminologia onomastica italiana e internazionale".

Gałkowski, A., Bijak, U. 2018. *Polish equivalents of ICOS key onomastic terms.* https://icosweb.net/publications/onomastic-terminology/, u.a. 2.03.2023.

Gałkowski, A. et al. [a c. di]. 2021. *Sperimentare ed esprimere l'italianità. Aspetti linguistici e glottodidattici.* Łódź: Wydawnictwo Uniwersytetu Łódzkiego.

Gannuscio, V. 2009. "Gli italianismi nel linguaggio turistico e gastronomico tedesco". In: A. Di Liberti et al. [a c. di], *Atti della Giornata di Studi "Lingue e linguaggi del turismo"*, 53–66. Palermo: Carbone.

GDLI = S. Battaglia, *Grande dizionario della lingua italiana,* voll. I–XXI. Torino: UTET 1961–2002.

Giannini, F. s.d. *Come s'impara l'italiano / Jak nauczyć się po włosku. Część II,* Warszawa et al.: Nakład Geberthnera i Wolffa.

Giannini, F. 1923. *Faszyzm w życiu Włoch.* Warszawa et al.: Nakład Geberthnera i Wolffa.

Giermak-Zielińska, T. 1997. "Les mots d'origine italienne en polonais contemporain". In: H. Stammerjohann [a c. di], *Italiano: lingua di cultura europea: atti del simposio internazionale in memoria di Gianfranco Folena, Weimar 11–13 aprile 1996,* 363–374. Tübingen: Narr.

Giermak-Zielińska, T. 2004. "Quelques observations sur les procédés créatifs de la dénomination commerciale". In: O. Pešek [a c. di], *Opera Romanica 5: Langue et société. Dynamique des usages. XXVIIe Colloque International de linguistique fonctionnelle,* 205–212. Česke Budejovicě: Editio Univ. Bohemiae Meridionalis–JU.

Giermak-Zielińska, T. 2008. "Les emprunts: un danger ou une chance pour les langues européennes?". *Annales. Centre Scientifique de l'Académie polonaise des Sciences,* 10, 99–115.

Gilardoni, S. 2017. "I nomi dei vini italiani. Tra denominazioni di origine, marchi aziendali e marchi di prodotto". *Lingue e Linguaggi,* 22, 113–136.

Gilardoni, S. 2020. *I nomi commerciali nella didattica dell'italiano L2. Un viaggio nel mondo del design italiano.* Milano: EDUCatt.

Giovanardi, C., Trifone, P. 2012. *L'italiano nel mondo.* Roma: Carocci.

Giovinazzo, W. 2018. *Italianità. The Essence of Being Italian and Italian-American.* sl. Dark River.

Giumelli, R. 2015. "L'italiano, la lingua della simpatia e della seduzione". *VNY La Voce di New York. The First Italian English Digital Daily in the US*, pubbl. il 4 maggio 2015. https://lavocedinewyork.com/lifestyles/fashion/2015/05/04/litaliano-la-lingua-della-simpatia-e-della-seduzione/, u.a. 11.02.2021.

Główne kierunki emigracji i imigracji na pobyt stały w latach 1966-2022. Warszawa: Główny Urząd Statystyczny 2023. https://stat.gov.pl/obszary-tematyczne/ludnosc/migracje-zagraniczne-ludnosci/, u.a. 27.07.2023.

Gobber, G. 2018. *Lingue, culture ed esperienza.* Milano: Vita e Pensiero.

Gobber, G. 2022. *Lineamenti di linguistica.* Milano: Vita e Pensiero.

Gobber, G., Morani, M. 2014. *Linguistica generale.* Ed. II. Milano et al.: McGraw-Hill Education.

Godzich, A. 2011. "Wybrane nowe italianizmy we współczesnej polszczyźnie". *Kwartalnik Językoznawczy*, 3, 46–64.

Golemo, K. 2006. "Emigracja polska do Włoch w latach 80. XX wieku. Charakterystyka ogólna". *Politeja*, 5(1), 462–473.

Golemo, K. 2010. *Obraz Polski i Polaków we Włoszech. Poglądy, oceny, opinie.* Kraków: Wydawnictwo Uniwersytetu Jagiellońskiego.

Gorczyca, J. 2024. *Storia di mia vita.* Palermo: Sellerio.

Graf, M. 2003. "E-nimy jako nowa kategoria nazewnicza". In: M. Biolik [a c. di], *Metodologia badań onomastycznych*, 639–643. Olsztyn: OBN im. W. Kętrzyńskiego.

Grassi, C. 1987. "La componente italiana nel linguaggio tedesco della pubblicità". In: W. U. Dressler et al. [a c. di], *Parallela 3. Linguistica contrastiva. Linguaggi settoriali. Sintassi generativa. Atti del 4° incontro italo-austriaco dei linguisti a Vienna 15-18 settembre 1986*, 159–174. Tübingen: Narr.

Groblińska, J. 2019. "I nomi delle imprese gastronomiche con un elemento italiano nel voivodato di Łódź". In: A. Koman et al. [a c. di], *Punti d'incontro. Studi sulla lingua, sulla letteratura, sulla cultura*, 147–156. Kraków: UP.

Groblińska, J. 2022. *Nomi delle organizzazioni non profit in Italia nella prospettiva crematonomastica.* Łódź: Wydawnictwo Uniwersytetu Łódzkiego.

Groblińska, J. et al. [a c. di]. 2023. *ItaliAMO. Upowszechnianie wiedzy italianistycznej w środowisku akademickim i pozaakademickim. Promozione degli studi italiani nell'ambiente accademico e non accademico.* Łódź: Wydawnictwo Uniwersytetu Łódzkiego.

Grzegorczykowa, R., Puzynina, J. 1999. "Rzeczownik". In: R. Grzegorczykowa et al. [a c. di], *Gramatyka współczesnego języka polskiego. Morfologia*, 389–468. Warszawa: Wydawnictwo Naukowe PWN.

Gucciardo, A. G. 2004. "Sull'onomaturgia dei farmaci. Gli antibiotici e gli antinfiammatorî". *Rivista Italiana di Onomastica*, X(2), 506–510.

Gucciardo, A. G. 2009. "Sull'onomaturgia dei farmaci omeoterapici". *Rivista Italiana di Onomastica*, XV(2), 488–492.

Gumperz, J. J. 1982. *Discourse Strategies*. Cambridge: Cambridge University Press.

Gusmani, R. 1993. *Saggi sull'interferenza linguistica*. Ed. II. Firenze: Le Lettere.

Hajek, J. 2002. "Parlaree: un gergo italianizzante in inglese". *Rivista Italiana di Dialettologia. Lingue dialetti società*, 26, 167–189.

Haller, H. W. 2009. "L'italiano nei ristoranti di New York: dalle insegne ai menù". In: G. Tesio, G. Pennaroli [a c. di], *Di cotte e di crude. Cibo, culture, comunità. Atti del convegno internazionale di studi (Vercelli e Pollenzo, 15-17 marzo 2007)*, 141–157. Torino: Centro Studi Piemontesi–Ca dë Studi Piemontèis.

Handke, K. 1976. *Budowa morfologiczna i funkcje compositów polskich*. Wrocław et al.: Ossolineum.

Handke, K. 1993. "Elementy obce w polskim nazewnictwie miejskim". In: M. Kamińska [a c. di], *Wpływy obce w nazewnictwie Polski*. Łódź: Wydawnictwo Uniwersytetu Łódzkiego.

Haraj, I. 2011. *Vlastné meno v myslení antiky a stredoveku*. Martin: Matica slovenská.

Hendrykowski, M. 2018. *Tutti frutti. Z dziejów kulturowych transferów języka włoskiego w polszczyźnie dawnej i współczesnej*. Poznań: Wydawnictwo Naukowe UAM.

Heinemann, S. 2021. "Italian Sounding. On Names and Frames in German and French Brand Communication". In: K. Leibring et al., *The Economy in Names Values, Branding and Globalization. Proceedings of Names in the Economy 6 International Conference, Uppsala, 3–5 June 2019*, 59–69. Uppsala: Department of Archives and Research, Institute for Language and Folklore.

Heinz, M. [a c. di]. 2017. *Osservatorio degli italianismi nel mondo. Punti di partenza e nuovi orizzonti. Atti dell'incontro OIM (Firenze, Villa Medicea di Castello, 20 giugno 2014)*. Firenze: Accademia della Crusca.

Hélot, Ch. et al. [a c. di]. 2012. *Linguistic Landscapes. Multilingualism and Social Change*. Frankfurt/M. et al.: Peter Lang.

Horecký, J. 1994. "Logonomastika ako onomastická disciplína". In: E. Krošlákova [a c. di], *Jazyková a mimojazyková stránka vlastných mien*, 76–78. Bratislava: Jazykovedný ústav Ľ. Štúra SAV.

Humery, R. 1922. "Essai de linguistique industrielle". *Mercure de France*, CLVII, 79–91.

Iamartino, G. 2002. "Non solo 'maccheroni', 'mafia' e 'mamma mia!': tracce lessicali dell'influsso culturale italiano in Inghilterra". In: F. San Vincente [a c. di], *L'inglese e le altre lingue europee. Studi sull'interferenza linguistica*, 23–49. Bologna: CLUEB.

IDOS 2015. *Dossier Statistico Immigrazione.* Roma: Centro Studi e Ricerche Immigrazione Dossier Statistico IDOS (in cooperazione con Confronti).

Ille, K. 2009. "Italianismen und Pseudoitalianismen in der gastronomischen und kommerziellen Öffentlichkeit Wiens". In: J. Ehmer, K. Ille [a c. di], *Italienische Anteile am multikulturellen Wien*, Querschnitte 27, 111–125. Innsbruck–Wien–Bozen: Studienverlag.

Imríchová, M. 2002. *Logonymá v systéme slovenčiny.* Prešov: Prešovská univerzita.

Imríchová, M. 2023. "Typological and Pragmatic-Functional Aspects of Slovak Logonyms". In: U. Bijak et al. [a c. di], *Onomastics in Interaction With Other Branches of Science.* Vol. III: *General and applied onomastics, literary onomastics, chrematonomastics reports. Proceedings of the 27th International Congress of Onomastic Sciences*, 449–462. Kraków: Wydawnictwo Uniwersytetu Jagiellońskiego.

ISNP = *Internetowy słownik nazwisk w Polsce.* IJP PAN. https://nazwiska.ijp.pan.pl/, u.a. 11.11.2023.

ISTAT 2017. *L'uso della lingua italiana, dei dialetti e di altre lingue in Italia.* Roma: Istituto nazionale di statistica ISTAT. https://www.istat.it/it/archivio/207961, u.a. 1.02.2023.

ISTAT 2018. *La popolazione straniera residente in Italia al 1° gennaio 2008.* Roma: Istituto nazionale di statistica ISTAT. https://www.istat.it/it/files//2011/10/testointegrale20081009.pdf, u.a. 11.03.2023.

ISTAT 2022. *Report migrazioni 2020. Iscrizioni e cancellazioni anagrafiche.* Roma: Istituto Nazionale di Statistica ISTAT. https://www.istat.it, u.a. 11.03.2023.

Ivković, D., Lotherington, H. 2009. "Multilingualism in cyberspace: conceptualising the virtual linguistic landscape". *International Journal of Multilingualism*, 6(1), 17–36.

IVLW = Ł. Berezowski, J. Ciesielka, *Italiano vero? Włoska leksyka w polszczyźnie XXI wieku.* Łódź: Wydawnictwo Uniwersytetu Łódzkiego 2023.

Jadacka, H. 2001. *System słowotwórczy polszczyzny (1945-2000).* Warszawa: Wydawnictwo Naukowe PWN.

Jadanowska, K. 2014. "Czy nazwy firm są chrematonimami?". *Onomastica*, LVIII, 321–330.

Jagodzińska, A. [a c. di]. 2012. *Ludwik Zamenhof wobec „kwestii żydowskiej". Wybór źródeł.* Kraków – Budapeszt: Austeria.

Jamrozik, E. 2000. "L'italiano in Polonia ieri e oggi". In: S. Vanvolsem et al. [a c.di], *L'italiano oltre frontiera. Convegno internazionale (Leuven, 22-25 aprile 1998)*, vol. II, 319–327. Leuven–Firenze: Leuven University Press–Cesati.

Jamrozik, E. 2006. "L'italiano e il polacco: due mondi linguistici in contatto". *Kwartalnik Neofilologiczny*, 53, 463–447.

Jamrozik, E. 2017. "Gli italianismi in polacco: storia e realtà attuale". In: M. Heinz [a c. di], *Osservatorio degli italianismi nel mondo. Punti di partenza e nuovi orizzonti. Atti dell'incontro OIM (Firenze, Villa Medicea di Castello, 20 giugno 2014)*, 89–110. Firenze: Accademia della Crusca.

Janaszek, K. 2020. "Przyswajanie języka obcego przez kobiety i mężczyzn. Podobieństwa i różnice indywidualne". *Przegląd Rusyczystyczny*, 2(170), 190–208.

Janner, M. Ch. 2012. "Sintassi dei nomi di marca in italiano. Note sulla determinazione". In: P. Cotticelli Kurras, E. Ronneberger-Sibold [a c. di], *Il linguaggio della pubblicità italiano e tedesco: teoria e prassi. Italienische und deutsche Werbesprache: Theorie und Praxis*, 157–175. Alessandria: Edizioni dell'Orso.

Janner, M. Ch. 2017a. *Sguardi linguistici sulla marca. Analisi morfosintattica dei nomi commerciali in italiano*: Bern: Peter Lang.

Janner, M. Ch. 2017b. "*Barilla* e altri aggettivi. Prospettive linguistiche sistematiche sui nomi commerciali". In: B. Moretti et al. [a c. di], *Linguisti in contatto* 2. *Ricerche di linguistica italiana in Svizzera e sulla Svizzera. Atti del convegno di Bellinzona, 19-21 novembre 2015*, 265–276. Bellinzona: Osservatorio linguistico della Svizzera italiana.

Jaworska, K. 2012. *Poeti e patrioti polacchi nell'Italia risorgimentale.* Moncalieri: CIRVI.

Jaworska, J. 2022. "Rodzaj nacechowania ekspresywnego formantu *–essa*". *Poradnik Językowy*, 2, 64–79.

Jorio, F., Pittau, F., Waisel dos Santos, S. 2021. "Brasile: trenta milioni di oriundi italiani nel Paese del meticciato". *Dialoghi Mediterranei*, pubbl. il 1 marzo 2021. http://www.istitutoeuroarabo.it/DM/brasile-trenta-milioni-di-oriundi-italiani-nel-paese-del-meticciato/, u.a. 12.02.2023.

Kaczmarek, T. et al. [a c. di]. 2021. *Sperimentare ed esprimere l'italianità. Aspetti letterari e culturali.* Łódź: Wydawnictwo Uniwersytetu Łódzkiego.

Kall, J. et al. 2018. *Marka modowa. Jak zrozumieć konsumenta mody i stworzyć markę szytą na miarę?* Warszawa: PWE.

Kaproń-Charzyńska, I. 2004. "Prefiksy, sufiksy, prefiksoidy, sufiksoidy czy człony związane". *Język Polski*, 84, 16–28.

Kaproń-Charzyńska, I. 2009a. "*Totaloza bajeroza*, czyli o derywatach z formantem *-oza*". *Białostockie Archiwum Językowe*, 9, 127–137.

Kaproń-Charzyńska, I. 2009b. "O formancie *-encja* we współczesnej polszczyźnie". *Slavia Meridionalis*, 9, 60–70.

Kaproń-Charzyńska, I. 2019. "*Santo Domestos, Gargamele, Vina Tusca – Viva San Escobar!* Uwagi o nazwach własnych dostępnych na fanpage'u San Escobar". In: A. Chomová et al. [a c. di], *Konvergencie a divergencie v propriálnej sfére, 20. slovenská onomastická konferencia Banská Bystrica 26.–28. júna 2017*, 525–535. Bratislava: VEDA–Vydavateľstvo SAV.

Kasprzyk, P., Skubiszewski, P. 2015. "Problem imienia i nazwiska a transkrypcja zagranicznych dokumentów stanu cywilnego". *Metryka. Studia z Zakresu Prawa Osobowego i Rejestracji Stanu Cywilnego*, V(1), 131–142.

Klemensiewicz, Z. 1937. "Z *Techebu* do *Pierzeksportu*, czyli o nazwach handlowych, przemysłowych itp.". *Język Polski*, XXII, 20–27.

Klimkiewicz, A. 2021. "Zagadnienie włoskości w dawnej literaturze artystycznej na przykładzie *Il libro dell'arte* Cennina Cenniniego". *Toruńskie Studia Polsko-Włoskie. Studi Polacco-Italiani di Toruń*, XVII, 287–295.

Knappová, M. 1996. *Namen von Sachen (Chrematonymie) II*. In: E. Eichler et al. [a c. di], *Namenforschung. Names Studies. Les noms propres. Ein internationales Handbuch zur Onomatik. An International Hanbook of Onomastics. Manuel international d'onomastique*, vol. II, 1567–1571. Berlin – New Yor: de Gruyter.

Koliński, M. 2007. *Łódź między wojnami. Opowieść o życiu miasta 1918-1939*. Łódź: Wydawnictwo Piątek Trzynastego.

Kopertowska, D. 2001. "Nazewnictwo przemysłowo-usługowe". In: K. Michalewski [a c. di], *Współczesna leksyka*, vol. I, 157–167. Łódź: Wydawnictwo Uniwersytetu Łódzkiego.

Kordasiewicz, A. 2010. "Profesjonalizacja i personalizacja – strategie Polek pracujących w sektorze usług domowych w Neapolu". In: M. Kindler, J. Napierała [a c. di], *Migracje kobiet: przypadek Polski*, 37–68. Warszawa: Scholar.

Kosyl, C. 1983. *Forma i funkcja nazw własnych*. Lublin: Wydawnictwo Uniwersytetu Marii Curie-Skłodowskiej.

Kosyl, C. 2001. "Chrematonimy". In: J. Bartmiński [a c. di], *Współczesny język polski*, 447–452. Lublin: Wydawnictwo Uniwersytetu Marii Curie-Skłodowskiej.

Kowalcze-Franiuk, K. 2018. *Bilingwizm polsko-włoski i tożsamość kulturowa emigracji okołosolidarnościowej we Włoszech*. Kraków: Wydawnictwo Uniwersytetu Jagiellońskiego.

Kowalik, K. 1999. "Morfotaktyka". In: R. Grzegorczykowa et al. [a c. di], *Gramatyka współczesnego języka polskiego. Morfologia*. Ed. III. Warszawa: Wydawnictwo Naukowe PWN.

Kreisberg, A. 2010. *Włoski. Konwersacje bez tajemnic. Co, kiedy, jak powiedzieć po włosku*. Warszawa: WP.

Kripke, S. 1980. *Naming and Necessity.* Cambridge, MA: Harvard University Press.

Krząstek, T., Żak, A. C. 1997. *Z ziemi włoskiej do Polski. W 200. rocznicę powstania Legionów Polskich i Mazurka Dąbrowskiego.* Warszawa: MON–Marrow.

Kuhn, J. 2008. "Strategie persuasive nella comunicazione aziendale esterna: uso degli ergonimi e strumentalizzazione della storia". In: M. G. Arcamone et al. [a c. di], *I nomi nel tempo e nello spazio. Atti del XXII Congresso Internazionale di Scienze Onomastiche (Pisa, 28 agosto – 4 settembre 2005)*, vol. II, 641–651. Pisa: ETS.

Kuhn, J. 2013. "Riflessione sulla rappresentazione discorsiva di etnie diverse nell'ergonomia attuale. Un'analisi critica del discorso pubblicitario". In: D. Bremer et al. [a c. di], *Nomina. Studi di onomastica in onore di Maria Giovanna Arcamone*, 345–372. Pisa: ETS.

Kurcz, I. 2000. *Psychologia języka i komunikacji.* Warszawa: Scholar.

Kurdyła, T. 2015. "Polskie habitatywa na *-anin, -an* i *-ak* (przyczynek)". *Onomastica*, LIX, 93–106.

Kuryłowicz, J. 1956. "La position linguistique du nom propre". *Onomastica*, II, 1–14.

Kwapisz-Osadnik, K. 2012. *Podstawowe wiadomości z gramatyki polskiej i włoskiej: szkic porównawczy.* Katowice: Wydawnictwo Uniwersytetu Śląskiego.

Latos, A. 2022. "Neologizm kulinarny «kaszotto». Studium przypadku". *Prace Filologiczne*, 77, 273–289.

Latour, S. 1996. *Namen machen Marken. Handbuch zur Entwicklung von Firmen- und Produktnamen.* Frankfurt/M.–New York: Campus.

Lavric, E. 2012. "Gastronomastics: Towards a rhetoric of dish names on restaurants' menus". In: H. Wochele et al. [a c. di], *Onomastics goes Business. Role and Relevance of Brand, Company and Other Names in Economic Contexts*, 219–232. Berlin: Logos.

Legut, A. 2019. *Polskie organizacje imigranckie we Włoszech – raport z analizy danych zastanych.* Warszawa: Ośrodek Badań nad Migracjami UW.

Leogrande, A. 2011. "Il male oscuro delle badanti venute dall'Est. Sole, lontane dai figli e da casa, soffrono di una nuova forma di depressione. L'hanno chiamata «sindrome italiana»". *Il FattoQuotidiano*, pubbl. il 16 dicembre 2011. https://www.minimaetmoralia.it/wp/approfondimenti/6058/, u.a. 7.02.2023.

Lewi, G., Desprez, P.-L. 2013. *La marque. Fondamentaux du branding.* Paris: Magnard–Vuibert.

Lewandowski, A. 1992. *Współczesne polskie nazwy firmowe.* Zielona Góra: WSP im. T. Kotarbińskiego.

Librandi, R. 2017. *L'italiano della Chiesa.* Roma: Carocci.

Licata, D. et al. [a c. di]. 2016. *Rapporto Italiani nel Mondo.* Roma: Fondazione Migrantes della Conferenza Episcopale Italiana.

Logozzo, F., Gwiazdowska, R., Acri, C. 2009. "Onomastica commerciale a Tor Bella Monaca: insegne e territorio, nomi e categorie". In: E. Caffarelli, P. Poccetti [a c. di], *L'onomastica di Roma. Ventotto secoli di nomi,* QuadRION 2, 509–527. Roma: SER.

Lubello, S. 2010. "Lingua della gastronomia". In: *Treccani.* http://www.treccani.it/enciclopedia/lingua-della-gastronomia_%28Enciclopedia-dell%27Italiano%29/, u.a. 30.10.2022.

Lubello, S., Nobili, C. 2018. *L'italiano e le sue varietà.* Firenze: Cesati.

Lubelski, T. 2015. Historia kina polskiego 1895-2014. Kraków: Universitas.

Łobodzińska, R., Preisert, M. 2003. "Nazwy własne w przestrzeni wirtualnej". In: M. Biolik [a c. di], *Metodologia badań onomastycznych,* 644–653. Olsztyn: OBN im. W. Kętrzyńskiego.

Machetti, S. 2010. "La lingua italiana del vino nella comunicazione pubblica e sociale italiana e globale. Analisi e prospettive di ricerca". *Studi Italiani di Linguistica Teorica e Applicata,* 39(1), 163–180.

Magajewska, M., Gałkowski, A., Cola, I. 2020. *Nozioni di grammatica descrittiva della lingua italiana. Fonetica e fonologia.* Łódź: Wydawnictwo Uniwersytetu Łódzkiego.

Malato, E. 2003. "Immagine e presenza dell'Italia fuori d'Italia". In: AA.VV., *L'Italia fuori d'Italia. Tradizione e presenza della lingua italiana nel mondo. Atti do Convegno di Roma 7-10 ottobre 2002,* 31–55. Roma: Salerno Editrice.

Malinar, S. 2000. "Italiano e croato a contatto". In: S. Vanvolsem et al. [a c. di], *L'italiano oltre frontiera. V Convegno internazionale (Leuven, 22–25 aprile 1998),* vol. II, 301–317. Leuven–Firenze: Leuven University Press–Cesati.

Mancini, F., Voghera, M. 1994. "Lunghezza, tipi di sillabe e accento in italiano". In: T. De Mauro [a c. di], *Come parlano gli italiani,* 217–244. Firenze: La Nuova Italia.

Malinowska, M. 1990. "Contributo allo studio degli italianismi in polacco". In: S. Widłak [a c. di], *Lingua e letteratura 1. Atti del Primo Incontro degli Italianisti Polacchi (26–29 settembre 1988),* 47–52. Kraków: Wydawnictwo Uniwersytetu Jagiellońskiego.

Manikowski, A. 1983. *Il commercio italiano di tessuti di seta in Polonia nella seconda metà del XVII secolo (l'azienda di Marco Antonio Federici a Cracovia 1680-1683).* Warszawa: Wydawnictwa Uniwersytetu Warszawskiego.

Maniowska, K. 2023. "Język włoski w polskiej reklamie". *Forum Lingwistyczne,* 11(2), 1–18. DOI: http://doi.org/10.31261/FL.2023.11.2.14

Maniscalco, D. 2016. "La seconda Roma: gli italiani di Cracovia e la loro influenza sulla cultura, la lingua e l'architettura polacca". In: D. Licata et al. [a c. di], *Rapporto Italiani nel Mondo,* 281–289. Roma: Fondazione Migrantes della Conferenza Episcopale Italiana.

Mapelli, E. 2021. *Lezioni di grafica. Manuale di comunicazione visiva e progettazione grafica*. Roma: Audino.

Marazzini, C. 2015. "La lingua della nostra cucina. Italianità, dialettalità, narratività". In: R. Bombi, V. Orioles [a c di], *Italiani nel mondo. Una expo permanente della lingua e della cucina italiana*, 103–113. Udine: Forum.

Marcato, C. 1996, "«Pastas, Pizzas»: influssi dell'italiano sulla terminologia alimentare nordamericana". *Quaderni d'Italianistica*, XVII(2), 75–91.

Marcato, C. 2009. *Nomi di persona, nomi di luogo. Introduzione all'onomastica italiana*. Bologna: il Mulino.

Marcato, C. 2010. *«Parole e cose migranti» tra Italia e Americhe nella terminologia dell'alimentazione*. Alessandria: Edizioni dell'Orso.

Margarito, M. 2008. "*Un scénario charmantissime*? Italianismi del francese (II) – XX e XXI secolo". In: AA.VV., *Italianismi e percorsi dell'italiano nelle lingue latine. Atti del convengo internazionale Treviso (28 settembre 2007, Ca' dei Carraresi)*, 77–91. Treviso–Paris: Fondazione Cassamarca–Unione Latina.

Marinelli, L. et al. [a c. di]. 1996. *Polonia, Italia e culture slave: aspetti comparati tra storia e contemporaneità. Atti del Convegno dei Polonisti italiani in memoria di Bronisław Biliński, Accademia Polacca di Roma, 11–12 dicembre 1996*. Varsavia–Roma: UN-O.

Marrone, G. 2007. *Il discorso di marca. Modelli semiotici per il branding*. Roma–Bari: Laterza.

Masi, L. et al. [a c.d.]. 2017. *Polska i Włochy w dialogu kultur. La Polonia e l'Italia nel dialogo tra le culture*. Warszawa: Wydawnictwo Naukowe Uniwersytetu Kardynała Stefana Wyszyńskiego.

Masini, A. 2003. "L'italiano contemporaneo e le sue varietà". In: I. Bonomi et al., *Elementi di linguistica italiana*, 15–86. Roma: Carocci.

Mattarucco, G. [a c. di]. 2012. *Italiano per il mondo. Banca, commerci, cultura, arti, tradizioni*. Firenze: Accademia della Crusca–Litografia IP.

Mazzei, R. 2017. "Cracovia «italiana». Il ruolo di Firenze nelle relazioni fra l'Italia e la Polonia nel secolo XVI". In: L. Masi et al. [a c.d.], *Polska i Włochy w dialogu kultur. La Polonia e l'Italia nel dialogo tra le culture*, 25–33. Warszawa: Wydawnictwo Naukowe Uniwersytetu Kardynała Stefana Wyszyńskiego.

Medici, M. 1986. *La parola pubblicitaria. Due secoli di storia fra slogan, ritmi e wellerismo*. Venezia: Sarin–Marsilio.

Mercatanti, G. 2010. "The influence of Italian language on Scandinavian shop-signs". In: E. Brylla et al. [a c. di], *Proceedings of the 21st International Congress of Onomastic Sciences, Uppsala, 19–24 August 2002*, vol. V, 386–392. Uppsala: Institute för språk och folkminnen.

Meyer, P. 2017. "The limits of lexicographical abstraction. Some strengths and problems of the data architecture in the *Lehnwortportal Deutsch*". In: M. Heinz [a c. di], *Osservatorio degli italianismi nel mondo. Punti di partenza e nuovi orizzonti. Atti dell'incontro OIM (Firenze, Villa Medicea di Castello, 20 giugno 2014)*, 55–76. Firenze: Accademia della Crusca.

Miani, M., Merola, G. M. 2012. *The perception of Italian brands in Vietnam: A survey on country of origin effect and linguistic impact of Italian sounding brand names on Vietnamese urban consumers.* Vietnam: RMIT International University.

Migliorini, B. 1927. *Dal nome proprio al nome comune.* Firenze: Olschi.

Migliorini, B. 1975. *Parole d'autore. Onomaturgia.* Firenze: Sansoni.

Miller-Klejsa, A., Woźniak, M. [a c. di]. 2014. *Polsko-włoskie kontakty filmowe. Recepcja, koprodukcje, topika.* Łodź: Wydawnictwo Uniwersytetu Łódzkiego.

Minestroni, L. 2003. *L'alchimia della marca. Fenomenologia di un moltiplicatore di valore.* Milano: FrancoAngeli.

Miłkowska-Samul, K. 2017. "Soprannomi nell'antroponimia criminale sul materiale italiano e polacco". *Annales Universitatis Paedagogicae Cracoviensis. Studia de Cultura*, 9(3), 65–77.

Miziołek, J. [a c. di] (collab. R. Cincotta, B. Rejmak). 2019. *Italia e Polonia 1919-2019. Un meraviglioso viaggio insieme lungo cento anni. Włochy i Polska 1919-2019. Sto lat wspólnej fascynującej podróży.* Warszawa: Wydawnictwa Uniwersytetu Warszawskiego.

Miziołek, J., Milej, W., Rejmak, B. 2019. *Italia e Polonia 1919–2019. Bibliografia scelta. Włochy i Polska 1919–2019. Bibliografia wybrana.* In: J. Miziołek (collab. R. Cincotta, B. Rejmak) [a c. di], *Italia e Polonia 1919–2019. Un meraviglioso viaggio insieme lungo cento anni. Włochy i Polska 1919–2019. Sto lat wspólnej fascynującej podróży*, 377–386. Warszawa: Wydawnictwa Uniwersytetu Warszawskiego.

Monachesi, R. 1993. *Marchio. Storia, semiotica, produzione.* Milano: Lupetti.

Morawski, P. 1997. "Elogio della storia orale. Le comunità polacche in Italia nel Novecento". In: L. Marinelli et al. [a c. di], *Polonia, Italia e culture slave: aspetti comparati tra storia e contemporaneità. Atti del Convegno dei Polonisti italiani in memoria di Bronisław Biliński, Accademia Polacca di Roma, 11–12 dicembre 1996*, 249–255. Varsavia–Roma: UN-O.

Mosino, F. 2010. *Vocabolario etimologico della pasta italiana.* Reggio Calabra: s.e. www.cucinaregionale.it, u.a. 6.06.2023.

Muselmann, S. 2012. *Marchi alimentari in Italia. Un'analisi linguistica in prospettiva psicologico-commerciale.* In: P. Cotticelli Kurras, E. Ronneberger-Sibold [a c. di], *Il linguaggio della pubblicità italiano e tedesco: teoria e prassi – Italienische und deutsche Werbesprache: Theorie und Praxis*, 253–275. Alessandria: Edizioni dell'Orso.

Myszka, A. 2017. "Modele strukturalne nazwań przedsiębiorstw galicyjskich na podstawie ogłoszeń prasowych z przełomu XIX i XX wieku". *Słowo. Studia Językoznawcze*, 8, 132–153.

Nagórko, A. 2007. "Kontaminacje leksykalne – słowotwórstwo czy radosna «tfurczość»?". *Przegląd Humanistyczny*, 1, 203–210.

Nazwiska włoskie. In *Słownik Języka Polskiego PWN* (SJP-PWN) s.a. https://sjp.pwn.pl/zasady/68-Nazwiska-wloskie;629631.html, u.a. 3.03.2023.

Negri Arnoldi, F., Tagliolini, B. 2003. *La guida al turismo culturale. Dalla formazione all'attività professionale*. Roma: Carocci.

NKJP = *Narodowy Korpus Języka Polskiego*. PAN–PWN–UŁ–IJP. http://www.nkjp.pl/, u.a. 10.02.2024.

Noga, Z. 2019. "Italians in the city of Cracow's authorities in the sixteenth to eighteenth centuries". *Acta Poloniae Historica*, 119, 191–207.

Nowowiejski, B. 2001. "Makaronizmy końca XX wieku". *Białostockie Archiwum Językowe*, 1, 93–111.

Nowowiejski, B. 2007. "Egzotyzacja polskich nazw własnych refleksem społecznych zmian i potrzeb". *Białostockie Archiwum Językowe*, 6, 63–76.

OIM = *Osservatorio degli Italianismi nel Mondo*. Progetto dir. da M. Heinz et al. s.l. https://www.italianismi.org/, u.a 24.12.2023.

Olkiewicz, J. 1979. *Opowieści o Włochach i Polakach*. Warszawa: Ludowa Spółdzielnia Wydawnicza.

Onomastic terminology s.a. ICOS. https://icosweb.net/publications/onomastic-terminology/, u.a. 26.04.2023.

Orioles, V. 2014. "Verso nuove categorizzazioni dei contesti migratori. Dall'*italianità* all'*italicità*". In: R. Bombi, V. Orioles [a c. di], *Essere italiani nel mondo globale oggi. Riscoprire l'appartenenza*, 109–116. Udine: Forum.

Orioles, V. 2015. "Sul costrutto di *italicità*. In margine alla presentazione di *Svegliamoci italici!* di Piero Bassetti". In: R. Bombi, V. Orioles [a c. di], *Italiani nel mondo. Una expo permanente della lingua e della cucina italiana*, 63–69. Udine: Forum.

Orioles, V. 2018. "Tra falso alimentare e falso linguistico. Per una riconsiderazione dell'*Italian sounding*". In: R. Bombi [a c. di], *Italiano nel mondo. Per una nuova visione*, 141–149. Udine: Forum.

Osmólska-Mętrak, A. 2019. "Ruota della fortuna: i film italiani sugli schermi polacchi dopo 1945. Fortuna kołem się toczy, czyli włoskie filmy na polskich ekranach po 1945 roku". In: J. Miziołek [a c. di] (collab. R. Cincotta, B. Rejmak), *Italia e Polonia 1919-2019. Un meraviglioso viaggio insieme lungo cento anni. Włochy i Polska 1919-2019. Sto lat wspólnej fascynującej podróży*, 297–308. Warszawa: Wydawnictwa Uniwersytetu Warszawskiego.

Ostrowski, A. 2009. "Włoskie organizacje przestępcze typu mafijnego". In: T. Słomka [a c di], *Współczesne Włochy. Państwo i społeczeństwo*, 75–115. Warszawa: ASPRA-JR.

Ozimska, J. 2021. "Elementy włoskości w polskim nazewnictwie miejskim i wiejskich mikrosystemach toponimicznych". In: A. Gałkowski et al. [a c. di], *Sperimentare ed esprimere l'italianità. Aspetti linguistici e glottodidattici*, 237–253. Łódź: Wydawnictwo Uniwersytetu Łódzkiego.

Pagnoncelli, N. 2005. "L'identità culturale italiana e le icone letterarie". In: P. Peluffo, L. Serianni [a c. di.]. *Il mondo in italiano. Annuario della Società Dante Alighieri*, 47–53. Roma: Art Color Printing.

Palmarini, L. 2013. "Un Italiano «Fortunato» a Cracovia. Biografia e produzione linguistico-letteraria di Fortunato Giannini tra Italia e Polonia". *Romanica Cracoviensia*, 13, 217–233. https://doi.org/10.4467/208 4391 7RC.13.018.1403

Palmarini, L. 2018. *La lessicografia bilingue italiano-polacca e polacco-italiana dal 1856 al 1946*. Berlin et al.: Peter Lang.

Palmarini, L. 2020. "I toponimi nei dizionari bilingui italiano-polacco, polacco-italiano in un contesto diacronico di apprendimento". *Studia Romanica Posnaniensia*, 47(2), 93–110.

Pamies, A. 2017. "The Concept of Cultureme from a Lexicographical Point of View". *Open Linguistics*, 3, 100–114.

Pasztor, M., Jarosz, D. 2018. *Nie tylko FIAT. Z dziejów stosunków polsko-włoskich 1945-1989*. Warszawa: Scholar.

Pawlak, M. 2019. "Czym są różnice indywidualne w nauce języka obcego i jak sobie z nimi radzić?". *Języki Obce w Szkole*, 2, 5–12.

Pellegrini, G. B. 1990. *Toponomastica italiana: 10000 nomi di città, paesi, frazioni, regioni, contrade, fiumi, monti spiegati nella loro origine e storia*. Milano: Hoepli.

Peluffo, P., Serianni, L. [a c. di.]. 2005. *Il mondo in italiano. Annuario della Società Dante Alighieri*. Roma: Art Color Printing.

Perissinotto, F. 2015. "*Meal in Italy*. Italianismi nel linguaggio gastronomico inglese ed angloamericano". *Italiano LinguaDue*, 1, 265–295.

Petrilli, R. 2011. *L'italiano da esportazione. Discorsi e italianismi stilistici*. Perugia: Guerra.

Pisarek, W. 2021. "Nazwy własne? A co to właściwie jest i do czego służy?". In: M. Rutkowski, A. Hącia [a c. di], *Nazwy własne w języku i społeczeństwie*, 13–21. Olsztyn: Wydawnictwo Uniwersytetu Warmińsko-Mazurskiego.

Pizzoli, L. 2017. "La lingua italiana come componente fondamentale dell'attrattività del Paese". In: M. A. Cabiddu [a c. di], *L'italiano alla prova dell'internazionalizzazione*, 123–126. Milano: Guerini Associati.

Pizzoli, L. 2018a. *La politica linguistica in Italia. Dall'unificazione nazionale al dibattito sull'internazionalizzazione.* Roma: Carocci.

Pizzoli, L. 2018b. "Italiano e italianismi nel mondo: osservazioni sulla ricerca dei neologismi". In: R. Bombi [a c. di], *Italiano nel mondo. Per una nuova visione*, 151–158. Udine: Forum.

Platen, Ch. 1997. *«Ökonymie». Zur Produktnamen-Linguistik im Europäischen Binnenmarkt.* Tübingen: Niemeyer.

Polidoro, P. 2016. *Che cos'è la semiotica visiva.* Roma: Carocci.

Pottier, B. 1947. "La linguistique des enseignes". *Le français moderne*, XV(4), 299–302.

PRDMC = M. Castoldi, U. Salvi, *Parole per ricordare. Dizionario della memoria collettiva. Usi evocativi, allusivi, metonimici e antonomastici della lingua italiana.* Bologna: Zanichelli 2023.

Pressburger, G. 2003. "Aree e modalità di ricezione della cultura italiana". In: AA.VV., *L'Italia fuori d'Italia. Tradizione e presenza della lingua italiana nel mondo. Atti del Convegno di Roma, 7-10 ottobre 2002*, 447–453. Roma: Salerno Editrice.

Pronińska, A. 2015. *Derivati deantroponimici nella lessicografia italiana.* Kraków: Wydawnictwo Naukowe Uniwersytetu Pedagogicznego.

Przybylska, R. 1992. "O współczesnych nazwach firm". *Język Polski*, LXII(2/3), 138–150.

Przybylska, R. 2003. *Wstęp do nauki o języku polskim.* Kraków: Wydawnictwo Literackie.

PSB = *Polski Słownik Biograficzny.* Kraków: IH PAN. https://www.psb.pan.krakow.pl/, u.a. 27.12.2023.

Ptaśnik, J. 1959. *Kultura włoska wieków średnich w Polsce.* Warszawa: PWN.

Puda-Blokesz, M. 2021. *Dziedzictwo mitologii starożytnych w polskiej chrematonimii funeralnej.* Kraków: Wydawnictwo Naukowe Uniwersytetu Pedagogicznego.

Puda-Blokesz, M. 2023. "Nazwy firm w przestrzeni komunikacyjnej – problemy badawcze". *Onomastica*, LXVII, 345–362.

Puldzian Płucienniczak, P. 2017. *Firmy.* Warszawa – Kraków: Rozdzielczość Chleba. https://rozdzielchleb.pl/firmy/, u.a. 26.09.2022.

Putka, I. 2014. "Wybrane problemy opisu kontaktów międzyjęzykowych na przykładzie języka polskiego i włoskiego". *Biuletyn Polskiego Towarzystwa Językoznawczego*, LXX, 117–126.

Putka, I. 2018. "Włoskie złożenia nominalne typu V+N – problemy tłumaczenia na język polski". *Forum Lingwistyczne*, 5, 85–93.

Quirini-Popławska, D. 1973. *Działalność Włochów w Polsce w I połowie XVI wieku na dworze królewskim, w dyplomacji i hierarchii kościelnej.* Kraków–Wrocław: PAN–Ossolineum.

Quirini-Popławska, D. 2016. *Italia mia. Studia z dziejów Italii i powiązań polsko-włoskich w późnym Średniowieczu i Renesansie.* Kraków: Towarzystwo Wydawnicze „Historia Iagellonica".

Raimo, A. 2021. "L'italiano in Germania con una prospettiva italiana: Anna Raimo intervista Tatiana Bisanti". *Insula europea*, pubbl. il 25 gennaio 2021. https://www.insulaeuropea.eu/2021/01/25/litaliano-in-germania-con-una-prospettiva-italiana-anna-raimo-intervista-tatiana-bisanti/, u.a. 11.03.2023.

Rak, M. 2015. "Co to jest kulturem?". *LingVaria*, 2(20), 305–316.

Ramat, P. 2006. "L'italiano come lingua esotica?". In: E. Banfi, G. Iannàccaro [a c. di], *Lo spazio linguistico italiano e le «lingue esotiche». Rapporti e reciproci influssi. Atti del XXXIX Congresso internazionale di studi della Società di linguistica italiana (SLI): Milano, 22–24 settembre 2005*, SLI 50, 545–564. Roma: Bulzoni.

Randaccio, R. 2015. "Trasmigrazioni toponimiche. Sui nomi di luogo italiani diffusi nel mondo: replicazioni, lessicalizzazioni e transonimie". In: E. Caffarelli [a c. di], *Nomi italiani nel mondo. Studi internazionali per i 20 anni della «Rivista Italiana di Onomastica». Italian Names in the World International Studies for the 20 Years of «Rivista Italiana di Onomastica»*, QuadRION 5, 183–202. Roma: SER ItaliAteneo.

Randaccio, R. 2003. "Le *Avventure di Pinocchio* nell'onomastica commerciale". *Rivista Italiana di Onomastica*, IX(1), 75–84.

Ranzato, I. 2010. *La traduzione audiovisiva. Analisi degli elementi culturospecifici.* Roma: Bulzoni.

Raso, F. 2017. "L'onomaturgia". In: E. Olivetti [a c. di], *Dizionario Italiano* s.l./s.e. https://www.dizionario-italiano.it/linguamadre/articolo.php?art=1172, u.a. 3.12.2023.

Regel, W. 2014. *Włochy. W poszukiwaniu włoskiego dolce vita.* Rzeszów: Bila.

Rieger, M. A. 2008. "Alles *PICCO BELLI* oder was? Form und Funktion pseudo-italienischer Produktnamen im deutschen Lebensmittelmarkt". *Onoma*, 43 (A. Bergien et al. [a c. di], *Commercial names. Namen in der Wirtschaft. Noms commerciaux*), 149–175.

Rieger, M. A. 2009a. "Hauptsache italienisch! – die Wirkung (pseudo-) italienischer Produktnamen auf deutschsprachige Verbraucher und Verbraucherinnen". In: E. Lavric, C. Konzett [a c. di], *Food and Language. Sprache und Essen*, 57–68. Frankfurt/M. et al.: Peter Lang.

Rieger, M. A. 2009b. "*ECORINO*, das hat Schwung! Pseudoitalienische Produktnamen und ihre Wahrnehmung durch deutschsprachige Verbraucher und Verbraucherinnen". In: C. Di Meola et al. [a c. di], *Perspektiven Drei. Akten der 3. Tagung Deutsche Sprachwissenschaft in Italien. Rom, 14.-16. Februar 2008*, 199–210. Frankfurt/M. et al.: Peter Lang.

Rieger, M. A. 2012a. "Von *Arrabbiata* bis *Zabaglione* – Italienisches im deutschen Lebensmittelmarkt". In: P. Cotticelli Kurras et al. [a c. di], *Il linguaggio della pubblicità italiano e tedesco. Teoria e prassi. Deutsche und italienische Werbesprache. Theorie und Praxis*, 277–311. Alessandria: Edizioni dell'Orso.

Rieger, M. A. 2012b. "Wie viel *Italianità* braucht der deutsche Lebensmittelmarkt?". In: H. Wochele et al. [a c. di], *Onomastics goes Business. Role and Relevance of Brand, Company and Other Names in Economic Contexts*, 249–262. Berlin: Logos.

Rieger, M. A. 2013. "From *Acentino* to *Villa Gusto*. Italian-sounding brand names in the German food industry". In: O. Felecan, A. Bugheşiu [a c. di], *Onomastics in Contemporary Public Space*, 354–373. Newcastle upon Tyne: Cambridge Scholars.

Rieger, M. A. 2017. "*Sankt Georg* and *San Zopito*. The appeal of saints' names on the Italian and German food market". In: O. Felecan [a c. di], *Name and Naming: Proceedings of the Fourth International Conference on Onomastics Name and Naming: Sacred and Profane in Onomastics: Baia Mare, September 5-7, 2017*, 1016–1026. Cluj-Napoca: Mega–Argonaut.

Riolo, S. 2007. *Marchionimi e nomi commerciali nella lessicografia italiana del secondo Novecento*. Catania: CUECM.

Robinson, Ch. L. 2011. "Onomaturgy vs. Onomastics: An Introduction to The Namecraft of Ursula K. Le Guin". *Names*, 59(3), 129–138.

Rocznik Statystyczny Rzeczpospolitej Polskiej 2022. Warszawa: Główny Urząd Statystyczny 2022. https://stat.gov.pl/obszary-tematyczne/roczniki-staty styczne/roczniki-statystyczne/rocznik-statystyczny-rzeczypospolitej-polsk iej-2022,2,22.html, u.a. 27.03.2023.

Rogowska-Cybulska, E. 2011. "Rola słowotwórstwa w kształtowaniu wartości perswazyjnej chrematonimów (na przykładzie nazw gdańskich firm handlowych i usługowych)". In: M. Biolik, J. Duma [a c. di], *Chrematonimia jako fenomen współczesności*, 393–408. Olsztyn: Wydawnictwo Uniwersytetu Warmińsko-Mazurskiego.

Rogers, R. 2006. "Les femmes dans l'enseignement des langues vivantes : éléments pour une histoire à construire". *Éla. Études de linguistique appliquée*, 2(142), 135–149.

Roić, S. 2006. "Il percorso dell'italicità". In: id. [a c. di], *Globus et Locus. Il percorso dell'italicità*, 7–18. Lugano–Milano: Casagrande.

Rojek, B., Radaelli, S. [a c. di]. 2008. *Włosi i italianizm w Europie środkowej i wschodniej XV-XVIII w. Italiani e italianismo in Europa centrale e orientale (sec. XV-XVIII)*. Warszawa: Wydawnictwo Naukowe Semper.

Romek, Z. 2022. "Cenzura jako narzędzie sprawowania władzy w PRL". *Biuletyn IPN*, 7–8, 68–77.

Ronneberger-Siebold, E. 2004. "Warennamen". In: A. Brendler, S. Brendler [a c. di], *Namenarten und ihre Erforschung. Ein Lehrbuch für das Studium der Onomastik*, 557–603. Hamburg: Baar.

Ronneberger-Sibold, E. 2005. "*Apollo, Boccaccio* und *Lady Godiva*: Europäische Fremdsprachen in deutschen Markennamen in der ersten Hälfte des 20. Jahrhunderts". In: B. Glaser, H. J. Schnackertz [a c. di], *Europa interdisziplinär. Probleme und Perspektiven heutiger Europastudien*, 93–117. Würzburg: Königshausen & Neumann.

Ronneberger-Sibold, E. 2015. "Word formation and brand names". In: P. O. Müller et al. [a c. di], *Word Formation: An international Handbook of the Languages of Europe*, vol. III, 2192–2210. Berlin–New York: de Gruyter.

Rossi, G. A. 1998. "Insegne di fantasia a Roma". *Rivista Italiana di Onomastica*, IV(1), 139–143.

Rossolatos, G. 2017. "Brand image re-revisited: a semiotic note on brandiconicity and brand symbols". *Social Semiotics*, 28(3), 412–428.

Rovere, G. 2006. "Gli italianismi nella lingua tedesca. Osservazioni metodologiche". *Studi Italiani di Linguistica Teorica e Applicata*, XXXV(2), 249–290.

Rovere, G. 2009. "Quanti sono gli italianismi nel tedesco contemporaneo". *Italiano LinguaDue*, 1, 160–167.

Rutkiewicz-Hanczewska, M. 2019. "Nazwy w nazwach, czyli o współczesnych nazwach handlowych i granicach ich tworzenia". In: A. Chomová et al. [a c. di], *Konvergencie a divergencie v propriálnej sfére*, 401–410. Bratislava: VEDA.

Rutkowski, M. 2003. "Nazwy na sprzedaż. O nazewnictwie na usługach marketingu". *Onomastica*, XLVIII, 239–254.

Rutkowski, M. i.c.d.s. *Polska toponimia miejska jako banalny kanon kultury*.

Rutkowski, M., Skowronek, K. 2020. *Onomastyczna analiza dyskursu*. Kraków: Wydawnictwa AGH.

Rybicka-Nowacka, H. 1986. "Wyrazy pochodzenia włoskiego w Słowniku Języka Polskiego pod redakcją Witolda Doroszewskiego". *Prace Filologiczne*, 33, 141–147.

Rzetelska-Feleszko, E. 1994. "Najnowsze nazwy sklepów". In: E. Wrocławska [a c. di], *Uwarunkowania i przyczyny zmian językowych. Zbiór studiów*, 133–142. Warszawa: Slawistyczny Ośrodek Wydawniczy.

Rzetelska-Feleszko, E. 2000. "Nazwy firm – chaos czy system?". In: M. Czachorowska, Ł. Szewczyk [a c. di], *Onomastyka polska a nowe kierunki językoznawcze*, 99–112. Bydgoszcz: Wydawnictwo WSP.

Sabatini, F. 2003. "L'Italia fuori d'Italia: la prospettiva europea". In: AA.VV., *L'Italia fuori d'Italia. Tradizione e presenza della lingua italiana nel mondo. Atti del Convegno di Roma, 7-10 ottobre 2002*, 563–570. Roma: Salerno Editrice.

Sablayrolles, J.-F. 2000. *La néologie en français contemporain. Examen du concept et analyse de productions néologiques récentes.* Paris: Champion.

Sablayrolles, J.-F. 2019a. *Comprendre la néologie. Conceptions, analyses, emplois.* Limoges: Lambert–Lucas.

Sablayrolles, J.-F. 2019b. "Les emprunts face aux xénismes, pérégrinismes, internationalismes, statalismes". In: A. Kacprzak et al. [a c. di], *L'emprunt en question(s). Conceptions, réceptions, traitements lexicographiques*, 19–32. Paris: Lambert–Lucas.

Sajkowski, A. 1973. *Włoskie przygody Polaków.* Warszawa: PiW.

Salmon, L. 2007. "Sui titoli come onimi e sugli onimi dei titoli: onomasiologia creativa e traduzione dei «marchionimi» letterari". *il Nome nel testo. Rivista internazionale di onomastica*, IX, 93–105.

Sandnes, B. 2016. "Names and language contact". In: C. Hough [a c. di], *The Oxford Handbook of Names and Naming*, 540–553. Oxford: Oxford University Press.

Schweickard, W. 1992. "Le modalità di integrazione dei nomi propri stranieri in italiano". *Nouvelle Revue d'Onomastique*, 19–20, 127–134.

SECWO = W. Kopaliński, *Słownik eponimów czyli wyrazów odimiennych.* Warszawa: WN PWN 1996.

SeFDNP = E. T. La Stella, *Santi e Fanti. Dizionario dei Nomi di Persona.* Bologna: Zanichelli 1993.

Sergio, G. 2016. "Italianismi di moda nelle lingue del mondo". In: P. D'Achille, G. Patota [a c. di], *L'italiano e la creatività. Marchi e costumi, moda e design*, 55–68. Firenze: Accademia della Crusca–goWare.

Serianni, L. 1978. "Nomi d'alberghi". *Lingua nostra*, 39(1), 56–62.

Serianni, L. (collab. A. Castelvecchi). 1989. *Grammatica italiana. Italiano comune e lingua letteraria.* Torino: UTET.

Serianni, L. [a c. di]. 2002. *La lingua nella storia d'Italia.* Roma: Società Dante Alighieri–Libri Scheiwiller.

Serianni, L. 2017. "Italiano nel mondo. Intenti e propositi di un progetto editoriale sugli italianismi". In: M. Heinz [a c. di], *Osservatorio degli italianismi nel mondo. Punti di partenza e nuovi orizzonti. Atti dell'incontro OIM (Firenze, Villa Medicea di Castello, 20 giugno 2014)*, 39–54. Firenze: Accademia della Crusca.

Serianni, L., Antonelli, G. 2011. *Manuale di linguistica italiana. Storia, attualità, grammatica.* Torino: Mondadori.

Sękowska, E. 2012. "Neologizmy słowotwórcze we współczesnej polszczyźnie (wybrane tendencje)". *Eslavìstica Complutense*, 12, 97–103.

Siekiera, A. 2000. "L'italiano in Polonia: teatro, cinema, televisione". In: S. Vanvolsem et al. [a c. di], *L'italiano oltre frontiera. V Convegno internazionale (Leuven, 22-25 aprile 1998)*, vol. II, 329–341. Leuven–Firenze: Leuven University Press–Cesati.

Sienkiewicz, J. W. 2013. *Artyści Andersa. Continuità e novità*. Warszawa–Toruń: Oficyna Wydawnicza Kucharski.

Simone, R. 2000. "*International Italian*". In: S. Vanvolsem et al. [a c. di], *L'italiano oltre frontiera. V Convegno internazionale (Leuven, 22–25 aprile 1998)*, vol. I, 433–444. Leuven–Firenze: Leuven University Press–Cesati.

Siwiec, A. 2006. "W sprawie nazw obiektów handlowych: miejsce w klasyfikacji onomastycznej, ustalenia typologiczne, terminologia". In: K. Rymut et al. [a c. di], *Munuscula linguistica in honorem Alexandrae Cieślikowa oblata*, 423–436. Kraków: IJP PAN–DWN.

Siwiec, A. 2012a. *Nazwy własne obiektów handlowo-usługowych w przestrzeni miasta*. Lublin: Wydawnictwo Uniwersytetu Marii Curie-Skłodowskiej.

Siwiec, A. 2012b. "Klasyfikacja onomastyczna i jej podstawy terminologiczne na przykładzie nazw obiektów handlowych". In: I. Łuc, M. Pogłódek [a c. di], *W komunikacyjnej przestrzeni nazw własnych i pospolitych. Księga jubileuszowa dedykowana Profesorowi Robertowi Mrózkowi*, 325–336. Katowice: Wydawnictwo Uniwersytetu Śląskiego.

Siwiec, A. 2014. "Pseudonimy internetowe *vel* nicki – charakterystyka onomastyczna i uzus". *Roczniki Humanistyczne*, LXII(6), 101–122.

Siwiec, A. 2021. "«Czytanie» nazw własnych w przestrzeni miasta: o kulturowym aspekcie funkcjonowania nazewnictwa miejskiego w sferze handlu i usług". In: M. Rutkowski, A. Hącia [a c. di], *Nazwy własne w języku i społeczeństwie*t, 213–231. Olsztyn: Wydawnictwo Uniwersytetu Warmińsko-Mazurskiego.

SIWPU = K. Rymut, *Słownik imion współcześnie w Polsce używanych*. Kraków: IJP PAN 1995.

Sjöblom, P. 2014. "Commercial names and unestablished terminology". In: J. Tort i Donada, M. Montagut i Montagut [a c. di], *Els noms en la vida quotidiana. Actes del XXIV Congrés Internacional d'ICOS sobre Ciències Onomàstiques. Names in daily life. Proceedings of the XXIV International Congress of Onomastic Sciences*, 92–98. Barcelona: Generalitat de Catalunya –Departament de Cultura–Direcció General de Política Lingüística Onomàstica.

Sjöblom, P. 2016. "Commercial Names". In: C. Hough [a c. di], *The Oxford Handbook of Names and Naming*, 453–464. Oxford: Oxford University Press.

SEJP1 = A. Brückner, *Słownik etymologiczny języka polskiego*. Warszawa: WP 1970 (ristampa dell'edizione del 1927).

SEJP2 = W. Boryś, *Słownik etymologiczny języka polskiego.* Kraków: WL 2008. https://archive.org/embed/slownik-etymologiczny-jezyka-polskiego, u.a. 23.07.2023.

SJP-PWN = *Słownik języka polskiego PWN.* https://sjp.pwn.pl/, u.a. 24.02.2024.

Słapek, D. 2019. "Sulla declinazione dei cognomi italiani in polacco". *Italica Wratislaviensia,* 10(1), (R. Ivanovska-Naskova, D. Słapek [a c. di], *Italiano e lingue slave: problemi di grammatica contrastiva*), 233–259.

Słapek, D. 2021. "Ile «włoskości» w tekstach polskich italianistów? : uwagi bibliometryczne". In: A. Gałkowski et al. [a c. di], *Sperimentare ed esprimere l'italianità. Aspetti linguistici e glottodidattici,* 255–275. Łódź: Wydawnictwo Uniwersytetu Łódzkiego.

Smółkowa, T. 2001. *Neologizmy we współczesnej leksyce polskiej.* Kraków: IJP PAN.

SNWPU = K. Rymut [a c. di], *Słownik nazwisk współcześnie w Polsce używanych.* Kraków: IJP PAN 1992–1994.

Sodano, G. 2019. *Naming. Guida per attribuire la migliore denominazione a un'azienda o a un prodotto.* Palermo: Flaccovio.

Sojka-Masztalerz, H. 2004. "Firmonimy we współczesnym języku polskim i ukraińskim. Próba porównania". In: K. Michalewski [a c. di], *Współczesne odmiany języka narodowego,* 401–409. Łódź: Wydawnictwo Uniwersytetu Łódzkiego.

Sosnowski, R. 2003. "Alcune osservazioni sull'influenza dell'italiano bancario e contabile sulle altre lingue europee (XIV–XVII secolo)". In: S. Widłak et al. [a c. di], *Lingua e Letteratura italiana dentro e fuori la penisola: atti del III Convegno degli Italianisti Europei, 11–13 ottobre 2001,* 485–492. Kraków: Wydawnictwo Uniwersytetu Jagiellońskiego.

Sosnowski, R. 2020. "Wtórna romanizacja italianizmów w polszczyźnie". In: M. Szczyrbak, A. Tereszkiewicz [a c. di], *Kontakty językowe. Księga jubileuszowa ofiarowana profesor Elżbiecie Mańczak-Wohlfeld z okazji 70. urodzin,* 219–229. Kraków: Wydawnictwo Uniwersytetu Jagiellońskiego.

Sørensen, H. S. 1963. *The Meaning of Proper Names. With a Definiens Formula for Proper Names in Modern English.* Copenhagen: Gad.

SPiK = A. Bar et al., *Słownik pseudonimów i kryptonimów pisarzy polskich oraz Polski dotyczących,* voll. I-III. Warszwa: WAiF 1980.

Šrámek, R. 1999. *Úvod do obecné onomastiky.* Brno: Masarykova univerzita.

Stalmaszczyk, P., Luis, F. M. [a c. di]. 2016. *Philosophical Approaches to Proper Names.* Frankfurt/M. et al.: Peter Lang.

Stammerjohann, H. 2013. *La lingua degli angeli. Italianismo, italianismi e giudizi sulla lingua italiana.* Firenze: Accademia della Crusca.

Stegu, M. 1997. "Italianismen und Pseudoitalianismen im Deutschen (unter besonderer Berucksichtigung des osterreichischen Sprachgebrauchs)". In: H. Stammerjohann, H.-I. Radatz [a c. di], *Italiano: lingua di cultura europea. Atti del simposio internazionale in memoria di Gianfranco Folena, Weimar 11-13 aprile 1996*, 185–203. Tubingen: Narr.

Stelmach, H. 2019. *Nazwy wodek polskich i z krajow byłego Związku Radzieckiego. Aspekt kulturowo-językowy*. Szczecin: Volumina.pl.

Stopczyńska, K. 2016. *Kreowanie wizerunku marki przy wykorzystaniu nowoczesnych form komunikacji marketingowej*. Łódź: Wydawnictwo SIZ.

Strutyński, J. 1994. *Zarys gramatyki polskiej. Część II. Morfologia*. Kraków: Księgarnia Akademicka.

SWOiZO = W. Kopaliński, *Słownik wyrazów obcych i zwrotów obcojęzycznych z almanachem*. Warszawa: Świat Książki 2000.

Sypnicki, J. 1972. "Wyrażenie stopnia intensywności cechy w języku współczesnej reklamy. L'expression de l'intensité dans la langue de la publicité française". In *Sprawozdania Poznańskiego Towarzystwa Przyjaciół Nauk*, 36, 60–62.

Szelewski, M. 2010. *Ergonimy komercyjne w polskiej i rosyjskiej przestrzeni językowej*. Zielona Góra: Uniwersytet Zielonogórski.

Szemberska, A. 2011. "Wybrane nowe italianizmy we współczesnej polszczyźnie". *Kwartalnik Językoznawczy*, 3(7), 46–64.

Tazbir, J. 2001. "«Włoszczyzna» w Polsce". In: id.; S. Grzybowski [a c. di], *Sarmaci i świat. Prace wybrane*, vol. III, 367–406. Kraków: Universitas.

Tesławski, M. 2015. *Praktyka brandingu. Zasady profesjonalnej komunikacji marki*. Warszawa: Słowa i Myśli.

Teutsch, A. 2008. "Trademarks as indicators of the zeitgeist". *Onoma*, 43, 251–275.

Thornton, A. M. 2004a. "Formazione delle parole nell'onomastica". In: M. Grossmann, F. Rainer [a c. di], *La formazione delle parole in italiano*, 599–610. Tübingen: Niemeyer.

Thornton, A. M. 2004b. "Parole macedonia". In: M. Grossmann, F. Rainer [a c. di], *La formazione delle parole in italiano*, 599–610. Tübingen: Niemeyer.

Tizer, V. 2015. "Marchionimi – tra linguaggi settoriali e cultura". In: J. Nyakas, E. Bujtás [a c. di], *Szaknyelvoktatás és multikulturalitás*, 166–171. Budapest: Budapesti Corvinus Egyetem.

Tomasik, P. 2016. *Nazewnictwo kolejowe. Na materiale języka polskiego, rosyjskiego i czeskiego*. Bydgoszcz: Wydawnictwo Uniwersytetu Kazimierza Wielkiego.

Tomasik, S. 2021. *O współczesnym nazewnictwie produktów leczniczych*. Bydgoszcz: Wydawnictwo Uniwersytetu Kazimierza Wielkiego.

Tomiak, A. 2019. *Jurata. Cały ten szpas*. Warszawa: Wydawnictwo Czarne.

Toso, F. 2008. *Le minoranze linguistiche in Italia*. Bologna: il Mulino.

Treccani = *Enciclopedia Italiana Treccani*. Istituto dell'Enciclopedia Treccani. https://www.treccani.it/, u.a. 21.03.2024.

Trifone, P. 2003. "L'insegnamento della lingua italiana all'estero". In: AA.VV., *L'Italia fuori d'Italia. Tradizione e presenza della lingua italiana nel mondo. Atti del Convegno di Roma, 7-10 ottobre 2002*, 479–486. Roma: Salerno Editrice.

Tungate, M. 2008. *Fashion brands: branding style from Armani to Zara*. Ed. II. London–Philadelphia: Kogan Page.

Tygielski, W. 2005. *Włosi w Polsce XVI–XVII wieku. Utracona szansa na modernizację*. Warszawa: Biblioteka „Więzi".

Tygielski, W. 2008. "Zastanawiająca asymetria. Kontakty polsko-włoskie we wczesnej fazie epoki nowożytnej". In: B. Rojek, S. Radaelli [a c. di], *Włosi i italianizm w Europie środkowej i wschodniej XV-XVIII w. Italiani e italianismo in Europa centrale e orientale (sec. XV-XVIII)*, 121–142. Warszawa: Wydawnictwo Naukowe Semper.

Tygielski, W. 2010. "Włosi". In: M. Kopczyński, W. Tygielski [a c. di], *Pod wspólnym niebem. Narody dawnej Rzeczypospolitej*, 183–200. Warszawa: Muzeum Historii Polski–Bellona.

Tyrpa, A. 2011. *Cudzoziemcy i obce kraje w dialektach polskich*. Kraków: LEXIS.

Ułańska, M. 2009. "Nazwy obce firm i towarów". *Conversatoria Linguistica*, III, 97–103.

Umińska-Tytoń, E. 1992. "Zapożyczenia włoskie w XVIII-wiecznych diariuszach". *Język Polski*, LXXII(2–3), 102–108.

Ulmi, N. 2016. "Comment le monde s'éprit de l'«italianité»". *Le Temps*, pubbl. il 20 ottobre 2016. https://www.letemps.ch/culture/monde-seprit-litalianite, u.a. 5.02.2020.

Urban, A. 2019. "L'amicizia italo-polacca alla prova del fuoco. Przyjaźń polsko-włoska w ogniu próby". In: J. Miziołek [a c. di; con la coll. di R. Cincotta e B. Rejmak], *Italia e Polonia 1919-2019. Un meraviglioso viaggio insieme lungo cento anni / Włochy i Polska 1919-2019. Sto lat wspólnej fascynującej podróży*, 39–51. Warszawa: Wydawnictwa Uniwersytetu Warszawskiego.

Vaglioni, P. 2012. "*On the Spot*. Presenza e significato della lingua inglese in pubblicità". In: F. Dragotto [a c. di], *O rèclame... o reclamo. Divagazioni logologiche intorno alla pubblicità*, 131–153. Roma: UniversItalia.

Valentová, I. 2020. "Slovak and ICOS onomastic terminologies". *Onoma*, 55, 289–310.

Valentová, I. 2021a. *Slovac equivalents of ICOS key onomastic terms*. https://icosweb.net/publications/onomastic-terminology/, u.a. 2.03.2023.

Valentová, I. 2021b. "Zo slovenskej onomastickej terminológie: meno, názov". *Kultúra slova*, 55(4), 200–209.

Van Langendonck, W. 2007a. *Theory and Typology of Proper Names*. Berlin–New York: de Gruyter.

Van Langendonck, W. 2007b. "Trade and Brand Names: Proper or Common Nouns?". In: L. Kremer, E. Ronneberger-Sibold [a c. di], *Names in Commerce and Industry: Past and Present*, 23–33. Berlin: Logos.

Vanvolsem, S. et al. [a c. di]. 2000. *L'italiano oltre frontiera. V Convegno internazionale (Leuven, 22–25 aprile 1998)*, voll. I–II. Leuven–Firenze: Leuven University Press–Cesati.

Variano, A. 2020. "Xenismi risorgimentali nella lingua francese: l'unità d'Italia e gli *italianissimes*". *Rivista Italiana di Onomastica*, XXVI(1), 221–228.

Vavarro Salazar, M. T. 1991. "Italianismi commerciali nello spagnolo d'oggi: prestigio sul valore aggiunto". In: L. Coveri [a c. di], *L'italiano allo specchio: aspetti dell'italianismo recente. Saggi di Linguistica Italiana. Atti del Primo Convegno della Società Internazionale di Linguistica e Filologia Italiana (Siena, 28-31 marzo 1989)*, vol. II, 79–92. Torino: Rosenberg & Sellier.

Vaxelaire, J.-L. 2005. *Les noms propres. Une analyse lexicologique et historique*. Paris: Champion.

Vedovelli, M. 2005. "L'italiano nel mondo da lingua straniera a lingua identitaria: il caso «freddoccino»". *Studi Italiani di Linguistica Teorica e Applicata*, XXXIV(3), 585–609.

Vedovelli, M. 2006. "Imprese multinazionali italiane e lingua italiana nel mondo". *Studi Italiani di Linguistica Teorica e Applicata*, XXXV(1), 147–173.

Vedovelli, M. 2015. "L'enogrammatologia: parlare del vino". In: R. Bombi, V. Orioles [a c. di], *Italiani nel mondo. Una expo permanente della lingua e della cucina italiana*, 125–144. Udine: Forum.

Vedovelli, M. 2018a. "Italianismi e pseudoitalianismi nei panorami linguistici urbani globali". In: N. Scaffai, N. Valsangiacomo [a c. di], *Â l'italienne. Narrazioni dell'italianità dagli anni Ottanta a oggi*, 25–40. Roma: Carocci.

Vedovelli, M. 2018b. "Nuovi scenari globali per l'italiano nel mondo". In: R. Bombi [a c. di], *Italiano nel mondo. Per una nuova visione*, 181–194. Udine: Forum.

Vedovelli, M. 2018c. "La ricerca in Ontario nel panorama delle indagini sull'italiano nel mondo". In: B. Turchetta, M. Vedovelli [a c. di], *Lo spazio linguistico italiano globale: il caso dell'Ontario*, 39–72. Pisa: Pacini.

Vedovelli, M. 2019. "*Italiano Globale*: una ricerca sulla crisi nel nuovo ordine linguistico globale". In: R. Bombi, F. Costantini [a c. di], *Plurilinguismo migratorio. Voci italiane, italiche e regionali*, 123–139. Udine: Forum.

Vedovelli, M., Machetti, S. 2006. "Italiano e lingue esotiche in contatto nella comunicazione sociale: il caso degli italianismi a Tokyo". In: E. Banfi, G.

Iannaccaro [a c. di], *Lo spazio linguistico italiano e le lingue esotiche*, 181–206. Roma: Bulzoni.

Ventura, E. 2021. "Nomi di alberghi e ristoranti in Italia: uno sguardo diacronico fra Ottocento e primo Novecento". *Rivista Italiana di Onomastica*, XXVII(1), 126–160.

Venturi, M. T. 2020. *«Io vivo fra le cose e invento, come posso, il modo di nominarle». Pier Paolo Pasolini e la lingua della modernità*. Firenze: Firenze University Press.

Vignuzzi, U. 2014. "L'italiano in cucina: parole e fornelli". *Pagina d'entrata*. Accademia della Crusca, pubbl. il 25 giugno 2014. https://accademiadellacru sca.it/it/contenuti/l-italiano-in-cucina-parole-e-fornelli/7378#, u.a. 8.09.2023.

Villano, P. 2013. *Pregiudizi e stereotipi*. Roma: Carocci.

Volli, U. 2003. *Semiotica della pubblicità*. Roma–Bari: Laterza.

Vučetić, Z. 1996. "Contributo allo studio della suffissazione nominale nell'italiano contemporaneo. Raffronto contrastivo". *Linguistica*, XXXVI, 83–96.

Walczak, B. 1982. "Z zagadnień etymologizacji zapożyczeń romańskich w języku polskim". In: J. Tokarski [a c. di], *Język – teoria – dydaktyka. Materiały V Konferencji Młodych Językoznawców Dydaktyków, Nowa Wieś Szlachecka, 16-17 maja 1980 r.*, 172–194. Kielce: WSP.

Walczak, B. 2000. "Nazwy firmowe: *priopria* czy *appellativa*?". In: M. Czachorowska, Ł. M. Szewczyk [a c. di], *Onomastyka polska a nowe kierunki językoznawcze*, 113–122. Bydgoszcz: Wydawnictwo WSP.

Walkowiak, J. B. 2013. "Foreign Branding in Poland: Chrematonyms and Anthroponyms". In: O. Felecan [a c. di], In: *Name and Naming. Proceedings of the Second International Conference on: Onomastics in Contemporary Public Space, Baia Mare, May, 9-11, 2013*, 218–227. Cluj-Napoca: Mega–Argonaut.

Wang, F. 2012. "An Approach to the Translation of Brand Names". *Theory and Practice in Language Studies*, 2(9), 1945–1949.

Waszakowa, K. 2005. *Przejawy internacjonalizacji w słowotwórstwie współczesnej polszczyzny*. Warszawa: Wydawnictwa Uniwersytetu Warszawskiego.

Waszakowa, K. 2019. "Internacjonalizacja w słowotwórstwie polszczyzny przełomu XX i XXI w. jako przykład jednostronnych kontaktów językowych". *Biuletyn PTJ*, LXXV(75), 179–192.

Watin-Augouard, J. [a c. di] (collab. S. Carre). 1997. *Le dictionnaire des marques*. Paris: Les Éditions JV&DS SEDIAC

Wędkiewicz, S. 1927. "Italja czy Włochy. Odczyt wygłoszony na dorocznem walnem zgromadzeniu członków Towarzystwa «Dante Alighieri» w Krakowie dnia 23 maja 1927 r.". *Przegląd Współczesny*, VI(XXII), 305–317 e 526.

Widłak, S. [a c. di]. 1997. *Italianità e italianistica nell'Europa centrale e orientale. Atti del II Convegno degli Italianisti dell'Europa Centrale e Orientale (Cracovia, Università Jagellonica, 11–13 aprile 1996).* Kraków: TAiWPN Universitas.

Widłak, S. 2000. "Italianità nel lessico centro-europeo: esempio polacco". In: S. Vanvolsem et al. [a c. di], *L'italiano oltre frontiera. V Convegno internazionale (Leuven, 22-25 aprile 1998)*, vol. II, 343–352. Leuven–Firenze: Leuven University Press–Cesati.

Widłak, S. 2003. "*Włochy*, lo strano nome polacco dell'Italia". In: G. Marcato [a c. di], *Italiano. Strana lingua? Atti del Convegno internazionale di studi (Sappada/Plodn, 3–7 luglio 2002)*, 337–346. Padova: Unipress.

Widłak, S. 2009. "Italianismi in polacco: interferenze fra lingue comuni e lingue regionali". In: AA.VV., *Tempo e memoria nella lingua e nella letteratura italiana. Atti del XVII Congresso A.I.P.I. Ascoli Piceno, 22–26 agosto 2006*, vol. I: *Linguistica e didattica*, 219–228. Bruxelles: AIPI.

Widłak, S. 2010. *Italia e Polonia. Popoli e lingue in contatto.* Ed. II. Kraków: Wydawnictwo Uniwersytetu Jagiellońskiego.

Widłak, S. 2017. "Italianismi in polacco nel contesto slavo-occidentale". *Testi e Linguaggi. Rivista di studi letterari, linguistici e filologici dell'Università di Salerno*, 11, 197–213.

Wieremiejewicz, M. 2013. "Funkcja semantyczna formantu *-ka* we współczesnej polszczyźnie". In: U. Sokólska [a c. di], *Tekst – akt mowy – gatunek wypowiedzi*, 401–414. Białystok: Wydawnictwo Uniwersytetu w Białymstoku.

Wierzbicka-Piotrowska, E. 1997. "Włoski język polonijny". In: S. Dubisz [a c. di], *Język polski poza granicami kraju*, 225–236. Opole: UO.

Witaszek-Samborska, M. 1993. *Zapożyczenia z różnych języków we współczesnej polszczyźnie (na podstawie słowników frekwencyjnych).* Poznań: Poznańskie Towarzystwo Przyjaciół Nauk.

Witkowski, T. 1964. *Grundbegriffe der Namenkunde.* Berlin: Akademie-Verlag

Wojtaszczyk, D. 2012. "Syndrom Włoch – to nowa forma depresji dopadająca emigrantów". *Nasz Świat*, 16, pubbl. il 1 settembre 2012. *https://naszswiat.it/aktualnosci/syndrom-wloch-to-nowa-forma-depresji-dopadajaca-emigrantow/*, u.a. 11.03.2023.

Wolny, M. 2023. *Pociąg do Imperium. Podróże po współczesnej Rosji.* Warszawa: Marginesy.

Woźniak, E. 2014. "Język a emancypacja, feminizm, gender". *Rozprawy Komisji Językowej ŁTN*, 60, 295–312.

Wrześniak, M. [a c. di]. *Iter Italicum. Sztuka i historia. Arte e storia.* Warszawa: Wydawnictwo Naukowe Uniwersytetu Kardynała Stefana Wyszyńskiego.

WSJP = P. Żmigrodzki [a c. di], *Wielki słownik języka polskiego PAN* s.d. https://wsjp.pl, u.a. 29.12.2023.

Yorkston, E., Menon, G. 2004. "A Sound Idea: Phonetic Effects of Brand Names on Consumer Judgments". *Journal of Consumer Research June*, 31(1), 43–51.

Zanola, M. T. 2015. "La terminologia agroalimentare: normatività e comunicazione plurilingue". In: R. Bombi, V. Orioles [a c. di], *Italiani nel mondo. Una expo permanente della lingua e della cucina italiana*, 145–152. Udine: Forum.

Zardo, F. 1996. "Nomi di marchio e dizionari". *Studi di lessicografia italiana*, 13, 365–392.

Zardo, F. 1997. "Marchi nominativi: nomi propri o nomi comuni? Il nome di marchio nell'italiano scritto contemporaneo". *Rivista Italiana di Onomastica*, III(1), 25–43.

Zardo, F. 2007. "Ancora sui marchionimi". In: V. Della Valle, P. Trifone [a c. di], *Studi linguistici per Luca Serianni*, 253–269. Roma: Salerno Editrice.

Zaręba, A. 1947. "Włoskie zapożyczenia we współczesnej polszczyźnie". *Język Polski*, XXVII(1), 16–21.

Zarębski, R. 2020. *Nazwy geograficzne w polskich przekładach Nowego Testamentu z XVI i XVII wieku — analiza i słownik*. Łódź: Wydawnictwo Uniwersytetu Łódzkiego.

Zarzycka, G. 2004. "Linguakultura – czym jest, jak ją badać i «otwierać»?". In: A. Dąbrowska [a c. di], *Wrocławska dyskusja o języku polskim jako obcym. Materiały z Międzynarodowej Konferencji Stowarzyszenia* «Bristol», 435–444. Wrocław: WTN.

Zawadzka, D. 1976. "Zapożyczenia włoskie w języku polskim XVI wieku". *Kultura i Społeczeństwo*, XX(1), 117–126.

Zawilska, K. 2006. "Zapożyczenia włoskie w toruńskich gazetach rękopiśmiennych z XVII i XVIII wieku". *Prace Językoznawcze*, VIII, 95–100.

Zboralski, M. 1995. Nomen omen, *czyli jak nazwać firmę i produkt*. Warszawa: Business Press.

Zboralski, M. 2000. *Nazwy firm i produktów*. Warszawa: PWE.

Zilg, A. 2006a. "Nomi di marca del settore alimentare italiano". *CLAC – Círculo de Lingüística Aplicada a la Comunicación*, 28, 16–34.

Zilg, A. 2006b. *Markennamen im italienischen Lebensmittelmarkt*. Wilhelmsfeld: Egert.

Zilg, A. 2008. "PRONTI PER VOI.Was Markennamen über Trends im Lebensmittelmarkt verraten". *Onoma*, 43, 277–298.

Zolli, P. 1989. *Come nascono le parole in italiano*. Milano: Rizzoli.

Fonti dei dati

Aleo = *Aleo.com*. https://aleo.com/pl, u.a. 27.01.2024.[716]

CEiDG = *Centralna Ewidencja i Informacja o Działalności Gospodarczej*. https://aplikacja.CEiDG.gov.pl/CEiDG/CEiDG.public.ui/search.aspx, u.a. 8.03.2024.

GUS = *Główny Urząd Statystyczny / Database REGON*. https://wyszukiwarkaregon.stat.gov.pl/appBIR/index.aspx e https://www.coig.com.pl/spis-polskich-firm_katalog_polskich_firm.php, u.a. 9.03.2024.

KRS = *Krajowy Rejestr Sądowy*. www.krs-online.com.pl, u.a. 7.04.2024.

PKT = *Polskie Książki Telefoniczne*. https://www.pkt.pl, u.a. 9.10.2023.

RIO = *Rejestr.io: Fundacja Moje Państwo*. https://rejestr.io/, u.a. 2.10.2023.

WUP = *Wiadomości Urzędu Patentowego* 1924–2023. https://uprp.gov.pl/pl/publikacje/biuletyn-i-wiadomosci-uprp, u.a. 8.01.2024.

716 Per altre informazioni riguardanti le fonti vd. Sez. 4.2.2. Ivi anche le traduzioni delle denominazioni istituzionali originali.

Riassunto in polacco. *Streszczenie w języku polskim*

Książka przedstawia wyniki badań onomastycznych poświęconych kwestii „włoskości" językowo-kulturowej (wł. *italianità*) w markonimii polskiej. W ujęciu przekrojowym ukazuje proces „onomaturgii" markonimów inspirowanych językiem włoskim, tj. tworzenia chrematonimów marketingowych (nazw handlowych) z rozpoznawalnym udziałem nazwotwórczym włoskiej leksyki i onimii oraz komponentów kwalifikowanych przez twórców i/lub użytkowników powstających struktur jako „włoskie".

Włoskość rozumiana jest: 1) przede wszystkim w kategoriach bazy językowej, zapożyczanej i dostosowanej lub generowanej *ad hoc* w powstającej markonimii; 2) także jako baza kulturowa, motywująca wybór struktury kojarzonej *explicite* lub *implicite* z obszarem włoskim, a następnie konotowana przez wprowadzony do obiegu markonim.

Markonimy powstające z udziałem języka włoskiego można uznać za „italianizowane" (włosko brzmiące, *Italian Sounding*; wł. *marchionimi italianeggianti*). Charakteryzuje je nawiązanie do języka włoskiego, jakkolwiek bywa, że pochodzenie interpretowane jako włoskie może nakładać się na łacińskie lub inne neoromańskie.

Włoskość na poziomie językowym (wł. *italianità linguistica*) podoba się zarówno onomaturgom, jak i użytkownikom markonimów zwykle nieznającym języka włoskiego i intuicyjne go wyczuwającym choćby w charakterystycznych cząstkach morfologicznych pochodzenia włoskiego lub pseudowłoskiego.

Analizie poddano nazwy handlowe powstające w wyniku szeregu procesów markonimotwórczych. Wyodrębniono i opisano efekty 1) transonimizacji oryginalnych i wyimaginowanych onimów włoskich oraz ich elementów; 2) onimizacji włoskich form leksykalnych i frazeologicznych; 3) generowania neoformacji, często w postaci hybrydalnej. Markonimom italianizowanym uznawanym za neoformacje (neologizmy), z punktu widzenia zarówno języka polskiego, jak i włoskiego, przypisuje się wykładnik identyfikacyjny typu *Italian Sounding* IS lub *Potential Italian Form* PIF (np. *Lubella*; *Lanĉerto*; *Millano*; *Opalenizza*; ecc.).

Klasyfikacja językowa wyprowadzona z analizy strukturalno-motywacyjnej oraz komunikacyjno-kulturowej, uzupełniona została o porządkujący je koncept „markerów włoskości" (wł. *marcatori di italianità*), tj. elementów o charakterze morfologicznym lub quasi-morfologicznym, zwykle wygłosowym (sufiksalnym bądź sufiksoidalnym, np. *-ella, -etti, -ano, -issimo* i dziesiątki innych). Markerami włoskości są także inne możliwe komponenty struktur markonimicznych, w tym pełne lub kreatywnie adaptowane włoskie „słowa klucze" (np. *bella*; *piccolo*; *gelato*; *via*; *italiano* i inne) oraz transonimizowane włoskie nazwy własne, ich derywaty lub cząstki, które naprowadzają bezpośrednio na nazwotwórcze źródło włoskie (np. *Italia*; *Sicilia*; *Venezia*; *Francesco*; *Bartolini*; *Befana*; *Barilla*; *Marco Polo*; ecc.).

Zaproponowana klasyfikacja i wynikające z niej wnioski przedstawione zostały w rozdziale czwartym. Analizie poddano blisko 2000 struktur markonimicznych – monowerbalnych lub poliwerbalnych (syntagmatycznych). Jest to zbiór wyselekcjonowany spośród współcześnie rejestrowanych nazw jednostek ekonomicznych (firm i produktów), aktywnych, zawieszonych lub wycofanych, ale pozostających w pamięci dyskursu gospodarczego. Duża część analizowanego korpusu to nazwy (znaki językowe) opatentowane. Większość należy do najnowszego zasobu komunikacyjno-handlowego, reprezentując markonimię polską rejestrowaną w okresie od początku lat dziewięćdziesiątych XX wieku aż do roku 2022. W celu wyjaśnienia pewnych zjawisk posiadających swoje precedensy i prototypy modelowe, jak również ciągłości w użyciu szczególnie popularnych form włoskich i włosko brzmiących, do korpusu omawianych nazw włączono także wybrane dawniejsze przypadki markonimów italianizowanych.

Badane markonimy przywołane zostały na zasadzie cytatu ze źródeł administracyjnych, rejestracyjno-kontaktowych lub bezpośrednio związanych z obiektami nazewniczymi. W każdym przypadku określono naturę lub sektor gospodarczy nazywanego obiektu oraz inne informacje identyfikacyjne, niezbędne do omówienia faktycznej bądź hipotetycznej motywacji formalnej, semantycznej lub pragmatycznej markonimu. Analizę językową uzupełniają komentarze kulturowe oraz semiotyczne tam, gdzie dodatkowe dane rzucają światło na rezultat onomaturgiczny wprowadzony do komunikacji handlowej. Wielu przykładom towarzyszy cytat wizualny, obrazujący graficzne ujęcie markonimu w logo / logotypie.

Część analityczna (rozdział czwarty) poprzedzona jest trzema rozdziałami wstępnymi, przedstawiającymi tło naukowe, językowo-kulturowe oraz przykładowe zjawiska onomastyczne, które pozwalają postawić pytania badawcze dotyczące bardziej charakterystycznych tendencji w wykorzystaniu struktur włoskich lub pseudowłoskich w markonimii polskiej.

W rozdziale pierwszym określono podstawowe założenia teoretyczne badania, w tym zdefiniowano koncept włoskości (wł. *italianità*), markonimii (wł. *marchionimia*) i onomaturgii markonimicznej (wł. *onomaturgia marchionimica*) oraz opisano stan badań w przedmiotowej problematyce w obszarze polskim, włoskim i międzynarodowym. W rozdziale tym omówiono także wybrane właściwości gramatyczne (fleksyjne, fonetyczne, ortograficzne) w ujęciu porównawczym – włosko-polskim, które determinują specyfikę formalnojęzykową oraz użycie markonimów italianizowanych w polskiej przestrzeni językowej.

W rozdziale drugim wykazano witalność i znaczenie języka i kultury włoskiej jako obiektu uwagi międzynarodowej, w tym użytkownika polskiego, traktującego włoszczyznę w szerokim tego słowa znaczeniu jako fenomen szczególnego, choć często amatorskiego zainteresowania i upodobania. W rozdziale tym przywołano tło historyczne kontaktów polsko-włoskich, ale także najnowsze z obserwowanych zjawisk w tych kontaktach, dotąd nieomawiane naukowo. Wykazano ponadto, że zainteresowanie językiem włoskim i jego kulturą w Polsce wyraża się nie tylko trwałą i wzrastającą obecnością italianizmów pochodzenia leksykalnego, ale także proprialnego – onimii włoskiej, oryginalnej, adaptowanej i pochodnej. Sfera proprialna ma silny potencjał komunikacyjno-językowy, a przede wszystkim kulturowy, stanowiąc ważne źródło możliwych i preferowanych inspiracji bezpośrednich w onomaturgii markonimicznej.

Aspekt motywacyjno-onimiczny opisywany jest na przykładach w rozdziale trzecim, omawiającym szerokie spektrum inspiracji, które doprowadziły do niczym nieskrępowanego wykorzystania elementów włoskich w markonimii rejestrowanej w Polsce. Oprócz źródła typowo onimicznego, które pozwala spojrzeć na rozpoznawalne antroponimy i toponimy oraz inne rodzaje nazw z zasobu onimii włoskiej jako potencjalne prototypy lub modele sugerujące rozwiązania strukturalne, przedstawiono przykłady wypowiedzi stylizowanych na język włoski, często motywowanych celami autentyfikacji oraz czysto ludycznymi, głównie w kulturze masowej (np. w dialogach filmowych czy tekstach kabaretowych). Wykazano także znaczenie oryginalnych źródeł intertekstualnych, np. z przestrzeni włoskiej muzyki pop, słuchanej w Polsce od wielu dziesięcioleci.

W rozdziale trzecim rozwinięta została ponadto systematyzacja tradycyjnego i najnowszego zastosowania italianizmów w różnych przestrzeniach terminologiczno-językowych, stanowiących szczególnie emblematyczne nośniki włoskości (m.in. terminy używane w praktykach komunikacyjnych związanych z przyrządzaniem i spożywaniem kawy, wina, pizzy, makaronu oraz inne identyfikowane z kuchnią i produktami określanymi powszechnie jako „włoskie").

Odkrywanie motywacji inspiracyjnych na szeroką skalę kontynuowane jest w rozdziale analitycznym, który przedstawia szczegóły zastosowanej metodologii, a następnie chrematonomastyczną systematyzację wyników przeprowadzonego badania. Poszczególne formy markonimiczne mogą nawiązywać do konkretnych modeli strukturalno-prototypowych (w tym specyficznych kulturemów), odnajdujących swoje źródło i motywację w powszechnie rozpoznawalnych lub kodowanych kontekstach kulturowych.

Zestawienie wyselekcjonowanych nazw handlowych w poszczególnych klasach onomaturgicznych prowadzi do wniosków, które potwierdzają określone tendencje w tworzeniu i funkcjonowaniu polskiej markonimii italianizowanej. Przede wszystkim jest to wpływ nieprzypadkowy, porównywalny z wykorzystaniem języka angielskiego, zauważalny wśród użytkowników i wyjątkowo nacechowany, łączony z pozytywnymi skojarzeniami, które decydują o sukcesie nazewniczym jako takim (gwarantowanym włoskością) oraz marketingowym nazywanego obiektu. Zjawisko to – wykazujące wiele wspólnego z globalnym trendem wykorzystania języka włoskiego w markonimii (na poziomie *Linguistic* oraz *Virtual Landscape* LL/VLL) – można prawdopodobnie uznać za jedno z najbardziej nasilonych w kulturach europejskich. Przyczynia się do tego szczególna sympatia wyrażana w Polsce względem Włoch i ich mieszkańców, kultury i języka włoskiego. W perspektywie onomastyczno-językoznawczej można uznać, że jest to zasadniczo wynik wyrazistości elementów włoskich na tle języka polskiego, ich powszechnej akceptacji, motywowanej emocjonalnie oraz formalnie ekspresywnością, eufonią, brakiem nadmiernych komplikacji strukturalnych lub poważniejszych trudności w realizacji ustnej i pisemnej, łatwością zapamiętywania, jak również stereotypowym przekonaniem, że Włosi tolerują pewne uchybienia, błędy oraz kreatywne podejście do ich języka.

Korzystanie z baz i komponentów włoskich lub pseudowłoskich okazuje się bardzo popularne w niektórych branżach produkcyjnych oraz handlowo-usługowych. Typowe są dla sektora gastronomicznego tradycyjnie kojarzonego z kulturą włoską (np. nazwy pizzerii, lodziarni, kawiarni, włoskich lub uznawanych za włoskie dań i artykułów spożywczych) lub sektora modowego (projektowanie, produkcja i sprzedaż odzieży), ale także takich gałęzi przemysłu, handlu i usług, jak np. wyposażenie wnętrz (wł. *arredamento*) oraz sfera *beauty* (nazwy zakładów fryzjerskich, salonów kosmetycznych i podobnych związanych z zaspokajaniem potrzeby dbania o urodę).

Wykazano przy tym stopień natężenia w rejestracji markonimów italianizowanych w poszczególnych województwach polskich. Prym wiodą tu cztery województwa: mazowieckie, śląskie, wielkopolskie i małopolskie, z tak dużymi ośrodkami urbanistycznymi, jak Warszawa, Kraków, Poznań oraz Górnośląsko-Zagłębiowska Metropolia, tradycyjnie otwartych na włoskość.

Ważnym wnioskiem jest opinia, że procesy obserwowane w polskiej markonimii italianizowanej, z gruntu należące do faktów językowych obszaru polskiego, mają swoje przełożenie na zastosowania i rozwiązania występujące w innych obszarach językowych. Ponadto implikują możliwe zjawiska i zmiany dotyczące aktualnego stanu języka włoskiego. Poprzez zewnętrzne zdarzenia markonimiczne jest on w pewnej swojej warstwie izolowany i niezależny od właściwego terytorium użycia. Język włoski rozwija się wręcz w charakterystycznej odmianie międzynarodowej, polegającej głównie na zastosowaniu terminologicznym oraz właśnie markonimicznym, wytwarzającym określony model i odmianę włoszczyzny „możliwej", różniącej się od obowiązującego standardu.

Znamienne jest, jak dalece rodzimi użytkownicy języka Bel Paese, w tym specjaliści dbający o jego poprawność i uporządkowanie systemowe, nie mają teoretycznie wpływu na to, co przytrafia się włoskiej przestrzeni językowej poza granicami jej podstawowego zastosowania komunikacyjnego, dziś jednak internacjonalizowanego ze względu na otwarty rynek i komunikację internetową. Bez wątpienia i w stopniu swoiście zaskakującym przyczynia się do tego aktualny i rozpoznany jako nadzwyczaj produktywny dynamizm polskiej markonimii italianizowanej, której sprzyja powszechne przyzwolenie w użyciu komunikacyjnym. Obserwuje się jej efektywne zastosowanie, praktycznie niepowstrzymywane żadnymi regulacjami, niezakłócane kontrowersyjnymi okolicznościami, które miałyby ograniczać jej kreatywność, funkcjonowanie i wzbogacanie o nowe jednostki. Markonimia polska inspirowana językiem włoskim wpływa na dobrą passę i rozwój zasobu italianizmów, które w sposób trwały lub okazjonalny są do dyspozycji użytkowników języka polskiego.

Korpus omówionych formacji markonimicznych został zestawiony w indeksie alfabetycznym (*Indice dei marchionimi analizzati*), pozwalającym na ich odszukanie w określonej części monografii.

Riassunto in inglese. *Summary in English*

The book presents the results of onomastic research on the linguistic-cultural issues of "Italianity" (It. *italianità*) in Polish markonymy (commercial naming). Adopting a cross-sectional perspective, it reveals the process that leads to the onomaturgy of markonyms inspired by the Italian language, i.e. the creation of marketing chrematonyms (brand names) with recognisable name-formation contribution of Italian lexis and onymy as well as the components qualified as "Italian" by the creators and/or users of the resulting structures.

Italianity is understood: 1) primarily in terms of a linguistic base, either borrowed and adapted or generated *ad hoc* in the emerging markonymy; 2) also as a cultural base, triggering the choice of a structure associated *explicite* or *implicite* with the Italian area and then connoted by the markonym introduced into communication.

Markonyms formed with Italian components can be considered "Italianised" (Italian-sounding, It. *marchionimi italianeggianti*). They are characterised by a reference to the Italian language, although it is sometimes the case that origins interpreted as Italian may overlap with Latin or other neo-Latin sources.

Italianity at the language level (It. *italianità linguistica*) appeals to both onomaturgists and users of markonyms usually unfamiliar with the Italian language and intuitively sensing it if only in characteristic morphological particles of Italian or pseudo-Italian origin.

Commercial names resulting from a number of markonym-forming processes were analysed. The effects of 1) transonymisation of original or imaginary Italian onyms or their elements; 2) onymisation of Italian lexical and phraseological forms; 3) generation of neoformations, often in hybrid form, were identified and described. Italianised markonyms considered as neoformations (neologisms), from the point of view of both Polish and Italian, are assigned an identification exponent of the *Italian Sounding* (IS) or *Potential Italian Form* (PIF) type (e.g. *Lubella*; *Lanĉerto*; *Millano*; *Opalenizza*; ecc.).

The linguistic classification, derived from structural and motivational as well as communication and cultural analysis, has been complemented by the concept of "markers of Italianity" (It. *marcatori di italianità*), i.e. elements of morphological or quasi-morphological character, usually in the final part of the markonymic structure (suffixes or suffixoids, e.g. *-ella, -etti, -ano, -issimo* and dozens of others). Markers of Italianity also include other possible components of markonymic structures, including full or creatively adapted Italian "key words" (e.g. *bella*; *piccolo*; *gelato*; *via*; *italiano*; and others) along with transonymizations of Italian onyms, their derivatives or components, which point directly to a name-forming Italian source (e.g. *Italia*; *Sicilia*; *Venezia*; *Francesco*; *Bartolini*; *Befana, Barilla*; *Marco Polo*; ecc.).

The proposed classification and the resulting conclusions are presented in Chapter 4. Nearly 2,000 markonymic constructions – monoverbal or polyverbal – were analysed. This is a collection selected from contemporary recorded names of economic units (companies and products), active, suspended or withdrawn, but remaining in the memory of economic discourse. A large part of the analysed corpus are patented names (proprietary linguistic marks). Most of them belong to recent communicative and commercial resources, representing Polish markonymy registered in the period from the beginning of the 1990s until the year 2022. In order to explicate certain phenomena having their own precedents and model prototypes, as well as continuity in the use of particularly popular Italian and Italian-sounding forms, selected former instances of Italianised markonyms were also included in the corpus of names discussed.

The studied markonyms were cited based on quotation from administrative, registration and contact sources or Internet sites and documentation materialss directly related to the naming objects. In each case, the nature or business sector of the named object and other identifying information necessary to discuss the actual or hypothetical formal, semantic or pragmatic motivation of the markonym were specified.

The linguistic analysis is complemented by elements of cultural and semiotic commentaries where additional data shed light on the onomaturgical result introduced into commercial communication. Many examples are accompanied by a visual citation, illustrating the graphic representation of the markonym in the logo / logotype.

The analytical part of the monograph (Chapter 4) is preceded by three introductory chapters presenting the scientific, linguistic and cultural background together with exemplary onomastic phenomena that allow research questions to be posed regarding more characteristic tendencies in the use of Italian or pseudo-Italian structures in Polish markonymy.

Chapter 1 sets out the basic theoretical assumptions of the study, including the definition of the concept of Italianity (It. *italianità*), markonymy (It. *marchionimia*) and markonymic onomaturgy (It. *onomaturgia marchionimica*), and describes the state of research on the subject in Poland, in Italy, and internationally. This chapter also discusses selected grammatical properties (inflectional, phonetic, orthographic) in a comparative Italian-Polish perspective, which determine the formal-linguistic specificity and use of Italianised markonyms in the Polish area.

Chapter 2 demonstrates the vitality and importance of the Italian language and culture as an object of international attention, considering the Polish user who treats Italian in the broad sense of the word as a space of special, albeit often amateur, interest and preference. This chapter recalls the historical background of Polish-Italian contacts, as well as the most recent phenomena observed in these contacts, hitherto not discussed academically. Furthermore, it has been shown that the interest in the Italian language and its culture in Poland is expressed not only through the enduring and growing presence of Italianisms of lexical origin, but also through Italian onymy, original, adapted and derived.

The proprial sphere has a strong communicative-linguistic and, above all, cultural potential, constituting an important source of possible and preferred direct inspirations in markonymic onomaturgy.

The motivational-onymic aspect is illustrated with examples in Chapter 3, discussing a wide spectrum of inspirational sources that led to the unfettered use of Italian elements in markonymy recorded in Poland. In addition to the typically onymic source, which allows us to look at recognisable anthroponyms or toponyms and other types of names from the stock of Italian onymy as potential prototypes or models suggesting structural solutions, examples of statements stylised into Italian, often motivated by authentication and purely ludic purposes, mainly in mass culture (e.g. in film dialogues or cabaret texts), are presented. The importance of original intertextual sources, for example from the space of Italian pop music, listened to in Poland for many decades, is also demonstrated.

Chapter 3 further develops a systematisation of the traditional and recent use of Italianisms in various terminological and linguistic spaces, which are particularly emblematic vehicles of Italianity (including terms used in communicative practices related to the preparation and consumption of coffee, wine, pizza, pasta and others identified with cuisine and products commonly referred to as "Italian").

The considerations concerning the discovery of inspirational motivations continue in the analytical Chapter (4), which provides details of the methodology, followed by a chrematonomastic systematisation of the results of the study conducted. Single markonymic forms may refer to specific structural-prototypical models (or even specific culturemes), having their source and motivation in commonly recognised or coded cultural contexts.

The compilation of the selected branding forms in the various onomaturgical classes leads to conclusions that confirm certain trends in the process of creating and functioning of Polish Italianised markonymy. First and foremost, this influence is not random, comparable to the use of the English language, noticeable among users and uniquely characterised by positive associations which determine the naming success as such (guaranteed by Italianity) and the marketing perspective of the named object. This phenomenon – demonstrating much in common with the global trend of using the Italian language in markonymy (noted at the Linguistic and Virtual Landscape level) – can probably be considered one of the most intense in European cultures. Contributing to this is the particular Polish affinity towards Italy and its people, culture and the Italian language. From an onomastic and linguistic point of view, this can be considered to be essentially the result of the distinctiveness of Italian items against the backdrop of the Polish language, their widespread acceptance, emotionally and formally motivated by their expressiveness, euphony, lack of serious structural complications or major difficulties in oral and written realisation, ease of memorisation, moreover the stereotypical belief that Italians tolerate certain lapses, errors, and creative approaches to their language.

The predilection to use Italian or pseudo-Italian bases and components proves to be very popular in certain industry and commercial-service sectors. They are typical in the area of gastronomy traditionally associated with Italian culture (e.g. names of pizzerias, ice-cream parlours, cafés, Italian or deemed Italian dishes and foodstuffs) or fashion (design, manufacture and sale of clothing), but also in such manufacturing and services sectors as, for example, the furniture industry (*arredamento* area) and the beauty industry (naming of hairdressing salons, cosmetic studios, and similar establishments related to beauty care needs).

The degree of intensity in the registration of Italianised markonyms in particular Polish regions is also shown. Four voivodeships lead the way here: the Masovia, Silesia, Greater Poland, and Lesser Poland voivodeships, with such large urban centres as Warsaw, Cracow, Poznan and the Upper Silesian Industrial Region, traditionally open to Italian influences.

An important scientific conclusion of the study is the statement that the phenomena occurring in Polish Italianised markonymy, fundamentally belonging to the linguistic facts of the Polish area, have their translation into applications and solutions occurring in other linguistic areas. Moreover, they imply possible events and changes concerning the current state of the Italian language. Through external markonymic processes, it is in a certain stratum isolated and independent from the proper territory of usage. The Italian language even develops in a distinctive international variety, consisting mainly in terminological and precisely markonymic use, producing a specific model and variety of "possible Italian" that differs from the existing standard.

It is significant how far the native users of the Bel Paese language, including specialists concerned with its correctness and systemic ordering, theoretically have no influence on what happens to the Italian linguistic space beyond the boundaries of its primary communicative use, which is now internationalised due to the open market and Internet communication. Undoubtedly, and in a uniquely surprising way, the current and recognized as extremely productive dynamism of Polish Italianised markonymy contributes to this. There is widespread approval and effective use of it, practically unhindered by any regulation, undisturbed by controversial circumstances that would limit its creativity, functioning and proliferation. Polish markonymy inspired by Italian influences the good fortune and development of many Italianisms, which may remain available to users of the Polish language either permanently or occasionally.

The corpus of markonymic units discussed has been compiled in an alphabetical index (*Indice dei marchionimi analizzati*), allowing, allowing for their retrieval in determined sections of the monograph.

Indice delle tabelle

Indice dei nomi

Indice dei marchionimi analizzati

Nella lista che segue si evidenziano tutte le forme dei marchionimi del nostro *corpus* che sono state citate nel volume, soprattutto nella sua parte analitica (Cap. 4). Accanto ad ogni lemma si indica il numero del paragrafo o della sezione in cui una data forma compare e viene discussa e/o contestualizzata.

Abbreviazioni e simboli utilizzati

a.o. – altre occorrenze

acc. – accusativo

agg. – aggettivo/-i

agg.pl.m. – aggettivo plurale maschile

agg.poss. – aggettivo possessivo

agg.sg.f. – aggettivo singolare femminile

agg.sg.m. – aggettivo singolare maschile

ant. – antico

art. – articolo

art.det. – articolo determinativo

art.indet. – articolo indeterminativo

avv. – avverbio; avverbiale

avv.prep. – avverbio preposizionale

c.pra – cognome della proprietaria / intestataria

c.pri – cognome dei proprietari / intestatari

c.pro – cognome del proprietario / intestatario

C/N – cognome e nome del/la proprietario/-a / intestatario/-a

Cap., Capp. / CAP., CAPP. – capitolo, capitoli

ce. – ceco

cit. – citato

cogn. – cognome/-i

collab. – collaborazione

colloq. – colloquiale; colloquialmente

comp. – composizione

compl. – complemento

cond.sempl. – condizionale semplice

cong. – congiunzione

coniug. – coniugazione

cons. / C – consonante/-i

costr. – costrutto; costruzione

d.c. – diverse configurazioni

dat. – dativo

deriv. – derivato

dial. – dialettale

dim. – diminutivo

dir. – diretto da / direttore

diz. – dizionario

DS – pol. *województwo dolnośląskie* (Voivodato della Bassa Slesia)

ed. – edizione

elem. – elemento

equiv. – equivalente

es., ess. – esempio, esempi

espr. – espressione

f. – femminile

f.a.a. – forma accettata e adattata

FB – Facebook

fig., figg. – figura, figure

fr. – francese

fut.sempl. – futuro semplice

gen. – genitivo

giustapposiz. – giustapposizione

ibr – ibrido

imperf. – imperfetto

imper.dir. – imperativo diretto

ind.pres. – indicativo presente

inf. – infinito

ingl. – inglese

internaz. – internazionale; internazionalismo

IS – ingl. *Italian Sounding*

it. – agg./sost. italiano/-a/-i/-e; lingua italiana

KP – pol. *województwo kujawsko-pomorskie* (Voivodato della Cuiavia-Pomerania)

LB – pol. *województwo lubuskie* (Voivodato di Lubusz)

LD – pol. *województwo łódzkie* (Voivodato di Łódź)

lett. – letteralmente

LL – ingl. *Linguistic Landscape*

loc. – locativo

locuz. – lucuzione

LU – pol. *województwo lubelske* (Voivodato di Lublino)

M / MM – marchionimo / marchionimi

m. – maschile

min. – minuto; minimo/-a

MP – pol. *województwo małopolskie* (Voivodato della Piccola Polonia)

MPL – marchionimia polacca

MPLI – marchionimia polacca italianeggiante

mus. – musicale/-i

MZ – pol. *województwo mazowieckie* (Voivodato della Masovia)

n. – nome/-i

neo – neologismo / neoformazione

n.f. – nome personale femminile

n.m. – nome personale maschile

n.pra – nome della proprietaria / intestataria

n.pro – nome del proprietario / intestatario

N/C – nome e cognome del/la proprietario/-a / intestatario/-a

neg. – negozio

neo – neoformazione / forma neologica / neologismo

nom. – nominativo

nt. – genere neutro

OP – pol. *województwo opolskie* (Voivodato di Opole)

orig. – originale

Par., Parr. / Par., Parr. – paragrafo, paragrafi

part.pass. – participio passato

part.pr. – participio presente

partic. – particolare; particolarmente

pass.rem. – passato remoto

PD – pol. *województwo podlaskie* (Voivodato della Podlachia)

pers. – persona

pers.pl. – persona plurale

pers.sg. – persona singolare

PIF – ingl. *Potential Italian Form*

pizz. – pizzeria

PK – pol. *województwo podkarpackie* (Voivodato della Precarpazia)

pl. – plurale

PM – pol. *województwo pomorskie* (Voivodato della Pomerania)

pol. – agg./sost. polacco/-a/-hi/-he; lingua polacca

pop. – popolare; popolarmente

port. – portoghese

pref. – prefisso

prep. – preposizione

prep.artic. – preposizione articolata

prep.sempl. – preposizione semplice

prod. – produzione; prodotto

pron. – pronome

pron.dimostr. – pronome dimostrativo

pron.indef. – pronome indefinito

pron.interrog. – pronome interrogativo

pron.pers. – pronome personale

pron.poss. – pronome possessivo

pubbl. – pubblicato

ristor. – ristorante; settore della ristorazione

s.pl.f. – sostantivo plurale femminile

s.pl.m. – sostantivo plurale maschile

s.sg.f. – sostantivo singolare femminile

s.sg.m. – sostantivo singolare maschile

s/d – senza dati

sec., secc. – secolo, secoli

segn.disc. – segnale discorsivo

serv. – servizio / servizi

Sez., Sezz. / Sez., Sezz. – sezione, sezioni

sg. / sing. – singolare

sim. – simile/-i

sint. – sintagma; sintagmatico / sintattico

sint.agg. – sintagma aggettivale

sint.apposiz. – sintagma composto da due elementi in una relazione di apposizione

sint.coordinaz. – sintagma composto da due elementi nominali in coordinazione

sint.giustapposiz. – sintagma composto da due elementi nominali in giustapposizione

sint.nom. – sintagma nominale

sint.prep. – sintagma preposizionale

sint.verb. – sintagma verbale

SL – pol. *województwo śląskie* (Voivodato della Slesia)

slovac. – slovacco

sost. – sostantivo

spagn. – spagnolo

spec. – speciale; specialmente

spreg. – spregiativo; spregiativamente

ss. – e seguenti

strum. – strumentale

suff. – suffisso

SW – pol. *województwo świętokrzyskie* (Voivodato della Santacroce)

Tab., Tabb. / TAB., TABB. – tabella, tabelle

tecn. – tecnico

ted. – tedesco

trad. – traduzione (di); tradotto (da)

u.a. – ultimo accesso

u.e. – uso eccezionale

u.f. – uso frequente

u.r. – uso raro

v. – verbo

vend. – vendita

vezzegg. – vezzeggiativo

VLL – ingl. *Virtual Linguistic Landscape*

voc. / V – vocale/-i

vocat. – vocativo

vol., voll. – volume, volumi

volg. – volgare; volgarmente

WM – pol. *województwo warmińsko-mazurskie* (Voivodato della Varmia e Masuria)

woj. – pol. *województwo* 'voivodato'

WP – pol. *województwo wielkopolskie* (Voivodato della Grande Polonia)

WUP – pol. *Wiadomości Urzędu Patentowego* (Bollettini dell'Ufficio Marchi e Brevetti)

YT – YouTube

ZP – pol. *województwo zachodniopomorskie* (Voivodato della Pomerania Occidentale)

Per altri simboli e abbreviazioni utilizzati nell'analisi del *corpus*, specialmente, nel CAP. 4, si veda l'elenco in SEZZ. 4.1.1 (MTA; MTO; MOA; MON; MNO; MNM; {cid}; {cil}; {civ}; {cpd}; {cpl}; {cpv}; {cin}; {csv}; {cx}) e 4.2.2 (simboli applicati nella descrizione della natura sociale degli esercizi polacchi + sigle delle fonti consultate; altri simboli utilizzati nell'elaborazione dei dati).

Études de linguistique, littérature et art
Studi di Lingua, Letteratura e Arte

Dirigées par Katarzyna Wołowska et Maria Załęska

Volume 1	Teresa Muryn/Salah Mejri/Wojciech Prażuch/Inès Sfar (éds): La phraséologie entre langues et cultures. Structures, fonctionnements, discours. 2013.
Volume 2	Przemysław Dębowiak: La formation diminutive dans les langues romanes. 2014.
Volume 3	Katarzyna Wołowska: Le sens absent. Approche microstructurale et interpétative du virtuel sémantique. 2014.
Volume 4	Monika Kulesza: Le romanesque dans les *Lettres* de Madame de Sévigné. 2014.
Volume 5	Judyta Zbierska-Mościcka: Lieux de vie, lieux de sens. Le couple lieu/identité dans le ro- man belge contemporain. Rolin-Harpman-Feyder-Lalande-Lamarche-Deltenre. 2015.
Volume 6	Izabela Pozierak-Trybisz: Analyse sémantique des prédicats de communication. Produc- tion et interprétation des signes. Emplois de communication non verbale. 2015.
Volume 7	Maria Załęska: Retorica della linguistica. Scienza, struttura, scrittura. 2014.
Volume 8	Teresa Muryn / Salah Mejri / Wojciech Prażuch / Inès Sfar (éds.): La phraséologie entre langues et cultures. Structures, fonctionnements, discours. 2015.
Volume 9	Ewa Stala: El léxico español en el *Waaren-Lexicon in zwölf Sprachen* de Ph. A. Nemnich. 2015.
Volume 10	Paulina Mazurkiewicz: Terminologie française et polonaise relative à la famille. Analyses fondées sur les documents de la doctrine sociale de l'Église catholique. 2015.
Volume 11	Christophe Cusimano: Le Sens en mouvement. Études de sémantique interprétative. 2015.
Volume 12	Renata Jakubczuk: Téo Spychalski: Dépassement scénique du littéraire. 2015.
Volume 13	Katarzyna Gabrysiak: Analyse lexicale des verbes français exprimant la cause. À partir de l'exemple de *déterminer* et de *produire*. 2015.
Volume 14	Anna Grochowska-Reiter: Commedia all'italiana come specchio di stereotipi veicolati dal dialetto. Un approccio sociolinguistico. 2016.
Volume 15	Marta E. Cichocka: Estrategias de la novela histórica contemporánea. Pasado plural, Postmemoria, Pophistoria. 2016.
Volume 16	Anna Krzyżanowska / Katarzyna Wołowska (éds): Les émotions et les valeurs dans la communication I. Découvrir l'univers de la langue. 2016.
Volume 17	Anna Krzyżanowska / Katarzyna Wołowska (éds): Les émotions et les valeurs dans la communication II. Entrer dans l'univers du discours. 2016.
Volume 18	Edyta Kociubińska (éd.): Le jeu dans tous ses états. Études dix-neuviémistes. 2016.
Volume 19	Maria Załęska (ed.): Il discorso accademico italiano. Temi, domande, prospettive. 2016.
Volume 20	Adrianna Siennicka: Benito Mussolini retore. Un caso di persuasione politica. 2016.
Volume 21	Regina Bochenek-Franczakowa: Présences de George Sand en Pologne. 2017.
Volume 22	Andrzej Zieliński: Las fórmulas honoríficas con -ísimo en la historia del español. Contribución a la lexicalización de la deixis social. 2017.
Volume 23	Ewa Kalinowska: Lire en classe de français. Nouvelles d'expression française dans l'en- seignement et l'apprentissage du FLE. 2017.

Volume 24 Paulina Malicka: Il movimento del dono nella poesia di Eugenio Montale. Rifiutare – ricevere – ricambiare. 2017.

Volume 25 Anne Isabelle François / Edyta Kociubińska / Gilbert Pham-Thanh / Pierre Zoberman (dirs.): Figures du dandysme. 2017.

Volume 26 Andrzej Zieliński / Rosa María Espinosa Elorza: La modalidad dinámica en la historia del español. 2018.

Volume 27 Wojciec Prażuch. Les langues de bois contemporaines. Entre la novlangue totalitaire et le discours détabouisé du néo-populisme. 2018.

Volume 28 Witold Wołowski (ed.): Le théâtre à (re)découvrir I. Intermédia / Intercultures. 2018.

Volume 29 Witold Wołowski (ed.): Le théâtre à (re)découvrir II. Intermédia / Intercultures. 2018.

Volume 30 Gilles Quentel: La genèse du lexique français. 2018.

Volume 31 Luca Palmarini: La lessicografia bilingue italiano-polacca e polacco-italiana dal 1856 al 1946. 2018.

Volume 32 Anna Krzyżanowska / Jolanta Rachwalska von Rejchwald (éds.): Texte, Fragmentation, Créativité I. Text, Fragmentation, Creativity I. Penser le fragment en linguistique. Studies on a fragment in linguistics. 2018.

Volume 33 Jolanta Rachwalska von Rejchwald / Anna Krzyżanowska (éds.): Texte, Fragmentation, Créativité II. Text, Fragmentation, Creativity II. Penser le fragment littéraire. Studies on a fragment in literature. 2018.

Volume 34 Tomasz Szymański : Texte, La morale des choses. Sur la théorie des correspondances dans l'œuvre de Charles Baudelaire. 2019.

Volume 35 Maciej Durkiewicz : Lingua e testualità dei diari on-line italiani. 2020.

Volume 36 Nikol Dziub / Tatiana Musinova / Augustin Voegele (éds): Traduction et interculturalité. Entre identité et altérité. 2019.

Volume 37 Krzysztof Kotuła: Voir à travers le texte, lire à travers l'image. Les mécanismes de la lecture du manuscrit médiéval. 2019.

Volume 38 Edyta Kociubińska (éd.): Le dandysme, de l'histoire au mythe. 2019.

Volume 39 Katarzyna Wołowska (éd.): Les facettes de l'interprétation multiple. 2019.

Volume 40 Ewa Urbaniak: La reduplicación léxica en español y en italiano: formas y motivaciones. 2020.

Volume 41 Alessandro Baldacci / Anna Małgorzata Brysiak / Tomasz Skocki (a cura di): Il futuro della fine. Rappresentazioni dell'apocalisse nella letteratura italiana dal Novecento a oggi. 2020.

Volume 42 Alessandro Baldacci / Anna Małgorzata Brysiak / Tomasz Skocki (a cura di): Variazioni sull'apocalisse. Un percorso nella cultura occidentale dal Novecento ai giorni nostri. 2021.

Volume 43 Joanna Jereczek-Lipińska / Mirosław Trybisz / Izabela Pozierak-Trybisz / Joanna Drzaz- gowska (éds): La Globalisation communicationnelle. Les enjeux linguistiques. 2021.

Volume 44 Joanna Jereczek-Lipińska / Mirosław Trybisz / Izabela Pozierak-Trybisz / Joanna Drzaz- gowska (éds): La Globalisation communicationnelle. Les nouveaux défis pour la littérature, la traduction et la didactique de langues. 2021.

Volume 45 Ágata Cristina Cáceres Sztorc: Cicatrices Resonantes Género, violencia y memoria en la obra literaria de Rocío Silva Santisteban. 2021.

Volume 46 Artur Gałkowski / Stefano Cavallo / Katarzyna Kowalik (eds.): Et in Arcadia ego. Roma- come luogo della memoria nelle culture europee • Et in Arcadia ego. Rome as a memorial place in European cultures. Le strade che portano alla Città eterna • The roads leading to the Eternal City. 2021.

www.peterlang.com

www.ingramcontent.com/pod-product-compliance
Ingram Content Group UK Ltd.
Pitfield, Milton Keynes, MK11 3LW, UK
UKHW021123041026
8980IPUK00026B/177

9 783631 921531